◉ 根据最新财税政策修订·提供教师用PPT和习题参考答案

财务会计学
（中、高级）

【第三版】

主编 ⊙ 李宝珍 裴淑红 付倩

中国市场出版社
China Market Press

图书在版编目(CIP)数据

财务会计学:中高级/李宝珍,裴淑红,付倩主编.—3版.—北京:中国市场出版社,2012.2
ISBN 978-7-5092-0865-6

Ⅰ.①财… Ⅱ.①李… ②裴… ③付… Ⅲ.①财务会计-教材 Ⅳ.①F234.4

中国版本图书馆 CIP 数据核字(2012)第 018519 号

书　　名:	财务会计学(中、高级)(第三版)
主　　编:	李宝珍　裴淑红　付　倩
责任编辑:	胡超平
出版发行:	中国市场出版社
地　　址:	北京市西城区月坛北小街 2 号院 3 号楼(100837)
电　　话:	编辑部(010)68037344　读者服务部(010)68022950
	发行部(010)68021338　68020340　68053489
	68024335　68033577　68033539
经　　销:	新华书店
印　　刷:	河北省高碑店市鑫宏源印刷包装有限责任公司
规　　格:	787×1092 毫米　1/16　34.25 印张　810 千字
版　　本:	2012 年 2 月第 3 版
印　　次:	2012 年 2 月第 1 次印刷
书　　号:	ISBN 978-7-5092-0865-6
定　　价:	58.00 元

前　言

2010年，财政部颁布了《企业会计准则解释第4号》等法规文件，对于规范会计实务操作具有重要意义。为了保持教材与会计法规的一致性，2010年年初出版的《财务会计学（中、高级）》第二版有必要进行重新修订。本教材第二版得到了广大使用者的好评，同时也收到了一些宝贵的建议。为了更好地满足使用者的需求，我们在修订过程中，重新对内容进行了全面梳理，对于核算繁杂且实务应用较少的内容作了精简裁并；对于新的解释和规定作了必要的补充；对于基本内容在体系和结构上作了适当的调整。

修订后的第三版在保留了第二版主要特色的基础上，突出了以下特点：

1. 教材内容更加实用

本教材在第二版基本内容和体例不变的基础上，删减、合并了实务中应用较少的一部分内容；对于核算复杂、难度较大的一部分内容根据准则的最新解释作了精练的表述，使教材内容更加简单和实用。

2. 案例更加真实实用

为了贴近实际，我们对已有的例题和习题重新整理，尽量贴近实际，如汇率均使用即期的真实数据，保证教材使用者学习和练习的真实性，避免不必要的烦扰，对于广大会计实务人员具有一定的示范作用。

3. 思考练习题内容更加丰富，并另附参考答案，为自学者提供了方便

本教材参考注册会计师会计科目考试真题和权威模拟试题，结合初学者的实际情况，每章都编写了内容更加丰富的思考练习题，并另附客观题参考答案以及讲析清楚翔实的计算题和核算题参考答案，为使用者系统训练提供了大量素材，便于使用者自测自查，方便了自学。

本教材与《财务会计综合实训》（裴淑红，张兰. 北京：中国市场出版社，2010.）组成了一套完整的财务会计理论与实训教材。

本教材注重理论联系实际，具有体例合理、内容实用、重点突出、案例典型、

深浅适中等特点，有较强的可读性。可作为普通高校、职业教育、成人教育等各类本专科会计教学用教材，也可作为企业会计人员考试和工作参考用书。

  本书由李宝珍、裴淑红、付倩主编。各章编写具体分工如下：李宝珍，第一、四、十一、十七章；裴淑红，第二、三、五、十二、十三、十八、十九、二十章；付倩，第六、八、九、十章；张兰，第七、十四、十五章；齐飞，第十六章。

  在本书编写过程中，参考了注册会计师全国统一考试辅导教材《会计》的部分内容，并借鉴、吸收了国内外会计理论研究、实务操作和教学的优秀成果，在此谨向相关作者深表感谢。

  我们细心著书，但疏漏之处在所难免，诚望广大读者、师生及学界同仁批评指正。

编者
2012 年 1 月于北京

教学课件与习题参考答案

本书配备有教学用 PPT 和习题参考答案，订购本教材的教师请与我社联系。

联系人：胡超平
电话：010－68037344
E－mail：huchaoping1966@sina.com

目 录
CONTENTS

中级财务会计学

第一章　总　论 ……………………………………………………… 3

- 第一节　财务会计概述 ……………………………………… 3
- 第二节　会计的基本假设与会计基础 ……………………… 5
- 第三节　会计信息质量要求 ………………………………… 7
- 第四节　会计要素及其确认与计量原则 …………………… 11

第二章　货币资金 …………………………………………………… 21

- 第一节　库存现金 …………………………………………… 21
- 第二节　银行存款 …………………………………………… 24
- 第三节　其他货币资金 ……………………………………… 27

第三章　金融资产 …………………………………………………… 35

- 第一节　以公允价值计量且其变动计入当期损益的
  金融资产 …………………………………………… 35
- 第二节　持有至到期投资 …………………………………… 39
- 第三节　应收款项 …………………………………………… 43
- 第四节　可供出售金融资产 ………………………………… 50

第四章　存　货 ……………………………………………………… 61

- 第一节　存货概述 …………………………………………… 61

◎ 第二节　原材料 ……………………………………………… 63
◎ 第三节　库存商品 ……………………………………………… 75
◎ 第四节　委托加工物资 ………………………………………… 76
◎ 第五节　周转材料 ……………………………………………… 78
◎ 第六节　存货的期末计量 ……………………………………… 81

第五章　长期股权投资　89

◎ 第一节　长期股权投资概述 …………………………………… 89
◎ 第二节　长期股权投资的初始投资成本 ……………………… 91
◎ 第三节　长期股权投资的后续计量 …………………………… 95
◎ 第四节　长期股权投资核算方法的转换及处置 ……………… 101

第六章　固定资产　110

◎ 第一节　固定资产概述 ………………………………………… 110
◎ 第二节　取得固定资产的核算 ………………………………… 111
◎ 第三节　固定资产折旧 ………………………………………… 115
◎ 第四节　固定资产的后续支出 ………………………………… 120
◎ 第五节　固定资产的处置 ……………………………………… 122
◎ 第六节　固定资产的期末计价 ………………………………… 125

第七章　无形资产及其他非流动资产　133

◎ 第一节　无形资产 ……………………………………………… 133
◎ 第二节　其他非流动资产 ……………………………………… 148

第八章　负　债　154

◎ 第一节　负债概述 ……………………………………………… 154
◎ 第二节　流动负债 ……………………………………………… 155
◎ 第三节　非流动负债 …………………………………………… 177

第九章　所有者权益　191

◎ 第一节　所有者权益概述 ……………………………………… 191
◎ 第二节　实收资本 ……………………………………………… 192

◎ 第三节　资本公积 …………………………………………… 194
◎ 第四节　留存收益 …………………………………………… 196

第十章　收入、费用和利润 …………………………………… 203

◎ 第一节　收入 ………………………………………………… 203
◎ 第二节　费用 ………………………………………………… 217
◎ 第三节　利得和损失 ………………………………………… 220
◎ 第四节　利润 ………………………………………………… 222

第十一章　财务报告 …………………………………………… 229

◎ 第一节　财务报告概述 ……………………………………… 229
◎ 第二节　资产负债表 ………………………………………… 233
◎ 第三节　利润表 ……………………………………………… 249
◎ 第四节　现金流量表 ………………………………………… 252
◎ 第五节　所有者权益变动表 ………………………………… 271
◎ 第六节　每股收益 …………………………………………… 275
◎ 第七节　附注 ………………………………………………… 285

高级财务会计学

第十二章　非货币性资产交换 ………………………………… 295

◎ 第一节　非货币性资产交换概述 …………………………… 295
◎ 第二节　非货币性资产交换的确认和计量 ………………… 298
◎ 第三节　非货币性资产交换的会计处理 …………………… 300

第十三章　债务重组 …………………………………………… 316

◎ 第一节　债务重组概述 ……………………………………… 316
◎ 第二节　债务重组的会计处理 ……………………………… 317

第十四章 或有事项 ········· 336

- 第一节 或有事项概述 ········· 336
- 第二节 预计负债的确认和计量 ········· 338
- 第三节 或有事项会计的具体应用 ········· 342
- 第四节 或有事项的列报或披露 ········· 346

第十五章 借款费用 ········· 355

- 第一节 借款费用概述 ········· 355
- 第二节 借款费用的确认 ········· 357
- 第三节 借款费用的计量 ········· 360

第十六章 所得税会计 ········· 374

- 第一节 所得税会计概述 ········· 374
- 第二节 计税基础与暂时性差异 ········· 375
- 第三节 递延所得税资产和递延所得税负债 ········· 384
- 第四节 所得税费用 ········· 388

第十七章 外币折算 ········· 399

- 第一节 外币折算概述 ········· 399
- 第二节 外币交易的会计处理 ········· 402
- 第三节 外币财务报表折算 ········· 408

第十八章 会计政策、会计估计变更和差错更正 ········· 417

- 第一节 会计政策及其变更 ········· 417
- 第二节 会计估计及其变更 ········· 428
- 第三节 前期差错及其更正 ········· 432

第十九章 资产负债表日后事项 ········· 444

- 第一节 资产负债表日后事项概述 ········· 444

◎ 第二节　资产负债表日后调整事项的会计处理 ………… 447
◎ 第三节　资产负债表日后非调整事项的会计处理 ……… 462

第二十章　合并财务报表 …………………………………… 470

◎ 第一节　合并财务报表概述 ……………………………… 470
◎ 第二节　合并资产负债表 ………………………………… 476
◎ 第三节　合并利润表 ……………………………………… 508
◎ 第四节　合并现金流量表 ………………………………… 519
◎ 第五节　合并所有者权益变动表 ………………………… 527

参考文献 ……………………………………………………… 536

中级财务会计学

第一章 总论

第一节 财务会计概述

一、财务会计及其作用

随着企业公司制的建立和所有权、经营权的分离以及资本市场的发展,企业会计逐步演化为两大分支:一是服务于企业内部管理决策所需信息的管理会计,或称对内报告会计;二是服务于企业外部信息使用者决策所需信息的财务会计,或称对外报告会计。财务会计由于需要服务于外部信息使用者,在保护投资者及社会公众利益、维护市场经济秩序健康有序发展方面起着越来越重要的作用。具体来说,财务会计在市场经济中的作用主要体现在以下几个方面。

(1) 财务会计有助于会计信息使用者作出合理决策。企业的投资者为了选择投资对象、衡量投资收益及风险,需要了解企业的毛利率、总资产收益率、净资产收益率等盈利能力和发展趋势方面的财务会计信息;作为债权人的银行,为了选择贷款对象、衡量贷款风险、作出贷款决策,需要了解企业的流动比率、速动比率、资产负债率等短期偿债能力和长期偿债能力等财务会计信息;作为社会经济管理者的政府部门,为了制定经济政策、进行宏观调控、配置社会资源,也需要从总体上掌握企业的资产负债结构、损益状况和现金流转情况等财务会计信息。财务会计通过对外报告有关企业的财务状况、经营成果和现金流量,为投资者、债权人和政府有关部门等在内的各方面信息使用者提供决策有用的信息,帮助他们作出正确、合理的决策。

(2) 财务会计有助于考核企业领导人经济责任的履行情况。企业接受了包括国家在内的所有投资者和债权人的投资,就有责任按照其预定的发展目标和要求,合理利用资源,加强经济管理,提高经济效益,接受考核和评价。投资者需要了解企业当年经济活动成果和当年的资产保值、增值情况,需要将利润表中的净利润与上年度进行对比,以反映企业的盈利发展趋势;需要将其与同行业进行对比,以反映企业在同行业竞争中所处的位置。政府有关管理部门需要了解企业执行计划的能力,需要将资产负债表、利润表和现金流量表中所反映的实际情况与预算进行对比,反映企业完成预算的情况,表明企业执行预算的能力和水平。所有这一切,都需要财务会计提供的各种会计信息,帮助他们考核企业领导人经济责任的履行情况。

(3) 财务会计有助于企业加强经营管理,提高经济效益,促进企业可持续发展。企业管理者通过利用财务会计提供的关于企业的财务状况、经营成果和现金流量等方面的会计信息,可以全面、系统、总括地了解企业生产经营活动情况、财务状况和经营成果,并在此基础上预测和分析未来发展前景;可以通过发现过去经营活动存在的问题,找出问题的原因,并提出改进措施。总之,财务会计通过真实地反映财务信息,参与经营决策,有助于发挥财务会计在加强企业经营管理、提高经济效益方面的积极作用。

二、企业会计准则体系

财务会计需要服务于外部信息使用者,其在社会经济生活中的地位日益突出,迫切需要一套社会公认的统一的会计原则来规范其行为。我国的企业会计准则作为法规体系的组成部分,具有强制性的特点,要求企业必须执行,是财务会计的重要规范。

我国于2006年2月15日发布了《企业会计准则——基本准则》和38项具体准则,2006年10月30日又发布了企业会计准则应用指南,基本上形成了我国的企业会计准则体系。我国企业会计准则体系由基本准则、具体准则、会计准则应用指南和解释公告组成。其中,基本准则在整个企业会计准则体系中扮演着概念框架的角色,规范了包括财务报告目标、会计基本假设、会计信息质量要求、会计要素的定义及其确认计量原则、财务报告等在内的基本问题,是制定具体准则的基础,对各项具体准则的制定起着统驭作用,可以确保各具体准则的内在一致性。同时也为会计实务中出现的、具体准则尚未规范的新问题提供会计处理依据,从而确保了企业会计准则体系对所有会计实务问题的规范作用。具体准则是在基本准则的基础上,对各类企业的各项经济交易或者事项进行会计处理的规范。具体准则分为一般业务准则、特殊业务准则和报告类准则,主要规范了各项具体业务事项的确认、计量和报告。应用指南是对具体准则的一些重点难点问题作出的操作性规定。解释公告是随着企业会计准则的贯彻实施,就实务中遇到的实施问题而对准则作出的具体解释。

三、财务会计的目标

财务会计的目标也就是财务报告的目标,财务报告目标在整个财务会计系统和企业会计准则体系中具有十分重要的地位,是构建会计要素确认、计量和报告原则并制定各项准则的基本出发点。

我国《企业会计准则——基本准则》第四条规定:"财务会计报告的目标是向财务会计报告使用者提供与财务状况、经营成果和现金流量等有关的会计信息,反映企业管理层受托责任履行情况,有助于财务会计报告使用者作出经济决策。"财务报告目标的具体内容应包括以下三个方面:

(1) 财务报告使用者。财务报告使用者主要包括投资者、债权人、政府有关部门和社会公众等。财务会计报告的使用者中,投资者位列其首,充分体现了财务会计报告目标既与资本市场适应,又与国际会计准则趋同。财务会计报告首先需要满足投资者对会计信息的需要。投资者包括个人投资者、单位投资者、国家投资者以及这三个层面的潜在投资者,他们是资本市场的主体。债权人包括潜在债权人,主要是贷款人或供应商等。政府有关部门即经济管理部门和经济监管部门,包括国有资产管理部门、财政部门、税务部门、计划统计部门、审计部门和金融机构等。

(2) 财务报告的内容。财务报告的内容一是要报告企业的财务状况、经营成果和现金流量等方面的会计信息,包括如实反映企业拥有或控制的经济资源、对经济资源的要求权以及经济资源及其要求权的变化情况;如实反映企业的各项收入、费用、利得和损失的金额及其变动情况;如实反映企业各项经营活动、投资活动、筹资活动等所形成的现金流入和流出情况等。二是要反映企业管理层受托责任履行情况,包括如实反映企业管理层保管、使用资产的情况。

(3) 财务报告的目的。财务报告的目的是有助于财务会计报告使用者作出经济决策。投资者根据财务报告所提供的信息,可以对企业的资产质量、盈利能力、运营效率、现金流量等进行正确、合理的评价,以便作出理性的投资决策;债权人根据财务报告所提供的信息,可以对企业能否如期支付贷款本金及其利息、能否如期支付购货款等进行评价,以便作出贷款或赊销等决策;政府及其有关部门根据财务报告所提供的信息,可以对整个社会的资源配置情况是否合理、经济秩序是否有序、宏观决策所依据的信息是否真实可靠等作出评价,以便制定或调整税收政策、货币政策等宏观经济政策。

第二节 会计的基本假设与会计基础

一、会计基本假设

会计的基本假设是企业会计确认、计量和报告的前提,是对会计核算所处时间、空间环境等所作的合理设定。

会计核算所处的社会环境极为复杂且变化不定,在这种情况下,会计人员有必要对所处的环境作出判断,确定一些假设条件。只有作出了这些假设,会计核算才能得以正常进行。会计核算的假设条件,是人们在长期会计实践中认识和总结形成的。会计的基本假设包括会计主体、持续经营、会计分期、货币计量。

(一) 会计主体

会计主体,是指企业会计确认、计量和报告的空间范围。是会计工作为其服务的特定单位或组织。

会计核算的对象是企业生产经营活动,一家企业的生产经营活动总是与其他单位的生产经营活动相联系。因此,会计核算首先就需要确定核算的范围,明确哪些经济活动应当予以确认、计量和报告,哪些经济活动不包括在核算的范围内。在会计主体假设下,企业应当对其本身发生的交易或者事项进行会计确认、计量和报告,反映企业本身所从事的各项生产经营活动。明确界定会计主体,是开展会计确认、计量和报告工作的重要前提。

(1) 明确会计主体,才能划定会计所要处理的各项交易和事项的范围。在会计工作中,它要求会计核算区分自身的经济活动与其他单位的经济活动,只有那些影响企业本身经济利益的各项交易或事项,才能加以确认、计量和报告;那些不影响企业本身经济利益的各项交易或事项,则不能以确认、计量和报告。

(2) 明确会计主体,才能区分企业的经济活动与企业投资者的经济活动。企业核算的只是企业自身的经济活动,而不涉及投资者的经济活动。这样才能正确反映会计主体的资产、负债和所有者权益情况,才能准确衡量会计主体的收入、费用和经营成果,才能提供信息使用者所需要的会计信息。

会计主体与法律主体不是同一个概念。一般说来，作为一个法律主体，其经济上是独立的，需要进行独立核算，因而必然是会计主体。但会计主体不一定是法律主体。任何企业，无论是独资、合伙还是合资，都是一个会计主体，甚至一个较大规模的法人企业的分支机构，也可以作为一个会计主体。在控股经营的情况下，母公司与子公司组成的企业集团是多个法律主体，但在编制合并报表的情况下，也可以作为一个会计主体。再如，由企业管理的证券投资基金、企业年金基金等，尽管不属于法律主体，但属于会计主体，应当对每项基金进行会计确认、计量和报告。因此，会计主体可以是法人，也可以是非法人；可以是一家企业，也可以是企业内部的一个部门或分支机构；可以是单一企业，也可以是几家企业组成的企业集团。

(二) 持续经营

持续经营，是指在可以预见的将来，某一企业将会按照当前的规模和状态继续经营下去，不会停业，也不会大规模削减业务。在持续经营前提下，会计确认、计量和报告应当以企业持续、正常的生产经营活动为前提，这是对企业会计核算时间范围的界定。

任何一家企业都可能有两种前途，一种是能够持续经营，另一种是可能破产、倒闭。两种情况下所用的核算方法不同，企业必须选择一种作为前提。因为绝大多数企业是能够持续经营的，因此，一般会计主体都以持续经营为前提。企业会计准则体系是以企业持续经营为前提来制定和规范的，涵盖了从企业成立到清算（包括破产）的整个期间的交易或事项的会计处理。

企业是否以持续经营为前提，在会计原则和会计方法的选择上有很大差别。假定企业能够持续经营，会计核算才能运用历史成本原则对资产进行计价，才能按照正常的情况使用它所拥有的各种经济资源，才能按照偿还条件偿还企业的负债，才可以在机器设备的使用年限内，按照其价值和使用情况进行折旧核算，等等。如果持续经营前提不存在了，上述一系列的会计原则和会计方法将会失去存在的基础，也就不能采用通常的方式提供会计信息了。

(三) 会计分期

会计分期，是指将企业持续不断的生产经营活动划分为一个个连续的、长短相同的期间。会计分期的目的，在于通过会计期间的划分将持续进行的生产经营活动划分成连续、相等的期间，据以结算盈亏，按期编报财务报告，从而及时向财务报告使用者提供有关企业财务状况、经营成果和现金流量的会计信息。

会计分期假设是以持续经营假设为前提条件的。只有假定企业是持续经营的，才有可能和必要将连续不断的经营过程分成一个一个的会计期间。根据持续经营的假设，一家企业将会按照当前的规模和状态继续经营下去。但是，无论是企业的生产经营决策还是投资者、债权人等的决策，都需要及时的信息，都需要将企业持续的生产经营活动划分为一个个连续的、长短相同的期间，分期确认、计量和报告企业的财务状况、经营成果和现金流量。会计分期假设也是对企业会计核算时间上的界定。明确会计分期假设是必要的，由于会计分期，才产生了当期与以前期间、以后期间的差别，才使不同类型的会计主体有了记账的基准，进而出现了折旧、摊销、预收、预付、应收、应付等会计处理方法。

(四) 货币计量

货币计量，是指会计主体在财务会计确认、计量和报告时以货币计量，反映会计主体的生产经营活动。

企业的生产经营活动多数表现为实物运动，如厂房、机器设备和其他财物的增减等，由于这些实物的计量单位千差万别，有重量、长度等，无法在量上进行比较，不便于管理和会计计量、计算。为全面、综合反映企业生产经营活动的各种业务和事项，会计核算需要有一种统一的计量单位作为各种实物的计价量度。在商品经济条件下，货币作为商品的一般等价物，是衡量一般商品价值的共同尺度。因此，基本准则规定，会计确认、计量和报告，选择货币作为计量单位。

在有些情况下，统一采用货币计量也有缺陷，某些影响企业财务状况和经营成果的因素，如企业经营战略、研发能力、市场竞争力等，往往难以用货币衡量，但这些信息对于使用者决策也很重要，企业可以在财务报告中补充披露有关非财务信息来弥补上述缺陷。

二、会计基础

企业会计的确认、计量和报告应当以权责发生制为基础。权责发生制，是指收入和费用的确认应当以收入和费用的实际发生和影响作为确认和计量的标准。权责发生制基础要求，凡是当期已经实现的收入和已经发生或应负担的费用，不论款项是否收付，都应当作为当期的收入和费用，计入利润表；凡是不属于当期的收入和费用，即使款项已经在当期收付，也不应当作为当期的收入和费用。

在会计实务中，企业交易或者事项的发生时间与相关货币的收支时间有时并不完全一致。例如，款项已收到，但销售并未实现；或者款项已经支付，但并不是为本期生产经营活动而发生的。为了更加真实、公允地反映特定会计期间的财务状况和经营成果，基本准则规定，企业在确认、计量和报告中应当以权责发生制为基础。

收付实现制是与权责发生制相对应的一种会计基础，它以收到或支付现金作为确认收入和费用的依据。目前，我国的行政单位会计采用收付实现制，事业单位会计除经营业务可以采用权责发生制外，其他大部分业务采用收付实现制。

第三节 会计信息质量要求

为了实现财务会计报告的目标，保证会计信息的质量，必须明确会计信息的质量要求。会计信息的质量要求是财务会计报告所提供的信息应达到的基本要求，是使财务报告中所提供的会计信息对投资者等使用者决策有用应具备的基本特征。会计信息质量要求的内容主要包括：可靠性、相关性、可理解性、可比性、实质重于形式、重要性、谨慎性和及时性等。其中，可靠性、相关性、可理解性、可比性是会计信息的首要质量要求，是财务报告中所提供的会计信息应具备的基本质量特征；实质重于形式、重要性、谨慎性和及时性是会计信息的次级质量要求，是对首要质量要求的补充和完善，尤其是对某些特殊交易或者事项进行处理时，需要根据这些质量要求来把握其会计处理原则。

一、可靠性

可靠性要求企业应当以实际发生的交易或者事项为依据进行会计确认、计量和报告，如实反映符合确认和计量要求的各项会计要素及其他相关会计信息，保证会计信息真实可靠、内容完整。

可靠性是对会计信息最重要的一项质量要求。会计信息是投资者、债权人、政府有关部门及企业内部经营管理进行决策的依据，如果会计数据不能真实、客观地反映企业经济活动的实际情况，会计工作就失去了存在的意义，甚至会误导会计信息使用者，导致决策失误。为了贯彻可靠性要求，企业应当做到如下两点。

（1）以实际发生的交易或者事项为依据进行确认和计量，将符合会计要素定义及其确认条件的资产、负债、所有者权益、收入、费用和利润等如实反映在财务报表中，不得根据虚构的、没有发生的或者尚未发生的交易或者事项进行确认、计量和报告。

（2）在符合重要性和成本效益原则的前提下，保证会计信息的完整性，其中包括：应当编报的报表及其附注的内容等应当保持完整，不能随意遗漏或者减少应予披露的信息，与使用者决策相关的信息都应当充分披露。

二、相关性

相关性要求企业提供的会计信息应当与投资者等财务报告使用者的经济决策需要相关，有助于财务报告使用者对企业过去、现在或者未来的情况作出评价或者预测。

会计信息是否有用，是否具有价值，关键是看其与使用者的决策需要是否相关，是否有助于决策或者提高决策水平。相关会计信息应当能够有助于使用者评价企业过去的决策，证实或者修正过去的有关预测，因而具有反馈价值；还应当具有预测价值，有助于使用者根据财务报告所提供的会计信息预测企业未来的财务状况、经营成果和现金流量。

会计信息质量的相关性要求，需要企业在确认、计量和报告会计信息的过程中，充分考虑使用者的决策模式和信息需要。相关性以可靠性为基础，两者之间并不矛盾，不应将两者对立起来。

三、可理解性

可理解性要求企业提供的会计信息应当清晰明了，便于投资者等财务报告使用者理解和使用。

提供会计信息的目的在于信息的使用，要使用会计信息，就必须使会计信息使用者能理解会计信息的内涵，弄懂会计信息的内容。如果所提供的会计信息含糊不清或存在错误，将会影响到信息使用者的理解和使用。

明晰性要求会计记录应当准确、清晰，填制会计凭证、登记会计账簿必须做到依据合法、账户对应关系清楚、文字摘要完整；在编制会计报表时，项目勾稽关系清楚，项目完整，数字准确。

四、可比性

可比性要求企业提供的会计信息应当相互可比。这主要包括两层含义：

（一）同一企业不同时期可比

为了便于投资者等财务报告使用者了解企业财务状况、经营成果和现金流量的变化趋势，比较企业在不同时期的财务报告信息，全面、客观地评价过去、预测未来，从而作出决策，会计信息质量的可比性要求同一企业不同时期发生的相同或相似的交易或事项应采用一致的会计政策，不得随意变更。但是，满足会计信息可比性要求，并非表明企业不得变更会计政策，如果按照规定或者在会计政策变更后可以提供更可靠、更相关的会计信息，可以变更会计政策。有关会计政策变更的情况，应当在附注中予以说明。

企业发生的交易或事项具有复杂性和多样化，对于某些交易或事项，可以有多种会计核算方法。如存货的领用核算可以采用几种方法；固定资产的折旧计提也有多种方法。如果企业在不同期间采用不同的方法，将不利于会计信息使用者对信息的理解。因此，在会计核算中坚持不同时期可比的会计政策，除了有利于提高会计信息的使用价值以外，还可以制约和防止会计主体通过随意变更会计处理方法，在会计核算上弄虚作假，粉饰会计报表。

（二）不同企业相同会计期间可比

为了便于投资者等财务报告使用者评价不同企业的财务状况、经营成果和现金流量及其变动情况，会计信息质量的可比性要求不同企业同一会计期间发生的相同或相似的交易或事项应当采用规定的会计政策，确保会计信息口径一致、相互可比，以使不同企业按照一致的确认、计量和报告要求提供有关会计信息。

不同的企业可能处于不同行业、不同地区，经济业务发生于不同时点，为了保证会计信息能够满足决策的需要，便于比较不同企业的财务状况、经营成果和现金流量，只要是相同的交易或事项，就应当采用相同的会计处理方法。强调可比性的实质在于，通过不同企业之间的比较分析，确定先进与落后、经营成绩的优与劣，从而发现问题，寻找原因，提出改进措施。

五、实质重于形式

实质重于形式要求企业应当按照交易或事项的经济实质进行会计确认、计量和报告，而不应仅仅以交易和事项的法律形式为依据。

企业发生的交易或事项在多数情况下其经济实质和法律形式是一致的，但在有些情况下也会出现不一致。在这种情况下，如果仅仅根据其形式反映，不仅不利于会计信息使用者决策，甚至会误导其决策。例如，企业按照销售合同销售商品，但又签订了售后回购协议，虽然从法律形式上看实现了收入，但如果企业没有将商品所有权上的主要风险和报酬转移给购货方，没有满足收入确认的各项条件，即使签订了商品销售合同或者已经将商品交付给购货方，也不应当确认销售收入。

六、重要性

重要性要求企业提供的会计信息应当反映与企业财务状况、经营成果和现金流量等有关的所有重要交易或事项。

如果财务报告中提供的会计信息的省略或者错报会影响投资者等财务报告使用者据此作出决策的，该信息就具有重要性。重要性的应用需要依赖职业判断，企业应当根据其所处的环境和实际情况，从项目的性质和金额两方面加以判断。凡是对会计信息使用者的决策有较大影响的交易或事项，应作为会计确认、计量和报告的重点；对不重要的经济业务，则可以采用简化的处理程序和方法，也不必在会计报表上详细列示。

重要性的要求与会计信息成本与效益直接相关。如果对一切会计业务的处理，不分轻重主次，采取完全相同的处理方法，必将耗费过多的人力、物力和财力，使会计信息的成本大于收益。在会计核算中坚持重要性，能够使会计核算在全面反映企业业务的基础上保证重点，有助于加强对经济活动和经营决策有重大影响和有重要意义的关键性问题的核算，并简化核算，节约人力、物力和财力，提高工作效率。

七、谨慎性

谨慎性要求企业对交易和事项进行会计确认、计量和报告时，应当保持应有的谨慎，不应高估资产或收益、低估负债或费用。

在市场经济环境下，企业的生产经营活动面临着许多风险和不确定性，如应收款项的可收回性、固定资产和无形资产的使用寿命、售出存货可能发生的退货或者返修等。谨慎性要求需要企业在面临不确定性因素的情况下作出职业判断时，应保持应有的谨慎，充分估计到各种风险和损失，既不高估资产或者收益，也不低估负债或者费用。例如，要求企业对可能发生的资产减值损失计提资产减值准备、对期末存货估价采用成本与可变现净值孰低法计价、对售出商品可能发生的保修义务等确认预计负债等做法，都体现了谨慎性的要求。

谨慎性的应用也不允许企业设置秘密准备，如果企业故意低估资产或者收益，故意高估负债或者费用，将不符合会计信息的可靠性和相关性的要求，损害会计信息质量，扭曲企业实际的财务状况和经营成果，从而对信息使用者的决策产生误导，这也是会计准则所不允许的。

八、及时性

及时性要求企业对已经发生的交易或者事项，应当及时进行会计确认、计量和报告，不得提前或延后。

会计信息具有时效性，特别是在市场经济条件下，市场瞬息万变，企业竞争日趋激烈，各方面对会计信息的及时性要求越来越高，如果企业的会计核算不能及时进行，会计信息不能及时提供，就无助于经济决策，会计工作将失去意义。

在会计核算中坚持及时性原则，一是要求及时收集会计信息，即在经济业务发生之后，及时收集整理各种原始单据或者凭证；二是要求及时处理各种信息，即按照会计准则的规定，及时编出财务报告；三是要求及时传递会计信息，即在国家规定的时限内及时将财务报告传递给财务报告使用者，便于其及时使用或者决策。

第四节 会计要素及其确认与计量原则

会计要素是根据交易或者事项的经济特征所确定的财务会计对象的基本分类。会计要素按照其性质分为资产、负债、所有者权益、收入、费用和利润。其中，资产、负债、所有者权益要素侧重反映企业的财务状况，收入、费用和利润要素侧重反映企业的经营成果。会计要素的界定和分类可使财务会计系统更加科学严密，为投资者等财务报告使用者提供更加有用的信息。

一、资产

(一) 资产及其特征

资产是指企业过去的交易或事项形成的、由企业拥有或者控制的、预期会给企业带来经济利益的资源。它具有以下特征：

1. *资产预期会给企业带来经济利益*

资产预期会给企业带来经济利益，是指资产具有直接或者间接导致现金或者现金等价物流入企业的潜力。这种潜力可以来自企业日常的生产经营活动，也可以是非日常生产经营活动；带来的经济利益可以是现金或者现金等价物，或者是可以转化为现金或者现金等价物的其他资产，或者表现为减少现金或者现金等价物的流出。

资产预期能为企业带来经济利益是资产的重要特征。如果一项资源虽然为企业拥有或者控制，但预期不能给企业带来经济利益，就不能将其确认为企业的资产。过去确认为企业资产的一项资源，如果由于种种原因不能再为企业带来经济利益的，也不能再确认为企业的资产。例如，记入"待处理财产损失"中的毁损的存货，因为其已不能为企业带来经济利益，不符合资产的定义，因此不应再在资产负债表中确认为一项资产。

2. *资产是由企业拥有或者控制的经济资源*

资产作为一项资源，应当由企业拥有或控制，具体是指企业享有某项资源的所有权，或者虽然不享有某项资源的所有权，但该资源能够被企业所控制。

企业享有资产的所有权，通常表明企业能够排他性地从资产中获取经济利益。通常在判断资产是否存在时，所有权是考虑的首要因素。但是有些情况下，资产虽然不为企业所拥有，但企业能控制这些资产，这同样表明企业能从该资产中获取经济利益，符合会计上对资产的定义。如企业以融资方式租入的固定资产，尽管所有权不属于企业，但由于受承租企业实际控制，因而在会计实务中应作为企业的固定资产核算。反之，如果企业既不拥有也不控制资产所能带来的经济利益，那么就不能将其作为企业的资产予以确认。

3. *资产是由企业过去的交易或者事项形成的*

资产应当由企业过去的交易或者事项形成，过去的交易或者事项包括购买、生产、建造行为或者其他交易或事项。即只有过去发生的交易或事项才能产生资产，企业预期在未来发生的交易或者事项不形成资产。例如，购买某项存货的计划或者愿望，由于其购买行为尚未发生，就不符合资产的定义，不能确认为企业的存货；再如，已签订了建造合同，但建造行为尚未发生的工程同样也不能确认为企业的在建工程或者固定资产。

(二) 资产的分类

资产可以按照不同的标准进行分类，比较常见的是按照流动性进行分类。按照流动性对资产进行分类，可以分为流动资产和非流动资产。资产满足下列条件之一的，应当归类为流动资产：

(1) 预计在一个正常的营业周期中变现、出售或耗用；

(2) 主要为交易目的而持有；

(3) 预计在资产负债表日起一年内变现；

(4) 在资产负债表日起一年内，交换其他资产或清偿负债的能力不受限制的现金或现金等价物。

流动资产以外的资产应当归类为非流动资产。通常情况下，流动资产主要包括现金、银行存款、短期投资、应收及预付款项、存货等；非流动资产主要包括长期股权投资、固定资产、无形资产等。

(三) 资产的确认条件

将一项资源确认为资产，首先应当符合资产定义。除此之外，还应当同时满足以下两项条件：

第一，与该资源有关的经济利益很可能流入企业。

能够带来经济利益是资产的一项本质特征，但是由于经济环境瞬息万变，与资源有关的经济利益能否流入企业具有很大的不确定性。因此，资产的确认应当与经济利益流入的不确定性程度的判断结合起来。如果根据编制财务报表时所取得的证据，与资源有关的经济利益很可能流入企业，那么就应当将其作为资产予以确认；反之，不能确认为资产。

第二，该资源的成本或者价值能够可靠地计量。

财务会计系统是一套确认、计量和报告的系统，其中计量起着枢纽作用，可计量性是所有会计要素确认的重要前提，资产的确认同样需要符合这一要求。只有当有关资源的成本或者价值能够可靠计量时，资产才能予以确认。在实务中，对于企业在取得资产时发生的成本，实际发生的购买成本或者生产成本能够可靠地计量，均应视为符合资产确认的可计量条件。在某些情况下，企业取得资产没有发生实际成本或者发生的实际成本很小，例如企业持有的衍生金融工具形成的资产，尽管他们没有实际成本或者发生的实际成本很小，但是如果公允价值能够可靠计量的话，也被认为符合资产确认的可计量条件。

符合资产定义和资产确认条件的项目，应当列入资产负债表；符合资产定义、但不符合资产确认条件的项目，不应当列入资产负债表。

二、负债

(一) 负债及其特征

负债是指企业过去的交易或事项形成的、预期会导致经济利益流出企业的现实义务。它具有以下特征：

1. 负债是企业承担的现实义务

负债必须是企业承担的现实义务，它是负债的一项基本特征。现实义务是指企业在现行条件下已承担的义务。未来发生的交易或事项形成的义务，不属于现实义务，不应当确认为负债。

现实义务可以是法定义务，也可以是推定义务。其中，法定义务是指具有约束力的合同或者法律、法规规定的义务，通常在法律意义上需要强制执行。例如，企业购买商品形成的应付账款，企业从银行贷入款项形成的借款等，均属于企业承担的法定义务。推定义务是指根据企业多年来的习惯做法、公开的承诺或者公开宣布的政策而导致企业将承担的责任，这些责任也使有关各方形成了企业将履行义务从而解脱责任的合理预期。例如，企业多年来制定且实施的一项销售政策，对于售出商品提供一定期限的保修义务，该项保修义务属于推定义务，应当将其确认为一项负债。

2. 负债的清偿预期会导致经济利益流出企业

预期会导致经济利益流出企业，也是负债的一项本质特征，只有企业在履行义务时会导致经济利益流出企业的，才符合负债的定义。清偿负债导致经济利益流出企业的形式多种多样，如用现金偿还或以实物资产偿还；以提供劳务偿还；部分转移资产，部分提供劳务偿还；将负债转为资本等。

3. 负债是由过去的交易或事项形成的

负债应当由企业过去的交易或者事项所形成，过去的交易或者事项包括购买货物、使用劳务、接受银行贷款等。即只有过去的交易或者事项才形成负债，企业对未来发生的承诺、签订的合同等交易或者事项，不形成负债。

（二）负债的分类

负债按照流动性可以分为流动负债和非流动负债。负债满足下列条件之一的，应当归类为流动负债：（1）预计在一个正常的营业周期中清偿；（2）主要为交易目的而持有；（3）在资产负债表日起一年内到期应予以清偿；（4）企业无权自主地将清偿推迟至资产负债表日后一年以上。流动负债以外的负债应当归类为非流动负债。通常情况下，流动负债主要包括短期借款、应付票据、应付账款、预收账款、应付职工薪酬、应付股利、应交税费、其他暂收应付款项和一年内到期的长期负债等；非流动负债包括长期借款、应付债券、长期应付款等。

（三）负债的确认条件

将一项现实义务确认为负债，首先应当符合负债的定义。除此之外，还应当同时满足以下两个条件：

（1）与该义务有关的经济利益很可能流出企业。预期会导致经济利益流出企业，是负债的第一项本质特征。鉴于履行义务所需流出的经济利益具有不确定性，尤其是与推定义务相关的经济利益通常需要依赖大量的估计，因此负债的确认应当与经济利益流出的不确定性程度的判断结合起来。如有确凿证据表明，与现实义务有关的经济利益很可能流出企业，就应当将其作为负债加以确认；反之，如果企业承担了现实义务，但是导致经济利益流出企业的可能性已不复存在，就不符合负债确认的条件，不应当将其作为负债加以确认。

（2）未来流出的经济利益的金额能够可靠地计量。负债的确认也需要符合可计量性的要求。对于与法定义务有关的经济利益流出金额，通常可以根据合同或者法律规定的金额予以确定。对于与推定义务有关的经济利益流出金额，通常需要较大程度的估计。

在确定未来经济利益流出金额时，通常还要考虑货币时间价值及风险等因素的影响。

三、所有者权益

（一）所有者权益的定义

所有者权益是指资产扣除负债后，由所有者享有的剩余权益。公司的所有者权益又称为股东权益。所有者权益是所有者对企业资产的剩余索取权，是企业资产扣除了债权人权益后应由所有者享有的部分。这样定义，既可以反映所有者投入资本的保值增值情况，又体现了保护债权人权益的理念。

（二）所有者权益的来源构成

所有者权益按其来源，主要包括所有者投入的资本、直接计入所有者权益的利得和损失、留存收益等。通常由实收资本（或股本）、资本公积、盈余公积和未分配利润构成。

所有者投入的资本，是指所有者投入企业的部分，它既包括构成企业注册资本或者股本部分的金额，也包括投入资本超过注册资本或者股本部分的金额，即资本溢价或者股本溢价，我国企业会计准则将其作为资本公积。

直接计入所有者权益的利得和损失，是指不应计入当期损益、会导致所有者权益发生增减变动的、与所有者投入的资本或者向所有者分配利润无关的利得或者损失。其中，利得是指由企业非日常活动形成的、会导致所有者权益增加的、与所有者投入资本无关的经济利益的流入，包括直接计入所有者权益的利得和直接计入当期利润的利得。损失是指由企业非日常活动形成的、会导致所有者权益减少的、与向所有者分配利润无关的经济利益的流出，包括直接计入所有者权益的损失和直接计入当期利润的损失。直接计入所有者权益的利得和损失主要包括可供出售金融资产的公允价值变动额、现金流量套期中套期工具的公允价值变动额（有效套期部分）等。

留存收益，是企业历年实现的净利润留存企业的部分，主要包括累计计提的盈余公积和未分配利润。

（三）所有者权益的确认条件

由于所有者权益体现的是所有者在企业中的剩余权益，因此，所有者权益的确认主要依赖于其他会计要素，尤其是资产和负债的确认；所有者权益金额的确定也主要取决于资产和负债的计量。例如，企业接受所有者投入的资产，在该资产符合企业资产确认条件时，也相应地符合了所有者权益的确认条件；当该资产的价值能够可靠计量时，所有者权益的金额也就可以确定了。

四、收入

（一）收入及其特征

收入是指企业在日常活动中所形成的、会导致所有者权益增加的、与所有者投入资本无关的经济利益的总流入。收入具有以下特征：

（1）收入是企业在日常活动中形成的。日常活动是指企业为完成其经营目标所从事的经常性活动以及与之相关的活动。如工业企业制造并销售产品、商业企业销售商品等。明确界定日常活动是为了将收入与利得相区别，因为企业非日常活动形成的经济利益的流入不能确认为收入，而应当计入利得。

（2）收入是与所有者投入资本无关的经济利益的总流入。收入应当会导致经济利益的流入，从而导致资产的增加。例如，企业销售商品，必须要收到现金或者取得了收取现金的权利，才表明该交易符合收入定义。与收入相关的经济利益的流入，应当将所有者投入的资本排除在外。

（3）收入最终会导致所有者权益增加。与收入相关的经济利益的流入最终会导致所有者权益增加，不会导致所有者权益增加的经济利益的流入不符合收入定义，不应确认为收入。例如，企业向银行借入款项，尽管也导致了企业经济利益的流入，但该流入并不导致所有者权益的增加，反而使企业承担了一项现实义务，因此该项借款不应确认为收入，而应当确认为负债。

（二）收入的分类

按照收入的来源，可以将收入分为三类：一是销售商品取得的收入；二是提供劳务取得的收入；三是让渡资产使用权所取得的收入，让渡资产使用权主要表现为对外贷款、对外投资或者对外出租等。

按照日常活动在企业所处的地位，收入可分为主营业务收入和其他业务收入。

（三）收入的确认条件

收入的确认除了应当符合定义外，还应当满足严格的确认条件。收入的确认至少应当符合以下条件：一是与收入相关的经济利益很可能流入企业；二是经济利益流入企业的结果会导致资产的增加或者负债的减少；三是经济利益的流入金额能够可靠计量。

五、费用

（一）费用及其特征

费用是指企业在日常活动中所发生的、会导致所有者权益减少的、与向所有者分配利润无关的经济利益的总流出。它具有以下特征：

（1）费用是企业在日常活动中发生的。费用必须是企业在日常活动中发生的，这些日常活动的界定与收入中涉及的日常活动相一致。日常活动中所发生的费用通常包括销售成本（营业成本）、职工薪酬、折旧费、无形资产摊销费用等。将费用界定为日常活动中所形成的，是为了将其与损失相区分，因企业非日常活动所形成的经济利益的流出不能确认为费用，应当计入损失。

（2）费用是与向所有者分配利润无关的经济利益的总流出。费用应当会导致经济利益的流出，从而导致资产的减少或负债的增加。虽然向所有者分配利润也会导致经济利益的流出，但该经济利益的流出属于所有者权益的抵减项目，因而不应确认为费用，应当将其排除在费用之外。

（3）费用会导致所有者权益减少。与费用相关的经济利益的流出最终会导致所有者权益减少，不会导致所有者权益减少的经济利益的流出不符合费用定义，不应确认为费用。

（二）费用的分类

按照费用与收入的关系，费用可以分为营业成本和期间费用。营业成本按照其在企业日常活动中所处的地位可以分为主营业务成本和其他业务成本。期间费用包括管理费用、销售费用和财务费用。

（三）费用的确认条件

费用的确认除了应当符合定义外，还应当满足严格的确认条件。费用的确认至少应当符合以下条件：一是与费用相关的经济利益很可能流出企业；二是经济利益流出企业的结果会导致资产的减少或者负债的增加；三是经济利益的流出金额能够可靠计量。

六、利润

（一）利润的定义

利润是指企业在一定会计期间的经营成果。通常情况下，如果企业实现了利润，表明企业的所有者权益将增加，业绩得到了提升；反之，如果企业出现了亏损，表明企业的所有者权益将会减少，业绩下滑。因此，利润往往是评价企业管理层业绩的一项重要指标，也是投资者、债权人等作出投资决策、信贷决策等的重要参考指标。

（二）利润的来源构成

利润包括收入减去费用后的净额、直接计入当期利润的利得和损失等。收入减去费用后的净额反映的是企业日常活动的业绩，直接计入当期利润的利得和损失反映的是企业非日常活动的业绩。

（三）利润的确认条件

利润的确认主要依赖于收入和费用以及利得和损失的确认，其金额的确定也主要取决于收入、费用、利得、损失金额的计量。

七、会计要素计量属性及其应用原则

（一）会计要素计量属性

会计计量，是为了将符合确认条件的会计要素登记入账并列报于财务报表而确定其金额的过程。企业应当按照规定的计量属性进行计量，确定相关金额。计量属性是指所予计量的某一要素的特性方面，如绳子的长度、矿石的重量、楼房的面积等。从会计角度，计量属性反映的是会计要素金额的确定基础。根据基本准则的规定，会计计量属性主要有历史成本、重置成本、可变现净值、现值和公允价值等。

1. 历史成本

历史成本，又称实际成本，就是取得和制造某项财产物资时所实际支付的现金或其他等价物。在历史成本计量下，资产按照购置时支付的现金或者现金等价物的金额，或者按照购置资产时所付出的对价的公允价值计量；负债按照其因承担现时义务而实际收到的款项或者资产的金额，或者承担现时义务的合同金额，或者按照日常活动中为偿还负债预期需要支付的现金或现金等价物的金额计量。

2. 重置成本

重置成本，又称现行成本，是指按照当前市场条件，重新取得同样一项资产所需支付的现金或现金等价物的金额。在重置成本计量下，资产按照现在购买相同或者相似资产所需支付的现金或者现金等价物的金额计量；负债按照现在偿付该项债务所需支付的现金或者现金等价物的金额计量。

3. 可变现净值

可变现净值，是指在正常生产经营过程中，以预计售价减去进一步加工成本和预计销售费用以及相关税费后的净值。在可变现净值计量下，资产按照其正常对外销售所能收到现金或者现金等价物的金额扣减该资产至完工时估计将要发生的成本、估计的销售费用以及相关税金后的金额计量。

4. 现值

现值，是指对未来现金流量以恰当的折现率进行折现后的净值。在现值计量下，资产按照预计从其持续使用和最终处置中所产生的未来净现金流入量的折现金额计量；负债按照预计期限内需要偿还的未来净现金流出量的折现金额计量。

5. 公允价值

公允价值，是指在公平交易中熟悉情况的双方自愿进行资产交换或者债务清偿的金额。在公允价值计量下，资产和负债按照在公平交易中熟悉情况的交易双方自愿进行资产交换或者债务清偿的金额计量。

(二) 计量属性的应用原则

会计计量属性包括历史成本、重置成本、可变现净值、现值和公允价值等，企业在对会计要素进行计量时，应当严格按照规定选择相应的计量属性。基本准则规定，企业在对会计要素计量时，一般情况下，应当采用历史成本。采用重置成本、可变现净值、现值、公允价值计量的，应当保证所确定的会计要素金额能够取得并可靠计量。

在某些情况下，如果仅仅以历史成本作为计量属性，可能难以达到会计信息质量的要求，不利于实现财务报告目标，为了会计信息的有用性，有必要采用其他计量属性进行会计计量，以弥补历史成本计量属性的缺陷。鉴于应用其他计量属性往往需要依赖于估计，所以企业会计准则要求企业应当保证根据其他计量属性确定的会计要素金额能够取得并可靠计量；如果这些金额无法取得或者可靠计量的，则不允许采用其他计量属性。

思考练习题

一、重要概念

1. 财务报告目标
2. 权责发生制
3. 可比性
4. 谨慎性
5. 会计要素
6. 会计确认
7. 会计计量
8. 资产
9. 负债
10. 所有者权益
11. 收入
12. 费用
13. 利润
14. 利得
15. 损失
16. 历史成本
17. 可变现净值
18. 现值
19. 公允价值

20. 重置成本

二、思考题

1. 如何理解财务会计的作用？
2. 如何理解财务报告目标？
3. 说明会计基本假设各项内容的含义。
4. 说明企业会计核算的基础及其含义。
5. 说明企业会计信息质量要求的各项内容及其含义。

三、单项选择题

1. 会计信息应当满足信息使用者的需要，这体现了（　　）原则的要求。
   A. 可靠性　　　B. 相关性
   C. 重要性　　　D. 清晰性
2. 会计核算上将以融资租赁方式租入的资产视为企业的资产所反映的会计信息质量要求是（　　）。
   A. 实质重于形式
   B. 谨慎性
   C. 相关性
   D. 及时性
3. 下列事项中，不属于反映"会计信息质量要求"的是（　　）。
   A. 可靠性
   B. 可比性
   C. 实质重于形式
   D. 历史成本
4. 确立会计核算空间范围所依据的会计基本假设是（　　）。
   A. 会计主体　　B. 持续经营
   C. 会计分期　　D. 货币计量
5. 权责发生制基础要求对企业的（　　）进行确认和计量。
   A. 资产和负债
   B. 本期实现的收入
   C. 所有者权益
   D. 前期发生或应负担的费用
6. 在会计的基本假设中，（　　）假设是企业选择会计处理方法和程序保持稳定的条件。
   A. 会计主体　　B. 持续经营
   C. 会计分期　　D. 货币计量
7. 关于损失，下列说法中正确的是（　　）。
   A. 损失是指由企业非日常活动所形成的、会导致所有者权益减少的、与向所有者分配利润无关的经济利益的流出
   B. 损失是指由企业日常活动所形成的、会导致所有者权益减少的、与向所有者分配利润无关的经济利益的流出
   C. 损失只能计入所有者权益项目，不能计入当期利润
   D. 损失只能计入当期利润，不能计入所有者权益项目
8. 下列项目中，能同时影响资产和负债发生变化的是（　　）。
   A. 接受投资者投入设备
   B. 支付现金股利
   C. 收回应收账款
   D. 支付股票股利
9. 下列各项经济业务中，会引起公司股东权益总额变动的是（　　）。
   A. 用资本公积转增资本
   B. 向投资者分配股票股利
   C. 股东大会向投资者宣告分配现金股利
   D. 用盈余公积弥补亏损
10. 下列项目中，符合资产定义的是（　　）。
    A. 购入的某项专利权
    B. 经营租入的设备
    C. 待处理的财产损失
    D. 计划购买的某项设备

四、多项选择题

1. 下列组织可以作为一个会计主体进行核算的有（　　）。
   A. 独资企业　　B. 销售部门

C. 分公司　　　D. 企业集团

2. 会计信息质量的相关性要求所提供的会计信息应当（　　）。

A. 满足企业内部加强经济管理的需要

B. 满足国家宏观经济管理的需要

C. 满足有关各方了解企业财务状况和经营成果的需要

D. 满足提高全民素质的需要

3. 资产具有的基本特征包括（　　）。

A. 资产是由过去的交易或事项所形成的

B. 资产必须是投资者投入或向债权人借入的

C. 资产是企业拥有或者控制的

D. 资产预期能给企业带来经济利益

4. 下列内容符合收入定义的有（　　）。

A. 销售商品收入

B. 出租固定资产收入

C. 罚款收入

D. 提供运输劳务收入

5. 下列项目中，属于所有者权益项目的有（　　）。

A. 所有者投入的资本

B. 直接计入所有者权益的利得和损失

C. 留存收益

D. 应付职工薪酬

6. 可靠性要求（　　）。

A. 企业应当以实际发生的交易或者事项为依据进行会计确认、计量和报告

B. 如实反映符合确认和计量要求的各项会计要素及其他相关信息

C. 保证会计信息真实可靠、内容完整

D. 企业提供的会计信息应当具有可比性

7. 下列计量基础属于会计实务中使用的有（　　）。

A. 可变现净值　B. 历史成本

C. 现值　　　　D. 千克

8. 混淆产品成本与期间费用会对（　　）的确认产生影响。

A. 资产　　　　B. 负债

C. 利润　　　　D. 所有者权益

9. 按照权责发生制原则，下列哪些事项构成本期的收入和费用（　　）。

A. 以银行存款支付本期电费

B. 收回前期销货款

C. 本期提供劳务的款项尚未收回

D. 以银行存款支付下期的保险费

10. 我国会计准则体系包括（　　）。

A. 基本准则

B. 会计法

C. 具体准则

D. 会计准则应用指南

五、判断题

1. 某项财产物资要确认为企业的资产，其产权必须属于企业。（　　）

2. 对于任何一项经济业务，只能依据其法律形式进行会计核算。（　　）

3. 按谨慎性原则的要求，企业会计核算要合理估计可能发生的损失及预计可能发生的收益。（　　）

4. 可比性原则要求企业会计方法一经选定就不能改变。（　　）

5. 由于支出最终要计入损益，因此把收益性支出错记为资本性支出不会影响当期损益。（　　）

6. 某一会计事项是否具有重要性，在很大程度上取决于会计人员的职业判断。同一会计事项，在某一企业具有重要性，在另一企业则不一定具有重要性。（　　）

7. 会计核算以历史成本作为计价原则，但在某些特殊情况下，也可以采用其他的计价方法。（　　）

8. 持续经营是会计核算的基本前提之一，如果没有这个前提，一些公认的会计

处理方法都将缺乏存在的基础。（　　）

9. 可比性原则中，同一企业不同时期可比与不同企业相同会计期间可比，其目的都在于使会计信息能够相互比较，但二者比较的基础不同。（　　）

10. 会计主体和法律主体是统一的，因此，会计主体只能是独立的法人，不能是非法人。（　　）

第二章 货币资金

货币资金是企业流动性最强的一项重要资产。企业一些主要经济业务始于货币资金，终于货币资金。货币资金从本质上讲，属于金融资产范畴，由于其会计处理的特殊性，本章单独加以阐述。货币资金的会计核算较为简单，但由于其流动性很强，为保证企业的正常经营，企业应对货币资金实行有效的计划和控制。根据货币资金的存放地点及其用途的不同，货币资金分为库存现金、银行存款及其他货币资金。由于我国对货币资金管理较为严格，这三类项目在管理和核算上都有较大区别。

第一节 库存现金

库存现金是指通常存放于企业财会部门，由出纳人员保管，作为日常零星开支所需的那部分货币资金。库存现金包括人民币现金和外币现金。

库存现金是企业流动性最强的资产，为了保证企业货币资金的安全和完整，加强银行对企业的监督和控制，我国对现金的使用和管理有较严格的规定。企业应当严格遵守国家有关现金管理制度，正确进行现金收支的核算，监督现金使用的合法性与合理性。

一、现金管理制度

根据国务院发布的《现金管理暂行条例》的规定，现金管理制度主要包括以下内容。

（一）现金的使用范围

允许企业使用现金结算的范围是：

（1）职工工资、津贴。
（2）个人劳务报酬。
（3）根据国家规定颁发给个人的科学技术、文化艺术、体育等各种奖金。
（4）各种劳保、福利费用以及国家规定的对个人的其他支出。
（5）向个人收购农副产品和其他物资的款项。
（6）出差人员必须随身携带的差旅费。
（7）结算起点以下的零星支出。
（8）中国人民银行确定需要支付现金的其他支出。

除上述情况可以用现金支付外，其他款项的支付应通过银行转账结算。

（二）现金的限额

现金的限额是指为了保证企业日常零星开支的需要，允许单位留存现金的最高数额。这一限额由开户银行根据单位的实际需要核定，一般按照单位 3~5 天日常零星开支的需要确定。边远地区和交通不便地区开户单位的库存现金限额，可按多于 5 天但不超过 15 天的日常零星开支的需要确定。核定后的现金限额，开户单位必须严格遵守，超过部分应于当日终了前存入银行；库存现金低于限额时，可以签发现金支票，从银行提取现金，补足限额。需要增加或减少现金限额的单位，应向开户银行提出申请，由开户银行核定。

（三）现金收支的规定

企业应当根据中国人民银行规定的现金管理办法和财政部关于各单位货币资金管理和控制的规定，办理有关现金收支业务。办理现金收支业务时，应当遵守以下几项规定：

（1）开户单位收入现金，应于当日送存开户银行，当日送存确有困难的，由开户银行确定送存时间。

（2）开户单位支付现金，可以从本单位库存现金中支付或从开户银行提取，不得从本单位的现金收入中直接支付，即不得"坐支"现金，因特殊情况需要坐支现金的单位，应事先报经开户银行审查批准，并在核定的范围和限额内进行，同时，收支的现金必须入账。

（3）开户单位从开户银行提取现金时，应如实写明提取现金的用途，由本单位财会部门负责人签字盖章，并经开户银行审查批准后予以支付。

（4）因采购地点不确定、交通不便、抢险救灾及其他特殊情况必须使用现金的单位，应向开户银行提出书面申请，由本单位财会部门负责人签字盖章，并经开户银行审查批准后予以支付。

（5）企业不准用不符合国家统一会计制度的凭证顶替库存现金，即不得"白条顶库"；不准谎报用途套取现金；不准用银行账户代其他单位和个人存入或支取现金；不准将单位收入的现金以个人名义存入储蓄；不准保留账外公款，即不得"公款私存"，不得设置"小金库"等。

对于违反上述规定的企业，银行将按照违规金额的一定比例予以处罚。

二、库存现金的会计处理

（一）库存现金的会计处理

为了总括地反映企业库存现金的收入、支出和结存情况，企业应当设置"库存现金"科目，核算企业的库存现金。企业增加库存现金时，根据审核无误的记账凭证，借记"库存现金"科目，贷记"银行存款"等科目；减少库存现金时，作相反的会计分录。"库存现金"科目期末借方余额，反映企业持有的库存现金。

企业应当设置现金总账和现金日记账，分别进行企业库存现金的总分类核算和明细分类核算。有外币现金收支业务的企业，应当按照人民币现金、外币现金的币种设置现金账户进行明细核算。

现金日记账由出纳人员根据收付款凭证，按照业务发生顺序逐笔登记。每日终了，应当在现金日记账上计算出当日的现金收入合计额、现金支出合计额和结余额，并将现金日记账的账面结余额与实际库存现金额相核对，保证账款相符；月度终了，现金日记账的余额应当与现金总账的余额核对，做到账账相符。

（二）备用金的会计处理

企业有内部周转使用备用金的，可以单独设置"备用金"科目。单独设置"备用金"科目的企业，由企业财务部门单独拨给企业内部各单位周转使用的备用金，借记"备用金"科目，贷记"库存现金"或"银行存款"科目。从备用金中支付零星支出，应根据有关的支出凭单，定期编制备用金报销清单，财务部门根据内部各单位提供的备用金报销清单，定期补足备用金，借记"管理费用"等科目，贷记"库存现金"科目或"银行存款"科目。除了增加或减少拨入的备用金外，使用或报销有关备用金支出时，不再通过"备用金"科目核算。

三、库存现金的清查

企业应当按规定进行现金的清查，一般采用实地盘点法，对于清查的结果，应当编制现金盘点报告单。如果有挪用现金、白条顶库的情况，应及时予以纠正；对于超限额留存的现金，应及时送存银行。如果账款不符，发现的有待查明原因的现金短缺或溢余，应先通过"待处理财产损溢"科目核算。属于现金短缺，应按实际短缺的金额，借记"待处理财产损溢——待处理流动资产损溢"科目，贷记"库存现金"科目；属于现金溢余，按实际溢余的金额，借记"库存现金"科目，贷记"待处理财产损溢——待处理流动资产损溢"科目。待查明原因后，分别以下情况处理。

（一）库存现金短缺的处理

如为库存现金短缺，属于应由责任人赔偿的部分，借记"其他应收款——应收现金短缺款（××个人）"或"库存现金"等科目，贷记"待处理财产损溢——待处理流动资产损溢"科目；属于应由保险公司赔偿的部分，借记"其他应收款——应收保险赔款"科目，贷记"待处理财产损溢——待处理流动资产损溢"科目；属于无法查明的其他原因，根据管理权限，经批准后处理，借记"管理费用——现金短缺"科目，贷记"待处理财产损溢——待处理流动资产损溢"科目。

【例 2-1】 甲公司清查现金时，发现库存现金短缺 200 元，经查明原因，其中 140 元是由于出纳陈红疏忽所致，应由其赔偿，陈红当即交回现金 140 元以作赔偿；剩余 60 元短缺原因确实无法查明，经批准作为管理费用处理。

根据上述资料，甲公司账务处理如下：

(1) 发现现金短缺。

借：待处理财产损溢——待处理流动资产损溢　　　　200
　　贷：库存现金　　　　　　　　　　　　　　　　　　200

(2) 查明原因处理短缺损失。

借：其他应收款——应收现金短缺款（陈红）　　　　140
　　管理费用　　　　　　　　　　　　　　　　　　　60
　　贷：待处理财产损溢——待处理流动资产损溢　　　　200

(3) 收到陈红赔款。

借：库存现金　　　　　　　　　　　　　　　　　　140
　　贷：其他应收款——应收现金短缺款（陈红）　　　　140

(二) 库存现金溢余的处理

如为库存现金溢余，属于应支付给有关人员或单位的，借记"待处理财产损溢——待处理流动资产损溢"科目，贷记"其他应付款——应付现金溢余（××个人或单位）"科目；属于无法查明原因的现金溢余，经批准后，借记"待处理财产损溢——待处理流动资产损溢"科目，贷记"营业外收入——现金溢余"科目。

【例 2-2】 甲公司清查现金时，发现库存现金溢余 500 元，查明原因系由上月光辉公司购货时多付所致并以现金退回。

根据上述资料，甲公司账务处理如下：

(1) 发现现金溢余时：

  借：库存现金   500
    贷：待处理财产损溢——待处理流动资产损溢   500

(2) 查明原因处理时：

  借：待处理财产损溢——待处理流动资产损溢   500
    贷：其他应付款——应付现金溢余（光辉公司）   500

(3) 支付多余款时：

  借：其他应付款——应付现金溢余（光辉公司）   500
    贷：库存现金   500

第二节 银行存款

银行存款是指企业存入银行或其他金融机构的各种款项。企业应当根据业务需要，按照规定在其所在地银行开设账户，运用所开设的账户，进行存款、取款以及各种收支转账业务的结算。银行存款的收付应严格执行银行结算制度的规定。

一、银行存款的有关规定

(一) 银行存款开户的有关规定

银行存款账户分为基本存款账户、一般存款账户、临时存款账户和专用存款账户。

基本存款账户是企业办理日常结算和现金收付的账户。企业的工资、奖金等现金的支取，只能通过基本存款账户办理。

一般存款账户是企业在基本存款账户以外的银行借款转存、与基本存款账户的企业不在同一地点的附属非独立核算单位的账户。企业可以通过本账户办理转账结算和现金缴存，但不能办理现金支取。

临时存款账户是企业因临时经营活动需要设立的账户。企业可以通过本账户办理转账结算和根据国家现金管理的规定办理现金收付。

专用存款账户是企业因特定用途需要开立的账户。

一个企业只能选择一家银行的一个营业机构开立一个基本存款账户，不得在多家银行机构开立基本存款账户；不得在同一家银行的几个分支机构开立一般存款账户。

企业除了按规定留存的库存现金以外，所有货币资金都必须存入银行。企业与其他单位之间的一切收付款项，除制度规定可用现金支付的部分以外，都必须通过银行办理转账结算，也就是由银行按照事先规定的结算方式，将款项从付款单位的账户划出，转入收款单位的账户。因此，企业不仅要在银行开立账户，而且账户内必须要有可供支付的存款。

（二）银行结算制度

企业通过银行办理支付结算时，应当认真执行国家各项管理办法和结算制度。中国人民银行1997年9月19日颁布的《支付结算办法》规定：单位和个人办理支付结算，不准签发没有资金保证的票据或远期支票，套取银行信用；不准签发、取得和转让没有真实交易和债权债务的票据，套取银行和他人的资金；不准无理拒绝付款，任意占用他人资金；不准违反规定开立和使用账户。

二、银行存款的会计处理

企业应当设置银行存款总账和银行存款日记账，分别进行银行存款的总分类核算和明细分类核算。有外币业务的企业，应在"银行存款"科目下分别人民币和各种外币设置明细账进行核算。

企业设置"银行存款"科目，核算企业存入银行或其他金融机构的各种款项。企业增加银行存款（如企业收到支票）时，借记"银行存款"科目，贷记"库存现金"、"应收账款"等科目；减少银行存款（如企业开出支票）时，作相反的会计分录。"银行存款"科目期末借方余额，反映企业存在银行或其他金融机构的各种款项。

支票是银行结算的主要方式之一，通过"银行存款"科目核算。支票是单位或个人签发的、委托办理支票存款业务的银行在见票时无条件支付确定的金额给收款人或者持票人的票据。支票结算方式简便、灵活，是同城结算中应用比较广泛的一种结算方式。单位和个人在同一票据交换区域的各种款项结算，均可使用支票。

支票由银行统一印制，分为现金支票、转账支票和普通支票。支票上印有"现金"字样的为现金支票，现金支票只能用于支取现金。支票上印有"转账"字样的为转账支票，转账支票只能用于转账，不能支取现金。支票上未印有"现金"或"转账"字样的为普通支票，普通支票可以用于支取现金，也可以用于转账。在普通支票左上角划两条平行线的，为划线支票，划线支票只能用于转账，不得支取现金。

支票的提示付款期限为自出票日起10日内，中国人民银行另有规定的除外。超过提示付款期限的，持票人开户银行不予受理，付款人不予付款。转账支票可以根据需要在票据交换区域内背书转让。支票遗失时，应立即到银行办理挂失，如挂失前已被冒领，银行概不负责。

【例2-3】 甲公司因销售商品而开具增值税专用发票，注明价款为10 000元，增值税税款为1 700元，取得一张11 700元的支票送交银行，银行审核无误后，将款项转入其银行账户。

根据上述资料，甲公司账务处理如下：

借：银行存款　　　　　　　　　　　　　　　　　　　　　11 700
　　贷：主营业务收入　　　　　　　　　　　　　　　　　　　10 000
　　　　应交税费——应交增值税（销项税额）　　　　　　　　1 700

【例2-4】 甲公司为支付货款开出一张面值为11 700元的支票送交销货企业,并取得一张增值税专用发票,注明价款为10 000元,增值税税款为1 700元。

根据上述资料,甲公司账务处理如下:

  借:在途物资   10 000
    应交税费——应交增值税(进项税额)   1 700
   贷:银行存款   11 700

三、银行存款的核对

  企业可按开户银行和其他金融机构、存款种类等设置"银行存款日记账",根据收付款凭证,按照业务的发生顺序逐笔登记。每日终了,应结出余额。"银行存款日记账"应定期与"银行对账单"核对,至少每月核对一次。企业银行存款账面余额与银行对账单余额之间如有差额,必须逐笔查明原因,并应按月编制"银行存款余额调节表",调节相符。

  企业应按期核对银行存款账目,核对环节主要包括:一是要对银行存款日记账与银行存款收、付款凭证进行相互核对;二是要对银行存款日记账与银行存款总账进行相互核对;三是要对银行存款日记账与银行开出的银行存款对账单进行相互核对。

  企业应将银行存款日记账记录与银行的对账单进行逐笔核对,如发现双方余额不一致,要及时查找原因,属于记账差错的,要立即更正;属于未达账项的,无需作账面调整,待结算凭证到达后,再登记入账。

  未达账项是指企业与银行之间由于在时间传递上存在差异,一方已登记入账,而另一方尚未入账的款项。由于未达账项的出现,导致企业账银行存款的余额与银行账企业存款的余额不一致。未达账项具体包括四种情况:

  (1)银行已记作企业的存款增加,但企业尚未接到收款通知而未记账的款项,如银行支付给企业的存款利息。

  (2)银行已记作企业的存款减少,但企业尚未接到付款通知而未记账的款项,如银行代企业支付的公用事业费用。

  (3)企业已记作银行存款增加,但银行尚未办理入账的款项,如企业存入其他单位的转账支票。

  (4)企业已记作银行存款减少,但银行尚未办理入账的款项,如企业已开出转账支票但对方尚未到银行办理转账手续的款项。

  在核对银行存款账目过程中,如发现未达账项时,应编制"银行存款余额调节表"进行调节,如没有记账错误,调节后的双方余额应相等。

  【例2-5】 甲公司2011年12月31日在工商银行的银行存款日记账的余额为256 000元,银行转来对账单的余额为265 000元。经逐笔核对,发现以下未达账项:

  (1)企业送存转账支票2 000元,并已登记银行存款增加,但银行尚未记账。

  (2)企业委托银行代收某公司购货款12 000元,银行已收妥并登记入账,但企业尚未收到收款通知,尚未记账。

  (3)银行代企业支付电话费4 000元,银行已登记企业银行存款减少,但企业未收到银行付款通知，尚未记账。

（4）企业开出转账支票 3 000 元，但持票单位尚未到银行办理转账，银行尚未记账。

根据上述资料，甲公司应编制银行存款余额调节表如下：

表 2-1　　　　　　　　　　　　银行存款余额调节表
　　　　　　　　　　　　　　　　2011 年 12 月 31 日　　　　　　　　　　　　　金额单位：元

项　目	金　额	项　目	金　额
企业银行存款日记账余额	256 000	银行对账单余额	265 000
加：银行已收、企业未收款	12 000	加：企业已收、银行未收款	2 000
减：银行已付、企业未付款	4 000	减：企业已付、银行未付款	3 000
调节后的存款余额	264 000	调节后的存款余额	264 000

银行存款余额调节表的作用是核对账目，企业不能根据银行存款余额调节表调整银行存款的金额，只能等到相关的结算凭证到达后才能入账。银行存款调节表调整后的余额表示企业实际可以动用的银行存款。如果调节后存款余额仍然不一致，应该及时查明原因，并按库存现金短缺或溢余的思路进行处理。

第三节　其他货币资金

其他货币资金是指企业除库存现金、银行存款以外的各种货币资金，主要包括银行汇票存款、银行本票存款、信用卡存款、信用证保证金存款、外埠存款、存出投资款等。

为了反映和监督其他货币资金的收支和结存情况，企业应当设置"其他货币资金"科目，核算企业的银行汇票存款、银行本票存款、信用卡存款、信用证保证金存款、外埠存款、存出投资款等其他货币资金。"其他货币资金"科目可按银行汇票或本票、信用证的收款单位及外埠存款的开户银行，分别"银行汇票"、"银行本票"、"信用卡"、"信用证保证金"、"外埠存款"、"存出投资款"等科目进行明细核算。企业增加其他货币资金，借记"其他货币资金"科目，贷记"银行存款"科目；减少其他货币资金，借记有关科目，贷记"其他货币资金"科目。"其他货币资金"科目期末借方余额，反映企业持有的其他货币资金。

一、银行汇票存款

银行汇票是汇款人将款项交存当地出票银行，由出票银行签发的，由其在见票时，按照实际结算金额无条件支付给收款人或者持票人的票据。银行汇票具有使用灵活、票随人到、兑现性强等特点，适用于先收款后发货或钱货两清的商品交易。单位和个人各种款项的结算，均可使用银行汇票。银行汇票可以用于转账，填明"现金"字样的银行汇票也可以用于支取现金。

汇款单位（即申请人）使用银行汇票，应向出票银行填写"银行汇票申请书"，填明收款人名称、金额、申请人名称、申请日期等事项并签章，签章为其预留银行的签章。出票银行受理银行汇票申请书，收妥款项后签发银行汇票，并用压数机压印出票金额，将银行汇票和解讫通知一并交给申请人。申请人应将银行汇票和解讫通知一并交付给汇票上记明的收款人。收款人受理申请人交付的银行汇票时，应在出票金额以内，根据实际需要的款项办理结算，并将实际结算的金额和多余金额准确、清晰地填入银行汇票和解讫通知的有关栏内，到银行办理款项入账手续。收款人可以将银行汇票背书转让给被背书人。银行汇票的背书转让以不超过出票金额的实际结算金额为准。未填写实际结算金额或实际结算金额超过出票金额的银行汇票，不得背书转让。银行汇票的提示付款期限为自出票日起1个月，持票人超过付款期限提示付款的，银行将不予受理。持票人向银行提示付款时，必须同时提交银行汇票和解讫通知，缺少任何一联，银行不予受理。银行汇票丧失，失票人可以凭人民法院出具的其享有票据权利的证明，向出票银行请求付款或退款。

企业填写"银行汇票申请书"并将款项交存银行时，借记"其他货币资金——银行汇票"科目，贷记"银行存款"科目；企业持银行汇票购货、收到有关发票账单时，借记"在途物资"、"材料采购"、"原材料"、"库存商品"、"应交税费——应交增值税（进项税额）"等科目，贷记"其他货币资金——银行汇票"科目；采购完毕收回剩余款项时，借记"银行存款"科目，贷记"其他货币资金——银行汇票"科目。企业收到银行汇票、填制进账单到开户银行办理款项入账手续时，根据进账单及销货发票等，借记"银行存款"科目，贷记"主营业务收入"、"应交税费——应交增值税（销项税额）"等科目。汇票因超过付款期限或其他原因未曾使用而退还款项时，应借记"银行存款"科目，贷记"其他货币资金——银行汇票"科目。

【例2-6】 甲公司向银行申请签发银行汇票，出票金额为12 000元，银行同意受理，款项从结算账户划出。采购员李强持银行汇票到深圳采购材料，取得增值税专用发票，注明的价款为10 000元，增值税税款为1 700元。公司收到银行转来的银行汇票第四联，退回余额300元。

根据上述资料，甲公司账务处理如下：

(1) 取得银行汇票时：

借：其他货币资金——银行汇票　　　　　　　　　　　　　　　12 000

　　贷：银行存款　　　　　　　　　　　　　　　　　　　　　　12 000

(2) 采购材料取得票证时：

借：在途物资　　　　　　　　　　　　　　　　　　　　　　　10 000

　　应交税费——应交增值税（进项税额）　　　　　　　　　　 1 700

　　贷：其他货币资金——银行汇票　　　　　　　　　　　　　　11 700

(3) 收到多余款项时：

借：银行存款　　　　　　　　　　　　　　　　　　　　　　　　300

　　贷：其他货币资金——银行汇票　　　　　　　　　　　　　　　300

二、银行本票存款

银行本票是指银行签发的，承诺自己在见票时无条件支付确定的金额给收款人或持票人的票据。单位和个人在同一票据交换区域需要支付的各种款项，均可使用银行本票。银行本票可以用于转账，注明"现金"字样的银行本票可以用于支取现金。

银行本票分为不定额本票和定额本票两种。定额本票面额为 1 000 元、5 000 元、10 000 元和 50 000 元。银行本票的提示付款期限自出票日起最长不得超过 2 个月。在有效付款期内，银行见票付款。持票人超过付款期限提示付款的，银行不予受理。

申请人使用银行本票，应向银行填写"银行本票申请书"。申请人或收款人为单位的，不得申请签发现金银行本票。出票银行受理银行本票申请书，收妥款项后签发银行本票，在本票上签章后交给申请人。申请人应将银行本票交付给本票上记明的收款人。收款人可以将银行本票背书转让给被背书人。

申请人因银行本票超过提示付款期限或其他原因要求退款时，应将银行本票提交到出票银行并出具单位证明。出票银行对于在本行开立存款账户的申请人，只能将款项转入原申请人账户；对于现金银行本票和未到本行开立存款账户的申请人，才能退付现金。

银行本票丧失，失票人可以凭人民法院出具的其享有票据权利的证明，向出票银行请求付款或退款。

企业填写"银行本票申请书"并将款项交存银行时，借记"其他货币资金——银行本票"科目，贷记"银行存款"科目；企业持银行本票购货、收到有关发票账单时，借记"在途物资"、"材料采购"、"原材料"、"库存商品"、"应交税费——应交增值税（进项税额）"等科目，贷记"其他货币资金——银行本票"科目。企业收到银行本票、填制进账单到开户银行办理款项入账手续时，根据进账单及销货发票等，借记"银行存款"科目，贷记"主营业务收入"、"应交税费——应交增值税（销项税额）"等科目。如企业因本票超过付款期限或其他原因未曾使用而要求银行退款时，应借记"银行存款"科目，贷记"其他货币资金——银行本票"科目。

【例 2-7】 甲公司向银行申请签发银行本票，出票金额为 12 000 元，银行同意受理，款项从结算账户划出。采购员马力持银行本票到天津采购材料，取得增值税专用发票，注明的价款为 10 000 元，增值税税款为 1 700 元。多余款项尚未收到。

根据上述资料，甲公司账务处理如下：

(1) 取得银行本票时：

借：其他货币资金——银行本票　　　　　　　　　　　　12 000
　　贷：银行存款　　　　　　　　　　　　　　　　　　　12 000

(2) 采购材料取得票证时：

借：在途物资　　　　　　　　　　　　　　　　　　　　10 000
　　应交税费——应交增值税（进项税额）　　　　　　　　1 700
　　其他应收款　　　　　　　　　　　　　　　　　　　　　300
　　贷：其他货币资金——银行本票　　　　　　　　　　　12 000

三、信用卡存款

信用卡存款是指企业为取得信用卡而存入银行信用卡专户的款项。信用卡是银行卡的一种。信用卡按使用对象分为单位卡和个人卡；按信用等级分为金卡和普通卡；按是否向发卡银行交存备用金分为贷记卡和准贷记卡。

凡在中国境内金融机构开立基本存款账户的单位可申领单位卡。单位卡可申领若干张，持卡人资格由申领单位法定代表人或其委托的代理人书面指定和注销。单位卡账户的资金一律从其基本存款账户转账存入，不得交存现金，不得将销货收入的款项存入其账户。持卡人可持信用卡在特约单位购物、消费，但单位卡不得用于10万元以上的商品交易、劳务供应款项的结算，不得支取现金，特约单位在每日营业终了，应将当日受理的信用卡签购单汇总，计算手续费和净计金额，并填写汇（总）计单和进账单，连同签购单一并送交收单银行办理进账。

企业应填制"信用卡申请表"，连同支票和有关资料一并送存发卡银行，根据银行盖章退回的进账单，借记"其他货币资金——信用卡"科目，贷记"银行存款"科目；企业用信用卡购物或支付有关费用，收到开户银行转来的信用卡存款的付款凭证及所附发票账单，借记"管理费用"等科目，贷记"其他货币资金——信用卡"科目；企业信用卡在使用过程中，需要向其账户续存资金的，借记"其他货币资金——信用卡"科目，贷记"银行存款"科目。企业的持卡人如不需要继续使用信用卡时，应持信用卡主动到发卡银行办理销户，销卡时，单位卡科目余额转入企业基本存款户，不得提取现金，借记"银行存款"科目，贷记"其他货币资金——信用卡"科目。

四、信用证保证金存款

信用证保证金存款是指采用信用证结算方式的企业为开具信用证而存入银行信用证保证金专用户的款项。企业向银行申请开立信用证，应按规定向银行提交开证申请书、信用证申请人承诺书和购销合同。

企业填写"信用证申请书"，将信用证保证金交存银行时，应根据银行盖章退回的"信用证申请书"回单，借记"其他货币资金——信用证保证金"科目，贷记"银行存款"科目。企业接到开证行通知，根据供货单位信用证结算凭证及所附发票账单，借记"在途物资"、"材料采购"、"原材料"、"库存商品"、"应交税费——应交增值税（进项税额）"等科目，贷记"其他货币资金——信用证保证金"科目；将未用完的信用证保证金存款余额转回开户银行时，借记"银行存款"科目，贷记"其他货币资金——信用证保证金"科目。

五、外埠存款

外埠存款是指企业到外地进行临时或零星采购，而汇往采购地银行开立采购专户的款项。企业将款项汇往外地时，应填写汇款委托书，委托开户银行办理汇款。汇入地银行以汇款单位名义开立临时采购账户，该账户的存款不计利息、只付不收、付完清户，除了采购人员可从中提取少量现金外，一律采用转账结算。

企业将款项汇往外地开立采购专用账户时，根据汇出款项凭证，借记"其他货币资金——外埠存款"科目，贷记"银行存款"科目；收到采购人员转来供应单位发票账单等报销凭证时，借记"在途物资"、"材料采购"、"原材料"、"库存商品"、"应交税费——应交增值税（进项税额）"等科目，贷记"其他货币资金——外埠存款"科目；采购完毕收回剩余款项时，根据银行的收账通知，借记"银行存款"科目，贷记"其他货币资金——外埠存款"科目。

【例2-8】 甲公司委派张山到天津采购材料,委托开户银行汇款到天津开立采购专户,汇出金额为12 000元。采购员张山到天津采购材料,取得增值税专用发票上注明的价款为10 000元,增值税税款为1 700元。采购专户结束,余额划回。

根据上述资料,甲公司账务处理如下:
(1) 开立采购专户时:
　　借:其他货币资金——外埠存款　　　　　　　　　　　　　　12 000
　　　　贷:银行存款　　　　　　　　　　　　　　　　　　　　12 000
(2) 采购材料取得票证时:
　　借:在途物资　　　　　　　　　　　　　　　　　　　　　　10 000
　　　　应交税费——应交增值税(进项税额)　　　　　　　　　　1 700
　　　　贷:其他货币资金——外埠存款　　　　　　　　　　　　11 700
(3) 收到多余款项时:
　　借:银行存款　　　　　　　　　　　　　　　　　　　　　　　300
　　　　贷:其他货币资金——外埠存款　　　　　　　　　　　　　300

六、存出投资款

存出投资款是指企业已存入证券公司但尚未以交易为目的投资的现金。

企业向证券公司划出资金时,借记"其他货币资金——存出投资款"科目,贷记"银行存款"科目;购买股票、债券等时,按实际发生的金额,借记"交易性金融资产"科目,贷记"其他货币资金——存出投资款"科目。

思考练习题

一、重要概念
1. 坐支
2. 基本存款账户
3. 未达账项
4. 支票
5. 其他货币资金
6. 银行汇票
7. 银行本票
8. 信用卡

二、简答题
1. 简述库存现金的使用范围。
2. 银行存款日记账账面余额与银行对账单余额之间出现不一致的原因主要有哪些方面?应如何处理?
3. 其他货币资金包括几项内容?

三、单项选择题
1. 企业一般不得从本单位的现金收入中直接支付现金,因特殊情况需要支付现金的,应事先报经(　　)审查批准。
A. 本企业单位负责人
B. 上级主管部门
C. 开户银行
D. 财税部门
2. 按照国家《银行账户管理办法》规定,企业的工资、奖金、津贴等的支取,只能通过(　　)办理。
A. 基本存款账户
B. 一般存款账户
C. 临时存款账户
D. 专业存款账户

3. 除中国人民银行另有规定外，支票的提示付款期限一般为自出票日起（　）天。

A. 7　　　　B. 10
C. 15　　　 D. 20

4. 下列各项中，不通过"其他货币资金"科目核算的是（　）。

A. 信用证保证金存款
B. 备用金
C. 信用卡存款
D. 银行本票存款

5. 企业对已存入证券公司但尚未进行短期投资的现金进行会计处理时，应借记的会计科目是（　）。

A. 银行存款
B. 交易性金融资产
C. 其他应收款
D. 其他货币资金

6. 企业存放在银行的信用证保证金存款，应通过（　）科目进行核算。

A. 其他货币资金
B. 银行存款
C. 备用金
D. 库存现金

7. 下列属于其他货币资金核算内容的是（　）。

A. 库存现金
B. 备用金
C. 外埠存款
D. 银行存款

8. 对于银行已入账而企业尚未入账的未达账项，企业应当（　）。

A. 根据"银行对账单"记录的金额入账
B. 根据"银行存款余额调节表"和"银行对账单"自制原始凭证入账
C. 在编制"银行存款余额调节表"的同时入账
D. 待有关结算凭证到达后入账

四、多项选择题

1. 下列各项中，符合《现金管理暂行条例》规定，可以用现金结算的有（　）。

A. 为职工缴纳社会保障费支付的款项
B. 出差人员必须携带的差旅费
C. 支付给个人的劳务报酬
D. 向个人收购农副产品支付的款项

2. 按照国家《银行账户管理办法》规定，企业转账可以通过（　）办理。

A. 基本存款账户
B. 一般存款账户
C. 临时存款账户
D. 专业存款账户

3. 《银行结算办法》中规定了银行结算纪律，即（　）。

A. 不准出租、出借银行账户
B. 不准签发空头支票
C. 不准套取银行信用
D. 不准异地转账结算

4. 在（　）情况下，企业银行存款日记账余额会小于银行对账单余额。

A. 企业开出支票，对方未到银行兑现
B. 银行误将其他公司的存款计入本企业银行存款账户
C. 银行代扣水电费，企业尚未接到付款通知
D. 银行收到委托收款结算方式下结算款项，企业尚未收到通知

5. 下列各项中，不通过"其他货币资金"科目核算的有（　）。

A. 信用证保证金存款
B. 银行承兑汇票
C. 备用金
D. 商业承兑汇票

6. 下列各项中，通过"其他货币资金"账户核算的是（　）。

A. 外埠存款

B. 银行汇票存款
C. 信用卡存款
D. 银行本票存款

7. 根据我国现行银行结算办法的规定，企业可以通过以下（　　）方式办理银行结算。

A. 银行本票　　B. 支票
C. 信用证　　　D. 信用卡

五、判断题

1. "库存现金"账户反映企业库存的现金，不包括企业内部各部门周转使用、由各部门保管的定额备用金。（　）

2. 企业可以根据经营需要，在一家或几家银行开立基本存款账户。（　）

3. 单位和个人各种款项的结算，均可采用支票结算方式。（　）

4. 在核对银行存款账目过程中，如发现未达账项，应编制"银行存款余额调节表"调节相符。因此，银行存款余额调节表应当作为调整银行存款账面余额的记账依据。（　）

5. 企业从银行提取现金，不会影响资产负债表中货币资金项目的变动。（　）

6. 为了减少货币资金管理和控制中产生舞弊的可能性，并及时发现有关人员的舞弊行为，对涉及货币资金管理和控制的业务人员应实行定期轮换岗位制度。（　）

六、核算题

1. 甲公司2012年1月发生以下业务：

（1）1月3日，上月清查溢余的现金100元，经查系由光辉公司上月购货时多付所致，现以现金退回。

（2）1月8日，委托银行汇往广州银行100 000元开立采购专户，并派王芳到广州采购。王芳预借差旅费800元，以现金支付。

（3）1月17日，向银行申请签发银行汇票，出票金额26 000元，银行同意受理，款项从结算户划出。

（4）1月20日，持上述银行汇票向中普公司预付购料款25 500元，收到中普公司开来收据。

（5）1月23日，销售商品一批，价款90 000元，增值税15 300元，对方单位交来出票金额为110 000元的银行汇票进行结算。

（6）1月24日，收到银行转来本月17日签发的银行汇票多余款500元的收账通知。

（7）1月25日，王芳在广州采购一批材料，取得的增值税专用发票上注明的价款为80 000元，税款为13 600元。

（8）1月31日，王芳从广州回来，报销差旅费750元，并交回多余现金50元。广州的采购专户结束，余额划回。

（9）1月31日，将现金18 000元送存银行。

要求： 根据以上经济业务，编制相关会计分录。

2. 乙公司2012年1月份发生如下经济业务：

（1）开出现金支票一张，向银行提取现金15 000元。

（2）职工刘芳出差，借支差旅费1 500元，以现金支付。

（3）收到甲公司交来的转账支票一张，金额50 000元，用以归还上月所欠货款，支票已送交银行。

（4）开出转账支票一张，归还前欠丙公司货款20 000元。

（5）职工刘芳出差回来报销差旅费，原借支1 500元，实报销1 650元，差额150元用现金补付。

（6）公司在现金清查中发现现金短缺200元。经过核查，发现原因是出纳陈红工作失职造成，陈红当即交回现金200元以作赔偿。

（7）公司委托银行开出银行本票 50 000 元，有关手续已办妥，采购员李强持银行汇票到深圳采购材料。

（8）李强在深圳采购结束，增值税专用发票上注明的材料价款为 45 000 元，增值税税款为 7 650 元，价税合计 52 650 元，已用银行本票支付 50 000 元，差额 2 650 元用银行存款补付，材料已验收入库。

（9）公司购买办公用品 2 300 元，用信用卡付款。收到银行转来的信用卡存款付款凭证及所附账单，经审核无误。

要求：根据以上经济业务，编制相关会计分录。

3. 甲公司 2011 年 12 月 31 日在建设银行的银行存款日记账的余额为 866 000 元，银行转来对账单的余额为 889 000 元。经逐笔核对，发现以下未达账项：

（1）企业送存转账支票 100 000 元，并已登记银行存款增加，但银行尚未记账。

（2）企业委托银行代收某公司购货款 117 000 元，银行已收妥并登记入账，但企业尚未收到收款通知，尚未记账。

（3）银行代企业支付水电费 6 000 元，银行已登记企业银行存款减少，但企业未收到银行付款通知，尚未记账。

（4）企业开出转账支票 12 000 元，但持票单位尚未到银行办理转账，银行尚未记账。

要求：

（1）根据上述资料，编制银行存款余额调节表。

（2）如果调节后双方的银行存款余额仍不相等，应如何处理？

第三章 金融资产

金融资产是企业资产的重要组成部分,主要包括:货币资金、应收票据、应收账款、其他应收款、债权投资、股权投资以及衍生工具形成的资产等。其中,货币资金的会计处理请见"货币资金"章节的相关内容;对子公司、联营企业、合营企业投资以及在活跃市场上没有报价的长期股权投资,其会计处理请见"长期股权投资"章节的相关内容。

企业应当结合自身业务特点、投资策略和风险管理要求,将取得的金融资产在初始确认时划分为下列四类:(1)以公允价值计量且其变动计入当期损益的金融资产;(2)持有至到期投资;(3)贷款和应收款项;(4)可供出售金融资产。

第一节 以公允价值计量且其变动计入当期损益的金融资产

一、以公允价值计量且其变动计入当期损益的金融资产概述

以公允价值计量且其变动计入当期损益的金融资产,可以进一步划分为交易性金融资产和指定为以公允价值计量且其变动计入当期损益的金融资产。同时,某项金融资产划分为以公允价值计量且其变动计入当期损益的金融资产后,不能再重分类为其他类别的金融资产;其他类别的金融资产也不能再重分类为以公允价值计量且其变动计入当期损益的金融资产。

(一)交易性金融资产

交易性金融资产,主要是指企业为了近期内出售而持有的债券投资、股票投资、基金投资等金融资产。金融资产满足下列条件之一的,应当划分为交易性金融资产:

(1)取得该金融资产的目的,主要是为了近期内出售。例如,企业以赚取差价为目的从二级市场购入的债券、股票、基金等。

(2)属于进行集中管理的可辨认金融工具组合的一部分,且有客观证据表明企业近期采用短期获利方式对组合进行管理。在这种情况下,即使组合中有某个组成项目持有的期限稍长,也不受影响。例如,企业基于其投资策略和风险管理的需要,将某些资产进行组合,从事短期获利活动,对于组合中的金融资产,应采用公允价值计量,并将其公允价值变动计入当期损益。

(3)属于衍生工具,如国债期货、股指期货、远期合同、期权等,其公允价值变动大于零时,应将其相关变动金额确认为交易性金融资产,同时计入当期损益。但是,被指定为有效套期工具的衍生工具、属于财务担保合同的衍生工具、与在活跃市场上没有

报价且其公允价值不能可靠计量的权益工具投资挂钩并须通过交付该权益工具结算的衍生工具除外。

(二) 指定为以公允价值计量且其变动计入当期损益的金融资产

企业将某项金融资产指定为以公允价值计量且其变动计入当期损益的金融资产，通常是指该金融资产不满足确认为交易性金融资产条件的，企业仍可在符合某些特定条件时将其按公允价值计量，并将其公允价值变动计入当期损益。直接指定为以公允价值计量且其变动计入当期损益的金融资产，主要是指企业基于风险管理、战略投资需要等所作的指定。

企业不能随意将某项金融资产直接指定为以公允价值计量且其变动计入当期损益的金融资产。通常情况下，只有在满足下列条件之一时，企业才能在初始确认时将某项金融资产直接指定为以公允价值计量且其变动计入当期损益的金融资产：

（1）该指定可以消除或明显减少由于该金融资产的计量基础不同所导致的相关利得或损失在确认或计量方面不一致的情况。

（2）企业风险管理或投资策略的正式书面文件已载明，该金融资产组合或该金融资产和金融负债组合，以公允价值为基础进行管理、评价并向关键管理人员报告。

在活跃市场中没有报价、公允价值不能可靠计量的权益工具投资，不得指定为以公允价值计量且其变动计入当期损益的金融资产。

二、以公允价值计量且其变动计入当期损益的金融资产的会计处理

以公允价值计量且其变动计入当期损益的金融资产的会计处理，应着重于该金融资产与金融市场的紧密结合性，反映该类金融资产相关市场变化对其价值的影响，进而对企业财务状况和经营成果的影响。

(一) 以公允价值计量且其变动计入当期损益的金融资产的计量

以公允价值计量且其变动计入当期损益的金融资产初始确认时，企业应按公允价值计量，相关交易费用应当直接计入当期损益。其中，交易费用是指可直接归属于购买、发行或处置金融工具新增的外部费用。新增的外部费用是指企业不购买、发行或处置金融工具就不会发生的费用。交易费用包括支付给代理机构、咨询公司、券商等的手续费和佣金及其他必要支出，不包括债券溢价、折价、融资费用、内部管理成本及其他与交易不直接相关的费用。

企业取得以公允价值计量且其变动计入当期损益的金融资产所支付的价款中，包含已宣告但尚未发放的现金股利或已到付息期但尚未领取的债券利息的，应单独确认为应收项目。企业在持有以公允价值计量且其变动计入当期损益的金融资产期间取得的现金股利或利息，应当确认为投资收益。

资产负债表日，企业应将以公允价值计量且其变动计入当期损益的金融资产的公允价值变动计入当期损益。

处置该金融资产时，其公允价值与初始入账金额之间的差额应确认为投资收益，同时调整公允价值变动损益。

(二) 公允价值的确定

公允价值是指在公平交易中，熟悉情况的交易双方自愿进行资产交换或者债务清偿

的金额。在公平交易中，交易双方应当是持续经营企业，不打算或不需要进行清算、重大缩减经营规模，或在不利条件下仍进行交易。

对于公允价值的确定，应当采用两个层次的原则：一是存在活跃市场的金融资产，活跃市场中的报价应当用于确定其公允价值。活跃市场中的报价是指易于定期从交易所、经纪商、行业协会、定价服务机构等获得的价格，且代表了在公平交易中实际发生的市场交易的价格。二是不存在活跃市场的金融工具，企业应当采用估值技术确定其公允价值。采用估值技术得出的结果，应当反映估值日在公平交易中可能采用的交易价格。估值技术包括参考熟悉情况并自愿交易的各方最近进行的市场交易中使用的价格、参照实质上相同的其他金融工具的当前公允价值、现金流量折现法和期权定价模型等。

（三）以公允价值计量且其变动计入当期损益的金融资产的账务处理

企业设置"交易性金融资产"科目，核算企业为交易目的所持有的债券投资、股票投资、基金投资等交易性金融资产的公允价值。企业持有的直接指定为以公允价值计量且其变动计入当期损益的金融资产，也在本科目核算。本科目可按交易性金融资产的类别和品种，分别"成本"、"公允价值变动"等进行明细核算。本科目期末借方余额，反映企业持有的交易性金融资产的公允价值。

交易性金融资产的主要账务处理如下：

（1）企业取得交易性金融资产，按其公允价值，借记"交易性金融资产——成本"科目，按发生的交易费用，借记"投资收益"科目，按支付的价款中所包含的已到付息期但尚未领取的利息或已宣告但尚未发放的现金股利，借记"应收利息"或"应收股利"科目，按实际支付的金额，贷记"银行存款"等科目。

（2）交易性金融资产持有期间被投资单位宣告发放的现金股利，或在资产负债表日按分期付息、一次还本债券投资的票面利率计算的利息，借记"应收股利"或"应收利息"科目，贷记"投资收益"科目。

（3）资产负债表日，交易性金融资产的公允价值高于其账面余额的差额，借记"交易性金融资产——公允价值变动"科目，贷记"公允价值变动损益"科目；公允价值低于其账面余额的差额，作相反的会计分录。

（4）出售交易性金融资产，应按实际收到的金额，借记"银行存款"等科目，按该金融资产的账面余额，贷记"交易性金融资产"科目，按其差额，贷记或借记"投资收益"科目。同时调整公允价值变动损益，借记或贷记"公允价值变动损益"科目，贷记或借记"投资收益"科目。

【例3-1】甲公司以交易为目的，于2011年5月10日以105 000元的价格购入乙公司2010年1月1日发行的股票，其中5 000元为已宣告但尚未发放的现金股利，另支付相关税费1 000元。2011年5月20日，甲公司收到乙公司发放的现金股利5 000元。2011年6月30日，股票投资的公允价值为80 000元。2011年7月10日，将该股票投资转让，取得价款为90 000元，交易费略。甲公司将该股票投资划分为交易性金融资产，假定不考虑其他因素。

根据上述资料，甲公司账务处理如下：

（1）2011年5月10日，购入乙公司股票时：

借：交易性金融资产——成本　　　　　　　　　　　　　　　100 000

应收股利		5 000
投资收益		1 000
贷：银行存款		106 000

(2) 2011年5月20日，收到乙公司发放的现金股利时：

借：银行存款		5 000
贷：应收股利		5 000

(3) 2011年6月30日，确认股票公允价值变动时：

借：公允价值变动损益		20 000
贷：交易性金融资产——公允价值变动（80 000－100 000）		20 000

(4) 2011年7月10日，将乙公司股票全部出售时：

借：银行存款		90 000
交易性金融资产——公允价值变动		20 000
投资收益		10 000
贷：交易性金融资产——成本		100 000
公允价值变动损益		20 000

【例3-2】 甲公司以交易为目的，于2011年4月1日以304 500元（含已到付息期但尚未领取的债券利息4 500元）的价格购入乙公司2011年1月1日发行的面值为300 000元、票面利率为6%、期限为9个月、按季计息并于次月5日付息到期还本的公司债券，另支付相关税费2 000元。甲公司将该债券投资划分为交易性金融资产。

根据上述资料，甲公司账务处理如下：

(1) 2011年4月1日，购入乙公司债券时：

借：交易性金融资产——成本		300 000
应收利息		4 500
投资收益		2 000
贷：银行存款		306 500

(2) 2011年4月5日，收到债券利息时：

借：银行存款		4 500
贷：应收利息		4 500

(3) 2011年6月30日，确认投资收益时：

借：应收利息（300 000×6%÷12×3）		4 500
贷：投资收益		4 500

(4) 2011年7月5日，收到债券利息时：

借：银行存款		4 500
贷：应收利息		4 500

(5) 2011年9月30日，确认投资收益时：

借：应收利息		4 500
贷：投资收益		4 500

(6) 2011年10月5日，收到债券本息时：

借：银行存款		304 500

贷：应收利息　　　　　　　　　　　　　　　　　　　　　4 500
　　　　交易性金融资产——成本　　　　　　　　　　　　　300 000

第二节　持有至到期投资

一、持有至到期投资的概念

　　持有至到期投资是指到期日固定、回收金额固定或可确定，且企业有明确意图和能力持有至到期的非衍生金融资产。通常情况下，能够划分为持有至到期投资的金融资产，主要是债权性投资。例如，企业从二级市场上购入的固定利率国债、浮动利率公司债券等，符合持有至到期投资条件的，可以划分为持有至到期投资。购入的股权投资因其没有固定的到期日，不符合持有至到期投资的条件，不能划分为持有至到期投资。持有至到期投资通常具有长期性质，但期限较短（1年以内）的债券投资，符合持有至到期投资条件的，也可将其划分为持有至到期投资。

二、持有至到期投资的会计处理

　　企业对持有至到期投资的会计处理，应着重于该金融资产的持有者有能力且意图将投资持有至到期，未到期前通常不会出售或者重分类，主要应解决该金融资产实际利率的计算、摊余成本的确定、持有期间的收益确认及将其处置时损益的处理。

（一）持有至到期投资的计量

　　1. 持有至到期投资的初始计量

　　持有至到期投资初始确认时，应当按取得时的公允价值和相关交易费用之和作为初始入账金额。支付的价款中包含的已到付息期但尚未领取的债券利息，应单独确认为应收项目。

　　实际利率应当在取得持有至到期投资时确定，在该持有至到期投资预期存续期间或适用的更短期间内保持不变。

　　2. 持有至到期投资的后续计量

　　企业应当采用实际利率法，按摊余成本对持有至到期投资进行后续计量。

　　实际利率法是指按照金融资产的实际利率计算其摊余成本及各期利息收入或利息费用的方法。

　　金融资产的摊余成本是指该金融资产的初始确认金额经下列调整后的结果：（1）扣除已偿还的本金；（2）加上或减去采用实际利率法将该初始确认金额与到期日金额之间的差额进行摊销形成的累计摊销额；（3）扣除已发生的减值损失。

　　实际利率是指将金融资产在预期存续期间或适用的更短期间内的未来现金流量，折现为该金融资产当前账面价值所使用的利率。

　　持有至到期投资在持有期间应当采用实际利率法，按照摊余成本和实际利率计算确认利息收入，计入投资收益。实际利率与票面利率差别较小的，也可按票面利率计算利息收入，计入投资收益。

处置持有至到期投资时，应将所取得价款与该投资账面价值之间的差额，计入投资收益。

(二) 持有至到期投资的账务处理

企业设置"持有至到期投资"科目，核算企业持有至到期投资的摊余成本。本科目可按持有至到期投资的类别和品种，分别"成本"、"利息调整"、"应计利息"等进行明细核算。本科目期末借方余额，反映企业持有至到期投资的摊余成本。

企业设置"持有至到期投资减值准备"科目，核算企业持有至到期投资的减值准备。本科目可按持有至到期投资类别和品种进行明细核算。本科目期末贷方余额，反映企业已计提但尚未转销的持有至到期投资减值准备。

持有至到期投资的主要账务处理如下：

1. 取得持有至到期投资

企业可按债券面值、溢价和折价购入企业债券。债券溢价或折价是由于债券的名义利率（或票面利率）与实际利率（或市场利率）不同而引起的。当债券票面利率高于市场利率，表明债券发行单位实际支付的利息将高于按市场利率计算的利息，则购买单位应按高于债券票面价值的价格即溢价购入债券，为以后多得利息而事先付出代价。如果债券的票面利率低于市场利率，表明发行单位今后实际支付的利息低于按照市场利率计算的利息，则购买单位应按照低于债券票面价值的价格即折价购入债券，为今后少得利息而事先得到补偿。债券溢折价通过"利息调整"明细科目进行核算。

企业取得的持有至到期投资，应按该投资的面值，借记"持有至到期投资——成本"科目，按支付的价款中包含的已到付息期但尚未领取的利息，借记"应收利息"科目，按实际支付的金额，贷记"银行存款"等科目，按其差额，借记或贷记"持有至到期投资——利息调整"科目。

2. 确认持有至到期投资的投资收益

溢价或折价购入的债券，其溢价或折价应在债券购入后至到期前的期间内于确认相关债券利息收入时摊销，调整各期的投资收益。当期按债券面值和适用利率计算的应计利息扣除当期摊销的溢价，或当期按债券面值和适用利率计算的应计利息与摊销的折价的合计，确认为当期投资收益。

资产负债表日，持有至到期投资为分期付息、到期一次还本债券投资的，应按票面利率计算确定的应收未收利息，借记"应收利息"科目，按持有至到期投资期初摊余成本和实际利率计算确定的利息收入，贷记"投资收益"科目，按其差额，借记或贷记"持有至到期投资——利息调整"科目。持有至到期投资为到期一次还本付息债券投资的，应于资产负债表日，按票面利率计算确定的应收未收利息，借记"持有至到期投资——应计利息"科目，按持有至到期投资期初摊余成本和实际利率计算确定的利息收入，贷记"投资收益"科目，按其差额，借记或贷记"持有至到期投资——利息调整"科目。

3. 持有至到期投资发生减值

资产负债表日，持有至到期投资发生减值的，按应减记的金额，借记"资产减值损失"科目，贷记"持有至到期投资减值准备"科目。已计提减值准备的持有至到期投资价值以后又得以恢复，应在原已计提的减值准备金额内，按恢复增加的金额，借记"持有至到期投资减值准备"科目,贷记"资产减值损失"科目。

4. 出售持有至到期投资

出售持有至到期投资,应按实际收到的金额,借记"银行存款"等科目,按其账面余额,贷记"持有至到期投资——成本、利息调整、应计利息"科目,按其差额,贷记或借记"投资收益"科目。已计提减值准备的,还应同时结转减值准备。

【例3-3】 甲公司2009年1月1日以1 036 299元(含交易费用)的价格购入乙公司2009年1月1日发行的面值1 000 000元、期限4年、票面利率为5%、按年付息到期一次还本的债券。甲公司将该债券投资划分为持有至到期投资。债券溢价按实际利率法摊销,实际利率为4%。

根据上述资料,甲公司账务处理如下:

(1) 2009年1月1日,购入债券时:

借:持有至到期投资——成本	1 000 000
——利息调整	36 299
贷:银行存款	1 036 299

(2) 2009年12月31日,确认实际利息收入、收到票面利息时:

借:应收利息	50 000
贷:持有至到期投资——利息调整	8 548
投资收益 [(1 000 000+36 299)×4%]	41 452
借:银行存款	50 000
贷:应收利息	50 000

(3) 2010年12月31日,确认实际利息收入、收到票面利息时:

借:应收利息	50 000
贷:持有至到期投资——利息调整	8 890
投资收益 {[1 000 000+(36 299−8 548)]×4%}	41 110
借:银行存款	50 000
贷:应收利息	50 000

(4) 2011年12月31日,确认实际利息收入、收到票面利息时:

借:应收利息	50 000
贷:持有至到期投资——利息调整	9 246
投资收益 {[1 000 000+(36 299−8 548−8 890)]×4%}	40 754
借:银行存款	50 000
贷:应收利息	50 000

(5) 2012年12月31日,确认实际利息收入、收到债券本息时:

借:应收利息	50 000
贷:持有至到期投资——利息调整 [36 299−(8 548+8 890+9 246)]	9 615
投资收益	40 385
借:银行存款	1 050 000
贷:应收利息	50 000
持有至到期投资——成本	1 000 000

【例 3-4】 甲公司 2009 年 1 月 1 日以 950 500 元（含交易费用）的价格购入乙公司 2009 年 1 月 1 日发行的 4 年期债券，面值 1 000 000 元，票面利率 5%。该债券按年计息，到期一次还本付息，利息以单利计算。甲公司将该债券投资划分为持有至到期投资。债券折价按实际利率法摊销，实际利率 6%。

根据上述资料，甲公司账务处理如下：

(1) 2009 年 1 月 1 日，购入债券时：

借：持有至到期投资——成本　　　　　　　　　　　　　　　　1 000 000
　　贷：银行存款　　　　　　　　　　　　　　　　　　　　　　　950 500
　　　　持有至到期投资——利息调整　　　　　　　　　　　　　　 49 500

(2) 2009 年 12 月 31 日，确认实际利息收入时：

借：持有至到期投资——应计利息　　　　　　　　　　　　　　　 50 000
　　　　　　　　　　——利息调整　　　　　　　　　　　　　　　　7 030
　　贷：投资收益 [(1 000 000－49 500)×6%]　　　　　　　　　　 57 030

(3) 2010 年 12 月 31 日，确认实际利息收入时：

借：持有至到期投资——应计利息　　　　　　　　　　　　　　　 50 000
　　　　　　　　　　——利息调整　　　　　　　　　　　　　　　 10 452
　　贷：投资收益 {[1 000 000－(49 500－7 030)+50 000]×6%}　　 60 452

(4) 2011 年 12 月 31 日，确认实际利息收入时：

借：持有至到期投资——应计利息　　　　　　　　　　　　　　　 50 000
　　　　　　　　　　——利息调整　　　　　　　　　　　　　　　 14 079
　　贷：投资收益 {[1 000 000－(49 500－7 030－10 452)+50 000×2]×6%}
　　　　　　　　　　　　　　　　　　　　　　　　　　　　　　　 64 079

(5) 2012 年 12 月 31 日，确认实际利息收入、收到债券本息时：

借：持有至到期投资——应计利息　　　　　　　　　　　　　　　 50 000
　　　　　　　　　　——利息调整 [49 500－(7 030+10 452+14 079)]
　　　　　　　　　　　　　　　　　　　　　　　　　　　　　　　 17 939
　　贷：投资收益　　　　　　　　　　　　　　　　　　　　　　　 67 939
借：银行存款　　　　　　　　　　　　　　　　　　　　　　　　1 200 000
　　贷：持有至到期投资——成本　　　　　　　　　　　　　　　1 000 000
　　　　　　　　　　　——应计利息　　　　　　　　　　　　　　 200 000

（三）持有至到期投资重分类的会计处理

企业因持有意图或能力发生改变，使某项投资不再适合划分为持有至到期投资的，应当将其重分类为可供出售金融资产，并以公允价值进行后续计量。重分类日，该投资的账面价值与公允价值之间的差额，计入所有者权益；在该可供出售金融资产发生减值或终止确认时转出，计入当期损益。

持有至到期投资部分出售或重分类的金额较大，且不属于企业会计准则所允许的例外情况，使该投资的剩余部分不再适合划分为持有至到期投资的，企业应当将该投资的剩余部分重分类为可供出售金融资产，并以公允价值进行后续计量。重分类日，该投资剩余部分的账面价值与其公允价值之间的差额计入所有者权益；在该可供出售金融资产发生减值或终止确认时转出，计入当期损益。

将持有至到期投资重分类为可供出售金融资产的，应在重分类日按其公允价值，借记"可供出售金融资产"科目，按其账面余额，贷记"持有至到期投资——成本、利息调整、应计利息"科目，按其差额，贷记或借记"资本公积——其他资本公积"科目。已计提减值准备的，还应同时结转减值准备。

【例 3-5】 2011 年 10 月，由于贷款基准利率的变动和其他市场因素的影响，甲公司持有的、原划分为持有至到期投资的某公司债券持续下跌。为此，甲公司于 2011 年 11 月 1 日对外出售该持有至到期投资的 10%，收到价款 960 000 元（即所售债券的公允价值）。假定 11 月 1 日该债券出售前的账面余额（成本）10 000 000 元。甲公司于 2011 年 11 月 28 日将该债券全部出售，收取价款 9 100 000 元。不考虑债券出售等其他相关因素的影响。

根据上述资料，甲公司账务处理如下：

(1) 2011 年 11 月 1 日，出售 10% 债券时：

借：银行存款　　　　　　　　　　　　　　　　　　　　　960 000
　　投资收益　　　　　　　　　　　　　　　　　　　　　　40 000
　　贷：持有至到期投资——成本（10 000 000×10%）　　　1 000 000

(2) 2011 年 11 月 1 日，将持有至到期投资转换为可供出售金融资产时：

借：可供出售金融资产——成本（960 000÷10%×90%）　　8 640 000
　　资本公积——其他资本公积　　　　　　　　　　　　　360 000
　　贷：持有至到期投资——成本（10 000 000×90%）　　　9 000 000

(3) 2011 年 11 月 28 日，出售其余债券时：

借：银行存款　　　　　　　　　　　　　　　　　　　　9 100 000
　　贷：可供出售金融资产——成本　　　　　　　　　　　8 640 000
　　　　资本公积——其他资本公积　　　　　　　　　　　　360 000
　　　　投资收益　　　　　　　　　　　　　　　　　　　　100 000

第三节　应收款项

一般企业的应收款项，主要包括销售商品或提供劳务形成的应收款项、持有的其他企业的债权。通常设置"应收票据"、"应收账款"、"预付账款"、"应收利息"、"应收股利"、"其他应收款"、"坏账准备"等科目，核算企业的应收款项及坏账损失。

一、应收票据

（一）商业汇票

商业汇票是出票人签发的、委托付款人在指定日期无条件支付确定的金额给收款人或者持票人的票据。在银行开立存款账户的法人以及其他组织之间须具有真实的交易关系或债权债务关系，才能使用商业汇票。

商业汇票的付款期限由交易双方商定，但最长不得超过 6 个月。商业汇票的提示付款期限自汇票到期日起 10 日内。定日付款或者出票后定期付款的商业汇票，持票人应当在汇票到期日前向付款人提示承兑；见票后定期付款的汇票，持票人应当自出票日起 1 个月内向付款人提示承兑。汇票未按规定期限提示承兑的，持票人丧失对其前手的追索权。

商业汇票可以由付款人签发并承兑，也可以由收款人签发交由付款人承兑。我国现行的商业汇票属于定期金额兑付的票据，如发生大额交易需分期付款时，应一次签发若干张不同期限和金额的汇票。承兑是指汇票的承兑人在汇票上所作的同意付款的文字记载及签字。承兑是使用商业汇票的一道关键性环节，谁承兑谁就负有汇票到期无条件付款的责任。付款人应当自收到提示承兑的汇票之日起 3 日内承兑或者拒绝承兑。付款人拒绝承兑的，必须出具拒绝承兑的证明。

商业汇票根据承兑人不同分为商业承兑汇票和银行承兑汇票两种。商业承兑汇票是由银行以外的付款人承兑。商业承兑汇票按交易双方约定，由销货企业或购货企业签发，但由购货企业承兑。商业承兑汇票到期时，如果购货企业的存款不足支付票款，开户银行应将汇票退还销货企业，银行不负责付款，由购销双方自行处理。银行承兑汇票由银行承兑，由在承兑银行开立存款账户的存款人签发。承兑银行凭汇票将承兑款项无条件转给销货企业，如果购货企业于汇票到期日未能足额交存票款，承兑银行除凭票向持票人无条件付款外，对出票人尚未支付的汇票金额按照每天 0.5‰ 计收罚息。

符合条件的已承兑商业汇票的持票人可持未到期的商业汇票连同贴现凭证，向银行申请贴现。贴现是指商业汇票的持有人在需要资金时，将未到期的汇票办理背书手续后转让给开户银行，并向开户银行贴付一定的利息而取得现款。汇票持有人在转让汇票过程中贴付开户银行的利息称为贴现息。

（二）应收票据的会计处理

应收票据的计价包括取得时入账价值的确定，以及持有期间的期末计息。对于带息的应收票据，应于期末（指中期期末或年末）按应收票据的票面价值和确定的利率计提利息，计提的利息应增加应收票据的账面价值。

企业设置"应收票据"科目，核算企业因销售商品、提供劳务等而收到的商业汇票，包括银行承兑汇票和商业承兑汇票。本科目可按开出、承兑商业汇票的单位进行明细核算。本科目期末借方余额，反映企业持有的商业汇票的票面金额。

应收票据的主要账务处理如下：

（1）企业因销售商品、提供劳务等而收到开出、承兑的商业汇票，按商业汇票的票面金额，借记"应收票据"科目，按确认的营业收入，贷记"主营业务收入"等科目，按应交的增值税税额，贷记"应交税费——应交增值税（销项税额）"科目。对于带息的应收票据，应于期末（指中期期末 6 月 30 日或年末 12 月 31 日）按应收票据的票面价值和确定的利率计提利息，计提的利息应增加应收票据的账面价值，同时，冲减财务费用。票据利息的计算公式如下：

$$应收票据利息 = 应收票据票面金额 \times 票面利率 \times 票据期限$$

其中，"票面利率"一般为年利率；"票据期限"指签发日至到期日或期末的时间间隔。票据的期限可用月或日表示，在实务中，为了计算方便，常把一年定为 360 天，一个月定为30天。票据期限按月表示时，应以到期月份中与出票日相同的那一天为到期日。月末签发的票据，不论月份大小，以到期月份的月末那一天为到期日。同时，计算利息时将年利率换算成月利率（＝年利率÷12）。票据期限按日表示时，应从出票日起按实际经历天数计算。通常，只能计算出票日和到期日其中的一天，即"算头不算尾"或"算尾不算头"。同时，计算利息时，要将年利率换算成日利率（＝年利率÷360）。

（2）企业持未到期的商业汇票向银行贴现，应按实际收到的金额（即减去贴现息后的净额），借记"银行存款"等科目，按贴现息部分，借记"财务费用"科目，按商业汇票的票面金额，贷记"应收票据"科目或"短期借款"科目。票据贴现的计算公式如下：

票据到期价值＝票据面值×(1＋年利率×票据到期天数÷360)

或　　　　　　＝票据面值×(1＋年利率×票据到期月数÷12)

对于无息票据来说，票据的到期价值就是其面值。

贴现天数＝贴现日至票据到期日实际经历天数－1

贴现息＝票据到期价值×贴现率×贴现天数÷360

贴现所得金额＝票据到期价值－贴现息

根据《支付结算办法》的规定，实付贴现金额按票面金额扣除贴现日至汇票到期前一日的利息计算。承兑人在异地的，贴现利息的计算应另加3天的划款日期。

（3）企业将持有的商业汇票背书转让以取得所需物资，按应计入取得物资成本的金额，借记"在途物资"、"材料采购"或"原材料"、"库存商品"等科目，按取得的增值税专用发票上注明的增值税税额，借记"应交税费——应交增值税（进项税额）"科目，按商业汇票的票面金额，贷记"应收票据"科目，如有差额，借记或贷记"银行存款"等科目。

（4）商业汇票到期，应按实际收到的金额，借记"银行存款"科目，按商业汇票的票面金额，贷记"应收票据"科目。商业承兑汇票到期，承兑人违约拒付或无力偿还票款时，收款企业应将到期票据的票面金额转入"应收账款"科目。

需要说明的是，应收债权的出售通常分为不附追索权的出售和附追索权的出售。

（1）不附追索权应收债权的出售。企业将其按照销售商品、提供劳务的销售合同所产生的应收债权出售给银行等金融机构，根据企业、债务人及银行等金融机构之间的协议，在所售应收债权到期无法收回时，银行等金融机构不能够向出售应收债权的企业进行追偿。在这种情况下，企业应将所售应收债权予以转销，结转计提的相关坏账准备，确认按协议约定预计将发生的销售退回、销售折让、现金折扣等，确认出售损益。

（2）附追索权应收债权的出售。企业在出售应收债权的过程中如附有追索权，即在有关应收债权到期无法从债务人处收回时，银行等金融机构有权向出售应收债权的企业追偿，或按照协议约定，企业有义务按照约定金额自银行等金融机构回购部分应收债权，应收债权的坏账风险由售出应收债权的企业负担，则企业应按照以应收债权为质押取得借款的核算原则进行会计处理。

【例3-6】　甲公司销售一批商品给乙公司，货已发出，增值税专用发票上注明的商品价款为200 000元，增值税税额为34 000元。当日收到乙公司签发的不带息银行承兑汇票一张，该票据的期限为3个月。相关销售商品收入符合收入确认条件。

根据上述资料，甲公司账务处理如下：

(1) 销售实现时：

借：应收票据　　　　　　　　　　　　　　　　　　　　234 000
　　贷：主营业务收入　　　　　　　　　　　　　　　　　　200 000
　　　　应交税费——应交增值税（销项税额）　　　　　　 34 000

(2) 3个月后，应收票据到期，甲公司收回款项234 000元，存入银行：

借：银行存款　　　　　　　　　　　　　　　　　　　　234 000
　　贷：应收票据　　　　　　　　　　　　　　　　　　　234 000

(3) 如果甲公司在该票据到期前向银行贴现，且银行不附追索权，则表明甲公司的应收票据贴现符合金融资产终止确认条件，应将票据贴现后结转。假定甲公司贴现获得现金净额231 660元，则甲公司相关账务处理如下：

借：银行存款　　　　　　　　　　　　　　　　　　　　231 660
　　财务费用　　　　　　　　　　　　　　　　　　　　　2 340
　　贷：应收票据　　　　　　　　　　　　　　　　　　　234 000

【例3-7】 甲公司2011年3月1日销售一批产品给乙公司，货已发出，增值税专用发票注明价款为500 000元，增值税税额为85 000元，甲公司收到乙公司交来的商业承兑汇票一张，期限为6个月，票面利率为6%。相关销售商品收入符合收入确认条件。

根据上述资料，甲公司账务处理如下：

(1) 2011年3月1日收到商业汇票，确认收入时：

借：应收票据　　　　　　　　　　　　　　　　　　　　585 000
　　贷：主营业务收入　　　　　　　　　　　　　　　　　500 000
　　　　应交税费——应交增值税（销项税额）　　　　　　 85 000

(2) 2011年6月30日，计提票据利息时：

应收票据利息＝应收票据票面金额×票面利率×票据期限
　　　　　　＝585 000×6%÷12×4＝11 700（元）

借：应收票据　　　　　　　　　　　　　　　　　　　　 11 700
　　贷：财务费用　　　　　　　　　　　　　　　　　　　 11 700

应收票据账面价值＝585 000＋11 700＝596 700（元）

(3) 2011年9月1日，应收票据到期收回全部款项时：

票据到期收回款项＝585 000×(1+6%÷12×6)＝602 550（元）
未计提的票据利息＝585 000×6%÷12×2＝5 850（元）
或　　　　　　　＝602 550－596 700＝5 850（元）

借：银行存款　　　　　　　　　　　　　　　　　　　　602 550
　　贷：应收票据　　　　　　　　　　　　　　　　　　　596 700
　　　　财务费用　　　　　　　　　　　　　　　　　　　5 850

(4) 假定甲公司因急需资金，于2011年7月5日，在该票据到期前向银行贴现，且银行拥有追索权，则表明甲公司的应收票据贴现不符合金融资产终止确认条件，应将贴现所得确认为一项金融负债"短期借款"。假设该企业与承兑企业在同一票据交换区域内，银行年贴现率为10%。

票据贴现的有关计算如下：

票据到期日为9月1日。

票据到期价值＝票据面值×(1＋年利率÷12×票据到期月数)
$$=585\,000×(1+6\%÷12×6)=602\,550（元）$$

贴现天数＝贴现日至票据到期日实际经历天数－1
$$=27+31+1-1=58（天）$$

（承兑人如在异地的，贴现利息的计算应另加3天的划款日期。）

贴现息＝票据到期价值×贴现率÷360×贴现天数
$$=602\,550×10\%÷360×58=9\,708（元）$$

贴现所得金额＝票据到期价值－贴现息
$$=602\,550-9\,708=592\,842（元）$$

  借：银行存款   592 842
    贷：短期借款   592 842

需要说明的是，企业应当设置"应收票据备查簿"，逐笔登记商业汇票的种类、号数和出票日、票面金额、交易合同号和付款人、承兑人、背书人的姓名或单位名称、到期日、背书转让日、贴现日、贴现率和贴现净额以及收款日和收回金额、退票情况等资料。商业汇票到期结清票款或退票后，在备查簿中应予注销。

二、应收账款

应收账款是指企业因销售商品、产品或提供劳务等原因，应向购货单位或接受劳务的单位收取的款项或代垫的运杂费等。这里所指的"应收账款"，有其特定的范围：(1) 应收账款是指因销售活动形成的债权，不包括应收职工欠款、应收债务人的利息等其他应收款；(2) 应收账款是指流动资产性质的债权，不包括长期的债权，如购买的长期债券等；(3) 应收账款是指本企业应收客户的款项，不包括本企业付出的各类押金，如租入包装物所交的押金等。

企业设置"应收账款"科目，核算企业因销售商品、提供劳务等经营活动，应向购货单位或接受劳务的单位收取的款项。因销售商品、提供劳务等，采用递延方式收取合同或协议价款、实质上具有融资性质的，在"长期应收款"科目核算。不单独设置"预收账款"科目的企业，预收的账款也在本科目核算。本科目可按债务人进行明细核算。本科目期末借方余额，反映企业尚未收回的应收账款；期末如为贷方余额，反映企业预收的账款。

企业发生应收账款，按应收金额，借记"应收账款"科目，按确认的营业收入，贷记"主营业务收入"等科目，按应交的增值税税额，贷记"应交税费——应交增值税（销项税额）"科目。收回应收账款时，借记"银行存款"等科目，贷记"应收账款"科目。代购货单位垫付的包装费、运杂费，借记"应收账款"科目，贷记"银行存款"等科目。收回代垫费用时，借记"银行存款"科目，贷记"应收账款"科目。具体实务核算请见"收入、费用和利润"章节的相关内容。企业与债务人进行债务重组，应当分别债务重组的不同方式对重组债权进行处理。具体请见"债务重组"章节的相关内容。

三、预付账款

预付账款是指企业按照购货合同或劳务合同规定，预先支付给供货单位或提供劳务方的款项。

为了加强对预付账款的管理，一般应单独设置"预付账款"科目，核算企业按照合同规定预付的款项。企业进行在建工程预付的工程价款，也在"预付账款"科目核算。本科目可按供货单位进行明细核算。本科目期末借方余额，反映企业预付的款项；期末如为贷方余额，反映企业尚未补付的款项。预付款项情况不多的，也可以不设置"预付账款"科目，将预付的款项直接记入"应付账款"科目。但在编制财务报表时，仍然要按"预付账款"和"应付账款"项目分开报告。

企业因购货而预付的款项，借记"预付账款"科目，贷记"银行存款"等科目。收到所购物资，按应计入所购物资成本的金额，借记"在途物资"、"材料采购"或"原材料"、"库存商品"等科目，按增值税专用发票上注明的增值税税额，借记"应交税费——应交增值税（进项税额）"科目，按应支付的金额，贷记"预付账款"科目。补付的款项，借记"预付账款"科目，贷记"银行存款"等科目；退回多付的款项，作相反的会计分录。

企业进行在建工程预付的工程价款，借记"预付账款"科目，贷记"银行存款"等科目。按工程进度结算工程价款，借记"在建工程"科目，贷记"预付账款"、"银行存款"等科目。

四、应收股利

应收股利是指企业应收取的现金股利和应收取其他单位分配的利润。

企业设置"应收股利"科目，核算企业应收取的现金股利和应收取其他单位分配的利润。本科目可按被投资单位进行明细核算。本科目期末借方余额，反映企业尚未收回的现金股利或利润。

五、应收利息

应收利息是指企业交易性金融资产、持有至到期投资、可供出售金融资产等应收取的利息。

企业设置"应收利息"科目，核算企业交易性金融资产、持有至到期投资、可供出售金融资产等应收取的利息。企业购入的一次还本付息的持有至到期投资持有期间取得的利息，在"持有至到期投资——应计利息"科目核算。本科目可按借款人或被投资单位进行明细核算。本科目期末借方余额，反映企业尚未收回的利息。

六、其他应收款

其他应收款是指企业除应收票据、应收账款、预付账款、应收股利、应收利息、长期应收款等以外的其他各种应收、暂付款项。

企业设置"其他应收款"科目，核算企业除存出保证金、应收票据、应收账款、预付账款、应收股利、应收利息、应收代位追偿款、长期应收款等以外的其他各种应收及暂付款项。本科目可按对方单位（或个人）进行明细核算。本科目期末借方余额，反映企业尚未收回的其他应收款项。

企业发生其他各种应收、暂付款项时，借记"其他应收款"科目，贷记"银行存款"、"固定资产清理"等科目；收回或转销各种款项时，借记"库存现金"、"银行存款"等科目，贷记"其他应收款"科目。

七、长期应收款

长期应收款是指企业因融资租赁产生的长期应收款项、采用递延方式具有融资性质的销售商品和提供劳务等产生的长期应收款项。

企业设置"长期应收款"科目，核算企业的长期应收款项，包括融资租赁产生的应收款项、采用递延方式具有融资性质的销售商品和提供劳务等产生的应收款项等。实质上构成对被投资单位净投资的长期权益，也通过本科目核算。本科目可按债务人进行明细核算。本科目的期末借方余额，反映企业尚未收回的长期应收款。

八、坏账准备

企业应采用备抵法按期估计坏账损失，计提坏账准备。估计坏账损失主要有应收账款余额百分比法、账龄分析法和销货百分比法三种方法。应收账款余额百分比法是根据会计期末应收账款的余额乘以估计坏账比例确定坏账损失，据此提取坏账准备的方法。账龄分析法是根据应收账款入账时间的长短来估计坏账损失的方法。销货百分比法是根据赊销金额的一定百分比估计坏账损失的方法。

企业设置"坏账准备"科目，核算企业应收款项的坏账准备。本科目可按应收款项的类别进行明细核算。本科目期末贷方余额，反映企业已计提但尚未转销的坏账准备。

坏账准备的主要账务处理如下：

（1）资产负债表日，应收款项发生减值的，按应减记的金额，借记"资产减值损失"科目，贷记"坏账准备"科目。本期应计提的坏账准备大于其账面余额的，应按其差额计提；应计提的坏账准备小于其账面余额的差额，作相反的会计分录。

（2）对于确实无法收回的应收款项，按管理权限报经批准后作为坏账，转销应收款项，借记"坏账准备"科目，贷记"应收票据"、"应收账款"、"预付账款"、"其他应收款"等科目。

（3）已确认并转销的应收款项以后又收回的，应按实际收回的金额，借记"应收票据"、"应收账款"、"预付账款"、"其他应收款"等科目，贷记"坏账准备"科目；同时，借记"银行存款"科目，贷记"应收票据"、"应收账款"、"预付账款"、"其他应收款"等科目。

【例3-8】甲公司采用应收账款余额百分比法核算坏账损失，坏账计提比例为1%。已知2009年应收账款年末余额为1 000 000元；2010年发生了坏账损失8 000元，应收账款年末余额为1 100 000元；2011年已核销的坏账5 000元又收回，应收账款年末余额为800 000元。假定2009年年初坏账准备的余额为零。

根据上述资料，甲公司账务处理如下：

（1）2009年年末计提坏账准备时：

借：资产减值损失 10 000
　　贷：坏账准备（1 000 000×1%） 10 000

2009年年末坏账准备余额为10 000元。

(2) 2010年年末补提坏账准备时：

①核销坏账8 000元：

借：坏账准备 8 000
　　贷：应收账款 8 000

②补提坏账准备9 000元：

借：资产减值损失 9 000
　　贷：坏账准备 [1 100 000×1%－(10 000－8 000)] 9 000

2010年年末坏账准备余额为11 000元（10 000－8 000＋9 000）。

(3) 2011年年末冲减坏账准备时：

①已核销的坏账又收回，先冲回应收账款，再作收款处理：

借：应收账款 5 000
　　贷：坏账准备 5 000

借：银行存款 5 000
　　贷：应收账款 5 000

②冲减坏账准备8 000元：

借：坏账准备 8 000
　　贷：资产减值损失 [800 000×1%－(11 000＋5 000)] 8 000

2011年年末坏账准备余额为8 000元（11 000＋5 000－8 000）。

第四节　可供出售金融资产

一、可供出售金融资产概述

可供出售金融资产，通常是指企业没有划分为以公允价值计量且其变动计入当期损益的金融资产、持有至到期投资、应收款项的金融资产。

对于在活跃市场上有报价的金融资产，既可划分为以公允价值计量且其变动计入当期损益的金融资产，也可划分为可供出售金融资产。如果该金融资产属于有固定到期日、收回金额固定或可确定的金融资产，则该金融资产还可划分为持有至到期投资。某项金融资产具体应分为哪一类，主要取决于企业管理层的投资风险和管理意图。

二、可供出售金融资产的会计处理

可供出售金融资产的会计处理，与以公允价值计量且其变动计入当期损益的金融资产的会计处理有类似之处，也有不同。例如，初始确认时，都应按公允价值计量，但对于可供出售金融资产，相关交易费用应计入初始入账金额；资产负债表日，都应按公允价值计量，但对于可供出售金融资产，公允价值变动（包括可供出售外币股权投资因资产负债表日汇率变动形成的汇兑损益）不是计入当期损益，而是计入所有者权益。

（一）可供出售金融资产的计量

企业在对可供出售金融资产进行确认时，还应注意以下问题：

（1）可供出售金融资产应当按取得该金融资产的公允价值和相关交易费用之和作为初始确认金额。企业取得可供出售金融资产支付的价款中包含的已宣告但尚未发放的现金股利或已到付息期但尚未领取的债券利息，应单独确认为应收项目，不计入初始确认金额。在随后期间收到这部分股利或利息时，再冲减应收项目金额。可供出售金融资产持有期间取得的利息或现金股利，应当计入投资收益。资产负债表日，可供出售金融资产应当以公允价值计量，且其公允价值变动计入资本公积（其他资本公积）。

（2）可供出售金融资产发生的减值损失，应计入当期损益。如果可供出售金融资产是外币货币性金融资产，其形成的汇兑差额也应当计入当期损益。采用实际利率法计算的可供出售金融资产的利息，应当计入当期损益；可供出售权益工具投资的现金股利，应当在被投资单位宣告发放股利时计入当期损益。

（3）处置可供出售金融资产时，应将取得的价款与该金融资产账面价值之间的差额，计入投资损益；同时，将原直接计入所有者权益的公允价值变动累计额对应处置部分的金额转出，计入投资损益。

（二）可供出售金融资产的账务处理

企业设置"可供出售金融资产"科目，核算企业持有的可供出售金融资产的公允价值，包括划分为可供出售的股票投资、债券投资等金融资产。本科目按可供出售金融资产的类别和品种，分别"成本"、"利息调整"、"应计利息"、"公允价值变动"等进行明细核算。本科目期末借方余额，反映企业可供出售金融资产的公允价值。可供出售金融资产发生减值的，可以单独设置"可供出售金融资产减值准备"科目。

可供出售金融资产的主要账务处理如下：

（1）企业取得可供出售的金融资产，应按其公允价值与交易费用之和，借记"可供出售金融资产——成本"科目，按支付的价款中包含的已宣告但尚未发放的现金股利，借记"应收股利"科目，按实际支付的金额，贷记"银行存款"等科目。企业取得的可供出售金融资产为债券投资的，应按债券的面值，借记"可供出售金融资产——成本"科目，按支付的价款中包含的已到付息期但尚未领取的利息，借记"应收利息"科目，按实际支付的金额，贷记"银行存款"等科目，按其差额，借记或贷记"可供出售金融资产——利息调整"科目。

（2）资产负债表日，可供出售债券为分期付息、一次还本债券投资的，应按票面利率计算确定的应收未收利息，借记"应收利息"科目，按可供出售债券的摊余成本和实际利率计算确定的利息收入，贷记"投资收益"科目，按其差额，借记或贷记"可供出售金融资产——利息调整"科目。可供出售债券为一次还本付息债券投资的，应于资产负债表日按票面利率计算确定的应收未收利息，借记"可供出售金融资产——应计利息"科目，按可供出售债券的摊余成本和实际利率计算确定的利息收入，贷记"投资收益"科目，按其差额，借记或贷记"可供出售金融资产——利息调整"科目。

（3）资产负债表日，可供出售金融资产的公允价值高于其账面余额的差额，借记

"可供出售金融资产——公允价值变动"科目,贷记"资本公积——其他资本公积"科目;公允价值低于其账面余额的差额,作相反的会计分录。确定可供出售金融资产发生减值的,按应减记的金额,借记"资产减值损失"科目,按应从所有者权益中转出原计入资本公积的累计损失金额,贷记"资本公积——其他资本公积"科目,按其差额,贷记"可供出售金融资产——公允价值变动"科目。对于已确认减值损失的可供出售金融资产,在随后会计期间内公允价值已上升且客观上与确认原减值损失事项有关的,应按原确认的减值损失,借记"可供出售金融资产——公允价值变动"科目,贷记"资产减值损失"科目;但可供出售金融资产为股票等权益工具投资的,借记"可供出售金融资产——公允价值变动"科目,贷记"资本公积——其他资本公积"科目。

对于可供出售权益工具投资,其公允价值低于其成本本身不足以说明可供出售权益工具投资已发生减值,而应当综合相关因素判断该投资公允价值下降是否是严重(通常指下降幅度超过20%)或非暂时性(通常指公允价值持续低于其成本超过6个月)下跌的。同时,企业应当从持有可供出售权益工具投资的整个期间来判断。如果权益工具投资在活跃市场上没有报价,以致不能根据其公允价值下降的严重程度或持续时间来进行减值判断时,应当综合考虑其他因素(如被投资单位经营所处的技术、市场、经济或法律环境等)是否发生重大不利变化。

(4) 将持有至到期投资重分类为可供出售金融资产的,应在重分类日,按其公允价值,借记"可供出售金融资产"科目,按其账面余额,贷记"持有至到期投资"科目,按其差额,贷记或借记"资本公积——其他资本公积"科目。已计提减值准备的,还应同时结转减值准备。

(5) 出售可供出售的金融资产,应按实际收到的金额,借记"银行存款"等科目,按其账面余额,贷记"可供出售金融资产——成本、公允价值变动、利息调整、应计利息"科目,按应从所有者权益中转出的公允价值累计变动额,借记或贷记"资本公积——其他资本公积"科目,按其差额,贷记或借记"投资收益"科目。

【例3-9】 甲公司2011年1月1日以41 800 000元的价格购入乙公司2011年1月1日发行的面值40 000 000元、期限5年、票面利率为5%、按年付息到期一次还本的债券,债券的实际利率为4%。债券溢价按实际利率法摊销。甲公司将该债券投资划分为可供出售金融资产。2011年12月31日,该债券的市场价格为40 980 000元。假定不考虑交易费用和其他因素的影响。

根据上述资料,甲公司账务处理如下:
(1) 2011年1月1日,购入债券时:

借:可供出售金融资产——成本　　　　　　　　　　　　　40 000 000
　　　　　　　　　　——利息调整　　　　　　　　　　　　1 800 000
　　贷:银行存款　　　　　　　　　　　　　　　　　　　　41 800 000

(2) 2011年12月31日,确认利息收入、收到债券利息、确认公允价值变动时:

借:应收利息　　　　　　　　　　　　　　　　　　　　　2 000 000
　　贷:可供出售金融资产——利息调整　　　　　　　　　　　328 000
　　　　投资收益[(40 000 000+1 800 000)×4%]　　　　　1 672 000
借:银行存款　　　　　　　　　　　　　　　　　　　　　2 000 000

  贷：应收利息   2 000 000
  借：资本公积——其他资本公积   492 000
    贷：可供出售金融资产——公允价值变动 {40 980 000－[40 000 000＋(1 800 000－328 000)]}   492 000

【例 3-10】 2010 年 5 月 8 日，甲公司支付价款 10 160 000 元（含交易费用 10 000 元和已宣告但尚未发放的现金股利 150 000 元）购入乙公司发行的股票 2 000 000 股，占乙公司有表决权股份的 5%，未对乙公司产生重大影响。甲公司将该股票投资划分为可供出售金融资产核算。与该股票投资相关的信息如下：

(1) 2010 年 5 月 16 日，甲公司收到乙公司发放的现金股利 150 000 元。
(2) 2010 年 6 月 30 日，该股票市价为每股 5.2 元。
(3) 2010 年 12 月 31 日，甲公司仍持有该股票，当日该股票市价为每股 4.9 元。
(4) 2011 年 5 月 9 日，乙公司宣告发放现金股利 4 000 000 元。
(5) 2011 年 5 月 16 日，甲公司收到乙公司发放的现金股利 200 000 元。
(6) 2011 年 5 月 25 日，甲公司以每股 4.8 元的价格将乙公司股票全部出售。

根据上述资料，甲公司账务处理如下：
(1) 2010 年 5 月 8 日，购入股票时：
  借：应收股利   150 000
    可供出售金融资产——成本   10 010 000
    贷：银行存款   10 160 000
(2) 2010 年 5 月 16 日，收到现金股利时：
  借：银行存款   150 000
    贷：应收股利   150 000
(3) 2010 年 6 月 30 日，确认股票的价格变动时：
  借：可供出售金融资产——公允价值变动（5.2×2 000 000－10 010 000）
                          390 000
    贷：资本公积——其他资本公积   390 000
(4) 2010 年 12 月 31 日，确认股票的价格变动时：
  借：资本公积——其他资本公积   600 000
    贷：可供出售金融资产——公允价值变动 [(4.9－5.2)×2 000 000]   600 000
(5) 2011 年 5 月 9 日，确认现金股利时：
  借：应收股利（4 000 000×5%）   200 000
    贷：投资收益   200 000
(6) 2011 年 5 月 16 日，收到现金股利时：
  借：银行存款   200 000
    贷：应收股利   200 000
(7) 2011 年 5 月 25 日，出售股票时：
  借：银行存款（4.8×2 000 000）   9 600 000
    可供出售金融资产——公允价值变动   210 000
    投资收益   410 000

贷：可供出售金融资产——成本　　　　　　　　　　　　　　10 010 000
　　　资本公积——其他资本公积　　　　　　　　　　　　　　　210 000

【例 3-11】　2009 年 5 月 8 日，甲公司从股票二级市场以每股 15 元（含已宣告但尚未发放的现金股利 0.2 元）的价格购入乙公司发行的股票 2 000 000 股，占乙公司有表决权股份的 5%，对乙公司无重大影响。甲公司将该股票投资划分为可供出售金融资产。不考虑其他因素的影响。其他资料如下：

(1) 2009 年 5 月 16 日，甲公司收到乙公司发放的现金股利 400 000 元。

(2) 2009 年 12 月 31 日，该股票的市场价格为每股 13 元。甲公司预计该股票的价格下跌是暂时的。

(3) 2010 年，乙公司因违反相关证券法规，受到证券监管部门查处。受此影响，乙公司股票的价格严重下挫。至 2010 年 12 月 31 日，该股票的市场价格下跌到每股 6 元。假定 2010 年乙公司未分派现金股利。

(4) 2011 年，乙公司整改完成，加之市场宏观面好转，股票价格有所回升，至 2011 年 12 月 31 日，该股票的市场价格上升到每股 10 元。假定 2011 年乙公司未分派现金股利。

根据上述资料，甲公司账务处理如下：
(1) 2009 年 5 月 8 日，购入股票时：
借：可供出售金融资产——成本　　　　　　　　　　　　　　29 600 000
　　应收股利　　　　　　　　　　　　　　　　　　　　　　　　400 000
　　贷：银行存款　　　　　　　　　　　　　　　　　　　　　30 000 000
(2) 2009 年 5 月 16 日，收到现金股利时：
借：银行存款　　　　　　　　　　　　　　　　　　　　　　　400 000
　　贷：应收股利　　　　　　　　　　　　　　　　　　　　　　400 000
(3) 2009 年 12 月 31 日，确认股票公允价值变动时：
借：资本公积——其他资本公积　　　　　　　　　　　　　　 3 600 000
　　贷：可供出售金融资产——公允价值变动（13×2 000 000－29 600 000）
　　　　　　　　　　　　　　　　　　　　　　　　　　　　　3 600 000
(4) 2010 年 12 月 31 日，确认股票投资的减值损失时：
借：资产减值损失　　　　　　　　　　　　　　　　　　　　17 600 000
　　贷：资本公积——其他资本公积　　　　　　　　　　　　　3 600 000
　　　　可供出售金融资产——公允价值变动[(6－13)×2 000 000] 14 000 000
(5) 2011 年 12 月 31 日，确认股票价格上涨时：
借：可供出售金融资产——公允价值变动[(10－6)×2 000 000] 8 000 000
　　贷：资本公积——其他资本公积　　　　　　　　　　　　　8 000 000

思考练习题

一、重要概念
1. 金融资产
2. 交易性金融资产
3. 持有至到期投资

4. 摊余成本
5. 实际利率法
6. 票据贴现
7. 备抵法
8. 可供出售金融资产

二、简答题

1. 简述交易性金融资产的确认条件。
2. 简述持有至到期投资的特征。
3. 摊余成本是指什么？摊余成本与历史成本有何区别？
4. 简述持有至到期投资的利息处理以及溢折价的摊销。
5. 试说明应收票据、应收账款、其他应收款及预付账款的核算内容有何不同？
6. 什么是可供出售金融资产？它与交易性金融资产、持有至到期投资有何区别和联系？
7. 可供出售金融资产与持有至到期投资在会计处理方面有何区别？

三、单项选择题

1. 甲公司 2011 年 5 月 10 日购入乙公司 150 000 股股票作为交易性金融资产，每股价格为 6 元。5 月 15 日，收到乙公司分派的现金股利 30 000 元。收到分派的现金股利后，甲公司所持有的乙公司股票每股成本为（　　）元。
   A. 3.60　　　B. 6.00
   C. 3.48　　　D. 5.80

2. 实际支付的投资价款中包含的已宣告但尚未领取的现金股利或已到付息期但尚未领取的债券利息应计入（　　）。
   A. 应收项目　　B. 投资成本
   C. 投资收益　　D. 投资溢价

3. 关于以公允价值计量且其变动计入当期损益的金融资产，下列说法中不正确的是（　　）。
   A. 交易性金融资产主要是指企业为了近期内出售而持有的金融资产
   B. 以公允价值计量且其变动计入当期损益的金融资产包括交易性金融资产
   C. 以公允价值计量且其变动计入当期损益的金融资产和交易性金融资产是同一概念
   D. 直接指定为以公允价值计量且其变动计入当期损益的金融资产，主要是指企业基于风险管理、战略投资需要等所作的指定

4. 根据《企业会计准则第 22 号——金融工具确认和计量》的规定，下列交易性金融资产的后续计量表述正确的是（　　）。
   A. 按照公允价值进行后续计量，公允价值变动计入当期投资收益
   B. 按照公允价值进行后续计量，公允价值变动计入当期公允价值变动损益
   C. 按照公允价值进行后续计量，公允价值变动计入资本公积
   D. 按照摊余成本进行后续计量

5. 关于交易性金融资产的计量，下列说法中正确的是（　　）。
   A. 应当按取得该金融资产的公允价值和相关交易费用之和作为初始确认金额
   B. 应当按取得该金融资产的公允价值作为初始确认金额，相关交易费用在发生时计入当期损益
   C. 资产负债表日，企业应将金融资产的公允价值变动计入当期所有者权益
   D. 处置该金融资产时，其公允价值与初始入账金额之间的差额应确认为投资收益，不调整公允价值变动损益

6. 甲公司 2011 年 5 月 10 日自证券市场购入乙公司发行的股票 100 000 股，共支付价款 860 000 元，其中包括交易费用 4 000 元。2011 年 5 月 20 日收到被投资单位宣告发放的现金股利每股 1 元，甲公司将购入的乙公司股票作为交易性金融资产核算。2011 年 7 月 2 日，甲公司出售该交易性金融资产，收到价款 900 000 元。甲

公司 2011 年利润表中该交易性金融资产应确认的投资收益为（　　）元。

A. 40 000　　　B. 140 000
C. 36 000　　　D. 136 000

7. 期末，企业对交易性金融资产应当采用（　　）计价。

A. 成本与可变现净值孰低法
B. 公允价值
C. 成本法
D. 成本与市价孰低法

8. 2010 年 1 月 1 日，甲公司自证券市场购入面值总额为 2 000 000 元的债券。购入时实际支付价款 2 089 000 元。该债券发行日为 2010 年 1 月 1 日，系分期付息、到期还本债券，期限为 5 年，票面利率为 5%，实际利率为 4%，每年 12 月 31 日支付当年利息。甲公司将该债券作为持有至到期投资核算。假定不考虑其他因素，该持有至到期投资 2011 年 12 月 31 日的账面价值为（　　）元。

A. 2 055 462　　B. 2 072 560
C. 2 072 540　　D. 2 059 462

9. 甲公司于 2011 年 1 月 1 日购入乙公司当日发行的债券作为持有至到期投资。该公司债券的公允价值为 973 270 元，面值为 1 000 000 元，票面利率为 5%，实际利率为 6%，期限为 3 年，系按年计息到期一次还本付息的债券。债券溢折价采用实际利率法摊销。2011 年 12 月 31 日，持有至到期投资的摊余成本为（　　）元。

A. 1 000 000　　B. 1 031 666
C. 981 666　　　D. 973 270

10. 甲公司于 2011 年 1 月 1 日购入 A 公司当日发行的债券作为持有至到期投资。该公司债券的公允价值为 1 027 750 元，面值为 1 000 000 元，票面利率为 5%，实际利率为 4%，期限为 3 年，系按年付息到期一次还本的债券。债券溢折价采用实际利率法摊销。2011 年 12 月 31 日，"持有至到期投资——利息调整"科目的余额为（　　）元。

A. 27 750　　　B. 18 860
C. 50 000　　　D. 40 000

11. "应收票据"科目应按（　　）作为入账金额。

A. 票据面值
B. 票据到期价值
C. 票据面值加应计利息
D. 票据贴现所得金额

12. 2011 年 1 月 26 日签发的一张 30 天的票据，其到期日为 2011 年（　　）。

A. 2 月 23 日　　B. 2 月 24 日
C. 2 月 25 日　　D. 2 月 26 日

13. 某企业 2011 年 11 月 1 日收到一张商业承兑汇票，票面金额为 100 000 元，利率为 6%，期限为 6 个月。年末资产负债表上列示的"应收票据"项目金额为（　　）元。

A. 100 000　　　B. 101 000
C. 103 000　　　D. 100 500

14. 2011 年 7 月 2 日，某企业持一张带息应收票据到银行贴现。该票据面值为 1 000 000 元，2011 年 6 月 30 日已计利息 1 000 元，尚未计提利息 900 元，银行贴现息为 1 200 元。该应收票据贴现时应计入财务费用的金额为（　　）元。

A. -300　　　　B. 300
C. -1 300　　　D. 900

15. 在以应收账款余额百分比法计提坏账准备的情况下，已确认的坏账又收回时，应借记（　　）科目，贷记"坏账准备"科目。

A. "应收账款"
B. "银行存款"
C. "资产减值损失"
D. "营业外收入"

16. 预付货款不多的企业，为简化核算，可以将预付的货款直接记入（　　）账户的借方，而不单独设置"预付账款"账户。

A．"应收账款"
B．"其他应收款"
C．"应付账款"
D．"应收票据"

17．下列应收、暂付款项中，不通过"其他应收款"科目核算的是（　　）。

A．应收保险企业的赔款
B．应收出租包装物的押金
C．应向职工收取的各种垫付款项
D．应向购货方收取的代垫运杂费

18．A公司于2011年4月5日从证券市场上购入B公司发行的股票200 000股作为可供出售金融资产，每股支付价款4元（含已宣告但尚未发放的现金股利0.5元/股），另支付相关费用5 000元，A公司可供出售金融资产取得时的入账价值为（　　）元。

A．700 000　　　B．800 000
C．705 000　　　D．805 000

19．关于可供出售金融资产的计量，下列说法中正确的是（　　）。

A．应当按取得该金融资产的公允价值和相关交易费用之和作为初始确认金额
B．应当按取得该金融资产的公允价值作为初始确认金额，相关交易费用在发生时计入当期损益
C．持有期间取得的利息或现金股利，应当冲减投资成本
D．资产负债表日，可供出售金融资产应当以公允价值计量，且其公允价值变动计入当期损益

四、多项选择题

1．下列项目中，属于金融资产的有（　　）。

A．交易性金融资产
B．持有至到期投资
C．应收款项
D．应付款项

2．下列项目中，属于交易费用的有（　　）。

A．支付给代理机构的手续费
B．支付给代理机构的佣金
C．内部管理成本
D．债券折价

3．下列项目中可作为交易性金融资产的有（　　）。

A．企业以赚取差价为目的从二级市场购入的股票
B．企业以赚取差价为目的从二级市场购入的债券
C．企业以赚取差价为目的从二级市场购入的基金
D．到期日固定、回收金额固定或可确定，且企业有明确意图和能力持有至到期的非衍生金融资产

4．下列项目中，不应作为投资企业当期投资收益确认的是（　　）。

A．交易性金融资产持有期间收到的债券利息或现金股利
B．采用公允价值计价的交易性金融资产成本高于市价的差额
C．被投资企业分派的股票股利
D．采用公允价值计价的交易性金融资产成本低于市价的差额

5．下列各项中，应在"持有至到期投资"账户贷方核算的内容有（　　）。

A．购入债券溢价
B．购入债券折价
C．债券溢价的摊销
D．债券折价的摊销

6．下列各项中，可作为持有至到期投资的有（　　）。

A．企业从二级市场上购入的固定利率国债
B．企业从二级市场上购入的浮动利率企业债券

C. 购入的股权投资

D. 符合持有至到期投资条件的期限较短（1年以内）的债券投资

7. 按现行会计制度规定，不能用"应收票据"及"应付票据"科目核算的票据包括（　　）。

A. 银行本票

B. 银行承兑汇票

C. 银行汇票

D. 商业承兑汇票

8. "应收票据"账户借方登记的内容包括（　　）。

A. 应收票据的票面价值

B. 持有应收票据的应计利息

C. 到期收回的票据金额

D. 已经贴现的应收票据金额

9. 下列各项应收款项中，应通过"应收账款"账户核算的有（　　）。

A. 应收销货款

B. 应收为客户代垫的运杂费

C. 应收客户的增值税额

D. 未设置"预付账款"账户的企业预付的购货款

10. 下列内容中，应在"坏账准备"账户借方反映的有（　　）。

A. 发生的坏账损失金额

B. 收回以前已经确认为坏账并转销的应收账款金额

C. 冲回多提的坏账准备金额

D. 提取的坏账准备金额

11. 关于"预付账款"账户，下列说法正确的有（　　）。

A. 该账户借方余额反映企业向供应单位预付的货款

B. 预付货款不多的企业，可以不单独设置"预付账款"账户，将预付的货款直接记入"应付账款"账户的借方

C. "预付账款"账户贷方余额反映的是应付供应单位的款项

D. "预付账款"账户核算企业因销售业务产生的往来款项

12. 根据《企业会计准则第22号——金融工具确认和计量》的规定，应计提坏账准备的应收款项包括（　　）。

A. 应收账款　　B. 预付账款

C. 预收账款　　D. 长期应收款

13. 关于可供出售金融资产的计量，下列说法中正确的有（　　）。

A. 支付的价款中包含的已到付息期但尚未领取的债券利息或已宣告但尚未发放的现金股利，应单独确认为应收项目

B. 资产负债表日，可供出售金融资产应当以公允价值计量，且公允价值变动计入资本公积

C. 处置可供出售金融资产时，应将取得的价款与该金融资产账面价值之间的差额，计入投资损益；同时，将原直接计入所有者权益的公允价值变动累计额对应处置部分的金额转出，计入投资收益

D. 资产负债表日，可供出售金融资产应当以公允价值计量，且公允价值变动计入当期损益

14. 根据《企业会计准则第22号——金融工具确认和计量》的规定，下列金融资产的初始计量表述正确的有（　　）。

A. 以公允价值计量且其变动计入当期损益的金融资产，初始计量为公允价值，交易费用计入当期损益

B. 可供出售金融资产，初始计量为公允价值，交易费用计入初始入账金额，构成成本组成部分

C. 持有至到期投资，初始计量为公允价值，交易费用计入初始入账金额，构成成本组成部分

D. 持有至到期投资，初始计量为公允价值，交易费用计入当期损益

15. 关于金融资产的后续计量，下列

说法中正确的有（　　）。

A. 资产负债表日，企业应将"以公允价值计量且其变动计入当期损益"的金融资产的公允价值变动计入当期损益

B. 持有至到期投资在持有期间应当按照摊余成本和实际利率计算确认利息收入，计入投资收益

C. 资产负债表日，可供出售金融资产应当以公允价值计量，且公允价值变动计入资本公积

D. 资产负债表日，可供出售金融资产应当以公允价值计量，且公允价值变动计入当期损益

16. 金融资产的摊余成本是指该金融资产的初始确认金额经下列调整后的结果（　　）。

A. 扣除已收回的本金

B. 加上或减去采用实际利率法将该初始确认金额与到期日金额之间的差额进行摊销形成的累计摊销额

C. 加上或减去采用直线法进行摊销形成的累计摊销额

D. 扣除已发生的减值损失

五、判断题

1. 企业在持有以公允价值计量且其变动计入当期损益的金融资产期间取得的利息或现金股利，应当冲减交易性金融资产的账面价值。（　　）

2. 资产负债表日，企业应将以公允价值计量且其变动计入当期损益的金融资产的公允价值变动计入当期损益，核算时应通过"投资收益"科目核算。（　　）

3. 处置交易性金融资产时，该金融资产的公允价值与初始入账金额之间的差额应确认为投资收益，同时将原记入"公允价值变动损益"科目的金额转入"投资收益"科目。（　　）

4. 企业划分为以公允价值计量且其变动计入当期损益的金融资产，应当按照取得时的公允价值和相关的交易费用作为初始确认金额，支付的价款中包含已宣告但尚未发放的现金股利或已到付息期但尚未领取的债券利息，应当单独确认为应收项目。（　　）

5. 持有至到期投资应当按取得时的公允价值和相关交易费用之和作为初始确认金额。支付的价款中包含已到付息期但尚未领取的债券利息，应单独确认为应收项目。（　　）

6. 持有至到期投资在持有期间应当按照实际利率法确认利息收入，计入投资收益。（　　）

7. 投资者购入债券发生的折价，是因以后少得利息而事先获得的补偿。（　　）

8. 一般企业对外销售商品或提供劳务形成的应收债权，通常应按从购货方应收的合同或协议价款作为初始入账金额。（　　）

9. 无论商业汇票是否带息，将其到银行贴现时取得的贴现净额一定小于票据的面值。（　　）

10. 不带息商业汇票的贴现能同时引起企业资产和利润的减少。（　　）

11. 企业已经确认为坏账的应收款项即意味着企业放弃了其追索权，如果该应收账款又收回，应确认为营业外收入。（　　）

12. 年末按应收账款余额的一定比例计算的金额为本年坏账准备计提数。（　　）

13. 应收账款的账面价值扣除已计提的坏账准备后的余额，称为应收账款的账面余额。（　　）

14. 可供出售金融资产和应收款项等金融资产发生减值时，应当将该金融资产的账面价值减计至预计未来现金流量现值，减计的金额确认为资产减值损失，计入当期损益。（　　）

六、核算题

1. 2010年5月10日，甲公司以620 000元（含已宣告但尚未发放的现金股利20 000元）购入乙公司股票200 000股作为交易性金融资产，另支付手续费1 000元，5月30日，甲公司收到现金股利20 000元。2010年6月30日，该股票每股市价为3.2元，2010年8月10日，乙公司宣告分派现金股利每股0.2元，8月20日，甲公司收到发放的现金股利。至2010年12月31日，甲公司仍持有该交易性金融资产，期末每股市价为3.6元。2011年1月3日，以630 000元的价格出售该交易性金融资产。假定甲公司每年6月30日和12月31日对外提供财务报告。

要求：
(1) 编制上述经济业务的会计分录。
(2) 计算该交易性金融资产的累计损益。

2. A公司于2009年1月1日从证券市场上购入B公司于2008年1月1日发行的债券，该债券4年期、票面利率为4%、每年1月3日支付上年度的利息，到期日为2012年1月1日，到期一次归还本金和最后一次利息。A公司购入债券的面值为1 000 000元，实际支付价款为1 012 770元。A公司购入后将其划分为持有至到期投资。购入债券的实际利率为5%，假定按年计提利息。

要求：编制A公司从2009年1月1日至2012年1月3日上述有关业务的会计分录。

3. 甲公司有关资料如下：
(1) 2011年1月5日，甲公司收到乙公司当日签发的带息商业承兑汇票一张，用以偿还前欠货款，该票据的面值为100 000元，期限90天，年利率为6%。假定甲、乙公司在同一票据交换区域内。
(2) 2011年2月15日，甲公司因急需资金，将该商业承兑汇票向银行贴现，年贴现率为9%，贴现收入存入银行。银行拥有对该商业汇票的追索权。

要求（列出计算过程）：
(1) 计算该项应收票据的到期值、贴现天数、贴现息和贴现所得金额。
(2) 编制相关会计分录。

4. 2011年年初，甲公司"应收账款"账户借方余额为3 200 000元，"坏账准备"账户贷方余额为160 000元。采用应收账款余额百分比法核算坏账，坏账准备的计提比例为5%。假定当年仅发生如下经济业务：
(1) 应收乙公司货款100 000元，经确认无法收回，按规定作为坏账损失予以转销。
(2) 年初收到丙公司交来的商业承兑汇票一张用以结清前欠货款，面值为468 000元，期限为60天，票面利率为6%。因该商业承兑汇票到期未收到票款而转入"应收账款"账户。
(3) 向丁公司销售产品210件，单价为10 000元，增值税税率为17%，单位销售成本为6 000元，货款尚未收到。
(4) 收回前期已核销的坏账20 000元，存入银行。

要求：根据上述资料，编制有关会计分录。

5. 2010年5月10日，甲公司以480 000元购入乙公司股票60 000股作为可供出售金融资产，另支付手续费5 000元。2010年6月30日该股票每股市价为7.5元，2010年8月10日，乙公司宣告分派现金股利每股0.2元，8月20日，甲公司收到发放的现金股利。至2010年12月31日，甲公司仍持有该可供出售金融资产，期末每股市价为8.5元，2011年1月3日以515 000元的价格出售该可供出售金融资产。假定甲公司每年6月30日和12月31日对外提供财务报告。

要求：
(1) 编制上述经济业务的会计分录。
(2) 计算该可供出售金融资产的累计损益。

第四章 存货

第一节 存货概述

一、存货的概念

存货是指企业在日常活动中持有以备出售的产成品或商品,处在生产过程中的在产品、在生产过程或提供劳务过程中耗用的材料和物料等。

存货属于企业的流动资产,具有流动性较大、变现能力较强、时效性明显及可能发生潜在损失等特点。企业持有固定资产的目的是为了自用,而持有存货的最终目的不是为了自用,而是为了出售,这是企业持有固定资产和存货最明显的区别。

企业的存货通常包括原材料、在产品、半成品、产成品、商品、周转材料等。

（1）原材料。原材料是指企业在生产过程中经加工改变其形态或性质并构成产品主要实体的各种原料及主要材料、辅助材料、外购半成品（外购件）、修理用备件（备品备件）、包装材料、燃料等。为建造固定资产等各项工程而储备的各种材料,虽然同属于材料,但是由于用于建造固定资产等各项工程,不符合存货的定义,因此不能作为企业存货进行核算。

（2）在产品。在产品是指企业正在制造尚未完工的产品,包括正在各道生产工序加工的产品和已加工完毕但尚未检验或已检验但尚未办理入库手续的产品。

（3）半成品。半成品是经过一定生产过程并已检验合格,交付半成品仓库保管,但尚未制造完工成为产成品,仍需进一步加工的中间产品。但不包括从一个生产车间转给另一个生产车间继续加工的自制半成品以及不能单独计算成本的自制半成品,这类自制半成品属于在产品。

（4）产成品。产成品是指工业企业已经完成全部生产过程并验收入库,可以按照合同规定的条件送交订货单位,或者可以作为商品对外销售的产品。企业接受外来原材料加工制造的代制品和为外单位加工修理的代修品,制造和修理完成验收入库后,应视同企业的产成品。

（5）商品。商品是指商品流通企业外购或委托加工完成验收入库用于销售的各种商品。

（6）周转材料。周转材料是指企业能够多次使用、逐渐转移其价值但仍保持原有形态,不确认为固定资产的材料,如包装物和低值易耗品。包装物是指为了包装本企业商品而储备的各种包装容器,如桶、箱、瓶、坛、袋等。其主要作用是盛装、装潢产品或商品。低值易耗品是指不能作为固定资产的各种用具物品,如工具、管理用具、玻璃器皿、劳动保护用品,以及在经营过程中周转使用的容器等。其特点是单位价值较低,或使用期限相对于固定资产较短，在使用过程中基本保持其原有实物形态不变。

（7）委托加工物资。委托加工物资是指企业因现有的材料物资不能直接用于生产，或者自己能够加工但成本较高时，需要委托外单位进行加工的物资。

（8）委托代销商品。委托代销商品是指企业采用支付手续费方式委托其他单位代销的商品。从商品所有权的转移来分析，代销商品在售出以前，所有权属于委托方，受托方只是代委托方销售商品。因此，委托代销商品应作为委托方的存货处理。

（9）受托代销商品。受托代销商品是指企业采用收取手续费方式接受其他单位委托代销的商品。受托代销商品在售出以前，所有权属于委托方，但形式上却属于受托方，为了使受托方加强对代销商品的核算和管理，企业会计制度要求受托方将其受托代销商品视为自己的存货管理，同时将与受托代销商品相对应的受托代销商品款作为一项负债处理，期末分别列示在其资产负债表的存货和其他流动负债项目中。

二、存货的确认条件

存货必须符合定义并同时满足以下两项条件，才能予以确认。

（一）该存货有关的经济利益很可能流入企业

资产最重要的特征是预期会给企业带来经济利益。如果某项存货不能给企业带来经济利益，就不能确认为存货。存货的所有权是存货包含的经济利益很可能流入企业的一项重要标志，一般情况下，可根据存货的所有权归属判断存货包含的经济利益的流向。例如，已经售出的商品（已经取得现金或收取现金的权利），因其所有权已经转移，该项存货所含的经济利益已不能流入本企业，因而不能再作为企业的存货进行核算，即使该存货尚未运离企业。企业判断经济利益是否能够流入企业的重要依据是存货的所有权的归属，而不是存货的存放地点。

（二）该存货的成本能够可靠地计量

成本能够可靠地计量是资产确认的另一项基本条件。能够可靠计量是指必须以取得确凿证据为依据，并且具有可验证性。如企业的订货合同，由于购买还没有开始，购买成本还没有发生，成本不能可靠计量，因此不能作为企业的存货予以确认。

三、存货初始成本的计量

各种类的存货取得时初始成本的计量基本相同，可以在存货项目下统一说明。企业取得存货的初始成本主要包括采购成本、加工成本和其他成本。

（一）外购取得的存货的成本

企业外购存货主要包括原材料和商品。外购存货的成本即存货的采购成本，指企业物资从采购到入库前所发生的全部支出，包括购买价款、相关税费、运输费、装卸费、保险费以及其他可归属于存货采购成本的费用。

1. 存货的购买价款

存货的购买价款是指企业购入的材料或商品的发票账单上列明的价款，但不包括按规定可以抵扣的增值税额。

2. 存货的相关税费

存货的相关税费是指企业购买存货发生的进口关税、消费税和不能抵扣的增值税进项税额等应计入存货采购成本的税费。

3. 其他可归属于存货采购成本的费用

其他可归属于存货采购成本的费用，即采购成本中除上述各项以外的可归集于存货采购成本的费用，如在存货采购过程中发生的仓储费、包装费、运输途中的合理消耗、入库前的挑选整理费用等。这些费用能分清负担对象的，应直接计入存货的采购成本；不能分清负担对象的，应选择合理的分配方法，分配计入有关存货的采购成本。分配方法通常包括所购存货的数量或采购价格比例进行分配。

(二) 加工取得的存货的成本

企业通过进一步加工取得的存货主要包括产成品、在产品、半成品、委托加工物资等，其成本由采购成本、加工成本构成。某些存货还包括使存货达到目前场所和状态所发生的其他支出，如可以直接认定的产品设计费用等。通过进一步加工取得的存货的成本中，采购成本是由所使用或消耗的原材料采购成本转移而来的，因此计量加工取得的存货的成本，重点是确定存货的加工成本。

存货的加工成本由直接人工和制造费用构成，其实质是企业进一步加工存货的过程中追加发生的生产成本，因此不包括直接由材料存货转移来的价值。其中，直接人工是指企业在生产产品过程中直接从事产品生产的工人的职工薪酬。直接人工和间接人工的划分依据通常是生产工人是否与所生产的产品直接相关（即可否直接确定其服务对象）。制造费用是指企业为生产产品和提供劳务而发生的各项间接费用。制造费用是一种间接生产成本，包括企业生产部门（如生产车间）管理人员的职工薪酬、折旧费、办公费、水电费、机物料消耗、劳动保护费、季节性和修理期间的停工损失等。

(三) 其他方式取得的存货的成本

企业取得存货的其他方式主要包括接受投资者投资、非货币性资产交换、债务重组和企业合并等。

1. 投资者投入存货的成本

投资者投入存货的成本，应当按照投资合同或协议约定的价值确定，但合同或协议约定价值不公允的除外。在投资合同或协议约定价格不公允的情况下，按照该项存货的公允价值作为其入账价值。

2. 通过非货币性资产交换、债务重组和企业合并取得的存货的成本

企业通过非货币性资产交换、债务重组和企业合并取得的存货的成本，应当分别按照相关规定确定。参见本书后面的相关章节。

3. 盘盈存货的成本

盘盈的存货，应按其重置成本作为入账价值，并通过"待处理财产损溢——待处理流动资产损溢"科目进行会计处理，按管理权限报经批准后，冲减当期管理费用。

由于不同种类的存货发出计量的差异较大，因此，存货发出的计量按照几种主要存货并结合该种存货的完整核算过程分别进行说明。

第二节 原材料

原材料是企业存货的重要组成部分，是流动性较强的存货。原材料可以按实际成本

法,也可以按计划成本法进行日常核算。

一、实际成本法

实际成本法一般适用于规模较小、存货品种简单、收发业务不多的企业。

(一) 科目设置

材料按实际成本进行日常核算,从材料的收发凭证到明细分类账和总分类账全部按实际成本计价,需要设置"在途物资"、"原材料"等科目进行核算。

企业设置"在途物资"科目,核算企业采用实际成本进行材料、商品等物资的日常核算、货款已付尚未验收入库的在途物资的采购成本。本科目可按供应单位和物资品种进行明细核算。本科目借方登记购入材料、商品的实际采购成本,贷方登记验收入库的材料、商品的实际采购成本,期末借方余额,反映企业在途材料、商品等物资的采购成本。

企业设置"原材料"科目,核算企业库存的各种材料,包括原料及主要材料、辅助材料、外购半成品(外购件)、修理用备件(备品备件)、包装材料、燃料等的实际成本。本科目可按材料的保管地点(仓库)、材料的类别、品种和规格等进行明细核算。本科目借方登记购入并已验收入库的材料的实际成本,贷方登记发出材料的实际成本。期末借方余额,反映企业库存材料的实际成本。

实际成本法下,原材料等存货取得和发出的成本是按照实际成本确定的。原材料等存货取得成本的确定如前所述。由于每批原材料等存货的实际成本各不相同,因此每批原材料等存货发出的实际成本需要通过一定的方法来计算确定。

(二) 发出存货的计价方法

发出存货的计价方法与存货的流转顺序有关。企业的存货在不断地流入和流出,流入与流出相抵后的结余即为本期期末存货;本期期末存货结转到下期,则为下期的期初存货;下期继续流动,这样就形成了生产经营过程中的存货流转。存货流转包括实物流转和成本流转两个方面。在实务中,由于企业的存货进出量很大、品种繁多、单位成本多变等原因,难以保证各种存货的成本流转与实物流转相一致。

由于不同单价的同一种存货同样满足生产或销售的需要,在存货被耗用或销售后,没有必要逐一辨别哪一批实物被发出、哪一批实物留作库存,即成本的流转顺序和实物的流转顺序可以分离,只要按照不同的成本流转程序能够确定已发出存货的成本和期末库存存货的成本即可。这样,在发出存货与期末存货之间分配成本,就产生了不同的确定发出存货成本的方法,即发出存货的计价方法。

企业应当根据各类存货的实物流转方式、企业管理的要求、存货的性质等实际情况,合理地确定发出存货的计价方法,以及当期发出存货的实际成本。企业应当采用先进先出法、加权平均法、移动平均法或者个别计价法确定存货的实际成本,不得采用后进先出法确定发出存货的实际成本。对于性质和用途相似的存货,应当采用相同的成本计算方法确定发出存货的成本。计价方法一旦选定,企业不得随意变更。

1. 先进先出法

先进先出法是以先购入的存货应先发出(销售或消耗)这样一种存货实物流转假设为前提,对发出存货进行计价的一种方法。采用这种方法,先购入的存货成本在后购入的存货成本之前转出,据此确定发出存货和期末存货的成本。

【例 4-1】 甲企业 2011 年 1 月 A 材料明细账如表 4-1 所示。采用先进先出法计算发出存货和期末存货的成本。

甲企业填制 A 材料明细账如下:

表 4-1　　　　　　　　　　　　存货明细账

存货名称及规格:A 材料　　数量单位:千克　　单价单位:元/千克　　金额单位:元

2011年		凭证编号	摘要	收入			发出			结存		
月	日			数量	单价	金额	数量	单价	金额	数量	单价	金额
1	1		期初余额							300	5	1 500
	8		购入	900	6	5 400				300 900	5 6	1 500 5 400
	15		发出				300 500	5 6	1 500 3 000	400	6	2 400
	17		购入	600	7	4 200				400 600	6 7	2 400 4 200
	20		发出				400 400	6 7	2 400 2 800	200	7	1 400
	25		购入	200	8	1 600				200 200	7 8	1 400 1 600
1	31		本月发生额及月末余额	1 700	—	11 200	1 600		9 700	200 200	7 8	1 400 1 600

采用先进先出法核算时,结存存货成本是按最近购货价格确定的,期末存货成本比较接近现行的市场价值。其优点是使企业不能随意挑选存货计价以调整当期利润;缺点是如果存货收发业务比较频繁,核算工作量会很大。而当价格上涨时,发出存货的成本偏低,从而高估企业当期利润和库存存货价值;反之,会低估企业存货价值和当期利润。

2. 月末一次加权平均法

月末一次加权平均法是指以当月全部进货数量加上月初存货数量作为权数,去除当月全部进货成本加上月初存货成本,计算出存货的加权平均单位成本,以此为基础计算确定当月发出存货和期末存货的成本的一种方法。计算公式如下:

$$\text{存货加权平均单位成本} = \left(\text{月初存货成本} + \text{当月各批进货成本}\right) \div \left(\text{月初存货数量} + \text{当月各批进货数量}\right)$$

当月发出存货成本 = 当月发出存货数量 × 存货加权平均单位成本

月末存货成本 = 月末存货数量 × 存货加权平均单位成本
　　　　　　 = 月初存货成本 + 当月全部进货成本 − 当月发出存货成本

【例 4-2】 沿用例 4-1,以 A 材料明细账为例,采用月末一次加权平均法计算其材料成本如下:

当月材料加权平均单位成本 = (1 500 + 5 400 + 4 200 + 1 600) ÷ (300 + 900 + 600 + 200)

$$=12\,700 \div 2\,000 = 6.35\,(\text{元}/\text{千克})$$

当月发出材料成本 $=(300+500+400+400) \times 6.35 = 1\,600 \times 6.35 = 10\,160\,(\text{元})$

月末材料成本 $=(2\,000-1\,600) \times 6.35 = 2\,540\,(\text{元})$

$$=1\,500+5\,400+4\,200+1\,600-10\,160 = 2\,540\,(\text{元})$$

采用月末一次加权平均法，只在月末一次计算加权平均单价，计算比较简单，且在市场价格上涨或下跌时所计算出来的单位成本平均化，对存货成本的分摊较为折中。但由于平时无法随时取得发出和结存存货的成本，不利于加强对存货的管理和控制。

3. 移动加权平均法

移动加权平均法是指以每次进货的成本加上原有存货的成本，除以每次进货数量加上原有存货的数量之和，据以计算出加权平均单位成本，作为在下次进货前计算各次发出存货成本依据的一种方法。计算公式如下：

$$\text{存货加权平均单位成本} = (\text{原有存货成本} + \text{本批进货成本}) \div (\text{原有存货数量} + \text{本批进货数量})$$

$$\text{本次发出存货成本} = \text{本次发货数量} \times \text{根据最近一次进货计算的存货加权平均单位成本}$$

$$\text{月末存货成本} = \text{月末存货数量} \times \text{根据当月最后一次进货计算的存货加权平均单位成本}$$

$$= \text{月初存货成本} + \text{当月全部进货成本} - \text{当月发出存货成本}$$

【例 4-3】 沿用例 4-1，以 A 材料明细账为例，采用移动加权平均法计算其材料成本如下：

第一批进货后的加权平均单位成本 $=(1\,500+5\,400) \div (300+900)$
$$=5.75\,(\text{元}/\text{千克})$$

第一批发出的材料成本 $=800 \times 5.75 = 4\,600\,(\text{元})$

当时结存的材料成本 $=400 \times 5.75 = 2\,300\,(\text{元})$

第二批进货后的加权平均单位成本 $=(2\,300+4\,200) \div (400+600)$
$$=6.5\,(\text{元}/\text{千克})$$

第二批发出的材料成本 $=800 \times 6.5 = 5\,200\,(\text{元})$

当时结存的材料成本 $=200 \times 6.5 = 1\,300\,(\text{元})$

第三批进货后的加权平均单位成本 $=(1\,300+1\,600) \div (200+200)$
$$=7.25\,(\text{元}/\text{千克})$$

月末结存材料成本 $=(300+900-800+600-800+200) \times 7.25 = 2\,900\,(\text{元})$

或者 $=1\,500+(5\,400+4\,200+1\,600)-(4\,600+5\,200) = 2\,900\,(\text{元})$

采用移动加权平均法计算的平均单位成本以及发出和结存的存货成本比较客观，而且能使管理当局及时了解存货的结存情况；但每次收货都要计算一次平均单价，计算工作量较大，对收发货较频繁的企业不适用。

4. 个别计价法

个别计价法亦称个别认定法、具体辨认法、分批实际法，其特征是注重所发出存货具体项目的实物流转与成本流转之间的联系，逐一辨认各批发出存货和期末存货所属的购进批别或生产批别，分别按其购入或生产时所确定的单位成本作为计算各批发出存货和期末存货成本的方法。即把每一种存货的实际成本作为计算发出存货成本和期末存货成本的基础，因此个别计价法确定的存货成本最为准确。对于不能替代使用的存货、为特定项目专门购入或制造的存货以及提供劳务的成本，通常采用个别计价法确定发出存货的成本。但在实际工作中，越来越多的企业采用计算机信息系统进行会计处理，个别计价法可以广泛应用于发出存货的计价。

（三）原材料的主要账务处理

1. 取得材料的账务处理

企业购入材料尚未入库时，按应计入材料、商品采购成本的金额，借记"在途物资"科目，按取得的增值税专用发票上注明的增值税额，借记"应交税费——应交增值税（进项税额）"科目，按实际支付或应支付的金额，贷记"银行存款"、"应付账款"、"应付票据"等科目。所购材料、商品到达验收入库，按实际成本，借记"原材料"科目，贷记"在途物资"科目。如果所购材料的发票账单和材料同时到达，也可以直接借记"原材料"和"应交税费——应交增值税（进项税额）"科目，贷记"银行存款"、"应付账款"、"应付票据"等科目。

自制并已验收入库的材料，按实际成本，借记"原材料"科目，贷记"生产成本"科目。委托外单位加工完成并已验收入库的材料，按实际成本，借记"原材料"科目，贷记"委托加工物资"科目。

企业外购材料时，由于结算方式和采购地点不同，材料入库和货款的支付在时间上不一定完全同步，从而其账务处理也有所不同。

（1）单料已到，货款未付或者已付。企业对发票等结算凭证已到，且材料同时运达企业并验收入库，但款项尚未支付或者款项已经支付以及已开出、承兑商业汇票的采购业务，可根据实际成本直接记账。企业按发票账单等结算凭证确定的材料成本，借记"原材料"科目，按取得的增值税专用发票上注明的增值税额，借记"应交税费——应交增值税（进项税额）"（增值税一般纳税人，下同）科目，按照需要支付的或者实际支付的款项或应付票据面值，贷记"应付账款"、"银行存款"、"应付票据"等科目。

【例4-4】甲企业为增值税一般纳税人，2011年1月10日购入A材料一批，取得的增值税专用发票上注明的材料价款为100 000元，增值税税额为17 000元，对方代垫的装卸费为100元，材料已验收入库，但货款尚未支付。

甲企业应作如下账务处理：

借：原材料——A材料（100 000＋100）　　　　　　　　100 100
　　应交税费——应交增值税（进项税额）　　　　　　　17 000
　　贷：应付账款　　　　　　　　　　　　　　　　　　117 100

（2）料到，单未到。企业对材料已到达并已验收入库，但发票账单等结算凭证未到，货款尚未支付的采购业务，应于月末，按材料的暂估价值，借记"原材料"科目，贷记"应付账款——暂估应付账款"科目；下月初用红字作同样的记账凭证，予以冲回，以便下月付款或开出、承兑商业汇票后，按正常程序处理，即借记"原材料"、"应交税费——应交增值税（进项税额）"科目，贷记"银行存款"或"应付票据"等科目。

【例4-5】甲企业为增值税一般纳税人，2011年1月12日购入B材料一批，材料已验收入库,但结算凭证未到,货款尚未支付,暂估价 11 000 元。

甲企业应作如下账务处理:

(1) 1月末估计入账时:

借:原材料——B材料　　　　　　　　　　　　　　　　　11 000
　　贷:应付账款——暂估应付账款　　　　　　　　　　　　　11 000

(2) 2月初红字冲回时:

借:原材料——B材料　　　　　　　　　　　　　　　　　11 000
　　贷:应付账款——暂估应付账款　　　　　　　　　　　　　11 000

(3) 2月5日,收到该批材料的发票,发票上注明的价款 10 000 元,增值税税款 1 700 元,开出、承兑商业汇票 11 700 元时:

借:原材料——B材料　　　　　　　　　　　　　　　　　10 000
　　应交税费——应交增值税(进项税额)　　　　　　　　　　1 700
　　贷:应付票据　　　　　　　　　　　　　　　　　　　　11 700

(3) 单到,料未到。企业对已经付款或已开出、承兑商业汇票,但材料尚未到达或尚未验收入库的采购业务,应根据发票账单等结算凭证,借记"在途物资"、"应交税费——应交增值税(进项税额)"科目,贷记"银行存款"或"应付票据"等科目;待材料到达、验收入库后,再根据收料单,借记"原材料"科目,贷记"在途物资"科目。

【例 4-6】 甲企业为增值税一般纳税人,2011 年 1 月 16 日购入 C 材料一批,取得的增值税专用发票上注明的材料价款为 30 000 元,增值税税额为 5 100 元,结算凭证已到,货款已付,货物尚未到达。

甲企业应作如下账务处理:

(1) 取得发票支付货款时:

借:在途物资——C材料　　　　　　　　　　　　　　　　30 000
　　应交税费——应交增值税(进项税额)　　　　　　　　　　5 100
　　贷:银行存款　　　　　　　　　　　　　　　　　　　　35 100

(2) 上述材料到达验收入库时:

借:原材料——C材料　　　　　　　　　　　　　　　　　30 000
　　贷:在途物资——C材料　　　　　　　　　　　　　　　　30 000

(4) 预付货款方式。企业采用预付货款的方式采购材料,因为在预付货款时材料所有权并未转移,则应按实际预付金额,借记"预付账款"科目,贷记"银行存款"科目;待已预付货款的材料验收入库时,应按发票账单等所列的价款、税额等,借记"原材料"、"应交税费——应交增值税(进项税额)"科目,贷记"预付账款"科目;退回上项多预付的款项,借记"银行存款"科目,贷记"预付账款"科目;预付款项不足,补付上项货款,按补付金额,借记"预付账款"科目,贷记"银行存款"科目。

【例 4-7】 甲企业为增值税一般纳税人,2011 年 1 月 16 日为购入一批 D 材料,预付货款 12 000 元,7 月 30 日货物到达入库,并取得增值税专用发票,发票上注明的原材料价款为 10 000 元,增值税税额为 1 700 元。

甲企业应作如下账务处理：
(1) 预付货款时：
　　借：预付账款　　　　　　　　　　　　　　　　　　　　　　12 000
　　　　贷：银行存款　　　　　　　　　　　　　　　　　　　　　　12 000
(2) 材料到达入库时：
　　借：原材料——D材料　　　　　　　　　　　　　　　　　　10 000
　　　　应交税费——应交增值税（进项税额）　　　　　　　　　　 1 700
　　　　贷：预付账款　　　　　　　　　　　　　　　　　　　　　 11 700
(3) 收到退回多预付的款项时：
　　借：银行存款　　　　　　　　　　　　　　　　　　　　　　　　300
　　　　贷：预付账款　　　　　　　　　　　　　　　　　　　　　　　300

2. 领用和出售原材料的核算

采用实际成本进行材料日常核算的，发出材料的实际成本，可以选用先进先出法、月末一次加权平均法、移动加权平均法或个别计价法中的一种方法计算确定。

企业生产经营领用材料，按实际成本，借记"生产成本"、"制造费用"、"管理费用"等科目，贷记"原材料"科目。

【例4-8】 沿用例4-1，甲企业存货发出的计价采用先进先出法，2011年1月15日，车间生产产品，领用A材料800千克。1月20日，车间生产产品，领用A材料800千克。

甲企业应作如下账务处理：
　　借：生产成本　　　　　　　　　　　　　　　　　　　　　　　9 700
　　　　贷：原材料——A材料　　　　　　　　　　　　　　　　　　9 700

企业发出委托外单位加工的材料，借记"委托加工物资"科目，贷记"原材料"科目。

基建工程领用外购原材料，按实际成本加上不准抵扣的增值税税额等，借记"在建工程"等科目，按实际成本，贷记"原材料"科目，按不准抵扣的增值税税额，贷记"应交税费——应交增值税（进项税额转出）"科目。基建工程领用自制原材料，应视同销售，按实际成本加上应交增值税税额等，借记"在建工程"等科目，按实际成本，贷记"原材料"科目，按应交的增值税税额，贷记"应交税费——应交增值税（销项税额）"科目。

对于出售的材料，企业应当按已收或应收的价款，借记"银行存款"或"应收账款"等科目，按实现的营业收入，贷记"其他业务收入"科目，按应交的增值税税额，贷记"应交税费——应交增值税（销项税额）"科目；月度终了，按出售材料的实际成本，借记"其他业务成本"科目，贷记"原材料"科目。

【例4-9】 乙企业为增值税一般纳税人，存货发出的计价采用月末一次加权平均法，该企业1月25日销售B材料500千克，开出增值税专用发票，发票上注明的原材料价款为10 000元，增值税税额为1 700元。款项收到存入银行。当月该材料加权平均单位成本为每千克15元。

乙企业应作如下账务处理：

(1) 销售材料时：

借：银行存款　　　　　　　　　　　　　　　　　　　　　　　　11 700
　　贷：其他业务收入　　　　　　　　　　　　　　　　　　　　　10 000
　　　　应交税费——应交增值税（销项税额）　　　　　　　　　　 1 700

(2) 结转材料成本时：

借：其他业务成本　　　　　　　　　　　　　　　　　　　　　　 7 500
　　贷：原材料——B材料　　　　　　　　　　　　　　　　　　　 7 500

发出材料业务频繁的企业，为简化核算，一般可以在月末根据各种发料凭证，按领用部门和用途，编制"发料凭证汇总表"，并据以登记总分类账。

二、计划成本法

计划成本法是指企业对每项存货以其实际成本为依据预先制定一个单位计划成本，并据以对存货的收入、发出和结存情况进行日常核算，同时设置成本差异账户，核算实际成本与计划成本的差异以及差异的分担情况，在月末，通过分担成本差异，将发出存货和期末存货成本的计划成本调整为实际成本的一种方法。

采用计划成本法进行材料的日常核算，主要有以下优点：(1) 有利于考核采购部门的业绩。有了合理的计划成本之后，将各批材料的计划成本与实际成本比较，可以对采购部门进行考核，促使其降低采购成本，节约支出。(2) 简化会计处理工作。在计划成本法下，材料明细账平时可以只记收入、发出和结存的数量，将数量乘以计划成本，随时求得材料收、发、存的金额，通过"材料成本差异"科目计算和调整发出和结存材料的实际成本，简便易行。其缺点是在价格变动频繁、变动幅度较大的情况下，难以确定适合的计划成本，加大修正计划成本的工作量。

计划成本法一般适用于材料品种多、收发业务频繁的企业，如大中型企业中的各种原材料。存货计划成本所包含的内容与其实际成本的构成一致。存货的计划成本一般由企业采购部门会同财会等有关部门共同制定，制定的计划成本应尽可能接近实际。入库材料的计划成本应当尽可能接近实际成本。除特殊情况外，计划成本在年度内不得随意变更。

（一）科目设置

材料按计划成本进行日常核算时，取得的原材料首先必须通过"材料采购"科目进行核算，用以确定材料的实际采购成本；然后从材料验收入库到发出材料的凭证、明细分类账和总分类账要全部按计划成本登记，原材料的实际成本与计划成本的差额，则通过"材料成本差异"科目核算；月份终了，通过分配材料成本差异，将发出材料和库存材料的计划成本调整为实际成本。

企业设置"材料采购"科目，核算企业采用计划成本进行材料日常核算而购入材料的采购成本。本科目可按供应单位和材料品种进行明细核算。借方登记购入材料的实际成本和结转的实际成本低于计划成本的差异，贷方登记验收入库的材料的计划成本和结转的实际成本大于计划成本的差异。本科目期末借方余额，反映企业在途材料的采购成本。

企业设置"原材料"科目，计划成本法下的"原材料"科目与实际成本法下的"原材料"科目的核算内容、明细账的设置相同。科目借、贷方的具体内容有区别，计划成本法下，本科目借方登记购入并已验收入库的材料的计划成本，贷方登记发出材料的计划成本。本科目期末借方余额，反映企业库存材料的计划成本。

企业设置"材料成本差异"科目，核算企业采用计划成本进行日常核算的材料计划成本与实际成本的差额。本科目借方登记发生的材料成本超支差异，即入库材料的实际成本大于计划成本的差额；贷方登记发生的材料成本节约差异，即入库材料的实际成本小于计划成本的差额，以及结转发出材料应负担的成本差异（超支差异用蓝字登记，节约差异用红字登记）。本科目可以分别原材料、周转材料等，按照类别或品种进行明细核算。本科目期末借方余额，反映企业库存材料等的实际成本大于计划成本的差异；贷方余额反映企业库存材料等的实际成本小于计划成本的差异。企业也可以在"原材料"、"周转材料"等科目下设置"成本差异"明细科目。

（二）原材料的主要账务处理

1. 取得原材料的账务处理

企业支付材料价款和运杂费等，按应计入材料采购成本的金额，借记"材料采购"科目，按负担的增值税税额，借记"应交税费——应交增值税（进项税额）"科目，按实际支付或应支付的金额，贷记"银行存款"、"库存现金"、"其他货币资金"、"应付账款"、"应付票据"、"预付账款"等科目。

期末，企业应将仓库转来的外购收料凭证分别下列不同情况进行处理：

（1）对于已经付款或已开出、承兑商业汇票的收料凭证，应按实际成本和计划成本分别汇总，按计划成本，借记"原材料"等科目，贷记"材料采购"科目，按实际成本大于计划成本的差额，借记"材料成本差异"科目，按材料实际采购成本，贷记"材料采购"科目，或者按实际成本小于计划成本的差额，贷记"材料成本差异"科目。

（2）对于尚未收到发票账单的收料凭证，月末应按计划成本暂估入账，借记"原材料"、"周转材料"等科目，贷记"应付账款——暂估应付账款"科目，下期初作相反分录予以冲回。下期收到发票账单的收料凭证，借记"材料采购"科目，贷记"银行存款"、"应付账款"、"应付票据"等科目。涉及增值税进项税额的，还应进行相应的处理。

自制并已验收入库的材料，按计划成本，借记"原材料"科目，按实际成本，贷记"生产成本"科目，按计划成本与实际成本的差异，借记或贷记"材料成本差异"科目。

委托外单位加工完成并已验收入库的材料，按计划成本，借记"原材料"科目，按实际成本，贷记"委托加工物资"科目，按计划成本与实际成本的差异，借记或贷记"材料成本差异"科目。

【例4-10】 甲公司为增值税一般纳税人，2011年1月19日购入一批材料，取得的增值税专用发票上注明的材料价款为50 000元，增值税额税为8 500元，货款已通过银行转账支付，材料已验收入库，用现金支付运费500元（运费增值税扣除率为7%），材料计划成本为48 000元。

甲公司账务处理如下：

（1）按发票等结算凭证确定材料的实际采购成本时：

借：材料采购　　　　　　　　　　　　　　　　　　　　50 465

　　　　　应交税费——应交增值税（进项税额）（8 500＋500×7%）　　　8 535
　　　　贷：银行存款　　　　　　　　　　　　　　　　　　　　　　59 000
　（2）结转入库材料的计划成本和材料成本差异时：
　　　　借：原材料　　　　　　　　　　　　　　　　　　　　　　48 000
　　　　贷：材料采购　　　　　　　　　　　　　　　　　　　　　48 000
　　　　借：材料成本差异　　　　　　　　　　　　　　　　　　　 2 465
　　　　贷：材料采购　　　　　　　　　　　　　　　　　　　　　 2 465
　或者直接将上面两笔业务合成一笔，即：
　　　　借：原材料　　　　　　　　　　　　　　　　　　　　　　48 000
　　　　　　材料成本差异　　　　　　　　　　　　　　　　　　　 2 465
　　　　贷：材料采购　　　　　　　　　　　　　　　　　　　　　50 465

需要说明的是，企业采用计划成本法计价核算时，不论材料是否验收入库，都必须先通过"材料采购"科目核算材料的实际采购成本，再按计划成本，在材料验收入库时转入"原材料"科目，同时结转材料成本差异。

【例 4-11】 甲公司为增值税一般纳税人，2011年1月26日购入一批材料1 000千克，计划单位成本为5元/千克。取得的增值税专用发票上注明的材料价款为5 500元，增值税税额为935元，材料验收入库时，实收990千克，其中10千克经查明属途中合理损耗。

甲公司账务处理如下：
（1）根据发票账单确定实际采购成本时：
　　　　借：材料采购　　　　　　　　　　　　　　　　　　　　　 5 500
　　　　　　应交税费——应交增值税（进项税额）　　　　　　　　　 935
　　　　贷：银行存款　　　　　　　　　　　　　　　　　　　　　 6 435
（2）结转入库材料计划成本和材料成本差异时：
　　　　借：原材料（5×990）　　　　　　　　　　　　　　　　　 4 950
　　　　　　材料成本差异　　　　　　　　　　　　　　　　　　　　 550
　　　　贷：材料采购　　　　　　　　　　　　　　　　　　　　　 5 500

需要说明的是，在计划成本下，对于购入材料途中发生的短缺或毁损，属于途中合理损耗的，应计入材料的实际成本，材料明细账按实收数量入账，对该批材料按实收数量乘以单位计划成本计算确定材料的计划成本，将合理损耗材料的金额计入材料成本差异。

2. 发出原材料的账务处理

采用计划成本进行材料日常核算的，为简化核算，平日发出材料按计划成本转出至成本费用类各科目。生产经营领用材料，借记"生产成本"、"制造费用"、"销售费用"、"管理费用"等科目，贷记"原材料"科目。出售材料结转成本，借记"其他业务成本"科目，贷记"原材料"科目。发出委托外单位加工的材料，借记"委托加工物资"科目，贷记"原材料"科目。

期末，发出材料还应结转材料成本差异，将发出材料的计划成本调整为实际成本。结转发出材料应负担的材料成本差异，按实际成本大于计划成本的差异，借记"生产成本"、"管理费用"、"销售费用"、"委托加工物资"、"其他业务成本"等科目，贷记"材料成本差异"科目；实际成本小于计划成本的差异，作相反的会计分录。

需要说明的是，本章所讲的"材料成本差异"带符号计算，对发生的材料差异，以超支差异（借方）为正，以节约差异（贷方）为负；对发出材料负担的差异，以发出材料应负担的超支差异为正（贷方，用蓝字登记），以发出材料应负担的节约差异为负（贷方，用红字登记）。以下要计算的本月领用材料应负担的成本差异率，如果计算结果为正数，表示发出材料要分担超支差异；如果计算结果为负数，表示发出材料要分担节约差异。

发出材料应负担的成本差异，应当按期（月）分摊，不得在季末或年末一次计算。发出材料应负担的成本差异，除委托外部加工发出材料可按期初成本差异率计算外，应使用当期的实际差异率；期初成本差异率与本期成本差异率相差不大的，也可按期初成本差异率计算。计算方法一经确定，不得随意变更。分担材料成本差异的有关的计算公式如下：

$$\text{本期材料成本差异率} = \frac{\text{期初结存材料的成本差异} + \text{本期验收入库材料的成本差异}}{\text{期初结存材料的计划成本} + \text{本期验收入库材料的计划成本}} \times 100\%$$

或者：

$$\text{期初材料成本差异率} = \frac{\text{期初结存材料的成本差异}}{\text{期初结存材料的计划成本}} \times 100\%$$

$$\text{本期发出材料应负担的成本差异} = \text{发出材料的计划成本} \times \text{本期材料成本差异率}$$

$$\text{本期发出材料的实际成本} = \text{发出材料的计划成本} + \text{发出材料应负担的成本差异}$$

$$\text{期末结存材料应负担的成本差异} = \text{期初结存材料的成本差异} + \text{本期验收入库材料的成本差异} - \text{本期发出材料应负担的成本差异}$$

$$\text{期末结存材料的实际成本} = \text{期末结存材料的计划成本} + \text{期末结存材料应负担的成本差异}$$

经过材料成本差异的分配，本期发出材料应分配的成本差异从"材料成本差异"科目转出之后，属于期末库存材料应分配的成本差异，仍保留在"材料成本差异"科目内，作为库存材料的调整项目，编制资产负债表时，存货项目中的材料存货，应当列示计划成本加材料成本差异后的实际成本。

【例 4-12】 甲公司为增值税一般纳税人，采用计划成本法核算材料的成本，2011年1月，"原材料"科目期初余额 56 000 元，"材料成本差异"科目期初借方余额 500元。原材料单位计划成本 12 元。1月发生的经济业务如下：

（1）10 日，购进材料 1 500 千克，进价 10 元/千克，款项已付；11 日，材料验收入库。

（2）15 日，生产产品领用 1 200 千克，车间领用 600 千克，行政管理部门领用 200千克。

（3）20 日，购进材料 2 000 千克，进价 13 元/千克，款项已付；22 日，材料验收入库。

（4）25 日，购进材料，取得金额为 5 000 元的普通发票，材料尚未到厂，货款未付。

(5) 25日，生产产品领用1 000千克，车间领用500千克，行政管理部门领用300千克。

(6) 26日，收到东风厂发来材料，已验收入库，计划成本为1 000元，但发票账单等尚未收到。

根据上述资料，甲公司账务处理如下：

(1) 2011年1月10日，购进材料时：

  借：材料采购 15 000
    应交税费——应交增值税（进项税额） 2 550
   贷：银行存款 17 550

(2) 2011年1月11日，材料验收入库时：

  借：原材料（12×1 500） 18 000
   贷：材料采购 15 000
    材料成本差异 3 000

(3) 2011年1月20日，购进材料时：

  借：材料采购 26 000
    应交税费——应交增值税（进项税额） 4 420
   贷：银行存款 30 420

(4) 2011年1月22日，材料验收入库时：

  借：原材料（12×2 000） 24 000
    材料成本差异 2 000
   贷：材料采购 26 000

(5) 2011年1月25日，购进材料时：

  借：材料采购 5 000
   贷：应付账款 5 000

(6) 2011年1月31日，对26日入库材料暂估入账时：

  借：原材料 1 000
   贷：应付账款——暂估应付账款 1 000

(7) 2011年1月31日，汇总领用材料时：

  借：生产成本 [12×(1 200＋1 000)] 26 400
    制造费用 [12×(600＋500)] 13 200
    管理费用 [12×(200＋300)] 6 000
   贷：原材料 45 600

(8) 2011年1月31日，分配本月领用材料负担的材料成本差异时：

本月材料成本差异率＝(500－3 000＋2 000)÷(56 000＋18 000＋24 000)×100%

    ＝－0.51%

本月发出材料应负担的成本差异＝(26 400＋13 200＋6 000)×(－0.51%)

       ＝－134.64－67.32－30.60

       ＝－232.56（元）

借：生产成本　　　　　　　　　　　　　　　134.64
　　　制造费用　　　　　　　　　　　　　　　67.32
　　　管理费用　　　　　　　　　　　　　　　30.60
　　贷：材料成本差异　　　　　　　　　　　　　　232.56

本月发出材料的实际成本＝45 600－232.56＝45 367.44(元)

需要说明的是，在计算本月材料成本差异率时，由于计算公式的分子不包括月末暂估入账材料的成本差异，因而分母也不应包括暂估入账材料的计划成本。

(9) 2011年1月31日，计算结存材料成本：

月末结存材料应负担的成本差异＝500－3 000＋2 000－(－232.56)＝－267.44（元）

月末结存材料的计划成本＝56 000＋18 000＋24 000＋1 000－45 600＝53 400（元）

月末结存材料的实际成本＝53 400－267.44＝53 132.56（元）

月末编制资产负债表时，存货项目中的原材料存货，应当按照其实际成本53 132.56元列示。

第三节　库存商品

库存商品包括库存产成品、外购商品、存放在门市部准备出售的商品、发出展览的商品以及寄存在外的商品等。库存商品的核算需要设置"库存商品"、"发出商品"等科目核算。

企业设置"库存商品"科目，核算企业库存的各种商品的实际成本或计划成本。本科目可按库存商品的种类、品种和规格等进行明细核算。本科目借方登记库存商品的增加，贷方登记库存商品的减少，期末借方余额，反映企业库存商品的实际成本或计划成本。

企业设置"发出商品"科目，核算企业未满足收入确认条件，但已发出商品的实际成本或计划成本。本科目可按购货单位、商品类别和品种进行明细核算。本科目借方登记未满足收入确认条件但已发出商品的实际成本或计划成本，贷方登记满足了收入确认条件时结转已售产品的成本。期末借方余额，反映企业发出商品的实际成本或计划成本。

库存商品可以采用实际成本法、计划成本法进行核算。

一、实际成本法

工业企业的产成品一般按实际成本法进行核算。

实际成本法下，企业产成品的入库和出库，平时只记数量，不记金额，期（月）末计算入库产成品的成本。生产完成验收入库时，按实际成本，借记"库存商品"科目，贷记"生产成本"等相关科目；发出产成品的实际成本可以采用"先进先出法"、"加权平均法"、"个别认定法"计算确定（参见原材料）。对外销售产成品结转销售成本时，借记"主营业务成本"科目，贷记"库存商品"科目，"库存商品"科目期末借方余额，反映企业库存商品的实际成本。

对于未满足收入确认条件的发出商品，应按发出商品的实际成本，借记"发出商品"科目，贷记"库存商品"科目。发出商品发生退回的，应按退回商品的实际成本，借记"库存商品"科目，贷记"发出商品"科目。发出商品满足收入确认条件时，应结转销售成本，借记"主营业务成本"科目，贷记"发出商品"科目。

二、计划成本法

工业企业产成品种类较多的，也可按计划成本进行日常核算。

计划成本法下，企业产成品的入库和出库均按计划成本登记。生产完成验收入库时，按计划成本，借记"库存商品"科目，贷记"生产成本"等相关科目；对外销售产成品，结转销售成本时，按计划成本，借记"主营业务成本"科目，贷记"库存商品"科目，"库存商品"科目期末借方余额，反映企业库存商品的计划成本。产品的实际成本与计划成本的差异，可以单独设置"产品成本差异"科目，比照"材料成本差异"科目核算。

对于未满足收入确认条件的发出商品，应按发出商品的计划成本，借记"发出商品"科目，贷记"库存商品"科目。发出商品发生退回的，应按退回商品的计划成本，借记"库存商品"科目，贷记"发出商品"科目。发出商品满足收入确认条件时，应结转销售成本，借记"主营业务成本"科目，贷记"发出商品"科目。同时还应结转应分摊的产品成本差异。

第四节 委托加工物资

一、委托加工物资的概念

委托加工物资是指企业因现有的材料物资不能直接用于生产，或者自己能够加工但成本较高时，需要委托外单位进行加工的物资。

委托加工物资的实际成本包括实际耗用发出加工材料物资的实际成本和支付的扣除准予抵扣的增值税进项税额后的加工费、运费、装卸费等。

二、委托加工物资的核算

（一）科目设置

企业设置"委托加工物资"科目，核算企业委托外单位加工的各种材料、商品等物资的实际成本。本科目可按加工合同、受托加工单位以及加工物资的品种等进行明细核算。本科目借方登记发给外单位加工的物资、支付的加工费、运杂费和收回后直接用于销售的委托加工物资应交给受托方的消费税等；贷方登记加工完成验收入库的物资和剩余物资。期末借方余额，反映企业委托外单位加工尚未完成物资的实际成本。

(二) 主要账务处理

1. 发出委托加工物资的账务处理

企业发给外单位加工的物资,按实际成本,借记"委托加工物资"科目,贷记"原材料"、"库存商品"等科目;按计划成本核算的,还应同时结转材料成本差异。

2. 支付加工费等的账务处理

企业支付加工费、运杂费等,按扣除准予抵扣的增值税进项税额后的加工费、运杂费等的实际成本,借记"委托加工物资"科目;按准予抵扣的增值税进项税额,借记"应交税费——应交增值税(进项税额)"科目;按支付的加工费等税费金额,贷记"银行存款"、"应付账款"等科目。

需要缴纳消费税的委托加工物资,由受托方代收代缴的消费税,借记"委托加工物资"(收回后用于直接销售的)或"应交税费——应交消费税"科目(收回后用于继续加工的);按应支付的消费税税额,贷记"银行存款"、"应付账款"等科目。

3. 收回委托加工物资并验收入库的账务处理

企业加工完成验收入库的物资和剩余的物资,按加工收回物资的实际成本和剩余物资的实际成本,借记"原材料"、"库存商品"等科目,贷记"委托加工物资"科目。

采用计划成本核算的,按计划成本,借记"原材料"、"库存商品"科目;按实际成本,贷记"委托加工物资"科目;按实际成本与计划成本之间的差额,借记或贷记"材料成本差异"科目。

采用计划成本核算的,也可以采用上期材料成本差异率计算分摊本期应分摊的材料成本差异。

【例 4-13】 某市甲企业委托乙企业加工一批半成品,加工所需材料由甲企业提供,材料价款为 200 000 元,支付加工费用 50 000 元(含税),并取得增值税专用发票,由受托方代垫辅助材料价款 30 000 元(含税),半成品已经加工完毕并验收入库,加工费用等已经支付,甲企业按实际成本对原材料进行日常核算。乙企业适用的增值税税率为 17%。

甲企业应作如下账务处理:

(1) 发出委托加工材料时:

借:委托加工物资	200 000
贷:原材料	200 000

(2) 支付加工费用时:

借:委托加工物资 [(50 000+30 000)÷(1+17%)]	68 376.07
应交税费——应交增值税(进项税额)(68 376.07×17%)	11 623.93
贷:银行存款	80 000

(3) 收回材料验收入库时:

借:原材料	268 376.07
贷:委托加工物资	268 376.07

第五节 周转材料

一、周转材料的概念和内容

周转材料是指企业能够多次使用、逐渐转移其价值但仍保持原有形态，不确认为固定资产的材料。如包装物，低值易耗品，以及建筑承包企业的钢模板、木模板、脚手架，等等。

包装物按其用途不同，可分为：

(1) 生产过程中用于包装产品，作为产品组成部分的包装物；(2) 随同商品出售而不单独计价的包装物；(3) 随同商品出售并单独计价的包装物；(4) 出租或出借给购买单位使用的包装物。各种包装用的材料，如纸、绳、铁丝、铁皮等，应在"原材料"科目核算；用于储存和保管产品或商品、材料等而不随同产品或商品出售、出租或出借的包装物，如企业在经营过程中周转使用的包装容器，应按其价值大小和使用年限长短，分别在"固定资产"或"周转材料——低值易耗品"科目核算。

低值易耗品是指单位价值较低、使用期限较短，不能作为固定资产的各种用具物品，如工具、管理用具、玻璃器皿，以及在经营过程中周转使用的包装容器等。

二、周转材料的核算

（一）科目设置

企业设置"周转材料"科目，核算企业周转材料的计划成本或实际成本，包括包装物和低值易耗品以及建筑承包企业的钢模板、木模板、脚手架等。本科目可按周转材料的种类，分别"在库"、"在用"和"摊销"进行明细核算。本科目借方登记购入、自制、委托外单位加工完成并已验收入库的周转材料；贷方登记领用或发出周转材料时应摊销或结转的周转材料成本。期末借方余额，反映企业在库周转材料的计划成本或实际成本以及在用周转材料的摊余价值。

企业周转材料增加的核算，比照原材料增加相关规定进行处理。

企业领用或发出周转材料时，需要摊销或结转周转材料成本。

（二）周转材料的摊销方法

企业应当采用一次转销法、五五摊销法或者分次摊销法对周转材料进行摊销，计入相关资产的成本或者当期损益。

1. 一次转销法

一次转销法是指周转材料在领用时就将其全部账面价值一次计入相关资产的成本或者当期损益的方法。这种方法比较简单，但周转材料的成本从账上一次转出，不利于财物的保管，费用负担也不够均衡。主要适用于一次领用数量不多、价值较低、极易损坏或使用期限较短的周转材料的摊销，如包装物。

2. 五五摊销法

五五摊销法是指周转材料在领用时先按其全部账面价值的一半摊销，计入领用当期相关资产的成本或者当期损益，在报废时再将其全部账面价值的另一半摊销，计入报废当期相关资产的成本或者当期损益的方法。采用五五摊销法，账上反映周转材料的成本，有利于加强财物的保管，但核算较烦琐。通常适用于一次领用数量较大、单位价值较高或使用期限较长的低值易耗品的摊销。

3. 分次摊销法

分次摊销法是指根据周转材料的原价和预计的使用期限，将周转材料的价值平均、分次计入有关成本费用的一种方法。采用这种方法，有利于成本、费用的合理、均衡负担，但核算较烦琐。建造承包企业的钢模板、木模板、脚手架和其他周转材料等，可以采用分次摊销法进行摊销。

（三）包装物的核算

企业购入、自制、委托外单位加工完成的包装物验收入库时，借记"周转材料——包装物"科目，贷记相关科目。

企业领用或发出包装物时，一般应采用一次转销法摊销该包装物的成本。企业领用或发出包装物，应按发出包装物的不同用途分别进行处理。

（1）生产领用包装物。企业生产部门领用的用于包装产品的包装物，构成了产品的组成部分，因此应将包装物的成本计入产品生产成本。生产领用包装物，借记"生产成本"等科目，贷记"周转材料——包装物"科目。

（2）随同商品出售不单独计价的包装物。随同商品出售但不单独计价的包装物，应于包装物发出时，按其实际成本计入营业费用中，借记"销售费用"科目，贷记"周转材料——包装物"科目。

（3）随同商品出售单独计价的包装物。应视同材料销售处理，应对该包装物单独计价，确认包装物的销售利润。因此，应于商品出售时，按出售包装物取得的金额，借记"银行存款"科目；按出售包装物的收入，贷记"其他业务收入"科目，按应纳增值税税额，贷记"应交税费——应交增值税（销项税额）"科目；按出售包装物的成本，借记"其他业务成本"科目，贷记"周转材料——包装物"科目。

（4）出租包装物。企业多余或闲置不用的包装物可以出租给外单位使用。

出租包装物，在第一次领用新包装物时，应结转成本，按出租包装物的实际成本，借记"其他业务成本"科目，贷记"周转材料——包装物"科目。

收到出租包装物的租金时，借记"库存现金"、"银行存款"等科目，贷记"其他业务收入"科目；按应交的营业税，借记"营业税金及附加"科目，贷记"应交税费——应交营业税"科目。

出租的包装物不能使用而报废时，按其残料价值，借记"原材料"等科目，贷记"其他业务成本"科目。

（5）出借包装物。企业多余或闲置不用的包装物也可以出借给外单位使用。

出借包装物，在第一次领用新包装物时，应结转成本，按出借包装物的实际成本，借记"销售费用"科目，贷记"周转材料——包装物"科目。

出借的包装物不能使用而报废时，按其残料价值，借记"原材料"等科目，贷记"销售费用"科目。

（6）出租、出借包装物的押金。收到出租、出借包装物的押金，借记"库存现金"、

"银行存款"等科目,贷记"其他应付款"科目。退回押金,作相反会计分录。

对于逾期未退包装物,按没收的押金,借记"其他应付款"科目,按应交的增值税,贷记"应交税费——应交增值税(销项税额)"科目,按其差额,贷记"其他业务收入"科目。

采用计划成本核算包装物的企业,月末结转生产领用、出售、出租、出借所领用新包装物应分摊的成本差异。

【例 4-14】 甲企业销售商品时,出租包装物收取租金 1 000 元,收取押金 3 000 元。假定承租人未按时归还包装物,押金被没收,包装物的账面价值为 2 000 元。包装物采用一次转销法摊销。

甲企业应作如下账务处理:
(1) 发出包装物时:
 借:其他业务成本   2 000
  贷:周转材料——包装物   2 000
(2) 收到出租包装物的租金、押金时:
 借:银行存款   4 000
  贷:其他应付款   3 000
    其他业务收入   1 000
 借:营业税金及附加   50
  贷:应交税费——应交营业税(1 000×5%)   50
(3) 没收逾期未退包装物押金时:
 借:其他应付款   3 000
  贷:其他业务收入 [3 000÷(1+17%)]   2 564.10
    应交税费——应交增值税(销项税额)   435.90

(四) 低值易耗品的核算

企业购入、自制、委托外单位加工完成的低值易耗品验收入库时,借记"周转材料——低值易耗品"科目,贷记相关科目。

企业领用或发出低值易耗品时,一般应采用五五摊销法摊销该低值易耗品的成本。

【例 4-15】 甲企业生产车间领用 10 套专用工具,每套实际成本为 500 元,共计 5 000 元;报废时,假如 2 套报废,收回 100 元材料。

甲企业应作如下账务处理:
(1) 领用低值易耗品时:
 借:周转材料——低值易耗品(在用)   5 000
  贷:周转材料——低值易耗品(在库)   5 000
(2) 摊销低值易耗品的一半:
 借:生产成本   2 500
  贷:周转材料——低值易耗品(摊销)   2 500
(3) 2 套低值易耗品报废时,摊销其余一半:

假如报废,收回 100 元材料,同时将 2 套报废的低值易耗品明细账上的在用数和摊销数对冲转销。

借：生产成本　　　　　　　　　　　　　　　　　　　　　　　　　500
　　　贷：周转材料——低值易耗品（摊销）　　　　　　　　　　　　　500
（4）2套低值易耗品报废时，对冲在用数与摊销数：
　　借：周转材料——低值易耗品（摊销）　　　　　　　　　　　　1 000
　　　贷：周转材料——低值易耗品（在用）　　　　　　　　　　　　1 000
（5）残料冲减成本：
　　借：原材料　　　　　　　　　　　　　　　　　　　　　　　　　100
　　　贷：生产成本　　　　　　　　　　　　　　　　　　　　　　　100

第六节　存货的期末计量

一、存货期末计量原则

为了真实、准确地反映企业资产的价值，体现谨慎性原则，企业会计准则要求在资产负债表日，存货应当按照成本与可变现净值孰低计量，使存货更符合资产的定义。

当存货成本低于其可变现净值时，存货按成本计量，不计提存货跌价准备；当存货成本高于其可变现净值时，存货按可变现净值计量，同时按成本高于可变现净值的差额计提存货跌价准备，计入当期损益。

其中，存货成本是指期末存货的实际成本。如企业对存货成本的日常核算采用计划成本法、售价金额核算法等简化核算方法，则成本应为经调整后的实际成本。

二、存货可变现净值的含义

可变现净值是指企业在日常活动中，存货的估计售价减去至完工估计将要发生的成本、估计的销售费用以及相关税费后的金额。存货的可变现净值由存货的估计售价、至完工时将要发生的成本、估计的销售费用和估计的相关税费等内容构成。可变现净值具有以下基本特征：

（1）确定存货可变现净值的前提是企业在进行日常活动，即企业在进行正常的生产经营活动。如果企业不是在进行正常的生产经营活动，如企业处于清算过程，那么不能按照存货准则的规定确定存货的可变现净值。

（2）可变现净值特征表现为存货的预计未来净现金流量，而不是存货的售价或合同价。企业预计的销售存货现金流量，并不完全等于存货的可变现净值。存货在销售过程中可能发生的销售费用和相关税费，以及为达到预定可销售状态还可能发生的加工成本等相关支出，构成现金流入的抵减项目。企业预计的销售存货现金流量，扣除这些抵减项目后，才能确定存货的可变现净值。

（3）不同存货可变现净值的构成不同：①产成品、商品和用于出售的材料等直接用于出售的商品存货，在正常生产经营过程中，应当以该存货的估计售价减去估计的销售费用和相关税费后的金额，确定其可变现净值。②需要经过加工的材料存货，在正常生产经营过程中，应当以所生产的产成品的估计售价减去至完工时估计将要发生的成本、估计的销售费用和相关税费后的金额，确定其可变现净值。

三、存货可变现净值低于成本的情形

存货存在下列情形之一的，通常表明存货的可变现净值低于成本：
（1）该存货的市场价格持续下跌，并且在可预见的未来无回升的希望；
（2）企业使用该项原材料生产的产品的成本大于产品的销售价格；
（3）企业因产品更新换代，原有库存原材料已不适应新产品的需要，而该原材料的市场价格又低于其账面成本；
（4）因企业所提供的商品或劳务过时或消费者偏好改变而使市场的需求发生变化，导致市场价格逐渐下跌；
（5）其他足以证明该项存货实质上已经发生减值的情形。

存货存在下列情形之一的，通常表明存货的可变现净值为零：
（1）已霉烂变质的存货；
（2）已过期且无转让价值的存货；
（3）生产中已不再需要，并且已无使用价值和转让价值的存货；
（4）其他足以证明已无使用价值和转让价值的存货。

对于存货的可变现净值低于成本和存货的可变现净值为零的情况，企业应计提存货跌价准备。

四、计提存货跌价准备的方法

企业持有存货的情况不同，计提存货跌价准备的方法不同。

（一）按照单个存货项目计提存货跌价准备

企业通常应当按照单个存货项目计提存货跌价准备。在企业采用计算机信息系统进行会计处理的情况下，完全有可能做到按单个存货项目计提存货跌价准备。在这种方式下，企业应当将每个存货项目的成本与其可变现净值逐一进行比较，按较低者计量存货，并且按成本高于可变现净值的差额计提存货跌价准备。这就要求企业应当根据管理要求和存货的特点，明确规定存货项目的确定标准。例如，将某一型号和规格的材料作为一个存货项目，将某一品牌和规格的商品作为一个存货项目，等等。

（二）按照存货类别计提存货跌价准备

对于数量繁多、单价较低的存货，可以按照存货类别计提存货跌价准备。如果某一类存货的数量繁多且单价较低，企业可以按照存货类别计量成本与可变现净值，即按存货类别的成本的总额与可变现净值的总额进行比较，每种存货类别均取较低者确定存货期末价值。

（三）合并计提存货跌价准备

与在同一地区生产和销售的产品系列相关、具有相同或类似最终用途或目的，且难以与其他项目分开计量的存货，可以合并计提存货跌价准备。存货具有相同或类似最终用途或目的，并在同一地区生产和销售，意味着存货所处的经济环境、法律环境、市场环境等相同，具有相同的风险和报酬。因此，在这种情况下，可以对该存货进行合并计

提存货跌价准备。

【例 4-16】 甲公司的有关资料及存货期末计量如表 4-2 所示，假设甲公司在此之前没有对存货计提跌价准备。假定不考虑相关税费和销售费用。

表 4-2　　　　　　　　　　　计提存货跌价准备计算表
2011 年 12 月 31 日　　　　　　　　　　　　　　金额单位：元

商品	数量（件）	成本 单价（元/件）	成本 总额	可变现净值 单价（元/件）	可变现净值 总额	由此计提的存货跌价准备
A 商品	400	10	4 000	9	3 600	400
B 商品	500	7	3 500	8	4 000	0
第一组小计			7 500		7 600	0
C 商品	200	50	10 000	48	9 600	400
D 商品	100	45	4 500	44	4 400	100
第二组小计			14 500		14 000	500
E 商品	300	100	30 000	80	24 000	6 000
F 商品	400	110	44 000	100	40 000	4 000
第三组小计			74 000		64 000	10 000
合计			96 000		85 600	10 400

五、存货跌价准备的会计处理

资产负债表日，企业应当确定存货的可变现净值，既不能提前，也不能延后，并且在每一个资产负债表日都应当重新确定存货的可变现净值。如果期末结存存货的成本低于可变现净值时，则不需要作账务处理，资产负债表中的存货仍按期末账面价值列示；如果期末存货的可变现净值低于成本时，则必须在当期确认存货跌价损失，并进行有关的账务处理。

企业设置"存货跌价准备"科目，核算企业存货的跌价准备。本科目可按存货项目或类别进行明细核算。本科目贷方登记计提的存货跌价准备，借方登记冲回和结转的存货跌价准备。本科目期末贷方余额，反映企业已计提但尚未转销的存货跌价准备。

（一）存货跌价准备的计提

存货发生减值的，按存货可变现净值低于成本的差额计提存货跌价准备，借记"资产减值损失"科目，贷记"存货跌价准备"科目。如果存货可变现净值继续下跌，若应提数大于已提数，则应予补提，借记"资产减值损失"科目，贷记"存货跌价准备"科目。

（二）存货跌价准备的转回

存货准则规定，企业的存货在符合条件的情况下，可以转回计提的存货跌价准备。存货跌价准备转回的条件是以前减计存货价值的影响因素已经消失，而不是在当期造成存货可变现净值高于成本的其他因素。

当符合存货跌价准备转回的条件时，应在原已计提的存货跌价准备的金额内转回。

即在对该项存货、该类存货或该合并存货已计提的存货跌价准备的金额内转回。转回的存货跌价准备与计提该准备的存货项目或类别应当存在直接关系,但转回的金额以将存货的跌价准备的余额冲减至零为限。

存货跌价准备的转回的金额计入当期损益,借记"存货跌价准备"科目,贷记"资产减值损失"科目。

【例 4-17】 甲公司期末存货按成本与可变现净值孰低法计价,按照单个存货项目计提存货跌价准备。

甲公司发生的业务及账务处理如下:

(1) 2009 年 12 月 31 日,W7 型机器的账面成本为 200 000 元,但由于其市场价格下跌,预计可变现净值为 190 000 元,由此应计提的存货跌价准备为 10 000 元(200 000－190 000)。

　　借:资产减值损失　　　　　　　　　　　　　　　　　　　　　10 000
　　　　贷:存货跌价准备　　　　　　　　　　　　　　　　　　　　　10 000

(2) 2010 年 12 月 31 日,W7 型机器的市场价格继续下跌,预计可变现净值为 185 000 元,由此应补提的存货跌价准备为 5 000 元 [(200 000－185 000)－10 000]。

　　借:资产减值损失　　　　　　　　　　　　　　　　　　　　　　5 000
　　　　贷:存货跌价准备　　　　　　　　　　　　　　　　　　　　　5 000

(3) 2011 年 12 月 31 日,W7 型机器的市场价格有所上升,预计可变现净值为 193 000 元,则应转回已计提的存货跌价准备 8 000 元 [(200 000－193 000)－(10 000＋5 000)]。

　　借:存货跌价准备　　　　　　　　　　　　　　　　　　　　　　8 000
　　　　贷:资产减值损失　　　　　　　　　　　　　　　　　　　　　8 000

(4) 2012 年 12 月 31 日,W7 型机器的市场价格进一步上升,预计可变现净值为 205 000 元,则应冲减已计提的存货跌价准备 7 000 元 [0－(10 000＋5 000－8 000)](即以将对 W7 型机器已计提的"存货跌价准备"余额冲减至零为限)。

　　借:存货跌价准备　　　　　　　　　　　　　　　　　　　　　　7 000
　　　　贷:资产减值损失　　　　　　　　　　　　　　　　　　　　　7 000

(三) 存货跌价准备的结转

发出存货结转跌价准备的,借记"存货跌价准备"科目,贷记"主营业务成本"、"生产成本"等科目。

【例 4-18】 2009 年 12 月 31 日,甲公司 W8 型机器的账面成本为 20 000 元,已计提的存货跌价准备为 1 000 元。2010 年 1 月 13 日,甲公司将 W8 型机器以 21 000 元的价格售出。假定不考虑可能发生的销售费用及税金影响,甲公司应在结转销售成本的同时,将已经计提的存货跌价准备全部转销。

甲公司的相关账务处理如下:

　　借:主营业务成本　　　　　　　　　　　　　　　　　　　　　19 000
　　　　存货跌价准备　　　　　　　　　　　　　　　　　　　　　　1 000
　　　　贷:库存商品　　　　　　　　　　　　　　　　　　　　　　20 000

思考练习题

一、重要概念
1. 存货
2. 低值易耗品
3. 包装物
4. 委托加工物资
5. 成本与可变现净值孰低法
6. 存货跌价准备
7. 先进先出法
8. 计划成本法
9. 材料成本差异

二、思考题
1. 简述存货的范围。
2. 在价格不断上涨的情况下,试分析先进先出法对发出存货成本和期末结存存货成本的影响。
3. 怎样理解成本与可变现净值孰低法中的"成本"和"可变现净值"的含义?
4. 存货按计划成本计价的日常核算如何进行?期末如何调整?
5. 为什么要对存货进行期末计量?

三、单项选择题
1. 一般情况下,判断存货包含的经济利益的流入可根据( )。
  A. 是否取得了存货的法定所有权
  B. 是否支付了货款
  C. 是否收到货物并验收入库
  D. 是否签订了购货合同
2. 下列不应包括在存货项目的是( )。
  A. 工程物资   B. 原材料
  C. 周转材料   D. 在产品
3. 在价格持续上涨的情况下,下列各种计价方法中,使发出存货价值最小的是( )。
  A. 先进先出法
  B. 计划成本法
  C. 加权平均法
  D. 移动加权平均法
4. 在价格下降期间,企业将存货的计价方法由原来的加权平均法改为先进先出法后,对企业毛利、资产负债表上的存货数额产生的影响是( )。
  A. 增加毛利,增加存货
  B. 增加毛利,减少存货
  C. 减少毛利,增加存货
  D. 减少毛利,减少存货
5. 在计划成本法下,年末"原材料"账户中登记的是原材料的( )。
  A. 计划成本   B. 实际成本
  C. 超支差异   D. 节约差异
6. 在下列各项支出中,一般纳税企业不计入存货成本的是( )。
  A. 购进存货时发生的增值税进项税额
  B. 入库前的整理挑选费用
  C. 购买存货而发生的运输费用
  D. 购买存货发生的进口关税
7. 某股份有限公司对期末存货采用成本与可变现净值孰低法计价。2012年1月31日,库存自制半成品的实际成本为20万元,预计进一步加工所需费用为8万元,预计销售费用及税金为4万元。该半成品加工完成后的产品预计销售价格为30万元。2012年1月31日,该项存货应计提的跌价准备为( )万元。
  A. 0   B. 12
  C. 8   D. 2
8. 在出借包装物采用一次摊销的情况下,出借包装物报废时收回的残料价值应冲减的是( )。
  A. 管理费用

B. 其他业务成本
C. 包装物成本
D. 销售费用

9. 企业某种存货的期初实际成本为200万元，期初"存货跌价准备"账户贷方余额2.5万元，本期购入该种存货实际成本为45万元，领用150万元，期末估计库存该种存货的可变现净值为91万元。则本期应计提存货跌价准备金额为（　　）万元。

A. 1.5　　　　B. 2.5
C. 4　　　　　D. 9

10. 存货发生减值时，应记入的科目是（　　）。

A. "管理费用"
B. "资产减值损失"
C. "营业外支出"
D. "主营业务成本"

11. 在编制资产负债表时，"存货跌价准备"科目的贷方余额应（　　）。

A. 列为存货的抵减项目并单独列示
B. 在流动负债类下设项目反映
C. 列为存货
D. 计入未分配利润项目

四、多项选择题

1. 下列资产中，属于周转材料的有（　　）。

A. 生物资产　　B. 包装物
C. 低值易耗品　D. 原材料

2. 下列项目中，应计入材料成本的税金有（　　）。

A. 材料委托加工后用于连续生产应税消费品已缴的消费税
B. 一般纳税企业购入材料时支付的增值税
C. 材料委托加工后直接用于销售时已缴的消费税
D. 进口关税

3. 下列项目中，应计入材料成本的项目有（　　）。

A. 材料的买价
B. 一般纳税企业购入原材料已缴的增值税
C. 装卸费、保险费
D. 材料委托加工应税消费品后直接销售而已缴的消费税

4. 发出存货可采用的核算方法有（　　）。

A. 先进先出法
B. 个别计价法
C. 移动加权平均法
D. 月末一次加权平均法

5. 在计划成本法下，结转发出材料应负担的材料成本差异应当随同原材料转入（　　）科目。

A. "生产成本"
B. "制造费用"
C. "管理费用"
D. "其他业务成本"

6. "材料成本差异"账户贷方可以用来登记（　　）。

A. 采购物资的超支差异
B. 采购物资的节约差异
C. 发出材料应分摊的节约差异
D. 发出材料应分摊的超支差异

7. 对收回后直接销售的委托加工的应税消费品的成本应当包括（　　）。

A. 发出的原材料
B. 支付的加工费
C. 代收代缴的消费税
D. 负担的增值税

8. 资产负债表中，"存货"项目包括的内容有（　　）。

A. 委托代销商品
B. 库存商品
C. 发出商品
D. 存货跌价准备

9. 下列项目中，应作为销售费用处理

的有(　　)。

A. 随同产品出售不单独计价包装物的成本

B. 随同产品出售单独计价包装物的成本

C. 出租包装物的摊销价值

D. 出借包装物的摊销价值

10. 下列项目中，应计入其他业务成本的有(　　)。

A. 转让无形资产使用权

B. 随同商品出售并单独计价的包装物成本

C. 领用的用于出借的新包装物成本

D. 对外销售的原材料成本

11. 期末存货计价过高，可能会引起(　　)。

A. 当期收益增加

B. 当期收益减少

C. 所有者权益增加

D. 销售成本减少

12. 下列有关存货会计处理的表述中，正确的有(　　)。

A. 因自然灾害造成的净损失，计入营业外支出

B. 随商品出售单独计价的包装物成本，计入其他业务成本

C. 一般纳税人进口原材料交纳的增值税，计入相关原材料的成本

D. 结转商品销售成本时，将相关存货跌价准备调整主营业务成本

五、判断题

1. 发出存货的计价不遵循成本流转与实物流转相一致的原则。(　　)

2. 材料物资在运输途中发生的合理短缺损失应计入外购材料物资的实际成本。(　　)

3. 企业原材料平日按计划成本计价核算，其计入生产成本的原材料成本为所耗用材料的计划成本。(　　)

4. 已计提跌价准备的存货，当其可变现净值恢复并超过成本时，存货跌价准备应在已提存货跌价准备的范围内转回。(　　)

5. 自然灾害或意外事故以外的原因造成的存货毁损所发生的净损失，均应计入管理费用。(　　)

6. 因为期末存货按成本与可变现净值孰低计量，因此无论是成本低还是可变现净值低都应该调整存货的账面价值。(　　)

7. 成本与可变现净值孰低的理论基础是使存货符合资产的定义。(　　)

8. 企业出售已计提跌价准备的存货，应当同时结转已计提的存货跌价准备。(　　)

9. 在计划成本法下，发出存货的计价可以采用先进先出法、加权平均法和个别计价法核算。(　　)

六、核算题

1. 甲企业2012年1月份A材料收发情况如表4-3所示。

表4-3　　　　　A材料数量、金额情况表

期初结存		本期收入				本期发出	
数量（千克）	单价（元/千克）	日期	数量（千克）	单价（元/千克）		日期	数量（千克）
3 000	1.50	2日	1 800	1.55		5日	3 000
		12日	2 500	1.45		15日	3 500
		20日	3 000	1.51		25日	2 000

要求：分别采用先进先出法、月末一次加权平均法和移动加权平均法登记A材

料明细账。

2. 甲企业为增值税一般纳税人，2012年1月月初有关账户余额如下："材料采购"账户余额为 5 200 元（1 000 千克），"材料成本差异"账户借方余额为 400 元，"原材料"账户余额为 14 000 元。1月发生以下业务：

（1）5日，月初在途材料全部到厂，经验收发现短缺 5%，系合理损失。材料已入库，单位计划成本 5 元。

（2）17日，向大星厂购料，发票上货款 8 000 元，增值税税额 1 360 元，对方代垫保险费 500 元，货款上月已预付 6 000 元，余款已由银行汇出。该材料到厂验收入库，计划成本 8 600 元。

（3）25日，向中兴厂购料，取得金额为 5 000 元普通发票，材料尚未到厂，货款采用商业汇票结算，开出并经银行承兑的商业汇票一张，已交中兴厂。

（4）29日，经盘点，发现盘盈材料一批，计划成本为 500 元。

（5）30日，收到东风厂发来材料，已验收入库，计划成本为 1 000 元，但发票账单等尚未收到。

（6）31日，本月仓库发料汇总如下（计划成本）：生产产品领用 6 000 元，车间领用 800 元，厂部管理部门领用 1 000 元，合计 7 800 元。

要求：根据以上资料编制有关会计分录并计算本月材料成本差异率及发出和结存材料分担的材料成本差异。

3. 某市甲企业委托乙企业加工一批半成品，加工所需材料由甲企业提供，材料价款为 200 000 元，支付加工费用 23 400 元，由受托方代垫辅助材料价款 11 700 元，并取得增值税专用发票，半成品已经加工完毕并验收入库，加工费用等已经支付，该企业按实际成本对原材料进行日常核算。乙企业适用的增值税税率为 17%。

要求：编制甲企业委托加工的相关会计分录。

4. 甲企业共有三种存货，2011年1月1日至2011年12月31日，有关存货收入、发出、结存情况和各期的可变现净值如表 4-4 所示：

表 4-4　　　　　　存货成本与可变现净值比较表　　　　　　单位：元

存货种类	期初余额 账面余额	期初余额 可变现净值	本年发生额 收入	本年发生额 发出	年末 账面余额	年末 可变现净值
甲	4 000	3 900	7 000	4 500	6 500	6 100
乙	5 000	5 100	0	5 000	0	0
丙	6 000	5 800	1 000	0	7 000	6 950
合计	15 000	14 800	8 000	9 500	13 500	13 050

要求：分别按单项比较法和总额比较法编制 2011 年年末计提存货跌价准备的有关会计分录。

第五章 长期股权投资

第一节 长期股权投资概述

一、长期股权投资的概念

市场经济条件下，企业生产经营日益多元化，除传统的经过原材料投入、加工、销售方式获取利益外，企业通常也采用投资、租赁、收购、兼并、重组等方式拓宽生产经营渠道，提高企业获利能力。特别是新企业会计准则将投资收益列入营业利润，明显提高了企业的营业利润水平。

长期股权投资通常是指企业通过投资取得被投资单位的股权，投资企业作为被投资单位的股东，准备长期持有，目的在于通过股权投资控制被投资单位，或对被投资单位施加重大影响等，按所持股份比例享有被投资单位权益并承担相应责任，具有投资大、期限长、风险大以及能为企业带来长期利益等特征的权益性投资。

二、长期股权投资的种类

长期股权投资准则规范的权益性投资，主要包括以下几方面。

（一）对子公司投资

投资企业能够对被投资单位实施控制的权益性投资，即对子公司投资。控制是指有权决定一家企业的财务和经营政策，并能据以从该企业的经营活动中获取利益。关于控制的理解及具体判断，请见"合并财务报表"章节的相关内容。

（二）对合营企业投资

投资企业与其他合营各方对被投资单位实施共同控制的权益性投资，即对合营企业投资。共同控制是指按照合同约定对某项经济活动所共有的控制。共同控制的实质是通过合同约定建立起来的、合营各方对合营企业共同的控制。投资企业与其他方对被投资单位实施共同控制的，被投资单位为其合营企业。

与联营企业等投资方式不同，合营企业的合营各方均受到合营合同的限制和约束。一般在合营企业设立时，合营各方在投资合同或协议中约定在所设立合营企业的重要财务和生产经营决策制定过程中，必须由合营各方均同意才能通过。该约定可能体现为不同的形式，如可以通过在合营企业的章程中规定，也可以通过制定单独的合同作出约定。

实务中，在确定是否构成共同控制时，一般可以考虑以下情况作为确定基础：
(1) 任何一个合营方均不能单独控制合营企业的生产经营活动。
(2) 涉及合营企业基本经营活动的决策需要各合营方一致同意。

（3）各合营方可能通过合同或协议的形式任命其中的一个合营方对合营企业的日常活动进行管理，但其必须在各合营方已经一致同意的财务和经营政策范围内行使管理权。

（三）对联营企业投资

投资企业对被投资单位具有重大影响的权益性投资，即对联营企业投资。重大影响是指对一家企业的财务和经营政策有参与决策的权力，但并不能够控制或者与其他方一起共同控制这些政策的制定。投资企业能够对被投资单位施加重大影响的，被投资单位为其联营企业。

实务中，较为常见的重大影响体现为在被投资单位的董事会或类似权力机构中派有代表，通过在被投资单位生产经营决策制定过程中的发言权实施重大影响。投资企业直接或通过子公司间接拥有被投资单位20%以上但低于50%的表决权股份时，一般认为对被投资单位具有重大影响，除非有明确的证据表明这种情况下不能参与被投资单位的生产经营决策，不形成重大影响。投资企业拥有被投资单位有表决权股份的比例低于20%的，一般认为对被投资单位不具有重大影响。

通常可以通过以下一种或几种情形来判断企业是否对被投资单位具有重大影响：

（1）在被投资单位的董事会或类似权力机构中派有代表。这种情况下，由于在被投资单位的董事会或类似权力机构中派有代表，并享有相应的实质性的参与决策权，投资企业可以通过该代表参与被投资单位经营决策的制定，达到对被投资单位施加重大影响。

（2）参与被投资单位政策制定过程，包括股利分配政策等的制定。这种情况下，因可以参与被投资单位的政策制定过程，在政策制定过程中可以为其自身利益提出建议和意见，从而可以对被投资单位施加重大影响。

（3）与被投资单位之间发生重要交易。有关的交易因对被投资单位的日常经营具有重要性，进而在一定程度上可以影响到被投资单位的生产经营决策。

（4）向被投资单位派出管理人员。这种情况下，通过投资企业对被投资单位派出管理人员，管理人员有权力负责被投资单位的财务和经营该活动，从而能够对被投资单位施加重大影响。

（5）向被投资单位提供关键技术资料。因被投资单位的生产经营需要依赖投资企业的技术或技术资料，表明投资企业对被投资单位具有重大影响。

（四）不具有控制、共同控制或重大影响的投资

投资企业持有的被投资单位不具有控制、共同控制或重大影响，且在活跃市场中没有报价、公允价值不能可靠计量的权益性投资。

需要说明的是，在确定能否对被投资单位施加控制或施加重大影响时，一方面，应考虑投资企业直接或间接持有被投资单位的表决权股份；另一方面，也要考虑投资企业和其他方持有的现行可执行潜在表决权在假定转换为对被投资单位的股权后产生的影响，如被投资单位当期可转换公司债券、当期可执行认股权证等潜在表决权因素。

三、长期股权投资的科目设置

企业设置"长期股权投资"科目,核算企业持有的采用成本法和权益法核算的长期股权投资。本科目可按被投资单位进行明细核算。长期股权投资采用权益法核算的,还应当分别"成本"、"损益调整"、"其他权益变动"进行明细核算。本科目期末借方余额,反映企业长期股权投资的价值。

第二节 长期股权投资的初始投资成本

长期股权投资的取得方式不同,其初始投资成本的确定也各不相同。长期股权投资初始投资成本的确定,应当区分企业合并形成的长期股权投资和其他方式取得的长期股权投资两种方式。

一、企业合并形成的长期股权投资

企业合并形成的长期股权投资,初始投资成本的确定应区分企业合并的类型,分别同一控制下企业合并和非同一控制下企业合并形成的长期股权投资的初始投资成本。

(一)同一控制下企业合并形成的长期股权投资

同一控制下的企业合并是指参与合并的企业在合并前后均受同一方或相同的多方最终控制且该控制并非暂时性的。

对于同一控制下的企业合并,从能够对参与合并各方在合并前后均实施最终控制的一方来看,最终控制方在企业合并前后能够控制的资产并没有发生变化。合并方通过合并形成的对被投资方的长期股权投资,其成本代表的是在被合并方账面所有者权益中享有的份额。

1. 以支付现金、转让非现金资产或承担债务方式作为合并对价取得长期股权投资

合并方以支付现金、转让非现金资产或承担债务方式作为合并对价的,应当在合并日按照取得被合并方所有者权益账面价值的份额作为长期股权投资的初始投资成本。长期股权投资初始投资成本与支付的现金、转让的非现金资产以及所承担债务账面价值之间的差额,应当调整资本公积(资本溢价或股本溢价);资本公积(资本溢价或股本溢价)的余额不足冲减的,调整留存收益。合并方发生的审计、法律服务、评估咨询等中介费用以及其他相关管理费用,应当于发生时计入当期损益。

合并方在合并日按取得被合并方所有者权益账面价值的份额,借记"长期股权投资"科目,按享有被投资单位已宣告但尚未发放的现金股利或利润,借记"应收股利"科目,按支付的合并对价的账面价值,贷记有关资产或借记有关负债科目,按其差额,贷记"资本公积——资本溢价或股本溢价"科目;为借方差额的,借记"资本公积——资本溢价或股本溢价"科目,"资本公积——资本溢价或股本溢价"科目余额不足冲减的,借记"盈余公积"、"利润分配——未分配利润"科目。合并方支付审计、法律服务、评估咨询等费用时,应借记"投资收益"科目,贷记"银行存款"等科目。

【例5-1】 甲公司和乙公司同为丙公司的子公司。2012年1月1日,甲公司与乙

公司达成合并协议，约定甲公司以固定资产和银行存款 15 000 000 元向乙公司投资，占乙公司有表决权股份的 60%，甲公司对该项投资计划长期持有。甲公司参与企业合并的固定资产原价为 13 000 000 元，已提折旧 3 000 000 元，未计提固定资产减值准备。2012 年 1 月 1 日，乙公司所有者权益总额为 40 000 000 元；甲公司所有者权益中资本公积余额为 3 500 000 元。

根据上述资料，甲公司账务处理如下：

借：固定资产清理	10 000 000
累计折旧	3 000 000
贷：固定资产	13 000 000
借：长期股权投资——乙公司	24 000 000
资本公积——资本溢价	1 000 000
贷：固定资产清理	10 000 000
银行存款	15 000 000

2. 以发行权益性证券作为合并对价取得长期股权投资

合并方以发行权益性证券作为合并对价的，应按发行股份的面值总额作为股本，长期股权投资初始投资成本与所发行股份面值总额之间的差额，应当调整资本公积（资本溢价或股本溢价）；资本公积（资本溢价或股本溢价）的余额不足冲减的，调整留存收益。

合并方应在合并日，按取得被合并方所有者权益账面价值的份额，借记"长期股权投资"科目，按享有被投资单位已宣告但尚未发放的现金股利或利润，借记"应收股利"科目，按发行权益性证券的面值，贷记"股本"科目，按其差额，贷记"资本公积——股本溢价"科目；为借方差额的，借记"资本公积——股本溢价"科目，"资本公积——股本溢价"科目余额不足冲减的，借记"盈余公积"、"利润分配——未分配利润"科目。

【例 5-2】 甲公司和丙公司同为丁公司的子公司。2012 年 1 月 1 日，甲公司与丙公司达成合并协议，约定甲公司以增发的权益性证券作为对价向丙公司投资，占丙公司有表决权股份的 51%，甲公司对该项投资计划长期持有。2012 年 1 月 1 日，甲公司增发的权益性证券成功，共增发普通股 10 000 000 股，每股面值 1 元，实际发行价格为每股 2 元，在发行普通股过程中，甲公司共发生相关税费 200 000 元，与发行普通股股票直接相关的手续费、佣金 1 000 000 元，均以银行存款支付。2012 年 1 月 1 日，丙公司所有者权益总额为 40 000 000 元。

根据上述资料，甲公司账务处理如下：

借：长期股权投资——丙公司	20 400 000
贷：股本	10 000 000
资本公积——股本溢价	9 200 000
银行存款	1 200 000

需要说明的是，上述在按照合并日应享有被合并方账面所有者权益的份额确定长期股权投资的初始投资成本时，前提是合并前合并方与被合并方采用的会计政策应当一致。企业合并前合并方与被合并方采用的会计政策不同的，应首先统一合并方与被合并

方的会计政策，应按照合并方的会计政策对被合并方资产、负债的账面价值进行调整，在此基础上计算确定形成长期股权投资的初始投资成本。

（二）非同一控制下企业合并形成的长期股权投资

非同一控制下的企业合并是指参与合并各方在合并前后不受同一方或相同的多方最终控制的合并交易，即除判断属于同一控制下企业合并的情况以外其他的企业合并。

非同一控制下的控股合并中，购买方应当按照确定的企业合并成本作为长期股权投资的初始投资成本。非同一控制企业合并下，企业合并成本包括购买方付出的资产、发生或承担的负债、发行的权益性证券的公允价值之和。购买方为企业合并发生的审计、法律服务、评估咨询等中介费用以及其他相关管理费用，应当于发生时计入当期损益；购买方作为合并对价发行的权益性证券或债务性证券的交易费用，应当计入权益性证券或债务性证券的初始确认金额。

对于非同一控制下企业合并形成的长期股权投资，应在购买日，按企业合并成本（不含应自被投资单位收取的现金股利或利润），借记"长期股权投资"科目，按享有被投资单位已宣告但尚未发放的现金股利或利润，借记"应收股利"科目，按发生的审计费等，借记"管理费用"科目，按支付合并对价的账面价值，贷记有关资产或借记有关负债科目，按发生的直接相关费用，贷记"银行存款"等科目，按其差额，贷记"营业外收入"或借记"营业外支出"等科目。

【例 5-3】 2012 年 2 月 1 日，甲公司与丁公司达成合并协议，约定甲公司以固定资产和银行存款 120 000 元向丁公司投资，占丁公司有表决权股份的 60%，甲公司对该项投资计划长期持有。甲公司参与企业合并的固定资产原价为 1 000 000 元，已提折旧 300 000 元，已计提固定资产减值准备 100 000 元，公允价值为 620 000 元。假定甲公司与丁公司在此之前不存在任何关联关系，属于非同一控制下的企业合并。不考虑其他相关税费。

根据上述资料，甲公司账务处理如下：

借：固定资产清理	600 000
累计折旧	300 000
固定资产减值准备	100 000
贷：固定资产	1 000 000
借：长期股权投资——丁公司（620 000＋120 000）	740 000
贷：固定资产清理	600 000
银行存款	120 000
营业外收入——处置非流动资产利得	20 000

企业通过多次交易分步实现非同一控制下企业合并的，应当区分个别财务报表和合并财务报表进行会计处理。

二、企业合并以外其他方式取得的长期股权投资

除企业合并形成的长期股权投资应遵循特定的会计处理以外，其他方式取得的长期股权投资，应当遵循下列规定确定其初始投资成本。

（一）以支付现金取得的长期股权投资

以支付现金取得的长期股权投资，应当按照实际支付的购买价款作为初始投资成

本，包括购买过程中支付的手续费、税费等必要支出。但所支付价款或对价中包含的被投资单位已宣告但尚未发放的现金股利或利润，作为应收项目处理，不构成取得长期股权投资的成本。

企业以支付现金取得的长期股权投资，应当按初始投资成本，借记"长期股权投资"科目，按包含有已宣告但尚未发放的现金股利或利润计入应收项目，借记"应收股利"科目，按实际支付的价款，贷记"银行存款"等科目。

【例 5-4】 2012 年 1 月 5 日，甲公司购买了乙公司发行的股票 1 000 000 股，价值为 2 000 000 元，占乙公司有表决权股份的 18%，另支付手续费等相关税费 20 000 元。甲公司对该项投资计划长期持有。

根据上述资料，甲公司账务处理如下：

借：长期股权投资——乙公司　　　　　　　　　　　　　　2 020 000
　　贷：银行存款　　　　　　　　　　　　　　　　　　　　　2 020 000

（二）以发行权益性证券取得的长期股权投资

以发行权益性证券取得的长期股权投资，应当按照发行权益性证券的公允价值作为初始投资成本，但不包括应自被投资单位收取的已宣告但尚未发放的现金股利或利润。

企业以发行权益性证券取得的长期股权投资，应当按照权益性证券的公允价值，借记"长期股权投资"科目，按权益性证券的面值，贷记"实收资本"、"股本"科目，按权益性证券的公允价值与其面值之间的差额，贷记"资本公积——资本溢价或股本溢价"科目。在这一过程中，与发行权益性证券有关的税费及其直接相关费用，应当冲减"资本公积"科目。如资本溢价或股本溢价不足冲减的，应冲减盈余公积和未分配利润。

【例 5-5】 2011 年 2 月 10 日，甲公司与戊公司达成协议，约定甲公司以增发的权益性证券作为对价向戊公司投资，占戊公司有表决权股份的 15%，甲公司对该项投资计划长期持有。2011 年 4 月 10 日，甲公司增发权益性证券成功，共增发普通股 10 000 000 股，每股面值 1 元，实际发行价格为每股 2 元，支付证券公司因证券承销的佣金及手续费 600 000 元。假定不考虑其他税费。

根据上述资料，甲公司账务处理如下：

(1) 以发行股份的公允价值作为长期股权投资的成本。

借：长期股权投资——戊公司　　　　　　　　　　　　　20 000 000
　　贷：股本　　　　　　　　　　　　　　　　　　　　　　10 000 000
　　　　资本公积——股本溢价　　　　　　　　　　　　　　10 000 000

(2) 发行权益性证券支付的佣金和手续费，应冲减权益性证券的溢价收入。

借：资本公积——股本溢价　　　　　　　　　　　　　　　　600 000
　　贷：银行存款　　　　　　　　　　　　　　　　　　　　　　600 000

（三）投资者投入的长期股权投资

投资者投入的长期股权投资，应当按照投资合同或协议约定的价值作为初始投资成本，但合同或协议约定价值不公允的除外。

投资者投入的长期股权投资，是指投资者将其持有的对第三方的投资作为出资投入企业，接受投资的企业原则上应当按照投资各方在投资合同或协议中约定的价值作为取得长期股权投资的初始投资成本。

企业接受投资者投入的长期股权投资，应当按照投资合同或协议约定的价值以及相关的税费等作为初始投资成本，借记"长期股权投资"科目，按照投资者出资构成实收资本（或股本）的部分，贷记"实收资本"、"股本"等科目，按支付的相关税费，贷记"银行存款"等科目，按照上述借贷方之间的差额，贷记"资本公积——资本溢价或股本溢价"科目。

【例5-6】 2011年1月20日，甲公司接受乙公司以其所持有的戊公司的投资作为出资，而取得长期股权投资。乙公司对戊公司长期股权投资的账面余额为1 500 000元，未计提长期股权投资减值准备。甲公司与乙公司约定的对戊公司长期股权投资价值为1 800 000元，乙公司占甲公司有表决权股份的16%，甲公司对戊公司投资计划长期持有。假定2011年1月20日，甲公司股本总额为10 000 000元。不考虑相关税费。

根据上述资料，甲公司账务处理如下：

借：长期股权投资——戊公司　　　　　　　　　　　　　1 800 000
　　贷：股本——乙公司（10 000 000×16%）　　　　　　1 600 000
　　　　资本公积——股本溢价　　　　　　　　　　　　　　200 000

（四）以非货币性资产交换、债务重组等方式取得的长期股权投资

以非货币性资产交换、债务重组等方式取得的长期股权投资，其初始投资成本的确定请见"非货币性资产交换"和"债务重组"章节的相关内容。

三、投资成本中包含的已宣告但尚未发放的现金股利或利润的处理

无论企业以何种方式取得长期股权投资，取得投资时，对于支付的对价中包含的应享有被投资单位已经宣告但尚未发放的现金股利或利润，应作为应收股利单独核算，构成企业一项债权，而不构成取得长期股权投资的成本。

【例5-7】 沿用例5-4。假定甲公司在取得该项投资时，投资款中包含乙公司已宣告但尚未发放的现金股利30 000元。

根据上述资料，甲公司账务处理如下：

借：长期股权投资——乙公司　　　　　　　　　　　　　1 990 000
　　应收股利　　　　　　　　　　　　　　　　　　　　　　30 000
　　贷：银行存款　　　　　　　　　　　　　　　　　　　2 020 000

第三节　长期股权投资的后续计量

长期股权投资在持有期间，根据投资企业对被投资单位的影响程度及是否存在活跃市场、公允价值能否可靠取得等进行划分，应当分别不同情况，采用成本法和权益法进行核算。

一、长期股权投资核算的成本法

（一）成本法的定义及其适用范围

成本法是指长期股权投资按成本计价的方法。长期股权投资的成本法适用于以下两

类投资：一是投资企业能够对被投资单位实施控制的长期股权投资。投资企业应当将子公司纳入合并财务报表的合并范围，但编制合并财务报表时，按照权益法进行调整。二是投资企业对被投资单位不具有共同控制或重大影响，并且在活跃市场中没有报价、公允价值不能可靠计量的长期股权投资。

长期股权投资准则中要求，对子公司的长期股权投资在日常核算及母公司个别财务报表中采用成本法核算，主要原因在于：一是与《企业会计准则第33号——合并财务报表》的规定相协调。企业持有的对子公司投资，在合并财务报表中因为将子公司的资产、负债并入体现为实质上的权益法。在母公司的日常核算及其个别财务报表中对该投资采用成本法核算，可以使会计信息反映更加全面、充分。二是可以避免在子公司实际宣告发放现金股利或利润之前，母公司垫付资金发放现金股利或利润等情况。三是与国际财务报告准则的有关规定相协调。

（二）成本法的核算

1. 长期股权投资账面价值的调整

采用成本法核算的长期股权投资，初始投资或追加投资时，按照初始投资或追加投资的成本增加长期股权投资的账面价值。

2. 投资损益的确认

采用成本法核算的长期股权投资，除取得投资时实际支付的价款或对价中包含的已宣告但尚未发放的现金股利或利润外，投资企业应当按照享有被投资单位宣告发放的现金股利或利润确认投资收益，不再划分是否属于投资前和投资后被投资单位实现的净利润。

需要说明的是，企业按照上述规定确认自被投资单位应分得的现金股利或利润后，应当考虑长期股权投资是否发生减值。在判断该类长期股权投资是否存在减值迹象时，应当关注长期股权投资的账面价值是否大于享有被投资单位净资产（包括相关商誉）账面价值的份额等类似情况。出现类似情况时，企业应当按照《企业会计准则第8号——资产减值》对长期股权投资进行减值测试，可收回金额低于长期股权投资账面价值的，应当计提减值准备。

【**例5-8**】甲公司于2010年1月1日以银行存款购入C公司10%的股份，并准备长期持有。初始投资成本为110 000元，采用成本法核算。C公司于2010年5月12日宣告分派2009年度的现金股利100 000元。C公司2010年1月1日所有者权益合计为1 200 000元，其中股本为1 000 000元，未分配利润为200 000元。C公司2010年实现净利润400 000元；2011年5月12日宣告分派现金股利300 000元。

根据上述资料，甲公司账务处理如下：

(1) 2010年1月1日，取得投资时：

借：长期股权投资——C公司　　　　　　　　　　　　　　　110 000
　　贷：银行存款　　　　　　　　　　　　　　　　　　　　　　110 000

(2) 2010年5月12日，C公司宣告分派现金股利时：

借：应收股利（100 000×10%）　　　　　　　　　　　　　　10 000
　　贷：投资收益　　　　　　　　　　　　　　　　　　　　　　10 000

(3) 2011年5月12日，C公司宣告发放现金股利时：

借：应收股利（300 000×10%）　　　　　　　　　　　　　　30 000

贷：投资收益　　　　　　　　　　　　　　　　　　　　　　　　　　　30 000

二、长期股权投资核算的权益法

（一）权益法的定义及其适用范围

权益法是指投资以初始投资成本计量后，在投资持有期间根据投资企业享有被投资单位所有者权益的份额的变动对投资账面价值进行调整的方法。

应当采用权益法核算的长期股权投资包括两类：一是投资企业对被投资单位具有共同控制的长期股权投资，即对合营企业投资；二是投资企业对被投资单位具有重大影响的长期股权投资，即对联营企业投资。

（二）权益法的核算

1. 初始投资成本的调整

初始投资或追加投资时，按照初始投资成本或追加投资的投资成本，增加长期股权投资的账面价值。

投资企业取得对联营企业或合营企业的投资以后，对于取得投资时初始投资成本与应享有被投资单位可辨认净资产公允价值份额之间的差额，应区别以下情况处理：

（1）长期股权投资的初始投资成本大于取得投资时应享有被投资单位可辨认净资产公允价值份额的，该部分差额是投资企业在取得投资过程中通过作价体现出的与所取得股权份额相对应的商誉及不符合确认条件的资产价值，这种情况下，不要求对长期股权投资的成本进行调整。

【例5-9】 甲公司于2012年1月1日以银行存款410 000元向B公司投资，占B公司有表决权股份的20%，并能够对B公司实施重大影响，甲公司按权益法核算对B公司的投资。投资当日，B公司可辨认净资产的公允价值为2 000 000元（假定被投资单位各项可辨认净资产、负债的公允价值与其账面价值相同）。

根据上述资料，甲公司账务处理如下：

　　借：长期股权投资——B公司（成本）　　　　　　　　　　　　　　410 000
　　　　贷：银行存款　　　　　　　　　　　　　　　　　　　　　　　　410 000

（2）长期股权投资的初始投资成本小于取得投资时应享有被投资单位可辨认净资产公允价值份额的，两者之间的差额体现为双方在交易作价过程中转让方的让步，该部分经济利益流入应作为收益处理，计入取得投资当期的营业外收入，同时调整增加长期股权投资的账面价值，借记"长期股权投资——成本"科目，贷记"营业外收入"科目。

【例5-10】 甲公司于2012年1月1日以银行存款380 000元向C公司投资，占C公司有表决权股份的20%，并能够对C公司实施重大影响，甲公司按权益法核算对C公司的投资。投资当日C公司可辨认净资产的公允价值为2 000 000元（假定被投资单位各项可辨认净资产、负债的公允价值与其账面价值相同）。

根据上述资料，甲公司账务处理如下：

　　借：长期股权投资——C公司（成本）　　　　　　　　　　　　　　380 000
　　　　贷：银行存款　　　　　　　　　　　　　　　　　　　　　　　　380 000
　　借：长期股权投资——C公司（成本）　　　　　　　　　　　　　　 20 000
　　　　贷：营业外收入（2 000 000×20%－350 000）　　　　　　　　　 20 000

2. 投资损益的处理

投资企业取得长期股权投资后，应当按照应享有或应分担的被投资单位实现的净利润或发生的净亏损的份额，确认投资损益并调整长期股权投资的账面价值。根据被投资单位实现的净利润或经调整的净利润计算应享有的份额，借记"长期股权投资——损益调整"科目，贷记"投资收益"科目。被投资单位发生净亏损，作相反的会计分录。

在确认应享有或应分担被投资单位的净利润或者净亏损时，在被投资单位账面净利润的基础上，应考虑准则规定因素的影响进行适当调整。

3. 取得现金股利或利润的处理

按照权益法核算的长期股权投资，投资企业自被投资单位取得的现金股利或利润，应抵减长期股权投资的账面价值。在被投资单位宣告分派现金股利或利润时，借记"应收股利"科目，贷记"长期股权投资——损益调整"科目；自被投资单位取得的现金股利或利润属于投资成本收回的部分，应冲减长期股权投资的成本。

4. 超额亏损的确认

按照权益法核算的长期股权投资，投资企业确认应分担被投资单位发生的净亏损，原则上应当以长期股权投资的账面价值以及其他实质上构成对被投资单位净投资的长期权益减记至零为限，投资企业负有承担额外损失义务的除外。

上述的"其他实质上构成对被投资单位净投资的长期权益"，通常是指长期应收项目。例如，企业对被投资单位的长期债权，该债权没有明确的清收计划且在可预见的未来期间不准备收回的，实质上构成对被投资单位的净投资，但不包括投资企业与被投资单位之间因销售商品、提供劳务等日常活动所产生的长期债权。

投资企业在确认应分担被投资单位发生的亏损时，应当按照以下顺序进行处理：

首先，冲减长期股权投资的账面价值。确认被投资单位净损益的份额时，应在"长期股权投资"科目下单独设置"损益调整"明细科目核算。在确认被投资单位发生的净亏损时，如果"损益调整"明细科目不够冲减的，应继续冲减"损益调整"明细科目，而不冲减"成本"或"其他权益变动"明细科目，因而"损益调整"明细科目会出现负数。

其次，在长期股权投资的账面价值减记至零的情况下，对于未确认的投资损失，考虑除长期股权投资外，账面上是否有其他实质上构成对被投资单位净投资的长期权益项目。如果有，则应以其长期债权的账面价值为限，继续确认投资损失，冲减长期应收项目等的账面价值。

最后，经过上述处理，按照投资合同或协议约定，投资企业仍需要承担额外损失弥补等义务的，应按预计承担的义务确认预计负债，计入当期投资损失。

企业在实务操作过程中，在发生投资损失时，应借记"投资收益"科目，贷记"长期股权投资——损益调整"科目。在长期股权投资的账面价值减记至零以后，如有实质上构成对被投资单位净投资的长期权益，被投资单位发生的净亏损应由本企业承担的部分，在"长期股权投资"的账面价值减记至零以后，还需承担的投资损失，应以"长期应收款"科目中实质上构成了对被投资单位净投资的长期权益部分账面价值减记至零为限，继续确认投资损失，借记"投资收益"科目，贷记"长期应收款"科目。除上述已确认投资损失外，投资合同或协议中约定仍应承担的损失，按照或有事项准则的规定，对于符合确认条件的义务，应确认为当期损失，同时确认为预计负债，借记"投资收益"科目，贷记"预计负债"科目。

在确认了有关的投资损失以后，被投资单位以后期间实现盈利的，应按以上相反顺序分别减记已确认的预计负债、恢复其他实质上构成对被投资单位净投资的长期权益及长期股权投资的账面价值，同时确认投资收益。即应当按照顺序分别借记"预计负债"、"长期应收款"、"长期股权投资——损益调整"科目，贷记"投资收益"科目。

【例 5-11】 甲公司于 2009 年 1 月 5 日以银行存款 900 000 元向 H 公司投资，并准备长期持有，甲公司的投资占 H 公司有表决权资本的 40%，其初始投资成本与应享有被投资单位可辨认净资产公允价值份额相等。假设甲公司在取得该投资时，H 公司各项可辨认资产、负债的公允价值与其账面价值相等，双方所采用的会计政策及会计期间也相同。按照投资合同或协议约定，如被投资单位发生严重亏损，投资企业需要承担额外损失弥补等义务。持有期间未对该项长期股权投资计提减值准备，不考虑其他相关税费。具体业务如下：

(1) 2009 年 5 月 12 日，H 公司宣告分派现金股利 300 000 元；

(2) 2009 年，H 公司全年实现净利润 550 000 元；

(3) 2010 年 5 月 12 日，H 公司宣告分派现金股利 350 000 元；

(4) 2010 年，H 公司全年净亏损 3 200 000 元，此时甲公司账面上仍有应收 H 公司的长期应收账款 360 000 元，从目前情况看，该款项没有明确的清偿计划（并非产生于商品购销等日常活动）；

(5) 2011 年，H 公司全年实现净利润 1 500 000 元。

根据上述资料，甲公司账务处理如下：

(1) 2009 年 1 月 5 日，取得投资时：

  借：长期股权投资——H 公司（成本）   900 000

    贷：银行存款   900 000

(2) 2009 年 5 月 12 日，H 公司宣告分派现金股利时：

  借：应收股利——H 公司（300 000×40%）   120 000

    贷：长期股权投资——H 公司（成本）   120 000

(3) 2009 年 12 月 31 日，确认投资收益时：

  借：长期股权投资——H 公司（损益调整）   220 000

    贷：投资收益（550 000×40%）   220 000

2009 年年末，"长期股权投资——H 公司"科目的账面余额为 1 000 000 元（900 000－120 000＋220 000）。

(4) 2010 年 5 月 12 日，H 公司宣告分派现金股利时：

  借：应收股利——H 公司（350 000×40%）   140 000

    贷：长期股权投资——H 公司（损益调整）   140 000

宣告分派现金股利后，"长期股权投资——H 公司"科目的账面余额为 860 000 元（1 000 000－140 000）。

(5) 2010 年 12 月 31 日，计算确认亏损时：

H公司全年发生净亏损3 200 000元，甲企业按持股比例计算应承担的亏损额为1 280 000元（3 200 000×40%），但因"长期股权投资——H公司"科目的账面价值为860 000元，在长期股权投资的账面价值减记至零的情况下，应当以其他实质上构成对被投资单位净投资的长期债权的账面价值为限，继续确认投资损失，冲减长期应收项目等的账面价值。

借：投资收益	860 000
贷：长期股权投资——H公司（损益调整）	860 000
借：投资收益	360 000
贷：长期应收款	360 000

经过上述处理，按照投资合同或协议约定，投资企业仍需要承担额外损失弥补等义务，应按预计承担的义务确认预计负债，计入当期投资损失。

借：投资收益（1 280 000－860 000－360 000）	60 000
贷：预计负债	60 000

(6) 2011年12月31日，计算确认投资收益时：

在确认了有关的投资损失以后，被投资单位以后期间实现盈利的，应分别减记已确认的预计负债、恢复其他实质上构成对被投资单位净投资的长期权益及长期股权投资的账面价值，同时确认投资收益。

借：预计负债	60 000
长期应收款	360 000
长期股权投资——H公司（损益调整）	180 000
贷：投资收益	600 000

5. 被投资单位除净损益以外所有者权益的其他变动

采用权益法核算长期股权投资时，投资企业对于被投资单位除净损益以外所有者权益的其他变动，在持股比例不变的情况下，企业按照持股比例于被投资单位除净损益以外所有者权益的其他变动中归属于本企业的部分，相应调整长期股权投资的账面价值，同时增加或减少资本公积（其他资本公积）。

在持股比例不变的情况下，被投资单位除净损益以外所有者权益的其他变动，企业按持股比例计算应享有的份额，借记或贷记"长期股权投资——其他权益变动"科目，贷记或借记"资本公积——其他资本公积"科目。

【例5-12】 甲公司对F公司的投资占F公司表决权资本的40%，能够对F公司施加重大影响。当期F公司因持有的可供出售金融资产公允价值的变动计入资本公积的金额为1 200 000元，除该事项外，F公司当期实现的净收益为6 400 000元。假定甲公司与F公司适用的会计政策、会计期间相同，投资时F公司有关资产、负债的公允价值与其账面价值亦相同。

根据上述资料，甲公司账务处理如下：

借：长期股权投资——F公司（损益调整）（6 400 000×40%）	2 560 000
——F公司（其他权益变动）（1 200 000×40%）	480 000
贷：投资收益	2 560 000
资本公积——其他资本公积	480 000

6. 股票股利的处理

被投资单位分派的股票股利,投资企业不作账务处理,但应在备查簿中登记。投资企业应于除权日注明所增加的股数,以反映股份的变化情况。

三、长期股权投资的减值

长期股权投资在按规定进行会计核算确定其账面价值的基础上,如果存在减值迹象的,应当按照相关准则的规定计提减值准备。其中对子公司、联营企业及合营企业的投资,应当按照《企业会计准则第8号——资产减值》的规定确定其可收回金额及应予计提的减值准备;企业持有的对被投资单位不具有共同控制或重大影响、在活跃市场中没有报价、公允价值不能可靠计量的长期股权投资,应当按照《企业会计准则第22号——金融工具确认和计量》的规定确定其可收回金额及应予计提的减值准备。

企业设置"长期股权投资减值准备"科目,核算企业长期股权投资的减值准备。本科目可按被投资单位进行明细核算。本科目期末贷方余额,反映企业已计提但尚未转销的长期股权投资减值准备。

资产负债表日,长期股权投资发生减值的,按应减记的金额,借记"资产减值损失"科目,贷记"长期股权投资减值准备"科目。处置长期股权投资时,应同时结转已计提的长期股权投资减值准备。

需要说明的是,长期股权投资一旦计提减值准备,即使未来长期股权投资的价值又得以恢复的,原已计提的长期股权投资减值准备也不得转回。

【例5-13】 甲公司对B公司(上市公司)的长期股权投资按成本法核算,2009年年末,该长期股权投资账面价值为450 000元,由于B公司的股价持续下跌,其可收回金额估计为200 000元。2010年年末,B公司的股票市价回升至400 000元;2011年年末,由于B公司经营状况良好,使其股票市价回升至500 000元。

根据上述资料,甲公司账务处理如下:

(1) 2009年年末计提长期股权投资减值准备时:

借:资产减值损失(450 000－200 000)　　　　　　　　　250 000
　　贷:长期股权投资减值准备　　　　　　　　　　　　　　　250 000

(2) 2010年、2011年年末股票价值回升时,不得转回已计提的长期股权投资减值准备。

第四节　长期股权投资核算方法的转换及处置

一、长期股权投资核算方法的转换

长期股权投资在持有期间,因各方面情况的变化,可能导致其核算需要由一种方法转换为另外的方法。

(一) 成本法转换为权益法

长期股权投资的核算由成本法转为权益法时,应以成本法下转换时该项长期股权投资的账面价值作为按照权益法核算的初始投资成本，并在此基础上比较该初始投资成本与应享有被投资单位可辨认净资产公允价值的份额，确定是否需要对长期股权投资的账面价值进行调整。

1. 因追加投资转为权益法

原持有的对被投资单位不具有控制、共同控制或重大影响、在活跃市场中没有报价、公允价值不能可靠计量的长期股权投资，因追加投资导致持股比例上升，能够对被投资单位施加重大影响或是实施共同控制的，在由成本法转为权益法时，应区别原持有的长期股权投资以及新增长期股权投资两部分分别处理：

（1）原持有长期股权投资的账面价值与按照原持股比例计算确定应享有原取得投资时被投资单位可辨认净资产公允价值份额之间的差额，属于通过投资作价体现的商誉部分（即原取得投资时投资成本大于应享有被投资单位可辨认净资产公允价值份额的部分），不调整长期股权投资的账面价值；属于原取得投资时因投资成本小于应享有被投资单位可辨认净资产公允价值份额的差额，应调整长期股权投资的账面价值，同时调整留存收益。

（2）对于新取得的股权部分，应比较新增投资的成本与取得该部分投资时应享有被投资单位可辨认净资产公允价值的份额，其中投资成本大于投资时应享有被投资单位可辨认净资产公允价值份额的，不调整长期股权投资的成本；投资成本小于应享有被投资单位可辨认净资产公允价值份额的，应调整增加长期股权投资的成本，同时计入取得投资当期的营业外收入。

上述与原持股比例相对应的商誉或应计入留存收益的金额与新取得投资过程中体现的商誉及计入当期损益的金额应综合考虑，在此基础上确定与整体投资相关的商誉或因投资成本小于应享有被投资单位可辨认净资产公允价值份额应计入留存收益或损益的金额。

（3）对于原取得投资后至新取得投资的交易日之间被投资单位可辨认净资产公允价值的变动相对于原持股比例的部分，属于在此期间被投资单位实现净损益中应享有份额的，应当调整长期股权投资的账面价值，同时调整留存收益；属于其他原因导致的被投资单位可辨认净资产公允价值变动中应享有的份额，在调整长期股权投资账面价值的同时，应当记入"资本公积——其他资本公积"科目。

【例5-14】 甲公司于2010年1月1日，取得B公司10%的股权，成本为600 000元，取得投资时，B公司可辨认净资产公允价值总额为5 600 000元（假定公允价值与账面价值相同）。因对被投资单位不具有重大影响且无法可靠确定该项投资的公允价值，甲公司对其采用成本法核算。本例中，甲公司按照净利润的10%提取法定盈余公积。

2011年4月10日，甲公司又取得B公司12%的股权，成本为1 200 000元，取得投资时，B公司可辨认净资产公允价值总额为8 000 000元。取得该部分投资后，按照B公司章程规定，甲公司能够派人参与B公司的生产经营决策，对该项长期股权投资转为采用权益法核算。本例中，假定甲公司在取得对B公司10%股权后至新增投资日，B公司通过生产经营活动实现的净利润为600 000元，未分派现金股利或利润。

根据上述资料，甲公司账务处理如下：

（1）2010年1月1日，取得投资。

借：长期股权投资——B公司 600 000

　　　　贷：银行存款　　　　　　　　　　　　　　　　　　　　　　　600 000
　（2）2011年4月10日，追加投资。
　　　　借：长期股权投资——B公司（成本）　　　　　　　　　　　1 200 000
　　　　　贷：银行存款　　　　　　　　　　　　　　　　　　　　　1 200 000
　　　　借：长期股权投资——B公司（成本）　　　　　　　　　　　　 600 000
　　　　　贷：长期股权投资——B公司　　　　　　　　　　　　　　　 600 000
　（3）2011年4月10日，调整长期股权投资账面价值。
　　确认追加长期股权投资后，甲公司对B公司投资的账面价值为1 800 000元（600 000＋1 200 000）。
　　①对于原10%股权的成本600 000元与原投资时应享有被投资单位可辨认净资产公允价值份额560 000元（5 600 000×10%）之间的差额40 000元，属于原投资时体现的商誉，该部分差额不调整长期股权投资的账面价值。

　　对于被投资单位可辨认净资产在原投资时至新增投资交易日之间公允价值的变动2 400 000元（8 000 000－5 600 000）相对于原持股比例的部分240 000元，其中属于投资后被投资单位实现净利润部分60 000元（600 000×10%），应调整增加长期股权投资的账面价值，同时调整留存收益；除实现净损益外其他原因导致的可辨认净资产公允价值的变动180 000元，应当调整增加长期股权投资账面价值，同时记入"资本公积——其他资本公积"科目。针对该部分投资的账务处理为：

　　　　借：长期股权投资——B公司（损益调整）　　　　　　　　　　　60 000
　　　　　　　　　　　　——B公司（其他权益变动）　　　　　　　　 180 000
　　　　　贷：盈余公积　　　　　　　　　　　　　　　　　　　　　　　 6 000
　　　　　　利润分配——未分配利润　　　　　　　　　　　　　　　　　54 000
　　　　　　资本公积——其他资本公积　　　　　　　　　　　　　　　 180 000

　　②对于新取得的股权，其成本为1 200 000元，与取得该投资时按照持股比例计算确定应享有被投资单位可辨认净资产公允价值的份额960 000元（8 000 000×12%）之间的差额240 000元，为投资作价中体现出的商誉，该部分商誉不调整长期股权投资的账面价值。

2. 因减少投资转为权益法

　　因处置投资导致对被投资单位的影响能力由控制转为具有重大影响或者与其他投资方一起实施共同控制的情况下，首先应按处置或收回投资的比例结转应终止确认的长期股权投资的成本。

　　在此基础上，应当比较剩余的长期股权投资成本与按照剩余持股比例计算原投资时应享有被投资单位可辨认净资产公允价值的份额，属于投资作价中体现的商誉部分，不调整长期股权投资的账面价值；属于投资成本小于原投资时应享有被投资单位可辨认净资产公允价值份额的，在调整长期股权投资成本的同时，应调整留存收益。

　　对于原取得投资后至转换为权益法核算之间被投资单位实现净损益中应享有的份额，一方面应当调整长期股权投资的账面价值，同时调整留存收益；其他原因导致被投资单位所有者权益变动中应享有的份额，在调整长期股权投资账面价值的同时，应当记入"资本公积——其他资本公积"科目。

长期股权投资自成本法转为权益法后，未来期间应当按照准则规定计算确认应享有被投资单位实现的净损益及所有者权益其他变动的份额。

【例 5-15】 甲公司 2011 年 1 月 1 日持有 B 公司 60% 的股权，其账面余额为 6 000 000 元，未计提减值准备。2012 年 1 月 10 日，甲公司将其持有的对 B 公司长期股权投资中的 1/3 出售给某企业，出售取得价款 3 600 000 元，当日被投资单位可辨认净资产公允价值总额为 14 000 000 元（假定公允价值与账面价值相同）。甲公司原取得 B 公司 60% 股权时，B 公司可辨认净资产公允价值总额为 9 000 000 元（假定公允价值与账面价值相同）。自甲公司取得对 B 公司长期股权投资后至部分处置投资前，B 公司通过生产经营活动实现的净利润为 5 000 000 元。假定 B 公司一直未进行利润分配。本例中，甲公司按照净利润的 10% 提取法定盈余公积。

在出售 20% 的股权后，甲公司对 B 公司的持股比例为 40%，在被投资单位董事会中派有代表，但不能对 B 生产经营决策实施控制。对 B 公司该项长期股权投资由按成本法核算转为采用权益法核算。

根据上述资料，甲公司账务处理如下：

(1) 2012 年 1 月 10 日，确认长期股权投资处置损益时：

借：银行存款　　　　　　　　　　　　　　　　　　　　　　3 600 000
　　贷：长期股权投资——B 公司　　　　　　　　　　　　　　2 000 000
　　　　投资收益　　　　　　　　　　　　　　　　　　　　　1 600 000

(2) 2012 年 1 月 10 日，调整长期股权投资账面价值时：

剩余长期股权投资的账面价值为 4 000 000 元（6 000 000－2 000 000），与原投资时应享有被投资单位可辨认净资产公允价值份额 3 600 000 元（9 000 000×40%）之间的差额 400 000 元，属于通过投资作价体现的商誉，该部分商誉的价值不需要对长期股权投资的成本进行调整。

处置投资以后按持股比例计算享有被投资单位自购买日至处置投资日期间实现的净损益 2 000 000 元（5 000 000×40%），应调整增加长期股权投资账面价值，同时调整留存收益。针对该部分投资的账务处理：

借：长期股权投资——B 公司（成本）　　　　　　　　　　　4 000 000
　　贷：长期股权投资——B 公司　　　　　　　　　　　　　　4 000 000
借：长期股权投资——B 公司（损益调整）　　　　　　　　　　2 000 000
　　贷：盈余公积　　　　　　　　　　　　　　　　　　　　　　200 000
　　　　利润分配——未分配利润　　　　　　　　　　　　　　1 800 000

（二）权益法转换为成本法

因追加投资原因导致原持有的对联营企业或合营企业的投资转变为对子公司投资的，长期股权投资的账面价值的调整应当按照本章第二节的有关规定处理。除此之外，因减少投资导致长期股权投资的核算由权益法转换为成本法（投资企业对被投资单位不具有共同控制或重大影响，并且在活跃市场中没有报价、公允价值不能可靠计量的长期股权投资）的，应以转换时长期股权投资的账面价值作为按照成本法核算的基础。

【例 5-16】 甲公司持有 B 公司 30% 有表决权的股份，因能够对 B 公司的生产经营决策施加重大影响，采用权益法核算。2011 年 1 月 11 日，甲公司将该项投资中的 50%

对外售出,出售以后,无法再对B公司施加重大影响,且该项投资不存在活跃市场,公允价值无法可靠确定,出售以后转为采用成本法核算。出售时,该项长期股权投资的账面价值为3 000 000元,其中,投资成本2 000 000元,损益调整1 000 000元,出售取得价款1 600 000元。假定在转换时被投资单位的账面留存收益为2 600 000元。2011年5月12日,B公司宣告分派2010年度的现金股利,甲公司可获得现金股利400 000元。

根据上述资料,甲公司账务处理如下:

(1) 2011年1月11日,出售50%的股权时:

借:银行存款   1 600 000
 贷:长期股权投资——B公司(成本) 1 000 000
       ——B公司(损益调整) 500 000
   投资收益   100 000
借:长期股权投资——B公司   1 500 000
 贷:长期股权投资——B公司(成本) 1 000 000
       ——B公司(损益调整) 500 000

(2) 2011年5月12日,B公司分派现金股利时:

借:应收股利   400 000
 贷:投资收益   400 000

二、长期股权投资的处置

企业持有长期股权投资的过程中,出于各方面的考虑,决定将所持有的对被投资单位的股权全部或部分出售时,应相应结转与所售股权相对应的长期股权投资的账面价值,出售所得价款与处置长期股权投资账面价值之间的差额,应确认为处置损益。

采用权益法核算的长期股权投资,原计入资本公积中的金额,在处置时亦应进行结转,将与所出售股权相对应的部分,在处置时自资本公积转入当期损益。

处置长期股权投资时,应按实际收到的金额,借记"银行存款"等科目,按其账面余额,贷记"长期股权投资"科目,按尚未发放的现金股利或利润,贷记"应收股利"科目,按其差额,贷记或借记"投资收益"科目。已计提减值准备的,还应同时结转减值准备。

采用权益法核算长期股权投资的处置,除上述规定外,还应结转原计入资本公积的相关金额,借记或贷记"资本公积——其他资本公积"科目,贷记或借记"投资收益"科目。

【例5-17】 甲公司持有B公司40%有表决权的股份,因能够对B公司的生产经营决策施加重大影响,采用权益法核算。2012年1月20日,甲公司决定出售B公司股权的1/4,出售以后,仍能够对B公司施加重大影响,仍应采用权益法核算。出售时,该项长期股权投资的账面价值为17 200 000元,其中,投资成本12 000 000元,损益调整3 200 000元,其他权益变动2 000 000元。出售取得价款4 700 000元。

根据上述资料,甲公司账务处理如下:

(1) 2012年1月20日,出售1/4的股权时:

借：银行存款 4 700 000
　　贷：长期股权投资——B公司（成本） 3 000 000
　　　　　　　　　　——B公司（损益调整） 800 000
　　　　　　　　　　——B公司（其他权益变动） 500 000
　　　　投资收益 400 000

（2）2012年1月20日，将原计入资本公积的部分按比例转入当期损益时：
借：资本公积——其他资本公积 500 000
　　贷：投资收益 500 000

思考练习题

一、重要概念
1. 长期股权投资
2. 成本法
3. 权益法
4. 长期投资减值准备

二、简答题
1. 与持有至到期投资相比，长期股权投资有何特点？
2. 说明长期股权投资成本法的适用范围及其核算方法。
3. 说明长期股权投资权益法的适用范围及其核算方法。
4. 对长期股权投资的减值如何进行账务处理？

三、单项选择题
1. 实际支付的长期股权投资价款中包含的已宣告但尚未发放的现金股利应计入（　　）。
　　A. 应收股利　　B. 投资成本
　　C. 投资收益　　D. 投资溢价

2. 甲公司2011年7月1日购买乙公司10%的股权。乙公司2011年全年实现净利润180 000元，年末宣告分派现金股利200 000元。甲公司按持股比例分得现金股利，2011年应确认对乙公司的投资收益为（　　）元。
　　A. 10 000　　B. 9 000
　　C. 20 000　　D. 18 000

3. 权益法下，长期股权投资的初始投资成本小于取得投资时应享有被投资单位可辨认净资产公允价值份额的，两者之间的差额应借记"长期股权投资成本——成本"科目，贷记（　　）科目核算。
　　A. "投资收益"
　　B. "营业外收入"
　　C. "公允价值变动损益"
　　D. "损益调整"

4. 甲公司于2012年1月1日用货币资金从证券市场上购入乙公司发行股份的25%，实际支付价款5 000 000元，另支付相关税费50 000元，同日，乙公司可辨认净资产的公允价值为22 000 000元。甲公司2012年1月1日取得的长期股权投资的初始投资成本为（　　）元。
　　A. 5 500 000　　B. 5 050 000
　　C. 5 000 000　　D. 550 000

5. 当长期股权投资采用权益法核算时，下列各项中，应当确认投资收益的是（　　）。
　　A. 被投资单位实现净利润
　　B. 被投资单位提取盈余公积
　　C. 收到被投资单位分配的现金股利
　　D. 收到被投资单位分配的股票股利

6. 甲公司2011年1月1日以3 000 000元的价格购入乙公司30%的股份。购入时，乙公司可辨认净资产的公允价值为

11 000 000元（假定乙公司各项可辨认资产、负债的公允价值与账面价值相等）。乙公司2011年实现净利润600 000元。甲公司取得该项投资后对乙公司具有重大影响。假定不考虑其他因素，该投资对甲公司2011年度利润总额的影响为（　　）元。

A. 165 000　　B. 180 000
C. 480 000　　D. 285 000

7. A公司于2010年8月1日以银行存款取得B公司10%的股份，并准备长期持有。B公司当年实现净利240 000元。2011年5月13日，B公司宣告分配上年度现金股利120 000元，A公司2011年应确认的投资收益为（　　）元。

A. 12 000　　B. 10 000
C. 8 000　　D. 1 200

8. 长期股权投资采用权益法核算时，在持股比例不变的情况下，被投资单位除净损益以外所有者权益的增加，企业按持股比例计算应享有的份额，借记的科目是（　　）。

A. "长期股权投资——成本"
B. "资本公积——其他资本公积"
C. "长期股权投资——损益调整"
D. "长期股权投资——其他权益变动"

9. 权益法下，发生投资损失时，在长期股权投资的账面价值减记至零以后，如有实质上构成对被投资单位净投资的长期权益，被投资单位发生的净亏损应由本企业承担的部分，在"长期股权投资"的账面价值减记至零以后，还需承担的投资损失，应以"长期应收款"科目中实质上构成了对被投资单位净投资的长期权益部分账面价值减记至零为限。除上述已确认投资损失外，投资合同或协议中约定仍应承担的损失，按照或有事项准则的规定，对于符合确认条件的义务，应确认为当期损失，同时（　　）科目核算。

A. 冲减"长期股权投资——成本"
B. 记入"预计负债"
C. 冲减"长期股权投资——损益调整"
D. 冲减"长期应收款"

四、多项选择题

1. 下列（　　）条件可确认投资企业对被投资单位具有重大影响。

A. 在被投资单位的董事会或类似的权力机构中派有代表
B. 参与被投资单位的政策制定过程
C. 向被投资单位派出管理人员
D. 直接持有被投资单位20%以上至50%的表决权资本

2. 企业对长期股权投资应当采用（　　）计价。

A. 权益法　　B. 公允价值
C. 成本法　　D. 实际利率法

3. 按长期股权投资准则规定，下列事项中，投资企业应采用成本法核算的有（　　）。

A. 投资企业能够对被投资单位实施控制的长期股权投资
B. 投资企业对被投资单位不具有共同控制或重大影响，并且在活跃市场中没有报价、公允价值不能可靠计量的长期股权投资
C. 投资企业对被投资单位具有共同控制的长期股权投资
D. 投资企业对被投资单位具有重大影响的长期股权投资

4. 采用权益法核算长期股权投资时，应当设置（　　）科目进行明细核算。

A. "成本"
B. "股权投资差额"
C. "损益调整"
D. "其他权益变动"

5. 采用权益法核算时，能引起长期股权投资账面价值增减变动的事项有（　　）。

A. 被投资企业实现净利润
B. 被投资企业宣告分派现金股利

C. 计提长期股权投资减值准备
D. 被投资单位接受外单位捐赠设备

6. 下列各项中，投资企业不应确认为当期投资收益的有（　　）。

A. 采用成本法核算时被投资单位接受的非现金资产捐赠
B. 采用成本法核算时投资当年收到被投资单位分配的上年度现金股利
C. 采用权益法核算时投资当年收到被投资单位分配的上年度现金股利
D. 收到包含在长期股权投资购买价款中的尚未发放的现金股利

7. 对于采用成本法核算的长期股权投资，下列各项中，不符合现行会计制度规定的有（　　）。

A. 对于被投资单位宣告分派的现金股利，应按其享有的份额调增长期股权投资的账面价值
B. 对于被投资单位所有者权益的增加额，应按其享有的份额调增长期股权投资的账面价值
C. 对于被投资单位宣告分派的属于投资企业投资后实现的净利润，应按其享有的份额确认投资收益
D. 对于被投资单位宣告分派的属于投资企业投资前实现的净利润，应按其享有的份额调减长期股权投资的账面价值

8. 采用权益法核算时，下列各项中，不会引起长期股权投资账面价值发生变动的有（　　）。

A. 收到被投资单位分派的股票股利
B. 被投资单位实现净利润
C. 被投资单位以资本公积转增资本
D. 计提长期股权投资减值准备

9. 企业的投资作为长期股权投资核算时，自被投资单位获得的现金股利或利润，应当（　　）科目核算。

A. 冲减"长期股权投资——成本"
B. 记入"投资收益"
C. 冲减"长期股权投资——损益调整"
D. 记入"长期股权投资——其他权益变动"

10. 对于已经计提的资产减值准备，当资产价值回升时不得转回资产减值准备的有（　　）。

A. 坏账准备
B. 持有至到期投资减值准备
C. 长期股权投资减值准备
D. 固定资产减值准备

五、判断题

1. 企业购买股票进行长期投资时，如果所购股票价格中含有已宣告但尚未发放的现金股利，应以支付价款扣除该项现金股利后的金额计入投资的初始投资成本。（　　）

2. 长期股权投资持有期间获得的现金股利，除已计入应收款项的现金股利外，应在实际收到时作为投资成本的收回，冲减长期股权投资的账面价值。（　　）

3. 在采用权益法核算的情况下，投资企业应于被投资单位宣告分派利润时，按持有表决权资本比例计算应分得的利润，确认投资收益，并调整长期股权投资的账面价值。（　　）

4. 采用权益法核算时，"长期股权投资"的"成本"明细账户余额反映投资的初始投资成本。（　　）

5. 采用权益法核算长期股权投资时，投资企业对被投资单位所有者权益的变动，应相应调整长期股权投资的账面价值，同时增加或减少投资收益。（　　）

6. 投资企业对长期股权投资中止采用权益法核算的，对于中止权益法前被投资单位发生的净亏损，应按权益法的要求确认投资损失；对于中止权益法前被投资单位实现的净利润，应按权益法的要求确认投资收益。（　　）

7. 采用权益法核算长期股权投资时,对于被投资单位接受的非现金资产捐赠,投资企业应作为投资收益处理。( )

8. 权益法下确认投资企业的投资损失,以该项长期股权投资的账面价值减记至零为限,即将该项长期股权投资各明细账户的余额全部冲销。( )

9. 按成本法核算长期股权投资时,所获得的被投资单位宣告分派的利润超过其在接受投资后产生的累积净利润中应享有份额的部分,应作为初始投资成本的收回。( )

10. 长期股权投资一旦计提减值准备,即使未来长期股权投资的价值又得以恢复,原已计提的长期股权投资减值准备也不得转回。( )

六、核算题

1. A公司于2010年1月1日以银行存款1 000 000元购入C公司10%的股份,并准备长期持有,采用成本法核算。C公司于2010年5月12日宣告分派2009年度的现金股利100 000元。2011年5月12日,C公司宣告分派2010年现金股利300 000元。

要求:编制A公司长期股权投资的相关会计分录。

2. A公司于2010年1月1日以950 000元(含支付的相关费用10 000元)购入B公司股票400 000股,每股面值1元,占B公司发行股份的20%,并且能够对B公司施加重大影响。A公司采用权益法核算该项投资。2010年1月1日,B公司股东权益的公允价值总额为4 000 000元。

2010年,B公司实现净利润600 000元,提取盈余公积60 000元。

2011年,B公司实现净利润800 000元,提取盈余公积80 000元,宣告发放现金股利100 000元,A公司已经收到。

2011年,B公司由于可供出售金融资产公允价值变动,增加资本公积200 000元。

2011年年末,该项股权投资的可收回金额为1 200 000元。

2012年1月5日,A公司转让对B公司的全部投资,取得价款1 300 000元。

要求:根据上述资料,编制A公司上述有关投资业务的会计分录。

第六章 固定资产

第一节 固定资产概述

一、固定资产的定义和特征

固定资产,是指同时具有下列特征的有形资产:(1)为生产商品、提供劳务、出租或经营管理而持有的;(2)使用寿命超过一个会计年度。

从固定资产的定义可知,固定资产具有以下三项特征:

(1)固定资产的持有目的是为了生产商品、提供劳务、出租或经营管理,而不是为了出售,即固定资产是作为企业的劳动工具或手段而存在的。其中为出租而持有的固定资产,是指用以出租的机器设备类固定资产,不包括以经营租赁方式出租的建筑物,后者属于企业的投资性房地产,不属于固定资产。

(2)固定资产使用寿命超过一个会计年度。固定资产的使用寿命,是指企业使用固定资产的预计期间,或者该固定资产所能生产产品或提供劳务的数量。通常情况下,固定资产的使用寿命表现为企业所预计的固定资产的使用年限;但对于某些设备而言,可通过其产能来衡量使用寿命。例如,汽车等运输设备,可按预计总行驶里程来表示其使用寿命。固定资产使用寿命超过一个会计年度,意味着固定资产属于非流动资产,其经济利益会在若干个会计期间逐渐流入企业。

(3)固定资产为有形资产。例如,生产经营用的房屋、建筑物、机器设备、运输工具等。固定资产具有实物形态的特征,将其与无形资产区别开来。

二、固定资产的确认条件

固定资产在符合定义的前提下,应当同时满足以下两个条件,才能加以确认:

(1)与该固定资产有关的经济利益很可能流入企业。企业在判断与某项固定资产有关的经济利益是否很可能流入企业时,通常应考虑与该固定资产所有权相关的风险和报酬是否转移到了企业。在实务中,取得固定资产所有权往往是一项重要标志。但在有些情况下,企业虽未取得某项固定资产所有权,也可能在实质上控制该资产产生的经济利益流入企业,例如融资租入的固定资产。企业购入的安全设备或环保设备等固定资产,虽然不能直接给企业带来未来经济利益,但有助于企业减少未来经济利益流出,也符合这一确认条件。

(2)该固定资产的成本能够可靠地计量。可靠计量是指能够取得固定资产成本的确凿证据,或能够对固定资产成本进行合理估计。例如,企业对于已达到预定可使用状态但尚未办理竣工决算的固定资产,应当根据工程预算、工程造价、实际发生的成本等资料，按估计价值确定其成本，办理竣工决算后，再按实际成本调整原来的暂估价值。

三、固定资产确认过程中的其他问题

工业企业所持有的工具、用具、备品备件、维修设备等资产，施工企业所持有的模板、挡板、架料等周转材料，以及地质勘探企业所持有的管材等资产，虽然符合固定资产的定义和确认条件，但由于该类物资数量多、单价低，考虑到会计核算的成本效益原则，在实务中通常将它们确认为存货。但民用航空运输企业的高价周转件等，符合固定资产确认条件的，应当确认为固定资产。

对于构成固定资产的各组成部分，如果各自具有不同使用寿命或者以不同方式为企业提供经济利益，适用不同折旧率或折旧方法的，该各组成部分实际上是以独立的方式为企业提供经济利益，因此，企业应当分别将各组成部分确认为单项固定资产。例如，飞机的引擎，如果与飞机机身具有不同的使用寿命，适用不同折旧率或折旧方法，则企业应当将引擎单独确认为一项固定资产。

第二节 取得固定资产的核算

企业取得固定资产的方式是多种多样的，包括外购、自行建造、投资者投入、非货币性资产交换、债务重组、企业合并、融资租赁等。固定资产取得的方式不同，其成本的具体构成内容也不尽相同。一般而言，固定资产的初始取得成本，应包括企业为购建该固定资产而在资产达到预定可使用状态前所发生的一切合理的、必要的支出。

一、外购的固定资产

企业外购固定资产的成本，包括购买价款、相关税费、使固定资产达到预定可使用状态前发生的可归属于该项资产的运输费、装卸费、安装费和专业人员服务费等。

企业购入的固定资产如果不需要安装，则直接将其成本记入"固定资产"科目；如果需要安装，则应先通过"在建工程"科目归集各项采购成本和安装成本，待固定资产安装完毕、达到预定可使用状态时，再将"在建工程"科目中归集的总成本转入"固定资产"科目。

【例6-1】 2011年1月3日，甲公司购入一台不需要安装的设备，取得的增值税专用发票上注明的设备价款为50 000元，增值税进项税额为8 500元，支付的装卸费为1 000元，款项全部付清。假定不考虑其他相关税费。

甲公司账务处理如下：

借：固定资产　　　　　　　　　　　　　　　　　　　　51 000
　　应交税费——应交增值税（进项税额）　　　　　　　 8 500
　　贷：银行存款　　　　　　　　　　　　　　　　　　　　59 500

【例6-2】 2011年2月5日，甲公司购入一台需要安装的机器设备，取得的增值税专用发票上注明设备价款为200 000元，增值税进项税额为34 000元，支付的运输费

为1 800元，款项全部已支付。2月7日，在安装过程中，领用本公司原材料一批，账面价值5 000元，购进该批原材料时支付的增值税进项税额为850元。2月8日，确认应付安装工人的工资为8 200元。2月10日，设备安装完毕，达到预定可使用状态。假定运费增值税扣除率为7%。

甲公司账务处理如下：

(1) 2011年2月5日，支付设备价款、增值税、运输费：

借：在建工程　　　　　　　　　　　　　　　　　　　　　　　201 674
　　应交税费——应交增值税（进项税额）　　　　　　　　　　 34 126
　　贷：银行存款　　　　　　　　　　　　　　　　　　　　　 235 800

(2) 2月7日，领用原材料：

借：在建工程　　　　　　　　　　　　　　　　　　　　　　　　5 000
　　贷：原材料　　　　　　　　　　　　　　　　　　　　　　　5 000

(3) 2月8日，确认应付安装工人工资：

借：在建工程　　　　　　　　　　　　　　　　　　　　　　　　8 200
　　贷：应付职工薪酬　　　　　　　　　　　　　　　　　　　　8 200

(4) 2月10日，安装完毕，结转成本：

借：固定资产　　　　　　　　　　　　　　　　　　　　　　　214 874
　　贷：在建工程　　　　　　　　　　　　　　　　　　　　　 214 874

企业如果以一笔款项同时购入多项没有单独标价的固定资产，则应当按照各项固定资产的公允价值比例对总成本进行分配后，分别计入各固定资产的成本。

【例6-3】　2011年3月5日，甲公司一次购入三件不同型号的设备A、B和C。甲公司为该批设备共支付货款65 000元，增值税进项税额11 050元，另支付装卸费4 000元，全部以银行存款付清。假定A、B和C设备的公允价值分别为24 600元、36 900元和20 500元，不考虑其他相关税费。

甲公司账务处理如下：

应计入固定资产的总成本＝65 000＋4 000＝69 000（元）

各项设备按公允价值确定的分配比例为：

A设备：24 600/(24 600＋36 900＋20 500)×100%＝30%
B设备：36 900/(24 600＋36 900＋20 500)×100%＝45%
C设备：20 500/(24 600＋36 900＋20 500)×100%＝25%

各项设备的入账成本分别为：

A设备：69 000×30%＝20 700（元）
B设备：69 000×45%＝31 050（元）
C设备：69 000×25%＝17 250（元）

借：固定资产——A　　　　　　　　　　　　　　　　　　　　 20 700
　　　　　　——B　　　　　　　　　　　　　　　　　　　　 31 050
　　　　　　——C　　　　　　　　　　　　　　　　　　　　 17 250
　　应交税费——应交增值税（进项税额）　　　　　　　　　　 11 050
　　贷：银行存款　　　　　　　　　　　　　　　　　　　　　 80 050

二、自行建造的固定资产

自行建造固定资产的成本,由建造该项资产达到预定可使用状态前所发生的必要支出构成。包括工程用物资成本、人工成本、缴纳的相关税费、应予资本化的借款费用以及应分摊的间接费用等。

企业自行建造固定资产包括自营建造和出包建造两种方式。

(一) 自营方式建造固定资产

企业以自营方式建造固定资产,是指企业自行组织工程物资采购、自行组织施工人员从事工程施工,在实务中较少采用。如果企业以自营方式建造固定资产,发生的各项成本应先通过"在建工程"科目归集,工程完工达到预定可使用状态时,再将总成本从"在建工程"科目转入"固定资产"科目。

企业为建造固定资产准备的各种物资应当按照实际支付的买价、运输费、保险费等相关税费作为实际成本,记入"工程物资"科目,工程领用时再转入"在建工程"科目。工程完工后,剩余的工程物资转为本企业存货的,应视企业采用的存货核算方法按其实际成本或计划成本进行结转。建设期间发生的工程物资盘亏、报废及毁损,减去残料价值以及保险公司、过失人等赔款后的净损失,计入所建工程项目的成本;盘盈的工程物资或处置净收益,冲减所建工程项目的成本。工程完工后发生的工程物资盘盈、盘亏、报废、毁损,计入当期营业外收支。

【例 6-4】 2011 年 1 月 1 日,甲公司准备自行建造一座仓库。相关资料如下:

(1) 1 月 5 日,购入工程物资一批,价款为 300 000 元,支付的增值税税额为 51 000 元,款项以银行存款支付。

(2) 1 月 18 日,领用生产用原材料一批,实际成本为 20 000 元,相关增值税为 3 400 元。

(3) 1 月 9 日至 6 月 30 日,工程先后领用工程物资 304 200 元 (含增值税)。

(4) 6 月 30 日,对工程物资进行清查,发现工程物资减少 29 250 元,系保管员过失造成。根据企业管理规定,保管员应赔偿 20 000 元。剩余工程物资转入企业原材料,原材料按实际成本法核算。

(5) 工程建设期间发生工程人员职工薪酬 78 500 元。

(6) 6 月 30 日,工程完工并交付使用。

甲公司账务处理如下:

(1) 购入工程物资:

借:工程物资 351 000
　　贷:银行存款 351 000

(2) 领用原材料:

借:在建工程——仓库 23 400
　　贷:原材料 20 000
　　　　应交税费——应交增值税(进项税额转出) 3 400

(3) 领用工程物资:

借:在建工程——仓库 304 200

  贷：工程物资 304 200
 （4）清查工程物资，并将其转为原材料：
 ①应计入在建工程成本的净损失＝29 250－20 000＝9 250（元）
  借：在建工程——仓库 9 250
    其他应收款——保管员 20 000
   贷：工程物资 29 250
 ②剩余工程物资的账面成本＝351 000－304 200－29 250＝17 550（元），价税分离后，应转入原材料的成本＝17 550÷1.17＝15 000（元），应抵扣的增值税进项税额＝15 000×17%＝2 550（元）
  借：原材料 15 000
    应交税费——应交增值税（进项税额） 2 550
   贷：工程物资 17 550
 （5）计提工程人员职工薪酬：
  借：在建工程——仓库 78 500
   贷：应付职工薪酬 78 500
 （6）工程完工交付使用：
  借：固定资产——仓库 415 350
   贷：在建工程——仓库 415 350

（二）出包方式建造固定资产

  企业固定资产的新建、改建、扩建等，通常采用出包方式。企业通过招标将工程项目发包给建造承包商（即施工单位），由其组织工程施工。企业作为建造合同的甲方（即建设单位），负责筹集资金和组织管理工程建设。

  企业按照建造合同规定的结算方式和工程进度，定期与建造承包商办理工程价款结算，结算的工程价款计入在建工程成本，工程完工达到预定可使用状态时，再将在建工程成本转入固定资产。

  【例6-5】 2011年3月3日，甲公司将某固定资产的建造工程出包给乙公司承建，双方签订了建造合同。按照合同规定，3月5日，甲公司向承包单位预付工程价款200 000元，以银行存款转账支付。2011年5月1日，工程进度达到50%，甲公司与乙公司办理工程结算，结算价款为500 000元，扣除预付款后，余款用银行存款支付。2011年6月30日，主体工程完工，甲公司与乙公司再次办理工程结算，价款480 000元，已用银行存款支付。2011年7月1日，固定资产达到预定可使用状态，交付使用。

  甲公司账务处理如下：
 （1）2011年3月5日，预付工程款：
  借：预付账款 200 000
   贷：银行存款 200 000
 （2）5月1日，办理工程结算：
  借：在建工程 500 000
   贷：预付账款 200 000
    银行存款 300 000
 （3）6月30日，办理工程结算：

借：在建工程　　　　　　　　　　　　　　　　　　　　480 000
　　　　贷：银行存款　　　　　　　　　　　　　　　　　　　　480 000
（4）7月1日，结转成本：
　　借：固定资产　　　　　　　　　　　　　　　　　　　　980 000
　　　　贷：在建工程　　　　　　　　　　　　　　　　　　　　980 000

三、其他方式取得的固定资产

（一）投资者投入的固定资产

投资者投入的固定资产的成本，应当按照投资合同或协议约定的价值确定，但合同或协议约定价值不公允的除外。如果投资合同或协议约定的价值不公允，则应按照该项固定资产的公允价值作为入账价值。

（二）通过非货币性资产交换、债务重组、企业合并等方式取得的固定资产

相关固定资产取得时的成本，应当按照《企业会计准则第7号——非货币性资产交换》、《企业会计准则第12号——债务重组》、《企业会计准则第20号——企业合并》等的规定确定。

（三）盘盈的固定资产

盘盈的固定资产，应作为前期差错处理。

四、存在弃置义务的固定资产

对于特殊行业的特定固定资产（如油气资产、核电站等），由于其在使用期满时还存在妥善处置、恢复周围生态环境等义务，因此其成本还应包括企业在未来发生的弃置费用。弃置费用的金额与其现值比较，通常相差较大，需要考虑货币时间价值，企业应将未来弃置费用的现值计入固定资产成本。

一般企业固定资产报废时发生的清理费用，不属于弃置费用，应当在实际发生时计入固定资产处置损益。

【例6-6】　经国家审批，某企业计划建造一座核电站，其主体设备核反应堆将会对当地的生态环境产生一定的影响。根据法律规定，企业应在该项设备使用期满后将其拆除，并对造成的污染进行整治。2011年1月1日，该项设备建造完成并交付使用，建造成本共2 500 000万元。预计使用寿命40年，预计弃置费用为250 000万元。假定折现率为10%。

弃置费用的现值：
P＝250 000×(P/F，10%，40)＝250 000×0.022 1＝5 525（万元）
固定资产入账价值＝2 500 000＋5 525＝2 505 525（万元）

第三节　固定资产折旧

一、固定资产折旧的概念

企业的固定资产在使用过程中，由于损耗，其价值会逐渐降低。固定资产的损耗包括有形损耗和无形损耗。有形损耗是指由于使用和自然力影响而引起的固定资产使用价值和价值的下降；无形损耗是指由于科学技术的进步等原因引起的现有固定资产的贬值。随着固定资产在使用过程中的损耗，其价值或者转移到所生产的产品成本中，或者构成企业的费用。为了正确反映固定资产的价值转移，企业应合理计提固定资产的各期折旧。

固定资产折旧，是指在固定资产的使用寿命内，按照确定的方法对应计折旧额进行的系统分摊。应计折旧额，是指应当计提折旧的固定资产的原价扣除其预计净残值后的余额，如果对固定资产计提了减值准备，还应当扣除已计提的固定资产减值准备。

二、影响固定资产折旧的因素

（一）固定资产原值

固定资产原值，是指固定资产取得时的成本。它是影响固定资产应计折旧额的最主要因素。在其他条件相同的情况下，固定资产原值越大，则各期计提的折旧额越高。

（二）预计净残值

预计净残值，是指假定固定资产预计使用寿命已满并处于使用寿命终了时的预期状态，企业目前从该项资产处置中获得的扣除预计处置费用后的金额。预计净残值是企业按照当前市场状况，对未来固定资产使用期满后可收回残值的估计，其计算过程可概括为：

$$预计净残值＝固定资产预计处置收入－预计处置费用$$

（三）固定资产减值准备

如果企业对固定资产计提了减值准备，则应根据减值后固定资产的账面价值，按其剩余使用寿命和预计净残值，重新计算未来各期的折旧额。

（四）固定资产使用寿命

固定资产使用寿命可以用时间或工作量来表示。企业在确定固定资产使用寿命时，应当考虑：该资产的使用年限、预计生产能力或实物产量；资产预计将发生的有形损耗和无形损耗；法律法规对资产使用寿命的相关限制等。

三、计提折旧的固定资产范围

除了已提足折旧的固定资产和单独计价入账的土地以外，企业应当对其所拥有的全部固定资产（包括融资租入的固定资产）计提折旧。提足折旧是指已经提足该项固定资产的应计折旧额。

由以上原则可知，经营租入的固定资产不属于企业所有，不计提折旧，其使用成本为各期负担的租金费用。经营租出的固定资产应计提折旧，并应将折旧额确认为与租金收入相配比的租赁业务成本。闲置固定资产为企业所有，尽管未使用也应计提折旧。提前报废的固定资产，自终止确认起，不再计提折旧。

固定资产应当从达到预定可使用状态开始，至终止确认时为止，按月计提折旧。为了简化核算，当月增加的固定资产，当月不计提折旧，从下月起计提；当月减少的固定资产，当月仍计提折旧，从下月起不提。

已达到预定可使用状态但尚未办理竣工决算的固定资产,应按估计价值确定其成本,并计提折旧;待竣工决算后再按实际成本调整原估计价值,但不需要调整原已计提的折旧额。

四、固定资产折旧方法

企业应当根据与固定资产有关的经济利益的预期实现方式,合理选择折旧方法。可选用的折旧方法包括年限平均法、工作量法、双倍余额递减法和年数总和法等。固定资产的折旧方法一经确定,不得随意变更。

(一)年限平均法

年限平均法又称直线法,是指将固定资产的应计折旧额均衡地分摊到固定资产预计使用寿命内的一种方法。采用这种方法计算的每期折旧额均相等。计算公式如下:

$$年折旧率=(1-预计净残值率)\div 预计使用年限\times 100\%$$
$$月折旧率=年折旧率\div 12$$
$$月折旧额=固定资产原价\times 月折旧率$$

【例6-7】 甲公司2011年3月1日购入一项固定资产,原价为100 000元,预计可使用10年,预计报废时的净残值率为5%,按年限平均法计提折旧。假定该项固定资产无需安装,购入后即达到预定可使用状态。

甲公司该项固定资产的折旧率和折旧额计算如下:

年折旧率=(1-5%)÷10×100%=9.5%

月折旧率=9.5%÷12=0.792%

月折旧额=100 000×0.792%=792(元)

2011年甲公司该项固定资产共计提9个月的折旧,折旧额为7 128元(792×9)。

采用年限平均法计算固定资产折旧虽然比较简便,但也存在明显的局限性。它没有考虑固定资产在不同时期提供经济效益的差异。一般而言,固定资产在其使用前期工作效率较高、维修费用较少,能带来较高的经济效益,而随着固定资产使用寿命的增加,其效益会逐渐下降。因此,在固定资产各期负荷程度不同的情况下,平均分摊各期折旧费用不符合固定资产价值的实现方式。

(二)工作量法

工作量法,是根据实际工作量计算每期应提折旧额的一种方法。计算公式如下:

$$单位工作量折旧额=固定资产原价\times(1-预计净残值率)\div 预计总工作量$$
$$某项固定资产月折旧额=该项固定资产当月工作量\times 单位工作量折旧额$$

【例6-8】 甲公司的一辆货运卡车原价为80 000元,预计总服务能力为500 000吨公里,预计净残值率为5%,本月提供服务4 000吨公里。

甲公司该车辆本月折旧额计算如下:

单位工作量折旧额=80 000×(1-5%)÷500 000=0.152(元/吨公里)

本月折旧额=4 000×0.152=608(元)

工作量法能够使固定资产各期折旧额与固定资产的使用强度相匹配,但不能反映固定资产无形损耗对折旧的要求。

（三）双倍余额递减法

双倍余额递减法，是指在不考虑固定资产预计净残值的情况下，根据每期期初固定资产原价减去累计折旧后的余额和双倍的直线法折旧率计算固定资产折旧的一种方法。由于每年年初固定资产余额没有扣除预计净残值，因此在应用这种方法计算折旧额时，必须注意不能使固定资产的账面折余价值降低到其预计净残值以下。同时，应在折旧年限的最后两年内，将固定资产账面折余价值扣除预计净残值后的余额平均摊销。计算公式如下：

$$年折旧率 = 2 \div 预计使用年限 \times 100\%$$
$$月折旧率 = 年折旧率 \div 12$$
$$月折旧额 = 固定资产年初账面余额 \times 月折旧率$$
$$最后两年年折旧额 = (固定资产账面折余价值 - 预计净残值) \div 2$$

【例 6-9】 甲公司一项固定资产的原价为 60 000 元，预计使用年限为 5 年，预计净残值率为 4%，按双倍余额递减法计提折旧。

甲公司该项固定资产每年的折旧额计算如下：

年折旧率 = 2÷5×100% = 40%

第一年的折旧额 = 60 000×40% = 24 000（元）

第二年的折旧额 = (60 000 - 24 000)×40% = 14 400（元）

第三年的折旧额 = (60 000 - 24 000 - 14 400)×40% = 8 640（元）

第四、五年的折旧额 = (60 000 - 24 000 - 14 400 - 8 640 - 60 000×4%)÷2
　　　　　　　　 = 5 280（元）

假定该项固定资产是甲公司于 2011 年 5 月 17 日购入的，并于当月达到预定可使用状态，则：

2011 年的折旧额 = 24 000×7/12 = 14 000（元）

2012 年的折旧额 = 24 000×5/12 + 14 400×7/12 = 10 000 + 8 400 = 18 400（元）

（四）年数总和法

年数总和法又称年限合计法，是指将固定资产的原价减去预计净残值后的余额，乘以一个以固定资产尚可使用寿命为分子、以预计使用寿命逐年数字之和为分母的逐年递减的分数计算每年的折旧额。计算公式如下：

$$年折旧率 = 尚可使用年限 \div 预计使用寿命的年数总和 \times 100\%$$
$$月折旧率 = 年折旧率 \div 12$$
$$月折旧额 = (固定资产原价 - 预计净残值) \times 月折旧率$$

【例 6-10】 甲公司一项固定资产的原值为 500 000 元，预计使用年限为 5 年，预计净残值为 20 000 元，采用年数总和法计提折旧。

该项固定资产每年的折旧额计算如下：

预计使用寿命的年数总和 = 5+4+3+2+1 = 15

第一年的折旧额 = (500 000 - 20 000)×5/15 = 160 000（元）

第二年的折旧额 = (500 000 - 20 000)×4/15 = 128 000（元）

第三年的折旧额 = (500 000 - 20 000)×3/15 = 96 000（元）

第四年的折旧额＝(500 000－20 000)×2/15＝64 000（元）

第五年的折旧额＝(500 000－20 000)×1/15＝32 000（元）

双倍余额递减法和年数总和法都属于固定资产的加速折旧法，其特点是在固定资产使用早期多提折旧，后期少提折旧，从而促使固定资产成本在使用寿命内加快得到补偿。

【例6-11】 甲公司于2011年2月15日购入一台不需安装的设备，并于当日达到预定可使用状态。该项固定资产原值为500 000元，预计使用寿命为5年，预计净残值为20 000元。

甲公司采用年限平均法、双倍余额递减法、年数总和法计算各年的折旧额如表6-1所示。

表6-1　　　采用年限平均法、双倍余额递减法、年数总和法计算各年折旧额　　金额单位：元

方法 年份	年限平均法	双倍余额递减法	年数总和法
2011年 (3—12月)	(500 000－20 000)× 1/5×10/12	500 000×2/5×10/12	(500 000－20 000)×5/15×10/12
2012年 (1—12月)	(500 000－20 000)× 1/5	500 000×2/5×2/12＋ (500 000－200 000)×2/5× 10/12	(500 000－20 000)×5/15×2/12＋ (500 000－20 000)×4/15×10/12
2013年 (1—12月)	(500 000－20 000)× 1/5	(500 000－200 000)×2/5× 2/12＋(300 000－120 000)× 2/5×10/12	(500 000－20 000)×4/15×2/12＋ (500 000－20 000)×3/15×10/12
2014年 (1—12月)	(500 000－20 000)× 1/5	(300 000－120 000)×2/5× 2/12＋(180 000－72 000－ 20 000)×1/2×10/12	(500 000－20 000)×3/15×2/12＋ (500 000－20 000)×2/15×10/12
2015年 (1—12月)	(500 000－20 000)× 1/5	(180 000－72 000－20 000)× 1/2	(500 000－20 000)×2/15×2/12＋ (500 000－20 000)×1/15×10/12
2016年 (1—2月)	(500 000－20 000)× 1/5×2/12	(180 000－72 000－20 000)× 1/2×2/12	(500 000－20 000)×1/15×2/12
合　计	480 000	480 000	480 000

五、固定资产折旧的账务处理

企业按月计提的固定资产折旧，应通过"累计折旧"科目核算。"累计折旧"科目是固定资产的备抵科目，可按固定资产的类别或项目进行明细核算。"累计折旧"贷方登记各期计提的固定资产折旧额，借方登记处置固定资产时应结转的折旧额，本科目期末贷方余额，反映企业固定资产的累计折旧额。

企业计提固定资产折旧时，应根据固定资产的用途相应确认相关资产的成本或当期损益。具体账务处理如下：

(1) 企业基本生产车间所使用的固定资产，其折旧应记入"制造费用"科目；

(2) 管理部门使用的固定资产，其折旧应记入"管理费用"科目；

(3) 销售部门使用的固定资产，其折旧应记入"销售费用"科目；

(4) 自行建造固定资产过程中使用的固定资产，其折旧应记入"在建工程"科目；
(5) 经营租出的固定资产，其折旧应记入"其他业务成本"科目；
(6) 未使用的固定资产，其折旧应记入"管理费用"科目。

【例 6-12】 甲公司 2011 年 1 月份固定资产计提折旧情况如下：
(1) 生产车间厂房计提折旧 280 000 元，机器设备计提折旧 23 500 元；
(2) 管理部门房屋建筑物计提折旧 80 000 元，运输工具计提折旧 10 500 元；
(3) 销售部门房屋建筑物计提折旧 35 000 元，运输工具计提折旧 25 000 元。

甲公司 2011 年 1 月份计提折旧的账务处理如下：

借：制造费用　　　　　　　　　　　　　　　　303 500
　　管理费用　　　　　　　　　　　　　　　　 90 500
　　销售费用　　　　　　　　　　　　　　　　 60 000
　　贷：累计折旧　　　　　　　　　　　　　　454 000

六、固定资产使用寿命、预计净残值和折旧方法的复核

在固定资产使用过程中，其所处的经济环境、技术环境以及其他环境有可能对固定资产使用寿命和预计净残值产生较大影响。例如，固定资产使用强度比正常情况大大加强，致使固定资产使用寿命大大缩短；替代该项固定资产的新产品的出现致使其实际使用寿命缩短，预计净残值减少等。为真实反映固定资产为企业提供经济利益的期间及每期实际的资产消耗，企业至少应当于每年年度终了，对固定资产使用寿命和预计净残值进行复核。如有确凿证据表明固定资产预计使用寿命或预计净残值发生了改变，则应进行相应调整。

如果固定资产相关经济利益的预期实现方式发生重大改变，企业则应改变固定资产的折旧方法。例如，某采掘企业各期产量相对稳定，原来采用年限平均法计提固定资产折旧。年度复核中发现，由于该企业使用了先进技术，产量大幅增加，可采储量逐年减少，该项固定资产给企业带来经济利益的预期实现方式已发生重大改变，需要将年限平均法改为产量法。

固定资产使用寿命、预计净残值和折旧方法的改变应作为会计估计变更，按照《企业会计准则第 28 号——会计政策、会计估计变更和差错更正》处理。

第四节　固定资产的后续支出

固定资产的后续支出，是指固定资产使用过程中发生的更新改造支出、维护修理费用等。企业的固定资产投入使用后，为了保证其正常运转，往往需要发生一些维修养护费用；为了提高固定资产的生产能力或优化其性能，有时还可能对其进行扩建改造或更新改良。固定资产发生的后续支出，如果符合固定资产确认条件，则应予以资本化，计入固定资产成本；如果不符合固定资产确认条件，则应予以费用化，计入当期损益。

一、资本化的后续支出

固定资产发生可资本化的后续支出时,企业一般应将固定资产的原价、已计提的累计折旧和减值准备转销,将固定资产的账面价值转入在建工程,并通过"在建工程"科目归集固定资产各项后续支出。固定资产改良完成,达到预定可使用状态时,再将新固定资产成本从"在建工程"科目转入"固定资产"科目。原固定资产折旧停止,改按重新确定的固定资产原价、使用寿命、预计净残值和折旧方法计提折旧。

企业发生的某些固定资产后续支出可能涉及替换原固定资产的某组成部分。为了避免将换入部分的成本和被替换部分的成本同时计入固定资产,导致固定资产成本高计,企业应将被替换部分的成本从账面价值中扣除。

企业对固定资产进行定期检查发生的大修理费用,有确凿证据表明符合固定资产确认条件的,可以计入固定资产成本。固定资产在定期大修理间隔期间,照提折旧。

【例6-13】 甲公司于2008年12月购入一条生产线,原价为468 000元(其中,部件M价值93 600元),预计可使用6年,预计净残值率为5%,采用年限平均法计提折旧。2011年1月,由于销售大幅增长,需要对该生产线进行改扩建,以提高其生产能力。为此,甲公司专门购买了性能更优越的部件N,用以替换原部件M。部件N不含税价款为160 000元,增值税税款为27 200元。甲公司另支付相关改扩建费用28 000元。被替换掉的原部件M变卖收入8 000元。2011年3月31日,该生产线改扩建完工,达到预定可使用状态,其预计使用寿命比原来延长了4年,预计净残值率和折旧方法不变。

本例中,由于生产线改扩建后,生产能力将大大提高,能够为企业带来更多的经济利益,且改扩建的相关支出能够可靠计量,因此该项固定资产后续支出符合固定资产的确认条件,应计入固定资产成本。甲公司相关账务处理如下:

(1) 将原固定资产账面价值转入在建工程:
2009年1月至2010年12月,已计提折旧:468 000×(1−5%)/6×2=148 200(元)
原生产线账面价值为:468 000−148 200=319 800(元)

借:在建工程 319 800
  累计折旧 148 200
  贷:固定资产 468 000

(2) 购买并安装新部件N:

借:工程物资 160 000
  应交税费——应交增值税(进项税额) 27 200
  贷:银行存款 187 200
借:在建工程 160 000
  贷:工程物资 160 000

(3) 发生改扩建支出:

借:在建工程 28 000
  贷:银行存款 28 000

(4) 替换掉原部件M(作提前报废处理):
该部件的账面价值为:93 600−93 600×(1−5%)/6×2=63 960(元)

报废损失为：63 960－8 000＝55 960（元）
  借：营业外支出   55 960
    银行存款   8 000
    贷：在建工程   63 960

（5）2011年3月31日，固定资产改扩建达到预定可使用状态，应结转的总成本为：319 800＋160 000＋28 000－63 960＝443 840（元）。
  借：固定资产   443 840
    贷：在建工程   443 840

（6）改扩建后，新生产线的尚可使用时间为93（7×12＋9）个月，2011年4月至12月其折旧额为：443 840×(1－5%)/93×9＝40 804.65（元）。

二、费用化的后续支出

与固定资产有关的修理费用等后续支出，不符合固定资产确认条件的，应当予以费用化，计入发生当期的损益。

一般情况下，企业生产车间和行政管理部门等发生的固定资产修理费用等后续支出记入"管理费用"科目；企业专设销售机构的，其相关固定资产修理费用等后续支出，记入"销售费用"科目。

【例6-14】 2011年1月12日，甲公司对管理部门用的一台设备进行日常维护，支付修理费3 000元，用银行存款转账支付。

甲公司账务处理如下：
  借：管理费用   3 000
    贷：银行存款   3 000

第五节　固定资产的处置

企业在生产经营过程中，对那些不适用或不需用的固定资产，可以通过对外出售的方式进行处置；对那些由于使用而不断磨损直至最终报废，或由于技术进步等原因发生提前报废，或由于遭受自然灾害等非常损失发生毁损的固定资产应及时进行清理。此外，由于对外投资、抵债、资产交换以及盘亏等原因而发生的固定资产减少，也属于固定资产的处置范围。

企业应设置"固定资产清理"科目，核算企业因出售、报废、毁损、对外投资、非货币性资产交换、债务重组等原因转出的固定资产价值以及在清理过程中发生的费用等。本科目可按被清理的固定资产项目进行明细核算。本科目借方登记固定资产处置过程中的各项成本、费用；贷方登记固定资产处置过程中的各项收入。固定资产清理完成后，应将本科目的余额结转至"营业外收入"或"营业外支出"科目。

一、出售固定资产的核算

企业在出售固定资产时，一般按以下步骤进行账务处理：

(1) 将待售固定资产的账面价值转入"固定资产清理"科目的借方。固定资产账面价值应根据固定资产原值减去累计折旧和固定资产减值准备计算。

(2) 将出售过程中发生的相关税费和固定资产清理费用,记入"固定资产清理"科目的借方。

(3) 将收到的固定资产出售价款,记入"固定资产清理"科目的贷方。

(4) 将固定资产处置净损益,从"固定资产清理"科目转入"营业外收入——处置非流动资产利得"或"营业外支出——处置非流动资产损失"科目。

【例 6-15】 甲公司出售一座办公楼,原价 3 000 000 元,累计已计提折旧 500 000 元,已计提固定资产减值准备 70 000 元。固定资产出售过程中,支付清理费用 14 000 元,收到价款 3 150 000 元。出售固定资产的营业税税率为 5%,其他有关税费略。

甲公司账务处理如下:
(1) 结转固定资产账面价值:

借:固定资产清理	2 430 000
累计折旧	500 000
固定资产减值准备	70 000
贷:固定资产	3 000 000

(2) 支付清理费用:

借:固定资产清理	14 000
贷:银行存款	14 000

(3) 收到处置收入:

借:银行存款	3 150 000
贷:固定资产清理	3 150 000

(4) 计算确认应交的营业税:

3 150 000×5%=157 500(元)

借:固定资产清理	157 500
贷:应交税费——应交营业税	157 500

(5) 结转固定资产处置净损益:

借:固定资产清理	548 500
贷:营业外收入——处置非流动资产利得	548 500

二、报废固定资产的核算

企业在报废固定资产时,一般按以下步骤进行账务处理:
(1) 将报废固定资产的账面价值转入"固定资产清理"科目的借方。
(2) 将固定资产清理过程中发生的相关税费和清理费用,记入"固定资产清理"科目的借方。
(3) 将收回的残料价值或变价收入,记入"固定资产清理"科目的贷方。
(4) 将收到的保险公司或责任人赔款,记入"固定资产清理"科目的贷方。
(5) "固定资产清理"科目如为借方余额,属于正常经营活动中的报废损失,则转入"营业外支出——处置非流动资产损失"科目;属于自然灾害等非正常原因造成的报废损失,则转入"营业外支出——非常损失"科目。"固定资产清理"科目如为贷方余额,则转入"营业外收入——处置非流动资产利得"科目。

【例 6-16】 甲公司有一台设备,因使用期满经批准报废。该设备原值 480 000 元,已提折旧 456 000 元。在清理过程中,以银行存款支付清理费用 12 000 元,拆除的残料价值为 5 000 元,作为周转材料入库。假定企业未对固定资产提取减值准备。

甲公司账务处理如下:
(1) 结转固定资产账面价值:

借:固定资产清理	24 000
累计折旧	456 000
贷:固定资产	480 000

(2) 支付清理费用:

借:固定资产清理	12 000
贷:银行存款	12 000

(3) 残料入库:

借:周转材料	5 000
贷:固定资产清理	5 000

(4) 结转固定资产清理净损益:

借:营业外支出——处置非流动资产损失	31 000
贷:固定资产清理	31 000

【例 6-17】 甲公司的一辆运输卡车,在一次交通事故中报废,原价 180 000 元,已提折旧 50 000 元,已计提固定资产减值准备 3 000 元。固定资产清理过程中,支付清理费 1 200 元,收到卡车残料变卖收入 6 000 元,保险公司同意赔偿 100 000 元。

甲公司账务处理如下:
(1) 结转固定资产账面价值:

借:固定资产清理	127 000
累计折旧	50 000
固定资产减值准备	3 000
贷:固定资产	180 000

(2) 支付清理费:

借:固定资产清理	1 200
贷:银行存款	1 200

(3) 收到残料变卖收入:

借:银行存款	6 000
贷:固定资产清理	6 000

(4) 确认保险公司赔款:

借:其他应收款——保险公司	100 000
贷:固定资产清理	100 000

(5) 结转固定资产清理净损益:

借:营业外支出——非常损失	22 200

贷：固定资产清理	22 200

三、盘亏固定资产的核算

固定资产发生盘亏时，应先将其账面价值转入"待处理财产损溢——待处理非流动资产损溢"科目，按管理权限报经批准后，将扣除相关赔偿后的余额记入"营业外支出——盘亏损失"科目。

【例6-18】 甲公司年末对固定资产进行清查时，发现丢失一台加工设备。该设备原价52 000元，已计提折旧20 000元，已计提减值准备13 000元。经查，设备丢失系保管员失职造成。经批准，由保管员赔偿5 000元，另可获得保险公司赔款10 000元。

甲公司账务处理如下：

(1) 发现设备丢失：

借：待处理财产损溢——待处理非流动资产损溢	19 000
累计折旧	20 000
固定资产减值准备	13 000
贷：固定资产	52 000

(2) 报经批准后：

借：其他应收款——保险公司	10 000
——保管员	5 000
营业外支出——盘亏损失	4 000
贷：待处理财产损溢——待处理非流动资产损溢	19 000

第六节 固定资产的期末计价

固定资产的期末计价，是指企业应当在资产负债表日判断固定资产是否发生了减值，即固定资产的可收回金额是否低于其账面价值，如果固定资产可收回金额低于其账面价值，则应按差额计提固定资产减值准备，确认当期资产减值损失。

一、固定资产的减值迹象

资产负债表日，企业应当根据各项外部信息和内部信息来判断固定资产是否存在减值迹象。如果存在以下减值迹象，则表明固定资产可能发生了减值：

(1) 固定资产的市价在当期大幅度下跌，其跌幅明显高于因时间的推移或者正常使用而预计的下跌。

(2) 企业经营所处的经济、技术或者法律等环境以及固定资产所处的市场在当期或者将在近期发生重大变化，从而对企业产生不利影响。

(3) 市场利率或者其他市场投资报酬率在当期已经提高，从而影响企业计算固定资产预计未来现金流量现值的折现率，导致固定资产可收回金额大幅度降低。

(4) 有证据表明固定资产已经陈旧过时或者其实体已经损坏。

(5) 固定资产已经或者将被闲置、终止使用或者计划提前处置。

（6）企业内部报告的证据表明固定资产的经济绩效已经低于或者将低于预期，如固定资产所创造的净现金流量或者实现的营业利润（或者亏损）远远低于（或者高于）预计金额等。

上述列举的固定资产减值迹象并不能穷尽所有的情形，企业应当根据实际情况来分析固定资产是否出现了减值迹象。如果有确凿证据表明固定资产存在减值迹象，则应当进行减值测试，估计固定资产的可收回金额。

二、固定资产可收回金额的估计

固定资产可收回金额的估计，应当根据其公允价值减去处置费用后的净额与资产预计未来现金流量的现值两者之间较高者确定。

（一）公允价值减去处置费用后的净额

固定资产的公允价值减去处置费用后的净额，反映的是固定资产如果被出售或处置时可以收回的净现金流入。其中，固定资产的公允价值是指在公平交易中，熟悉情况的交易双方自愿进行资产交换的金额；处置费用是指可以直接归属于资产处置的增量成本，包括与资产处置有关的法律费用、相关税费、搬运费以及为使资产达到可销售状态所发生的直接费用等，但财务费用和所得税费用不包括在内。

企业在确定固定资产公允价值时，应首先采用公平交易中的销售协议价格；不存在销售协议的，应按该固定资产的活跃市场价格来确定其公允价值；既不存在销售协议又不存在活跃市场的情况下，企业应以可获取的最佳信息为基础，估计在资产负债表日熟悉情况的交易双方自愿进行公平交易时该固定资产的交易价格，并以此作为其公允价值。

（二）预计未来现金流量的现值

固定资产的预计未来现金流量现值，反映的是持续使用固定资产可获得的现金流量在当前的价值。其影响因素主要包括：固定资产的使用寿命、固定资产在未来使用过程中和最终处置时所产生的预计现金流量、折现率。

在预计固定资产未来现金流量时应注意：以资产的当前状况为基础而不应包括未来固定资产修理、改良等活动引起的现金流量；固定资产未来现金流量不包括筹资活动和所得税收付产生的现金流量；如果确定折现率时考虑了通货膨胀因素，则预计未来现金流量时也应考虑通货膨胀的影响，二者必须一致；如果固定资产的未来现金流量受内部转移价格影响，则应予以调整，采用在公平交易中企业管理层能够达成的最佳估计价格来预计未来现金流量。

计算固定资产未来现金流量现值时所使用的折现率，应反映固定资产投资的必要报酬率，通常以该资产的市场利率为确定依据。

【例 6-19】 甲公司于 2011 年 12 月 31 日发现某固定资产存在减值迹象。经测试，该项固定资产当日公允价值为 88 000 元，预计处置费用为 1 500 元；如果持续使用该资产，则预计未来现金流量现值为 87 600 元。试确定该项固定资产的可收回金额。

公允价值减去处置费用后的净额＝88 000－1 500＝86 500（元）

预计未来现金流量的现值＝87 600（元）

固定资产可收回金额按以上两金额中的较高者确定，即 87 600 元。

三、固定资产减值的核算

资产负债表日，如果企业某项固定资产的可收回金额低于其账面价值，则说明该项资产发生了减值。企业应将该项固定资产的账面价值减记至可收回金额，减记的金额确认为资产减值损失。即：按可收回金额与账面价值之间的差额，借记"资产减值损失"科目，贷记"固定资产减值准备"科目。

固定资产发生减值后，应重新计算以后各期的折旧额，将扣除减值准备后的固定资产新账面价值，按照系统合理的方法，在固定资产剩余使用寿命内重新进行分摊。

为防止利用固定资产价值波动来操纵利润，保持会计信息的稳健性，固定资产减值损失一经确认，不得转回。计提的固定资产减值准备在资产处置时相应结转。

【例 6-20】 甲公司于 2008 年 12 月 15 日购入一项管理用固定资产，原价为 300 000元，预计使用年限为 10 年，预计净残值为 5 000 元，按年限平均法计提折旧。2009 年 12 月 31 日，固定资产出现减值迹象，经测试，其可收回金额为 185 000 元，甲公司按规定计提了固定资产减值准备。假定资产减值后，其预计净残值与使用年限均未发生变化，仍按直线法折旧。2010 年 12 月 31 日，该固定资产可收回金额为 170 000元。甲公司于 2011 年 6 月 30 日，将该固定资产出售，获得价款 200 000 元，营业税税率为 5%。

甲公司账务处理如下：
(1) 2008 年购入固定资产：

借：固定资产　　　　　　　　　　　　　　　　　　　　300 000
　　贷：银行存款　　　　　　　　　　　　　　　　　　　　　300 000

(2) 2009 年 1—12 月计提折旧：

折旧额＝(300 000－5 000)÷10＝29 500（元）

借：管理费用　　　　　　　　　　　　　　　　　　　　29 500
　　贷：累计折旧　　　　　　　　　　　　　　　　　　　　　29 500

(3) 2009 年 12 月 31 日，计提固定资产减值准备：

固定资产账面价值＝300 000－29 500＝270 500（元）

固定资产可收回金额＝185 000（元）

应计提减值准备＝270 500－185 000＝85 500（元）

借：资产减值损失　　　　　　　　　　　　　　　　　　85 500
　　贷：固定资产减值准备　　　　　　　　　　　　　　　　　85 500

减值后，固定资产账面价值＝300 000－29 500－85 500＝185 000（元）

(4) 2010 年 1—12 月计提折旧：

折旧额＝(185 000－5 000)÷9＝20 000（元）

借：管理费用　　　　　　　　　　　　　　　　　　　　20 000
　　贷：累计折旧　　　　　　　　　　　　　　　　　　　　　20 000

(5) 2010 年 12 月 31 日：

固定资产账面价值＝300 000－(29 500＋20 000)－85 500＝165 000（元）

固定资产可收回金额＝170 000（元）

固定资产可收回金额大于其账面价值，不计提减值准备。

(6) 2011年1—6月，计提折旧：

借：管理费用 10 000
　　贷：累计折旧 10 000

(7) 2011年6月30日，出售固定资产：

固定资产原值＝300 000（元）

累计折旧＝29 500＋20 000＋10 000＝59 500（元）

固定资产减值准备＝85 500（元）

固定资产账面价值＝300 000－59 500－85 500＝155 000（元）

固定资产处置利得＝200 000×(1－5％)－155 000＝35 000（元）

借：固定资产清理 155 000
　　累计折旧 59 500
　　固定资产减值准备 85 500
　　贷：固定资产 300 000
借：银行存款 200 000
　　贷：固定资产清理 155 000
　　　　应交税费——应交营业税 10 000
　　　　营业外收入 35 000

思考练习题

一、重要概念

1. 固定资产
2. 可收回金额
3. 固定资产折旧
4. 固定资产减值准备
5. 年数总和法
6. 双倍余额递减法

二、简答题

1. 固定资产的特征是什么？如何区分固定资产和存货？
2. 简述计提固定资产折旧的方法及各种方法的特点。
3. 试述企业不同来源取得的固定资产的价值构成。
4. 如何确定固定资产的减值损失？

三、单项选择题

1. 企业以自营方式建造固定资产时，发生的各项成本应先通过(　　)科目归集，工程完工达到预定可使用状态时，再将总成本转入"固定资产"科目。

A. "工程物资"　　B. "在建工程"
C. "工程施工"　　D. "工程结算"

2. 下列固定资产中，应计提折旧的是(　　)。

A. 未提足折旧提前报废的房屋
B. 闲置的房屋
C. 已提足折旧继续使用的房屋
D. 经营租赁租入的房屋

3. 某项固定资产原值为15 500元，预计使用年限为5年，预计净残值为500元，按双倍余额递减法计提折旧，则第2年年末该固定资产的账面价值为(　　)元。

A. 5 580　　B. 6 320
C. 5 900　　D. 6 500

4. 某企业2010年6月购进设备一台，该设备的入账价值为100万元，预计净残值为5.60万元，预计使用年限为5年。在采用双倍余额递减法计提折旧的情况下，该项设备2011年应提折旧额为（　　）万元。

A. 24　　　　B. 20
C. 32　　　　D. 8

5. 某企业2011年1月20日自行建造的一条生产线投入使用，该生产线建造成本为740万元，预计使用年限为5年，预计净残值为20万元。在采用年数总和法计提折旧的情况下，2011年该设备应计提的折旧额为（　　）万元。

A. 240　　　B. 140
C. 120　　　D. 220

6. 某设备的账面原价为80 000元，预计使用年限为5年，预计净残值为5 000元，按年数总和法计提折旧，该设备在第3年应计提的折旧额为（　　）元。

A. 15 000　　B. 30 000
C. 10 000　　D. 5 000

7. 固定资产改良过程中发生的支出应记入（　　）科目。

A. "营业外支出"
B. "在建工程"
C. "营业外收入"
D. "固定资产清理"

8. 某企业对生产线进行扩建。该生产线原价为1 000万元，已提折旧300万元。扩建生产线时发生扩建支出800万元，该生产线扩建后新的入账价值应为（　　）万元。

A. 1 750　　B. 1 800
C. 1 500　　D. 1 450

9. 某企业出售一项固定资产，固定资产的原价为100万元，累计折旧为60万元，发生清理费用5万元，获得出售收入为80万元，该固定资产处置净收益为（　　）万元。

A. 80　　　B. 75
C. 35　　　D. 31

10. 某企业报废一台营运用车辆，该车辆原价为30万元，累计折旧为20万元，已计提减值准备6万元，发生清理费用1万元，应记入"营业外支出"的金额为（　　）万元。

A. 2　　　B. 3
C. 4　　　D. 5

11. 2011年年末，甲公司某固定资产公允价值为52万元，预计处置费用为3万元；该固定资产的未来现金流量现值为50万元。则该项固定资产的可收回金额为（　　）万元。

A. 49　　　B. 50
C. 52　　　D. 55

12. 2011年年末，甲公司某固定资产账面原值为70万元，已计提累计折旧45万元，已计提减值准备10万元，当日测试的该固定资产可收回金额为30万元，甲公司应进行的账务处理是（　　）。

A. 计提减值准备5万元
B. 转回原已计提的减值准备10万元
C. 转回减值准备15万元
D. 既不计提，也不转回固定资产减值准备

13. 甲公司2009年12月购入某固定资产，原值为100万元，按直线法折旧，预计寿命10年，无残值。2011年年末，该固定资产发生减值，计提减值准备16万元，假定减值后固定资产的折旧年限、折旧方法均不发生改变，则该固定资产2012年的折旧额为（　　）万元。

A. 8　　　B. 9
C. 10　　D. 11.6

14. 与年限平均法相比，采用年数总和法对固定资产计提折旧，将会（　　）。

A. 计提折旧的初期，企业利润减少，固定资产净值减少
B. 计提折旧的初期，企业利润减少，固定资产原值减少

C. 计提折旧的后期，企业利润减少，固定资产净值减少

D. 计提折旧的后期，企业利润减少，固定资产原值减少

四、多项选择题

1. 采用自营方式建造固定资产时，下列项目中应计入固定资产成本的有（　　）。
   A. 工程耗用原材料
   B. 工程人员的工资
   C. 工程领用本企业产品的实际成本
   D. 已购进、但尚未领用的工程物资

2. 影响固定资产折旧的因素有（　　）。
   A. 固定资产的预计使用年限
   B. 固定资产取得时的原始价值
   C. 固定资产的净残值
   D. 固定资产减值准备

3. 企业下列固定资产中，应计提折旧的是（　　）。
   A. 闲置的设备
   B. 融资租入的设备
   C. 临时出租的设备
   D. 已提足折旧的设备

4. 下列固定资产中，不计提折旧的固定资产有（　　）。
   A. 当月增加的固定资产
   B. 当月减少的固定资产
   C. 未提足折旧提前报废的固定资产
   D. 单独计价入账的土地

5. 下列项目中，应计入固定资产入账价值的是（　　）。
   A. 外购固定资产的购买价款
   B. 自行建造固定资产过程中支付的工程人员工资
   C. 购买机器设备支付的增值税税款
   D. 未来弃置费用的现值

6. 确定固定资产处置损益时，应考虑的因素有（　　）。
   A. 累计折旧
   B. 清理费用
   C. 固定资产减值准备
   D. 残料变价收入

7. 下列关于固定资产的业务中，需要通过"在建工程"科目核算的有（　　）。
   A. 购入不需要安装的固定资产
   B. 处置固定资产
   C. 购入需要安装的固定资产
   D. 固定资产的改扩建

8. 下列事项中，需要重新计算固定资产折旧额的有（　　）。
   A. 对固定资产进行日常修理
   B. 计提固定资产减值准备
   C. 将固定资产对外经营性出租
   D. 对固定资产进行改扩建

9. 下列固定资产折旧方法中，体现谨慎性原则的折旧方法有（　　）。
   A. 双倍余额递减法
   B. 年限平均法
   C. 年数总和法
   D. 工作量法

10. "固定资产清理"账户借方核算的内容包括（　　）。
    A. 转入清理的固定资产净值
    B. 发生的清理费用
    C. 固定资产变价收入
    D. 清理过程中发生的相关税费

11. 影响固定资产计提减值准备的因素有（　　）。
    A. 固定资产的账面余额
    B. 累积已计提的固定资产减值准备
    C. 固定资产可收回金额
    D. 固定资产折旧方法

五、判断题

1. 以经营租赁方式出租的建筑物，不属于固定资产核算的范围。（　　）

2. 已达到预定可使用状态但尚未办理竣工决算的固定资产，因成本不能准确计量，故不能确认入账。（　　）

3. 固定资产的折旧方法一经确定，不

得随意变更。（ ）

4. 双倍余额递减法相对于其他折旧方法而言，其特点是不必考虑固定资产预计净残值。（ ）

5. 一般企业固定资产报废时发生的清理费用，不属于弃置费用，应当在实际发生时计入固定资产处置损益。（ ）

6. 固定资产的损耗包括有形损耗和无形损耗，估计固定资产寿命时只需考虑有形损耗而不必考虑无形损耗。（ ）

7. 企业在购入固定资产（机器设备）时，增值税专用发票上列示的增值税可以从企业的销项税额中抵扣。（ ）

8. 企业在计提固定资产折旧时，对于当月增加的固定资产当月不提折旧，当月减少的固定资产当月照提折旧。（ ）

9. 从本质上讲，折旧也是一种费用，只不过这种费用未在计提期间引起货币资金的真实流出，而是先期已经发生的支出。（ ）

六、计算题

1. 某企业于2011年3月将自建的仓库交付使用，其价值300万元，该企业对该项固定资产采用年数总和法计提折旧，预计使用年限为5年，预计净残值率为5%。

要求：计算2011年和2012年该项固定资产的折旧额。

2. 甲企业于2011年2月购入设备一台，原值为120万元。设备于当月交付使用，假定预定使用年限4年，预计净残值为零。

要求：分别按年限平均法、年数总和法和双倍余额递减法计算甲企业各年应当计提的折旧额。

3. 某企业处置一台意外报废的机器设备，该设备原值100万元，已计提累计折旧50万元，已计提减值准备15万元。清理过程中发生各项税费2.4万元，收到保险公司赔款20万元，收到残料变价收入3.3万元。

要求：计算该项固定资产处置净损益。

七、核算题

1. 甲企业自建厂房一幢，发生如下业务：

（1）购入为工程准备的各种物资计4 095 000元，以银行存款支付；

（2）工程领用工程物资4 095 000元；

（3）确认应付工程人员的工资120 000元，并提取应付福利费16 800元；

（4）以银行存款支付与工程有关的其他费用94 355元；

（5）发生应由工程成本负担的长期借款利息370 411元；

（6）工程完工交付使用。

要求：根据上述经济业务，编制有关的会计分录。

2. 甲公司2011年3月份固定资产计提折旧情况如下：

（1）生产车间厂房计提折旧350 000元，机器设备计提折旧24 700元；

（2）管理部门房屋建筑物计提折旧50 000元；

（3）销售部门运输工具计提折旧37 000元；

（4）经营租出的固定资产计提折旧44 000元。

要求：根据上述资料，编制甲公司计提折旧的会计分录。

3. 甲公司于2012年1月份将某办公楼转让，该办公楼的账面原值为3 000万元，已提折旧1 200万元。清理时发生清理费用2万元，款项已用银行存款支付；出售该办公楼取得收入2 080万元，款项已收存银行。出售固定资产的营业税税率为5%，其他有关税费略。

要求：根据上述资料，编制处置该办公楼的相关会计分录。

4. 甲公司有一台设备，因使用期满经批准报废。该设备原值 560 000 元，已提折旧 402 000 元，已计提减值准备 126 000 元。在清理过程中，以银行存款支付清理费用 12 000 元，拆除的残料变卖后收入 15 000 元。

要求：根据上述资料，编制报废设备的相关会计分录。

5. 甲公司于 2007 年 12 月 1 日购入一项管理用固定资产，原价为 220 000 元，预计使用年限为 10 年，预计净残值为 5 000元，按年限平均法计提折旧。2009 年 12 月 31 日，固定资产可收回金额为 165 000元，甲公司按规定计提了固定资产减值准备。假定资产减值后，其预计净残值和使用年限均未发生变化，仍按直线法折旧。甲公司于 2011 年 6 月 19 日将该固定资产出售，获得价款 200 000 元，营业税税率为 5%。

要求：根据上述资料，编制固定资产相关业务的会计分录。

第七章 无形资产及其他非流动资产

第一节 无形资产

一、无形资产概述

(一) 无形资产的概念及特征

无形资产是指企业拥有或控制的没有实物形态的可辨认非货币性资产。与其他资产相比，无形资产具有以下特征：

1. 不具有实物形态

无形资产通常表现为某种权利、某项技术或某种获取超额利润的综合能力。它们不具有实物形态，看不见，摸不着。例如，专利权、非专利技术、商标权、土地使用权等。企业的有形资产如固定资产虽然也能为企业带来经济利益，但其为企业带来经济利益的方式与无形资产不同，固定资产是通过实物价值的磨损和转移来为企业带来未来经济利益，而无形资产很大程度上是通过自身所具有的技术等优势为企业带来未来经济利益，不具有实物形态是无形资产区别于其他资产的特征之一。

需要说明的是，某些无形资产的存在有赖于实物载体。例如，计算机软件需要存储在磁盘中。但这并不改变无形资产本身不具有实物形态的特性。在确定一项包含无形和有形要素的资产是属于固定资产还是无形资产时，需要通过判断来加以确定，通常以哪项要素更重要作为判断的依据。例如，计算机控制的机械工具没有特定计算机软件就不能运行时，则说明该软件是构成相关硬件不可缺少的组成部分，该软件应作为固定资产处理；如果计算机软件不是相关硬件不可缺少的组成部分，则该软件应作为无形资产核算。无论是否存在实物载体，只要将一项资产归类为无形资产，则不具有实物形态仍然是无形资产的特征之一。

2. 具有可辨认性

要作为无形资产进行核算，该资产必须是能够区别于其他资产可单独辨认的，如企业持有的专利权、非专利技术、商标权、土地使用权、特许权等。从可辨认性角度考虑，商誉是与企业整体价值联系在一起的，无形资产的定义要求无形资产是可辨认的，以便与商誉清楚地区分开来。企业合并中取得的商誉代表了购买方为从不能单独辨认并独立确认的资产中获得预期未来经济利益而付出的代价。这些未来经济利益可能产生于取得的可辨认资产之间的协同作用，也可能产生于购买者在企业合并中准备支付的、但不符合在财务报表上确认条件的资产。

3. 属于非货币性资产

非货币性资产是指企业持有的货币资金和将以固定或可确定的金额收取的资产以外

的其他资产。由于没有发达的交易市场，无形资产一般不容易转化成现金，在持有过程中为企业带来未来经济利益的情况不确定，不属于以固定或可确定的金额收取的资产，属于非货币性资产。货币性资产主要有现金、银行存款、应收账款、应收票据和短期有价证券等，它们的共同特点是直接表现为固定的货币数额，或在将来收到一定货币数额的权利。应收款项等资产也没有实物形态，其与无形资产的区别在于无形资产属于非货币性资产，而应收款项等资产则不属于非货币性资产。另外，无形资产属于非流动资产，因为其能在超过企业的一个经营周期内为企业创造经济利益。

（二）无形资产的内容

无形资产主要包括专利权、非专利技术、商标权、著作权、特许权、土地使用权等。

1. 专利权

专利权是指国家专利主管机关依法授予发明创造专利申请人，对其发明创造在法定期限内所享有的专有权利，包括发明专利权、实用新型专利权和外观设计专利权。发明是指对产品、方法或者其改进所提出的新的技术方案，其专利权的期限为20年。实用新型是指对产品的形状、构造或者其结合所提出的适于实用的新的技术方案。外观设计是指对产品的形状、图案或者其结合以及色彩与形状、图案的结合所作出的富有美感并适用于工业应用的新设计。实用新型专利权和外观设计专利权的期限为10年。

2. 非专利技术

非专利技术亦称专有技术，是指不为外界所知、在生产经营活动中已采用了的、不享有法律保护的、可以带来经济效益的各种技术和诀窍。非专利技术一般包括工业专有技术、商业贸易专有技术、管理专有技术等。

3. 商标权

商标是用来辨认特定的商品或劳务的标记。商标权是指专门在某类指定的商品或产品上使用特定的名称或图案的权利。经商标局核准注册的商标为注册商标，包括商品商标、服务商标和集体商标、证明商标；商标注册人享有商标专用权，受法律保护。注册商标的有效期为10年。商标权包括独占使用权和禁止权两个方面。独占使用权是指商标权持有人在商标的注册范围内独家使用其商标的权利；禁止权是指商标权持有人排除或禁止他人对商标独占使用权进行侵权的权利。

4. 著作权

著作权亦称版权，是指作者对其创作的文学、科学和艺术作品依法享有的某些特殊权利。著作权包括作品署名权、发表权、修改权和保护作品完整权，还包括复制权、发行权、出租权、展览权、表演权、放映权、广播权、信息网络传播权、摄制权、改编权、翻译权、汇编权以及应当由著作权人享有的其他权利。著作权的保护期为作者终生及其死亡后50年。

5. 特许权

特许权亦称经营特许权、专营权，是指企业在某一地区经营或销售某种特定商品的权利或一家企业接受另一家企业使用其商标、商号、技术秘密等的权利。通常有两种形式，一种是由政府机构授权，准许企业使用或在一定地区享有经营某种业务的特权，如水、电、邮电通信等专营权，烟草专卖权等；另一种指企业间依照签订的合同，有限期或无限期使用另一家企业的某些权利，如连锁店分店使用总店的名称等。

6. 土地使用权

土地使用权是指国家准许某企业在一定期间内对国有土地享有开发、利用、经营的权利。根据我国土地管理法的规定，我国土地实行公有制，任何单位和个人不得侵占、买卖或者以其他形式非法转让。企业取得土地使用权的方式大致有：行政划拨取得、外购取得（如以缴纳土地出让金方式取得）及投资者投资取得。通常情况下，作为投资性房地产或者作为固定资产核算的土地，按照投资性房地产或者固定资产核算；以缴纳土地出让金等方式外购的土地使用权、投资者投入等方式取得的土地使用权，作为无形资产核算。

（三）无形资产的确认条件

无形资产应当在符合定义的前提下，同时满足以下两个确认条件时，才能予以确认。

1. 与该资产有关的经济利益很可能流入企业

作为无形资产确认的项目，必须具备产生的经济利益很可能流入企业这一项条件。通常情况下，无形资产产生的未来经济利益可能包括在销售商品、提供劳务的收入中，或者企业使用该项无形资产而减少或节约的成本中，或体现在获得的其他利益中。例如，生产加工企业在生产工序中使用了某种知识产权，使其降低了未来生产成本，而不是增加未来收入。实务中，企业在判断无形资产产生的经济利益是否很可能流入时，应当对无形资产在预计使用寿命内可能存在的各种经济因素作出合理估计，并且应当有明确证据支持。例如，企业是否有足够的人力资源、高素质的管理队伍、相关的硬件设备、相关的原材料等来配合无形资产为企业创造经济利益。同时，更为重要的是关注一些外界因素的影响，比如是否存在相关的新技术、新产品冲击与无形资产相关的技术或据其生产的产品的市场等。在实施判断时，企业的管理当局应对无形资产的预计使用寿命内存在的各种因素作出最稳健的估计。

2. 该无形资产的成本能够可靠地计量

成本能够可靠地计量是资产确认的一项基本条件。对于无形资产来说，这项条件相对更为重要。例如，企业内部产生的品牌、报刊名等，因其成本无法可靠计量，不作为无形资产确认。又如，一些高新科技企业的科技人才，假定其与企业签订了服务合同，且合同规定其在一定期限内不能为其他企业提供服务，在这种情况下，虽然这些科技人才的知识在规定的期限内预期能够为企业创造经济利益，但由于这些技术人才的知识难以辨认，且形成这些知识所发生的支出难以计量，因而不能作为企业的无形资产加以确认。

二、无形资产的初始计量

无形资产通常按实际成本计量，即以取得无形资产并使之达到预定用途而发生的全部支出作为无形资产的成本。对于不同来源取得的无形资产，其初始成本构成不尽相同。

企业设置"无形资产"科目，核算企业持有的无形资产成本，包括专利权、非专利技术、商标权、著作权、土地使用权等。本科目可按无形资产项目进行明细核算。本科目期末借方余额，反映企业无形资产的成本。

（一）外购的无形资产成本

外购的无形资产，其成本包括购买价款、相关税费以及直接归属于使该项资产达到预定用途所发生的其他支出。其中，直接归属于使该项资产达到预定用途所发生的其他支出包括使无形资产达到预定用途所发生的专业服务费用、测试无形资产是否能够正常发挥作用的费用等，但不包括为引入新产品进行宣传发生的广告费、管理费用及其他间接费用，也不包括在无形资产已经达到预定用途以后发生的费用。

无形资产达到预定用途以后发生的支出，不构成无形资产的成本。例如，在形成预定经济规模之前发生的初始运作损失，以及在无形资产达到预定用途之前发生的其他经营活动的支出，如果该经营活动并非是无形资产达到预定用途必不可少的，则有关经营活动的损益应于发生时计入当期损益，而不构成无形资产的成本。

企业外购的无形资产，按应计入无形资产成本的金额，借记"无形资产"科目，贷记"银行存款"等科目。

【例 7-1】 因甲公司某项生产活动需要乙公司已获得的专利技术，如果使用了该项专利技术，甲公司预计其生产能力比原先提高 18％，销售利润率增长 16％。为此，甲公司从乙公司购入一项专利权，按照协议约定以现金支付，实际支付的价款为 2 600 000 元，并支付相关税费 11 000 元和有关专业服务费用 45 000 元，款项已通过银行转账支付。

分析：（1）甲公司购入的专利权符合无形资产的定义，即甲公司能够拥有或者控制该项专利技术，符合可辨认的条件，同时是不具有实物形态的非货币性资产。（2）甲公司购入的专利权符合无形资产的确认条件。首先，甲公司的某项生产活动需要乙公司已获得的专利技术，甲公司使用了该项专利技术，预计甲公司的生产能力比原先提高 18％，销售利润率增长 16％，即经济利益很可能流入；其次，甲公司购买该项专利权的成本为 2 600 000 元，另外支付相关税费 11 000 元和有关专业服务费用 45 000 元，即成本能够可靠计量。由此，符合无形资产的确认条件。

根据上述资料，甲公司账务处理如下：

借：无形资产——专利权（2 600 000＋11 000＋45 000）　　　2 656 000
　　贷：银行存款　　　　　　　　　　　　　　　　　　　　　2 656 000

购买无形资产的价款超过正常信用条件延期支付（如付款期在 3 年以上），实质上具有融资性质的，即采用分期付款方式购买无形资产，这项业务实际上可以区分为两项业务：一项业务是购买无形资产；另一项业务实质上是向销货方借款。因此，所支付的货款必须考虑货币的时间价值，即无形资产的成本应以购买价款的现值为基础确定，现值与应付价款之间的差额作为未确认的融资费用，在付款期间内按照实际利率法摊销，除符合资本化条件应予资本化的以外，应当在信用期间内计入当期损益。

【例 7-2】 2009 年 1 月 8 日，甲公司从乙公司购买一项商标权，由于甲公司资金周转比较紧张，经与乙公司协议，采用分期付款方式支付款项。合同规定，该项商标权总计 6 000 000 元，每年年末付款 2 000 000 元，3 年付清。假定银行同期贷款利率为 8％。为了简化核算，假定不考虑其他有关税费。

根据上述资料，甲公司账务处理如下：

(1) 有关的计算。

无形资产的现值 $= \dfrac{2\,000\,000}{(1+8\%)^1} + \dfrac{2\,000\,000}{(1+8\%)^2} + \dfrac{2\,000\,000}{(1+8\%)^3} = 5\,154\,193.97$（元）

未确认的融资费用 $= 6\,000\,000 - 5\,154\,193.97 = 845\,806.03$（元）

第一年应确认的融资费用 $= 5\,154\,193.97 \times 8\% = 412\,335.52$（元）

第二年应确认的融资费用 $= (5\,154\,193.97 - 2\,000\,000 + 412\,335.52) \times 8\%$
$= 285\,322.36$（元）

第三年应确认的融资费用 $= 845\,806.03 - 412\,335.52 - 285\,322.36$
$= 148\,148.15$（元）

(2) 会计分录。

①2009年1月8日，购入无形资产时：

借：无形资产——商标权	5 154 193.97
未确认融资费用	845 806.03
贷：长期应付款	6 000 000.00

②2009年年底付款时：

借：长期应付款	2 000 000.00
贷：银行存款	2 000 000.00
借：财务费用	412 335.52
贷：未确认融资费用	412 335.52

③2010年年底付款时：

借：长期应付款	2 000 000.00
贷：银行存款	2 000 000.00
借：财务费用	285 322.36
贷：未确认融资费用	285 322.36

④2011年年底付款时：

借：长期应付款	2 000 000.00
贷：银行存款	2 000 000.00
借：财务费用	148 148.15
贷：未确认融资费用	148 148.15

(二) 投资者投入的无形资产成本

投资者投入的无形资产的成本，应当按照投资合同或协议约定的价值及应支付的相关税费确定，借记"无形资产"科目，贷记"实收资本"（或"股本"）科目。如果投资合同或协议约定价值不公允的，应按无形资产的公允价值作为无形资产初始成本入账。

【例7-3】 甲公司预计使用乙公司驰名商标后可使其未来利润增长30%。为此，甲公司与乙公司协议商定，乙公司以其商标权投资于甲公司，双方协议价格（等于公允价值）为6 000 000元。

根据上述资料，甲公司账务处理如下：

借：无形资产——商标权	6 000 000
贷：实收资本（或股本）	6 000 000

(三) 通过非货币性资产交换取得的无形资产成本

企业通过非货币性资产交换取得的无形资产，包括以投资、存货、固定资产或无形资产换入的无形资产等。非货币性资产交换具有商业实质且公允价值能够可靠计量的，在发生补价的情况下，支付补价方应当以换出资产的公允价值加上支付的补价（即换入无形资产的公允价值）和应支付的相关税费，作为换入无形资产的成本；收到补价方，应当以换入无形资产的公允价值（或换出资产的公允价值减去补价）和应支付的相关税费，作为换入无形资产的成本。

(四) 通过债务重组取得的无形资产成本

通过债务重组取得的无形资产，是指企业作为债权人取得的债务人用于偿还债务的非现金资产，且企业作为无形资产管理的资产。通过债务重组取得的无形资产成本，应当以其公允价值入账。

(五) 通过政府补助取得的无形资产成本

通过政府补助取得的无形资产成本，应当按照公允价值计量；公允价值不能可靠取得的，按照名义金额计量。

(六) 土地使用权的处理

企业取得的土地使用权，通常应确认为无形资产。土地使用权用于自行开发建造厂房等地上建筑物时，土地使用权的账面价值不与地上建筑物合并计算其成本，而仍作为无形资产进行核算，土地使用权与地上建筑物分别进行摊销和提取折旧。但下列情况除外：

(1) 房地产开发企业取得的土地使用权用于建造对外出售的房屋建筑物，相关的土地使用权应当计入所建造的房屋建筑物成本。

(2) 企业外购的房屋建筑物，实际支付的价款中包括土地以及建筑物的价值，则应当对支付的价款按照合理的方法（如公允价值比例）在土地和地上建筑物之间进行分配；如果确实无法在地上建筑物与土地使用权之间进行合理分配的，应当全部作为固定资产核算。企业改变土地使用权的用途，将其用于出租赚取租金或增值目的时，应将其转为投资性房地产。

【例 7-4】 2011 年 1 月 1 日，甲股份有限公司购入一块土地的使用权，以银行存款转账支付 60 000 000 元，并在该土地上自行建造厂房等工程，发生工程材料支出 100 000 000 元，工资费用 80 000 000 元，其他相关费用 90 000 000 元等。该工程已经完工并达到预定可使用状态。假定土地使用权的使用年限为 50 年，该厂房的使用年限为 25 年，两者都没有净残值，都采用直线法进行摊销和计提折旧。为简化核算，不考虑其他相关税费。

根据上述资料，甲股份有限公司账务处理如下：

甲股份有限公司购入土地使用权，使用年限为 50 年，表明它属于使用寿命有限的无形资产，在该土地上自行建造厂房，应将土地使用权和地上建筑物分别作为无形资产和固定资产进行核算，并分别摊销和计提折旧。

(1) 购入土地使用权时：

借：无形资产——土地使用权　　　　　　　　　　　　　60 000 000
　　贷：银行存款　　　　　　　　　　　　　　　　　　　　60 000 000

(2) 在土地上自行建造厂房时：
　　借：在建工程　　　　　　　　　　　　　　　　　270 000 000
　　　　贷：工程物资　　　　　　　　　　　　　　　　100 000 000
　　　　　　应付职工薪酬　　　　　　　　　　　　　　 80 000 000
　　　　　　银行存款　　　　　　　　　　　　　　　　 90 000 000
(3) 厂房达到预定可使用状态时：
　　借：固定资产　　　　　　　　　　　　　　　　　270 000 000
　　　　贷：在建工程　　　　　　　　　　　　　　　 270 000 000
(4) 每年分期摊销土地使用权和对厂房计提折旧时：
　　借：管理费用　　　　　　　　　　　　　　　　　 1 200 000
　　　　制造费用　　　　　　　　　　　　　　　　　 10 800 000
　　　　贷：累计摊销　　　　　　　　　　　　　　　 1 200 000
　　　　　　累计折旧　　　　　　　　　　　　　　　 10 800 000

三、内部研究开发费用的确认和计量

通常情况下，企业自创商誉以及内部产生的品牌、报刊名等，不应确认为无形资产。但是，由于确定研究与开发费用是否符合无形资产的定义和相关特征（如可辨认性）、能否或者何时能够为企业产生预期未来经济利益，以及成本能否可靠地计量尚存在不确定因素，因此，研究与开发活动发生的费用，除了要遵循无形资产确认和初始计量的一般要求外，还需要满足其他特定的条件，才能够确定为一项无形资产。在实务中，企业内部研究开发项目的支出，应当区分研究阶段支出与开发阶段支出。

（一）研究阶段和开发阶段的划分

研究是指为获取并理解新的科学或技术知识而进行的独创性的有计划调查。开发是指在进行商业性生产或使用前，将研究成果或其他知识应用于某项计划或设计，以生产出新的或具有实质性改进的材料、装置、产品等。

1. 研究阶段

研究阶段是指为获取新的技术和知识等进行的有计划的调查。有关研究活动的例子包括：意于获取知识而进行的活动；研究成果或其他知识的应用研究、评价和最终选择；材料、设备、产品、工序、系统或服务替代品的研究；新的或经改进的材料、设备、产品、工序、系统或服务的可能替代品的配制、设计、评价和最终选择等。研究阶段的特点在于：

(1) 计划性。研究阶段建立在有计划的调查基础上，即，研发项目已经董事会或者相关管理层的批准，并着手收集相关资料、进行市场调查等。例如，某药品公司为研究开发某药品，经董事会或者相关管理层的批准，进行有计划性的相关资料收集，进行市场调查，比较市场中相关药品的药性、效用等活动。

(2) 探索性。研究阶段基本上是探索性的，为进一步的开发活动进行资料及相关方面的准备，在这一阶段不会形成阶段性成果。

研究阶段一般目标不具体、不具有针对性，很难具体化到特定项目上，成功率很低，风险比较大，其研究能否在未来形成成果，即通过开发后是否会形成无形资产均具

有很大的不确定性，企业也无法证明其能够带来未来经济利益的无形资产的存在。因此，内部研究开发项目研究阶段的有关支出，应当于发生时计入当期损益。

2. 开发阶段

开发阶段是指在进行商业性生产或使用前，将研究成果或其他知识应用于某项计划或设计，以生产出新的或具有实质性改进的材料、装置、产品等。有关开发活动的例子包括：生产前或使用前的原型和模型的设计、建造和测试；含新技术的工具、夹具、模具和冲模的设计；不具有商业性生产经济规模的试生产设施的设计、建造和运营；新的或经改造的材料、设备、产品、工序、系统或服务所选定的替代品的设计、建造和测试等。开发阶段的特点在于：

（1）具有针对性。开发阶段建立在研究阶段基础上，因而，对项目的开发具有针对性。

（2）形成成果的可能性较大。进入开发阶段的研发项目往往形成成果的可能性较大。

由于开发阶段相对于研究阶段更进一步，相对于研究阶段来讲，进入开发阶段，则很大程度上形成一项新产品或新技术的基本条件已经具备，成功率较高、风险相对较小。此时，如果企业能够证明满足无形资产的定义及相关确认条件，则所发生的开发支出可资本化，确认为无形资产的成本。

（二）开发阶段有关支出资本化的条件

企业内部研究开发项目开发阶段的支出，同时满足下列条件的，才能确认为无形资产。

1. **完成该无形资产以使其能够使用或出售在技术上具有可行性**

判断无形资产的开发在技术上是否具有可行性，应当以目前阶段的成果为基础，并提供相关证据和材料，证明企业进行开发所需的技术条件等已经具备，不存在技术上的障碍或其他不确定性。比如，企业已经完成了全部计划、设计和测试活动，这些活动是使资产能够达到设计规划书中的功能、特征和技术所必需的活动，或经过专家鉴定等。

2. **具有完成该无形资产并使用或出售的意图**

开发某项产品或专利技术产品等，通常是根据管理当局决定该项研发活动的目的或者意图所决定，即研发项目形成成果以后，是为出售，还是为自己使用并从中获得经济利益，应当以管理当局意图而定。因此，企业的管理当局应能够说明其持有拟开发无形资产的目的，并具有完成该项无形资产开发并使其能够使用或出售的可能性。

3. **无形资产产生经济利益的方式，包括能够证明运用该无形资产生产的产品存在市场或无形资产自身存在市场，无形资产将在内部使用的，应当证明其有用性**

作为无形资产确认，其基本条件是能够为企业带来未来经济利益。就其能够为企业带来未来经济利益的方式来讲，如果有关的无形资产在形成以后，主要是用于形成新产品或新工艺的，企业应对运用该无形资产生产的产品市场情况进行估计，应能够证明所生产的产品存在市场，并能够带来经济利益的流入；如果有关的无形资产开发以后主要是用于对外出售的，则企业应能够证明市场上存在对该类无形资产的需求，开发以后存在外在的市场可以出售并带来经济利益的流入；如果无形资产开发以后，不是用于生产产品，也不是用于对外出售，而是在企业内部使用的，则企业应能够证明在企业内部使用时对企业的有用性。

4. 有足够的技术、财务资源和其他资源支持，以完成该无形资产的开发，并有能力使用或出售该无形资产

这一条件主要包括：（1）为完成该项无形资产开发具有技术上的可靠性。开发的无形资产并使其形成成果在技术上的可靠性是继续开发活动的关键。因此，必须有确凿证据证明企业继续开发该项无形资产有足够的技术支持和技术能力。（2）财务资源和其他资源支持。财务和其他资源支持是能够完成该项无形资产开发的经济基础，因此，企业必须能够证明为完成该项无形资产的开发所需的财务和其他资源，是否能够足以支持完成该项无形资产的开发。（3）能够证明企业在开发过程中所需的技术、财务和其他资源，以及企业获得这些资源的相关计划等。如在企业自有资金不足以提供支持的情况下，是否存在外部其他方面的资金支持，如银行等金融机构愿意为该无形资产的开发提供所需资金的声明等来证实。（4）有能力使用或出售该无形资产以取得收益。

5. 归属于该无形资产开发阶段的支出能够可靠地计量

企业对于研究开发活动发生的支出应单独核算，如发生的开发人员的工资、材料费等。在企业同时从事多项开发活动的情况下，所发生的支出同时用于支持多项开发活动的，应按照一定的标准在各项开发活动之间进行分配；无法明确分配的，应予费用化计入当期损益，不计入开发活动的成本。

（三）内部开发的无形资产的计量

内部研发活动形成的无形资产，其成本由可直接归属于该资产的创造、生产并使该资产能够以管理层预定的方式运作的所有必要支出组成。可直接归属于该资产的成本包括：开发该无形资产时耗费的材料、劳务成本、注册费、在开发该无形资产过程中使用的其他专利权和特许权的摊销，以及按照借款费用准则规定的资本化的利息支出，以及为使用该无形资产达到预定用途前所发生的其他费用。在开发无形资产过程中发生的除上述可直接归属于无形资产开发活动的其他销售费用、管理费用等间接费用，无形资产达到预定用途前发生的可辨认的无效和初始运作损失，为运行该无形资产发生的培训支出等，不构成无形资产的开发成本。

需要说明的是，内部开发无形资产的成本仅包括在满足资本化条件的时点至无形资产达到预定用途前发生的支出总和。对于同一项无形资产在开发过程中达到资本化条件之前已经费用化计入当期损益的支出，不再进行调整。

（四）内部研究开发费用的会计处理

企业内部研究和开发无形资产，其在研究阶段的支出全部费用化，计入当期损益（管理费用）；开发阶段的支出，符合资本化条件的才能资本化，不符合资本化条件的计入当期损益（管理费用）。如果确实无法区分研究阶段的支出和开发阶段的支出，应将其所发生的研发支出全部费用化，计入当期损益。

企业设置"研发支出"科目，核算企业进行研究与开发无形资产过程中发生的各项支出。本科目可按研究开发项目，分别"费用化支出"、"资本化支出"进行明细核算。期（月）末，应将归集的费用化支出金额转入"管理费用"科目；资本化支出金额转入"无形资产"科目。本科目期末借方余额，反映企业正在进行无形资产研究开发项目满足资本化条件的支出。

具体账务处理如下：

(1) 企业自行开发无形资产发生的研发支出，未满足资本化条件的，借记"研发支出——费用化支出"科目，满足资本化条件的，借记"研发支出——资本化支出"科目，贷记"原材料"、"银行存款"、"应付职工薪酬"等科目。

(2) 企业购买正在进行中的研究开发项目，应按确定的金额，借记"研发支出——资本化支出"科目，贷记"银行存款"等科目。以后发生的研发支出，应当比照上述第一条原则进行处理。

(3) 研究开发项目达到预定用途形成无形资产的，应按"研发支出——资本化支出"科目的余额，借记"无形资产"科目，贷记"研发支出——资本化支出"科目。

【例 7-5】 2011 年 1 月 1 日，甲公司经董事会批准研发某项新产品专利技术，该公司董事会认为，研发该项目具有可靠的技术和财务等资源的支持，并且一旦研发成功，将降低该公司生产产品的生产成本。该公司在研究开发过程中发生相关费用总计 10 000 000 元，其中，符合资本化条件的支出为 6 000 000 元。2011 年 12 月 31 日，该专利技术已经达到预定用途。

根据上述资料，甲公司账务处理如下：

(1) 发生研发支出时：

借：研发支出——费用化支出　　　　　　　　　　　　　4 000 000
　　　　　　——资本化支出　　　　　　　　　　　　　　6 000 000
　　贷：银行存款等　　　　　　　　　　　　　　　　　　　　10 000 000

(2) 2011 年 12 月 31 日，该专利技术已经达到预定用途时：

借：管理费用　　　　　　　　　　　　　　　　　　　　　4 000 000
　　无形资产　　　　　　　　　　　　　　　　　　　　　6 000 000
　　贷：研发支出——费用化支出　　　　　　　　　　　　　　4 000 000
　　　　　　　——资本化支出　　　　　　　　　　　　　　　6 000 000

四、无形资产的后续计量

（一）无形资产后续计量的原则

无形资产初始确认和计量后，在其使用该项无形资产期间内，应以成本减去累计摊销额和累计减值损失后的余额计量。要确定无形资产在使用过程中的累计摊销额，基础是估计其使用寿命，而使用寿命有限的无形资产才需要在估计使用寿命内采用系统合理的方法进行摊销；对于使用寿命不确定的无形资产，则不需要摊销。

1. 无形资产使用寿命的确定

源自合同性权利或其他法定权利取得的无形资产，其使用寿命不应超过合同性权利或其他法定权利的期限。但如果企业使用资产的预期的期限短于合同性权利或其他法定权利规定的期限的，则应当按照企业预期使用的期限确定其使用寿命。如果合同性权利或其他法定权利能够在到期时因续约等延续，当有证据表明企业续约不需要付出重大成本时，续约期应当计入使用寿命。

没有明确的合同或法律规定无形资产的使用寿命的，企业应当综合各方面情况，例如企业经过努力，聘请相关专家进行论证、与同行业的情况进行比较以及参考企业的历史经验等，来确定无形资产为企业带来未来经济利益的期限。如果经过这些努力，仍确实无法合理确定无形资产为企业带来经济利益的期限的，才能将该无形资产作为使用寿命不确定的无形资产。

2. 估计无形资产使用寿命举例

（1）企业以支付土地出让金方式取得一块土地50年的使用权，如果企业准备持续持有，在50年期间内没有计划出售，则该项土地使用权预期为企业带来未来经济利益的期间为50年。

（2）企业取得一项专利技术，法律保护期间为20年，企业预计运用该专利生产的产品在未来16年内会为企业带来经济利益。就该项专利技术，第三方向企业承诺在6年内以其取得之日公允价值的65%购买该专利权，从企业管理层目前的持有计划来看，准备在6年内将其出售给第三方。为此，该项专利权的实际使用寿命为6年。

（3）企业取得了一项在过去几年市场份额领先的畅销产品的商标。该商标按照法律规定还有5年的使用寿命，但是在保护期届满时，企业可每10年即以较低的手续费申请延期，同时有证据表明企业有能力申请延期。此外，有关的调查表明，根据产品生命周期、市场竞争等方面情况综合判断，该品牌将在不确定的期间内为企业产生现金流量。综合各方面情况，该商标可视为使用寿命不确定的无形资产。

（4）企业通过公开拍卖取得一项出租车运营许可，按照所在地规定，以现有出租运营许可为限，不再授予新的运营许可，而且在旧的出租车报废以后，有关的运营许可可用于新的出租车。企业估计在有限的未来，其将持续经营出租车行业。对于该运营许可，其为企业带来未来经济利益的期限从目前情况看无法可靠估计，因此，应视其为使用寿命不确定的无形资产。

3. 无形资产使用寿命的复核

企业至少应当于每年年度终了，对无形资产的使用寿命及摊销方法进行复核，如果有证据表明无形资产的使用寿命及摊销方法不同于以前的估计，如由于合同的续约或无形资产应用条件的改善，延长了无形资产的使用寿命，对于使用寿命有限的无形资产，应改变其摊销年限及摊销方法，并按照会计估计变更进行处理。例如，企业使用的某项非专利技术，原预计使用寿命为10年，使用至第3年年末，该企业计划再使用3年即不再使用，为此，企业应当在第3年年末，变更该项无形资产的使用寿命，并作为会计估计变更进行处理。又如，某项无形资产计提了减值准备，这可能表明企业原估计的摊销期限需要作出变更。

对于使用寿命不确定的无形资产，如果有证据表明其使用寿命是有限的，则应按照会计估计变更处理，并按照使用寿命有限的无形资产的处理原则进行处理。

（二）使用寿命有限的无形资产

使用寿命有限的无形资产，应在其预计的使用寿命内采用系统合理的方法对应摊销金额进行摊销。

企业设置"累计摊销"科目，核算企业对使用寿命有限的无形资产计提的累计摊销。本科目可按无形资产项目进行明细核算。本科目期末贷方余额，反映企业无形资产的累计摊销额。

1. 应摊销金额

无形资产的应摊销金额为其成本扣除预计残值后的金额。已计提减值准备的无形资产，还应扣除已计提的无形资产减值准备累计金额。

2. 摊销期

无形资产的摊销期自其可供使用（即其达到预定用途）时起至终止确认时止。即，无形资产摊销的起始和停止日期为：当月增加的无形资产，当月开始摊销；当月减少的无形资产，当月不再摊销。

3. 摊销方法

在无形资产的使用寿命内系统合理地分摊其应摊销金额，存在多种方法。这些方法包括直线法、生产总量法等。企业选择的无形资产摊销方法，应当能够反映与该项无形资产有关的经济利益的预期实现方式，并一致地运用于不同会计期间。例如，受技术陈旧因素影响较大的专利权和专有技术等无形资产，可采用类似固定资产加速折旧的方法进行摊销；有特定产量限制的特许经营权或专利权，应采用产量法进行摊销。无法可靠确定其预期实现方式的，应当采用直线法进行摊销。

4. 残值的确定

使用寿命有限的无形资产，其残值应当视为零，但下列情况除外：①有第三方承诺在无形资产使用寿命结束时购买该无形资产；②可以根据活跃市场得到无形资产预计残值信息，并且该市场在无形资产使用寿命结束时很可能存在。

无形资产的残值意味着，在其经济寿命结束之前，企业预计将会处置该无形资产，并且从该处置中取得利益。估计无形资产的残值应以资产处置时的可收回金额为基础，此时的可收回金额是指在预计出售日，出售一项使用寿命已满且处于类似使用状况下，同类无形资产预计的处置价格（扣除相关税费）。残值确定以后，在持有无形资产的期间，至少应于每年年末进行复核，预计其残值与原估计金额不同的，应按照会计估计变更进行处理。如果无形资产的残值重新估计以后高于其账面价值的，则无形资产不再摊销，直至残值降至低于账面价值时再恢复摊销。

例如，企业从外单位购入一项实用专利技术的成本为80万元，根据目前企业管理层的持有计划，预计6年后转让给第三方。根据目前活跃市场上得到的信息，该实用专利技术预计残值为2万元。企业采取生产总量法对该项无形资产进行摊销。到第4年末，市场发生变化，经复核重新估计，该项实用专利技术预计残值为29万元，如果此时企业已摊销52万元，该项实用专利技术账面价值为28万元，低于重新估计的该项实用专利技术的残值，则不再对该项实用专利技术进行摊销，直至残值降至低于其账面价值时再恢复摊销。

5. 使用寿命有限的无形资产摊销的账务处理

使用寿命有限的无形资产应当在其使用寿命内，采用合理的摊销方法进行摊销。摊销时，应当考虑该项无形资产所服务的对象，并以此为基础，将其摊销价值计入相关资产的成本或者当期损益。

无形资产的摊销一般应计入当期损益，但如果某项无形资产是专门用于生产某种产品或者其他资产，其所包含的经济利益是通过转入到所生产的产品或其他资产中实现的，则无形资产的摊销费用应当计入相关资产的成本。例如，某项专门用于生产过程中的专利技术，其摊销费用应构成所生产产品成本的一部分，计入制造该产品的制造费用。

企业按期（月）计提无形资产的摊销，借记"管理费用"、"其他业务成本"、"制造费用"等科目，贷记"累计摊销"科目。处置无形资产，还应同时结转累计摊销。期末，如果企业根据资产减值准则进行减值测试发现无形资产发生减值的，应借记"资产减值损失"科目，贷记"无形资产减值准备"科目；减值准备一旦计提，不得转回。

【例7-6】 2009年7月1日，甲公司以150 000元购入一项专利技术用于产品生产，估计其使用寿命为5年。2011年12月31日，由于新技术的出现，导致该项无形资产发生减值，估计其可收回价值为50 000元。该项无形资产净残值为零，并按直线法摊销。

根据上述资料，甲公司账务处理如下：

(1) 2009年7月1日，购入无形资产时：

 借：无形资产   150 000
  贷：银行存款   150 000

(2) 2009年12月31日，摊销无形资产时：

 借：制造费用   15 000
  贷：累计摊销   15 000

(3) 2010年12月31日，摊销无形资产时：

 借：制造费用   30 000
  贷：累计摊销   30 000

(4) 2011年12月31日，摊销无形资产时：

 借：制造费用   30 000
  贷：累计摊销   30 000

(5) 2011年12月31日，计提无形资产减值准备时：

 借：资产减值损失   25 000
  贷：无形资产减值准备   25 000

此时，无形资产的账面价值为50 000元。

(6) 2012年12月31日，摊销无形资产时：

 借：制造费用   20 000
  贷：累计摊销   20 000

(7) 2013年12月31日，摊销无形资产时：

 借：制造费用   20 000
  贷：累计摊销   20 000

(8) 2014年6月30日，摊销及结转无形资产时：

 借：制造费用   10 000
  贷：累计摊销   10 000
 借：累计摊销   125 000
   无形资产减值准备   25 000
  贷：无形资产   150 000

(三) 使用寿命不确定的无形资产

根据可获得的情况判断,如果有确凿证据表明无法合理估计其使用寿命的无形资产,才能作为使用寿命不确定的无形资产,不能随意判断使用寿命不确定的无形资产。对于使用寿命不确定的无形资产,在持有期间内不需要摊销,如果期末重新复核后仍为不确定的,应当在每个会计期间继续进行减值测试。其减值测试的方法按照资产减值的原则进行处理,如经减值测试表明已发生减值,需要计提相应的减值准备,应借记"资产减值损失"科目,贷记"无形资产减值准备"科目。

【例7-7】 2010年1月1日,甲公司购入一项市场领先的畅销产品的商标的成本为5 000 000元。按照法律规定,该商标还有5年的使用寿命,但是在保护期届满时,甲公司可每10年以较低的手续费申请延期,同时,甲公司有充分的证据表明其有能力申请延期。此外,有关的调查表明,根据产品生命周期、市场竞争等方面情况综合判断,该商标将在不确定的期间内为企业带来现金流量。根据上述情况,该商标可视为使用寿命不确定的无形资产,在持有期间内不需要进行摊销。2011年12月31日,甲公司对该商标按照资产减值的原则进行减值测试,经测试表明该商标已发生减值。2011年12月31日,该商标的公允价值为4 000 000元。

根据上述资料,甲公司账务处理如下:

(1) 2010年1月1日,购入商标时:

  借:无形资产——商标权   5 000 000
    贷:银行存款   5 000 000

(2) 2011年12月31日,发生减值时:

  借:资产减值损失(5 000 000 − 4 000 000)   1 000 000
    贷:无形资产减值准备——商标权   1 000 000

五、无形资产的处置

无形资产的处置,主要是指无形资产出售、对外出租、对外捐赠,或者是无法为企业带来未来经济利益时,应予终止确认并转销。

(一) 无形资产的出售

企业出售某项无形资产,表明企业放弃无形资产的所有权。企业出售无形资产时,应当注销无形资产的账面价值,并将所取得的价款与该无形资产账面价值的差额计入当期损益。

企业出售无形资产,不属于收入准则的规定范围,但出售无形资产确认其利得的时点,应比照收入准则中的有关原则进行判断。

出售无形资产时,应按实际收到的金额,借记"银行存款"等科目,按已计提的累计摊销,借记"累计摊销"科目,按该项无形资产已计提减值准备,借记"无形资产减值准备"科目,按应支付的相关税费及其他费用,贷记"应交税费——应交营业税"、"银行存款"等科目,按其账面余额,贷记"无形资产"科目,按其差额,贷记"营业外收入——处置非流动资产利得"科目或借记"营业外支出——处置非流动资产损失"科目。

【例7-8】 2012年1月1日,甲公司将拥有的一项专利技术出售,取得收入

200 000 元，应交营业税 10 000 元。该专利技术的成本为 300 000 元，已计提的减值准备为 30 000 元，已摊销金额为 150 000 元。

根据上述资料，甲公司账务处理如下：

借：银行存款	200 000
累计摊销	150 000
无形资产减值准备	30 000
贷：无形资产	300 000
应交税费——应交营业税	10 000
营业外收入——处置非流动资产利得	70 000

如果甲公司转让该项专利技术取得的收入为 100 000 元，应缴纳的营业税等相关税费为 5 000 元。则甲公司的账务处理为：

借：银行存款	100 000
累计摊销	150 000
无形资产减值准备	30 000
营业外支出——处置非流动资产损失	25 000
贷：无形资产	300 000
应交税费——应交营业税	5 000

（二）无形资产的出租

企业出租无形资产，即将其拥有的无形资产的使用权让渡给他人，并收取租金，在满足收入准则规定的确认条件的情况下，应确认相关的收入及成本，并通过其他业务收支科目进行核算。但出租无形资产，企业仍享有无形资产的所有权，即在出租期间不应该停止对该项无形资产的摊销。

出租无形资产，取得的租金收入，借记"银行存款"等科目，贷记"其他业务收入"等科目；摊销出租无形资产的成本并发生与转让有关的各种费用支出时，借记"其他业务成本"科目，贷记"无形资产"等科目。

【例 7-9】 2011 年 1 月 1 日，甲公司将一项专利技术出租给乙公司使用，该专利技术账面余额为 500 000 元，摊销期限为 10 年，出租合同规定，承租方每年付给出租方 100 000 元专利技术使用费。

根据上述资料，甲公司账务处理如下：

(1) 取得该项专利技术使用费时：

借：银行存款	100 000
贷：其他业务收入	100 000

(2) 按年对该项专利技术进行摊销时：

借：其他业务成本	50 000
贷：累计摊销	50 000

(3) 计算应交营业税时：

借：营业税金及附加	5 000
贷：应交税费——应交营业税	5 000

（三）无形资产的报废

如果无形资产预期不能为企业带来未来经济利益，不再符合无形资产的定义，应将其报废并予以转销，其账面价值转作当期损益。转销时，应按已计提的累计摊销，借记"累计摊销"科目；按其账面余额，贷记"无形资产"科目；按其差额，借记"营业外支出"科目。已计提减值准备的，还应同时结转减值准备。例如，某项无形资产已被其他新技术所替代或超过法律保护期，不能再为企业带来经济利益的，则不再符合无形资产的定义。

无形资产预期不能为企业带来经济利益的，应按已计提的累计摊销，借记"累计摊销"科目，原已计提减值准备的，借记"无形资产减值准备"，按其账面余额，贷记"无形资产"科目，按其差额，借记"营业外支出"科目。

【例 7-10】 甲公司拥有某项专利技术，根据市场调查，用其生产的产品已没有市场，决定应予转销。转销时，该项专利技术的账面余额为 500 000 元，摊销期限为 10 年，采用直线法进行摊销，已摊销了 5 年，假定该项专利权的残值为零，已累计计提的减值准备为 160 000 元，假定不考虑其他相关因素。

甲公司账务处理如下：

借：累计摊销　　　　　　　　　　　　　　　　　　　　250 000
　　无形资产减值准备　　　　　　　　　　　　　　　　160 000
　　营业外支出——处置非流动资产损失　　　　　　　　 90 000
　贷：无形资产——专利权　　　　　　　　　　　　　　500 000

第二节　其他非流动资产

其他非流动资产是指不能包括在流动资产、长期投资、投资性房地产、固定资产、无形资产等以内的资产，主要包括投资性房地产、长期待摊费用、递延所得税资产和商誉等。

一、投资性房地产

投资性房地产是指为赚取租金或资本增值，或两者兼有而持有的房地产。投资性房地产应当能够单独计量和出售。投资性房地产主要有以下特征：

（1）投资性房地产是一种经营性活动。投资性房地产的主要形式是出租建筑物、出租土地使用权，这实质上属于一种让渡资产使用权的行为。房地产租金就是让渡资产使用权取得的使用费收入，是企业为完成其经营目标所从事的经营性活动以及与之相关的其他活动形成的经济利益总流入。投资性房地产的另一种形式是持有并准备增值后转让的土地使用权，尽管其增值收益通常与市场供求、经济发展等因素相关，但目的是为了增值后转让以赚取增值收益，也是企业为完成其经营目标所从事的经营性活动以及与之相关的其他活动形成的经济利益总流入。根据税法的规定，企业房地产出租、国有土地使用权增值后转让均属于一种经营活动，其取得的房地产租金收入或国有土地使用权转让收益应当缴纳营业税等。按照国家有关规定认定的闲置土地，不属于持有并准备增值后转让的土地使用权。在我国实务中，持有并准备增值后转让的土地使用权这种情况较少。

（2）投资性房地产在用途、状态、目的等方面区别于作为生产经营场所的房地产和用于销售的房地产。企业持有的房地产，除了用作自身管理、生产经营活动场所和对外销售之外，出现了将房地产用于赚取租金或增值收益的活动，这甚至成为个别企业的主营业务。这就需要将投资性房地产单独作为一项资产核算和反映，与自用的厂房、办公楼等房地产和作为存货（已建完工商品房）的房地产加以区别，从而更加清晰地反映企业所持有房地产的构成情况和盈利能力。企业在首次执行投资性房地产准则时，应当根据投资性房地产的定义对资产进行重新分类，凡是符合投资性房地产定义和确认条件的建筑物和土地使用权，应当归为投资性房地产。

（3）投资性房地产有两种后续计量模式。企业通常应当采用成本模式对投资性房地产进行后续计量，只有在满足特定条件的情况下，即有确凿证据表明其所有投资性房地产的公允价值能够持续可靠取得的，才可以采用公允价值模式进行后续计量。也就是说，投资性房地产准则适当引入公允价值模式，在满足特定条件的情况下，可以对投资性房地产采用公允价值模式进行后续计量，但是，同一企业只能采用一种模式对所有投资性房地产进行后续计量，不得同时采用两种计量模式。

二、长期待摊费用

企业设置"长期待摊费用"科目，核算企业已经发生但应由本期和以后各期负担的分摊期限在1年以上的各项费用，如以经营租赁方式租入的固定资产发生的改良支出等。本科目可按费用项目进行明细核算。本科目期末借方余额，反映企业尚未摊销完毕的长期待摊费用。

企业发生的长期待摊费用，借记"长期待摊费用"科目，贷记"银行存款"、"原材料"等科目。摊销长期待摊费用，借记"管理费用"、"销售费用"等科目，贷记"长期待摊费用"科目。

三、递延所得税资产

企业设置"递延所得税资产"科目，核算企业确认的可抵扣暂时性差异产生的递延所得税资产。本科目应按可抵扣暂时性差异等项目进行明细核算。本科目期末借方余额，反映企业确认的递延所得税资产。

根据税法规定可用以后年度税前利润弥补的亏损及税款抵减产生的所得税资产，也在"递延所得税资产"科目核算。

四、商誉

企业设置"商誉"科目，核算企业合并中形成的商誉价值。本科目期末借方余额，反映企业商誉的价值。商誉发生减值的，可以单独设置"商誉减值准备"科目，比照"无形资产减值准备"科目进行处理。非同一控制下企业合并中确定的商誉价值，借记"商誉"科目，贷记有关科目。

商誉通常指企业由于所处的地理位置优越，或由于信誉好而获得客户的信任，或由于组织得当、生产经营效益高，或由于技术先进、掌握了生产诀窍等原因而形成的价值。这种价值具体表现在该企业的获利能力超过了一般企业的获利水平，即具有超过正常投资报酬率的信誉和能力。

从计量上来讲，商誉是企业合并成本大于合并中取得的各项可辨认资产、负债公允价值份额的差额，代表的是企业未来现金流量大于每一单项资产产生未来现金流量的合计金额，其存在无法与企业自身区分开来，即不具有可辨认性。

对于确认的商誉，规定无论是否存在减值迹象，企业都至少应当在每年年度终了进行减值测试，资产减值损失一经确认，不得在以后会计期间转回。

思考练习题

一、重要概念
1. 无形资产
2. 投资性房地产
3. 商誉
4. 研究阶段
5. 开发阶段

二、简答题
1. 无形资产的概念及特征是什么？
2. 企业自行开发无形资产过程中发生的支出如何区分和入账？
3. 无形资产如何进行摊销？如何理解引入"累计摊销"科目？
4. 简述转让无形资产使用权和所有权的不同。
5. 简述无形资产在什么情况下计提减值准备。如何计提？减值准备可否转回？
6. 简述投资性房地产的特点。

三、单项选择题

1. 甲公司于2011年1月开始自行研发一项专有技术，至2011年5月31日，实际发生各种试验费用、材料费用等1 200 000元，甲公司确定该项技术已经具有可行性并且能够为企业带来经济利益。2011年6月1日至10月31日，甲公司又为开发该技术购买材料支付款项2 340 000元，支付参与开发人员薪酬1 000 000元，折旧费用100 000元。2011年11月1日，该项无形资产开发全部完成达到预定用途，预计有效使用5年时间，采用直线法摊销，假设不考虑相关税费，甲公司该项无形资产在2011年对管理费用的影响金额是（　　）元。
   A. 1 200 000　　B. 1 303 300
   C. 1 888 000　　D. 1 314 700

2. 乙公司2009年7月1日以银行存款20 000 000元购入一项无形资产，2009年年末和2010年年末，乙公司预计该项无形资产的可收回金额分别为18 000 000元和16 000 000元。该项无形资产的预计使用年限为10年，采用直线法摊销，乙公司年末对该项无形资产按照可收回金额低于账面价值的部分计提减值准备，计提减值准备后原预计使用年限不变。假定不考虑其他因素，乙公司该项无形资产于2011年12月31日的账面净值为（　　）元。
   A. 14 210 600　　B. 15 222 900
   C. 16 105 300　　D. 14 150 000

3. 甲企业于2011年3月1日以8 000 000元购入一项商标权，合同规定使用年限8年，期满后可续约1年且不需要甲企业支付大额成本，法律规定该商标权有效使用年限为10年。甲企业另自行研发一项非专利技术，在2011年7月1日达到预定用途，初始计价5 600 000元，无法预计使用寿命，则甲企业2011年12月31日资产负债表"无形资产"项目应列示的金额是（　　）元。
   A. 7 166 700　　B. 12 766 700
   C. 12 859 300　　D. 7 259 300

4. 甲房地产开发公司以100 000 000元取得一项土地使用权后投入开发商品房，

建造商品房支出30 000 000元，假设土地使用权期限为70年，2011年6月30日该商品房达到可销售状态，以下2011年6月30日会计处理正确的是（   ）。

  A. 确认固定资产130 000 000元
  B. 确认无形资产100 000 000元和固定资产3 000 000元
  C. 确认无形资产100 000 000元和开发产品（房地产企业的库存商品）30 000 000元
  D. 确认开发产品（即房地产企业的库存商品）130 000 000元

5. 乙公司于2010年1月2日以分期付款方式购买一项商标权，该购买合同表明，商标权总价款5 000 000元，2010年1月2日合同生效，且办好相关手续时乙公司支付1 000 000元，2010年和2011年每年12月31日分别支付2 000 000元。假定银行同期贷款利率为5%，乙公司该项商标权使用期限为5年，采用直线法摊销，则该项商标权2011年摊销金额是（   ）元。

  A. 743 200 B. 934 200
  C. 943 800 D. 1 026 800

6. 甲公司以800 000元的价格对外转让一项专利权。该项专利权系甲公司以1 800 000元的价格购入，购入时该专利权预计使用年限为6年，法律规定有效使用年限为8年。转让时该专利权已经使用3年，计提减值准备100 000元，转让时应交营业税税率为5%，甲公司转让该项专利权所获得的净收益为（   ）元。

  A. －124 000 B. －40 000
  C. －349 000 D. －249 000

7. 甲公司在2004年1月以银行存款20 000 000元购入一项无形资产。2009年年末和2010年年末，甲公司预计该项无形资产的可收回金额分别为7 000 000元和4 500 000元。该项无形资产的预计使用年限为10年。甲公司于每年年末对无形资产计提减值准备，甲公司计提减值准备后原预计使用年限不变。2011年12月31日，甲公司预计该无形资产因市场变化将不能给企业带来未来经济利益。以下会计处理正确的是（   ）。

  A. 计提无形资产减值准备4 500 000元
  B. 计提无形资产减值准备3 000 000元
  C. 将账面价值3 000 000元转入营业外支出
  D. 将账面价值4 750 000元转入营业外支出

四、多项选择题

1. 下列有关无形资产会计处理的表述中，正确的有（   ）。

  A. 自用的土地使用权应确认为无形资产
  B. 使用寿命不确定的无形资产应每年进行减值测试
  C. 无形资产均应确定预计使用年限并分期摊销
  D. 内部研发项目研究阶段发生的支出不应确认为无形资产
  E. 用于建造厂房的土地使用权的账面价值应计入所建厂房的建造成本

2. 下列有关无形资产初始计价表述中正确的有（   ）。

  A. 购买价款延期支付具有融资性质的无形资产成本，以购买价款的现值为基础确定
  B. 自行研究开发无形资产在开发阶段的支出，满足资本化条件时确认为无形资产
  C. 自行研究开发无形资产的研究费用于发生时确认为当期费用
  D. 吸收合并中取得无形资产，按照企业合并分类的要求分别出来
  E. 投资者投入无形资产，按照投资合同约定并且公允的价值确定其成本

3. 企业自行研究开发无形资产满足资

本化的条件包括（　　）。

A. 完成开发后的使用或出售在技术上可行

B. 具有完成并使用或出售的意图

C. 能够证明无形资产产生经济利益的方式

D. 有足够的技术、财务等资源支持开发完成

E. 归属于开发阶段的支出能够可靠地计量

4. 下列关于自行研发无形资产的确认正确的有（　　）。

A. 无法区分研究阶段和开发阶段的支出，应当在发生时全部计入营运外支出

B. 无法区分研究阶段和开发阶段的支出，应当在发生时全部计入管理费用

C. 期末资产负债表"研发支出"项目反映无形资产开发过程符合资本化条件的支出

D. 期末资产负债表"研发支出"项目反映无形资产开发过程的全部支出

E. 无形资产研究阶段的支出应当确认为当期管理费用

5. 以下符合无形资产摊销有关规定的是（　　）。

A. 使用寿命有限的无形资产自取得当月起在预计使用寿命期合理摊销

B. 使用寿命有限的无形资产自取得下月起在预计使用寿命期平均摊销

C. 无形资产处置当月应停止摊销

D. 持有待售无形资产不摊销

E. 使用寿命不确定的无形资产不计提摊销

6. 以下符合无形资产后续计量有关规定的是（　　）。

A. 源于合同性权利或其他法定权利的无形资产，摊销年限不应超过合同性权利或其他法定权利的期限

B. 合同和法律都有使用年限规定的，摊销期遵循孰短原则

C. 合同和法律都没有使用年限规定且无法正确判断使用年限的无形资产不应摊销

D. 无形资产使用寿命一经确定不得变更

E. 有证据表明无形资产的使用寿命不同于以前的，估计时应改变其摊销年限

7. 以下有关土地使用权的会计处理正确的是（　　）。

A. 自行开发建造厂房等建筑物的土地使用权与建筑物应分别进行摊销和折旧

B. 外购土地使用权及建筑物支付的价款应当在建筑物与土地使用权之间进行分配

C. 外购土地使用权及建筑物支付的价款难以在建筑物与土地使用权之间进行分配的，应当全部作为固定资产

D. 外购土地使用权及建筑物支付的价款难以在建筑物与土地使用权之间进行分配的，应当全部作为无形资产

E. 房地产开发企业取得土地使用权用于建造对外出售的房屋，土地使用权的价值计入房屋成本

8. 下列有关无形资产的会计处理中，正确的有（　　）。

A. 转让无形资产使用权收到的租金和发生的相关费用，分别确认为其他业务收入和其他业务成本

B. 转让无形资产所有权收到的价款与账面价值和相关税费的差额计入营业外收入或营业外支出

C. 无形资产摊销一般计入当期损益，某项无形资产包含的经济利益通过所生产的产品或其他资产实现的，其摊销计入相关资产成本

D. 可收回金额低于账面价值的无形资产应计提减值准备计入资产减值损失

E. 预期不能给企业带来未来经济利

益的无形资产的账面价值应转入营业外支出

五、判断题

1. 企业自创商誉以及内部产生的品牌、报刊名等属于企业的一项无形资产。（　）
2. 企业拥有的土地使用权均可以作为无形资产入账。（　）
3. 企业无形资产所带来的未来经济效益具有很大不确定性。（　）
4. 企业应设置"累计摊销"科目，核算企业对使用寿命有限的无形资产计提的累计摊销额。（　）
5. 企业应当于取得无形资产时，分析判断其使用寿命。无形资产分为使用寿命有限的无形资产和使用寿命不确定的无形资产。对于使用寿命有限的无形资产，应当采用合适的方法，在其寿命期限内进行摊销；使用寿命不确定的无形资产，不应摊销。（　）
6. 无形资产达到预定使用状态后发生的支出，不构成无形资产的成本。（　）
7. 转让无形资产所有权和无形资产使用权虽然会计处理不同，但都会影响当期损益。（　）
8. 企业内部研究开发项目的支出，应当区分研究阶段支出与开发阶段支出。研究阶段的支出，应当于发生时计入无形资产成本；开发阶段的支出，计入当期损益。（　）

六、核算题

1. 甲公司发生以下无形资产业务：

（1）2006年7月1日，以10 000 000元银行存款购入一项商标权作为无形资产，该商标权法定有效期限为10年，甲公司预计该项商标权受益期限为8年，甲公司按照8年平均摊销。

（2）2008年1月1日起，甲公司允许B公司使用该商标，为期一年，并取得租金收入1 500 000元存入银行，假设营业税金50 000元。

（3）2009年年末，经过复核，甲公司预计该项无形资产可收回金额为4 000 000元，并且只能在今后3年内给企业带来经济利益流入，甲公司计提了减值准备。B公司承诺两年以后以2 000 000元购买该项商标权，甲公司计划将该项商标权于2010年年末出售给B公司。

（4）2011年12月20日，甲公司将该无形资产出售，取得收入2 000 000元，并缴纳营业税100 000元。

要求：对甲公司上述业务进行账务处理。

2. 甲股份有限公司2007年至2013年无形资产业务有关资料如下：

（1）2007年1月1日，以分期付款方式购买一项无形资产，购买合同注明该项无形资产总价款7 000 000元，于2007年1月1日支付1 000 000元，其余款项从2007年12月31日至2009年12月31日每年支付2 000 000元，假定甲公司贷款年利率为6%，相关手续已经完备。

（2）该无形资产有效使用年限为10年，采用直线法摊销，其包含的经济利益与产品生产无关。

（3）2010年12月31日，预计该无形资产可收回金额为3 000 000元，甲公司计提了减值准备，预计尚可使用年限为4年。

（4）已知适用年金现值系数为2.673 0。

要求：

（1）计算该项无形资产入账价值。

（2）写出会计处理分录。

第八章 负债

第一节 负债概述

一、负债的概念

负债，是企业过去的交易或者事项形成的，预期会导致经济利益流出企业的现时义务。例如，企业因向金融机构借款而形成的未来偿还本息的义务构成企业的一项负债。

二、负债的分类

按照不同的标准，可将负债分为不同的类别。

（一）按照偿还时间分类

按照偿还时间的不同，负债可分为流动负债和非流动负债。

流动负债，是指将在1年（含1年）或超过1年的一个营业周期内偿还的债务。

非流动负债又称长期负债，是指偿还期限在1年以上的债务。

（二）按照形成方式分类

按照形成方式的不同，负债可分为融资活动形成的负债和营业活动形成的负债。

企业在向银行等金融机构借款或发行债券等融资活动中，会形成各项负债，如应付债券、短期借款、应付利息、应付股利等。

企业在日常经营活动中，也会因为资金的应付未付和各项往来结算业务而形成负债，如应付票据、应付账款、预收账款、应交税费、应付职工薪酬等。

（三）按照偿付手段分类

按照偿付手段的不同，负债可分为货币性负债和非货币性负债。

货币性负债是指需要以货币资金来偿还的负债，如短期借款、长期借款、应付票据、应付账款、应交税费等。

非货币性负债是指不需要用货币资金来偿还的负债，如预收账款、确定将转换为所有者权益的应付债券等。

三、负债的计量

负债是企业应在未来偿还的债务，理论上其入账价值均应按未来偿付金额的现值计量。然而由于流动负债偿还时间较短（通常不超过1年），其未来应付金额与现值之间的差额不大，按照重要性原则，流动负债的入账价值一般按照业务发生时的金额计量。而非流动负债由于期限长、金额高，未来偿付金额与其现值的差额较大，一般应按未来偿付金额的现值入账。

第二节 流动负债

流动负债,是指将在1年(含1年)或超过1年的一个营业周期内偿还的债务,主要包括短期借款、应付票据、应付账款、预收账款、应付职工薪酬、应交税费、应付利息、应付股利、其他应付款等。

一、短期借款

(一) 短期借款的概念

短期借款,是指企业向银行或其他金融机构等借入的期限在1年以下(含1年)的各种借款。

(二) 短期借款的核算

1. 账户设置

企业应设置"短期借款"科目,核算发生的各项短期借款负债。本科目可按借款种类、贷款人和币种进行明细核算。本科目贷方登记各项短期借款的取得,借方登记短期借款的偿还,期末贷方余额反映企业尚未偿还的短期借款。

2. 主要账务处理

企业取得短期借款时,借记"银行存款"科目,贷记"短期借款"科目;企业归还短期借款时,作相反处理。

企业应按期确认因借入短期借款而发生的利息费用,借记"财务费用"科目,贷记"应付利息"科目。发生利息支出时,借记"应付利息"科目,贷记"银行存款"科目。

【例8-1】 甲公司于2011年1月1日从银行取得6个月期限的借款500 000元,年利率为6%,利息按季支付。甲公司的核算精度要求按月确认利息费用。

甲公司账务处理如下:

(1) 1月1日,取得借款:

借:银行存款 500 000
　　贷:短期借款 500 000

(2) 1月31日和2月28日,确认当月利息费用:

月利息费用=500 000×6%÷12=2 500(元)

借:财务费用 2 500
　　贷:应付利息 2 500

两月共确认应付利息5 000元。

(3) 3月31日,确认当月利息费用并支付一季度利息:

借:财务费用 2 500
　　贷:应付利息 2 500
借:应付利息 7 500
　　贷:银行存款 7 500

(4) 4月30日和5月31日,确认当月利息费用:

借：财务费用　　　　　　　　　　　　　　　　　　　　　2 500
　　　　　贷：应付利息　　　　　　　　　　　　　　　　　　　　　　2 500
（5）6月30日，确认当月利息费用、支付第二季度利息并归还借款本金：
　　　借：财务费用　　　　　　　　　　　　　　　　　　　　　2 500
　　　　　应付利息　　　　　　　　　　　　　　　　　　　　　5 000
　　　　　短期借款　　　　　　　　　　　　　　　　　　　　500 000
　　　　　贷：银行存款　　　　　　　　　　　　　　　　　　　507 500

二、应付票据

（一）应付票据的概念

应付票据，是指企业在购买商品、接受劳务时因采用商业汇票结算方式延期付款而承担的负债。

商业汇票按承兑人的不同，可分为商业承兑汇票和银行承兑汇票；按是否带息，可分为带息商业汇票和不带息商业汇票。我国商业汇票的付款期限最长不超过6个月，因此应付票据属于流动负债的范畴。

（二）应付票据的核算

1. 账户设置

企业应设置"应付票据"科目，核算各项应付票据负债。本科目可按债权人进行明细核算。本科目贷方登记企业因承兑或委托银行承兑各项商业汇票而发生的负债以及因带息票据计息而发生的负债的增加；借方登记商业汇票到期清偿或转为其他负债的金额。本科目期末贷方余额，反映企业尚未到期的商业汇票的票面金额。

为了加强对应付票据的管理，企业还应设置"应付票据备查簿"，详细登记商业汇票的种类、号数、出票日期、到期日、票面金额、交易合同号、收款人姓名或单位名称以及付款日期和金额等资料。应付票据到期结清时，在备查簿中应予注销。

2. 主要账务处理

企业以商业汇票抵付货款时，借记"原材料"、"应交税费"等科目，贷记"应付票据"科目。

支付银行承兑汇票的手续费时，借记"财务费用"科目，贷记"银行存款"科目。

带息商业汇票在会计期末或票据到期日确认利息费用时，借记"财务费用"科目，贷记"应付票据"科目。

商业汇票到期清偿时，借记"应付票据"科目，贷记"银行存款"科目。

商业汇票到期无力清偿时，对于商业承兑汇票，因票据已失效，故应将其到期金额转入"应付账款"科目核算；对于银行承兑汇票，由于承兑银行代为支付了票据款，并将其转为对付款人的逾期贷款，因此付款人应将应付票据款转为短期借款，支付的罚息计入财务费用。

【例8-2】甲公司于2011年4月1日购入原材料一批，买价为100 000元，增值税17 000元，共计117 000元，原材料已验收入库，采用商业汇票结算方式，付款期限为4个月，年利率为6%。

甲公司账务处理如下：

(1) 4月1日，购入原材料：

　　借：原材料　　　　　　　　　　　　　　　　　　　　　100 000
　　　　应交税费——应交增值税（进项税额）　　　　　　　 17 000
　　　　贷：应付票据　　　　　　　　　　　　　　　　　　　　　117 000

(2) 6月30日，计提票据利息：

应确认的利息费用＝117 000×6‰÷12×3＝1 755（元）

　　借：财务费用　　　　　　　　　　　　　　　　　　　　1 755
　　　　贷：应付票据　　　　　　　　　　　　　　　　　　　　　1 755

(3) 8月1日，票据到期，计提利息：

应确认的利息费用＝117 000×6‰÷12×1＝585（元）

　　借：财务费用　　　　　　　　　　　　　　　　　　　　　585
　　　　贷：应付票据　　　　　　　　　　　　　　　　　　　　　　585

(4) 8月1日，票据到期值＝117 000＋1 755＋585＝119 340（元）：

①如果企业如约支付票据本息：

　　借：应付票据　　　　　　　　　　　　　　　　　　　　119 340
　　　　贷：银行存款　　　　　　　　　　　　　　　　　　　　　119 340

②如果票据为商业承兑汇票，到期时企业无力付款：

　　借：应付票据　　　　　　　　　　　　　　　　　　　　119 340
　　　　贷：应付账款　　　　　　　　　　　　　　　　　　　　　119 340

③如果票据为银行承兑汇票，到期时企业无力付款：

　　借：应付票据　　　　　　　　　　　　　　　　　　　　119 340
　　　　贷：短期借款　　　　　　　　　　　　　　　　　　　　　119 340

三、应付账款

（一）应付账款的概念

应付账款，是企业在正常生产经营过程中因购买货物或接受劳务而应当在1年内偿付的债务。它是买卖双方在购销活动中，由于取得物资或服务与支付货款在时间上的不一致所导致的一项流动负债。

（二）应付账款的入账时间

在理论上，应付账款的入账时间应当是与所购买物资的所有权相关的风险和报酬发生转移时，或接受劳务时。即企业应当在确认资产的同时，确认负债。

在实际工作中，如果物资和发票账单同时到达，一般待物资验收入库后，再按发票账单登记入账。这主要是为了避免先入账后又因购入物资存在质量、数量或品种上的问题而调账。

如果物资先到而发票账单后到，则暂时不作账务处理，待收到发票账单时再入账；如果月份终了时，发票账单仍未到达，为了客观反映企业所拥有的资产和承担的负债，应按暂估价值确认相关资产和应付账款，待下月月初再用红字予以冲回。

如果发票账单先到，企业办理了结算并承担了相关物资的风险和报酬，应同时确认在途物资和应付账款。

(三) 应付账款的入账价值

应付账款一般按照发票账单上列示的未来应付金额入账，不考虑折现的问题。如果应付账款的偿还附带有现金折扣条件，应付账款的入账金额仍按总价确认，不扣除可能获得的现金折扣。因在折扣期内还款而获得的现金折扣，于实际发生时冲减财务费用。

(四) 应付账款的核算

1. 账户设置

企业应设置"应付账款"科目，核算因购买物资或接受劳务而应付未付的款项。本科目可按债权人进行明细核算。本科目期末贷方余额，反映企业尚未支付的应付账款余额。

2. 主要账务处理

企业因赊购材料、商品等物资而发生应付未付款项时，借记"材料采购"、"在途物资"、"应交税费——应交增值税（进项税额）"等科目，贷记"应付账款"科目。

企业因接受劳务而发生应付未付款项时，借记"生产成本"、"管理费用"等科目，贷记"应付账款"科目。

企业以资产清偿应付账款时，借记"应付账款"科目，贷记"银行存款"等科目。

企业应付账款确实无法支付时，借记"应付账款"科目，贷记"营业外收入"科目。

【例 8-3】 甲公司于 2011 年 6 月 1 日从乙公司赊购了一批原材料，货款 200 000 元，增值税 34 000 元。乙公司提供的商业信用条件为"2/20，1/30，n/40"并说明该条件针对全部价款与增值税税款。甲公司于 6 月 18 日用银行存款偿还了所欠款项。

甲公司账务处理如下：

(1) 6 月 1 日，赊购原材料：

 借：原材料   200 000
    应交税费——应交增值税（进项税额）   34 000
  贷：应付账款   234 000

(2) 6 月 18 日，偿还款项：

现金折扣 = 234 000 × 2% = 4 680（元）

 借：应付账款   234 000
  贷：银行存款   229 320
    财务费用   4 680

四、预收账款

(一) 预收账款的概念

预收账款，是销货企业根据买卖双方的协议，向购货方预先收取的款项。

由于收到款项时销售尚未成立，销货企业承担了未来供货的义务，因此预收账款应作为销货企业的负债确认。预收账款一般在 1 年内用商品或劳务偿还。

(二) 预收账款的核算

1. 设置"预收账款"科目的情况

企业可设置"预收账款"科目，核算企业按照合同规定预收的款项。本科目可按购货单位进行明细核算。

企业收到预收账款时，借记"银行存款"科目，贷记"预收账款"科目。

销售货物或提供劳务时，借记"预收账款"科目，贷记"主营业务收入"、"应交税费——应交增值税（销项税额）"等科目。

收到购货方补付的货款时，借记"银行存款"科目，贷记"预收账款"科目。

退回购货方多付的货款时，借记"预收账款"科目，贷记"银行存款"科目。

由上述账务处理过程可知，期末"预收账款"各明细科目的余额可能在借方，也可能在贷方。当销售总价大于预收账款时，"预收账款"所属明细科目表现为借方余额，反映企业应补收的货款，其性质与应收账款一样，属于债权资产。当企业收到预收账款后尚未供货，或供货总价款小于预收账款时，"预收账款"所属明细科目表现为贷方余额，反映企业尚未清偿的负债。

2. 不设置"预收账款"科目的情况

在预收账款业务不多的情况下，企业也可以不设置"预收账款"科目，将预收的款项记入"应收账款"科目的贷方。此时，"应收账款"所属明细科目可能会出现贷方余额，反映企业因预收款项而形成的负债。

【例8-4】 甲公司于2011年8月1日与A公司签订一份销售合同，货款200 000元，增值税34 000元；由A公司预付总价款的30%，余款待发货后结算。2011年8月5日，甲公司收到了A公司交来的预付款70 200元。2011年12月10日，甲公司向A公司发货，销售成立。2012年1月23日，甲公司收到A公司补付的剩余货款163 800元。

甲公司账务处理如下：

(1) 设置"预收账款"科目的情况。

①2011年8月5日，收到A公司预付款：

 借：银行存款   70 200
  贷：预收账款——A公司   70 200

②2011年12月10日，销售成立：

 借：预收账款——A公司   234 000
  贷：主营业务收入   200 000
    应交税费——应交增值税（销项税额）   34 000

③2012年1月23日，收到余款：

 借：银行存款   163 800
  贷：预收账款——A公司   163 800

(2) 不设置"预收账款"科目的情况。

①2011年8月5日，收到A公司预付款：

 借：银行存款   70 200
  贷：应收账款——A公司   70 200

②2011年12月10日，销售成立：

 借：应收账款——A公司   234 000
  贷：主营业务收入   200 000
    应交税费——应交增值税（销项税额）   34 000

③2012年1月23日，收到余款：
　　借：银行存款　　　　　　　　　　　　　　　　　　　　163 800
　　　　贷：应收账款——A公司　　　　　　　　　　　　　　　　　　163 800

五、应付职工薪酬

（一）职工薪酬的内容

职工薪酬，是指企业为获得职工提供的服务而给予的各种形式的报酬以及其他相关支出。此处所称"职工"，不仅包括与企业订立了劳动合同的全职、兼职和临时职工；也包括由企业正式任命的治理层和管理层人员，如董事会成员、监事会成员等；还包括在企业的计划和控制下，通过与中介机构签订用工合同，由中介机构派遣至企业提供与职工类似服务的人员。

从涵盖时间和支付形式来看，职工薪酬既包括职工在职期间又包括职工离职后，由企业提供给职工的全部货币性薪酬和非货币性薪酬；从支付对象来看，职工薪酬既包括提供给职工本人的薪酬，又包括提供给职工配偶、子女或其他被赡养人的福利。

职工薪酬的具体内容包括：

（1）职工工资、奖金、津贴和补贴。例如纳入职工工资总额管理的计时工资、计件工资、加班加点工资，因超额劳动或增收节支而给予的奖金，因从事特殊劳动（如矿山井下、高温、野外、有毒有害作业等）而给予的津贴，已实行货币化改革的交通、通讯、午餐补贴等。

（2）职工福利费。例如职工疗养费用、防暑降温费、供暖费、职工生活困难补助等。

（3）医疗保险费、养老保险费、失业保险费、工伤保险费和生育保险费等社会保险费。

（4）住房公积金。

（5）工会经费和职工教育经费。

（6）非货币性福利。例如，作为福利发放给职工的企业自产产品或外购商品、为职工提供的免费医疗保健服务、无偿提供给企业高级管理人员使用的住房等。

（7）因解除与职工的劳动关系给予的补偿。

（8）其他与获得职工提供的服务相关的支出。例如，企业提供给职工的认股权、现金股票增值权等。

（二）应付职工薪酬的核算

企业应按照权责发生制原则，在职工为其提供服务的会计期间，将应付的各项职工薪酬确认为负债；当企业实际向职工发放或为职工支付各类薪酬时，应作为负债的清偿核算。

企业应设置"应付职工薪酬"科目，反映职工薪酬的计提和发放情况。本科目应按薪酬类别设置"工资"、"职工福利"、"社会保险费"、"住房公积金"、"工会经费"、"职工教育经费"、"非货币性福利"、"辞退福利"、"股份支付"等明细科目，进行明细核算。

1. 工资总额的核算

根据国家统计局《关于工资总额组成的规定》，工资总额由以下 6 个部分组成：计时工资，计件工资，奖金，津贴和补贴，加班加点工资，特殊情况下（如病假、产假等）支付的工资。

工资总额的核算包括工资分配和工资结算两个方面。

所谓工资分配，是指根据职工当期提供的服务确认应付工资总额，并将其按受益对象分配计入各项成本或费用。一般而言，生产车间职工工资计入产品成本，其中生产工人工资借记"生产成本"科目，车间管理人员工资借记"制造费用"科目；在建工程人员的工资计入相关资产的成本，借记"在建工程"科目；无形资产开发阶段发生的符合资本化条件的开发人员工资计入无形资产的成本，借记"研发支出——资本化支出"科目；企业管理人员、销售人员的工资计入当期损益，分别借记"管理费用"、"销售费用"科目。企业同时根据上述成本费用的总和，贷记"应付职工薪酬——工资"科目。

所谓工资结算，是指企业根据应付职工工资总额和各类代扣项目，计算、发放职工工资。对于工资结算业务，企业应按应付职工工资总额借记"应付职工薪酬——工资"科目，按实发金额贷记"银行存款"、"库存现金"等科目，按各代扣项目贷记"其他应收款"、"其他应付款"、"应交税费——代扣代缴个人所得税"等科目。

【例 8-5】 甲公司 2012 年 1 月工资分配及结算情况如表 8-1 所示。

表 8-1　　　　　　　　　　工资分配及结算汇总表　　　　　　　　　金额单位：元

项目	基本工资	奖金	加班费	补贴	合计	代扣水电费	代扣个人所得税	实发金额
生产人员	50 000	30 000	8 000	6 000	94 000	3 600	600	89 800
企业管理人员	3 000	2 000		500	5 500	800	300	4 400
销售人员	11 000	8 000	6 000	5 000	30 000	1 200	400	28 400
在建工程人员	4 000	3 000	1 000	800	8 800	980	0	7 820
合计	68 000	43 000	15 000	12 300	138 300	6 580	1 300	130 420

甲公司账务处理如下：

(1) 工资分配：

借：生产成本　　　　　　　　　　　　　　　　　　　　　　　94 000
　　管理费用　　　　　　　　　　　　　　　　　　　　　　　 5 500
　　销售费用　　　　　　　　　　　　　　　　　　　　　　　30 000
　　在建工程　　　　　　　　　　　　　　　　　　　　　　　 8 800
　　贷：应付职工薪酬——工资　　　　　　　　　　　　　　138 300

(2) 工资结算：

借：应付职工薪酬——工资　　　　　　　　　　　　　　　　138 300
　　贷：应交税费——代扣代缴个人所得税　　　　　　　　　　1 300
　　　　其他应付款——水电费　　　　　　　　　　　　　　　6 580
　　　　银行存款　　　　　　　　　　　　　　　　　　　　130 420

需要说明的是，工资分配与工资结算并没有严格的先后顺序。如果企业发放工资的时间在月度上、中旬，此时当月应计工资尚无法统计，企业往往按照上月情况先进行工资发放，待月末再根据本月情况确认应付工资总额。由此引起的当月工资分配金额与工资结算金额的不一致，会导致"应付职工薪酬——工资"科目出现期末借方余额或贷方余额。

2. 职工福利费的核算

职工福利是企业对职工劳动补偿的辅助形式。2009年11月，财政部颁布的《关于企业加强职工福利费财务管理的通知》（财企〔2009〕242号）规范了职工福利费的开支范围，主要包括：①为职工卫生保健、生活等发放或支付的各项现金补贴和非货币性福利；②企业尚未分离的内设集体福利部门所发生的设备、设施和人员费用；③职工困难补助；④离退休人员统筹外费用；⑤抚恤费、职工异地安家费、独生子女费等其他职工福利费。

企业的各项货币性福利，通过"应付职工薪酬——职工福利"科目核算；而非货币性职工福利，则通过"应付职工薪酬——非货币性福利"科目核算。

（1）货币性职工福利。对于货币性职工福利，相关法律法规没有明确规定计提基础和计提比例，企业应当根据历史经验数据和自身实际情况，合理预计其金额，并于资产负债表日按照实际发生额补提少提的应付福利费，或冲回多提的应付福利费。

企业在计提货币性职工福利时，贷记"应付职工薪酬——职工福利"科目；同时按照与工资分配相同的原则，根据受益对象借记"生产成本"、"制造费用"、"管理费用"等成本、费用类科目。企业实际支付各项福利费时，借记"应付职工薪酬——职工福利"科目，贷记"银行存款"等科目。

【例8-6】 承例8-5，甲公司于2012年1月，根据历史经验数据按工资总额的2%计提货币性职工福利费，当月实际发生福利支出1 800元。甲公司福利费计提与分配情况如表8-2所示。

表8-2　　　　　　　　　　　福利费分配表　　　　　　　　　　金额单位：元

项　目	工资总额	计提比例	福利费
生产人员	94 000	2%	1 880
企业管理人员	5 500	2%	110
销售人员	30 000	2%	600
在建工程人员	8 800	2%	176
合　计	138 300	2%	2 766

甲公司账务处理如下：

(1) 发生福利费支出：

借：应付职工薪酬——职工福利　　　　　　　　　　　　　　　　　1 800
　　贷：银行存款　　　　　　　　　　　　　　　　　　　　　　　　1 800

(2) 月末计提应付福利费：

借：生产成本　　　　　　　　　　　　　　　　　　　　　　　　　1 880
　　管理费用　　　　　　　　　　　　　　　　　　　　　　　　　　110
　　销售费用　　　　　　　　　　　　　　　　　　　　　　　　　　600

在建工程　　　　　　　　　　　　　　　　　　　　　　　176
　　　　贷：应付职工薪酬——职工福利　　　　　　　　　　　　　　2 766

(2) 非货币性职工福利。非货币性职工福利，主要包括企业以自产产品或外购商品发放给职工作为福利、将拥有的或租赁的资产（如住房）无偿提供给职工使用、以低于成本的价格向职工提供商品或服务等情况。

企业以自产产品发放给职工作为福利的，应视同销售处理，借记"应付职工薪酬——非货币性福利"科目，贷记"主营业务收入"、"应交税费——应交增值税（销项税额）"科目。企业以外购商品作为福利提供给职工的，应根据该商品的公允价值和相关税费确定非货币性福利金额，借记"应付职工薪酬——非货币性福利"科目，贷记"银行存款"科目，相关增值税进项税额不得抵扣。企业将住房等资产无偿提供给职工使用的，应根据该住房每期应计提的折旧额，借记"应付职工薪酬——非货币性福利"科目，贷记"累计折旧"等科目。企业将租赁资产无偿提供给职工使用的，应根据该资产每期应付的租金，借记"应付职工薪酬——非货币性福利"科目，贷记"其他应付款"、"银行存款"等科目。企业以低于成本的价格向职工提供商品或服务的，应根据企业对职工出售商品或提供劳务的价格与其成本的差额，确定非货币性福利的金额。

会计期末，企业应按照受益对象分配发生的各项非货币性福利，借记"生产成本"、"制造费用"、"管理费用"等成本、费用类科目，贷记"应付职工薪酬——非货币性福利"科目。

【例8-7】 2011年10月，甲公司发生的有关非货币性福利的业务包括：

(1) 作为福利向生产工人发放自产产品一批，产品成本为3 500元，不含税售价为4 000元，增值税为680元。

(2) 外购商品一批，作为福利发放给销售人员，商品的不含税价格为2 000元，增值税为340元，款项已支付。

(3) 为管理人员无偿提供住房3套，本月折旧费共计6 500元。

甲公司账务处理如下：

(1) 向生产工人发放自产产品：
　　借：应付职工薪酬——非货币性福利　　　　　　　　　　　　4 680
　　　　贷：主营业务收入　　　　　　　　　　　　　　　　　　4 000
　　　　　　应交税费——应交增值税（销项税额）　　　　　　　　680
　　借：主营业务成本　　　　　　　　　　　　　　　　　　　　3 500
　　　　贷：库存商品　　　　　　　　　　　　　　　　　　　　3 500

(2) 向销售人员发放外购商品：
　　借：应付职工薪酬——非货币性福利　　　　　　　　　　　　2 340
　　　　贷：银行存款　　　　　　　　　　　　　　　　　　　　2 340

(3) 计提管理人员住房折旧：
　　借：应付职工薪酬——非货币性福利　　　　　　　　　　　　6 500
　　　　贷：累计折旧　　　　　　　　　　　　　　　　　　　　6 500

(4) 月末按照受益对象分配非货币性福利：

```
借：生产成本                                    4 680
    销售费用                                    2 340
    管理费用                                    6 500
  贷：应付职工薪酬——非货币性福利              13 520
```

3. 社会保险费、住房公积金、工会经费和职工教育经费的核算

企业各期负担的社会保险费（包括医疗保险费、养老保险费、失业保险费、工伤保险费和生育保险费等）、住房公积金、工会经费和职工教育经费，应按照国务院有关部门及各级政府规定的计提基础和计提比例计算确定。

企业计提、分配以上各项职工薪酬时，借记"生产成本"、"制造费用"、"管理费用"等成本、费用类科目，贷记"应付职工薪酬——社会保险费"、"应付职工薪酬——住房公积金"、"应付职工薪酬——工会经费"、"应付职工薪酬——职工教育经费"科目。企业向当地社会保险经办机构和住房公积金管理机构缴款、实际发生各项工会经费和职工教育经费支出时，借记"应付职工薪酬"下属各明细科目，贷记"银行存款"等科目。

【例8-8】 承例8-5，甲公司根据当地政府规定，于2012年1月按职工工资总额的10%、12%、2%和10.5%计提医疗保险费、养老保险费、失业保险费和住房公积金；按工资总额的2%和1.5%计提工会经费和职工教育经费。甲公司上述职工薪酬的计提与分配情况如表8-3所示。

表8-3 职工薪酬分配表 金额单位：元

项 目	工资总额	医疗保险费	养老保险费	失业保险费	合计	住房公积金	工会经费	职工教育经费
生产人员	94 000	9 400	11 280	1 880	22 560	9 870	1 880	1 410
企业管理人员	5 500	550	660	110	1 320	577.5	110	82.5
销售人员	30 000	3 000	3 600	600	7 200	3 150	600	450
在建工程人员	8 800	880	1 056	176	2 112	924	176	132
合 计	138 300	13 830	16 596	2 766	33 192	14 521.5	2 766	2 074.5

甲公司账务处理如下：

```
借：生产成本                                   35 720
    管理费用                                    2 090
    销售费用                                   11 400
    在建工程                                    3 344
  贷：应付职工薪酬——社会保险费                33 192
              ——住房公积金                  14 521.5
              ——工会经费                     2 766
              ——职工教育经费                 2 074.5
```

4. 辞退福利的核算

辞退福利，是指因解除与职工的劳动关系而给予的补偿，主要包括以下两种情况：

(1) 职工劳动合同到期前,不论职工本人是否愿意,企业决定解除与职工的劳动关系而给予的补偿;

(2) 职工劳动合同到期前,为鼓励职工自愿接受裁减而给予的补偿,职工有权选择继续在职或接受补偿离职。

辞退福利通常采用在解除劳动关系时一次性支付补偿的方式,也有通过提高退休后养老金或其他离职后福利的标准,或者将职工工资支付至辞退后未来某一期间的方式。

企业在职工劳动合同到期之前解除与职工的劳动关系,或者为鼓励职工自愿接受裁减而提出给予补偿的建议,同时满足下列条件的,应当确认因解除与职工的劳动关系给予补偿而产生的应付职工薪酬,同时计入当期损益:

(1) 企业已经制定正式的解除劳动关系计划或提出自愿裁减建议,并即将实施。该计划或建议应当包括拟解除劳动关系或裁减的职工所在部门、职位及数量;根据有关规定按工作类别或职位确定的解除劳动关系或裁减补偿金额;拟解除劳动关系或裁减的时间。

(2) 企业不能单方面撤回解除劳动关系计划或裁减建议。

正式的辞退计划或建议应当经过董事会或类似权力机构批准,企业应当根据批准的计划或建议合理确定辞退福利的金额。对于职工没有选择权的辞退计划,可直接根据计划中规定的辞退人数和补偿标准计算辞退福利金额;对于自愿接受裁减的建议,企业应当预计将会接受裁减建议的职工人数,进而预计应计提的辞退福利金额。

辞退工作一般应当在1年内实施完成,因付款程序等原因使部分款项推迟至1年后支付的,视为符合应付职工薪酬负债的确认条件,但对于超过1年支付的款项应按折现后的金额计量应付职工薪酬。

企业确认辞退福利时,应借记"管理费用"科目,贷记"应付职工薪酬——辞退福利"科目。企业向职工实际支付补偿款时,应借记"应付职工薪酬——辞退福利"科目,贷记"银行存款"等科目。

六、应交税费

企业在生产经营过程中要按照税法规定,向国家缴纳各种税费,主要包括:增值税、消费税、营业税、资源税、城市维护建设税、教育费附加、房产税、城镇土地使用税、车船税、矿产资源补偿费、土地增值税、所得税、耕地占用税、印花税等。企业应设置"应交税费"科目,并按税种进行明细核算,在纳税义务发生时将应交未交的税费确认为企业的一项负债。

(一) 增值税

1. 增值税的概念

增值税是以商品生产、流通以及工业性加工、修理修配各个环节的增值额为征税对象的一种流转税。实际征收时,通常以企业在销售业务中发生的销项税额减去在进货业务中发生的进项税额后的差额,作为增值税应纳税额。即:

$$应交增值税 = 销项税额 - 进项税额$$
$$= 商品销售额 \times 增值税税率 - 商品进价 \times 增值税税率$$

＝本环节增值额×增值税税率

表面上看，在我国境内销售货物或者提供加工、修理修配劳务以及进口货物的单位和个人是增值税纳税义务人，负有根据本环节增值额缴纳税款的义务，但增值税税负的真正承担者是商品或劳务的最终消费者。举例说明如下：

假定 A 公司将自产商品按 100 元的价格销售给 B 公司，B 公司将其按 120 元的价格销售给 C 公司，C 公司再按 130 元的价格销售给最终消费者 D。以上售价均为不含税价格，增值税税率为 17%，则各公司应交增值税与本环节增值额的关系以及增值税税款的流转情况如表 8-4 所示。

表 8-4 　　　　　　　　增值税流转情况分析表　　　　　　　　金额单位：元

项目		A公司	B公司	C公司	D（最终消费者）
应交增值税与本环节增值额的关系	销售商品的不含税价款①	100	120	130	0
	增值税销项税额 ②＝①×17%	17	20.4	22.1	0
	购进商品的不含税价款③	0	100	120	130
	增值税进项税额 ④＝③×17%	0	17	20.4	22.1
	应交增值税 ⑤＝②－④	17	3.4	1.7	0
	本环节增值额 ⑥＝①－③	100	20	10	—
增值税款流转情况	收到的增值税款⑦	17	20.4	22.1	0
	支付的增值税款⑧	0	17	20.4	22.1
	缴纳的增值税款⑨	17	3.4	1.7	0
	增值税净现金流⑩＝⑦－⑧－⑨	0	0	0	－22.1

从表中数据可以看出，各公司应交增值税⑤与本环节的增值额⑥存在一定的对应关系，反映了增值税以增值额为计税依据的设计原理。国家在 A、B、C 三道商品增值环节征收的总税款共计 22.1 元（17＋3.4＋1.7），实际上全部来自于最终消费者 D。

2. 增值税核算的账户设置

企业应设置"应交税费——应交增值税"和"应交税费——未交增值税"科目，核算各项增值税业务。其中，"应交增值税"二级科目的借方还应设置"进项税额"、"已交税金"、"转出未交增值税"等专栏；其贷方还应设置"销项税额"、"进项税额转出"、"转出多交增值税"等专栏。

本期销项税额如果大于经过扣减后的进项税额，则差额为本期应交增值税额。本期应交增值税额大于借方专栏"已交税金"的差额，为本期未交增值税，应转入"应交税费——未交增值税"科目的贷方；本期应交增值税额小于借方专栏"已交税金"的差额，为本期多交增值税，应转入"应交税费——未交增值税"科目的借方。经过上述结转后，"应交增值税"二级科目无余额。

本期销项税额如果小于经过扣减后的进项税额，则差额为尚未抵扣的进项税额，可保留在"应交增值税"二级科目的借方，在以后期间继续用于抵扣销项税额。因此，如果"应交增值税"二级科目月末有余额，一定在借方，是尚未抵扣的进项税额。

3. 一般购销业务中的增值税账务处理

增值税是价外税，企业在一般购销业务中通常采用价税分离的定价方法，将总价款列示为不含税售价和增值税两个部分。如果企业采用合并定价方法，则应按下列公式对总价款进行分解：

$$不含税售价＝总价款÷(1＋增值税税率)$$
$$增值税＝不含税售价×增值税税率$$

企业销售货物或提供劳务时，按总价款借记"应收账款"、"银行存款"等科目，按不含税售价贷记"主营业务收入"科目，按增值税税额贷记"应交税费——应交增值税（销项税额）"科目；企业购进货物或接受劳务时，按不含税进价借记"原材料"、"材料采购"等科目，按增值税税额借记"应交税费——应交增值税（进项税额）"科目，按总价款贷记"银行存款"、"应付账款"等科目。

【例 8-9】 甲公司本期购入一批生产用原材料，增值税专用发票上注明不含税价款为 100 000 元，增值税税额 17 000 元。材料已验收入库，货款已支付。甲公司当期销售产品一批，合并定价总额为 234 000 元，适用的增值税税率为 17%，产品已发出，货款尚未收到。

甲公司账务处理如下：

(1) 购入原材料：

借：原材料   100 000
　　应交税费——应交增值税（进项税额）   17 000
　　贷：银行存款   117 000

(2) 销售产品：

不含税售价＝234 000÷(1＋17%)＝200 000（元）
增值税＝200 000×17%＝34 000（元）

借：应收账款   234 000
　　贷：主营业务收入   200 000
　　　　应交税费——应交增值税（销项税额）   34 000

4. 税法上视同销售行为的增值税账务处理

《增值税暂行条例实施细则》规定了以下 8 种行为应视同销售，计算缴纳增值税：

(1) 将货物交付其他单位或者个人代销；
(2) 销售代销货物；
(3) 设有两个以上机构并实行统一核算的纳税人，将货物从一个机构移送至其他机构用于销售，但相关机构设在同一县（市）的除外；
(4) 将自产或委托加工的货物用于非增值税应税项目；
(5) 将自产、委托加工的货物用于集体福利或个人消费；
(6) 将自产、委托加工或者购进的货物作为投资，提供给其他单位或个体工商户；
(7) 将自产、委托加工或者购进的货物分配给股东或投资者；
(8) 将自产、委托加工或者购进的货物无偿赠送其他单位或个人。

需要说明的是，税法上视同销售的行为，在会计上并不一定作为销售处理。例如，将自产或委托加工的货物用于不动产在建工程（非增值税应税项目）时，由于货物在同一会计主体内部转移，会计上不作为销售处理，而只按成本予以结转。又如，将自产、委托加工或者购进的货物无偿赠送他人时，因不符合收入确认的原则，会计上也不作为销售处理。但是，当企业将自产、委托加工的货物用于集体福利或个人消费时，或将自产、委托加工或者购进的货物分配给股东或投资者时，因货物的所有权已转移至企业外部，在会计上要作为销售处理，确认主营业务收入和主营业务成本。对于以自产、委托加工或者购进的货物对外进行投资的业务，应按照非货币性资产交换的原则判断是否需要确认主营业务收入和主营业务成本。

值得注意的是，对于上述业务，无论会计上如何处理，只要税法规定了应当缴纳增值税的，均应按规定计算应缴纳的增值税销项税额，贷记"应交税费——应交增值税（销项税额）"明细科目。

【例8-10】 甲公司将自产的一批产品作为股利分配给投资者。该批产品的实际成本为80 000元，计税价格为90 000元，适用的增值税税率为17%。

甲公司账务处理如下：

应交增值税销项税额＝90 000×17%＝15 300（元）

借：应付股利		105 300
贷：主营业务收入		90 000
应交税费——应交增值税（销项税额）		15 300
借：主营业务成本		80 000
贷：库存商品		80 000

【例8-11】 甲公司领用本企业自产的一批产品用于不动产的购建活动。该批产品的成本为300 000元，计税价格为400 000元，适用的增值税税率为17%。

甲公司账务处理如下：

应交增值税销项税额＝400 000×17%＝68 000（元）

借：在建工程		368 000
贷：库存商品		300 000
应交税费——应交增值税（销项税额）		68 000

5. 增值税进项税额的抵扣规定

（1）准予抵扣的进项税额。按照增值税暂行条例的规定，准予抵扣的进项税额包括：①从销售方取得的增值税专用发票上注明的增值税额；②从海关取得的海关进口增值税专用缴款书上注明的增值税额；③购进农产品时，按农产品买价的13%计算的进项税额；④在购销业务及生产经营过程中支付运输费用时，按运输费用金额的7%计算的进项税额。

企业在购进货物或应税劳务时，应将准予抵扣的进项税额，借记"应交税费——应交增值税（进项税额）"明细科目，从而减少增值税应纳税额。

【例8-12】 甲公司购入农产品一批，作为原材料核算，实际支付的买价为100 000元。收购的农产品已验收入库，款项已用现金支付。

甲公司账务处理如下：

可抵扣的进项税额＝100 000×13%＝13 000（元）

借：原材料		87 000
应交税费——应交增值税（进项税额）		13 000
贷：库存现金		100 000

【例8-13】 甲公司购进一批原材料，取得增值税专用发票上注明的价款是100 000元，增值税17 000元，另支付装卸费1 500元，运费1 000元，取得了运费发票。材料已验收入库，款项已支付。

甲公司账务处理如下：

可抵扣的进项税额＝17 000＋1 000×7％＝17 070（元）

原材料入账成本＝100 000＋1 500＋(1000－1 000×7％)＝102 430（元）

借：原材料　　　　　　　　　　　　　　　　　　　　　　102 430
　　应交税费——应交增值税（进项税额）　　　　　　　　 17 070
　　贷：银行存款　　　　　　　　　　　　　　　　　　　119 500

(2) 不予抵扣的进项税额。按照增值税暂行条例及实施细则的规定，下列项目的进项税额不得抵扣：①用于非增值税应税项目、免征增值税项目、集体福利或者个人消费的购进货物或者应税劳务；②非正常损失的购进货物及相关的应税劳务；③非正常损失的在产品、产成品所耗用的购进货物或者应税劳务；④国务院财政、税务主管部门规定的纳税人自用消费品，即应征消费税的摩托车、汽车和游艇；⑤上述购进货物和销售免税货物的运输费用。

所谓非增值税应税项目，是指提供非增值税应税劳务、转让无形资产、销售不动产和不动产在建工程。其中，非增值税应税劳务，是指属于应缴营业税的交通运输业、建筑业、金融保险业、邮电通信业、文化体育业、娱乐业、服务业等劳务。

另外，纳税人购进货物或者应税劳务，未取得增值税扣税凭证或取得的增值税扣税凭证不符合相关法律法规规定的，其进项税额不得从销项税额中抵扣。

企业在购进货物或应税劳务时，如果能够确定相关增值税进项税额不能抵扣，则应将其计入所购货物或劳务的成本。

由于企业购进货物时并不能预知将来可能发生的非正常损失或物资用途的改变，因而将增值税进项税额按可抵扣的情形记入了"应交税费——应交增值税（进项税额）"明细科目。待将来实际发生税法规定的不允许抵扣事项时，企业应通过"应交税费——应交增值税（进项税额转出）"明细科目，将进项税额转入非应税项目成本、集体福利或当期损失中。

【例8-14】 甲公司购入一辆自用的应征消费税的汽车，买价100 000元，增值税17 000元，运杂费800元，共计117 800元，款项已支付。

甲公司账务处理如下：

借：固定资产　　　　　　　　　　　　　　　　　　　　　117 800
　　贷：银行存款　　　　　　　　　　　　　　　　　　　117 800

【例8-15】 承例8-12，甲公司购入的农产品因管理不善全部霉烂变质，报经批准后转入当期营业外支出。

甲公司账务处理如下：

(1) 发现农产品毁损：

借：待处理财产损溢　　　　　　　　　　　　　　　　　　100 000
　　贷：原材料　　　　　　　　　　　　　　　　　　　　 87 000
　　　　应交税费——应交增值税（进项税额转出）　　　　 13 000

(2) 批准后：
借：营业外支出　　　　　　　　　　　　　　　　　　　　　100 000
　　贷：待处理财产损溢　　　　　　　　　　　　　　　　　　　　100 000

【例8-16】　承例8-13，甲公司将购进的原材料全部用于不动产购建活动。
甲公司账务处理如下：
借：在建工程　　　　　　　　　　　　　　　　　　　　　　119 500
　　贷：原材料　　　　　　　　　　　　　　　　　　　　　　　102 430
　　　　应交税费——应交增值税（进项税额转出）　　　　　　　 17 070

注意：按照税法规定，将自产或委托加工的货物用于非应税项目、集体福利或个人消费时，应视同销售，按计税价格计算缴纳销项税额；而将购进货物用于非应税项目、集体福利或个人消费时，则作为不予抵扣进项税额处理。试比较本例与例8-11的差异。

6. 增值税的缴纳与结转

企业根据当月"应交税费——应交增值税"科目的借、贷方发生额及月初留抵的进项税额，可以计算出当月应交增值税额，其计算公式为：

应交增值税＝销项税额－（月初留抵的进项税额＋本月进项税额－进项税额转出）

由于企业可能已在月末计算出应交增值税之前，预缴了税款，因此会出现当月应交增值税额与实际缴纳金额不等的现象。当企业预缴当月增值税款时，应借记"应交税费——应交增值税（已交税金）"科目，贷记"银行存款"科目。月末将多缴的增值税转出时，应借记"应交税费——未交增值税"科目，贷记"应交税费——应交增值税（转出多交增值税）"科目；月末将少缴的增值税转出时，应借记"应交税费——应交增值税（转出未交增值税）"科目，贷记"应交税费——未交增值税"科目。企业补缴上月增值税时，应借记"应交税费——未交增值税"科目，贷记"银行存款"科目。

【例8-17】　甲公司2011年8月初"应交税费——应交增值税"科目有借方余额2 000元，8月份发生增值税进项税额68 000元，发生增值税销项税额102 000元，发生进项税额转出24 000元，当月缴纳的增值税税款为32 600元，当月未缴的增值税于次月补缴。

甲公司账务处理如下：
(1) 8月份缴纳当月增值税款：
借：应交税费——应交增值税（已交税金）　　　　　　　　　　32 600
　　贷：银行存款　　　　　　　　　　　　　　　　　　　　　　32 600

(2) 8月末结转未交增值税额：
应交增值税＝102 000－（2 000＋68 000－24 000）＝56 000（元）
未交增值税＝56 000－32 600＝23 400（元）
借：应交税费——应交增值税（转出未交增值税）　　　　　　　23 400
　　贷：应交税费——未交增值税　　　　　　　　　　　　　　　23 400

(3) 9月补缴上月增值税：
借：应交税费——未交增值税　　　　　　　　　　　　　　　　23 400
　　贷：银行存款　　　　　　　　　　　　　　　　　　　　　　23 400

7. 小规模纳税人的增值税核算

按照我国现行制度的规定,增值税纳税义务人分为一般纳税人和小规模纳税人两种。前文所述增值税各项核算规定均针对一般纳税人而言。小规模纳税人是指年销售额在规定数额以下、会计核算不健全的纳税义务人,其增值税核算采用简化的方法,具体表现在:

(1) 销售货物或提供应税劳务时,按不含税售价的 3% 计算应交增值税额,且不得开具增值税专用发票,只能开具普通发票;

(2) 购进货物或接受应税劳务时,无论是否从销货方取得增值税专用发票,支付的增值税款一律不予抵扣,均计入所购货物或应税劳务的成本;

(3) 设置"应交税费——应交增值税"科目,其下不设各明细专栏,而采用借、贷、余三栏式记账,贷方登记应缴纳的增值税,借方登记已缴纳的增值税。

【例 8-18】 乙公司为增值税小规模纳税人,2012 年 1 月购入原材料一批,取得的增值税专用发票上注明价款 100 000 元,增值税税额 17 000 元。材料已验收入库,货款已支付。当月,乙公司销售产品一批,含税总价款 20 600 元,适用的增值税税率为 3%,产品已发出,货款尚未收到。

乙公司账务处理如下:

(1) 购进原材料:

借:原材料　　　　　　　　　　　　　　　　　　　　　117 000
　　贷:银行存款　　　　　　　　　　　　　　　　　　　　117 000

(2) 销售产品:

不含税售价 = 20 600 ÷ (1 + 3%) = 20 000 (元)

增值税 = 20 000 × 3% = 600 (元)

借:应收账款　　　　　　　　　　　　　　　　　　　　20 600
　　贷:主营业务收入　　　　　　　　　　　　　　　　　　20 000
　　　　应交税费——应交增值税　　　　　　　　　　　　　　600

(二) 消费税

1. 消费税的概念及相关规定

消费税,是国家为了调整消费结构、引导消费方向,对特定消费品按流转额征收的一种商品税。

我国目前共对 14 种消费品征收消费税,分别是:烟、酒及酒精、化妆品、贵重首饰及珠宝玉石、鞭炮焰火、成品油、汽车轮胎、摩托车、小汽车、高尔夫球及球具、高档手表、游艇、木制一次性筷子、实木地板。消费税实行单环节征收,即:无论在哪个环节征收消费税,同一消费品的消费税只征收一次。除金银首饰在零售环节征收以外,其他消费品主要在生产、委托加工或进口环节征收消费税。

按照现行消费税法的规定,消费税应纳税额的计算分为从价定率、从量定额、从价从量复合计征三种方法,计算公式如下:

从价定率的消费税 = 销售额 × 税率

从量定额的消费税 = 销售数量 × 单位税额

从价从量复合计征的消费税 = 销售额 × 税率 + 销售数量 × 单位税额

上述公式中的销售额,不包括向购货方收取的增值税税款。

消费税是价内税,包含在销售收入中。假定某应税消费品的生产成本为10万元,消费税税率为20%,企业设定的销售毛利为2万元,则该消费品的销售定价(不含增值税)为:$(10+2)\div(1-20\%)=15$(万元),应交消费税为:$15\times20\%=3$(万元)。

2. 销售应税消费品的核算

当企业销售应税消费品,发生消费税纳税义务时,应借记"营业税金及附加"科目,贷记"应交税费——应交消费税"科目;当企业实际缴纳消费税时,应借记"应交税费——应交消费税"科目,贷记"银行存款"科目。

【例8-19】 甲公司为增值税一般纳税人,本期销售自产的高档手表一批,销售收入为100 000元(不含增值税),产品成本为85 000元。该产品的增值税税率为17%,消费税税率为20%,产品已发出,货款尚未收到。本期实际缴纳消费税20 000元。

甲公司账务处理如下:

消费税=$100\,000\times20\%=20\,000$(元)

(1) 销售实现:

  借:应收账款   117 000
    贷:主营业务收入   100 000
      应交税费——应交增值税(销项税额) 17 000
  借:主营业务成本   85 000
    贷:库存商品   85 000
  借:营业税金及附加   20 000
    贷:应交税费——应交消费税   20 000

(2) 实际缴纳消费税:

  借:应交税费——应交消费税   20 000
    贷:银行存款   20 000

3. 税法上视同销售应税消费品的核算

企业将自产的应税消费品作为直接材料,用于连续生产最终消费品时,不纳税;待最终消费品销售时,按其适用税率计算缴纳消费税。

企业将自产的应税消费品用于本企业生产非应税消费品、在建工程、管理部门、对外投资、股利分配、无偿捐赠等其他方面时,应视同销售,于移送使用时确认应缴纳的消费税。借记"生产成本"、"在建工程"、"管理费用"、"长期股权投资"等科目,贷记"应交税费——应交消费税"科目。

【例8-20】 甲公司为增值税一般纳税人,本期以自产的应税消费品一批对A公司投资。双方协议按产品的售价作价。该批应税消费品的售价为100 000元(不含增值税),成本为85 000元。该产品的增值税税率为17%,消费税税率为10%。假定该项对外投资符合准则规定的公允价值计量条件,甲公司在会计核算上应按视同销售确认收入与成本。

甲公司账务处理如下:

增值税=$100\,000\times17\%=17\,000$(元)

消费税=$100\,000\times10\%=10\,000$(元)

  借:长期股权投资   117 000

贷：主营业务收入	100 000
应交税费——应交增值税（销项税额）	17 000
借：主营业务成本	85 000
贷：库存商品	85 000
借：营业税金及附加	10 000
贷：应交税费——应交消费税	10 000

4. 委托加工应税消费品的核算

按照税法规定，企业委托加工的应税消费品，由受托方在向委托方交货时代扣代缴消费税，即：委托方将消费税税款支付给受托方后，由受托方向税务机关申报上缴。

企业收回委托加工的应税消费品后，如果用于连续生产最终应税消费品，则支付给受托方的消费税可以抵扣，应借记"应交税费——应交消费税"科目，贷记"银行存款"等科目。待企业销售其最终应税消费品时，再按适用税率计算应交的全部消费税，借记"营业税金及附加"科目，贷记"应交税费——应交消费税"科目。"应交税费——应交消费税"科目贷方记录的全部消费税，减去借方记录的委托加工环节可抵扣的消费税之后的差额，为应补交的消费税，实际缴纳时应借记"应交税费——应交消费税"科目，贷记"银行存款"科目。

企业收回委托加工的应税消费品，如果用于直接销售，则支付给受托方的消费税应计入委托加工应税消费品的成本，借记"委托加工物资"科目，贷记"银行存款"等科目。委托加工的应税消费品实际出售时，不再缴纳消费税。

【例 8-21】 甲公司委托乙公司加工一批烟丝，加工所需烟叶由甲公司提供，原材料（烟叶）成本为 200 000 元。烟丝加工完毕后已验收入库，甲公司用银行存款支付不含税的加工费 10 000 元，增值税 1 700 元，并取得增值税专用发票。由乙公司代收代缴的消费税共计 90 000 元，甲公司已用银行存款支付。

甲公司账务处理如下：

(1) 发出原材料（烟叶）：

借：委托加工物资	200 000
贷：原材料——烟叶	200 000

(2) 收回加工完毕的烟丝，支付加工费及相关税费：

①如果收回的烟丝用于继续生产卷烟。

借：委托加工物资	10 000
应交税费——应交增值税（进项税额）	1 700
——应交消费税	90 000
贷：银行存款	101 700
借：原材料——烟丝	210 000
贷：委托加工物资	210 000

②如果收回的烟丝直接用于销售。

借：委托加工物资	100 000
应交税费——应交增值税（进项税额）	1 700
贷：银行存款	101 700

借：原材料——烟丝　　　　　　　　　　　　　　　　　　　　300 000
　　贷：委托加工物资　　　　　　　　　　　　　　　　　　　　300 000

(三) 营业税

1. 营业税的概念

营业税是以提供应税劳务、转让无形资产或销售不动产所取得的营业额为征税对象的一种商品劳务税。

这里的营业税应税劳务，是指属于交通运输业、建筑业、金融保险业、邮电通信业、文化体育业、娱乐业、服务业范围的劳务；转让无形资产是指转让无形资产所有权或使用权的行为。值得注意的是，服务业包含租赁业务，因此出租、出售无形资产与出租、出售不动产，均要缴纳营业税。

营业税＝营业额×税率

2. 提供应税劳务的营业税账务处理

企业提供应税劳务，应按营业额乘以规定的税率计算应缴纳的营业税额，借记"营业税金及附加"科目，贷记"应交税费——应交营业税"科目。

【例8-22】甲公司对外提供运输劳务，取得收入30 000元，营业税税率3%。

甲公司账务处理如下：

借：营业税金及附加　　　　　　　　　　　　　　　　　　　　　900
　　贷：应交税费——应交营业税　　　　　　　　　　　　　　　　900

3. 转让无形资产的营业税账务处理

一般而言，企业转让无形资产使用权（出租无形资产）获得收入时，应借记"银行存款"等科目，贷记"其他业务收入"科目；发生的营业税应由收入来补偿，借记"营业税金及附加"科目，贷记"应交税费——应交营业税"科目；如果存在相关成本，还应按配比原则，借记"其他业务成本"科目，贷记"累计摊销"等科目。

企业转让无形资产所有权（出售无形资产）取得的价款不属于营业收入，相应的营业税也不通过"营业税金及附加"核算，而是作为交易利得或损失的影响因素，直接记入"营业外收入"或"营业外支出"科目。

【例8-23】甲公司转让某项无形资产的使用权，取得收入200 000元，营业税税率5%，当期无形资产摊销额为50 000元。

甲公司账务处理如下：

借：银行存款　　　　　　　　　　　　　　　　　　　　　　200 000
　　贷：其他业务收入　　　　　　　　　　　　　　　　　　　200 000
借：营业税金及附加　　　　　　　　　　　　　　　　　　　 10 000
　　贷：应交税费——应交营业税　　　　　　　　　　　　　　 10 000
借：其他业务成本　　　　　　　　　　　　　　　　　　　　 50 000
　　贷：累计摊销　　　　　　　　　　　　　　　　　　　　　 50 000

【例8-24】甲公司转让某项无形资产的所有权，取得价款600 000元，营业税税率5%。该项无形资产账面原值为850 000元，已计提累计摊销350 000元，已提减值准备10 000元。

甲公司账务处理如下：

借：银行存款	600 000
无形资产减值准备	10 000
累计摊销	350 000
贷：无形资产	850 000
应交税费——应交营业税	30 000
营业外收入	80 000

4. 销售不动产的营业税账务处理

企业因销售不动产而承担的营业税，应借记"固定资产清理"科目，贷记"应交税费——应交营业税"科目。

【例 8-25】 甲公司出售一幢厂房，原价 800 000 元，已提折旧 350 000 元。出售不动产取得价款 400 000 元，款项已存入银行。甲公司用银行存款支付了清理费 20 000 元。适用的营业税税率为 5%。

甲公司账务处理如下：

借：固定资产清理	450 000
累计折旧	350 000
贷：固定资产	800 000
借：银行存款	400 000
贷：固定资产清理	400 000
借：固定资产清理	20 000
贷：银行存款	20 000
借：固定资产清理	20 000
贷：应交税费——应交营业税	20 000
借：营业外支出	90 000
贷：固定资产清理	90 000

（四）其他应交税费

1. 资源税、城市维护建设税、教育费附加

资源税是对在我国境内从事应税矿产品开采和生产盐的单位和个人征收的一种税。

城市维护建设税是国家为了加强城市的维护建设，扩大和稳定城市维护建设资金的来源而征收的一种附加税。

教育费附加是国家为了发展教育事业，提高人民的文化素质而征收的一项费用。

企业按规定确认应交的资源税、城市维护建设税和教育费附加时，应借记"营业税金及附加"科目，贷记"应交税费"下属各明细科目。

2. 房产税、城镇土地使用税、车船税、矿产资源补偿费

房产税是以房屋为征税对象，按照房屋的计税余值或租金收入，向房产所有人征收的一种财产税。房产税的征税范围仅限于城镇的经营性房屋，征收方法为按年计算、分期缴纳。

城镇土地使用税是以城镇土地为征税对象，对拥有土地使用权的单位和个人征收的一种税。城镇土地使用税以纳税人实际占用的土地面积为计税依据，按年计算、分期

缴纳。

车船税是以车船为征税对象,向拥有车船的单位和个人征收的一种税。车船税根据车船的类别和数量,按年申报缴纳。

矿产资源补偿费是对在中国领域及其管辖海域开采矿产资源的采矿人征收的费用。矿产资源补偿费按照矿产品销售收入的一定比例计征。

当企业确认本期应缴纳的房产税、城镇土地使用税、车船税、矿产资源补偿费时,应借记"管理费用"科目,贷记"应交税费"下属各明细科目。

3. 土地增值税

土地增值税是对转让国有土地使用权及地上建筑物和其他附着物产权,取得增值收入的单位和个人征收的一种税。土地增值税在房地产(或土地使用权)转让环节,实行按次征收,每发生一次转让行为,就根据增值额征一次税。

如果企业的土地使用权与地上建筑物一并在"固定资产"科目核算,则转让时发生的土地增值税,应借记"固定资产清理"科目,贷记"应交税费——应交土地增值税"科目;如果企业的土地使用权单独在"无形资产"科目核算,则转让时发生的土地增值税,应贷记"应交税费——应交土地增值税"科目,同时作为无形资产转让利得或损失的影响因素,记入"营业外收入"或"营业外支出"科目。

4. 所得税

所得税是对企业的生产、经营所得和其他所得征收的一种收益税。当企业按税法规定确认本期应交所得税时,应借记"所得税费用"科目,贷记"应交税费——应交所得税"科目。

需要说明的是,企业为职工代扣代缴的个人所得税不属于企业所得税。个人所得税由职工个人负担,不构成企业的一项费用,当企业承担代为缴纳的义务时,应从应付职工薪酬中扣除,即借记"应付职工薪酬——工资"科目,贷记"应交税费——代扣代缴个人所得税"科目。

5. 耕地占用税、印花税

耕地占用税是对占用耕地建房或从事其他非农业建设的单位和个人,就其实际占用的耕地面积征收的一种税。耕地占用税在纳税人获准占用耕地时一次性征收。企业缴纳的耕地占用税,不需要通过"应交税费"科目核算,按规定计算缴纳时,借记"在建工程"科目,贷记"银行存款"科目。

印花税是以经济活动中,书立、领受应税凭证的行为为课税对象而征收的一种税。应税凭证主要包括:购销、加工承揽、建设工程承包、财产租赁、货物运输、仓储保管、借款、财产保险、技术合同或者具有合同性质的凭证;产权转移书据;营业账簿;权利、许可证照等。一般情况下,企业需要预先购买印花税票,待发生应税行为时,再根据税率计算应纳税额,将已购买的印花税票粘贴在应税凭证上,并在每枚税票的骑缝处盖戳注销或者划销,从而完成纳税手续。因此,企业缴纳的印花税不需要通过"应交税费"科目核算,而是在购买印花税票时,直接借记"管理费用"科目,贷记"银行存款"科目。

七、应付利息

应付利息,是指企业按照借款合同或企业债券的约定,应向债权人支付的利息。企业应设置"应付利息"科目,核算应在一年内支付的利息,本科目可按债权人进行明细核算,期末贷方余额反映企业应付未付的利息。

企业按期计提利息时,借记"财务费用"、"在建工程"、"研发支出"等科目,贷记"应付利息"科目;企业实际支付利息时,借记"应付利息"科目,贷记"银行存款"科目。

八、应付股利

应付股利,是指企业根据股东大会或类似机构批准的分配方案,应分配给股东的现金股利或利润。企业经股东大会或类似机构批准,宣告分派时,应借记"利润分配"科目,贷记"应付股利"科目;实际支付股利时,借记"应付股利"科目,贷记"银行存款"科目。

对于董事会或类似机构制定的利润分配方案,在经过股东大会批准前,不作账务处理,但应在附注中披露。

九、其他应付款

其他应付款,是指企业应付、暂收其他单位或个人的款项,具体包括:
(1) 应付经营租入固定资产和包装物租金;
(2) 职工未按期领取的工资;
(3) 存入保证金(如收到的包装物押金等);
(4) 售后回购交易中未来应支付的回购价款;
(5) 其他应付、暂收款项。

企业发生各种应付、暂收款项时,应借记"银行存款"、"管理费用"、"财务费用"等科目,贷记"其他应付款"科目;实际支付时,借记"其他应付款"科目,贷记"银行存款"等科目。

第三节 非流动负债

非流动负债,是指偿还期在1年以上或者超过1年的一个营业周期以上的负债。常见的非流动负债主要有长期借款、应付债券、长期应付款等。

与流动负债相比,非流动负债具有金额大、期限长的特点。因此,偿还非流动负债的未来现金流量(包括支付的利息与本金)与其现值之间差额较大,应按准则要求以其现值入账。

非流动负债的利息可能分期支付,也可能到期还本时一次支付。因此,非流动负债应付未付的利息既可能是流动负债,也可能是非流动负债。

一、长期借款

(一) 长期借款的概念

长期借款,是指企业从银行或其他金融机构借入的期限在1年以上的款项。

(二) 长期借款的核算

1. 账户设置

企业应设置"长期借款"科目,核算向金融机构借入的各项长期借款。本科目可按贷款单位和贷款种类,分别"本金"、"利息调整"等进行明细核算。本科目期末贷方余额,反映企业尚未偿还的长期借款。

2. 主要账务处理

企业取得长期借款时,应按实际收到的金额,借记"银行存款"科目,按借款额贷记"长期借款——本金"科目。如果由于银行要求企业将借款额的一定比例保留在银行作为补偿性余额等原因,使得企业实际收到的金额小于借款额,则还应按差额,借记"长期借款——利息调整"科目。

资产负债表日,企业应按摊余成本和实际利率计算确定的长期借款的利息费用,借记"在建工程"、"制造费用"、"财务费用"、"研发支出"等科目,按合同条款规定的每期应付未付利息,贷记"应付利息"科目。如有差额,还应贷记"长期借款——利息调整"科目。

企业支付各期利息时,应借记"应付利息"科目,贷记"银行存款"科目;借款到期归还本金时,应借记"长期借款——本金"科目,贷记"银行存款"科目。

【例 8-26】 甲公司为开发某专有技术,2011 年 1 月 1 日借入期限为两年的长期专门借款 300 000 元,款项已存入银行。借款利率为 6%,实际利率与合同约定的名义利率相等。每年付息一次,期满后还本。2012 年 1 月 1 日,专有技术开发成功,达到预定用途。假定专有技术开发成功前发生的借款利息符合资本化条件。

甲公司账务处理如下:

(1) 2011 年 1 月 1 日,取得长期借款:

　　借:银行存款　　　　　　　　　　　　　　　　　　300 000
　　　　贷:长期借款——本金　　　　　　　　　　　　　　300 000

(2) 2011 年年末,计提借款利息:

　　借:研发支出——资本化支出　　　　　　　　　　　　18 000
　　　　贷:应付利息　　　　　　　　　　　　　　　　　　18 000

(3) 支付第一年利息:

　　借:应付利息　　　　　　　　　　　　　　　　　　　18 000
　　　　贷:银行存款　　　　　　　　　　　　　　　　　　18 000

(4) 2012 年年末,计提借款利息:

　　借:财务费用　　　　　　　　　　　　　　　　　　　18 000
　　　　贷:应付利息　　　　　　　　　　　　　　　　　　18 000

(5) 偿还本金及最后一期利息:

　　借:长期借款——本金　　　　　　　　　　　　　　　300 000
　　　　应付利息　　　　　　　　　　　　　　　　　　　18 000
　　　　贷:银行存款　　　　　　　　　　　　　　　　　　318 000

二、应付债券

（一）应付债券概述

1. 公司债券的概念

在我国，公司债券是指公司依照法定程序发行的，约定在一年以上期限内还本付息的有价证券。因此，公司债券属于非流动负债的范畴。

我国企业发行的短期债券被称为短期融资券，短期融资券只对银行间债券市场的机构投资人发行，只在银行间债券市场交易，不对社会公众发行。短期融资券的期限最长不超过 365 天，属于企业流动负债的范畴。

2. 公司债券的发行

发行债券是企业筹集资金的一种方式。我国现行《证券法》、《企业债券管理条例》、《上市公司证券发行管理办法》、《公司债券发行试点办法》等相关法律法规对公司债券的发行条件、发行程序、监督管理、法律责任等进行了详细的规定。

只有在内部控制、信用级别、财务状况、盈利能力、历史违约情况、募集资金数额及用途等各方面均符合规定条件的企业才有资格公开发行债券。企业发行债券时，应由公司董事会制定方案，由股东大会表决通过，由保荐人保荐并报证券管理机构（中国证监会）核准。实际发行时，由证券经营机构承销。为了保护债券持有人的权益，企业还应当聘请债券受托管理人，并订立债券受托管理协议，由债券受托管理人依照协议的约定维护债券持有人的利益。

企业应在债券票面载明下列内容：①企业的名称、住所；②债券面额；③债券利率；④还本期限和方式；⑤利息的支付方式；⑥债券发行日期和编号；⑦企业的印记和企业法定代表人的签章；⑧审批机关批准发行的文号、日期。

3. 公司债券的分类

企业发行的债券可以按不同的方式进行分类。按是否登记债券持有人的姓名，分为记名债券和不记名债券；按能否转换为发行公司的股票，分为可转换公司债券和一般公司债券；按有无特定的财产担保，分为抵押债券和信用债券；按偿还本金的方式，分为一次还本债券和分期还本债券；按支付利息的方式，分为到期一次付息债券和分期付息债券。

4. 公司债券的溢价发行、折价发行和按面值发行

当债券的票面利率高于实际利率时，企业收到的债券发行款会超过债券面值，称为债券的溢价发行，溢价是企业因以后多付利息而事先得到的补偿。

当债券的票面利率低于实际利率时，企业收到的债券发行款会小于债券面值，称为债券的折价发行，折价是企业为以后少付利息而预先给予债券投资者的补偿。

当债券的票面利率等于实际利率时，企业收到的债券发行款会等于债券面值，称为债券按面值发行。

（二）一般公司债券的核算

1. 账户设置

企业应设置"应付债券"科目，核算企业为筹集长期资金而发行债券所承担的非流动负债。本科目可按"面值"、"利息调整"、"应计利息"等进行明细核算。

2. 主要账务处理

企业发行债券时，应按实际收到的款项，借记"银行存款"科目；按债券的面值，贷记"应付债券——面值"科目；按两者之间的差额，借记或贷记"应付债券——利息调整"科目。

资产负债表日，企业应按摊余成本和实际利率计算确定的债券利息费用，借记"财务费用"、"在建工程"、"制造费用"、"研发支出"等科目；按票面利率计算确定的应付未付利息，贷记"应付利息"或"应付债券——应计利息"科目；按两者之间的差额，借记或贷记"应付债券——利息调整"科目。

需要说明的是，摊余成本是指应付债券的账面价值，是对"面值"、"利息调整"、"应计利息"三个明细科目金额的合并。对于"应付利息"或"应付债券——应计利息"科目的选择，则依据对负债性质的判断：如果债券采用分期付息方式，则应付未付的利息属于流动负债，应记入"应付利息"科目；如果债券采用到期一次还本付息方式，则应付未付的利息与本金一样，属于非流动负债，应记入"应付债券——应计利息"科目。

债券到期，原记入"应付债券——利息调整"科目的溢折价已摊销完毕。企业清偿债券时，如果是分期付息到期还本债券，只需借记"应付债券——面值"科目，贷记"银行存款"科目；如果是到期一次还本付息债券，则应借记"应付债券——面值"、"应付债券——应计利息"科目，贷记"银行存款"科目。

【例8-27】 甲公司于2010年1月1日发行面值为40 000 000元的5年期债券，用于构建电力设备。债券票面年利率为5%，每年年末支付一次利息，到期还本。债券实际利率为4%，扣除交易费用后企业收到的债券发行价款为41 800 000元，款项已存入银行。

甲公司账务处理如下：

(1) 发行债券：

借：银行存款　　　　　　　　　　　　　　　　　　　41 800 000
　　贷：应付债券——面值　　　　　　　　　　　　　　40 000 000
　　　　　　　　——利息调整　　　　　　　　　　　　　1 800 000

(2) 计算各期实际利息费用、溢价摊销额、期末摊余成本，如表8-5所示。

表8-5　　　　应付债券溢价摊销表（分期付息、到期还本）　　　　金额单位：元

年份	期初摊余成本 ①	实际利息费用（借方）②=①×4%	应付票面利息（贷方）③	利息调整（溢价借方摊销）④=③-②	期末摊余成本 ⑤=①-④ ⑤=①+②-③
2010	41 800 000	1 672 000	2 000 000	328 000	41 472 000
2011	41 472 000	1 658 880	2 000 000	341 120	41 130 880
2012	41 130 880	1 645 235	2 000 000	354 765	40 776 115
2013	40 776 115	1 631 045	2 000 000	368 955	40 407 160
2014	40 407 160	1 592 840*	2 000 000	407 160	40 000 000

* 含尾数调整

(3) 2010年年末，确认实际利息费用、计提应付票面利息、摊销溢价：

  借：在建工程   1 672 000
    应付债券——利息调整   328 000
    贷：应付利息   2 000 000

支付本年票面利息时：

  借：应付利息   2 000 000
    贷：银行存款   2 000 000

(4) 2011年、2012年、2013年的账务处理与2010年类同。

(5) 2014年年末，确认实际利息费用、计提应付票面利息、摊销溢价：

  借：在建工程   1 592 840
    应付债券——利息调整   407 160
    贷：应付利息   2 000 000

支付本年票面利息及债券本金：

  借：应付债券——面值   40 000 000
    应付利息   2 000 000
    贷：银行存款   42 000 000

  本例中，发行债券的溢价1 800 000元记入了"应付债券——利息调整"的贷方。因为"应付债券——应计利息"科目没有发生额，所以债券摊余成本由"应付债券——面值"和"应付债券——利息调整"的贷方余额加总得到。随着各期溢价摊销，"应付债券——利息调整"科目的贷方余额逐渐减记为零，债券摊余成本也逐渐由41 800 000元变化为40 000 000元，表8-5中期末摊余成本计算方法⑤=①-④体现了应付债券的这一账面变化。应付债券期末摊余成本的另一计算方法为⑤=①+②-③，表达了摊余成本同时也是企业各期末实际占用的资金总额。以第一年为例，2010年年初企业因溢价发行债券而占用投资者资金总额为41 800 000元，经过一年后，该笔资金增值为43 472 000元（41 800 000+41 800 000×4%），但因企业以利息方式偿还了其中的2 000 000元，2010年年末企业实际占用投资者资金总额为41 472 000元（41 800 000+41 800 000×4%-2 000 000）。因此，第二年的实际利息以此为基准乘以实际利率4%得到，充分体现了实际利率法的本质。

【例8-28】 甲公司于2010年1月1日折价发行面值为1 000 000元的3年期债券，用于公司经营周转。债券票面利率为5%，到期一次还本付息（利息按单利计算）。债券实际利率为6%，甲公司收到的发行价款共计965 562元，款项已存入银行。

甲公司账务处理如下：

(1) 发行债券：

  借：银行存款   965 562
    应付债券——利息调整   34 438
    贷：应付债券——面值   1 000 000

(2) 计算各期实际利息费用、折价摊销额、期末摊余成本，如表8-6所示。

表 8-6　　　　应付债券折价摊销表（到期一次还本付息）　　　　金额单位：元

年份	期初摊余成本 ①	实际利息费用（借方）②=①×6%	应付票面利息（贷方）③	利息调整（折价贷方摊销）④=②-③	期末摊余成本 ⑤=①+③+④ ⑤=①+②
2010	965 562.00	57 933.72	50 000	7 933.72	1 023 495.72
2011	1 023 495.72	61 409.74	50 000	11 409.74	1 084 905.46
2012	1 084 905.46	65 094.54*	50 000	15 094.54	1 150 000.00

*含尾数调整

(3) 2010 年年末，确认实际利息费用、计提票面利息、摊销折价：
　借：财务费用　　　　　　　　　　　　　　　　　　　　57 933.72
　　贷：应付债券——应计利息　　　　　　　　　　　　　　50 000.00
　　　　　　　　——利息调整　　　　　　　　　　　　　　 7 933.72

(4) 2011 年年末，确认实际利息费用、计提票面利息、摊销折价：
　借：财务费用　　　　　　　　　　　　　　　　　　　　61 409.74
　　贷：应付债券——应计利息　　　　　　　　　　　　　　50 000.00
　　　　　　　　——利息调整　　　　　　　　　　　　　　11 409.74

(5) 2012 年年末，确认实际利息费用、计提票面利息、摊销折价：
　借：财务费用　　　　　　　　　　　　　　　　　　　　65 094.54
　　贷：应付债券——应计利息　　　　　　　　　　　　　　50 000.00
　　　　　　　　——利息调整　　　　　　　　　　　　　　15 094.54

(6) 2013 年 1 月 1 日，还本付息：
　借：应付债券——面值　　　　　　　　　　　　　　　1 000 000
　　　　　　　　——应计利息　　　　　　　　　　　　　 150 000
　　贷：银行存款　　　　　　　　　　　　　　　　　　1 150 000

本例中，应付债券期末摊余成本计算方法⑤=①+③+④的含义是，在期初摊余成本的基础上，本期"应付债券——应计利息"和"应付债券——利息调整"科目的贷方发生额均会增加应付债券的摊余成本；公式⑤=①+②的含义是，公司因发行债券占用的投资者资金总额，经过一年后按实际利率增值，又因为到期还本付息的债券在债券持有期间没有向投资者返还任何资金，因此各期占用资金总量会不断增加，各期实际利息费用也会不断上升。

(三) 可转换公司债券

1. 可转换公司债券概述

可转换公司债券，是指发行公司依法发行、在一定期间内依据约定的条件可以转换成股份的公司债券。

可转换公司债券具有债权性证券与权益性证券的双重性质，因而属于混合性证券。债券持有人对是否将债券转换为发行公司的股票拥有选择权，即债券持有人可以选择按期收取债券利息、到期收回债券本金，也可以选择在持有债券一段时间后按事先约定的转换价格或转换比率将债券转换为股票，从而享受股票增值的收益。

可转换公司债券的期限最短为一年，最长为六年，自发行结束之日起六个月后方可转换为公司股票，转股期限由发行公司根据可转换公司债券的存续期限及公司财务状况确定。

2. 可转换公司债券的核算

（1）账户设置。由于可转换债券的发行价格既包含一般公司债券的价值，又包含转换权的价值，因此在核算时应将其拆分开来，分别计入公司的负债类和权益类账户。企业应设置"应付债券——可转换公司债券"科目核算其中的负债成分。本科目可按"面值"、"利息调整"、"应计利息"等进行三级明细核算。

（2）主要账务处理。发行可转换公司债券时，企业应按收到的价款，借记"银行存款"科目；按可转换公司债券的权益价值，贷记"资本公积——其他资本公积"科目；将可转换债券的负债价值，记入"应付债券——可转换公司债券"，即：按债券面值，贷记"应付债券——可转换公司债券（面值）"科目，按差额借记或贷记"应付债券——可转换公司债券（利息调整）"科目。

可转换公司债券在转换前，关于利息费用的账务处理与一般公司债券相同。

债券转换为股票时，应将"应付债券——可转换公司债券"科目中反映的债券负债成分的当前摊余价值与原记入"资本公积——其他资本公积"科目的权益成分的价值，全部转入"股本"和"资本公积——股本溢价"科目中。不足一股，用现金支付的部分，还应贷记"银行存款"等科目。

【例 8-29】 甲公司经批准于 2011 年 1 月 1 日发行面值为 2 000 000 元、3 年期、一次还本、按年付息的可转换公司债券，获得发行价款 1 950 000 元，款项已存入银行。债券票面利率为 6%，二级市场与之类似的不带转换权的债券实际利率为 9%。债券条款约定，债券发行一年后，持有人可按债券面值转换为普通股股票，转换价格为每股 10 元，股票面值为每股 1 元。假定 2012 年 1 月 1 日，债券付息后，债券持有人将全部债券转换为了普通股股票。

甲公司的账务处理如下：

(1) 2011 年 1 月 1 日，发行可转换公司债券：

债券负债成分的价值 $= 120\,000/1.09 + 120\,000/1.09^2 + (2\,000\,000 + 120\,000)/1.09^3$
$= 1\,848\,122$（元）

债券权益成分的价值 $= 1\,950\,000 - 1\,848\,122 = 101\,878$（元）

借：银行存款 1 950 000
　　应付债券——可转换公司债券（利息调整） 151 878
　贷：应付债券——可转换公司债券（面值） 2 000 000
　　　资本公积——其他资本公积 101 878

(2) 2011 年 12 月 31 日，确认实际利息费用：

实际利息费用 $= 1\,848\,122 \times 9\% = 166\,331$（元）

票面应付利息 $= 2\,000\,000 \times 6\% = 120\,000$（元）

折价摊销额 $= 166\,331 - 120\,000 = 46\,331$（元）

借：财务费用 166 331
　贷：应付债券——可转换公司债券（利息调整） 46 331
　　　应付利息 120 000

当年向投资者支付利息：

borrow：应付利息 120 000
  贷：银行存款 120 000

（3）2012年1月1日，债券转换为股票：
转换的股票数＝2 000 000÷10＝200 000（股）
转换后的权益总额＝(1 848 122＋46 331)＋101 878＝1 996 331（元）
股本溢价＝1 996 331－200 000×1＝1 796 331（元）

  借：应付债券——可转换公司债券（面值） 2 000 000
    资本公积——其他资本公积 101 878
  贷：应付债券——可转换公司债券（利息调整） 105 547
    股本 200 000
    资本公积——股本溢价 1 796 331

三、长期应付款

（一）长期应付款概述

长期应付款，是指企业除长期借款和应付债券以外的其他各种长期应付款项。常见的长期应付款主要有：应付融资租入固定资产的租赁费、以分期付款方式购入固定资产发生的应付款项等。

长期应付款反映企业承担的未来付款义务，通常应在企业签订相关付款合同时予以确认并按未来付款额的现值计量。

（二）长期应付款的核算

企业应设置"长期应付款"科目，反映企业未来应偿付的负债金额；同时企业还应设置"未确认融资费用"科目，反映企业未来偿还金额与其现值之间的差额。"未确认融资费用"是"长期应付款"的备抵科目，二者共同反映长期应付款的摊余成本，即：

"长期应付款"贷方余额－"未确认融资费用"借方余额＝长期应付款的现值

企业应在长期应付款的存续期间内，按实际利率法分期摊销未确认融资费用，将其确认为企业各期的实际利息，借记"财务费用"、"在建工程"等科目，贷记"未确认融资费用"科目。

【例8-30】 2010年1月1日，甲公司与乙公司签订一项购货合同，甲公司从乙公司购入一台不需要安装的大型机器设备。合同约定，甲公司采用分期付款方式支付价款。该设备价款共计600 000元（不考虑增值税），在2010年至2012年的3年中平均支付，每年的付款日期为当年12月31日。甲公司按照合同约定用银行存款如期支付了款项。假定折现率为10%。

甲公司账务处理如下：
（1）2010年1月1日，购买固定资产：
未来付款额的现值＝$200 000/1.1+200 000/1.1^2+200 000/1.1^3$＝497 370（元）
未确认融资费用＝600 000－497 370＝102 630（元）

  借：固定资产 497 370
    未确认融资费用 102 630

　　　　贷：长期应付款　　　　　　　　　　　　　　　　　　　　　　　　　600 000

(2) 计算各期应确认的融资费用，如表 8-7 所示：

表 8-7　　　　　　　　　　　融资费用计算表　　　　　　　　　　金额单位：元

年份	期初占用资金总额 ①	确认的融资费用 ②=①×10%	本期还款额 ③	期末占用资金总额 ④=①+②-③
2010 年	497 370	49 737	200 000	347 107
2011 年	347 107	34 711	200 000	181 818
2012 年	181 818	18 182	200 000	0

(3) 2010 年 12 月 31 日，支付第一期货款，并确认融资费用：

　　借：长期应付款　　　　　　　　　　　　　　　200 000
　　　　贷：银行存款　　　　　　　　　　　　　　　　　　　　200 000
　　借：财务费用　　　　　　　　　　　　　　　　49 737
　　　　贷：未确认融资费用　　　　　　　　　　　　　　　　49 737

(4) 2011 年 12 月 31 日，支付第二期货款，并确认融资费用：

　　借：长期应付款　　　　　　　　　　　　　　　200 000
　　　　贷：银行存款　　　　　　　　　　　　　　　　　　　　200 000
　　借：财务费用　　　　　　　　　　　　　　　　34 711
　　　　贷：未确认融资费用　　　　　　　　　　　　　　　　34 711

(5) 2012 年 12 月 31 日，支付最后一期货款，并确认融资费用：

　　借：长期应付款　　　　　　　　　　　　　　　200 000
　　　　贷：银行存款　　　　　　　　　　　　　　　　　　　　200 000
　　借：财务费用　　　　　　　　　　　　　　　　18 182
　　　　贷：未确认融资费用　　　　　　　　　　　　　　　　18 182

思考练习题

一、重要概念

1. 负债
2. 流动负债
3. 非流动负债
4. 短期借款
5. 应付票据
6. 应付账款
7. 预收账款
8. 职工薪酬
9. 辞退福利
10. 增值税
11. 长期借款
12. 应付债券
13. 可转换公司债券
14. 实际利率法

二、简答题

1. 负债有哪些分类方式？
2. 试说明预收账款的两种核算方式。
3. 职工薪酬包括哪些内容？
4. 一般纳税人支付的哪些增值税进项税额不得抵扣？
5. 增值税税法规定了哪些视同销售的行为？
6. 税法上视同销售与会计上视同销售有何区别？
7. 委托加工应税消费品的消费税应如

何核算？

8. 试说明哪些税费应记入"营业税金及附加"科目，哪些税费应记入"管理费用"科目？

9. 非流动负债在核算上相对于流动负债有何特点？

10. 可转换公司债券的特点是什么？应如何进行核算？

三、单项选择题

1. 短期借款利息应记入（　　）科目。
   A. "管理费用"　B. "在建工程"
   C. "销售费用"　D. "财务费用"

2. 企业到期无法支付银行承兑汇票时，应付票据到期金额应转入（　　）科目。
   A. "应付账款"　B. "短期借款"
   C. "其他应付款"　D. "长期应付款"

3. 预收账款明细科目中出现借方余额，其含义为（　　）。
   A. 应收账款债权
   B. 预收账款负债
   C. 应付账款负债
   D. 预付账款债权

4. 下列不属于应付票据核算的内容有（　　）。
   A. 票据入账价值的确定
   B. 期末计提利息
   C. 票据的贴现
   D. 到期还本付息

5. 企业确认辞退福利时，应借记（　　）科目，贷记"应付职工薪酬——辞退福利"科目。
   A. "管理费用"　B. "生产成本"
   C. "销售费用"　D. "制造费用"

6. 属于"应交税费——应交增值税"明细科目借方专栏的是（　　）。
   A. 销项税额
   B. 进项税额
   C. 进项税额转出
   D. 转出多交增值税

7. 企业销售一批产品，含增值税在内的总价款为304 200元，增值税税率为17%，则总价款中含有的增值税为（　　）元。
   A. 42 400　　B. 44 200
   C. 51 714　　D. 62 306

8. 某企业收购免税农产品，实际支付的价款为100 000元，按规定准予抵扣的进项税额为（　　）元。
   A. 13 000　　B. 34 000
   C. 0　　　　D. 8 000

9. 月份终了，企业当月应交未交的增值税额，应转入（　　）科目的贷方反映。
   A. "应交税费——应交增值税（已交税金）"
   B. "应交税费——应交增值税（转出多交增值税）"
   C. "应交税费——应交增值税（转出未交增值税）"
   D. "应交税费——未交增值税"

10. 委托加工的应税消费品收回后，用于连续生产应税消费品的，由受托方代扣代缴的消费税，委托方应记入（　　）科目的借方。
    A. "应交税费——应交消费税"
    B. "委托加工物资"
    C. "主营业务成本"
    D. "营业税金及附加"

11. 企业缴纳的下列税款中，一般不需要通过"应交税费"科目核算的是（　　）。
    A. 车船税　　B. 印花税
    C. 资源税　　D. 土地增值税

12. 就发行债券的企业而言，所获债券溢价收入实质是（　　）。
    A. 为以后少付利息而付出的代价
    B. 为以后多付利息而得到的补偿
    C. 本期利息收入
    D. 以后期间的利息收入

13. 当债券的票面利率高于实际利率时，企业发行债券的方式为（　　）。
   A. 溢价发行　　B. 折价发行
   C. 按面值发行　D. 私募发行

14. 企业发行债券时，收到的发行价款超过债券面值的溢价部分，应记入（　　）。
   A. "应付债券——利息调整"的借方
   B. "应付债券——利息调整"的贷方
   C. "应付债券——应计利息"的借方
   D. "应付债券——应计利息"的贷方

15. 甲公司经批准于2012年1月1日发行面值为2 000 000元、3年期、票面利率6%、一次还本、按年付息的可转换公司债券，获得发行价款2 680 000元，发行当日债券二级市场与之类似的不带转换权的债券发行价为1 987 000元。则甲公司应记入"资本公积——其他资本公积"的金额为（　　）元。
   A. 13 000　　　B. 680 000
   C. 693 000　　D. 987 000

四、多项选择题

1. 下列项目中，属于流动负债项目的有（　　）。
   A. 应付票据　　B. 应付职工薪酬
   C. 应付债券　　D. 应付利息

2. 下列项目中，属于职工薪酬的有（　　）。
   A. 职工福利费　B. 养老保险费
   C. 工会经费　　D. 辞退福利

3. 下列项目中，构成工资总额的有（　　）。
   A. 住房公积金　B. 奖金
   C. 津贴　　　　D. 计件工资

4. 下列各项支出，应计入企业职工福利支出的有（　　）。
   A. 为职工卫生保健支付的现金补贴
   B. 职工的困难补助
   C. 离退休人员统筹外费用
   D. 职工异地安家费

5. 根据《增值税暂行条例实施细则》的规定，下列项目中应视同销售，计算缴纳增值税销项税额的有（　　）。
   A. 将购买的货物用于非增值税应税项目
   B. 将自产或委托加工的货物用于集体福利
   C. 将自产、委托加工的货物无偿赠送他人
   D. 将自产、委托加工或购买的货物对外投资

6. 下列项目中，进项税额不得从销项税额中抵扣的有（　　）。
   A. 未取得增值税扣税凭证的购进货物
   B. 用于非应税项目的购进货物或者应税劳务
   C. 非正常损失的购进货物
   D. 购进农产品时，按农产品买价的13%计算的进项税额

7. 小规模纳税人的增值税核算特点包括（　　）。
   A. 销售货物或提供应税劳务时，按不含税售价的3%计算应交增值税额
   B. 不得开具增值税专用发票，只能开具普通发票
   C. 支付的增值税款一律不予抵扣
   D. "应交税费——应交增值税"科目采用借、贷、余三栏式记账

8. 下列各项税金中，构成相关资产成本的有（　　）。
   A. 用于直接销售的委托加工应税消费品由受托方代收代缴的消费税
   B. 用于连续生产应税消费品的委托加工应税消费品由受托方代收代缴的消费税
   C. 购进不动产已支付的增值税进项税

D. 自行建造厂房时支付的耕地占用税

9. 下列税金中，应计入管理费用的有（　）。

A. 房产税

B. 城镇土地使用税

C. 车船税

D. 资源税

10. "应交税费"科目核算的税费有（　）。

A. 应交增值税

B. 应交城市维护建设税

C. 应交消费税

D. 应交矿产资源补偿费

11. 其他应付款的核算内容包括（　）。

A. 应付经营租入固定资产租金

B. 收到的包装物押金

C. 应交教育费附加

D. 应支付给股东的股利

12. "应付债券"科目应设置的明细科目包括（　）。

A. 利息费用　　B. 面值

C. 应计利息　　D. 利息调整

13. "应付债券"科目贷方核算的有（　）。

A. 因溢价发行债券而产生的利息调整

B. 债券溢价的摊销

C. 期末计提应付债券利息

D. 偿还债券本金

14. 以下账务处理或表述正确的有（　）。

A. 资产负债表日企业应按摊余成本和实际利率计算应付债券的实际利息费用

B. 应付债券的折价摊销应记入"应付债券——利息调整"的贷方

C. 可转换公司债券发行价格中的负债成本与权益成分应分开核算

D. 企业应将长期应付款折现后的价值记入"长期应付款"的贷方

五、判断题

1. 负债是企业应在未来偿还的债务，理论上其入账价值均应按未来偿付金额的现值计量。（　）

2. 带息应付票据计算的利息，应当增加应付票据的账面价值。（　）

3. 如果应付账款的偿还附带有现金折扣条件，应付账款的入账金额应扣除可能获得的现金折扣。（　）

4. 所谓工资分配，是指将应付职工工资发放给企业职工。（　）

5. 没有设置"预收账款"科目的企业，如果收到了预收货款，应该在"应付账款"科目核算。（　）

6. 一般纳税企业"应交税费——应交增值税"科目月末如有余额，必定在借方。（　）

7. 企业自产或委托加工的货物用于集体福利或个人消费，由于不是销售，所以不必计算缴纳增值税。（　）

8. 小规模纳税企业购进货物时，如果取得了增值税专用发票，其支付的增值税可以计入进项税额用以抵扣销项税额。（　）

9. 企业转让无形资产使用权应交纳的营业税，通过"营业税金及附加"科目核算。（　）

10. "未确认融资费用"是"长期应付款"的备抵科目，二者共同反映长期应付款的摊余成本。（　）

六、计算题

1. 甲公司产品销售价格为200元/件（不含税），若客户购买80件（含80件）以上，每件可得10%的商业折扣。该企业提供的现金折扣条件为"2/10，1/20，N/30"（计算现金折扣时不包括相应的增值税额）。某客户2011年9月5日购买该企业产品100件，适用的增值税税率为17%。假定该客户于9月18日支付款项。

要求：计算客户实际支付的款项金额。

2. 2010年1月1日，甲公司经批准发行3年期，每年12月31日付息、到期还本的公司债券，债券面值为2 000 000元，票面年利率为5%。假定债券发行时的实际利率为5.38%，发行价格为1 980 000元，按实际利率法确认利息费用。

要求：计算该债券2010年和2011年应确认的实际利息费用。

3. 甲公司于2010年1月1日发行3年期、一次还本、每年付息的公司债券，每年12月31日支付利息。该公司债券票面年利率为5%，实际利率为3.98%，面值为30 000 000元，发行总价31 000 000元，另支付发行费用150 000元。假定该公司采用实际利率法按年度摊销债券面值与发行收入差额。

要求：计算该债券2011年12月31日的账面价值和当期摊销的利息调整数。

4. 甲公司于2011年1月1日按面值发行20 000 000元的可转换公司债券（发行费用忽略不计），该可转换公司债券发行期限为3年，票面利率为2%，按年度付息，债券发行1年后可转换为股票。同期普通债券市场利率为5%。

要求：计算甲公司初始确认时负债成分和权益成分的金额分别是多少。

七、核算题

1. 甲公司2012年1月发生以下应付票据结算业务：

(1) 开出承兑商业汇票一张，面额6 000元，用以抵付前欠某单位的货款。

(2) 购买A材料，货款为100 000元，增值税17 000元，申请签发面值为117 000元、期限2个月、利率为6%的银行承兑汇票，支付相应手续费100元。银行承兑汇票到期，因银行存款余额不足无力支付，作逾期贷款处理。

(3) 购买B材料，货款为20 000元，增值税为3 400元，企业签发带息商业承兑汇票一张，金额为23 400元，期限一个月，票面利率6%。签发一个月期限的商业承兑汇票到期，银行通知企业付款，企业同意付款。

(4) 购买C材料，货款为10 000元，增值税为1 700元，企业签发商业承兑汇票一张，金额为11 700元，期限3个月。商业承兑汇票到期，银行通知企业付款，企业无力付款。

要求：根据上述经济业务，编制相关会计分录。

2. 甲公司2011年8月1日收到A公司预付的货款40 000元，购买本公司产品100件。2011年8月10日，甲公司向A公司发货并开具增值税专用发票，发票注明不含税货款共计60 000元，增值税10 200元。2012年1月23日，甲公司收到A公司补付的剩余价款。

要求：根据上述业务，按设置与不设置"预收账款"科目两种情况，分别编制甲公司相关会计分录。

3. 甲公司2012年3月工资分配与结算情况如下：

(1) 生产车间工人工资200 000元；

(2) 生产车间管理人员工资30 000元；

(3) 管理部门人员工资50 000元；

(4) 销售部门人员工资20 000元；

(5) 基建工程人员工资40 000元；

(6) 甲公司按工资的24%、10.5%、3%、2%、1.5%计提社会保险费、住房公积金、职工福利费、工会经费和职工教育经费；

(7) 代扣代缴水电费8 000元，代扣代缴个人所得税20 000元，向职工实际发放工资312 000元；

(8) 向当地社会保险经办机构缴款

74 880元，向住房公积金管理机构缴款32 670元。

要求：根据上述经济业务，编制相关会计分录。

4. 甲公司为增值税一般纳税人，适用的增值税税率为17%，材料采用实际成本法计价。该公司2012年1月1日"应交税费——应交增值税"科目借方余额为40 000元。1月份发生如下经济业务：

（1）购买原材料一批，增值税专用发票上注明价款600 000元，增值税税额为102 000元，企业已开出商业承兑汇票，原材料已验收入库。

（2）将本企业生产的产品作为福利发放给职工，该批产品的计税价格为410 000元，成本为375 000元。

（3）销售产品一批，销售价格为200 000元（不含增值税），实际成本为160 000元，产品已发出，货款尚未收到。

（4）在建工程（不动产）领用原材料一批，该批原材料实际成本为300 000元，应由该批原材料负担的增值税税额为51 000元。

（5）将本企业购进的商品分配给股东，商品计税价格为180 000元，实际成本为175 000元。

（6）月末盘亏原材料一批，该批原材料实际成本为100 000元，应由该材料负担的增值税税额为17 000元。

（7）用银行存款缴纳本月增值税58 000元。

要求：

（1）根据上述经济业务，编制相关会计分录（"应交税费"科目要求写出明细科目及专栏名称）。

（2）计算1月末应交未交的增值税税额，并编制相应的结转分录。

5. 甲公司委托A公司加工一批应税消费品，加工所需原材料由甲公司提供，原材料成本为100 000元。双方约定的含增值税在内的加工费为26 910元，适用的增值税税率为17%。由A公司代收代缴的消费税共26 000元。产品加工完毕，甲公司支付了加工费及相关税费，取得A公司开具的增值税专用发票，收回的委托加工物资继续用于生产其他应税消费品。

要求：根据上述经济业务，编制相关会计分录。

6. 甲公司于2010年1月1日发行面值为30 000 000元的5年期债券，用于建造工厂新厂房。债券票面年利率为5%，每年末支付一次利息，到期还本。债券实际利率为6%，扣除交易费用后企业收到的债券发行价款为28 736 291元，款项已存入银行。

要求：根据上述资料，编制债券发行、折价摊销、还本付息等相关会计分录。

7. 甲公司于2012年1月1日，溢价发行面值为1 000 000元的4年期债券，用于开发某专利技术。债券票面利率为5%，到期一次还本付息（利息按单利计算）。债券实际利率为4%，甲公司收到的发行价款共计1 025 765元，款项已存入银行。假定债券各期利息费用均符合资本化条件。

要求：根据上述资料，编制债券发行、溢价摊销、还本付息等相关会计分录。

8. 2012年1月1日，甲公司以分期付款方式，从M公司购入一台不需要安装的大型机器设备。购货合同约定，甲公司从2012年至2016年分5次向M公司付款，每年年末支付1 500 000元（不考虑增值税）。假定折现率为6%。

要求：根据上述资料，编制甲公司购买固定资产、摊销融资费用、支付各期货款的相关会计分录。

第九章 所有者权益

第一节 所有者权益概述

一、所有者权益的概念

所有者权益，是指企业资产减去负债后由企业所有者享有的剩余权益，又称为股东权益。

把握所有者权益的概念，尤其要注意区分所有者权益和负债的差别。从会计恒等式"资产＝负债＋所有者权益"来看，企业的所有者和债权人均是企业资金的提供者，所有者权益和负债均是对企业资产的要求权，但二者存在明显的差别，主要表现在：

（1）性质不同。负债是企业对债权人承担的经济责任，负债的偿还是企业的法定义务，具有较强的刚性；而所有者权益则是股东对企业偿还债务后的剩余资产的要求权。

（2）权利不同。债权人只能要求还本付息，不能参与企业的经营决策和利润分配；而所有者权益则包含了决策权和收益分享权。

（3）偿还期限不同。企业的负债通常有明确的偿还日期；而所有者权益则可以长期使用，直至企业结束经营才全部返还给股东。

（4）风险不同。无论企业经营状况如何，债权人都可以按确定的金额优先向企业求偿，风险较小；而股东获得收益的大小，则取决于企业的盈利水平和经营政策，风险较大。

（5）计量不同。负债应于发生时按规定的方法单独计量；而所有者权益则不必单独计量，由资产和负债的计量结果计算得到。

二、所有者权益的构成和来源

所有者权益的构成和来源，如图 9-1 所示。

所有者投入的资本中属于注册资本的部分构成了企业的实收资本或股本，超过注册资本的溢价部分，构成了企业资本公积中的资本溢价或股本溢价。这里所谓实收资本是针对一般性企业（如有限责任公司）而言的；股本则专指股份有限公司的实收资本，二者只是称谓不同，并无本质差别。

直接计入所有者权益的利得和损失，是指不应计入当期损益、会导致所有者权益发生增减变动的、与所有者投入资本或者向所有者分配利润无关的利得或者损失，例如可供出售金融资产公允价值变动额、企业自用房地产转换为以公允价值模式计量的投资性房地产时公允价值大于原账面价值的差额。企业非日常经营活动形成的利得和损失，按照准则要求，有的计入了当期损益，通过本年利润间接影响所有者权益；有的则直接计

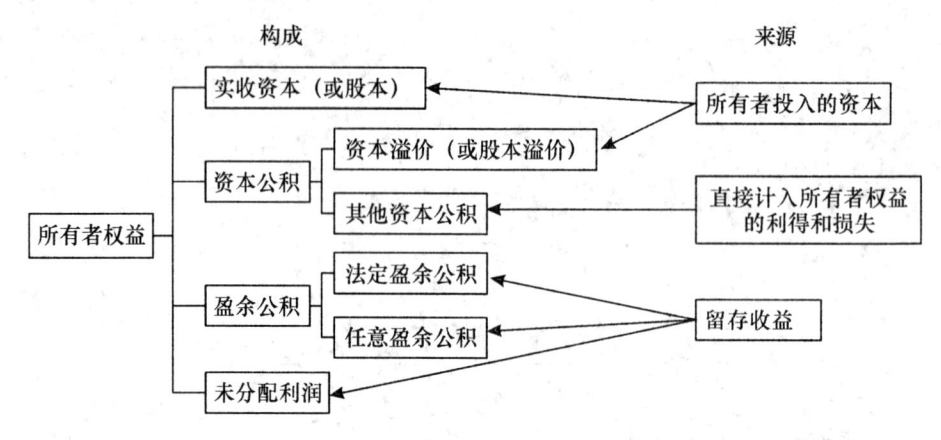

图 9-1 所有者权益的构成和来源

入所有者权益，构成其他资本公积。

留存收益是企业历年实现的净利润留存于企业的部分，它形成了企业的盈余公积和未分配利润。

第二节 实收资本

一、实收资本的概念及相关规定

实收资本，是投资者按照企业章程及投资协议的约定，实际投入企业的资本。

我国实行注册资本制度，企业的实收资本应当与其注册资本相一致，股东应按照各自在注册资本中所占的份额出资，如果股东认缴的资本超过了其在注册资本中所占的份额，则超出部分形成资本溢价，不属于实收资本的范围。股份有限公司的实收资本被划分为等额股份。股票的面值与股份总数的乘积为股本，股本应与股份有限公司的注册资本保持一致。投资者认购股票时交纳的超过股票面值的部分，属于股本溢价，不包括在股本的范围内。

我国《公司法》规定，有限责任公司注册资本的最低限额为人民币 3 万元。全体股东的首次出资额不得低于注册资本的 20%，也不得低于法定注册资本最低限额；其余部分可在公司成立之日起两年内缴足。股东可以用货币和实物、知识产权、土地使用权等可以用货币估价并可以依法转让的非货币财产出资，但货币出资金额不得低于注册资本的 30%。

一人有限责任公司的注册资本最低限额为人民币 10 万元，股东应当一次足额缴纳公司章程规定的出资额。

股份有限公司的设立，可以采取发起设立或募集设立的方式。发起设立，是指由发起人认购公司应发行的全部股份而设立公司。募集设立，是指由发起人认购公司股份的一部分，其余股份向社会公开募集或向特定对象募集而设立公司。股份有限公司注册资本的最低限额为 500 万元，采用募集设立时，发起人认购的股份不得少于公司股份总数的 35%。

新设公司的股东缴纳出资后，必须经依法设立的验资机构验资并出具证明后，才能向公司登记机关申请设立登记，获得营业执照。公司因生产经营规模变化，需要增加或减少注册资本的，应当向原登记机关申请变更登记。

实收资本的构成比例，即投资者的出资比例，决定了各投资者在企业所有者权益中所享有的份额，是投资者对企业经营决策行使表决权的依据，也是获得企业利润分配的依据，同时还是企业清算时分割净资产的依据。

二、实收资本的核算

（一）账户设置

一般企业应设置"实收资本"科目，核算投资者投入的属于注册资本的部分，本科目可按投资者进行明细核算。

股份有限公司应设置"股本"科目，核算全部股份的面值总额。为提供企业股份的构成情况，本科目也可按投资者进行明细核算。

（二）主要账务处理

企业接受投资者以货币、实物、无形资产等形式投入的资本时，应借记"银行存款"、"固定资产"、"无形资产"、"长期股权投资"等科目，按其在注册资本或股本中享有的份额，贷记"实收资本"或"股本"科目，如有差额，贷记"资本公积——资本溢价（或股本溢价）"科目。

企业按法定程序报经批准减少注册资本的，应借记"实收资本"科目，贷记"银行存款"等科目。

股份有限公司采用收购本公司股票方式减资的，在回购本公司股票时，应借记"库存股"科目，贷记"银行存款"科目；注销库存股时，按注销的股票面值总额，借记"股本"科目，按库存股的账面余额，贷记"库存股"科目，按其差额，借记"资本公积——股本溢价"科目，股本溢价不足冲减的，应借记"盈余公积"、"利润分配——未分配利润"科目。如果回购库存股时，支付的价款低于其面值总额，则注销库存股时，应将差额作为增加股本溢价处理。

【例9-1】 A、B、C三位投资者共同出资设立甲有限责任公司。公司注册资本为1 000 000元。A、B、C持股比例分别为50%、30%、20%。2011年5月1日，甲公司如期收到各投资者一次性缴足的款项。

甲公司的账务处理如下：

借：银行存款 1 000 000
　　贷：实收资本——A 500 000
　　　　　　　　——B 300 000
　　　　　　　　——C 200 000

【例9-2】 乙公司为股份有限公司，根据公司章程，公司注册资本为10 000 000元（每股1元，共10 000 000股）。投资者的出资总额中包括货币资金8 000 000元，固定资产1 500 000元，无形资产500 000元。2012年1月10日，乙公司收到全部出资款，并办妥实物产权转移手续。

乙公司的账务处理如下：

借：银行存款	8 000 000
固定资产	1 500 000
无形资产	500 000
贷：股本	10 000 000

【例 9-3】 甲有限责任公司因缩减经营规模而减少注册资本 200 000 元，按法定程序报经批准后，已将 200 000 元返还给投资者。

甲公司的账务处理如下：

借：实收资本	200 000
贷：银行存款	200 000

【例 9-4】 乙股份有限公司截至 2011 年 12 月 31 日共发行股票 30 000 000 股，股票面值为 1 元，资本公积（股本溢价）为 6 000 000 元，盈余公积为 4 000 000 元。经股东大会批准，乙公司以现金回购本公司股票 3 000 000 股并注销。假定乙公司按每股 4 元的价格回购本公司股票，不考虑其他因素。

乙公司的账务处理如下：

(1) 回购股票：

借：库存股	12 000 000
贷：银行存款	12 000 000

(2) 注销库存股：

借：股本	3 000 000
资本公积——股本溢价	6 000 000
盈余公积	3 000 000
贷：库存股	12 000 000

【例 9-5】 承例 9-4，假定乙公司以每股 0.9 元的价格回购股票并将其注销。

乙公司的账务处理如下：

(1) 回购股票：

借：库存股	2 700 000
贷：银行存款	2 700 000

(2) 注销库存股：

借：股本	3 000 000
贷：库存股	2 700 000
资本公积——股本溢价	300 000

第三节　资本公积

一、资本公积概述

资本公积，是指由资本溢价（或股本溢价）和直接计入所有者权益的利得和损失形成的，由全体所有者分享的权益。其中，资本溢价（或股本溢价）是指企业收到投资者投入的超出其在企业注册资本（或股本）中所占份额的投资。

一般来说，当企业吸收新增投资者投入资本时，新投资者往往需要投入更多的资本才能享有与原投资者相同的份额。这是因为企业初创时期，要经过筹建、试生产经营、市场开拓等过程，初始股东承担了较高的投资风险和较低的回报，为企业在后续正常生产经营中获得较高的投资报酬率付出了代价。因此新增投资者需要超份额出资，对原有股东在企业初创时期付出的代价作出补偿，才能公平地享有企业当前较高的投资报酬率。另外，企业生产经营过程中可能还会有一部分利润留在了企业，形成了留存收益，新加入的投资者将与原股东共同分享这部分留存收益，因此也要求其超份额投资。新投资者投入的超过其在注册资本（或股本）中所占份额的部分，形成企业的资本溢价（或股本溢价）。

在我国，股份有限公司公开发行股票募集资本时，可以按股票面值发行，也可按超过面值的价格溢价发行，但不得折价发行。股票发行价格超过面值的部分，形成股本溢价。

资本公积可用于转增资本。

二、资本公积的核算

（一）账户设置

企业应设置"资本公积——资本溢价（或股本溢价）"科目，核算企业收到投资者出资额超出其在注册资本或股本中所占份额的部分。

企业还应设置"资本公积——其他资本公积"科目，核算直接计入所有者权益的利得和损失。

（二）主要账务处理

企业吸收新增投资者投资时，按收到的资产，借记"银行存款"、"固定资产"、"无形资产"等科目，按投资者在注册资本中所占的份额，贷记"实收资本"或"股本"科目，按差额，贷记"资本公积——资本溢价"或"资本公积——股本溢价"科目。

股份有限公司公开发行股票筹集资本时，按实际收到的发行价款，借记"银行存款"科目，按发行的股票面值总额，贷记"股本"科目，如有超出股票面值的溢价收入，贷记"资本公积——股本溢价"科目。委托券商代理发行股票而支付的手续费、佣金等，应从溢价收入中扣除；无溢价或溢价不足扣除的部分，应计入发行当期的财务费用。

经股东大会或类似机构决议，用资本公积转增资本时，应借记"资本公积——资本溢价"或"资本公积——股本溢价"科目，贷记"实收资本"或"股本"科目。

根据目前企业会计准则的规定，涉及直接计入所有者权益的利得和损失的事项主要包括：可供出售金融资产发生公允价值变动；权益法核算长期股权投资时，被投资单位权益发生除净损益以外的变动；自用房地产或存货转换为公允价值计量的投资性房地产等。具体账务处理参见相关章节，此处不再赘述。

【例 9-6】 甲有限责任公司由 A、B、C 三位股东各自出资 1 000 000 元设立，设立时实收资本共计 3 000 000 元。经过三年的经营，该企业已步入稳定发展时期，这时投资者 D 希望加入该企业。经协商，由投资者 D 出资 1 800 000 元，而仅占该企业股份的

25%。相关手续已办妥,新增资本已存入甲公司开户银行。

甲公司的账务处理如下:

投资者D加入后,企业注册资本=3 000 000÷(1-25%)=4 000 000(元)

投资者D投入资金中,属于注册资本的部分=4 000 000-3 000 000=1 000 000(元)

资本溢价=1 800 000-1 000 000=800 000(元)

借:银行存款　　　　　　　　　　　　　　　　　　　1 800 000
　　贷:实收资本　　　　　　　　　　　　　　　　　　　1 000 000
　　　　资本公积——资本溢价　　　　　　　　　　　　　　800 000

【例9-7】 乙股份有限公司委托证券公司代理发行普通股10 000 000股,每股面值1元,每股发行价格为5元。双方约定按发行收入的3‰收取手续费,从发行收入中扣除。乙公司已收到扣除手续费后的股款。

乙公司的账务处理如下:

手续费=10 000 000×5×3‰=1 500 000(元)

收到款项=10 000 000×5-1 500 000=48 500 000(元)

应计入资本公积的金额=(5-1)×10 000 000-1 500 000=38 500 000(元)

借:银行存款　　　　　　　　　　　　　　　　　　　48 500 000
　　贷:股本　　　　　　　　　　　　　　　　　　　　10 000 000
　　　　资本公积——股本溢价　　　　　　　　　　　　38 500 000

【例9-8】 经股东大会决议,乙股份有限公司于2008年1月1日,用资本公积(股本溢价)转增股本1 000 000元,相关增资手续已办妥。

乙公司的账务处理如下:

借:资本公积——股本溢价　　　　　　　　　　　　　1 000 000
　　贷:股本　　　　　　　　　　　　　　　　　　　　1 000 000

第四节　留存收益

留存收益,是指企业历年来创造的净利润中,没有分配给投资者而留存于企业的部分。为了规范留存收益的使用,留存收益分为盈余公积和未分配利润两个部分。

一、盈余公积

(一)盈余公积的用途

为了满足企业维持或扩大再生产的资金需要,防范未来可能出现的亏损对资本金的侵蚀,相关法律法规要求企业从净利润中提取一部分资金作为盈余公积。盈余公积的提取实质上是对企业向投资者分配利润的一种限制。因此,盈余公积的用途主要是:弥补亏损、转增资本、扩大企业生产经营。

(二)盈余公积的有关规定

按照《公司法》等有关法律法规的规定,企业当年实现的净利润,应按如下顺序进行分配:①弥补以前年度的亏损;②提取法定盈余公积;③提取任意盈余公积;④向投资者分配利润或股利。

公司制企业应按当年税后净利润的10%提取法定盈余公积。当法定盈余公积累计额达到公司注册资本的50%以上时，可以不再提取法定盈余公积。公司从税后利润中提取法定盈余公积后，还可以根据股东会决议，从税后利润中提取任意盈余公积。

按照《公司法》的规定，法定公积金转增资本时，所留存的该项公积金不得少于转增前公司注册资本的25%。例如，甲公司注册资本原为100万元，法定盈余公积35万元，则可用法定盈余公积转增资本的最大金额为10万元。

（三）盈余公积的核算

1. 账户设置

企业应设置"盈余公积——法定盈余公积"和"盈余公积——任意盈余公积"科目，核算企业从净利润中提取的盈余公积。

2. 主要账务处理

企业按规定提取盈余公积时，借记"利润分配——提取法定盈余公积"、"利润分配——提取任意盈余公积"科目，贷记"盈余公积——法定盈余公积"、"盈余公积——任意盈余公积"科目。

经股东大会或类似机构决议，企业用盈余公积弥补亏损时，应借记"盈余公积"各明细科目，贷记"利润分配——盈余公积补亏"科目。

经股东大会或类似机构决议，企业用盈余公积转增资本时，应借记"盈余公积"各明细科目，贷记"实收资本"或"股本"科目。股份有限公司用盈余公积派送新股，相当于用盈余公积转增资本，应借记"盈余公积"各明细科目，贷记"股本"科目。

【例9-9】 2011年12月31日，甲公司按规定从税后利润中提取法定盈余公积1 000 000元，提取任意盈余公积500 000元。

甲公司的账务处理如下：

借：利润分配——提取法定盈余公积　　　　　　　　　　　1 000 000
　　　　　　——提取任意盈余公积　　　　　　　　　　　　500 000
　　贷：盈余公积——法定盈余公积　　　　　　　　　　　1 000 000
　　　　　　——任意盈余公积　　　　　　　　　　　　　　500 000

【例9-10】 甲股份有限公司经股东大会批准，以法定盈余公积弥补当年亏损300 000元。

甲公司的账务处理如下：

借：盈余公积——法定盈余公积　　　　　　　　　　　　　300 000
　　贷：利润分配——盈余公积补亏　　　　　　　　　　　　300 000

【例9-11】 甲股份有限公司经股东大会批准，以任意盈余公积2 000 000元向股东派送新股2 000 000股，每股面值1元。

甲公司的账务处理如下：

借：盈余公积——任意盈余公积　　　　　　　　　　　　2 000 000
　　贷：股本　　　　　　　　　　　　　　　　　　　　　2 000 000

二、未分配利润

(一) 未分配利润概述

未分配利润，是企业留待以后年度进行分配的结存利润。相对于所有者权益的其他部分而言，企业对未分配利润的使用拥有比较大的自主权。未分配利润可以用于弥补亏损、转增资本、向股东分配利润或股利。

(二) 未分配利润的核算

1. 账户设置

企业应设置"利润分配——未分配利润"科目，核算企业累积形成的未分配利润或未弥补亏损。为了反映利润分配的过程，企业还应在"利润分配"科目下，设置"提取法定盈余公积"、"提取任意盈余公积"、"应付现金股利或利润"、"转作股本的股利"、"盈余公积补亏"明细科目。以上明细科目在年末均应结转至"利润分配——未分配利润"科目，结转后无余额。年末"利润分配"科目下，只有"未分配利润"明细科目有余额，贷方表示累积未分配利润，借方表示累积未弥补亏损。

2. 主要账务处理

企业将本年实现的净利润转入未分配利润时，应借记"本年利润"科目，贷记"利润分配——未分配利润"科目。如果本年发生净亏损，则应借记"利润分配——未分配利润"科目，贷记"本年利润"科目。

经股东大会或类似机构决议，企业应向投资者分配的现金股利或利润，借记"利润分配——应付现金股利或利润"科目，贷记"应付股利"科目。

经股东大会或类似机构决议，企业应分配给股东的股票股利，在办妥增资手续后，借记"利润分配——转作股本的股利"，贷记"股本"科目。

年末，企业还应将"利润分配"科目所属的其他明细科目的余额，转入"利润分配——未分配利润"科目。

根据前文所述，现将企业年末进行的与利润结转和利润分配有关的账务处理汇总如表 9-1：

表 9-1　　　　　　　　　利润结转与分配的账务处理汇总

事项	会计分录
结转本年利润（或亏损）	如本年实现净利润 借：本年利润 　贷：利润分配——未分配利润　　　　如本年发生净亏损 借：利润分配——未分配利润 　贷：本年利润
提取盈余公积	借：利润分配——提取法定盈余公积 　　　　　　——提取任意盈余公积 　贷：盈余公积——法定盈余公积 　　　　　　——任意盈余公积
分配现金股利	借：利润分配——应付现金股利或利润 　贷：应付股利
派发股票股利	借：利润分配——转作股本的股利 　贷：股本

续表

事项	会计分录
用盈余公积转增资本	借：盈余公积 　　贷：股本
用盈余公积弥补亏损	借：盈余公积 　　贷：利润分配——盈余公积补亏
"利润分配"其他明细科目余额结转至"利润分配——未分配利润"	借：利润分配——未分配利润 　　贷：利润分配——提取法定盈余公积 　　　　　　　——提取任意盈余公积 　　　　　　　——应付现金股利或利润 　　　　　　　——转作股本的股利 借：利润分配——盈余公积补亏 　　贷：利润分配——未分配利润

【例 9-12】　甲股份有限公司 2011 年年初未分配利润为 800 000 元，当年实现净利润共计 5 000 000 元。公司按 10% 提取法定盈余公积，按 5% 提取任意盈余公积，并向投资者分配现金股利 200 000 元，股票股利 1 000 000 元，已办妥相关增资手续。

甲公司的账务处理如下：

(1) 结转本年净利润：

　　借：本年利润　　　　　　　　　　　　　　　　　　　5 000 000
　　　　贷：利润分配——未分配利润　　　　　　　　　　　　　　　5 000 000

(2) 利润分配：

　　借：利润分配——提取法定盈余公积　　　　　　　　　　500 000
　　　　　　　　——提取任意盈余公积　　　　　　　　　　250 000
　　　　贷：盈余公积——法定盈余公积　　　　　　　　　　　　　　500 000
　　　　　　　　　　——任意盈余公积　　　　　　　　　　　　　　250 000
　　借：利润分配——应付现金股利或利润　　　　　　　　　200 000
　　　　贷：应付股利　　　　　　　　　　　　　　　　　　　　　　200 000
　　借：利润分配——转作股本的股利　　　　　　　　　　1 000 000
　　　　贷：股本　　　　　　　　　　　　　　　　　　　　　　　1 000 000

(3) "利润分配"明细科目之间的结转：

　　借：利润分配——未分配利润　　　　　　　　　　　　1 950 000
　　　　贷：利润分配——提取法定盈余公积　　　　　　　　　　　　500 000
　　　　　　　　　　——提取任意盈余公积　　　　　　　　　　　　250 000
　　　　　　　　　　——应付现金股利或利润　　　　　　　　　　　200 000
　　　　　　　　　　——转作股本的股利　　　　　　　　　　　　1 000 000

以上账务处理完成后，甲公司 2011 年年末的未分配利润为：
800 000+5 000 000−500 000−250 000−200 000−1 000 000=3 850 000（元）

【例 9-13】　乙股份有限公司 2011 年以前累计亏损 3 000 000 元，反映在"利润分配——未分配利润"科目的借方。2011 年公司实现净利润 2 800 000 元，经股东大会决议，除 2011 已实现的净利润以外，尚未弥补的亏损用乙公司的法定盈余公积来弥补。

乙公司的账务处理如下：
(1) 结转本年净利润：
借：本年利润　　　　　　　　　　　　　　　2 800 000
　　贷：利润分配——未分配利润　　　　　　　　　　2 800 000
(2) 用盈余公积补亏：
截至2011年年末，尚未弥补的亏损＝3 000 000－2 800 000＝200 000（元）
借：盈余公积——法定盈余公积　　　　　　　　200 000
　　贷：利润分配——盈余公积补亏　　　　　　　　　200 000
(3) "利润分配"明细科目之间的结转：
借：利润分配——盈余公积补亏　　　　　　　　200 000
　　贷：利润分配——未分配利润　　　　　　　　　　200 000

以上账务处理完成后，乙公司2011年年末的未分配利润为：
－3 000 000＋2 800 000＋200 000＝0（元）

从本例可以看出，企业用当年实现的利润弥补以前年度的亏损时，不需要进行专门的账务处理。企业将当年实现的利润自"本年利润"科目转入"利润分配——未分配利润"科目的贷方，就可以与反映在"利润分配——未分配利润"借方的累计亏损额自然抵补。另外，按照所得税法的规定，企业当年发生的亏损，可以在今后5年内用税前利润弥补，超过5年，则只能用税后利润弥补。该项规定只影响亏损以后各年的应纳所得税额，不影响净利润在结转与分配时的账务处理过程。

思考练习题

一、重要概念
1. 所有者权益
2. 实收资本
3. 资本公积
4. 盈余公积
5. 留存收益
6. 未分配利润

二、简答题
1. 所有者权益与负债的主要区别是什么？
2. 简述所有者权益的构成和来源。
3. 我国相关法律法规对企业注册资本有何要求？
4. 资本溢价（或股本溢价）的形成原因是什么？
5. 企业计提盈余公积的原因是什么？
6. 企业净利润的分配顺序应当是怎样的？
7. 企业利润分配包含哪些内容？

三、单项选择题
1. 当新投资者加入有限责任公司时，其出资额大于按约定比例计算的在注册资本中所占份额的部分，应计入（　　）。
A. 实收资本　　B. 营业外收入
C. 资本公积　　D. 盈余公积

2. 股份有限公司溢价发行股票时支付给证券代理商的发行手续费应当（　　）。
A. 计入管理费用
B. 计入财务费用
C. 作为长期待摊费用分期摊销
D. 从溢价收入中扣除

3. 会计期末，"利润分配"各明细科目中可能会有余额的是（　　）。
A. "提取法定盈余公积"

B. "转作股本的股利"
C. "盈余公积补亏"
D. "未分配利润"

4. 甲股份有限公司委托某证券公司代理发行普通股100 000股，每股面值1元，发行价格为每股3元，双方约定，证券公司按发行收入的3‰收取手续费，从发行收入中扣除。则甲公司应计入资本公积的金额是(　　)元。
A. 191 000　　B. 200 000
C. 3 000　　　D. 9 000

5. 甲公司原有注册资本600万元，为扩大生产经营，吸收新投资者加入，新投资者需要出资420万元，占公司所有者权益的25%。则新投资者的出资中应计入资本溢价的金额为(　　)万元。
A. 170　　B. 220
C. 295　　D. 120

6. 下列各项中会引起所有者权益总额发生变化的是(　　)。
A. 提取盈余公积
B. 盈余公积补亏
C. 向投资者分配现金股利
D. 向投资者分配股票股利

四、多项选择题
1. 以下项目中应记入"资本公积"科目的有(　　)。
A. 本年实现的利润
B. 直接计入所有者权益的利得
C. 股本溢价
D. 应计入当期损益的损失

2. 留存收益是企业没有分配给投资者的累积净利润，它包括(　　)。
A. 实收资本　　B. 资本公积
C. 盈余公积　　D. 未分配利润

3. 盈余公积可用于(　　)。
A. 扩大企业生产经营
B. 转增资本
C. 弥补亏损

D. 发放工资

4. 下列事项中，会导致实收资本（或股本）发生增减变动的有(　　)。
A. 资本公积转增资本
B. 盈余公积转增资本
C. 派送新股
D. 注销库存股

5. 以下关于所有者权益表述正确的有(　　)。
A. 股本是股票面值和股份总数的乘积
B. 分配股票股利不影响所有者权益总额，但影响其结构
C. 分配现金股利将引起所有者权益减少
D. 法定盈余公积累计额达到公司注册资本的50%以上时，可以不再提取

6. "利润分配"科目下设的明细科目有(　　)。
A. "未分配利润"
B. "提取法定盈余公积"
C. "转作股本的股利"
D. "应付现金股利或利润"

五、判断题
1. 企业用当期净利润补亏，不必专门编制会计分录。(　　)
2. 盈余公积只能用于转增资本，不能用于弥补亏损。(　　)
3. 在我国，股份有限公司公开发行股票募集资本时，可以按股票面值发行，也可以溢价发行或折价发行。(　　)
4. 企业当期发生的所有利得和损失都应记入"资本公积——其他资本公积"。(　　)
5. 股东可以用货币和实物、知识产权、土地使用权等非货币财产出资，但货币出资金额不得低于注册资本的30%。(　　)
6. 实收资本的构成比例，即投资者的出资比例，是投资者对企业经营决策行使

表决权的依据，也是获得企业利润分配的依据。（　）

7. 未分配利润可以用于弥补亏损、转增资本、向股东分配利润或股利。（　）

8. 企业将本年实现的净利润转入未分配利润时，应借记"利润分配——未分配利润"科目，贷记"本年利润"科目。（　）

六、计算题

1. 甲公司 2011 年年初未分配利润贷方余额为 200 万元，本年利润总额为 800 万元，所得税费用为 200 万元。按净利润的 10% 提取法定盈余公积，按净利润的 5% 提取任意盈余公积，向投资者分配现金股利 25 万元。

要求：计算甲公司 2011 年年末的未分配利润金额。

2. 乙公司 2011 年年初未分配利润借方余额为 18 万元，本年实现净利润 900 万元，本年提取法定盈余公积 90 万元，提取任意盈余公积 40 万元，向投资者分配股票股利 27 万元。

要求：计算乙公司 2011 年年末的未分配利润金额。

七、核算题

1. 甲公司于 2009 年以发行股票的方式募集资本，共发行普通股 1 000 万股，每股面值 1 元，每股的发行价格 8 元。证券代理商按其发行收入的 2% 收取承销费用，并从发行收入中扣除。收到的股款存入银行。2011 年，经股东大会决议，甲公司用资本公积（股本溢价）转增股本 100 万元，相关增资手续已办妥。

要求：根据上述资料，编制甲公司发行股票、转增资本的会计分录。

2. 乙股份有限公司截至 2011 年 12 月 31 日共发行股票 10 000 000 股，股票面值为 1 元，资本公积（股本溢价）为 600 000 元，盈余公积为 300 000 元。经股东大会批准，乙公司以现金回购本公司股票 200 000 股并注销。假定乙公司按每股 4.8 元的价格回购本公司股票，不考虑其他因素。

要求：根据上述资料，编制乙公司回购并注销库存股的会计分录。

3. 甲公司 2010 年年初未分配利润为 500 000 元，当年实现净利润共计 3 000 000 元。公司按 10% 提取法定盈余公积，按 7% 提取任意盈余公积，并向投资者分配现金股利 300 000 元，股票股利 2 000 000 元，已办妥相关增资手续。2011 年甲公司发生净亏损 800 000 元，经股东大会决议，以法定盈余公积来弥补尚未弥补的亏损。

要求：根据上述资料，编制甲公司相关会计分录。

第十章 收入、费用和利润

第一节 收入

一、收入的概念与分类

（一）收入的概念

收入，是指企业在日常活动中形成的、会导致所有者权益增加的、与所有者投入资本无关的经济利益的总流入。

日常活动是指企业为完成其经营目标所从事的经常性活动以及与之相关的其他活动。例如，工业企业制造并销售产品、商业企业销售商品、保险公司签发保单、咨询公司提供咨询服务、软件企业为客户开发软件、安装公司提供安装服务等，均属于企业的日常活动。企业处置固定资产、进行债务重组、参与非货币性资产交换等偶发交易或事项，不属于企业的日常活动。明确界定日常活动是为了将收入与利得相区分，企业非日常活动中获得的经济利益流入属于利得。

（二）收入的分类

按照企业从事日常活动的性质，可将收入分为销售商品收入、提供劳务收入、让渡资产使用权收入、建造合同收入等。其中，销售商品收入主要是指工业企业制造并销售产品、商业企业销售购进的商品等实现的收入；提供劳务收入是指企业通过对外提供劳务而实现的收入，如咨询公司提供咨询服务、运输公司提供运输服务、软件开发公司提供软件开发及维护服务等实现的收入；让渡资产使用权收入主要有商业银行对外贷款、租赁公司出租资产等实现的收入；建造合同收入是指建造承包商因承揽建造合同而实现的收入，如飞机制造公司因签订并履行飞机建造合同而实现的收入。

按照企业各项日常活动的重要性，可将收入分为主营业务收入和其他业务收入。主营业务收入是指企业围绕经营目标从事的经常性活动实现的收入，而与之相关的其他日常活动实现的收入则属于其他业务收入。如工业企业对外出售不需用的原材料、出租固定资产、出租无形资产、对外出租包装物等实现的收入，均属于其他业务收入。值得注意的是，一般企业在出售固定资产、处置无形资产、转让长期股权投资、出售金融资产等非日常活动中获得的经济利益流入，不属于任何一种收入，而属于企业的利得。另外，企业代第三方收取的款项或暂收的款项，不会给企业带来经济利益流入，而只能计入负债，如企业随同货款一起收到的增值税税款、因出租包装物而收到的押金等。

二、销售商品收入

(一) 销售商品收入的确认条件

企业销售商品的收入，必须同时满足以下 5 个条件时，才能予以确认。

1. 企业已将商品所有权上的主要风险和报酬转移给了购货方

与商品所有权有关的风险是指商品可能发生减值或毁损等形成的损失；与商品所有权有关的报酬是指商品价值增值或通过使用商品等形成的经济利益。如果与商品所有权有关的任何损失均不需要销货方承担，与商品所有权有关的任何经济利益也不归销货方所有，则意味着商品所有权上的风险和报酬已转移给了购货方。

判断企业是否已将商品所有权上的主要风险和报酬转移给购货方，应当关注交易的实质，并结合所有权凭证的转移进行判断。①通常情况下，转移商品所有权凭证并交付实物后，商品所有权上的主要风险和报酬随之转移，如大多数零售商品。②某些情况下，转移商品所有权凭证或交付实物后，商品所有权上的主要风险和报酬随之转移，企业只保留了次要风险和报酬，如交款提货方式销售商品。③某些情况下，转移商品所有权凭证或交付实物后，商品所有权上的主要风险和报酬并未随之转移。如：因商品在质量、品种、规格等方面不符合合同或协议要求，企业仍负有弥补的责任；采用支付手续费方式委托代销的商品；企业尚未完成售出商品的安装或检验工作，且安装或检验工作是销售合同的重要组成部分；销售合同中规定了买方有权退货的条款，且企业不能确定退货的可能性。

只要商品所有权上的主要风险和报酬没有转移，销货方就不能确认销售收入。

2. 企业既没有保留通常与所有权相联系的继续管理权，也没有对已售出的商品实施有效控制

如果企业保留了与所有权相联系的继续管理权，或仍然对售出的商品实施控制，则说明此项销售商品的交易并没有完成，销售不能成立，不能确认销售收入。如果企业对售出的商品只保留了与所有权无关的管理权，则不受本条件的限制。例如房地产企业将开发的房产售出后，保留的物业管理权与房产所有权无关，不影响销售的成立。

3. 收入的金额能够可靠地计量

通常情况下，企业在销售商品时，售价已经确定，收入的金额能够可靠计量。但销售过程中由于某些不确定因素，也有可能出现售价变动的情况，如企业开发的新产品按合同约定，需要在客户试用后一段时间后再商定售价的情况。收入的金额不能可靠计量时，不应确认收入。

4. 相关的经济利益很可能流入企业

相关的经济利益很可能流入企业，是指销售商品价款收回的可能性超过 50%。企业在判断收回销售商品价款的可能性时，应综合考虑买方信誉与财务状况、当前经济环境、政府相关政策等多方面因素。如果估计价款收回的可能性不大，则不应确认收入。

在实务中，企业售出的商品符合合同或协议规定的要求，并已将发票账单交付买方，买方也承诺付款，通常表明销售商品的价款能够收回。

5. 相关的已发生或将发生的成本能够可靠地计量

通常情况下，企业能够可靠计量与销售商品相关的已发生或将发生的成本。但有时

商品成本包含可变因素时，会影响企业对成本的可靠计量。例如，企业将产品的某组成部件外包给其他方生产时，生产费用如果按照对方成本加成定价，则在审定对方成本前，企业无法可靠计量本产品的成本。根据收入和费用配比原则，与同一项销售有关的收入和成本应在同一会计期间予以确认。因此，如果成本不能可靠计量，则不能确认收入，已收到的价款应确认为负债。

（二）销售商品收入确认条件的具体应用

下列商品销售，通常按规定的时点确认为收入，有证据表明不满足收入确认条件的除外：

（1）销售商品采用托收承付方式结算的，在发出商品且办妥托收手续时确认收入。

（2）销售商品采用预收货款方式的，在发出商品时确认收入，预收的货款应确认为负债。

（3）销售商品附带安装或检验服务的，如果该安装或检验工作是销售合同的重要组成部分，则应在安装或检验工作完成时确认销售收入；如果安装和检验工作比较简单，则可在发出商品时确认收入。

（4）销售合同中附带了退货条款的，如果销售方可以合理预计退货比例，则可以在销售时确认收入；如果无法估计退货的可能性，则只能在退货期满时确认收入。

（5）代销商品视同买断方式下，如果实质上相当于委托方将商品直接销售给受托方，则委托方按一般原则确认销售商品收入；如果协议约定受托方可以将未售出商品退还委托方，则委托方应在受托方售出商品并开具代销清单时，确认销售收入。

（6）代销商品收取手续费方式下，委托方应在受托方售出商品并开具代销清单时确认销售收入。

（7）分期收款销售商品具有融资性质的，在发出商品时按未来应收款的现值确认收入，未来各期实际收到货款时不再确认收入，而作为债权的收回处理。

（8）采用售后回购方式销售商品实质上属于融资交易的，商品的风险与报酬并未转移，收到的款项应确认为负债，不确认收入。有确凿证据表明售后回购交易满足销售商品收入确认条件的，按销售商品与购进商品两项交易处理，在销售商品时按售价确认收入。

（9）销售商品采用以旧换新方式的，按销售新商品和购进旧商品两笔交易处理，在商品销售时确认销售收入。

（三）销售商品收入的计量

企业应根据销售合同或协议的约定，按照应向购货方收取的价款计量销售商品收入，但合同或协议价款不公允的除外。如果销售商品涉及商业折扣、销售折让等因素，在计量销售收入时应予以考虑。

企业在确定销售商品收入时，不考虑预计可能发生的现金折扣，待现金折扣实际发生时，作为财务费用计入发生当期的损益。

如果企业延期收取销售商品价款具有融资性质，则销售商品的收入应按延期收取的商品价款折现后的公允价值计量。

（四）一般情况下销售商品的核算

1. 满足收入确认条件时

企业销售商品满足收入确认条件时，应确认收入，同时结转成本，并将相关税费记入"营业税金及附加"科目。

【例 10-1】 甲公司于 2012 年 1 月份销售一批化妆品给乙公司，开出一张增值税专用发票，注明价款为 100 000 元，增值税税额为 17 000 元。产品品种和质量按照合同约定的标准提供，产品已经发出，该批产品的实际成本为 60 000 元。甲企业收到了乙企业开具并承兑的 6 个月到期的商业承兑汇票。已知消费税税率为 30%。

甲公司该项商品销售满足收入确认的条件，账务处理如下：

(1) 确认销售商品收入：

借：应收票据　　　　　　　　　　　　　　　　　　　　　　117 000
　　贷：主营业务收入　　　　　　　　　　　　　　　　　　　　100 000
　　　　应交税费——应交增值税（销项税额）　　　　　　　　 17 000

(2) 结转销售成本：

借：主营业务成本　　　　　　　　　　　　　　　　　　　　 60 000
　　贷：库存商品　　　　　　　　　　　　　　　　　　　　　　60 000

(3) 确认应交消费税：

消费税＝100 000×30%＝30 000（元）

借：营业税金及附加　　　　　　　　　　　　　　　　　　　 30 000
　　贷：应交税费——应交消费税　　　　　　　　　　　　　　　30 000

2. 不满足收入确认条件时

如果企业售出商品不符合收入确认条件，则不应确认收入。已经发出的商品，应当通过"发出商品"科目核算。已经发生的纳税义务，应记入"应交税费"相应明细科目。

【例 10-2】 甲公司于 2012 年 3 月 1 日向乙公司销售一批商品，开出的增值税专用发票上注明的销售价格为 50 000 元，增值税税额为 8 500 元，款项尚未收到；该批商品成本为 42 000 元。甲公司在销售时已知乙公司资金周转发生困难，但为了减少存货积压，也为了维持与乙公司的商业关系，甲公司仍将商品发往乙公司。假定甲公司销售该批商品的增值税纳税义务已发生。

根据本例资料，甲公司销售商品的货款不一定能收到，相关经济利益不是很可能流入企业，因此不符合收入确认的条件。甲公司的账务处理如下：

借：发出商品　　　　　　　　　　　　　　　　　　　　　　 42 000
　　贷：库存商品　　　　　　　　　　　　　　　　　　　　　　42 000
借：应收账款　　　　　　　　　　　　　　　　　　　　　　 8 500
　　贷：应交税费——应交增值税（销项税额）　　　　　　　　 8 500

（五）特殊销售方式的账务处理

1. 涉及商业折扣、现金折扣的商品销售

商业折扣，是指企业为促进商品销售而在商品价格上给予的优惠。企业销售商品涉及商业折扣的，应当按照扣除商业折扣后的金额确定销售收入。

现金折扣，是指债权人为鼓励债务人在规定的期限内付款，而向债务人提供的债务扣除。企业赊销商品后，为鼓励购货方早日还款而提供现金折扣的，在确认销售收入时，不考虑可能发生的现金折扣。现金折扣在实际发生时计入当期财务费用。

【例10-3】 甲公司的产品销售价格为 500 元/件，若客户购买 100 件（含 100 件）以上，每件可得到 10%的商业折扣。甲公司提供的现金折扣条件为"2/10，1/20，N/30"（计算现金折扣时包括相应的增值税税额）。乙公司于 2011 年 8 月 10 日购买了甲公司 100 件产品，适用的增值税税率为 17%。假定乙公司于 2011 年 8 月 15 日支付了全部款项。

甲公司的账务处理如下：
产品的实际销售价格＝500－500×10%＝450（元/件）
产品销售总额＝450×100＝45 000（元）
增值税税额＝45 000×17%＝7 650（元）
现金折扣＝(45 000＋7 650)×2%＝1 053（元）
实际收款额＝(45 000＋7 650)－1 053＝51 597（元）

(1) 2011 年 8 月 10 日，销售商品：

借：应收账款　　　　　　　　　　　　　　　　　52 650
　　贷：主营业务收入　　　　　　　　　　　　　　45 000
　　　　应交税费——应交增值税（销项税额）　　　 7 650

(2) 2011 年 8 月 15 日，收到款项：

借：银行存款　　　　　　　　　　　　　　　　　51 597
　　财务费用　　　　　　　　　　　　　　　　　 1 053
　　贷：应收账款　　　　　　　　　　　　　　　　52 650

2. 销售折让

销售折让，是指企业因售出商品的质量不合格等原因而在售价上给予的减让。通常情况下，发生销售折让时，应冲减当期的销售收入，同时用红字冲减相应的增值税销项税额，并减记应收账款金额或向客户退款。由于发生销售折让时，商品并未被退回，因此不必调整已确认的主营业务成本。

销售折让属于资产负债表日后事项的，应当按照资产负债表日后事项的相关规定进行处理。

【例10-4】 甲公司销售一批商品给乙公司，增值税专用发票上注明的价款为 20 000 元，增值税税额为 3 400 元，产品成本为 16 000 元。货到后，乙公司发现商品质量不合格，要求甲公司在价格上给予 10%的折让。假定乙公司已获得税务部门开具的索取折让证明单，甲公司已开具了红字增值税专用发票。

甲公司的账务处理如下：

(1) 销售实现：

借：应收账款　　　　　　　　　　　　　　　　　23 400
　　贷：主营业务收入　　　　　　　　　　　　　　20 000
　　　　应交税费——应交增值税（销项税额）　　　 3 400
借：主营业务成本　　　　　　　　　　　　　　　16 000
　　贷：库存商品　　　　　　　　　　　　　　　　16 000

(2) 发生销售折让：

借：主营业务收入　　　　　　　　　　　　　　　 2 000

　　　　应交税费——应交增值税（销项税额）　　　　　　　　　340
　　　　　贷：应收账款　　　　　　　　　　　　　　　　　　　　2 340
（3）收到货款：
　　　借：银行存款　　　　　　　　　　　　　　　　　　　　　21 060
　　　　　贷：应收账款　　　　　　　　　　　　　　　　　　　　21 060

3. 销售退回

销售退回，是指企业售出的商品由于质量、品种不符合要求等原因而发生的退货。销售退回可分别以下情况进行账务处理：

（1）如果商品退回时，尚未确认收入，则只需要将"发出商品"的金额转回到"库存商品"中，已确认的增值税销项税额开具红字发票，全部冲销。

（2）如果销售收入已确认，则退回商品时，应冲减销售收入和成本，冲减增值税销项税额。涉及已享受现金折扣的，还应调整财务费用。

（3）已确认收入的售出商品在资产负债表日后期间退回的，应按照资产负债表日后事项的相关规定进行处理。

【例 10-5】 甲公司于 2012 年 2 月 18 日销售产品一批，售价为 30 000 元，增值税税额为 5 100 元，产品成本 24 000 元。合同规定现金折扣条件为"2/10，1/20，n/30"（假定现金折扣只针对货款）。买方于 2012 年 2 月 26 日付款，享受现金折扣 600 元。2012 年 3 月 15 日，该批产品因质量严重不合格被全部退回，甲公司于当日用银行存款支付了应退还的款项。假定销售退回按规定准予扣除增值税销项税额。

甲公司的账务处理如下：

（1）2012 年 2 月 18 日，销售商品：
　　　借：应收账款　　　　　　　　　　　　　　　　　　　　　35 100
　　　　　贷：主营业务收入　　　　　　　　　　　　　　　　　　30 000
　　　　　　　应交税费——应交增值税（销项税额）　　　　　　　5 100
　　　借：主营业务成本　　　　　　　　　　　　　　　　　　　　24 000
　　　　　贷：库存商品　　　　　　　　　　　　　　　　　　　　24 000

（2）2012 年 2 月 26 日，收到货款：
　　　借：银行存款　　　　　　　　　　　　　　　　　　　　　34 500
　　　　　财务费用　　　　　　　　　　　　　　　　　　　　　　　600
　　　　　贷：应收账款　　　　　　　　　　　　　　　　　　　　35 100

（3）2012 年 3 月 15 日，销售退回：
　　　借：主营业务收入　　　　　　　　　　　　　　　　　　　　30 000
　　　　　应交税费——应交增值税（销项税额）　　　　　　　　　5 100
　　　　　贷：银行存款　　　　　　　　　　　　　　　　　　　　34 500
　　　　　　　财务费用　　　　　　　　　　　　　　　　　　　　　600
　　　借：库存商品　　　　　　　　　　　　　　　　　　　　　　24 000
　　　　　贷：主营业务成本　　　　　　　　　　　　　　　　　　24 000

4. 代销

代销分为视同买断和收取手续费两种方式。

(1) 视同买断方式。在视同买断方式下，委托方按代销合同约定的价款向受托方收取货款，对外实际售价由受托方自定，差额归受托方享有，受托方在取得代销商品后，无论是否能够卖出、是否获利，均与委托方无关。这种代销方式实质上等同于委托方将商品销售给了受托方，委托方应在向受托方交付商品时确认销售收入，受托方则作为购进商品处理。

如果代销合同约定，将来受托方未能售出的商品可以退还给委托方，或受托方因代销商品出现亏损可以要求委托方补偿，则委托方在交付商品时不能确认收入，应待受托方售出商品并开具代销清单后，再确认本企业的销售收入。

(2) 收取手续费方式。在这种方式下，对外销售价格由委托方确定，售价与成本的差额归委托方享有；受托方根据代销商品数量向委托方收取手续费。委托方应在受托方将商品售出后并开具代销清单时确认商品销售收入；受托方在商品售出后，按手续费确认劳务收入。

委托方的账务处理为：向受托方交付商品时，按商品成本，借记"委托代销商品"科目，贷记"库存商品"科目。收到受托方开具的代销清单时，借记"应收账款"等科目，贷记"主营业务收入"、"应交税费——应交增值税（销项税额）"科目；同时结转成本，借记"主营业务成本"科目，贷记"委托代销商品"科目；并按应支付的手续费，借记"销售费用"科目，贷记"应收账款"等科目。实际收到受托方交回的款项时，借记"银行存款"科目，贷记"应收账款"等科目。

受托方的账务处理为：收到受托代销的商品时，按约定的价格，借记"受托代销商品"科目，贷记"受托代销商品款"科目。售出受托代销商品后，按实际收到或应收的金额，借记"银行存款"、"应收账款"等科目，按应付给委托方的货款，贷记"应付账款"科目，按应交的增值税销项税额，贷记"应交税费——应交增值税（销项税额）"科目；同时按售出商品的约定价格，借记"受托代销商品款"科目，贷记"受托代销商品"科目。收到委托方开来的增值税专用发票时，按可抵扣的增值税进项税额，借记"应交税费——应交增值税（进项税额）"科目，贷记"应付账款"科目。计算代销手续费收入时，借记"应付账款"科目，贷记"主营业务收入"或"其他业务收入"科目。结清代销商品款时，按应付委托方的款项，借记"应付账款"科目，贷记"银行存款"科目。

【例10-6】 甲公司委托丙公司销售商品200件，商品已经发出，每件成本为60元。合同约定丙公司应按每件100元对外销售，甲公司按售价的10%向丙公司支付手续费。丙公司对外实际销售100件，开出的增值税专用发票上注明的销售价款为10 000元，增值税税额为1 700元，款项已经收到。甲公司收到丙公司开具的代销清单时，向丙公司开具一张相同金额的增值税专用发票。假定甲公司发出商品时纳税义务尚未发生，不考虑其他因素。

甲公司的账务处理如下：

(1) 发出委托代销商品：

  借：委托代销商品   12 000
    贷：库存商品   12 000

(2) 收到代销清单：

借：应收账款　　　　　　　　　　　　　　　　　　　　11 700
　　贷：主营业务收入　　　　　　　　　　　　　　　　　　10 000
　　　　应交税费——应交增值税（销项税额）　　　　　　　1 700
借：主营业务成本　　　　　　　　　　　　　　　　　　　6 000
　　贷：委托代销商品　　　　　　　　　　　　　　　　　　6 000
借：销售费用　　　　　　　　　　　　　　　　　　　　　1 000
　　贷：应收账款　　　　　　　　　　　　　　　　　　　　1 000

(3) 收到丙公司支付的货款：

借：银行存款　　　　　　　　　　　　　　　　　　　　10 700
　　贷：应收账款　　　　　　　　　　　　　　　　　　　10 700

丙公司的账务处理如下：

(1) 收到受托代销商品：

借：受托代销商品　　　　　　　　　　　　　　　　　　20 000
　　贷：受托代销商品款　　　　　　　　　　　　　　　　20 000

(2) 对外销售：

借：银行存款　　　　　　　　　　　　　　　　　　　　11 700
　　贷：应付账款　　　　　　　　　　　　　　　　　　　10 000
　　　　应交税费——应交增值税（销项税额）　　　　　　　1 700
借：受托代销商品款　　　　　　　　　　　　　　　　　10 000
　　贷：受托代销商品　　　　　　　　　　　　　　　　　10 000

(3) 收到甲公司开来的增值税专用发票：

借：应交税费——应交增值税（进项税额）　　　　　　　　1 700
　　贷：应付账款　　　　　　　　　　　　　　　　　　　　1 700

(4) 计算并确认代销手续费收入：

借：应付账款　　　　　　　　　　　　　　　　　　　　　1 000
　　贷：主营业务收入　　　　　　　　　　　　　　　　　　1 000

(5) 支付代销商品款：

借：应付账款　　　　　　　　　　　　　　　　　　　　10 700
　　贷：银行存款　　　　　　　　　　　　　　　　　　　10 700

5. 具有融资性质的分期收款销售商品

企业分期收款销售商品，实质上是在发出商品的同时向购货方提供信用贷款，要求对方分期偿还。企业应按未来收款金额的现值确认销售收入，未来收款额与其现值的差额作为"未实现融资收益"，在各期按实际利率法摊销，逐步确认为提供信贷的利息收入，记入各期"财务费用"科目的贷方。

【例 10-7】甲公司为增值税一般纳税人，适用的增值税税率为17%。2012年1月1日，甲公司向乙公司销售一台设备，合同约定的价款总额为2 000 000元，分5次于每年年末等额收取，该设备成本为1 560 000元。甲公司设定的折现率为8%，在现销方式下，该设备的销售价格为1 600 000元。假定该项销售满足收入确认条件。甲公司在发出商品时开出增值税专用发票,并于当天收到乙公司交来的增值税税额 340 000 元。甲公司计算的未实现融资收益摊销情况如表 10-1 所示。

表 10-1　　　　　　　　　未实现融资收益摊销表　　　　　　　金额单位:元

年度	期初被占用资金总额 ①	利息收入(摊销的融资收益) ②=①×8%	收到对方还款 ③	期末被占用资金总额 ④=①+②-③
2012	1 600 000	128 000	400 000	1 328 000
2013	1 328 000	106 240	400 000	1 034 240
2014	1 034 240	82 739	400 000	716 979
2015	716 979	57 358	400 000	374 337
2016	374 337	25 663*	400 000	0

* 含尾数调整

根据表 10-1 的计算结果,甲公司各期的账务处理如下:

(1) 2012 年 1 月 1 日,销售实现:

　　借:长期应收款　　　　　　　　　　　　　　　　　　　2 000 000
　　　　银行存款　　　　　　　　　　　　　　　　　　　　　340 000
　　　　贷:主营业务收入　　　　　　　　　　　　　　　　　　　　1 600 000
　　　　　　应交税费——应交增值税(销项税额)　　　　　　　　　　340 000
　　　　　　未实现融资收益　　　　　　　　　　　　　　　　　　　400 000
　　借:主营业务成本　　　　　　　　　　　　　　　　　　1 560 000
　　　　贷:库存商品　　　　　　　　　　　　　　　　　　　　　　1 560 000

(2) 2012 年 12 月 31 日确认融资收益,收取货款:

　　借:银行存款　　　　　　　　　　　　　　　　　　　　400 000
　　　　贷:长期应收款　　　　　　　　　　　　　　　　　　　　　400 000
　　借:未实现融资收益　　　　　　　　　　　　　　　　　　128 000
　　　　贷:财务费用　　　　　　　　　　　　　　　　　　　　　　128 000

(3) 2013 年、2014 年、2015 年、2016 年年末的账务处理与 2012 年年末类同。

截至 2013 年 12 月 31 日,"长期应收款"已全部收到,"未实现融资收益"已全部实现,相关账户余额为零。

三、提供劳务收入

企业提供劳务时有可能会跨越若干会计期间,为了正确核算各期的经营成果,在资产负债表日应合理确认当期的收入和费用。提供劳务的收入在确认时分两种情况。

(一) 提供劳务交易结果能够可靠估计的,劳务收入按完工百分比法确认

所谓交易结果能够可靠估计,是指同时满足以下 4 项条件:

(1) 收入的金额能够可靠地计量;

(2) 相关的经济利益很可能流入企业;

(3) 交易的完工进度能够可靠地确定;

(4) 交易中已发生和将发生的成本能够可靠地计量。

完工百分比法，是指按照提供劳务的完工进度确认收入和费用的方法。即：

当期收入＝劳务总收入×劳务的完工进度－以前期间已确认的收入
当期费用＝劳务总成本×劳务的完工进度－以前期间已确认的费用

其中，劳务的完工进度可以按以下方法来确定：
(1) 由专业测量师对已完成工作进行测量，从而确定完工进度；
(2) 计算已经提供的劳务占应提供劳务总量的比例；
(3) 计算已经发生的成本占估计总成本的比例。

在采用完工百分比法确认提供劳务收入的情况下，企业应按计算确定的提供劳务收入金额，借记"应收账款"、"银行存款"等科目，贷记"主营业务收入"科目。结转提供劳务成本时，借记"主营业务成本"科目，贷记"劳务成本"科目。

【例10-8】甲公司于2011年11月1日与丙公司签订合同，为丙公司订制一项软件，合同总收入为200 000元，已预收40 000元。至2011年12月31日，甲公司已发生成本150 000元（假定均为开发人员薪酬），预计还将发生成本30 000元。2011年12月31日，经专业人士测量，该软件的完工进度为80%。

甲公司的账务处理如下：

根据完工进度，2011年应确认的收入＝200 000×80%＝160 000（元）

根据完工进度，2011年应确认的费用＝(150 000＋30 000)×80%＝144 000（元）

(1) 预收款项：
借：银行存款　　　　　　　　　　　　　　　　　40 000
　　贷：预收账款　　　　　　　　　　　　　　　　　　40 000
(2) 实际发生劳务成本：
借：劳务成本　　　　　　　　　　　　　　　　　150 000
　　贷：应付职工薪酬　　　　　　　　　　　　　　　　150 000
(3) 2011年12月31日，确认收入、结转劳务成本：
借：预收账款　　　　　　　　　　　　　　　　　160 000
　　贷：主营业务收入　　　　　　　　　　　　　　　　160 000
借：主营业务成本　　　　　　　　　　　　　　　144 000
　　贷：劳务成本　　　　　　　　　　　　　　　　　　144 000

需要说明的是，"主营业务成本"属于损益类科目，核算企业当期发生的经营费用，会计期末将结转至"本年利润"科目，影响企业当期的经营成果。"劳务成本"则属于成本类科目，与"生产成本"类似，期末如有借方余额，反映企业尚未完成或尚未结转的劳务成本，是资产负债表存货项目的组成部分。

【例10-9】2011年12月1日，甲公司接受一项设备安装任务，安装期大约10个月。合同总收入为1 800 000元。2011年12月31日累计发生成本450 000元，预计完成安装任务还需发生成本1 050 000元。2012年6月30日，累计发生成本1 200 000元，预计完成安装任务还需发生成本400 000元。假定甲公司采用累计发生成本占预计总成本的比例确定完工进度，采用完工百分比法确认提供劳务收入。试计算甲公司2012年6月30日应确认的提供劳务收入。

2011年12月31日：

甲公司确定的完工进度＝450 000÷(450 000＋1 050 000)×100%＝30%

应确认的提供劳务收入＝1 800 000×30%＝540 000（元）

2012年6月30日：

甲公司确定的完工进度＝1 200 000÷(1 200 000＋400 000)×100%＝75%

应确认的提供劳务收入＝1 800 000×75%－540 000＝810 000（元）

（二）提供劳务交易结果不能可靠估计的，应按照谨慎性原则，视成本的弥补情况确认劳务收入

如果已发生的劳务成本预计能够得到补偿，应按已经发生的劳务成本金额确认提供劳务收入，并按相同的金额结转劳务成本，不确认损益。

如果已发生的劳务成本预计只能得到部分补偿，则按预计可获得补偿的金额确认提供劳务收入，并按已发生成本结转劳务成本，确认部分损失。

如果已发生的劳务成本预计不能得到补偿，则不确认提供劳务收入，但应按已发生的成本结转劳务成本，确认全部损失。

【例10-10】 2011年9月1日，甲公司对外提供一项为期12个月的劳务，合同总收入为700 000元。2011年年末，无法可靠估计提供劳务交易结果。2011年已经发生的劳务成本为280 000元，预计能够得到补偿的金额为200 000元。

根据上述资料，甲公司2011年12月31日应确认的提供劳务收入为200 000元，应结转的劳务成本为280 000元。

【例10-11】 甲公司于2011年12月20日接受乙公司委托，为其某项目提供咨询服务，服务期为6个月，自2012年1月1日开始。协议约定，乙公司应向甲公司支付的咨询费总额为80 000元，分两次等额支付，第一次在项目开始时，第二次在项目结束时。2012年1月1日，乙公司如约支付了第一笔咨询费。至2012年3月31日，甲公司已发生咨询成本30 000元（假定均为咨询师的薪酬），并得知乙公司发生资金周转困难，第二笔咨询费能否收到难以确定。

甲公司的账务处理如下：

(1) 2012年1月1日，收到乙公司支付的咨询费：

  借：银行存款   40 000

    贷：预收账款   40 000

(2) 实际发生咨询成本：

  借：劳务成本   30 000

    贷：应付职工薪酬   30 000

(3) 2012年3月31日，确认提供劳务收入并结转劳务成本：

  借：预收账款   30 000

    贷：主营业务收入   30 000

  借：主营业务成本   30 000

    贷：劳务成本   30 000

需要说明的是，企业与其他企业签订的合同或协议包括销售商品和提供劳务时，销售商品部分和提供劳务部分能够区分且能够单独计量的，应当将销售商品的部分作为销售商品处理，将提供劳务的部分作为提供劳务处理。销售商品部分和提供劳务部分不能区分，或虽能区分但不能够单独计量的，应当将销售商品部分和提供劳务部分全部作为销售商品处理。

四、让渡资产使用权收入

（一）让渡资产使用权收入的确认

让渡资产使用权收入主要包括：金融企业对外贷款形成的利息收入；转让无形资产使用权形成的使用费收入；对外出租固定资产取得的租金收入等。

让渡资产使用权收入同时满足下列条件的，才能予以确认：

（1）相关的经济利益很可能流入企业；

（2）收入的金额能够可靠地计量。

（二）让渡资产使用权收入的计量

金融企业的利息收入，应当按他人使用本企业货币资金的时间和实际利率计算确定。使用费收入应当按照有关合同或协议约定的收费时间和方法计算确定。

【例10-12】 甲公司向乙公司转让其商品的商标使用权，约定乙公司每年年末按年销售收入的1%支付使用费，使用期5年。第一年乙公司实现销售收入5 000 000元；第二年乙公司实现销售收入8 000 000元。

甲公司的账务处理如下：

(1) 第一年确认使用费收入：

借：银行存款　　　　　　　　　　　　　　　　　　50 000
　　贷：其他业务收入　　　　　　　　　　　　　　　　50 000

(2) 第二年确认使用费收入：

借：银行存款　　　　　　　　　　　　　　　　　　80 000
　　贷：其他业务收入　　　　　　　　　　　　　　　　80 000

五、建造合同收入

（一）建造合同的概念

建筑安装企业和生产飞机、船舶、大型机械设备等产品的工业制造企业，其生产经营方式不同于一般工商企业，具有产品价值大、建造周期长、建造活动复杂等特点。因此，这类企业在开始建造或生产产品之前，通常要与产品需求方（即客户）签订建造合同。建造合同，是指为建造一项或数项在设计、技术、功能、最终用途等方面密切相关的资产而订立的合同。

建造合同分为固定造价合同和成本加成合同。

固定造价合同，是指按照固定的合同价或固定单价确定工程价款的建造合同。例如，建造一座办公楼，合同规定总造价为3 000万元；建造一条公路，合同规定每公里造价为400万元。

成本加成合同，是指以合同约定的成本为基础，加上一定比例或一定数额的费用后确定工程价款的建造合同。例如，建造一艘船舶，合同总价款以实际建造成本为基础，加收3%计取；建造一段地铁，合同总价款以实际建造成本为基础，加1 000万元计取。

(二) 建造合同收入和费用的确认

建造合同的收入主要包括合同规定的初始收入，以及因合同变更、索赔、奖励等形成的其他收入。

建造合同的成本包括从合同签订开始至合同完成为止所发生的、与执行合同有关的直接费用和间接费用。其中，直接费用包括耗用的材料费、人工费、机械使用费、技术援助费、检验试验费等可以直接计入合同成本核算对象的费用；间接费用则主要指生产施工中的组织管理费用等、应由几项合同共同负担的、需要分摊计入的费用。

建造合同通常期限较长，跨越若干会计期间，企业应正确核算各期的收入和费用。合同收入和合同费用确认的基本原则是：

（1）如果建造合同的结果能够可靠估计，企业应根据完工百分比法在资产负债表日确认合同收入和合同费用。

（2）如果建造合同的结果不能够可靠估计，应按已发生的合同成本确认合同费用，按能够收回的实际成本金额确认合同收入。

（3）合同预计总成本超过合同总收入的，应当将预计损失确认为当期费用。

(三) 建造合同的核算

企业应设置"工程施工"科目，核算企业实际发生的合同成本和合同毛利。本科目可按建造合同分别"合同成本"、"间接费用"、"合同毛利"进行明细核算。期末借方余额，反映企业尚未完工的建造合同的成本和毛利。

同时，企业还应设置"工程结算"科目，核算企业根据建造合同约定向业主办理结算的累计金额。本科目期末贷方余额，反映企业尚未完工建造合同已办理结算的累计金额。

企业进行合同建造，发生人工费、材料费、机械使用费等直接费用时，应借记"工程施工——合同成本"科目，贷记"应付职工薪酬"、"原材料"等科目。发生管理设备折旧、财产保险费、排污费等间接费用时，应借记"工程施工——间接费用"科目，贷记"累计折旧"、"银行存款"等科目。期末，将间接费用分配计入有关合同成本时，借记"工程施工——合同成本"科目，贷记"工程施工——间接费用"科目。

企业确认当期合同收入、合同费用时，应借记"主营业务成本"科目，贷记"主营业务收入"科目，按其差额，借记或贷记"工程施工——合同毛利"科目。

企业向业主办理工程价款结算时，按结算金额，借记"应收账款"等科目，贷记"工程结算"科目。

合同完工时，应将"工程施工"与"工程结算"科目对冲，借记"工程结算"科目，贷记"工程施工"科目。

【例10-13】 甲建筑公司于2009年1月签订了一项总金额为2 700 000元的固定造价合同，合同完工进度按照累计实际发生的合同成本占合同预计总成本的比例确定。工程于2009年2月开工，预计2011年10月完工。合同成本的实际发生与预计情况、合同价款的结算与收取情况如表10-2所示。

表 10-2　　　　　　　　　合同成本、价款结算情况表　　　　　　　金额单位：元

项　目	2009 年	2010 年	2011 年
累计实际发生成本	800 000	2 064 000	2 600 000
预计完成合同尚需发生成本	1 700 000	516 000	—
结算合同价款	1 000 000	1 000 000	700 000
实际收到价款	900 000	800 000	1 000 000

甲公司的账务处理如下：

(1) 2009 年。

① 实际发生合同成本：

　　借：工程施工——合同成本　　　　　　　　　　　　　　800 000
　　　　贷：原材料、应付职工薪酬等　　　　　　　　　　　　　　800 000

② 办理工程价款结算：

　　借：应收账款　　　　　　　　　　　　　　　　　　　1 000 000
　　　　贷：工程结算　　　　　　　　　　　　　　　　　　　　1 000 000

③ 收到工程价款：

　　借：银行存款　　　　　　　　　　　　　　　　　　　　900 000
　　　　贷：应收账款　　　　　　　　　　　　　　　　　　　　900 000

④ 2009 年 12 月 31 日，确认合同收入、合同费用：

完工进度 = 800 000 ÷ (800 000 + 1 700 000) × 100% = 32%

合同收入 = 2 700 000 × 32% = 864 000（元）

合同费用 = (800 000 + 1 700 000) × 32% = 800 000（元）

　　借：主营业务成本　　　　　　　　　　　　　　　　　　800 000
　　　　工程施工——合同毛利　　　　　　　　　　　　　　　64 000
　　　　贷：主营业务收入　　　　　　　　　　　　　　　　　　864 000

(2) 2010 年。

① 实际发生合同成本：

　　借：工程施工——合同成本　　　　　　　　　　　　　1 264 000
　　　　贷：原材料、应付职工薪酬等　　　　　　　　　　　　1 264 000

② 办理工程价款结算：

　　借：应收账款　　　　　　　　　　　　　　　　　　　1 000 000
　　　　贷：工程结算　　　　　　　　　　　　　　　　　　　　1 000 000

③ 收到工程价款：

　　借：银行存款　　　　　　　　　　　　　　　　　　　　800 000
　　　　贷：应收账款　　　　　　　　　　　　　　　　　　　　800 000

④ 2010 年 12 月 31 日，确认合同收入、合同费用：

完工进度 = 2 064 000 ÷ (2 064 000 + 516 000) × 100% = 80%

合同收入 = 2 700 000 × 80% − 864 000 = 1 296 000（元）

合同费用 = (2 064 000 + 516 000) × 80% − 800 000 = 1 264 000（元）

　　借：主营业务成本　　　　　　　　　　　　　　　　　1 264 000

工程施工——合同毛利		32 000
贷：主营业务收入		1 296 000

（3）2011年。

①实际发生合同成本：

借：工程施工——合同成本		536 000
贷：原材料、应付职工薪酬等		536 000

②办理工程价款结算：

借：应收账款		700 000
贷：工程结算		700 000

③收到工程价款：

借：银行存款		1 000 000
贷：应收账款		1 000 000

④2011年10月合同完工，确认合同收入、合同费用：

合同收入＝2 700 000－864 000－1 296 000＝540 000（元）

合同费用＝2 600 000－800 000－1 264 000＝536 000（元）

借：主营业务成本		536 000
工程施工——合同毛利		4 000
贷：主营业务收入		540 000

⑤将"工程施工"与"工程结算"相对冲：

借：工程结算		2 700 000
贷：工程施工——合同毛利		100 000
——合同成本		2 600 000

第二节　费　用

一、费用的概念

（一）广义的费用概念

国际会计准则委员会对费用的定义是：费用是指会计期间内经济利益的减少，其表现形式为资产减少或负债增加而引起的所有者权益减少，但不包括向所有者进行分配等经济活动引起的所有者权益减少。

在这一定义中，费用涵盖除利润分配以外的全部经济利益流出，不仅包括了日常经营活动中为获得收入而发生的耗费，而且包括非日常活动中发生的损失。

（二）狭义的费用概念

美国财务会计准则委员会（FASB）在其第6号概念公告中，将费用定义为：某一主体由于从事销售产品或提供劳务等主要经营活动，而付出或耗用的资产或承担的债务（或两者兼而有之）。

我国企业会计准则将费用定义为：企业在日常活动中发生的、会导致所有者权益减少的、与向所有者分配利润无关的经济利益的总流出。

以上两种定义都属于狭义的费用概念,即费用仅指因日常活动或主要业务而发生的耗费,不包括非日常活动或偶发事件中发生的损失。

(三) 我国采用狭义收入与费用概念的原因

费用应当与收入相配比。广义的收入包括利得,则广义的费用包括损失。

由于利得和损失是企业管理当局不能控制的边缘性、偶发性损益,提供包括利得和损失在内的收入与费用指标,不能说明管理当局的"经管责任",也不利于管理人员加强对内部责任单位(或人员)的绩效考评。为了反映企业在日常活动中的业绩表现,我国企业会计准则采用狭义的收入与费用概念。

二、费用、成本、支出的辨析

费用是一种按期间确认的耗费,费用必然引起利润的减少,并最终引起所有者权益的减少。例如:主营业务成本、营业税金及附加、管理费用、销售费用、财务费用等。

成本的概念也有广义与狭义之分。广义成本是指为了取得资产或达到特定目的而付出或应付出的代价。例如:企业为生产产品而付出的代价形成产品生产成本;为购建固定资产而付出的代价形成固定资产成本;为采购存货而付出的代价形成存货成本;为提供劳务而付出的代价形成劳务成本,等等。狭义成本仅指其中为了生产产品或提供劳务而付出或应付出的代价。成本是一种按对象归集的价值投入。成本的发生仅仅是资源转移的量度,并不会引起利润和所有者权益的减少。

支出是指企业资产的给付,包括偿债性支出、成本性支出、费用性支出和权益性支出。偿债性支出是指用现金或非现金资产偿付各项债务的支出,会引起资产和负债同时减少;成本性支出是指为了取得资产或达到特定目的而发生的现金或非现金资产的交付,资产总额保持不变;费用性支出是指应当归属于某会计期间的资产耗费,会引起资产和所有者权益同时减少;权益性支出是指企业因返还资本、分配现金股利等而发生的面向所有者的资产给付,会引起资产和所有者权益的减少。

费用是一种权责发生制概念,企业的支出并不必然导致费用,而费用的确认也不一定伴随着支出的发生。例如,2011年12月,企业购买一项管理用固定资产,发生支出100万元,分10年按直线法摊销,无残值。对于2011年度而言,虽然发生了支出,却没有形成费用,所有的支出计入了固定资产成本;对于2012年而言,虽然没有任何支出,但却因固定资产折旧而发生了10万元的管理费用。

除了偿债性支出和权益性支出以外,企业通常情况下的支出或者形成某项资产的成本,或者成为期间费用。值得注意的是,由于成本最终会转化为费用,成本性支出虽然不影响支出当期的利润,但却会在以后期间转化为费用时影响企业利润。例如,企业2012年1月购买生产用固定资产,发生支出15万元,分15个月摊销,无残值。企业2012年2月用该固定资产生产了100件产品,全部于2012年3月对外销售。对于1月份而言,发生了支出15万元,但没有形成费用,而是形成了固定资产成本;对于2月份而言,在完全成本法下,因固定资产折旧而发生的耗费1万元计入了产品成本,转移到了存货的价值中,也没有形成费用;对于3月份而言,随着产品的销售,存货成本转化为了企业3月份的费用(通过"主营业务成本"反映)。在以上过程中,无论是购买生产用固定资产还是对其进行折旧，都没有确认费用，都只是价值在不同资产形态间的转移，直到该固定资产生产的成品被销售出去，相关的固定资产耗费才被确认为费用，并与当期销售产品获得的收入相配比。如果将购买固定资产的支出直接计入1月份的费用，或者将固定资产在2月份的折旧计入2月份的费用（而不是产品成本中），则企业2012年1—3月的利润会呈现出完全不同的结果。因此，正确划分成本与费用、正确分摊与结转成本，是企业正确核算各期损益的前提。

三、费用的核算

（一）主营业务成本

主营业务成本，是指企业为了获得销售商品、提供劳务等主营业务收入而发生的成本。

企业应设置"主营业务成本"科目，按主营业务的种类进行明细核算。以销售商品为例，结转成本时，应借记"主营业务成本"科目，贷记"库存商品"科目。期末，应将本科目余额转入"本年利润"科目，结转后无余额。

（二）其他业务成本

其他业务成本，是指企业为了获得除主营业务收入以外的其他收入而发生的成本。包括销售材料的成本、出租固定资产的折旧额、出租无形资产的摊销额、出租包装物的成本或摊销额等。

企业应设置"其他业务成本"科目，按其他业务的种类进行明细核算。发生其他业务成本时，借记"其他业务成本"科目，贷记"原材料"、"周转材料"、"累计折旧"、"累计摊销"、"银行存款"等科目。期末，应将本科目余额转入"本年利润"科目，结转后无余额。

（三）营业税金及附加

营业税金及附加，是指应由本期负担的营业税、消费税、资源税、城市维护建设税、教育费附加等费用。

企业应设置"营业税金及附加"科目，核算本期发生的以上各项税费。纳税义务发生时，企业应借记"营业税金及附加"科目，贷记"应交税费"各明细科目。期末，应将本科目余额转入"本年利润"科目，结转后无余额。

（四）销售费用

销售费用，是指企业在销售过程中发生的各项费用以及专设销售机构的各项经费。主要包括为销售活动而发生的保险费、包装费、展览费、广告费、商品维修费、预计产品质量保证损失、运输费、装卸费等，以及为销售本企业商品而专设的销售机构（含销售网点、售后服务网点等）的职工薪酬、业务费、折旧费等经营费用。

企业应设置"销售费用"科目，按费用项目进行明细核算。发生销售费用时，借记"销售费用"科目，贷记"应付职工薪酬"、"银行存款"、"库存现金"、"累计折旧"等科目。期末，应将本科目余额转入"本年利润"科目，结转后无余额。

（五）管理费用

管理费用，是指企业为组织和管理生产经营活动而发生的各项费用。主要包括：企业在筹建期间发生的开办费、董事会和行政管理部门在企业的经营管理中发生的或者应由企业统一负担的公司经费（包括行政管理部门职工工资及福利费、物料消耗、低值易耗品摊销、办公费和差旅费等）、工会经费、董事会费（包括董事会成员津贴、会议费和差旅费等）、聘请中介机构费、咨询费（含顾问费）、诉讼费、业务招待费、房产税、城镇土地使用税、车船税、印花税、技术转让费、矿产资源补偿费、研究费用、排污费等。此外，企业生产车间（部门）和行政管理部门等发生的固定资产修理费用等后续支出，也作为管理费用处理。

企业应设置"管理费用"科目，按费用项目进行明细核算。发生各项管理费用时，借记"管理费用"科目，贷记"银行存款"、"应付职工薪酬"、"研发支出——费用化支出"、"应交税费"、"累计折旧"等科目。期末，应将本科目余额转入"本年利润"科目，结转后无余额。

商品流通企业管理费用不多的，可不设置"管理费用"科目，而将各项费用并入"销售费用"科目核算。

（六）财务费用

财务费用，是指企业为筹集生产经营所需资金而发生的费用，包括利息支出（减利息收入）、汇兑损益、金融机构手续费、企业发生的现金折扣（减收到的现金折扣）等。

企业应设置"财务费用"科目，核算企业为筹集生产经营所需资金而发生的应计入当期损益的筹资费用。发生财务费用时，借记"财务费用"科目，贷记"银行存款"、"未确认融资费用"、"应付利息"等科目；发生应冲减财务费用的利息收入、汇兑收益、现金折扣等，应借记"银行存款"、"应付账款"等科目，贷记"财务费用"科目。期末，应将本科目余额转入"本年利润"科目，结转后无余额。

（七）所得税费用

所得税费用，是指根据企业本期经营成果确认的应由本期负担的对利润总额的扣除。利润总额扣除所得税费用后，即为净利润。

企业应设置"所得税费用"科目，该科目可按"当期所得税费用"、"递延所得税费用"进行明细核算。资产负债表日，企业按照税法规定计算确定的当期应交所得税，借记"所得税费用——当期所得税费用"科目，贷记"应交税费——应交所得税"科目。按应确认的递延所得税费用，借记或贷记"所得税费用——递延所得税费用"科目，贷记或借记"递延所得税资产"、"递延所得税负债"科目（具体核算方法参见本书高级财务会计学部分）。期末，应将本科目余额转入"本年利润"科目，结转后无余额。

第三节　利得和损失

利得，是指由企业非日常活动所形成的、会导致所有者权益增加的、与所有者投入资本无关的经济利益的流入。损失，是指由企业非日常活动所形成的、会导致所有者权益减少的、与所有者分配利润无关的经济利益的流出。

从概念上看，利得与收入相似，损失与费用相似，区别在于利得和损失来源于企业的非日常活动。对于一般工业企业而言，利得和损失通常包括：投资损益、公允价值变动损益、资产减值损失、处置非流动资产损益、非货币性资产交换损益、债务重组损益、盘盈与盘亏、资产评估或重分类损益等。根据企业会计准则的规定，利得和损失的核算分为两种情况，有的直接计入所有者权益（如可供出售金融资产公允价值变动计入资本公积），有的则计入当期损益（如：处置固定资产利得计入营业外收入）。对于计入当期损益的利得和损失，其核算方法分述如下。

一、公允价值变动损益

公允价值变动损益，是指企业的交易性金融资产、交易性金融负债以及采用公允价值模式计量的投资性房地产等，因公允价值变动而形成的应计入当期损益的利得或损失。

企业应设置"公允价值变动损益"科目。资产负债表日，如果资产的公允价值高于其账面余额或负债的公允价值低于其账面余额，则应按差额，借记相关资产或负债科目，贷记"公允价值变动损益"科目；公允价值发生反方向变化时，则借记"公允价值变动损益"科目，贷记相关资产或负债科目。期末，应将本科目余额转入"本年利润"科目，结转后无余额。

二、投资收益

投资收益，是指企业从事各项对外投资活动取得的收益扣除损失后的净额。

企业应设置"投资收益"科目，核算企业确认的投资收益或投资损失。企业因对外长期投资或处置金融资产而获得投资收益时，应借记"应收股利"、"长期股权投资——损益调整"等科目，贷记"投资收益"科目。投资活动中发生的损失应借记"投资收益"科目。期末，应将本科目余额转入"本年利润"科目，结转后无余额。

三、资产减值损失

资产减值损失，是指企业应收账款、存货、持有至到期投资、长期股权投资、固定资产、在建工程、工程物资、无形资产等发生减值而确认的损失。

企业应设置"资产减值损失"科目，核算企业计提各项资产减值准备所形成的损失。发生减值损失时，应借记"资产减值损失"科目，贷记"坏账准备"、"存货跌价准备"、"长期股权投资减值准备"、"持有至到期投资减值准备"、"固定资产减值准备"、"无形资产减值准备"等科目。

企业的存货、持有至到期投资等资产价值得以恢复的，应在原已计提的减值金额内，按恢复的金额，借记"存货跌价准备"、"持有至到期投资减值准备"等科目，贷记"资产减值损失"科目。但长期股权投资、固定资产、无形资产等非流动资产的减值损失，一经确认，不得转回。

期末，应将本科目余额转入"本年利润"科目，结转后无余额。

四、营业外收入

营业外收入，主要包括非流动资产处置利得、非货币性资产交换利得、债务重组利得、政府补助、盘盈利得、捐赠利得等。

企业应设置"营业外收入"科目,按不同项目对上述利得进行明细核算。发生利得时,贷记"营业外收入"科目。期末,应将本科目余额转入"本年利润"科目,结转后无余额。

五、营业外支出

营业外支出,主要包括非流动资产处置损失、非货币性资产交换损失、债务重组损失、非常损失、公益性捐赠支出、盘亏损失等。

企业应设置"营业外支出"科目,按不同项目对上述损失进行明细核算。发生损失时,借记"营业外支出"科目。期末,应将本科目余额转入"本年利润"科目,结转后无余额。

第四节 利 润

一、利润的概念

利润是企业在一定会计期间的经营成果。利润包括收入减去费用后的净额、直接计入当期利润的利得和损失等。即:

$$利润 = (收入 - 费用) + 直接计入利润的利得和损失$$

利润是企业净资产增加的最主要源泉。利润是一个期间概念,反映企业一段时间内生产经营的经济效益。利润的正确核算,以会计分期为前提,以收入、费用、利得和损失的正确确认和计量为保证。

二、利润的构成

(一) 营业利润

$$营业利润 = 营业收入 - 营业成本 - 营业税金及附加 - 销售费用 - 管理费用 - 财务费用 - 资产减值损失 + \binom{公允价值变动收益}{-公允价值变动损失} + \binom{投资收益}{-投资损失}$$

式中,营业收入包括主营业务收入和其他业务收入;营业成本包括主营业务成本和其他业务成本。

(二) 利润总额(又称税前利润)

$$利润总额 = 营业利润 + 营业外收入 - 营业外支出$$

(三) 净利润(又称税后利润)

$$净利润 = 利润总额 - 所得税费用$$

三、利润的核算

(一) 会计期末,将所有损益类科目的余额结转至"本年利润"科目

结转时,应借记"主营业务收入"、"其他业务收入"、"营业外收入"等科目,贷记"本年利润"科目;同时借记"本年利润"科目,贷记"主营业务成本"、"其他业务成本"、"营业税金及附加"、"销售费用"、"管理费用"、"财务费用"、"资产减值损失"、"营业外支出"、"所得税费用"等科目。

"公允价值变动损益"、"投资收益"科目如为贷方余额,则通过借方,将余额转入"本年利润"科目的贷方;如为借方余额,则通过贷方,将余额转入"本年利润"科目的借方。

(二) 将"本年利润"科目的余额结转至"利润分配——未分配利润"科目

如果"本年利润"科目出现贷方余额,则表示当期实现的净利润,应借记"本年利润"科目,贷记"利润分配——未分配利润"科目;如果"本年利润"科目出现借方余额,则表示当期发生的净亏损,应借记"利润分配——未分配利润"科目,贷记"本年利润"科目。

结转后,"本年利润"科目无余额。

【例 10-14】 2011 年 12 月 31 日,甲公司结账前各损益类账户的余额为:主营业务收入 1 000 000 元,主营业务成本 700 000 元,营业税金及附加 5 000 元,其他业务收入 22 000 元,其他业务成本 12 000 元,销售费用 50 000 元,管理费用 60 000 元,财务费用 10 000 元,资产减值损失 8 000 元,投资收益(贷方)20 000 元,公允价值变动损益(借方)10 000 元,营业外收入 6 000 元,营业外支出 4 000 元,所得税费用 51 750 元。已知该企业按当年净利润的 10% 提取法定盈余公积,按当年净利润的 20% 分配现金股利给投资者。年初未分配利润余额为贷方 35 000 元。

甲公司的账务处理如下:

(1) 将损益类科目余额转入"本年利润"科目:

借:主营业务收入	1 000 000
其他业务收入	22 000
投资收益	20 000
营业外收入	6 000
贷:本年利润	1 048 000
借:本年利润	910 750
贷:主营业务成本	700 000
营业税金及附加	5 000
其他业务成本	12 000
销售费用	50 000
管理费用	60 000
财务费用	10 000
资产减值损失	8 000
公允价值变动损益	10 000

营业外支出 4 000
所得税费用 51 750

(2) 将"本年利润"科目的余额转入"利润分配——未分配利润"科目：
借：本年利润 137 250
　　贷：利润分配——未分配利润 137 250

(3) 提取法定盈余公积：
借：利润分配——提取法定盈余公积 13 725
　　贷：盈余公积——法定盈余公积 13 725

(4) 分配现金股利：
借：利润分配——应付现金股利或利润 27 450
　　贷：应付股利 27 450

(5) 将"利润分配"其他各明细科目转入"利润分配——未分配利润"明细科目：
借：利润分配——未分配利润 41 175
　　贷：利润分配——提取法定盈余公积 13 725
　　　　　　　　——应付现金股利或利润 27 450

(6) 计算年末未分配利润：
年末未分配利润＝年初未分配利润＋本期净利润－利润分配
　　　　　　＝35 000＋137 250－41 175＝131 075（元）

思考练习题

一、重要概念

1. 收入
2. 费用
3. 成本
4. 利得
5. 损失
6. 利润
7. 商业折扣
8. 现金折扣
9. 销售折让
10. 销售退回
11. 完工百分比法
12. 建造合同

二、简答题

1. 举例说明收入的分类。
2. 确认销售商品收入的条件是什么？
3. 简述销售折让、现金折扣、商业折扣的区别。
4. 费用、成本与支出有哪些区别和联系？
5. 管理费用、财务费用、销售费用包括哪些内容？
6. 简述营业外收入和营业外支出的核算内容。
7. 简述利润的构成。

三、单项选择题

1. 在采用收取手续费方式委托其他单位代销商品的情况下，企业应在（　　）确认销售收入的实现。
   A. 签订代销合同时
   B. 代销商品发出时
   C. 代销商品售出并收到代销清单时
   D. 收到代销商品销售货款时

2. 企业在确认商品销售收入时，对现金折扣的处理是（　　）。
   A. 在确认商品收入时加以预计，作

为商品销售收入的减项

B. 在实际发生时作为当期商品销售收入的减项

C. 在实际发生时作为当期发生的财务费用

D. 在实际发生时作为当期发生的管理费用

3. 企业出售固定资产获得的价款超过固定资产账面价值与清理费用的部分,应计入( )。

A. 主营业务收入
B. 其他业务收入
C. 营业外收入
D. 投资收益

4. 销售合同中附带了退货条款的,如果销售方可以合理预计退货比例,则应在( )时确认收入。

A. 销售成立
B. 退货期满
C. 收到预收款项
D. 收到全部货款

5. 在出借包装物采用一次摊销的情况下,出借包装物报废时收回的残料价值应冲减的是( )。

A. 管理费用   B. 其他业务成本
C. 营业外支出 D. 销售费用

6. 出租管理用固定资产计提的折旧额应通过( )科目核算。

A. "销售费用"
B. "制造费用"
C. "管理费用"
D. "其他业务成本"

7. 应直接计入所有者权益的利得和损失是( )。

A. 存货盘盈利得
B. 处置非流动资产损失
C. 可供出售金融资产公允价值变动
D. 资产减值损失

8. 不影响营业利润的项目是( )。

A. 其他业务收入
B. 资产减值损失
C. 管理费用
D. 所得税费用

9. 12月31日,某企业将各项损益类账户的余额全部转入"本年利润"账户后,"本年利润"账户借方余额表示( )。

A. 企业各年累积发生的净亏损
B. 本年度全年发生的净亏损
C. 企业各年累积实现的净利润
D. 本年度全年实现的净利润

10. 某企业年初未分配利润贷方余额900万元,本年实现利润总额800万元,所得税费用200万元,若按净利润的10%提取法定盈余公积,则本年应提取的法定盈余公积为( )万元。

A. 60   B. 70
C. 100   D. 150

11. 甲公司采用累计发生成本占预计总成本的比例确定完工进度。提供劳务累计已发生成本650 000元,预计完成劳务还需发生成本1 350 000元,则甲公司当前完工进度为( )。

A. 32.5%   B. 48.1%
C. 55.2%   D. 65.3%

四、多项选择题

1. 收入的特征表现为( )。

A. 收入从日常活动中产生,而不是从偶发的交易或事项中产生
B. 收入可能表现为资产的增加
C. 收入可能表现为负债的减少
D. 收入不包括为第三方代收的款项

2. 下列各项收入中,属于工业企业其他业务收入的有( )。

A. 提供运输劳务所取得的收入
B. 销售材料所取得的收入
C. 转让无形资产使用权所取得的收入
D. 出租固定资产的租金收入

3. 同时满足以下哪些条件时,提供劳

务收入应按完工百分比法确认（　　）。

A. 收入的金额能够可靠地计量
B. 相关的经济利益很可能流入企业
C. 交易的完工进度能够可靠地确定
D. 交易中已发生和将发生的成本能够可靠地计量

4. 以下各项中属于成本范畴而不应计入当期费用的是（　　）。

A. 主营业务成本　B. 生产成本
C. 制造费用　　　D. 劳务成本

5. 下列项目中，应作为销售费用处理的有（　　）。

A. 随同产品出售不单独计价包装物的成本
B. 广告费
C. 销售机构计提的折旧费
D. 预计产品质量保证损失

6. 下列费用中属于管理费用开支的有（　　）。

A. 资产减值损失
B. 印花税
C. 董事会成员津贴
D. 住房公积金

7. 下列各项中，应计入财务费用的是（　　）。

A. 应收票据贴现所得金额低于票据账面余额的金额
B. 购建固定资产期间发生的符合资本化条件的专门借款利息
C. 支付给金融机构的手续费
D. 企业实际发生的现金折扣

8. 按照现行会计准则，已确认的资产减值损失在资产价值得以恢复时可以转回的是（　　）。

A. 存货跌价损失
B. 持有至到期投资减值损失
C. 长期股权投资减值损失
D. 无形资产减值损失

9. 下列各项属于营业外收入的有（　　）。

A. 罚款收入
B. 经批准转销的存货盘盈
C. 没收押金收入
D. 政府补助

10. 下列支出中属于营业外支出的有（　　）。

A. 捐赠支出
B. 业务招待费支出
C. 债务重组损失
D. 处置固定资产损失

11. 下列科目中，期末结转后应无余额的有（　　）。

A. "主营业务成本"
B. "本年利润"
C. "利润分配"
D. "资产减值损失"

五、判断题

1. 销售商品附带安装或检验服务的，如果该安装或检验工作是销售合同的重要组成部分，则应在安装或检验工作完成时确认销售收入。（　）

2. 企业在确认商品销售收入金额时，还应考虑各种预计可能发生的现金折扣。（　）

3. 销售折让与销售退回发生时，企业都应当相应冲减主营业务收入和主营业务成本。（　）

4. 如果企业只保留了与所有权无关的管理权，则说明此项销售商品的交易并没有完成，销售不能成立，不能确认销售收入。（　）

5. 与销售商品相关的经济利益很可能流入企业，是指销售商品价款收回的可能性超过75%。（　）

6. 提供劳务交易结果能够可靠估计的，劳务收入按完工百分比法确认。（　）

7. 制造费用与管理费用一样，本期发

生的费用均直接影响本期损益。（　）

8. 费用是一种权责发生制概念，企业的支出并不必然导致费用。（　）

9. 企业应对营业外收入和营业外支出分别核算，不得以营业外收入直接冲减营业外支出，也不得以营业外支出冲减营业外收入。（　）

10. 年终结账后，"利润分配——未分配利润"账户的余额等于"利润分配"总分类账户的余额。（　）

六、计算题

1. 2011年12月1日，甲公司与乙公司签订一项劳务合同，合同总收入为3 300 000元。2011年12月31日，甲公司提供劳务累计已发生成本150 000元，预计完成劳务还需发生成本1 850 000元。2012年12月31日，累计发生成本1 200 000元，预计完成劳务还需发生成本800 000元。假定甲公司采用累计发生成本占预计总成本的比例确定完工进度，采用完工百分比法确认提供劳务收入。

要求：计算甲公司2011年、2012年应确认的提供劳务收入。

2. 2011年年末，甲公司结账前各损益类账户的余额为：主营业务收入3 270 000元，主营业务成本2 800 000元，营业税金及附加50 000元，其他业务收入29 000元，其他业务成本17 000元，销售费用90 000元，管理费用77 000元，财务费用15 000元，资产减值损失14 000元，投资收益（贷方）35 000元，公允价值变动损益（借方）10 000元，营业外收入56 000元，营业外支出74 000元，所得税费用61 370元。

要求：计算甲公司2011年的营业利润、利润总额、净利润。

七、核算题

1. 甲公司为增值税一般纳税人，适用的增值税率为17%，销售价款中均不含向购货方收取的增值税税额。2012年1月发生如下销售业务：

（1）1月10日以预收款销售方式销售一台设备，销售价款200万元，按合同规定，购货方先支付价款（不含增值税）的20%，其余款项待发货后支付。1月15日甲公司收到对方预付款；1月20日设备已发出，购货方已验收合格；1月30日收到对方补付的余款。该设备实际成本为160万元。

（2）与丙公司签订了一项购销合同，合同规定，甲公司为丙公司建造安装一台电梯，合同价款1 000万元。甲公司已于1月20日将电梯运抵丙公司并收妥30%的合同价款。该电梯实际成本为800万元，预计安装费为12万元，预计2月20日全部安装完毕。

（3）1月21日销售一台设备，销售价款80万元，增值税专用发票已开出，并将提货单交与对方。当日对方企业开出商业承兑汇票，期限为3个月，票面利率6%。由于对方尚未确定该新设备的场地，经甲企业同意，设备待2月20日再予提货。该设备的实际成本为60万元。

（4）1月25日以托收承付方式销售一批商品，成本8万元，增值税专用发票上注明价款11万元。该批商品已经发出，并已向银行办妥托收手续。此时得知对方企业突然发生火灾，损失严重，虽经交涉，但该批销售货款1月31日前收回的可能性不大。

要求：根据上述经济业务，计算甲公司2012年1月实现的商品销售收入并编制相关会计分录。

2. 甲公司为增值税一般纳税人，适用的增值税率为17%。2011年4月10日，甲公司向乙公司销售产品一批，不含税售价为50 000元，产品成本为42 000元。乙公司于4月15日支付了货款，享受现金折扣1 000元。事后，乙公司发现该批产品质量存在严重问题，于2011年5月10日将其全部退回，甲公司于当日用银行存款支付了应退回的款项。假定销售退回按规定准予扣除增值税的销项税额。

要求：编制甲公司销售商品、收到货款、销售退回时的相关会计分录。

3. 甲公司赊销一批商品给乙公司，增值税专用发票上注明的价款为20 000元，增值税税额为3 400元，货到后乙公司发现商品质量不合格，双方协商在价格上给予15%的折让。假定乙公司已获得税务部门开具的索取折让证明单，甲公司已开具了红字增值税专用发票。甲公司已收到扣除折让后的款项。

要求：编制甲公司销售商品、发生销售折让、收到货款时的会计分录。

4. 甲公司采用支付手续费方式委托乙公司代销一批商品，代销价款50万元，该批商品的实际成本为36万元。本年度收到乙公司交来的代销清单，列明已销售商品的70%，乙公司按代销价款的10%收取手续费，作为主营业务收入核算。假定不考虑增值税等相关税费。

要求：根据上述资料，编制甲、乙公司双方的会计分录。

5. 甲公司为增值税一般纳税人，适用的增值税税率为17%。2012年1月1日，甲公司以分期收款方式向乙公司销售一台大型设备，合同约定的价款总额为3 000 000元，分3次于每年年末等额收取，该设备成本为2 560 000元。假定折现率为5%，该项销售满足收入确认条件。甲公司在发出商品时开出增值税专用发票，并于当天收到乙公司交来的增值税税款510 000元。

要求：根据上述资料，编制甲公司销售商品、摊销融资收益、分期收款的相关会计分录。

6. 甲公司于2011年1月15日与丙公司签订合同，为丙公司订制一项软件，合同总收入为650 000元。至2010年12月31日，甲公司已发生成本375 000元（假定均为开发人员薪酬），预计还将发生成本125 000元。2010年12月31日，经专业人士测量，该软件的完工进度为70%，甲公司按完工百分比法确认提供劳务的收入。甲公司尚未收到对方支付的劳务合同款项。

要求：根据上述资料，编制甲公司相关会计分录。

7. 甲船舶制造公司于2011年1月签订了一项总金额为3 600 000元的固定造价合同，合同完工进度按照累计实际发生的合同成本占合同预计总成本的比例确定。工程于2011年2月开工，预计2010年8月完工。2011年实际发生成本1 440 000元，预计完成合同尚需发生成本1 760 000元，结算合同价款1 200 000元；2012年实际发生成本1 850 000元，结算合同价款2 400 000元。

要求：根据上述资料，编制甲公司有关建造合同的会计分录。

8. 2011年12月31日，甲公司结账前各损益类账户的余额为：主营业务收入200 000元，主营业务成本150 000元，营业税金及附加8 345元，其他业务收入4 000元，其他业务成本2 200元，投资收益（贷方）5 000元，营业外收入1 600元，营业外支出1 400元，所得税费用12 160元。已知该企业按当年净利润的10%、5%提取法定盈余公积、任意盈余公积，按当年净利润的20%分配现金股利，按当年净利润的10%分配股票股利（假定已办妥增资手续）。

要求：根据上述资料进行相关账务处理。

第十一章 财务报告

第一节 财务报告概述

一、财务报告的意义

财务报告亦称财务会计报告，是指企业对外提供的反映企业某一特定日期的财务状况和某一会计期间的经营成果、现金流量等会计信息的文件。它以账簿记录为主要依据，经过加工、汇总形成，是会计核算的最终产品，是传递会计信息的主要手段。

企业的会计核算之所以最终以财务报告的形式向外部输出信息，其原因是：在会计核算中，通过填制记账凭证、登记账簿等手段，虽然可以提供反映会计主体经营活动和财务收支情况的会计信息，但是反映在会计凭证和会计账簿上的资料还是比较分散的，不能集中、概括地反映企业的财务状况、经营成果和现金流量等全貌，还不能满足会计信息使用者的要求。目前，从企业外部最主要的会计信息使用者的角度看，主要是需要能够概括、集中反映的会计信息。因此，会计核算有必要在提供了凭证、账簿的基础上，定期将凭证、账簿等资料进行进一步的整理、分类、计算和汇总，编制成财务报告，才能总括、综合、清晰明了地反映会计主体的财务状况、经营成果、现金流量和所有者权益变动情况。

财务报告的作用，主要表现在以下几个方面：

（1）能够满足投资者、债权人、供应商等有关各方信息使用者的需要。他们通过了解企业的财务状况、经营成果和现金流量等，进而判断投资风险和投资报酬，判断贷款或应收账款能否按期收回，并据此作出投资决策、信贷决策和销售策略方面的决策。

（2）能够满足国家经济管理部门制定宏观经济决策的需要。国家经济管理部门包括财政、金融、计划、统计部门等，他们通过财务报告提供的会计信息，可以了解和掌握国民经济运行的态势，针对存在的问题，及时运用经济杠杆和其他手段，调节经济活动，优化资源配置。

（3）能够满足企业内部管理人员了解情况、作出微观经济决策的需要。企业管理人员可以根据报告中提供的数据，进行分析、比较，进而更全面、更深刻地认识本企业的经济活动和财务收支情况，正确评价经营成果，明确问题的原因，促使企业制定出有效的改进措施，提高管理水平，保证企业生产经营的健康发展。

二、财务报告的构成

财务报告包括财务报表和其他应当在财务报告中披露的相关信息和资料。

（一）财务报表的构成及其分类

财务报表是对企业财务状况、经营成果和现金流量的结构性表述。为了达到财务报表能够满足有关各方的决策需要和评价企业管理层受托责任的目标，一套完整的财务报表至少应当包括"四表一注"，即资产负债表、利润表、现金流量表、所有者权益变动表以及附注。年度财务报表涵盖的期间短于1年的，应当披露年度财务报表的涵盖期间，以及短于1年的原因。财务报表可以按照不同的标准进行分类。

1. 按财务报表编报期间的不同分类

按财务报表编报期间的不同，可以分为中期财务报表和年度财务报表。中期财务报表是以短于一个完整会计年度的报告期间为基础编制的财务报表，包括月报、季报和半年报等。中期财务报表至少应当包括资产负债表、利润表、现金流量表和附注，其中，中期资产负债表、利润表和现金流量表应当是完整报表，其格式和内容应当与年度财务报表相一致。与年度财务报表相比，中期财务报表中的附注披露可适当简略。

2. 按财务报表编报主体的不同分类

按财务报表编报主体的不同，可以分为个别财务报表和合并财务报表。个别财务报表是由企业在自身会计核算基础上对账簿记录进行加工而编制的财务报表，它主要用以反映企业自身的财务状况、经营成果和现金流量情况。合并财务报表是以母公司和子公司组成的企业集团为会计主体，根据母公司和所属子公司的财务报表，由母公司编制的综合反映企业集团财务状况、经营成果及现金流量的财务报表。合并财务报表的有关内容参见"合并财务报表"章节的相关内容。

（二）其他相关信息

企业在披露其他相关信息时，应根据法律法规的规定和外部信息使用者的需求而定。例如，社会责任、对社会的贡献和可持续发展能力等。

三、财务报表列报的基本要求

（一）遵循各项会计准则进行确认和计量

企业应当根据实际发生的交易和事项，遵循各项具体会计准则的规定进行确认和计量，并在此基础上编制财务报表。企业应当在附注中对遵循企业会计准则编制的财务报表作出声明，只有遵循了企业会计准则的所有规定时，财务报表才应当被称为"遵循了企业会计准则"。

企业不应以在附注中的披露代替对交易和事项的确认和计量。也就是说，企业采用的不恰当的会计政策，不得通过在附注中披露等其他形式予以更正。企业应当对交易和事项进行正确的确认和计量。

（二）列报基础

持续经营是会计的基本前提，是会计确认、计量及编制财务报表的基础。企业会计准则规范的是持续经营条件下企业对所发生交易和事项确认、计量及报表列报；相反，如果企业经营出现了非持续经营，致使以持续经营为基础编制财务报表不再合理的，企业应当采用其他基础编制财务报表。

在编制财务报表的过程中，企业管理层应当对企业持续经营的能力进行评价，需要考虑的因素包括市场经营风险、企业目前或长期的盈利能力、偿债能力、财务弹性以及企业管理层改变经营政策的意向等。评价后对企业持续经营的能力产生严重怀疑的，应当在附注中披露导致对持续经营能力产生重大怀疑的重要不确定因素。

非持续经营是企业在极端情况下出现的一种情况，非持续经营往往取决于企业所处的环境以及企业管理部门的判断。一般而言，企业如果存在以下情况之一，则通常表明其处于非持续经营状态：(1) 企业已在当期进行清算或停止营业；(2) 企业已经正式决定在下一个会计期间进行清算或停止营业；(3) 企业已确定在当期或下一个会计期间没有其他可供选择的方案而将被迫进行清算或停止营业。

企业处于非持续经营状态时，应当采用其他基础编制财务报表，比如破产企业的资产采用可变现净值计量、负债按照其预计的结算金额计量等。由于企业在持续经营和非持续经营环境下采用的会计计量基础不同，产生的经营成果和财务状况不同，因此在附注中披露非持续经营信息对报表使用者而言非常重要。在非持续经营情况下，企业应当在附注中声明财务报表未以持续经营为基础列报，披露未以持续经营为基础的原因以及财务报表的编制基础。

(三) 重要性和项目列报

财务报表是通过对大量的交易或其他事项进行处理而生成的，这些交易或其他事项按其性质或功能汇总归类而形成财务报表中的项目。关于项目在财务报表中是单独列报还是合并列报，应当依据重要性原则来判断。

1. 重要性

重要性是判断项目是否单独列报的重要标准。企业会计准则首次对"重要性"概念进行了定义，即如果财务报表某项目的省略或错报会影响使用者据此作出经济决策，该项目就具有重要性。企业在进行重要性判断时，应当根据所处环境，从项目的性质和金额大小两方面予以判断：一方面，应当考虑该项目的性质是否属于企业日常活动、是否对企业的财务状况和经营成果具有较大影响等因素；另一方面，判断项目金额大小的重要性，应当通过单项金额占资产总额、负债总额、所有者权益总额、营业收入总额、净利润等直接相关项目金额的比重加以确定。

2. 项目列报

如果某项目单个看不具有重要性，则可将其与其他项目合并列报；如具有重要性，则应当单独列报。具体而言，应当遵循以下几点：

(1) 性质或功能不同的项目，一般应当在财务报表中单独列报，但是不具有重要性的项目可以合并列报。比如存货和固定资产在性质上和功能上都有本质差别，必须分别在资产负债表上单独列报。

(2) 性质或功能类似的项目，一般可以合并列报，但是对其具有重要性的类别应该单独列报。比如原材料、周转材料等项目在性质上类似，均通过生产过程形成企业的产品存货，因此可以合并列报，合并之后的类别统称为"存货"，在资产负债表上单独列报。

(3) 项目单独列报的原则不仅适用于报表，还适用于附注。某些项目的重要性程度不足以在资产负债表、利润表、现金流量表或所有者权益变动表中单独列示，但是可能对附注而言却具有重要性，在这种情况下应当在附注中单独披露。仍以上述存货为例，对某制造业企业而言，原材料、周转材料、在产品、库存商品等项目的重要性程度不足以在资产负债表上单独列示，因此在资产负债表上合并列示，但是鉴于其对该制造业企业的重要性，应当在附注中单独披露。

（4）无论是财务报表列报准则规定的单独列报项目，还是其他具体会计准则规定单独列报的项目，企业都应当予以单独列报。

（四）列报的一致性

可比性是会计信息质量的一项重要质量要求，目的是使同一企业不同期间和同一期间不同企业的财务报表相互可比。为此，财务报表项目的列报应当在各个会计期间保持一致，不得随意变更，这一要求不仅针对财务报表中的项目名称，还包括财务报表项目的分类、排列顺序等方面；当会计准则要求改变，或企业经营业务的性质发生重大变化后，变更财务报表项目的列报能够提供更可靠、更相关的会计信息时，财务报表项目的列报是可以改变的。

财务报表项目的列报应当在各个会计期间保持一致，不得随意变更，但下列情况除外：

（1）会计准则要求改变财务报表项目的列报；

（2）企业经营业务的性质发生重大变化后，变更财务报表项目的列报能够提供更可靠、更相关的会计信息。

（五）财务报表项目金额间的相互抵销

财务报表项目应当以总额列报，资产和负债、收入和费用不能相互抵销，即不得以净额列报，但企业会计准则另有规定的除外。这是因为，如果相互抵销，所提供的信息就不完整，信息的可比性大为降低，难以在同一企业不同期间以及同一期间不同企业的财务报表之间实现相互可比，报表使用者难以据此作出判断。例如，企业欠客户的应付款不得与其他客户欠本企业的应收款相抵销，如果相互抵销就掩盖了交易的实质。又如，收入和费用反映了企业投入和产出之间的关系，是企业经营成果的两个方面，为了更好地反映经济交易的实质，考核企业经营管理水平以及预测企业未来现金流量，收入和费用不得相互抵销。

以下两种情况不属于抵销，可以以净额列示：

（1）资产计提的减值准备，实质上意味着资产的价值确实发生了减损，资产项目应当按扣除减值准备后的净额列示，这样才反映资产当时的真实价值，并不属于上面所述的抵销。

（2）非日常活动并非企业主要的业务，且具有偶然性，从重要性来讲，非日常活动产生的损益以收入和费用抵销后的净额列示，对公允反映企业财务状况和经营成果的影响不大，抵销后反而更有利于报表使用者的理解。因此，非日常活动产生的损益应当以同一交易形成的收入扣减费用后的净额列示，并不属于抵销。例如，非流动资产处置形成的利得和损失，应按处置收入扣除该资产的账面金额和相关销售费用后的余额列示。

（六）比较信息的列报

企业在列报当期财务报表时，至少应当提供所有列报项目上一可比会计期间的比较数据，以及与理解当期财务报表相关的说明，目的是向报表使用者提供对比数据，提高信息在会计期间的可比性，以反映企业财务状况、经营成果和现金流量的发展趋势，提高报表使用者的判断与决策能力。

在财务报表项目的列报确需发生变更的情况下，企业应当对上期比较数据按照当期的列报要求进行调整，并在附注中披露调整的原因和性质，以及调整的各项目金额。但是，如果在某些情况下，对上期比较数据进行调整是不切实可行的，则应当在附注中披露不能调整的原因。

（七）财务报表表首的列报要求

财务报表一般分为表首、正表两部分。其中，在表首部分企业应当概括地说明下列基本信息：

（1）编报企业的名称，如企业名称在所属当期发生了变更的，还应明确标明；

（2）对资产负债表而言，须披露资产负债表日，而对利润表、现金流量表、所有者权益变动表而言，须披露报表涵盖的会计期间；

（3）货币名称和单位，按照我国企业会计准则的规定，企业应当以人民币作为记账本位币列报，并标明金额单位，如人民币元、人民币万元等；

（4）财务报表是合并财务报表的，应当予以标明。

（八）报告期间

企业至少应当编制年度财务报表。根据《中华人民共和国会计法》的规定，会计年度自公历1月1日起至12月31日止。在编制年度财务报表时，可能存在年度财务报表涵盖的期间短于1年的情况。如企业在年度中间（如3月1日）设立，这种情况下，企业应当披露年度财务报表的实际涵盖期间及其短于1年的原因，并应当说明由此引起财务报表项目与比较数据不具可比性这一事实。

需要说明的是，财务报表格式和附注分别按一般企业、商业银行、保险公司、证券公司等企业类型予以规定。企业应当根据其经营活动的性质，确定本企业适用的财务报表格式和附注。除不存在的项目外，企业应当按照具体准则及应用指南规定的报表格式进行列报。本章以一般企业资产负债表、利润表、现金流量表和所有者权益变动表格式为例进行讲解说明。

第二节 资产负债表

一、资产负债表的内容及结构

（一）资产负债表的内容

资产负债表是反映企业在某一特定日期的财务状况的会计报表。它反映企业在某一特定日期所拥有或控制的经济资源、所承担的现实义务和所有者对净资产的要求权。

资产负债表的内容包括：

（1）可以提供某一日期资产的总额及其结构，表明企业拥有或控制的资源及其分布情况，使用者可以一目了然地从资产负债表上了解企业在某一特定日期所拥有的资产总量及其结构；

（2）可以提供某一日期的负债总额及其结构，表明企业未来需要用多少资产或劳务清偿债务以及清偿时间；

(3) 可以反映所有者所拥有的权益，据以判断资本保值、增值的情况以及对负债的保障程度。

此外，资产负债表还可以提供进行财务分析的基本资料。例如，将流动资产与流动负债进行比较计算出流动比率，将速动资产与流动负债进行比较计算出速动比率等，可以表明企业的变现能力、偿债能力和资金周转能力，从而有助于报表使用者作出经济决策。

（二）资产负债表的结构

资产负债表正表的列报格式一般有两种：报告式资产负债表和账户式资产负债表。报告式资产负债表是上下结构，上半部列示资产，下半部列示负债和所有者权益。具体排列形式又有两种：一是按"资产＝负债＋所有者权益"的原理排列；二是按"资产－负债＝所有者权益"的原理排列。账户式资产负债表是左右结构，左边列示资产，右边列示负债和所有者权益。根据财务报表列报准则的规定，资产负债表采用账户式的格式，即左侧列报资产各项目，一般按资产的流动性大小排列；右侧列报负债和所有者权益各项目，一般按要求清偿时间的先后顺序排列。账户式资产负债表中的资产各项目的合计等于负债和所有者权益各项目的合计，即资产负债表左方和右方平衡。因此，通过账户式资产负债表，可以反映资产、负债、所有者权益之间的内在关系，即"资产＝负债＋所有者权益"。此外，为了报表使用者通过比较不同时点资产负债表的数据，掌握企业财务状况的变动情况及发展趋势，企业还需要提供比较资产负债表，资产负债表还应就各项目再分为"年初余额"和"期末余额"两栏分别填列。我国资产负债表按账户式反映，其基本格式如表11-3所示。

二、资产负债表的填列方法

（一）年初余额栏的填列方法

资产负债表"年初余额"栏内各项数字，应根据上年末资产负债表"期末余额"栏内所列数字填列。如果上年度资产负债表规定的各个项目的名称和内容同本年度不相一致，应对上年年末资产负债表各项目的名称和数字按照本年度的规定进行调整，填入表中"年初余额"栏内。

（二）期末余额栏的填列方法

由于企业的每一项资产、负债和所有者权益余额都是以各有关科目余额来表示的，因此，作为总括反映企业资产、负债和所有者权益的资产负债表项目，原则上都可以直接根据有关总账科目的期末余额填列。但是，为了更真实、合理地反映企业的财务状况，更好地满足报表使用者的需要，资产负债表的某些项目还要根据总账科目和明细科目的记录分析、计算后填列。

（三）资产负债表各项目的填列说明

1. 资产项目的列报说明

"货币资金"项目，反映企业库存现金、银行结算户存款、外埠存款、银行汇票存款、银行本票存款、信用卡存款、信用证保证金存款等的合计数。本项目应根据"库存现金"、"银行存款"、"其他货币资金"科目期末余额的合计数填列。

"交易性金融资产"项目，反映企业持有的以公允价值计量且其变动计入当期损益的、为交易目的所持有的债券投资、股票投资、基金投资、权证投资等金融资产。本项目应根据"交易性金融资产"科目的期末余额填列。

"应收票据"项目，反映企业因销售商品、提供劳务等而收到的商业汇票，包括银行承兑汇票和商业承兑汇票。本项目应根据"应收票据"科目的期末余额，减去"坏账准备"科目中有关应收票据计提的坏账准备期末余额后的金额填列。

"应收账款"项目，反映企业因销售商品、提供劳务等经营活动应收取的款项。本项目应根据"应收账款"和"预收账款"科目所属各明细科目的期末借方余额合计数，减去"坏账准备"科目中有关应收账款计提的坏账准备期末余额后的金额填列。如"应收账款"科目所属明细科目期末有贷方余额的，应在资产负债表"预收款项"项目内填列。

"预付款项"项目，反映企业按照购货合同规定预付给供应单位的款项等。本项目应根据"预付账款"和"应付账款"科目所属各明细科目的期末借方余额合计数，减去"坏账准备"科目中有关预付款项计提的坏账准备期末余额后的金额填列。如"预付账款"科目所属各明细科目期末有贷方余额的，应在资产负债表"应付账款"项目内填列。

"应收利息"项目，反映企业应收取的债券投资等的利息。本项目应根据"应收利息"科目的期末余额，减去"坏账准备"科目中有关应收利息计提的坏账准备期末余额后的金额填列。

"应收股利"项目，反映企业应收取的现金股利和应收取其他单位分配的利润。本项目应根据"应收股利"科目的期末余额，减去"坏账准备"科目中有关应收股利计提的坏账准备期末余额后的金额填列。

"其他应收款"项目，反映企业除应收票据、应收账款、预付账款、应收股利、应收利息等经营活动以外的其他各种应收、暂付的款项。本项目应根据"其他应收款"科目的期末余额，减去"坏账准备"科目中有关其他应收款计提的坏账准备期末余额后的金额填列。

"存货"项目，反映企业期末在库、在途和在加工中的各种存货的可变现净值。本项目应根据"材料采购"、"原材料"、"库存商品"、"周转材料"、"委托加工物资"、"委托代销商品"、"受托代销商品"、"生产成本"等科目的期末余额合计，减去"受托代销商品款"、"存货跌价准备"科目期末余额后的金额填列。材料采用计划成本核算，以及库存商品采用计划成本核算或售价核算的企业，还应按加或减材料成本差异、商品进销差价后的金额填列。

"一年内到期的非流动资产"项目，反映企业将于1年内到期的非流动资产项目金额。本项目应根据有关科目的期末余额分析填列。

"其他流动资产"项目，反映企业除货币资金、交易性金融资产、应收票据、应收账款、存货等流动资产以外的其他流动资产。本项目应根据有关科目的期末余额填列。

"可供出售金融资产"项目，反映企业持有的以公允价值计量的可供出售的股票投资、债券投资等金融资产。本项目应根据"可供出售金融资产"科目的期末余额，减去"可供出售金融资产减值准备"科目期末余额后的金额填列。

"持有至到期投资"项目，反映企业持有的以摊余成本计量的持有至到期投资。本项目应根据"持有至到期投资"科目的期末余额，减去"持有至到期投资减值准备"科目期末余额后的金额填列。

"长期应收款"项目，反映企业融资租赁产生的应收款项、采用递延方式具有融资性质的销售商品和提供劳务等产生的长期应收款项等。本项目应根据"长期应收款"科目的期末余额，减去相应的"未实现融资收益"科目和"坏账准备"科目所属相关明细科目期末余额后的金额填列。

"长期股权投资"项目，反映企业持有的对子公司、联营企业和合营企业的长期股权投资。本项目应根据"长期股权投资"科目的期末余额，减去"长期股权投资减值准备"科目期末余额后的金额填列。

"投资性房地产"项目，反映企业持有的投资性房地产。企业采用成本模式计量投资性房地产的，本项目应根据"投资性房地产"科目的期末余额，减去"投资性房地产累计折旧（摊销）"和"投资性房地产减值准备"科目期末余额后的金额填列；企业采用公允价值模式计量投资性房地产的，本项目应根据"投资性房地产"科目的期末余额填列。

"固定资产"项目，反映企业各种固定资产原价减去累计折旧和累计减值准备后的净额。本项目应根据"固定资产"科目的期末余额，减去"累计折旧"和"固定资产减值准备"科目期末余额后的金额填列。

"在建工程"项目，反映企业期末各项未完工程的实际支出，包括交付安装的设备价值、未完建筑安装工程已经耗用的材料、工资和费用支出、预付出包工程的价款等的可收回金额。本项目应根据"在建工程"科目的期末余额，减去"在建工程减值准备"科目期末余额后的金额填列。

"工程物资"项目，反映企业尚未使用的各项工程物资的实际成本。本项目应根据"工程物资"科目的期末余额，减去"工程物资减值准备"科目期末余额后的金额填列。

"固定资产清理"项目，反映企业因出售、毁损、报废等原因转入清理但尚未清理完毕的固定资产的净值，以及固定资产清理过程中所发生的清理费用和变价收入等各项金额的差额。本项目应根据"固定资产清理"科目的期末借方余额填列，如"固定资产清理"科目期末为贷方余额，以"－"号填列。

"无形资产"项目，反映企业持有的无形资产，包括专利权、非专利技术、商标权、著作权、土地使用权等。本项目应根据"无形资产"科目的期末余额，减去"累计摊销"和"无形资产减值准备"科目期末余额后的金额填列。

"开发支出"项目，反映企业开发无形资产过程中能够资本化形成无形资产成本的支出部分。本项目应根据"研发支出"科目中所属的"资本化支出"明细科目期末余额填列。

"商誉"项目，反映企业合并中形成的商誉的价值。本项目应根据"商誉"科目的期末余额，减去相应减值准备后的金额填列。

"长期待摊费用"项目，反映企业已经发生但应由本期和以后各期负担的分摊期限在1年以上的各项费用。长期待摊费用中在1年内（含1年）摊销的部分，在资产负债表"一年内到期的非流动资产"项目填列。本项目应根据"长期待摊费用"科目的期末余额减去将于1年内（含1年）摊销的数额后的金额填列。

"递延所得税资产"项目，反映企业确认的可抵扣暂时性差异产生的递延所得税资产。本项目应根据"递延所得税资产"科目的期末余额填列。

"其他非流动资产"项目，反映企业除长期股权投资、固定资产、在建工程、工程物资、无形资产等资产以外的其他非流动资产。本项目应根据有关科目的期末余额填列。

2. 负债项目的列报说明

"短期借款"项目，反映企业向银行或其他金融机构等借入的期限在1年以下（含1年）的各种借款。本项目应根据"短期借款"科目的期末余额填列。

"交易性金融负债"项目，反映企业承担的以公允价值计量且其变动计入当期损益的为交易目的所持有的金融负债。本项目应根据"交易性金融负债"科目的期末余额填列。

"应付票据"项目，反映企业购买材料、商品和接受劳务供应等而开出、承兑的商业汇票，包括银行承兑汇票和商业承兑汇票。本项目应根据"应付票据"科目的期末余额填列。

"应付账款"项目，反映企业因购买材料、商品和接受劳务供应等经营活动应支付的款项。本项目应根据"应付账款"和"预付账款"科目所属各明细科目的期末贷方余额合计数填列；如"应付账款"科目所属明细科目期末有借方余额的，应在资产负债表"预付款项"项目内填列。

"预收款项"项目，反映企业按照购货合同规定预收购买单位的款项。本项目应根据"预收账款"和"应收账款"科目所属各明细科目的期末贷方余额合计数填列。如"预收账款"科目所属各明细科目期末有借方余额，应在资产负债表"应收账款"项目内填列。

"应付职工薪酬"项目，反映企业根据有关规定应付给职工的工资、职工福利、社会保险费、住房公积金、工会经费、职工教育经费、非货币性福利、辞退福利等各种薪酬。外商投资企业按规定从净利润中提取的职工奖励及福利基金，也在本项目列示。

"应交税费"项目，反映企业按照税法规定计算应缴纳的各种税费，包括增值税、消费税、营业税、所得税、资源税、土地增值税、城市维护建设税、房产税、土地使用税、车船税、教育费附加、矿产资源补偿费等。企业代扣代缴的个人所得税，也通过本项目列示。企业所缴纳的税金不需要预计应交数的，如印花税、耕地占用税等，不在本项目列示。本项目应根据"应交税费"科目的期末贷方余额填列；如"应交税费"科目期末为借方余额，应以"－"号填列。

"应付利息"项目，反映企业按照规定应当支付的利息，包括分期付息到期还本的长期借款应支付的利息、企业发行的企业债券应支付的利息等。本项目应当根据"应付利息"科目的期末余额填列。

"应付股利"项目，反映企业分配的现金股利或利润。企业分配的股票股利，不通过本项目列示。本项目应根据"应付股利"科目的期末余额填列。

"其他应付款"项目，反映企业除应付票据、应付账款、预收款项、应付职工薪酬、应付股利、应付利息、应交税费等经营活动以外的其他各项应付、暂收的款项。本项目应根据"其他应付款"科目的期末余额填列。

"一年内到期的非流动负债"项目，反映企业非流动负债中将于资产负债表日后 1 年内到期部分的金额，如将于 1 年内偿还的长期借款。本项目应根据有关科目的期末余额填列。

"其他流动负债"项目，反映企业除短期借款、交易性金融负债、应付票据、应付账款、应付职工薪酬、应交税费等流动负债以外的其他流动负债。本项目应根据有关科目的期末余额填列。

"长期借款"项目，反映企业向银行或其他金融机构借入的期限在 1 年以上（不含 1 年）的各项借款。本项目应根据"长期借款"科目的期末余额填列。

"应付债券"项目，反映企业为筹集长期资金而发行的债券本金和利息。本项目应根据"应付债券"科目的期末余额填列。

"长期应付款"项目，反映企业除长期借款和应付债券以外的其他各种长期应付款项。本项目应根据"长期应付款"科目的期末余额，减去相应的"未确认融资费用"科目期末余额后的金额填列。

"专项应付款"项目，反映企业取得政府作为企业所有者投入的具有专项或特定用途的款项。本项目应根据"专项应付款"科目的期末余额填列。

"预计负债"项目，反映企业确认的对外提供担保、未决诉讼、产品质量保证、重组义务、亏损性合同等预计负债。本项目应根据"预计负债"科目的期末余额填列。

"递延所得税负债"项目，反映企业确认的应纳税暂时性差异产生的所得税负债。本项目应根据"递延所得税负债"科目的期末余额填列。

"其他非流动负债"项目，反映企业除长期借款、应付债券等负债以外的其他非流动负债。本项目应根据有关科目的期末余额减去将于 1 年内（含 1 年）到期偿还数后的余额填列。非流动负债各项目中将于 1 年内（含 1 年）到期的非流动负债，应在"1 年内到期的非流动负债"项目内单独反映。

3. 所有者权益项目的列报说明

"实收资本（或股本）"项目，反映企业各投资者实际投入的资本（或股本）总额。本项目应根据"实收资本"或"股本"科目的期末余额填列。

"资本公积"项目，反映企业资本公积的期末余额。本项目应根据"资本公积"科目的期末余额填列。

"库存股"项目，反映企业持有尚未转让或注销的本公司股份金额。本项目应根据"库存股"科目的期末余额填列。

"盈余公积"项目，反映企业盈余公积的期末余额。本项目应根据"盈余公积"科目的期末余额填列。

"未分配利润"项目，反映企业尚未分配的利润。本项目应根据"本年利润"科目和"利润分配"科目的余额计算填列。未弥补的亏损在本项目内以"—"号填列。

（四）资产负债表项目填列方法汇总

资产负债表各项目的填列方法，大体上可以归为以下几种情况。

（1）直接根据总账科目的余额填列。资产负债表中的有些项目，可直接根据有关总账科目的余额填列，如"交易性金融资产"、"工程物资"、"固定资产清理"、"递延所得税资产"、"短期借款"、"应付票据"、"应付职工薪酬"、"应交税费"、"应付利息"、"应付股利"、"其他应付款"、"实收资本"、"资本公积"、"盈余公积"等项目，应根据各相关总账科目余额直接填列。

（2）根据若干个总账科目的余额计算填列。如"货币资金"项目，应根据"库存现金"、"银行存款"、"其他货币资金"三个总账科目余额的合计数填列。

（3）根据有关明细账科目的余额计算填列。如"应收账款"项目，需要根据"应收账款"和"预收账款"两个科目所属的相关明细科目的期末借方余额计算填列，如果计提了坏账准备，则应根据减去"坏账准备"科目中有关应收账款计提的坏账准备期末余额后的金额填列；"预收账款"项目，需要根据"应收账款"和"预收账款"两个科目所属的相关明细科目的期末贷方余额计算填列；"预付账款"项目，需要根据"应付账款"和"预付账款"两个科目所属的相关明细科目的期末借方余额计算填列；"应付账款"项目，需要根据"应付账款"和"预付账款"两个科目所属的相关明细科目的期末贷方余额计算填列。

（4）根据总账科目和明细账科目的余额分析计算填列。如"长期借款"项目，需根据"长期借款"总账科目余额扣除"长期借款"科目所属的明细科目中将在资产负债表日起1年内到期、且企业不能自主地将清偿义务展期的长期借款后的金额计算填列。

（5）根据有关科目余额减去其备抵科目余额后的净额填列。如资产负债表中的"应收账款"、"其他应收款"、"持有至到期投资"、"长期股权投资"等项目，应根据"应收账款"、"其他应收款"、"持有至到期投资"、"长期股权投资"等科目的期末余额减去"坏账准备"、"持有至到期投资减值准备"、"长期股权投资减值准备"等科目余额后的净额填列；"固定资产"项目，应根据"固定资产"科目的期末余额减去"累计折旧"、"固定资产减值准备"科目余额后的净额填列；"无形资产"项目，应根据"无形资产"科目的期末余额，减去"累计摊销"、"无形资产减值准备"科目余额后的净额填列。

（6）综合运用上述填列方法分析填列。如资产负债表中的"存货"项目。

【例11-1】 某市甲公司为增值税一般纳税人，增值税税率为17%，所得税税率为25%，原材料采用计划成本法核算。其2011年1月1日有关科目的余额如表11-1所示。

表11-1　　　　　　　　　　　科目余额表
编制单位：甲公司　　　　　2011年1月1日　　　　　　　　金额单位：元

科目名称	借方余额	科目名称	贷方余额
库存现金	15 500.00	短期借款	300 000.00
银行存款	1 273 800.00	应付票据	200 000.00
其他货币资金	117 000.00	应付账款	953 800.00
交易性金融资产	15 000.00	应付职工薪酬	110 000.00
应收票据	246 000.00	应交税费	30 000.00
应收账款	300 000.00	应付利息	1 000.00
坏账准备	−900.00	应付股利	0.00
预付账款	100 000.00	其他应付款	56 600.00
其他应收款	5 000.00	长期借款	1 600 000.00
材料采购	100 000.00	其中1年内到期的长期负债	1 000 000.00
原材料	726 000.00	实收资本（或股本）	5 000 000.00

续表

科目名称	借方余额	科目名称	贷方余额
周转材料	57 000.00	盈余公积	50 000.00
库存商品	1 652 900.00	利润分配	100 000.00
材料成本差异	44 100.00		
长期股权投资	250 000.00		
固定资产	2 000 000.00		
累计折旧	−900 000.00		
在建工程	1 500 000.00		
工程物资	300 000.00		
无形资产	600 000.00		
累计摊销	0.00		
合　计	8 401 400.00	合　计	8 401 400.00

甲公司 2011 年度发生的经济业务如下：

(1) 收到银行通知，用银行存款支付到期的商业承兑汇票 100 000 元。

(2) 购入原材料一批，用银行存款支付货款 150 000 元，以及购入材料支付的增值税额为 25 500 元，材料未到。

(3) 收到原材料一批，实际成本 100 000 元，计划成本 95 000 元，材料已验收入库，货款已于上期支付。

(4) 用银行汇票支付采购材料价款，公司收到开户银行转来的银行汇票多余款收款通知，通知上填写多余款 234 元，购入材料款 99 800 元，支付的增值税额 16 966 元，原材料已验收入库。该批原材料计划成本 100 000 元。

(5) 销售一批产品，不含税的销售额为 300 000 元，该批产品实际成本 180 000 元，产品已发出，价款未收到。

(6) 将交易性金融资产 15 000 元兑现，收到本金 15 000 元，投资收益 1 500 元，均存入银行。

(7) 购入不得抵扣增值税的汽车一辆，价款 85 470 元，支付的增值税税额 14 530 元，支付包装费、运费 1 000 元，价款及包装费、运费均以银行存款支付，设备已交付使用。

(8) 购入工程物资一批，用银行存款支付价款 150 000 元（含增值税）。

(9) 工程应付工资 200 000 元，预计应付职工福利费 20 000 元。

(10) 期末计算在建工程应负担的长期借款利息 150 000 元，该项借款本金及利息均未支付。

(11) 一项工程完工，交付使用，已办理竣工手续，固定资产价值 1 400 000 元。

(12) 基本生产车间一台机床报废，原价 200 000 元，已提折旧 180 000 元，清理费用 500 元，残料变价收入 800 元，均通过银行存款收支。该项固定资产已清理完毕。

(13) 年末从银行借入 3 年期借款 400 000 元，借款已存入银行存款账户，该项存款用于建造固定资产。

(14) 销售产品一批，不含税的销售额 700 000 元，增值税税额 119 000 元，销售产品的实际成本 420 000 元，款项已存入银行。

(15) 将要到期的一张面值为 200 000 元的无息银行承兑汇票,连同解讫通知和进账单交银行办理转账,收到银行盖章退回的进账单一联。款项银行已收妥。

(16) 收到股息 30 000 元(该项投资为成本法核算,对方企业所得税税率和本企业一致,均为 25%),已存入银行。

(17) 出售不需要设备一台,收到价款 300 000 元,该设备原价 400 000 元,已提折旧 150 000 元,该设备已由购入单位运走。

(18) 归还短期借款本金 250 000 元,利息 12 500 元。

(19) 年初以 189 690 元的价格购买了面值为 200 000 元、票面利率 6%、期限 3 年、按年付息到期一次还本的债券,公司作为持有至到期投资核算。假定该债券当时适用的实际利率为 8%。

(20) 用银行存款支付工资 500 000 元,其中包括支付给在建工程人员的工资 200 000 元。

(21) 分配应支付的职工工资 300 000 元(不包括在建工程应负担的工资 200 000 元),其中生产人员工资 275 000 元,车间管理人员工资 10 000 元,行政管理人员工资 15 000 元。

(22) 提取职工福利费 30 000 元(不包括在建工程应负担的福利费 20 000 元),其中生产工人福利费 27 500 元,车间管理人员福利费 1 000 元,行政管理人员福利费 1 500 元。

(23) 提取应计入本期损益的借款利息共 21 500 元:其中,短期借款利息 11 500 元,长期借款利息 10 000 元。

(24) 基本生产车间领用原材料,计划成本 700 000 元;领用低值易耗品,计划成本 50 000 元,采用一次摊销法核算。

(25) 结转领用材料应分摊的材料成本差异,材料成本差异率为 5%。

(26) 摊销无形资产 150 000 元。

(27) 计提固定资产折旧 190 000 元,其中计入制造费用 170 000 元,计入管理费用 20 000 元。

(28) 收到应收账款 51 000 元,存入银行。期末按应收账款余额的 3‰计提坏账准备。

(29) 用银行存款支付产品展览费 10 000 元。

(30) 计算并结转本期完工产品成本 1 271 000 元,没有期初在产品,本期生产的产品全部完工入库。

(31) 用银行存款支付广告费 10 000 元。

(32) 采用商业承兑汇票结算方式销售商品一批,价款 250 000 元,增值税税额 42 500 元,收到 292 500 元的无息商业承兑汇票一张,产品实际成本 150 000 元。

(33) 将上述无息商业承兑汇票到银行办理贴现,贴现息为 20 000 元。

(34) 提取现金 50 000 元,准备支付退休费。

(35) 支付退休金 50 000 元,未统筹。

(36) 核算本期应缴纳的城市维护建设税和教育费附加 11 900 元和 5 100 元。

(37) 用银行存款缴纳增值税 170 000 元,城市维护建设税 11 900 元和教育费附加

5 100元。

(38) 结转本期产品销售成本750 000元。

(39) 期末结转各损益类科目。

(40) 计算应交所得税、所得税费用为57 768.8元并转入本年利润科目。

(41) 结转本年利润。

(42) 提取法定盈余公积20 330.64元，任意盈余公积10 165.32元；分配现金股利60 991.92元。

(43) 将"利润分配"其他各明细科目的余额转入"未分配利润"明细科目。

(44) 偿还长期借款1 000 000元。

(45) 用银行存款缴纳企业所得税57 768.8元。

【解析】

1. 根据上述资料，甲公司的账务处理如下：

(1) 支付商业承兑汇票票款时：

 借：应付票据   100 000.00

  贷：银行存款   100 000.00

(2) 购入原材料时：

 借：材料采购   150 000.00

  应交税费——应交增值税（进项税额）   25 500.00

  贷：银行存款   175 500.00

(3) 收到原材料时：

 借：原材料   95 000.00

   材料成本差异   5 000.00

  贷：材料采购   100 000.00

(4) 支付采购材料价款时：

 借：材料采购   99 800.00

   银行存款   234.00

   应交税费——应交增值税（进项税额）   16 966.00

  贷：其他货币资金——银行汇票   117 000.00

 借：原材料   100 000.00

  贷：材料成本差异   200.00

   材料采购   99 800.00

(5) 销售产品时：

 借：应收账款   351 000.00

  贷：主营业务收入   300 000.00

   应交税费——应交增值税（销项税额）   51 000.00

(6) 兑现交易性金融资产时：

 借：银行存款   16 500.00

  贷：交易性金融资产   15 000.00

   投资收益   1 500.00

(7) 购入汽车时：
　　借：固定资产　　　　　　　　　　　　　　　　　　　101 000.00
　　　　贷：银行存款　　　　　　　　　　　　　　　　　　　　101 000.00
(8) 购入工程物资时：
　　借：工程物资　　　　　　　　　　　　　　　　　　　150 000.00
　　　　贷：银行存款　　　　　　　　　　　　　　　　　　　　150 000.00
(9) 核算工程人员工资时：
　　借：在建工程　　　　　　　　　　　　　　　　　　　220 000.00
　　　　贷：应付职工薪酬——工资　　　　　　　　　　　　　200 000.00
　　　　　　　　　　　　——职工福利　　　　　　　　　　　20 000.00
(10) 期末，计算在建工程负担的长期借款利息时：
　　借：在建工程　　　　　　　　　　　　　　　　　　　150 000.00
　　　　贷：长期借款——应计利息　　　　　　　　　　　　　150 000.00
(11) 工程完工交付使用时：
　　借：固定资产　　　　　　　　　　　　　　　　　　 1 400 000.00
　　　　贷：在建工程　　　　　　　　　　　　　　　　　　　1 400 000.00
(12) 清理固定资产时：
　　借：固定资产清理　　　　　　　　　　　　　　　　　　20 000.00
　　　　累计折旧　　　　　　　　　　　　　　　　　　　　180 000.00
　　　　贷：固定资产　　　　　　　　　　　　　　　　　　　　200 000.00
　　借：固定资产清理　　　　　　　　　　　　　　　　　　　　500.00
　　　　贷：银行存款　　　　　　　　　　　　　　　　　　　　　　500.00
　　借：银行存款　　　　　　　　　　　　　　　　　　　　　　800.00
　　　　贷：固定资产清理　　　　　　　　　　　　　　　　　　　800.00
　　借：营业外支出——处置非流动资产损失　　　　　　　　19 700.00
　　　　贷：固定资产清理　　　　　　　　　　　　　　　　　　19 700.00
(13) 向银行借款时：
　　借：银行存款　　　　　　　　　　　　　　　　　　　400 000.00
　　　　贷：长期借款　　　　　　　　　　　　　　　　　　　　400 000.00
(14) 销售产品时：
　　借：银行存款　　　　　　　　　　　　　　　　　　　819 000.00
　　　　贷：主营业务收入　　　　　　　　　　　　　　　　　700 000.00
　　　　　　应交税费——应交增值税（销项税额）　　　　　119 000.00
(15) 收回票款时：
　　借：银行存款　　　　　　　　　　　　　　　　　　　200 000.00
　　　　贷：应收票据　　　　　　　　　　　　　　　　　　　　200 000.00
(16) 收到股息时：
　　借：银行存款　　　　　　　　　　　　　　　　　　　　30 000.00
　　　　贷：投资收益　　　　　　　　　　　　　　　　　　　　30 000.00

(17) 出售设备时：
　　借：固定资产清理　　　　　　　　　　　　　　　　　250 000.00
　　　　累计折旧　　　　　　　　　　　　　　　　　　　150 000.00
　　　贷：固定资产　　　　　　　　　　　　　　　　　　　　　　400 000.00
　　借：银行存款　　　　　　　　　　　　　　　　　　　300 000.00
　　　贷：固定资产清理　　　　　　　　　　　　　　　　　　　300 000.00
　　借：固定资产清理　　　　　　　　　　　　　　　　　 50 000.00
　　　贷：营业外收入——处置非流动资产利得　　　　　　　　　 50 000.00
(18) 归还短期借款本息时：
　　借：短期借款　　　　　　　　　　　　　　　　　　　250 000.00
　　　　应付利息　　　　　　　　　　　　　　　　　　　 12 500.00
　　　贷：银行存款　　　　　　　　　　　　　　　　　　　　　262 500.00
(19) 取得债券投资、计息并摊销折价、收取债券利息时：
　　借：持有至到期投资——成本　　　　　　　　　　　　200 000.00
　　　贷：银行存款　　　　　　　　　　　　　　　　　　　　　189 690.00
　　　　　持有至到期投资——利息调整　　　　　　　　　　　　 10 310.00
　　借：应收利息　　　　　　　　　　　　　　　　　　　 12 000.00
　　　　持有至到期投资——利息调整　　　　　　　　　　　　3 175.20
　　　贷：投资收益　　　　　　　　　　　　　　　　　　　　　 15 175.20
　　借：银行存款　　　　　　　　　　　　　　　　　　　 12 000.00
　　　贷：应收利息　　　　　　　　　　　　　　　　　　　　　 12 000.00
(20) 支付工资时：
　　借：应付职工薪酬——工资　　　　　　　　　　　　　500 000.00
　　　贷：银行存款　　　　　　　　　　　　　　　　　　　　　500 000.00
(21) 分配工资时：
　　借：生产成本　　　　　　　　　　　　　　　　　　　275 000.00
　　　　制造费用　　　　　　　　　　　　　　　　　　　 10 000.00
　　　　管理费用　　　　　　　　　　　　　　　　　　　 15 000.00
　　　贷：应付职工薪酬——工资　　　　　　　　　　　　　　　300 000.00
(22) 提取福利费时：
　　借：生产成本　　　　　　　　　　　　　　　　　　　 27 500.00
　　　　制造费用　　　　　　　　　　　　　　　　　　　　1 000.00
　　　　管理费用　　　　　　　　　　　　　　　　　　　　1 500.00
　　　贷：应付职工薪酬——职工福利　　　　　　　　　　　　　 30 000.00
(23) 提取本期借款利息时：
　　借：财务费用　　　　　　　　　　　　　　　　　　　 21 500.00
　　　贷：应付利息　　　　　　　　　　　　　　　　　　　　　 11 500.00
　　　　　长期借款——应计利息　　　　　　　　　　　　　　　 10 000.00
(24) 领用材料时：

借：生产成本		700 000.00
贷：原材料		700 000.00
借：制造费用		50 000.00
贷：周转材料		50 000.00

(25) 结转材料负担的材料成本差异时：
原材料应负担的材料成本差异＝700 000×5‰＝35 000（元）
低值易耗品应负担的材料成本差异＝50 000×5‰＝2 500（元）

借：生产成本	35 000.00
制造费用	2 500.00
贷：材料成本差异	37 500.00

(26) 摊销无形资产时：

借：管理费用	150 000.00
贷：累计摊销	150 000.00

(27) 计提固定资产折旧时：

借：制造费用	170 000.00
管理费用	20 000.00
贷：累计折旧	190 000.00

(28) 收到应收款项和计提坏账时：

借：银行存款	51 000.00
贷：应收账款	51 000.00
借：资产减值损失	900.00
贷：坏账准备	900.00

(29) 支付产品展览费时：

借：销售费用	10 000.00
贷：银行存款	10 000.00

(30) 结转本期完成产品时：

借：生产成本	233 500.00
贷：制造费用	233 500.00
借：库存商品	1 271 000.00
贷：生产成本	1 271 000.00

(31) 支付广告费时：

借：销售费用	10 000.00
贷：银行存款	10 000.00

(32) 用商业汇票结算方式销售商品时：

借：应收票据	292 500.00
贷：主营业务收入	250 000.00
应交税费——应交增值税（销项税额）	42 500.00

(33) 商业汇票贴现时：

借：财务费用	20 000.00

　　　　银行存款　　　　　　　　　　　　　　　　　　　272 500.00
　　　贷：应收票据　　　　　　　　　　　　　　　　　　　292 500.00
（34）提取现金时：
　　借：库存现金　　　　　　　　　　　　　　　　　　　　50 000.00
　　　贷：银行存款　　　　　　　　　　　　　　　　　　　 50 000.00
（35）支付退休金时：
　　借：管理费用　　　　　　　　　　　　　　　　　　　　50 000.00
　　　贷：库存现金　　　　　　　　　　　　　　　　　　　 50 000.00
（36）核算城市维护建设税和教育费附加时：
　　借：营业税金及附加　　　　　　　　　　　　　　　　　17 000.00
　　　贷：应交税费——应交城市维护建设税　　　　　　　　 11 900.00
　　　　　　　　　——应交教育费附加　　　　　　　　　　　5 100.00
（37）缴纳增值税、城市维护建设税和教育费附加时：
　　借：应交税费——应交增值税　　　　　　　　　　　　 170 000.00
　　　　　　　　——应交城市维护建设税　　　　　　　　　 11 900.00
　　　　　　　　——应交教育费附加　　　　　　　　　　　　5 100.00
　　　贷：银行存款　　　　　　　　　　　　　　　　　　　187 000.00
（38）结转本期销售成本时：
　　借：主营业务成本　　　　　　　　　　　　　　　　　 750 000.00
　　　贷：库存商品　　　　　　　　　　　　　　　　　　　750 000.00
（39）结转各损益类科目时：
　　借：主营业务收入　　　　　　　　　　　　　　　　 1 250 000.00
　　　　营业外收入　　　　　　　　　　　　　　　　　　　50 000.00
　　　　投资收益　　　　　　　　　　　　　　　　　　　　46 675.20
　　　贷：本年利润　　　　　　　　　　　　　　　　　 1 346 675.20
　　借：本年利润　　　　　　　　　　　　　　　　　　 1 085 600.00
　　　贷：主营业务成本　　　　　　　　　　　　　　　　 750 000.00
　　　　　营业税金及附加　　　　　　　　　　　　　　　　17 000.00
　　　　　销售费用　　　　　　　　　　　　　　　　　　　20 000.00
　　　　　管理费用　　　　　　　　　　　　　　　　　　 236 500.00
　　　　　财务费用　　　　　　　　　　　　　　　　　　　41 500.00
　　　　　资产减值损失　　　　　　　　　　　　　　　　　　 900.00
　　　　　营业外支出　　　　　　　　　　　　　　　　　　19 700.00
（40）计算并结转应交所得税和所得税费用时：
　　借：所得税费用［(1 346 675.20－1 085 600－30 000)×25％］　57 768.80
　　　贷：应交税费——应交所得税　　　　　　　　　　　　57 768.80
　　借：本年利润　　　　　　　　　　　　　　　　　　　　57 768.80
　　　贷：所得税费用　　　　　　　　　　　　　　　　　　57 768.80
（41）结转本年利润时：

借：本年利润 203 306.40
　　贷：利润分配——未分配利润 203 306.40
（42）提取盈余公积和分配股利时：
借：利润分配——提取法定盈余公积 20 330.64
　　　　　　——提取任意盈余公积 10 165.32
　　　　　　——应付现金股利或利润 60 991.92
　　贷：盈余公积 30 495.96
　　　　应付股利 60 991.92
（43）将"利润分配"其他各明细科目转入"未分配利润"明细科目：
借：利润分配——未分配利润 91 487.88
　　贷：利润分配——提取法定盈余公积 20 330.64
　　　　　　　——提取任意盈余公积 10 165.32
　　　　　　　——应付现金股利或利润 60 991.92
（44）偿还长期借款时：
借：长期借款 1 000 000.00
　　贷：银行存款 1 000 000.00
（45）缴纳所得税时：
借：应交税费——应交所得税 57 768.80
　　贷：银行存款 57 768.80

2. 根据上述资料，编制 2011 年 12 月 31 日的科目余额表，如表 11-2 所示。

表 11-2　　　　　　　　　　　　科目余额表
编制单位：甲公司　　　　　　2011 年 12 月 31 日　　　　　　金额单位：元

科目名称	借方余额	科目名称	贷方余额
库存现金	15 500.00	短期借款	50 000.00
银行存款	581 875.20	应付票据	100 000.00
其他货币资金	0.00	应付账款	953 800.00
交易性金融资产	0.00	应付职工薪酬	160 000.00
应收票据	46 000.00	应交税费	30 034.00
应收账款	600 000.00	应付利息	0.00
坏账准备	−1 800.00	应付股利	60 991.92
预付账款	100 000.00	其他应付款	56 600.00
其他应收款	5 000.00	长期借款	1 160 000.00
材料采购	150 000.00	其中 1 年内到期的长期负债	0.00
原材料	221 000.00	实收资本（或股本）	5 000 000.00
周转材料	7 000.00	盈余公积	80 495.96
库存商品	2 173 900.00	利润分配	211 818.52
材料成本差异	11 400.00		
持有至到期投资	192 865.20		
长期股权投资	250 000.00		

续表

科目名称	借方余额	科目名称	贷方余额
固定资产	2 901 000.00		
累计折旧	−760 000.00		
在建工程	470 000.00		
工程物资	450 000.00		
无形资产	600 000.00		
累计摊销	−150 000.00		
合　计	7 863 740.40	合　计	7 863 740.40

3. 根据上述资料，编制 2011 年 12 月 31 日的资产负债表，如表 11-3 所示。

表 11-3　　　　　　　　　　　资产负债表　　　　　　　　　　　会企 01 表
编制单位：甲公司　　　　　　　2011 年 12 月 31 日　　　　　　　金额单位：元

资产	期末余额	年初余额	负债和所有者权益（或股东权益）	期末余额	年初余额
流动资产：			流动负债：		
货币资金	597 375.20	1 406 300.00	短期借款	50 000.00	300 000.00
交易性金融资产	0.00	15 000.00	交易性金融负债		
应收票据	46 000.00	246 000.00	应付票据	100 000.00	200 000.00
应收账款	598 200.00	299 100.00	应付账款	953 800.00	953 800.00
预付款项	100 000.00	100 000.00	预收款项		
应收利息			应付职工薪酬	160 000.00	110 000.00
应收股利			应交税费	30 034.00	30 000.00
其他应收款	5 000.00	5 000.00	应付利息	0.00	1 000.00
存货	2 563 300.00	2 580 000.00	应付股利	60 991.92	
一年内到期的非流动资产			其他应付款	56 600.00	56 600.00
其他流动资产			一年内到期的非流动负债	0.00	1 000 000.00
流动资产合计	3 909 875.20	4 651 400.00	其他流动负债		
非流动资产：			流动负债合计	1 411 425.92	2 651 400.00
可供出售金融资产			非流动负债：		
持有至到期投资	192 865.20	0.00	长期借款	1 160 000.00	600 000.00
长期应收款			应付债券		
长期股权投资	250 000.00	250 000.00	长期应付款		
投资性房地产			专项应付款		
固定资产	2 141 000.00	1 100 000.00	预计负债		
在建工程	470 000.00	1 500 000.00	递延所得税负债		
工程物资	450 000.00	300 000.00	其他非流动负债		
固定资产清理			非流动负债合计	1 160 000.00	600 000.00
生产性生物资产			负债合计	2 571 425.92	3 251 400.00

续表

资产	期末余额	年初余额	负债和所有者权益（或股东权益）	期末余额	年初余额
油气资产			所有者权益（或股东权益）：		
无形资产	450 000.00	600 000.00	实收资本（或股本）	5 000 000.00	5 000 000.00
开发支出			资本公积		
商誉			减：库存股		
长期待摊费用			盈余公积	80 495.96	50 000.00
递延所得税资产			未分配利润	211 818.52	100 000.00
其他非流动资产			所有者权益（或股东权益）合计	5 292 314.48	5 150 000.00
非流动资产合计	3 953 865.20	3 750 000.00			
资产总计	7 863 740.40	8 401 400.00	负债和所有者权益（或股东权益）总计	7 863 740.40	8 401 400.00

第三节 利润表

一、利润表的内容及结构

（一）利润表的内容

利润表是反映企业在一定会计期间的经营成果的会计报表。

利润表的列报必须充分反映企业经营业绩的主要来源和构成，这有助于使用者判断净利润的质量及其风险，有助于使用者预测净利润的持续性，从而作出正确的决策。通过利润表，可以反映企业一定会计期间收入的实现情况，如实现的营业收入有多少，实现的投资收益有多少，实现的营业外收入有多少，等等；可以反映一定会计期间的费用耗费情况，如耗费的营业成本有多少，营业税金及附加有多少，销售费用、管理费用、财务费用各有多少，营业外支出有多少，等等；可以反映企业生产经营活动的成果，即净利润的实现情况，据以判断资本保值、增值等情况。将利润表中的信息与资产负债表中的信息相结合，还可以提供进行财务分析的基本资料。如将赊销收入净额与应收账款平均余额进行比较，计算出应收账款周转率；将销货成本与存货平均余额进行比较，计算出存货周转率；将净利润与资产总额进行比较，计算出资产收益率等。可以反映企业资金周转情况及企业的盈利能力和水平，便于报表使用者判断企业未来的发展趋势，作出经济决策。

（二）利润表的结构

利润表正表的格式一般有两种：单步式利润表和多步式利润表。单步式利润表是将当期所有的收入列在一起，然后将所有的费用列在一起，两者相减得出当期净损益。多步式利润表是通过对当期的收入、费用、支出项目按性质加以归类，按利润形成的主要环节列示一些中间性利润指标，分步计算当期净损益。在我国，财务报表列报准则规定，企业应当采用多步式列报利润表。一般企业利润表的具体格式如表 11-4 所示。

企业可以分如下三个步骤编制利润表：

第一步，以营业收入为基础，减去营业成本、营业税金及附加、销售费用、管理费用、财务费用、资产减值损失，加上公允价值变动收益（减：公允价值变动损失）和投资收益（减：投资损失），计算出营业利润。

第二步，以营业利润为基础，加上营业外收入，减去营业外支出，计算出利润总额。

第三步，以利润总额为基础，减去所得税费用，计算出净利润（或净亏损）。

普通股或潜在普通股已公开交易的企业，以及正处于公开发行普通股或潜在普通股过程中的企业，还应当在利润表中列示每股收益信息。

此外，为了使报表使用者通过比较不同期间利润的实现情况，判断企业经营成果的未来发展趋势，企业需要提供比较利润表。因此，利润表还应就各项目再分为"本期金额"和"上期金额"两栏分别填列。

二、利润表的填列方法

（一）上期金额栏的列报方法

利润表"上期金额"栏内各项数字，应根据上年该期利润表"本期金额"栏内所列数字填列。如果上年该期利润表规定的各个项目的名称和内容同本期不相一致，应对上年该期利润表各项目的名称和数字按本期的规定进行调整，填入利润表"上期金额"栏内。

（二）本期金额栏的列报方法

利润表"本期金额"栏内各项数字，一般应根据损益类科目的发生额分析填列。

对于费用的列报，企业应当采用"功能法"列报，即按照费用在企业所发挥的功能进行分类列报，通常分为从事经营业务发生的成本、管理费用、销售费用和财务费用等，并且将营业成本与其他费用分开披露。对企业而言，其活动通常可以划分为生产、销售、管理、融资等，每一种活动上发生的费用所发挥的功能并不相同，因此，按照费用功能法将其分开列报，有助于使用者了解费用发生的活动领域。例如，企业为销售产品发生了多少费用、为一般行政管理发生了多少费用、为筹措资金发生了多少费用等。这种方法通常能向报表使用者提供具有结构性的信息，能更清楚地揭示企业经营业绩的主要来源和构成，提供更为相关的信息。

（三）利润表各项目的列报说明

费用按照功能分类，可以分为从事经营业务发生的成本、管理费用、销售费用和财务费用等。利润表至少应当单独列示反映下列信息的项目：

（1）"营业收入"项目，反映企业经营主要业务和其他业务所确认的收入总额。本项目应根据"主营业务收入"和"其他业务收入"科目的发生额分析填列。

（2）"营业成本"项目，反映企业经营主要业务和其他业务所发生的成本总额。本项目应根据"主营业务成本"和"其他业务成本"科目的发生额分析填列。

（3）"营业税金及附加"项目，反映企业经营业务应负担的消费税、营业税、城市维护建设税、资源税、土地增值税和教育费附加等。本项目应根据"营业税金及附加"科目的发生额分析填列。

（4）"销售费用"项目，反映企业在销售商品过程中发生的包装费、广告费等费用和为销售本企业商品而专设的销售机构的职工薪酬、业务费等经营费用。本项目应根据"销售费用"科目的发生额分析填列。

（5）"管理费用"项目，反映企业为组织和管理生产经营发生的管理费用。本项目应根据"管理费用"科目的发生额分析填列。

（6）"财务费用"项目，反映企业筹集生产经营所需资金等而发生的筹资费用。本项目应根据"财务费用"科目的发生额分析填列。

（7）"资产减值损失"项目，反映企业各项资产发生的减值损失。本项目应根据"资产减值损失"科目的发生额分析填列。

（8）"公允价值变动收益"项目，反映企业应当计入当期损益的资产或负债公允价值变动收益。本项目应根据"公允价值变动损益"科目的发生额分析填列。如为净损失，本项目以"－"号填列。

（9）"投资收益"项目，反映企业以各种方式对外投资所取得的收益。本项目应根据"投资收益"科目的发生额分析填列。如为投资损失，本项目以"－"号填列。

（10）"营业利润"项目，反映企业实现的营业利润。如为亏损，本项目以"－"号填列。

（11）"营业外收入"项目，反映企业发生的与经营业务无直接关系的各项收入。本项目应根据"营业外收入"科目的发生额分析填列。

（12）"营业外支出"项目，反映企业发生的与经营业务无直接关系的各项支出。本项目应根据"营业外支出"科目的发生额分析填列。

（13）"利润总额"项目，反映企业实现的利润。如为亏损，本项目以"－"号填列。

（14）"所得税费用"项目，反映企业应从当期利润总额中扣除的所得税费用。本项目应根据"所得税费用"科目的发生额分析填列。

（15）"净利润"项目，反映企业实现的净利润。如为亏损，本项目以"－"号填列。

（16）"基本每股收益"和"稀释每股收益"项目的列报参见《企业会计准则第34号——每股收益》或本章第六节每股收益。

【例 11-2】 沿用例 11-1。

【解析】 根据上述资料，编制 2011 年度的利润表，如表 11-4 所示。

表 11-4　　　　　　　　　　　　利润表　　　　　　　　　　会企 02 表
编制单位：甲公司　　　　　　　　　2011 年度　　　　　　　　金额单位：元

项　目	本期金额	上期金额（略）
一、营业收入	1 250 000.00	
减：营业成本	750 000.00	
营业税金及附加	17 000.00	

续表

项 目	本期金额	上期金额（略）
销售费用	20 000.00	
管理费用	236 500.00	
财务费用	41 500.00	
资产减值损失	900.00	
加：公允价值变动收益（损失以"一"号填列）		
投资收益（损失以"一"号填列）	46 675.20	
其中：对联营企业和合营企业的投资收益		
二、营业利润（亏损以"一"号填列）	230 775.20	
加：营业外收入	50 000.00	
减：营业外支出	19 700.00	
其中：非流动资产处置损失	19 700.00	
三、利润总额（亏损总额以"一"号填列）	261 075.20	
减：所得税费用	57 768.80	
四、净利润（净亏损以"一"号填列）	203 306.40	
五、每股收益		
（一）基本每股收益	0.041	
（二）稀释每股收益		

注："基本每股收益"项目计算见本章第六节例 11-18。

第四节 现金流量表

一、现金流量表及其作用

现金流量表是反映企业在一定会计期间现金和现金等价物流入和流出的报表。现金流量表可以为报表使用者提供企业在一定会计期间内现金和现金等价物流入和流出的信息，以便于财务报表使用者了解和评价企业获取现金和现金等价物的能力，并据以预测企业未来现金流量。

现金流量表的作用主要体现在以下方面：一是有助于评价企业支付能力、偿债能力和资金周转能力；二是有助于预测企业未来现金流量；三是有助于分析企业收益质量及影响现金净流量的因素，掌握企业经营活动、投资活动和筹资活动的现金流量，可以从现金流量的角度了解净利润的质量，为分析和判断企业的财务前景提供信息。

二、现金流量表的编制基础

现金流量表以现金和现金等价物为基础编制，划分为经营活动、投资活动和筹资活动，按照收付实现制原则编制，将权责发生制下的盈利信息调整为收付实现制下的现金流量信息。本章提及现金时，除非同时提及现金等价物，均包括现金和现金等价物。

（一）现金

现金是指企业库存现金以及可以随时用于支付的存款。

1. 库存现金

库存现金是指企业持有的可随时用于支付的现金。它与"库存现金"账户所核算的内容相同。

2. 可随时用于支付的存款

可随时用于支付的存款包括银行存款中可随时用于支付的部分和其他货币资金。

(1) 可随时用于支付的银行存款主要是指"银行存款"账户核算的结算户存款和通知存款。而定期存款虽然提前通知银行也可以取出，但管理部门的意图是将这笔资金存在银行一段时间，而不是随时用于支付，因此不能算现金，不属于现金流量表的现金范围。不能随时用于支付的存款不属于现金。

(2) 其他货币资金是指"其他货币资金"账户核算的外埠存款、银行汇票存款、银行本票存款、信用证保证金存款、信用卡存款等。

(二) 现金等价物

现金等价物是指企业持有的期限短、流动性强、易于转换为已知金额现金、价值变动风险很小的投资。其中，"期限短"一般是指从购买日起3个月内到期，如可在证券市场上流通的3个月内到期的短期债券。等价物意即支付能力相当于现金，能够满足企业即期支付的需要。

一项投资要确认为现金等价物，必须具备四项条件：(1) 期限短；(2) 流动性强；(3) 易于转换为已知金额现金；(4) 价值变动风险很小。其中，期限短、流动性强，强调了变现能力；而易于转换为已知金额现金、价值变动风险很小，则强调了支付能力的大小。现金等价物通常包括3个月内到期的债券投资等。权益性投资变现的金额通常不确定，因而不属于现金等价物。

(三) 现金及现金等价物范围的确定和变更

企业应当根据具体情况，确定现金及现金等价物的范围，一经确定，不得随意变更。如果发生变更，应当按照会计政策变更处理。

三、现金流量的分类

现金流量是指现金和现金等价物的流入和流出。企业现金有不同的收入来源，有不同的支出用途。对现金流量进行合理分类，有助于深入地分析企业财务状况的变动，预测企业现金流量未来前景。企业的业务活动按其发生的性质可分为经营活动、投资活动、筹资活动，与此相应，企业现金流量表应当分别经营活动、投资活动和筹资活动列报现金流量。

(一) 经营活动产生的现金流量

经营活动是指企业投资活动和筹资活动以外的所有交易和事项。企业的经营活动主要包括销售商品、提供劳务、购买商品、接受劳务、制造产品、缴纳税款等。

经营活动的现金流入主要包括销售商品、提供劳务收到的现金，收到的税费返还等。经营活动的现金流出主要包括购买商品、接受劳务支付的现金，支付给职工以及为职工支付的现金，支付的各项税费等。

(二) 投资活动产生的现金流量

投资活动是指企业长期资产的购建和不包括在现金等价物范围内的投资及其处置活动。这里的长期资产是指固定资产、在建工程、无形资产、其他长期资产等资产。投资活动主要包括取得或收回投资、购建或处置固定资产或无形资产和其他长期资产等。

投资活动的现金流入主要包括收回投资收到现金，取得投资收益收到现金，处置固定资产、无形资产和其他长期资产收回的现金净额等。投资活动的现金流出主要包括购建固定资产、无形资产和其他长期资产支付的现金，投资所支付的现金等。

（三）筹资活动产生的现金流量

筹资活动是指导致企业资本及债务规模和构成发生变化的活动。这里所说的资本，包括实收资本（股本）和资本溢价（或股本溢价）两个方面；这里所说的债务仅指对外举债，包括向银行借款、发行债券以及偿还债务等。应付账款和应付票据等商业应付款等属于经营活动，不属于筹资活动。筹资活动主要包括吸收投资、借入资金、偿还债务、分配股利或利润、偿付利息等。

筹资活动的现金流入主要包括吸收投资收到现金，取得借款收到现金等。筹资活动的现金流出主要包括偿还债务支付现金，分配股利、利润或偿付利息支付的现金等。

对于企业日常活动之外的、不经常发生的特殊项目，如自然灾害损失、保险赔款、捐赠等，应根据其性质，分别归并到经营活动、投资活动或筹资活动类别中单独反映。

四、现金流量表的结构、各项目的内容及其填列

（一）现金流量表的结构

一般企业现金流量的结构和内容如表 11-6 所示。

现金流量表由主表和补充资料两部分组成。其中主表按照现金流量的分类，分为经营活动、投资活动和筹资活动三部分，从现金流入和流出两个方面列报有关现金收支项目和现金流量净额，这种列表方法称之为直接法；补充资料则是从另一个角度，即以净利润为起点，通过调整不涉及现金的收入、费用、营业外收支等有关项目的增减变动，据以计算出经营活动产生的现金流量，是经营活动现金流量的又一种列表方法，与直接法相区别，称为间接法。

（二）一般企业现金流量表各项目的内容及其填列

1. 经营活动产生的现金流量

企业应当采用直接法列示经营活动产生的现金流量。经营活动是指企业投资活动和筹资活动以外的所有交易和事项。经营活动产生的现金流量至少应当单独列示反映下列信息的项目。

（1）"销售商品、提供劳务收到的现金"项目，反映企业销售商品、提供劳务实际收到的现金，包括销售收入和应向购买者收取的增值税税额。具体包括：本期销售商品、提供劳务收到的现金，以及前期销售商品、提供劳务本期收到的现金和本期预收的款项，减去本期销售本期退回的商品和前期销售本期退回的商品支付的现金。企业销售材料和代购代销业务收到的现金，也在本项目反映。本项目可以根据"库存现金"、"银行存款"、"应收票据"、"应收账款"、"预收账款"、"主营业务收入"、"其他业务收入"、"应交税费——应交增值税（销项税额）"等科目的记录分析填列。

（2）"收到的税费返还"项目，反映企业收到返还的各种税费，如收到的增值税、消费税、营业税、所得税、关税、教育费附加返还款等。本项目可以根据"库存现金"、"银行存款"、"营业税金及附加"、"营业外收入"等科目的记录分析填列。

（3）"收到的其他与经营活动有关的现金"项目，反映企业除上述各项目外，收到

的其他与经营活动有关的现金，如罚款收入、经营租赁固定资产收到的现金、流动资产损失中由个人赔偿的现金收入、除税费返还外的其他政府补助收入等。其他与经营活动有关的现金，如果价值较大的，应单列项目反映。本项目可以根据"库存现金"、"银行存款"、"其他应收款"、"管理费用"、"销售费用"等科目的记录分析填列。

（4）"购买商品、接受劳务支付的现金"项目，反映企业购买材料、商品、接受劳务实际支付的现金，包括支付的货款以及与货款一并支付的增值税进项税额。具体包括：本期购买商品、接受劳务支付的现金，以及本期支付前期购买商品、接受劳务的未付款项和本期预付款项，减去本期发生的购货退回收到的现金。为购置存货而发生的借款利息资本化部分，应在"分配股利、利润或偿付利息支付的现金"项目中反映。本项目可以根据"库存现金"、"银行存款"、"存货"、"应付票据"、"应付账款"、"预付账款"、"主营业务成本"、"其他业务成本"、"应交税费——应交增值税（进项税额）"等科目的记录分析填列。

（5）"支付给职工以及为职工支付的现金"项目，反映企业实际支付给职工以及为职工支付的现金，包括企业为获得职工提供的服务，本期实际给予各种形式的报酬以及其他相关支出，如支付给职工的工资、奖金、各种津贴和补贴等，以及为职工支付的其他费用，不包括支付给在建工程人员的工资。支付的在建工程人员的工资，在"购建固定资产、无形资产和其他长期资产所支付的现金"项目中反映。企业为职工支付的医疗、养老、失业、工伤、生育等社会保险基金、补充养老保险、住房公积金，企业为职工交纳的商业保险金，因解除与职工劳动关系给予的补偿，现金结算的股利支付，以及企业支付给职工或为职工支付的其他福利费用等，应按职工的工作性质和服务对象，分别在"购建固定资产、无形资产和其他长期资产所支付的现金"和"支付给职工以及为职工支付的现金"项目中反映。本项目可以根据"库存现金"、"银行存款"、"应付职工薪酬"等科目的记录分析填列。

（6）"支付的各项税费"项目，反映企业按规定支付的各种税费，包括本期发生并支付的税费，以及本期支付以前各期发生的税费和预交的税金，如支付的教育费附加、印花税、房产税、土地增值税、车船税、营业税、增值税、所得税等，不包括本期退回的增值税、所得税等。本期退回的增值税、所得税等在"收到的税费返还"项目中反映。本项目可以根据"应交税费"、"库存现金"、"银行存款"等科目的记录分析填列。

（7）"支付的其他与经营活动有关的现金"项目，反映企业除上述各项目外，支付的其他与经营活动有关的现金。如罚款支出，支付的差旅费、业务招待费、保险费，经营租赁支付的现金等。其他与经营活动有关的现金，如果金额较大的，应单列项目反映。本项目可以根据有关科目的记录分析填列。

2. 投资活动产生的现金流量

投资活动是指企业长期资产的购建和不包括在现金等价物范围内的投资及其处置活动。投资活动产生的现金流量至少应当单独列示反映下列信息的项目。

（1）"收回投资收到的现金"项目，反映企业出售、转让或到期收回除现金等价物以外的交易性金融资产、持有至到期投资、可供出售金融资产、长期股权投资、投资性房地产而收到的现金。不包括债权性投资收回的利息、收回的非现金资产，以及处置子公司及其他营业单位收到的现金净额。债权性投资收回的本金，在本项目反映；债权性投资收回的利息，不在本项目中反映，而在"取得投资收益收到的现金"项目中反映。处置子公司及其他营业单位收到的现金净额，单设项目反映。本项目可以根据"交易性金融资产"、"持有至到期投资"、"可供出售金融资产"、"长期股权投资"、"投资性房地产"、"库存现金"、"银行存款"等科目的记录分析填列。

（2）"取得投资收益收到的现金"项目，反映企业因股权性质投资而分得的现金股利，从子公司、联营企业或合营企业分回利润而收到的现金；因债权性质投资而取得的现金利息收入、股票股利不在本项目中反映；包括在现金等价物范围内的债券性投资，其利息收入在本项目中反映。本项目可以根据"库存现金"、"银行存款"、"应收利息"、"应收股利"、"投资收益"等科目的记录分析填列。

（3）"处置固定资产、无形资产和其他长期资产收回的现金净额"项目，反映企业出售固定资产、无形资产和其他长期资产所取得的现金，减去为处置这些资产而支付的有关费用后的净额。由于自然灾害等原因所造成的固定资产等长期资产报废、毁损而收到的保险赔偿收入，在本项目中反映。如处置固定资产、无形资产和其他长期资产所收回的现金净额为负数，则应作为投资活动产生的现金流量，在"支付的其他与投资有关的现金"项目中反映。本项目可以根据"固定资产清理"、"库存现金"、"银行存款"等科目的记录分析填列。

（4）"处置子公司及其他营业单位收到的现金净额"项目，反映企业处置子公司及其他营业单位所取得的现金减去子公司或其他营业单位持有的现金和现金等价物以及相关处置费用后的净额。本项目可以根据有关科目的记录分析填列。

（5）"收到的其他与投资活动有关的现金"项目，反映企业除上述各项目外，收到的其他与投资活动有关的现金。其他与投资活动有关的现金，如果价值较大的，应单列项目反映。本项目可以根据有关科目的记录分析填列。

（6）"购建固定资产、无形资产和其他长期资产支付的现金"项目，反映企业购买、建造固定资产，取得无形资产和其他长期资产所支付的现金，包括购买机器设备所支付的现金及增值税税款、建造工程支付的现金、支付在建工程人员的工资等现金支出，不包括为购建固定资产、无形资产和其他长期资产而发生的借款利息资本化部分，以及融资租入固定资产支付的租赁费。为购建固定资产、无形资产和其他长期资产而发生的借款利息资本化部分，在"分配股利、利润或偿付利息支付的现金"项目中反映；融资租入固定资产所支付的租赁费，在"支付的其他与筹资活动有关的现金"项目中反映，不在本项目中反映。本项目可以根据"固定资产"、"在建工程"、"工程物资"、"无形资产"、"库存现金"、"银行存款"等科目的记录分析填列。

（7）"投资支付的现金"项目，反映企业进行权益性投资和债权性投资所支付的现金，包括企业取得的除现金等价物以外的交易性金融资产、持有至到期投资、可供出售金融资产、长期股权投资而支付的现金，以及支付的佣金、手续费等交易费用。企业购买债券的价款中含有债券利息的，以及溢价或折价购入的，均按实际支付的金额反映。企业购买股票和债券时，实际支付的价款中包含的已宣告但尚未领取的现金股利或已到付息期但尚未领取的债券利息，应在"支付的其他与投资活动有关的现金"项目中反映；收回购买股票和债券时支付的已宣告但尚未领取的现金股利或已到付息期但尚未领取的债券的利息,应在"收到的其他与投资活动有关的现金"项目中反映。本项目可以根据"交易性金融资产"、"持有至到期投资"、"可供出售金融资产"、"长期股权投资"、"投资性房地产"、"库存现金"、"银行存款"等科目的记录分析填列。

(8)"取得子公司及其他营业单位支付的现金净额"项目,反映企业取得子公司及其他营业单位购买出价中以现金支付的部分,减去子公司或其他营业单位持有的现金和现金等价物后的净额。本项目可以根据有关科目的记录分析填列。

(9)"支付的其他与投资活动有关的现金"项目,反映企业除上述各项外,支付的其他与投资活动有关的现金。其他与投资活动有关的现金,如果金额较大的,应单列项目反映。本项目可以根据有关科目的记录分析填列。

3. 筹资活动产生的现金流量

筹资活动是指导致企业资本及债务规模和构成发生变化的活动。筹资活动产生的现金流量至少应当单独列示反映下列信息的项目。

(1)"吸收投资收到的现金"项目,反映企业以发行股票等方式筹集资金实际收到的款项净额(发行收入减去支付的佣金等发行费用后的净额)。以发行股票、债券等方式筹集资金而由企业直接支付的审计、咨询等费用,不在本项目中反映,而在"支付的其他与筹资活动有关的现金"项目中反映;由金融企业直接支付的手续费、宣传费、咨询费、印刷费等费用,从发行股票、债券取得的现金收入中扣除,以净额列示。本项目可以根据"实收资本(或股本)"、"资本公积"、"库存现金"、"银行存款"等科目的记录分析填列。

(2)"取得借款收到的现金"项目,反映企业举借各种短期、长期借款以及发行债券方式而收到的现金。本项目可以根据"短期借款"、"长期借款"、"交易性金融负债"、"应付债券"、"库存现金"、"银行存款"等科目的记录分析填列。

(3)"收到其他与筹资活动有关的现金"项目,反映企业除上述各项目外,收到的其他与筹资活动有关的现金。其他与筹资活动有关的现金,如果价值较大的,应单列项目反映。本项目可以根据有关科目的记录分析填列。

(4)"偿还债务支付的现金"项目,反映企业以现金偿还债务的本金,包括归还金融企业的借款本金、偿付企业到期的债券本金等。企业偿还的借款利息、债券利息,在"分配股利、利润或偿付利息所支付的现金"项目中反映,不包括在本项目内。本项目可以根据"短期借款"、"长期借款"、"交易性金融负债"、"应付债券"、"库存现金"、"银行存款"等科目的记录分析填列。

(5)"分配股利、利润或偿付利息支付的现金"项目,反映企业实际支付的现金股利,支付给其他投资单位的利润或用现金支付的借款利息、债券利息。不同用途的借款,其利息的开支渠道不一样,如在建工程、财务费用等,均在本项目中反映。本项目可以根据"应付利息"、"应付股利"、"利润分配"、"财务费用"、"在建工程"、"制造费用"、"研发支出"、"库存现金"、"银行存款"等科目的记录分析填列。

(6)"支付的其他与筹资活动有关的现金"项目,反映企业除上述各项外,支付的其他与筹资活动有关的现金,如以发行股票、债券等方式筹集资金而由企业直接支付的审计、咨询等费用,融资租赁所支付的现金、以分期付款方式购建固定资产以后各期支付的现金等。其他与筹资活动有关的现金,如果金额较大的,应单列项目反映。本项目可以根据有关科目的记录分析填列。

4. 汇率变动对现金及现金等价物的影响

编制现金流量表时，应当将企业外币现金流量以及境外子公司的现金流量折算成记账本位币。现金流量表准则规定，外币现金流量以及境外子公司的现金流量，应当采用现金流量发生日的汇率或按照系统合理的方法确定的、与现金流量发生日即期汇率近似的汇率折算。汇率变动对现金及现金等价物的影响额应当作为调节项目，在现金流量表中单独列报。

"汇率变动对现金及现金等价物的影响"项目，反映企业外币现金流量及境外子公司的现金流量折算为记账本位币时，所采用的是现金流量发生日的汇率或按照系统合理的方法确定的、与现金流量发生日即期汇率近似的汇率，而现金流量表"现金及现金等价物净增加额"项目中外币现金净增加额是按资产负债表日的即期汇率折算的。这两者的差额即为汇率变动对现金及现金等价物的影响。

五、现金流量表的编制方法及程序

（一）直接法和间接法

编制现金流量表的方法有两种：一是直接法，二是间接法。

直接法是指按现金收入和现金支出的主要类别直接反映企业经营活动产生的现金流量，如销售商品、提供劳务收到的现金，购买商品、接受劳务支付的现金等就是按现金收入和支出的类别直接反映的。在直接法下，一般以利润表中的营业收入为起算点，调节与经营活动有关的项目的增减变动，然后计算出经营活动产生的现金流量。

间接法是指以净利润为起算点，调整不涉及现金的收入、费用、营业外收支等有关项目，剔除投资活动、筹资活动对现金流量的影响，据此计算出经营活动产生的现金流量。由于净利润是按照权责发生制原则确定的，且包括了与投资活动和筹资活动相关的收益和费用，将净利润调节为经营活动现金流量，实际上就是将按权责发生制原则确定的净利润调整为现金净流入，并剔除投资活动和筹资活动对现金流量的影响。

采用直接法编报的现金流量表，便于分析企业经营活动产生的现金流量的来源和用途，预测企业现金流量的未来前景；采用间接法编报的现金流量表，便于将净利润与经营活动产生的现金流量净额进行比较，了解净利润与经营活动产生的现金流量差异的原因，从现金流量的角度分析净利润的质量。所以，现金流量表准则规定企业应当采用直接法编报现金流量表，同时要求在附注中提供以净利润为基础调节到经营活动现金流量的信息。

（二）直接法编制现金流量表

直接法编制现金流量表时，可以采用工作底稿法或T型账户法，也可以根据有关科目记录分析填列。

1. 工作底稿法

采用工作底稿法编制现金流量表，以工作底稿为手段，以资产负债表和利润表数据为基础，对每一项目进行分析并编制调整分录，从而编制现金流量表。工作底稿法的程序是：

第一步，将资产负债表的期初数和期末数过入工作底稿的期初数栏和期末数栏。

第二步，对当期业务进行分析并编制调整分录。编制调整分录时，要以利润表项目为基础，从"营业收入"开始，结合资产负债表项目逐一进行分析。在调整分录中，有关现金和现金等价物的事项，并不直接借记或贷记现金，而是分别记入"经营活动产生的现金流量"、"投资活动产生的现金流量"、"筹资活动产生的现金流量"有关项目。借记表示现金流入，贷记表示现金流出。

第三步，将调整分录过入工作底稿中的相应部分。

第四步，核对调整分录，借方、贷方合计数均已经相等，资产负债表项目期初数加减调整分录中的借贷金额以后，也应等于期末数。

第五步，根据工作底稿中的现金流量表项目部分编制正式的现金流量表。

2. T型账户法

采用T型账户法编制现金流量表，以T型账户为手段，以资产负债表和利润表数据为基础，对每一项目进行分析并编制调整分录，从而编制现金流量表。T型账户法的程序是：

第一步，为所有的非现金项目（包括资产负债表项目和利润表项目）分别开设T型账户，并将各自的期末期初变动数过入各相关账户。如果项目的期末数大于期初数，则将差额过入和项目余额相同的方向；反之，过入相反的方向。

第二步，开设一个大的"现金及现金等价物"T型账户，每边分为经营活动、投资活动和筹资活动三个部分，左边记现金流入，右边记现金流出。与其他账户一样，过入期末期初变动数。

第三步，以利润表项目为基础，结合资产负债表分析每一个非现金项目的增减变动，并据此编制调整分录。

第四步，将调整分录过入各T型账户，并进行核对，该账户借贷相抵后的余额与原先过入的期末期初变动数应当一致。

第五步，根据大的"现金及现金等价物"T型账户编制正式的现金流量表。

【例11-3】 沿用例11-1、例11-2，采用工作底稿法编制现金流量表示例。

第一步，将资产负债表的期初数和期末数过入工作底稿的期初数栏和期末数栏，将利润表的本年数过入工作底稿的本期数栏。

第二步，根据资产负债表、利润表及相关业务编制调整分录。编制调整分录时，要以利润表项目为基础，从"营业收入"项目开始，结合资产负债表项目对当期业务进行分析，编制调整分录。

（1）分析调整营业收入：

借：经营活动产生的现金流量——销售商品收到的现金		1 362 500.00
应收账款		300 000.00
贷：营业收入		1 250 000.00
应收票据		200 000.00
应交税费——应交增值税（销项税额）		212 500.00

利润表中的"营业收入"是按权责发生制反映的，应转换为现金收付实现制。为此，应调整应收账款和应收票据的增减变动。本例应收账款增加300 000元，应减少经营活动产生的现金流量；而应收票据减少200 000元，应增加经营活动产生的现金流

量。应交增值税销项税额应当和营业收入匹配,所收到现金应在"经营活动产生的现金流量——销售商品收到的现金"项目中反映。

(2) 分析调整营业成本:

借:营业成本　　　　　　　　　　　　　　　　　　750 000.00
　　应付票据　　　　　　　　　　　　　　　　　　100 000.00
　　应交税费——应交增值税(进项税额)　　　　　 42 466.00
　　贷:经营活动产生的现金流量——购买商品支付的现金　875 766.00
　　　　存货　　　　　　　　　　　　　　　　　　 16 700.00

应付票据减少 100 000 元,表明本期用于购买存货的现金支出增加 100 000 元;存货减少 16 700 元,表明本期消耗的存货中有 16 700 元是原先库存的,即购买商品支付现金减少 16 700 元。应负担的增值税进项税额 42 466 元应当包含在"经营活动产生的现金流量——购买商品支付的现金"项目之中。

(3) 分析调整营业税金及附加:

借:营业税金及附加　　　　　　　　　　　　　　　17 000.00
　　贷:应交税费　　　　　　　　　　　　　　　　 17 000.00

(4) 分析调整销售费用:

借:销售费用　　　　　　　　　　　　　　　　　　20 000.00
　　贷:经营活动产生的现金流量——支付的其他与经营活动有关的现金
　　　　　　　　　　　　　　　　　　　　　　　　20 000.00

(5) 分析调整管理费用:

借:管理费用　　　　　　　　　　　　　　　　　　236 500.00
　　贷:经营活动产生的现金流量——支付的其他与经营活动有关的现金
　　　　　　　　　　　　　　　　　　　　　　　　236 500.00

管理费用中包含不涉及现金支出的项目,此笔分录先将管理费用全部转入"经营活动产生的现金流量——支付的其他与经营活动有关的现金"项目中,至于不涉及现金支出的项目,再分别进行调整。

(6) 分析调整财务费用:

借:财务费用　　　　　　　　　　　　　　　　　　41 500.00
　　贷:经营活动产生的现金流量——销售商品收到的现金　20 000.00
　　　　应付利息　　　　　　　　　　　　　　　　 11 500.00
　　　　长期借款　　　　　　　　　　　　　　　　 10 000.00

本期增加的财务费用中,有 20 000 元是票据贴现利息,由于在调整应收票据时已全额记入"经营活动产生的现金流量——销售商品收到的现金",所以要从"经营活动产生的现金流量——销售商品收到的现金"项目内冲回,不能作为现金流出。

(7) 分析调整资产减值损失:

借:资产减值损失　　　　　　　　　　　　　　　　900.00
　　贷:应收账款——坏账准备　　　　　　　　　　 900.00

(8) 分析调整投资收益:

借:投资活动产生的现金流量——收回投资收到的现金　15 000.00

　　　　　　　　　　　——取得投资收益收到的现金　　　43 500.00
　　　　持有至到期投资——利息调整　　　　　　　　　3 175.20
　　　贷：投资收益　　　　　　　　　　　　　　　　　46 675.20
　　　　　交易性金融资产　　　　　　　　　　　　　　15 000.00
（9）分析调整营业外收入：
　　　借：投资活动产生的现金流量——处置固定资产收回的现金净额　300 000.00
　　　　　固定资产——累计折旧　　　　　　　　　　　150 000.00
　　　贷：固定资产　　　　　　　　　　　　　　　　　400 000.00
　　　　　营业外收入　　　　　　　　　　　　　　　　 50 000.00
（10）分析调整营业外支出：
　　　借：投资活动产生的现金流量——处置固定资产收回的现金净额　　300.00
　　　　　营业外支出　　　　　　　　　　　　　　　　 19 700.00
　　　　　固定资产——累计折旧　　　　　　　　　　　180 000.00
　　　贷：固定资产　　　　　　　　　　　　　　　　　200 000.00
（11）分析调整所得税费用：
　　　借：所得税费用　　　　　　　　　　　　　　　　 57 768.80
　　　贷：应交税费——应交所得税　　　　　　　　　　 57 768.80
（12）分析调整持有至到期投资：
　　　借：持有至到期投资　　　　　　　　　　　　　　189 690.00
　　　贷：投资活动产生的现金流量——投资支付的现金　　189 690.00
（13）分析调整固定资产：
　　　借：固定资产　　　　　　　　　　　　　　　　1 501 000.00
　　　贷：投资活动产生的现金流量——购建固定资产支付的现金　101 000.00
　　　　　在建工程　　　　　　　　　　　　　　　　1 400 000.00
　　本期固定资产的增加包括两部分：一是购入设备101 000元，二是在建工程完工转入1 400 000元。
（14）分析调整累计折旧：
　　　借：经营活动产生的现金流量——购买商品支付的现金　170 000.00
　　　　　　　　　　　　　　　——支付的其他与经营活动有关的现金
　　　　　　　　　　　　　　　　　　　　　　　　　 20 000.00
　　　贷：固定资产——累计折旧　　　　　　　　　　　190 000.00
　　本期计提的折旧190 000元中，计入管理费用的为20 000元，计入制造费用的为170 000元。计入管理费用的折旧，由于已经记入"经营活动产生的现金流量——支付的其他与经营活动有关的现金"项目，因折旧为非付现费用，应作补充调整。计入制造费用的折旧已计入存货成本中，已经记入"经营活动产生的现金流量——购买商品支付的现金"项目，因折旧为非付现费用，应作补充调整。
（15）分析调整在建工程：
　　　借：在建工程　　　　　　　　　　　　　　　　　370 000.00
　　　贷：长期借款　　　　　　　　　　　　　　　　　150 000.00

　　　　应付职工薪酬——工资　　　　　　　　　　　　　　200 000.00
　　　　　　　　　——职工福利　　　　　　　　　　　　　　20 000.00
　　本期在建工程的增加原因，包括三个方面：一是以现金支付工程人员工资200 000元；二是长期借款利息资本化150 000元；三是职工福利费20 000元资本化到在建工程成本中。
　　（16）分析调整工程物资：
　　　借：工程物资　　　　　　　　　　　　　　　　　　　150 000.00
　　　　　贷：投资活动产生的现金流量——购建固定资产支付的现金　150 000.00
　　（17）分析调整累计摊销：
　　　借：经营活动产生的现金流量——支付的其他与经营活动有关的现金
　　　　　　　　　　　　　　　　　　　　　　　　　　　　150 000.00
　　　　　贷：无形资产——累计摊销　　　　　　　　　　　　150 000.00
　　无形资产摊销时已计入管理费用，所以应作补充调整。理由同第（14）笔分录。
　　（18）分析调整短期借款：
　　　借：短期借款　　　　　　　　　　　　　　　　　　　250 000.00
　　　　　贷：筹资活动产生的现金流量——偿还债务支付的现金　250 000.00
　　（19）分析调整应付职工薪酬：
　　　借：应付职工薪酬——工资　　　　　　　　　　　　　500 000.00
　　　　　贷：经营活动产生的现金流量——支付给职工以及为职工支付的现金
　　　　　　　　　　　　　　　　　　　　　　　　　　　　300 000.00
　　　　　　投资活动产生的现金流量——购建固定资产支付的现金　200 000.00
　　　借：经营活动产生的现金流量——购买商品支付的现金　313 500.00
　　　　　　　　　——支付的其他与经营活动有关的现金
　　　　　　　　　　　　　　　　　　　　　　　　　　　　16 500.00
　　　　　贷：应付职工薪酬——工资　　　　　　　　　　　　300 000.00
　　　　　　　　　——职工福利　　　　　　　　　　　　　　30 000.00
　　本期支付的工资中有200 000元为工程人员工资，记入"投资活动产生的现金流量——购建固定资产支付的现金"项目；有300 000元为非工程人员工资，记入"经营活动产生的现金流量——支付给职工以及为职工支付的现金"项目。上述分录中，由于职工工资分配时已分别计入制造费用和管理费用，所以要补充调整，理由同上。本例中并没有出现使用职工福利费的情况，若本期使用了职工福利费，则应将这部分金额列入"经营活动产生的现金流量——支付给职工以及为职工支付的现金"项目中。
　　（20）分析调整应交税费：
　　　借：应交税费　　　　　　　　　　　　　　　　　　　244 768.80
　　　　　贷：经营活动产生的现金流量——支付的各项税费　　244 768.80
　　（21）分析调整应付利息：
　　　借：应付利息　　　　　　　　　　　　　　　　　　　12 500.00
　　　　　贷：筹资活动产生的现金流量——偿付利息支付的现金　12 500.00
　　（22）分析调整应付股利：
　　　借：未分配利润　　　　　　　　　　　　　　　　　　60 991.92

　　　　贷：应付股利　　　　　　　　　　　　　　　　　　　　　　60 991.92
　(23) 分析调整长期借款：
　　　　借：长期借款　　　　　　　　　　　　　　　　　　　　1 000 000.00
　　　　　　贷：筹资活动产生的现金流量——偿还债务支付的现金　1 000 000.00
　　　　借：筹资活动产生的现金流量——取得借款收到的现金　　　400 000.00
　　　　　　贷：长期借款　　　　　　　　　　　　　　　　　　　400 000.00
　(24) 结转净利润：
　　　　借：净利润　　　　　　　　　　　　　　　　　　　　　　203 306.40
　　　　　　贷：未分配利润　　　　　　　　　　　　　　　　　　203 306.40
　(25) 提取盈余公积：
　　　　借：未分配利润　　　　　　　　　　　　　　　　　　　　 30 495.96
　　　　　　贷：盈余公积　　　　　　　　　　　　　　　　　　　 30 495.96
　(26) 调整现金及现金等价物净增加额：
　　　　借：现金及现金等价物净增加额　　　　　　　　　　　　　808 924.80
　　　　　　贷：货币资金　　　　　　　　　　　　　　　　　　　808 924.80
　　第三步，将调整分录过入工作底稿的相应部分，如表11-5所示。

表11-5　　　　　　　　　　　现金流量表工作底稿　　　　　　　　　　金额单位：元

项　目	期初数	调整分录 借方	调整分录 贷方	期末数或本期数
一、资产负债表项目	期初数			期末数
借方项目：				
货币资金	1 406 300.00		(26) 808 924.80	597 375.20
交易性金融资产	15 000.00		(8) 15 000.00	0.00
应收票据	246 000.00		(1) 200 000.00	46 000.00
应收账款	299 100.00	(1) 300 000.00	(7) 900.00	598 200.00
预付款项	100 000.00			100 000.00
其他应收款	5 000.00			5 000.00
存货	2 580 000.00		(2) 16 700.00	2 563 300.00
持有至到期投资	0.00	(8) 3 175.20 (12) 189 690.00		192 865.20
长期股权投资	250 000.00			250 000.00
固定资产	1 100 000.00	(9) 150 000.00 (10) 180 000.00 (13) 1 501 000.00	(9) 400 000.00 (10) 200 000.00 (14) 190 000.00	2 141 000.00
在建工程	1 500 000.00	(15) 370 000.00	(13) 1 400 000.00	470 000.00
工程物资	300 000.00	(16) 150 000.00		450 000.00
无形资产	600 000.00		(17) 150 000.00	450 000.00
借方项目合计	8 401 400.00	2 843 865.20	3 381 524.80	7 863 740.40
贷方项目：				
短期借款	300 000.00	(18) 250 000.00		50 000.00
应付票据	200 000.00	(2) 100 000.00		100 000.00

续表

项　目	期初数	调整分录 借方	调整分录 贷方	期末数或本期数
应付账款	953 800.00			953 800.00
应付职工薪酬	110 000.00	(19) 500 000.00	(15) 220 000.00 (19) 330 000.00	160 000.00
应交税费	30 000.00	(2) 42 466.00 (20) 244 768.80	(1) 212 500.00 (3) 17 000.00 (11) 57 768.80	30 034.00
应付利息	1 000.00	(21) 12 500.00	(6) 11 500.00	0.00
应付股利	0.00		(22) 60 991.92	60 991.92
其他应付款	56 600.00			56 600.00
长期借款	1 600 000.00	(23) 1 000 000.00	(6) 10 000.00 (15) 150 000.00 (23) 400 000.00	1 160 000.00
实收资本（或股本）	5 000 000.00			5 000 000.00
盈余公积	50 000.00		(25) 30 495.96	80 495.96
未分配利润	100 000.00	(22) 60 991.92 (25) 30 495.96	(24) 203 306.40	211 818.52
贷方项目合计	8 401 400.00	2 241 222.68	1 703 563.08	7 863 740.40
调整分录借、贷合计	—	5 085 087.88	5 085 087.88	—
二、利润表项目	—			本期数
营业收入			(1) 1 250 000.00	1 250 000.00
营业成本		(2) 750 000.00		750 000.00
营业税金及附加		(3) 17 000.00		17 000.00
销售费用		(4) 20 000.00		20 000.00
管理费用		(5) 236 500.00		236 500.00
财务费用		(6) 41 500.00		41 500.00
资产减值损失		(7) 900.00		900.00
投资收益			(8) 46 675.20	46 675.20
营业外收入			(9) 50 000.00	50 000.00
营业外支出		(10) 19 700.00		19 700.00
所得税费用		(11) 57 768.80		57 768.80
净利润		(24) 203 306.40		203 306.40
调整分录借、贷合计		1 346 675.20	1 346 675.20	—
三、现金流量表项目	—			本期数
（一）经营活动产生的现金流量				
销售商品、提供劳务收到的现金		(1) 1 362 500.00	(6) 20 000.00	1 342 500.00
经营活动现金流入小计				1 342 500.00
购买商品、接受劳务支付的现金		(14) 170 000.00 (19) 313 500.00	(2) 875 766.00	392 266.00
支付给职工以及为职工支付的现金			(19) 300 000.00	300 000.00
支付的各项税费			(20) 244 768.80	244 768.80

续表

项 目	期初数	调整分录 借方	调整分录 贷方	期末数或本期数
支付的其他与经营活动有关的现金		(14) 20 000.00 (17) 150 000.00 (19) 16 500.00	(4) 20 000.00 (5) 236 500.00	70 000.00
经营活动现金流出小计				1 007 034.80
经营活动产生现金流量净额				335 465.20
(二) 投资活动产生的现金流量				
收回投资收到的现金		(8) 15 000.00		15 000.00
取得投资收益收到的现金		(8) 43 500.00		43 500.00
处置固定资产收回的现金净额		(9) 300 000.00 (10) 300.00		300 300.00
投资活动现金流入小计				358 800.00
购建固定资产支付的现金			(13) 101 000.00 (19) 200 000.00 (16) 150 000.00	451 000.00
投资支付的现金			(12) 189 690.00	189 690.00
投资活动现金流出小计				640 690.00
投资活动产生现金流量净额				−281 890.00
(三) 筹资活动产生的现金流量				
取得借款收到的现金		(23) 400 000.00		400 000.00
筹资活动现金流入小计				400 000.00
偿还债务支付的现金			(18) 250 000.00 (23) 1 000 000.00	1 250 000.00
偿付利息支付的现金			(21) 12 500.00	12 500.00
筹资活动现金流出小计				1 262 500.00
筹资活动产生现金流量净额				−862 500.00
(四) 现金及现金等价物净增加额		(26) 808 924.80		−808 924.80
调整分录借、贷合计	—	3 600 224.80	3 600 224.80	
调整分录借、贷总计	—	10 031 987.88	10 031 987.88	—

第四步，核对调整分录，借方、贷方合计数均已经相等，资产负债表项目期初数加减调整分录的借贷金额以后，也已等于期末数或本期数。

第五步，根据工作底稿中现金流量表项目部分编制正式的现金流量表，如表11-6所示。

表 11-6　　　　　　　　　　　　　现金流量表　　　　　　　　　　　　　会企03表
编制单位：甲公司　　　　　　　　　　2011年度　　　　　　　　　　　　金额单位：元

项 目	本期金额	上期金额（略）
一、经营活动产生的现金流量：		
销售商品、提供劳务收到的现金	1 342 500.00	
收到的税费返还		
收到其他与经营活动有关的现金		

续表

项 目	本期金额	上期金额（略）
经营活动现金流入小计	1 342 500.00	
购买商品、接受劳务支付的现金	392 266.00	
支付给职工以及为职工支付的现金	300 000.00	
支付的各项税费	244 768.80	
支付其他与经营活动有关的现金	70 000.00	
经营活动现金流出小计	1 007 034.80	
经营活动产生的现金流量净额	335 465.20	
二、投资活动产生的现金流量：		
收回投资收到的现金	15 000.00	
取得投资收益收到的现金	43 500.00	
处置固定资产、无形资产和其他长期资产收回的现金净额	300 300.00	
处置子公司及其他营业单位收到的现金净额		
收到其他与投资活动有关的现金		
投资活动现金流入小计	358 800.00	
购建固定资产、无形资产和其他长期资产支付的现金	451 000.00	
投资支付的现金	189 690.00	
取得子公司及其他营业单位支付的现金净额		
支付其他与投资活动有关的现金		
投资活动现金流出小计	640 690.00	
投资活动产生的现金流量净额	−281 890.00	
三、筹资活动产生的现金流量：		
吸收投资收到的现金		
取得借款收到的现金	400 000.00	
收到其他与筹资活动有关的现金		
筹资活动现金流入小计	400 000.00	
偿还债务支付的现金	1 250 000.00	
分配股利、利润或偿付利息支付的现金	12 500.00	
支付其他与筹资活动有关的现金		
筹资活动现金流出小计	1 262 500.00	
筹资活动产生的现金流量净额	−862 500.00	
四、汇率变动对现金及现金等价物的影响		
五、现金及现金等价物净增加额	−808 924.80	
加：期初现金及现金等价物余额	1 406 300.00	
六、期末现金及现金等价物余额	597 375.20	

（三）间接法编制现金流量表补充资料

企业应当采用间接法在现金流量附注中披露将净利润调节为经营活动现金流量的信息，即编制现金流量表的补充资料。现金流量表补充资料包括将净利润调节为经营活动现金流量、不涉及现金收支的重大投资和筹资活动、现金及现金等价物净变动情况等项目。

1. 将净利润调节为经营活动现金流量

（1）资产减值准备。资产减值准备包括：坏账准备、存货跌价准备、投资性房地产减值准备、长期股权投资减值准备、持有至到期投资减值准备、固定资产减值准备、在建工程减值准备、工程物资减值准备、无形资产减值准备、商誉减值准备等。企业计提的各项资产减值准备,包括在利润表中,属于利润的减除项目,但没有发生现金流出。所以,在将净利润调节为经营活动现金流量时,需要加回。本项目可根据"资产减值损失"科目的记录分析填列。

(2)固定资产折旧。企业计提的固定资产折旧,有的包括在管理费用中,有的包括在制造费用中。计入管理费用中的部分,作为期间费用在计算净利润时扣除,但没有发生现金流出,在将净利润调节为经营活动现金流量时,需要予以加回。计入制造费用中的已经变现的部分,在计算净利润时通过销售成本予以扣除,但没有发生现金流出;计入制造费用中的没有变现的部分,既不涉及现金收支,也不影响企业当期净利润,由于在调节存货时已经从中扣除,在此处将净利润调节为经营活动现金流量时,需要予以加回。本项目可根据"累计折旧"等科目的贷方发生额分析填列。

【例11-4】 2011年度,甲公司计提固定资产折旧金额100 000元,在将净利润调节为经营活动现金流量时应当加回。

(3)无形资产摊销和长期待摊费用摊销。企业对使用寿命有限的无形资产进行摊销时,计入管理费用或制造费用。长期待摊费用摊销时,有的计入管理费用,有的计入销售费用,有的计入制造费用。计入管理费用等期间费用和计入制造费用中的已变现的部分,在计算净利润时已从中扣除,但没有发生现金流出;计入制造费用中的没有变现的部分,在调节存货时已经从中扣除,但不涉及现金收支,所以,在此处将净利润调节为经营活动现金流量时,需要予以加回。本项目可根据"累计摊销"、"长期待摊费用"科目的贷方发生额分析填列。

【例11-5】 2011年度,甲公司计提了无形资产摊销15 000元,在将净利润调节为经营活动现金流量时应当加回。

(4)处置固定资产、无形资产和其他长期资产的损失(减:收益)。企业处置固定资产、无形资产和其他长期资产发生的损益,属于投资活动产生的损益,不属于经营活动产生的损益,所以,在将净利润调节为经营活动现金流量时,需要予以剔除。如为损失,在将净利润调节为经营活动现金流量时,应当加回;如为收益,在将净利润调节为经营活动现金流量时,应当扣除。本项目可根据"营业外收入"、"营业外支出"等科目所属有关明细科目的记录分析填列;如为净收益,以"-"号填列。

【例11-6】 2011年度,甲公司处置设备一台,原价180 000元,累计已提折旧110 000元,收到现金80 000元,产生处置收益10 000元[80 000-(180 000-110 000)]。处置固定资产的收益10 000元,在将净利润调节为经营活动现金流量时应当扣除。

(5)固定资产报废损失。企业发生的固定资产报废损益,属于投资活动产生的损益,不属于经营活动产生的损益,所以,在将净利润调节为经营活动现金流量时,需要予以剔除。同样,投资性房地产发生报废、毁损而产生的损失,也需要予以剔除。如为净损失,在将净利润调节为经营活动现金流量时,应当加回;如为净收益,在将净利润调节为经营活动现金流量时,应当扣除。本项目可根据"营业外支出"、"营业外收入"等科目所属有关明细科目的记录分析填列。

【例11-7】 2011年度,甲公司盘亏机器一台,原价140 000元,已提折旧120 000元;报废汽车一辆,原价180 000元,已提折旧110 000元。共发生固定资产盘亏、报废损失为90 000元[(140 000-120 000)+(180 000-110 000)]。固定资产盘亏、报废损失 90 000 元，在将净利润调节为经营活动现金流量时应当加回。

（6）公允价值变动损失（加：收益）。公允价值变动损失反映企业在初始确认时划分为以公允价值计量且其变动计入当期损益的交易性金融资产或金融负债等业务中，公允价值变动形成的应计入当期损益的利得或损失。企业发生的公允价值变动损益，通常与企业的投资活动或筹资活动有关，而且并不影响企业当期的现金流量。为此，应当将其从净利润中剔除。本项目可以根据"公允价值变动损益"科目的发生额分析填列。如为持有损失，在将净利润调节为经营活动现金流量时，应当加回；如为持有利得，在将净利润调节为经营活动现金流量时，应当扣除。

【例 11-8】 2010 年 12 月 31 日，甲公司持有交易性金融资产的公允价值为 800 000 元；2011 年 12 月 31 日，该企业持有交易性金融资产的公允价值为 805 000 元，公允价值变动损益为 5 000 元。这 5 000 元的资产持有利得，在将净利润调节为经营活动现金流量时应当扣除。

（7）财务费用。企业发生的财务费用中不属于经营活动的部分，应当将其从净利润中剔除。本项目可根据"财务费用"科目的本期借方发生额分析填列；如为收益，以"—"号填列。在实务中，企业的"财务费用"明细账一般是按费用项目设置的，为了编制现金流量表，企业可在此基础上，再按"经营活动"、"投资活动"、"筹资活动"分设明细分类账。每一笔财务费用发生时，即将其归入"经营活动"、"投资活动"或"筹资活动"中。

【例 11-9】 2011 年度，甲公司共发生财务费用 380 000 元，其中属于经营活动的为 80 000 元，属于筹资活动的为 300 000 元。属于筹资活动的财务费用 300 000 元，在将净利润调节为经营活动现金流量时应当加回。

（8）投资损失（减：收益）。企业发生的投资损益，属于投资活动产生的损益，不属于经营活动产生的损益，所以，在将净利润调节为经营活动现金流量时，需要予以剔除。如为净损失，在将净利润调节为经营活动现金流量时，应当加回；如为净收益，在将净利润调节为经营活动现金流量时，应当扣除。本项目可根据利润表中"投资收益"项目的数字填列；如为投资收益，以"—"号填列。

【例 11-10】 2011 年度，甲公司发生投资收益 230 000 元，在将净利润调节为经营活动现金流量时，应将这部分减去。

（9）递延所得税资产减少（减：增加）。如果递延所得税资产减少使计入所得税费用的金额大于当期应交的所得税金额，其差额没有发生现金流出，但在计算净利润时已经扣除，在将净利润调节为经营活动现金流量时，应当加回。如果递延所得税资产增加使计入所得税费用的金额小于当期应交的所得税金额，二者之间的差额并没有发生现金流入，但在计算净利润时已经包括在内，在将净利润调节为经营活动现金流量时，应当扣除。本项目可以根据资产负债表"递延所得税资产"项目期初、期末余额分析填列。

【例 11-11】 2011 年 1 月 1 日，甲公司递延所得税资产借方余额为 5 000 元；2011 年 12 月 31 日，递延所得税资产借方余额为 14 900 元，增加了 9 900 元。经分析，该增加额为该企业计提固定资产减值准备 9 900 元，使资产和负债的账面价值与计税基础不一致。递延所得税资产增加的 9 900 元，在将净利润调节为经营活动现金流量时应当扣减。

（10）递延所得税负债增加（减：减少）。如果递延所得税负债增加使计入所得税费用的金额大于当期应交的所得税金额，其差额没有发生现金流出，但在计算净利润时已经扣除，在将净利润调节为经营活动现金流量时，应当加回。如果递延所得税负债减少使计入当期所得税费用的金额小于当期应交的所得税金额，其差额并没有发生现金流入，但在计算净利润时已经包括在内，在将净利润调节为经营活动现金流量时，应当扣除。本项目可以根据资产负债表"递延所得税负债"项目期初、期末余额分析填列。

（11）存货的减少（减：增加）。期末存货比期初存货减少，说明本期生产经营过程耗用的存货有一部分是期初的存货，耗用这部分存货并没有发生现金流出，但在计算净利润时已经扣除，所以，在将净利润调节为经营活动现金流量时，应当加回。期末存货比期初存货增加，说明当期购入的存货除耗用外，还剩余了一部分，这部分存货也发生了现金流出，但在计算净利润时没有包括在内，所以，在将净利润调节为经营活动现金流量时，需要扣除。当然，存货的增减变化过程还涉及应付项目，这一因素在"经营性应付项目的增加（减：减少）"中考虑。本项目可根据资产负债表中"存货"项目的期初数、期末数之间的差额填列；期末数大于期初数的差额，以"－"号填列。如果存货的增减变化过程属于投资活动，如在建工程领用存货，则应当将这一因素剔除。

【例11-12】 2011年1月1日，甲公司存货余额为200 000元；2011年12月31日，存货余额为380 000元。2011年度，存货增加了180 000元（380 000－200 000）。存货的增加金额180 000元，在将净利润调节为经营活动现金流量时应当扣除。

（12）经营性应收项目的减少（减：增加）。经营性应收项目包括应收票据、应收账款、预付账款、长期应收款和其他应收款中与经营活动有关的部分，以及应收的增值税销项税额等。经营性应收项目期末余额小于经营性应收项目期初余额，说明本期收回的现金大于利润表中所确认的销售收入，所以，在将净利润调节为经营活动现金流量时，需要加回。经营性应收项目期末余额大于经营性应收项目期初余额，说明本期销售收入中有一部分没有收回现金，但是，在计算净利润时已将这部分销售收入包括在内，所以，在将净利润调节为经营活动现金流量时，需要扣除。本项目应当根据有关科目的期初、期末余额分析填列；如为增加，以"－"号填列。

【例11-13】 甲公司资料为：2011年1月1日，净利润为300 000元，应收账款为750 000元，应收票据为230 000元；2011年12月31日，应收账款950 000元，应收票据为200 000元。2011年度，经营性应收项目年末比年初增加了170 000元［(950 000－750 000)＋(200 000－230 000)］。经营性应收项目增加金额170 000元，在将净利润调节为经营活动现金流量时应当扣除。

（13）经营性应付项目的增加（减：减少）。经营性应付项目包括应付票据、应付账款、预收账款、应付职工薪酬、应交税费、长期应付款、其他应付款中与经营活动有关的部分，以及应付的增值税进项税额等。经营性应付项目期末余额大于经营性应付项目期初余额，说明本期购入的存货中有一部分没有支付现金，但是，在计算净利润时却通过销售成本包括在内，在将净利润调节为经营活动现金流量时，需要加回。经营性应付项目期末余额小于经营性应付项目期初余额，说明本期支付的现金大于利润表中所确认的销售成本，在将净利润调节为经营活动产生的现金流量时，需要扣除。本项目应当根据有关科目的期初、期末余额分析填列；如为减少，以"－"号填列。

【例11-14】 甲公司资料为：2011年1月1日，应付账款为600 000元，应付票据为 390 000 元，应付职工薪酬为 10 000 元，应交税费为 60 000 元；2011 年 12 月 31 日，应付账款为 850 000 元，应付票据为 300 000 元，应付职工薪酬为 15 000 元，应交税费为 40 000 元。2011 年度，经营性应付项目年末比年初增加了 145 000 元 [（850 000－600 000）+（300 000－390 000）+（15 000－10 000）+（40 000－60 000）]。经营性应付项目增加金额 145 000 元，在将净利润调节为经营活动现金流量时应当加回。

2. 不涉及现金收支的重大投资和筹资活动

不涉及现金收支的重大投资和筹资活动，反映企业一定期间内影响资产或负债但不形成该期现金收支的所有投资和筹资活动的信息。这些投资和筹资活动虽然不涉及当期现金收支，但对以后各期的现金流量有重大影响。例如，企业融资租入设备，将形成的负债记入"长期应付款"账户，当期并不支付设备款及租金，但以后各期必须为此支付现金，从而在一定期间内形成了一项固定的现金支出。

因此，现金流量表准则规定，企业应当在附注中披露不涉及当期现金收支、但影响企业财务状况或在未来可能影响企业现金流量的重大投资和筹资活动，主要包括：

(1) 债务转为资本，反映企业本期转为资本的债务金额；

(2) 1 年内到期的可转换公司债券，反映企业 1 年内到期的可转换公司债券的本息；

(3) 融资租入固定资产，反映企业本期融资租入的固定资产。

3. 现金及现金等价物净变动情况

企业应当在附注中披露与现金及现金等价物有关的下列信息：

(1) 现金及现金等价物的构成及其在资产负债表中的相应金额。

(2) 企业持有但不能由母公司或集团内其他子公司使用的大额现金及现金等价物金额。例如，国外经营的子公司，由于受当地外汇管制或其他立法的限制，其持有的现金及现金等价物，不能由母公司或其他子公司正常使用。

【例 11-15】 沿用例 11-1、例 11-2，采用间接法编制现金流量表补充资料示例。

(1) 资产减值准备＝900（元）

(2) 固定资产折旧＝170 000＋20 000＝190 000（元）

(3) 无形资产摊销＝150 000（元）

(4) 处置固定资产、无形资产和其他非流动资产的损失（减：收益）＝－50 000（元）

(5) 固定资产报废损失＝19 700（元）

(6) 财务费用＝11 500＋10 000＝21 500（元）

(7) 投资损失（减：收益）＝－15 175.2－31 500＝－46 675.2（元）

(8) 递延所得税资产减少＝0（元）

(9) 递延所得税负债增加＝0（元）

(10) 存货的减少＝2 580 000－2 563 300＝16 700（元）

(11) 经营性应收项目的减少＝（246 000－46 000）+（299 100＋900－598 200－1 800）＝－100 000（元）

(12) 经营性应付项目的增加＝（100 000－200 000）+（953 800－953 800）+[（160 000－20 000）－110 000]+（30 034－30 000）+（56 600－56 600）＝－69 966（元）

根据上述数据，编制现金流量表补充资料，如表 11-7 所示。

表 11-7　　　　　　　　　现金流量表补充资料　　　　　　　　　　金额单位：元

补充资料	本期金额	上期金额（略）
1. 将净利润调节为经营活动现金流量：		
净利润	203 306.40	
加：资产减值准备	900.00	
固定资产折旧、油气资产折耗、生产性生物资产折旧	190 000.00	
无形资产摊销	150 000.00	
长期待摊费用摊销	0.00	
处置固定资产、无形资产和其他长期资产的损失（收益以"－"号填列）	－50 000.00	
固定资产报废损失（收益以"－"号填列）	19 700.00	
公允价值变动损失（收益以"－"号填列）	0.00	
财务费用（收益以"－"号填列）	21 500.00	
投资损失（收益以"－"号填列）	－46 675.20	
递延所得税资产减少（增加以"－"号填列）	0.00	
递延所得税负债增加（减少以"－"号填列）	0.00	
存货的减少（增加以"－"号填列）	16 700.00	
经营性应收项目的减少（增加以"－"号填列）	－100 000.00	
经营性应付项目的增加（减少以"－"号填列）	－69 966.00	
其他	0.00	
经营活动产生的现金流量净额	335 465.20	
2. 不涉及现金收支的重大投资和筹资活动：		
债务转为资本	0.00	
一年内到期的可转换公司债券	0.00	
融资租入固定资产	0.00	
3. 现金及现金等价物净变动情况：	0.00	
现金的期末余额	597 375.20	
减：现金的期初余额	1 406 300.00	
加：现金等价物的期末余额	0.00	
减：现金等价物的期初余额	0.00	
现金及现金等价物净增加额	－808 924.80	

第五节　所有者权益变动表

一、所有者权益变动表的内容及结构

（一）所有者权益变动表的内容

所有者权益变动表是反映构成所有者权益的各组成部分当期的增减变动情况的报表。当期损益、直接计入所有者权益的利得和损失以及与所有者（或股东，下同）的资本交易导致的所有者权益的变动，应当分别列示。所有者权益变动表应当全面反映一定时期所有者权益变动的情况，不仅包括所有者权益总量的增减变动，还包括所有者权益增减变动的重要结构性信息，特别是要反映直接计入所有者权益的利得和损失，让报表使用者准确理解所有者权益增减变动的根源。

(二) 所有者权益变动表的结构

1. 以矩阵的形式列报

为了清楚地表明构成所有者权益的各组成部分当期的增减变动情况,所有者权益变动表应当以矩阵的形式列示。一方面,列示导致所有者权益变动的交易或事项,改变了以往仅仅按照所有者权益的各组成部分反映所有者权益变动情况,而是按所有者权益变动的来源对一定时期所有者权益变动情况进行全面反映;另一方面,按照所有者权益各组成部分(包括实收资本、资本公积、盈余公积和未分配利润)及其总额列示交易或事项对所有者权益的影响。

2. 列示所有者权益变动表的比较信息

根据财务报表列报准则的规定,企业需要提供比较所有者权益变动表,因此,所有者权益变动表还就各项目再分为"本年金额"和"上年金额"两栏分别填列。所有者权益变动表的具体格式如表 11-8 所示。

二、所有者权益变动表的列报方法

(一) 所有者权益变动表各项目的列报说明

1. 上年年末余额

"上年年末余额"项目,反映企业上年资产负债表中实收资本(或股本)、资本公积、盈余公积、未分配利润的年末余额。

2. 本年年初余额

"会计政策变更"和"前期差错更正"项目,分别反映企业采用追溯调整法处理的会计政策变更的累积影响金额和采用追溯重述法处理的会计差错更正的累积影响金额。

为了体现会计政策变更和前期差错更正的影响,企业应当在上期期末所有者权益余额的基础上进行调整,得出本期期初所有者权益,根据"盈余公积"、"利润分配"、"以前年度损益调整"等科目的发生额分析填列。

3. 本年增减变动金额

"本年增减变动金额"项目分别反映如下内容。

(1)"净利润"项目,反映企业当年实现的净利润(或净亏损)金额,并对应列在"未分配利润"栏。

(2)"直接计入所有者权益的利得和损失"项目,反映企业当年直接计入所有者权益的利得和损失金额。其中:

① "可供出售金融资产公允价值变动净额"项目,反映企业持有的可供出售金融资产当年公允价值变动的金额,并对应列在"资本公积"栏。

② "权益法下被投资单位其他所有者权益变动的影响"项目,反映企业对按照权益法核算的长期股权投资,在被投资单位除当年实现的净损益以外的其他所有者权益当年变动中应享有的份额,并对应列在"资本公积"栏。

③ "与计入所有者权益项目相关的所得税影响"项目,反映企业根据《企业会计准则第 18 号——所得税》规定应计入所有者权益项目的当年所得税影响金额,并对应列在"资本公积"栏。

④ "'净利润'和'直接计入所有者权益的利得和损失'小计"项目,反映企业当年

实现的净利润（或净亏损）金额和当年直接计入所有者权益的利得和损失金额的合计额。

（3）"所有者投入和减少资本"项目，反映企业当年所有者投入的资本和减少的资本。其中：

①"所有者投入资本"项目，反映企业接受投资者投入形成的实收资本（或股本）和资本溢价或股本溢价，并对应列在"实收资本"和"资本公积"栏。

②"股份支付计入所有者权益的金额"项目，反映企业处于等待期中的权益结算的股份支付当年计入资本公积的金额，并对应列在"资本公积"栏。

（4）"利润分配"下各项目，反映当年对所有者（或股东）分配的利润（或股利）金额和按照规定提取的盈余公积金额，并对应列在"未分配利润"和"盈余公积"栏。其中：

①"提取盈余公积"项目，反映企业按照规定提取的盈余公积。

②"对所有者（或股东）的分配"项目，反映对所有者（或股东）分配的利润（或股利）金额。

（5）"所有者权益内部结转"下各项目，反映不影响当年所有者权益总额的所有者权益各组成部分之间当年的增减变动，包括资本公积转增资本（或股本）、盈余公积转增资本（或股本）、盈余公积弥补亏损等项金额。为了全面反映所有者权益各组成部分的增减变动情况，所有者权益内部结转也是所有者权益变动表的重要组成部分，主要指不影响所有者权益总额、所有者权益的各组成部分当期的增减变动。其中：

①"资本公积转增资本（或股本）"项目，反映企业以资本公积转增资本或股本的金额。

②"盈余公积转增资本（或股本）"项目，反映企业以盈余公积转增资本或股本的金额。

③"盈余公积弥补亏损"项目，反映企业以盈余公积弥补亏损的金额。

4. 本年年末余额

"本年年末余额"项目，反映企业本年资产负债表中实收资本（或股本）、资本公积、盈余公积、未分配利润的年末余额。本年年末余额等于本年期初余额加本年增减变动金额。

（二）上年金额栏的列报方法

所有者权益变动表"上年金额"栏内各项数字，应根据上年度所有者权益变动表"本年金额"栏内所列数字填列。如果上年度所有者权益变动表规定的各个项目的名称和内容同本年度不相一致，应对上年度所有者权益变动表中各项目的名称和数字按本年度的规定进行调整，填入所有者权益变动表"上年金额"栏内。

（三）本年金额栏的列报方法

所有者权益变动表"本年金额"栏内各项数字一般应根据"实收资本（或股本）"、"资本公积"、"盈余公积"、"利润分配"、"库存股"、"以前年度损益调整"等科目的发生额分析填列。

企业的净利润及其分配情况作为所有者权益变动的组成部分，不需要单独设置利润分配表列示。

【例11-16】 沿用例11-1、例11-2。

【解析】 根据上述资料，编制所有者权益变动表，如表11-8所示。

表 11-8　　　　　　　　　　　　　　所有者权益变动表

编制单位：甲公司　　　　　　　　　　　　　2011 年度　　　　　　　　　　　　　　　　　　会企 04 表

金额单位：元

项　目	本年金额							上年金额（略）
	实收资本（或股本）	资本公积	减：库存股	盈余公积	未分配利润	所有者权益合计	实收资本（或股本）	资本公积	减：库存股	盈余公积	未分配利润	所有者权益合计
一、上年末余额	5 000 000.00			50 000.00	100 000.00	5150 000.00	
加：会计政策变更						
前期差错更正						
二、本年初余额	5 000 000.00			50 000.00	100 000.00	5150 000.00	
三、本年增减变动金额（减少以"－"号填列）				30 495.96	111 818.52	142 314.48	
（一）净利润					203 306.40	203 306.40	
（二）直接计入所有者权益的利得和损失						
1. 可供出售金融资产公允价值变动净额						
2. 权益法下被投资单位其他所有者权益变动的影响						
3. 与计入所有者权益项目相关的所得税影响						
4. 其他						
上述（一）和（二）小计					203 306.40	203 306.40	
（三）所有者投入和减少资本						
1. 所有者投入资本						
2. 股份支付计入所有者权益的金额						
3. 其他						
（四）利润分配				30 495.96	－91 487.88	－60 991.92	
1. 提取盈余公积				30 495.96	－30 495.96	0.00	
2. 对所有者（或股东）的分配					－60 991.92	－60 991.92	
3. 其他						
（五）所有者权益内部结转						
1. 资本公积转增资本（或股本）						
2. 盈余公积转增资本（或股本）						
3. 盈余公积弥补亏损						
4. 其他						
四、本年末余额	5 000 000.00			80 495.96	211 818.52	5 292 314.48	

第六节 每股收益

一、每股收益概述

每股收益是指普通股股东每持有一股所能享有的企业利润或需承担的企业亏损。每股收益通常被用来反映企业的经营成果，衡量普通股的获利水平及投资风险，是投资者、债权人等信息使用者据以评价企业盈利能力、预测企业成长潜力，进而作出相关经济决策的一项重要的财务指标。

每股收益包括基本每股收益和稀释每股收益两类。基本每股收益仅考虑当期实际发行在外的普通股股份，而稀释每股收益的计算和列报主要是为了避免每股收益虚增可能带来的信息误导。例如，一家公司发行可转换公司债券融资，由于转换选择权的存在，这些可转换债券的利率低于正常同等条件下普通债券的利率，从而降低了融资成本，在经营业绩和其他条件不变的情况下，相对提高了基本每股收益金额。要求考虑可转换公司债券的影响计算和列报稀释每股收益，就是为了能够提供一个更可比、更有用的财务指标。

进行财务分析时，每股收益指标既可用于不同企业间的业绩比较，以评价某企业的相对盈利能力；也可用于企业不同会计期间的业绩比较，以了解该企业盈利能力的变化趋势；另外还可用于企业经营实绩与盈利预测的比较，以掌握该企业的管理能力。

合并财务报表中，企业应当以合并财务报表为基础计算和列报每股收益。

二、基本每股收益

基本每股收益只考虑当期实际发行在外的普通股股份，企业应当按照归属于普通股股东的当期净利润，除以当期实际发行在外普通股的加权平均数计算确定。

（一）分子的确定

计算基本每股收益时，分子为归属于普通股股东的当期净利润。发生亏损的企业，每股收益以负数列示。以合并财务报表为基础计算的每股收益，分子应当是归属于母公司普通股股东的当期合并净利润，即扣减少数股东损益后的余额。

与合并财务报表一同提供的母公司财务报表中企业自行选择列报每股收益的，以母公司个别财务报表为基础计算的每股收益，分子为归属于母公司普通股股东的合并净利润，分母为母公司发行在外普通股的加权平均数。

（二）分母的确定

计算基本每股收益时，分母为当期发行在外普通股的算术加权平均数，即期初发行在外普通股股数根据当期新发行或回购的普通股股数与相应时间权数的乘积进行调整后的股数。

需要说明的是，公司库存股不属于发行在外的普通股，且无权参与利润分配，应当在计算分母时扣除。

发行在外普通股加权平均数按下列公式计算：

$$\begin{aligned}发行在外普通股\\加权平均数\end{aligned} = 期初发行在外普通股股数 + 当期新发行普通股股数 \times \frac{已发行时间}{报告期时间} - 当期回购普通股股数 \times \frac{已回购时间}{报告期时间}$$

其中，作为权数的已发行时间、报告期时间和已回购时间通常按照天数计算；在不影响计算结果合理性的前提下，也可以采用简化的计算方法，如按月数计算。

【例 11-17】 某上市公司 2011 年期初发行在外的普通股为 30 000 000 股；4 月 30 日新发行普通股 16 200 000 股；12 月 1 日回购普通股 7 200 000 股，以备将来奖励职工之用。该公司当年度实现净利润为 16 250 000 元。

2011 年度基本每股收益计算如下：

发行在外普通股加权平均数 = 30 000 000 × 12 ÷ 12 + 16 200 000 × 8 ÷ 12 - 7 200 000 × 1 ÷ 12

= 40 200 000 （股）

基本每股收益 = 16 250 000 ÷ 40 200 000 = 0.40 （元/股）

新发行普通股股数，应当根据发行合同的具体条款，从应收对价之日（一般为股票发行日）起计算确定。通常包括下列情况：

(1) 为收取现金而发行的普通股股数，从应收现金之日起计算。

(2) 因债务转资本而发行的普通股股数，从停计债务利息之日或结算日起计算。

(3) 非同一控制下的企业合并，作为对价发行的普通股股数，从购买日起计算；同一控制下的企业合并，作为对价发行的普通股股数，应当计入各列报期间普通股的加权平均数。

(4) 为收购非现金资产而发行的普通股股数，从确认收购之日起计算。

【例 11-18】 沿用例 11-2，甲公司 2011 年期初发行在外的普通股为 5 000 000 股，该公司当年实现净利润 203 306.40 元。

2011 年度每股收益计算如下：

基本每股收益 = 203 306.40 ÷ 5 000 000 = 0.041 （元/股）

三、稀释每股收益

存在稀释性潜在普通股的复杂股权结构的公司，不仅应当计算和列报基本每股收益，还应当根据稀释性潜在普通股的影响计算和列报稀释每股收益。

(一) 基本计算原则

稀释每股收益是以基本每股收益为基础，假设企业所有发行在外的稀释性潜在普通股均已转换为普通股，从而分别调整归属于普通股股东的当期净利润以及发行在外普通股的加权平均数计算而得的每股收益。

1. 稀释性潜在普通股

潜在普通股是指赋予其持有者在报告期或以后期间享有取得普通股权利的一种金融工具或其他合同。潜在普通股主要包括可转换公司债券、认股权证和股份期权等。

稀释性潜在普通股是指假设当期转换为普通股会减少每股收益的潜在普通股。对于亏损企业而言，稀释性潜在普通股是指假设当期转换为普通股会增加每股亏损金额的潜在普通股。计算稀释每股收益时只考虑稀释性潜在普通股的影响，而不考虑不具有稀释性的潜在普通股。稀释性潜在普通股应当按照其稀释程度从大到小的顺序计入稀释每股收益，直至稀释每股收益达到最小值。

2. 分子的调整

计算稀释每股收益时，应当根据下列事项对归属于普通股股东的当期净利润进行调整：(1) 当期已确认为费用的稀释性潜在普通股的利息；(2) 稀释性潜在普通股转换时将产生的收益或费用。上述调整应当考虑相关的所得税影响。对于包含负债和权益成份的金融工具，仅需调整属于金融负债部分的相关利息、利得或损失。

3. 分母的调整

计算稀释每股收益时，当期发行在外普通股的加权平均数应当为计算基本每股收益时普通股的加权平均数与假定稀释性潜在普通股转换为已发行普通股而增加的普通股股数的加权平均数之和。

假定稀释性潜在普通股转换为已发行普通股而增加的普通股股数，应当根据潜在普通股的条件确定。当存在不只一种转换基础时，应当假定会采取从潜在普通股持有者角度看最有利的转换率或执行价格。

假定稀释性潜在普通股转换为已发行普通股而增加的普通股股数应当按照其发行在外时间进行加权平均。以前期间发行的稀释性潜在普通股，应当假设在当期期初转换为普通股；当期被注销或终止的稀释性潜在普通股，应当按照当期发行在外的时间加权平均计入稀释每股收益；当期被转换或行权的稀释性潜在普通股，应当从当期期初至转换日（或行权日）计入稀释每股收益中，从转换日（或行权日）起所转换的普通股则计入基本每股收益中。

(二) 可转换公司债券

可转换公司债券是指发行公司依法发行、在一定期间内依据约定的条件可以转换成股份的公司债券。对于可转换公司债券，可以采用假设转换判断其稀释性，并计算稀释每股利益。首先，假设这部分可转换公司债券在当期期初（或发行日）即已转换成普通股，从而一方面增加了发行在外的普通股股数，另一方面节约了公司债券的利息费用，增加了归属于普通股股东的当期净利润。其次，用增加的净利润除以增加的普通股股数，得出增量股的每股收益，与原来的每股收益比较。如果增量股的每股收益小于原每股收益，则说明该可转换公司债券具有稀释作用，应当纳入稀释每股收益的计算中。

计算稀释每股收益时，以基本每股收益为基础，分子的调整项目为当期已确认为费用的利息等的税后影响额；分母的调整项目为假定可转换公司债券当期期初（或发行日）转换为普通股的股数加权平均数。

【例 11-19】 某上市公司 2011 年归属于普通股股东的净利润为 38 200 000 元，期初发行在外普通股股数 20 000 000 股，年内普通股股数未发生变化。2011 年 1 月 1 日，公司按面值发行 60 000 000 元的 3 年期可转换公司债券，债券每张面值 100 元，票面固定年利率为 2%，利息自发行之日起每年支付一次，即每年 12 月 31 日为付息日。该批可转换公司债券自发行结束后 12 个月以后即可转换为公司股票，即转股期为发行 12 个月后至债券到期日止的期间。转股价格为每股 10 元,即每 100 元债券可转换为 10 股面值为 1 元的普通股。债券利息不符合资本化条件,直接计入当期损益,所得税税率为 25%。假设不考虑可转换公司债券在负债和权益成份的分拆,且债券票面利率等于实际利率。

2011 年度每股收益计算如下:
基本每股收益 = 38 200 000 ÷ 20 000 000 = 1.91(元/股)
假设转换所增加的净利润 = 60 000 000 × 2% × (1 − 25%) = 900 000(元)
假设转换所增加的普通股股数 = 60 000 000 ÷ 10 = 6 000 000(股)
增量股的每股收益 = 900 000 ÷ 6 000 000 = 0.15(元/股)
增量股的每股收益小于基本每股收益,可转换公司债券具有稀释作用。
稀释每股收益 = (38 200 000 + 900 000) ÷ (20 000 000 + 6 000 000)
　　　　　 = 1.50(元/股)

【例 11-20】 沿用例 11-19。假设不具备转换选择权的类似债券的市场利率为 3%。公司在对该批可转换公司债券初始确认时,根据《企业会计准则第 37 号——金融工具列报》的有关规定将负债和权益成份进行了分拆。

2011 年度稀释每股收益计算如下:
每年支付利息 = 60 000 000 × 2% = 1 200 000(元)
负债成份公允价值 = 1 200 000 ÷ (1 + 3%) + 1 200 000 ÷ $(1 + 3\%)^2$
　　　　　　　　+ 61 200 000 ÷ $(1 + 3\%)^3$ = 58 302 833.19(元)
权益成份公允价值 = 60 000 000 − 58 302 833.19 = 1 697 166.81(元)
假设转换所增加的净利润 = 58 302 833.19 × 3% × (1 − 25%) = 1 311 813.75(元)
假设转换所增加的普通股股数 = 60 000 000 ÷ 10 = 6 000 000(股)
增量股的每股收益 = 1 311 813.75 ÷ 6 000 000 = 0.22(元/股)
增量股的每股收益小于基本每股收益,可转换公司债券具有稀释作用。
稀释每股收益 = (38 200 000 + 1 311 813.75) ÷ (20 000 000 + 6 000 000)
　　　　　 = 1.52(元/股)

(三) 认股权证和股份期权

认股权证是指公司发行的、约定持有人有权在履约期间内或特定到期日按约定价格向本公司购买新股的有价证券。股份期权是指公司授予持有人在未来一定期限内以预先确定的价格和条件购买本公司一定数量股份的权利,股份期权持有人对于其享有的股份期权,可以在规定的期间内以预先确定的价格和条件购买公司一定数量的股份,也可以放弃该种权利。

对于盈利企业,认股权证、股份期权等的行权价格低于当期普通股平均市场价格时,应当考虑其稀释性;对于亏损企业,认股权证、股份期权的假设行权一般不影响净亏损,但增加普通股股数,从而导致每股亏损金额的减少,实际上产生了反稀释的作用,因此,这种情况下,不应当计算稀释每股收益。

对于稀释性认股权证、股份期权,计算稀释每股收益时,一般无须调整作为分子的净利润金额,只需按照下列步骤对分母普通股加权平均数进行调整。

(1) 假设这些认股权证、股份期权在当期期初(或发行日)已经行权,计算按有关认股权证合同和股份期权合约约定行权价格发行普通股将取得的股款金额。

(2) 假设按照当期普通股平均市场价格发行股票,计算需发行多少普通股能够带来上述相同的股款金额。

(3) 比较行使股份期权、认股权证将发行的普通股股数与按照平均市场价格发行的普通股股数,差额部分相当于无对价发行的普通股,作为发行在外普通股股数的净增加。也就是说,认股权证、股份期权行权时发行的普通股可以视为两部分,一部分是按照平均市场价格发行的普通股,这部分普通股由于是按照市价发行,导致企业经济资源流入与普通股股数同比例增加,既没有稀释作用也没有反稀释作用,不影响每股收益金额;另一部分是无对价发行的普通股,这部分普通股由于是无对价发行,企业可利用的经济资源没有增加,但发行在外普通股股数增加,因此具有稀释性,应当计入稀释每股收益中。增加的普通股股数按下列公式计算:

$$\text{增加的普通股股数} = \text{拟行权时转换的普通股股数} - \frac{\text{行权价格} \times \text{拟行权时转换的普通股股数}}{\text{当期普通股平均市场价格}}$$

(4) 将净增加的普通股股数乘以其假设发行在外的时间权数,据此调整稀释每股收益的计算分母。当期普通股平均市场价格,理论上应当包括该普通股每次交易的价格,但实务操作中通常按照每周或每月具有代表性的股票交易价格进行简单算术平均计算。在股票价格比较平稳的情况下,可以采用每周或每月股票的收盘价作为代表性价格;在股票价格波动较大的情况下,可以采用每周或每月股票最高价与最低价的平均值作为代表性价格。无论采用何种方法计算平均市场价格,一经确定,不得随意变更,除非有确凿证据表明原计算方法不再适用。当期发行认股权证或股份期权的,普通股平均市场价格应当自认股权证或股份期权的发行日起计算。

【例11-21】 某公司2011年度归属于普通股股东的净利润为2 750 000元,发行在外普通股加权平均数为5 000 000股,该普通股平均每股市场价格为8元。2011年1月1日,该公司对外发行1 000 000份认股权证,行权日为2012年3月1日,每份认股权证可以在行权日以6元的价格认购1股本公司新发的股份。

该公司2011年度每股收益计算如下:

基本每股收益 = 2 750 000 ÷ 5 000 000 = 0.55(元/股)

调整增加的普通股股数 = 1 000 000 − 1 000 000 × 6 ÷ 8 = 250 000(股)

稀释每股收益 = 2 750 000 ÷ (5 000 000 + 250 000) = 0.52(元/股)

(四) 企业承诺将回购其股份的合同

企业承诺将回购其股份的合同中规定的回购价格高于当期普通股平均市场价格时,应当考虑其稀释性。计算稀释每股收益时,增加的普通股股数按下列公式计算:

$$\text{增加的普通股股数} = \frac{\text{回购价格} \times \text{承诺回购的普通股股数}}{\text{当期普通股平均市场价格}} - \text{承诺回购的普通股股数}$$

计算稀释每股收益时,与前面认股权证、股份期权的计算思路恰好相反,具体步骤为:

(1) 假设企业于期初按照当期普通股平均市场价格发行普通股,以募集足够的资金来履行回购合同;合同日晚于期初的,则假设企业于合同日按照自合同日至期末的普通股平均市场价格发行足量的普通股。该假设前提下,由于是按照市价发行普通股,导致企业经济资源流入与普通股股数同比例增加,每股收益金额不变。

(2) 假设回购合同已于当期期初(或合同日)履行,按照约定的行权价格回购本企业股票。

(3) 比较假设发行的普通股股数与假设回购的普通股股数,差额部分作为净增加的发行在外普通股股数,再乘以相应的时间权重,据此调整稀释每股收益的计算分母。

【例11-22】 某公司2011年度归属于普通股股东的净利润为400 000元,发行在外普通股加权平均数为1 000 000股。2011年3月2日,该公司与股东签订一份远期回购合同,承诺1年后以每股6元的价格回购其发行在外的240 000股普通股。假设该普通股2011年3月至12月平均市场价格为5元。

2011年度每股收益计算如下:

基本每股收益=400 000÷1 000 000=0.40(元/股)

调整增加的普通股股数=240 000×6÷5-240 000=48 000(股)

稀释每股收益=400 000÷(1 000 000+48 000×10÷12)=0.38(元/股)

(五) 多项潜在普通股

企业对外发行不同潜在普通股的,单独考察其中某潜在普通股可能具有稀释作用,但如果和其他潜在普通股一并考察时可能恰恰变为反稀释作用。例如,某公司先后发行甲、乙两种可转换债券(票面利率和转换价格均不同),甲债券导致的增量股每股收益为1.5元,乙债券导致的增量股每股收益为3.5元,假设基本每股收益为4元。如果分别考察甲、乙两种可转换债券,增量股每股收益小于基本每股收益,两种债券都具有稀释作用。并且,由于增量股每股收益越小,其稀释作用越大,甲债券的稀释作用大于乙债券。然而,如果综合考察甲、乙两种可转换债券,先计入甲债券使得每股收益稀释为3.1元,若再计入乙债券则使得每股收益反弹为3.4元,因此,乙债券在这种情况下不再具有稀释作用,不应计入稀释每股收益中。

为了反映潜在普通股最大的稀释作用,稀释性潜在普通股应当按照其稀释程度从大到小的顺序计入稀释每股收益,直至稀释每股收益达到最小值。其中,稀释程度根据不同潜在普通股转换的增量股的每股收益大小进行衡量,即:假定稀释性潜在普通股转换为普通股时,将增加的归属于普通股股东的当期净利润除以增加的普通股股数加权平均数所确定的金额。在确定计入稀释每股收益的顺序时,通常应首先考虑股份期权和认股权证的影响。需要强调的是,企业每次发行的潜在普通股应当视为不同的潜在普通股,分别判断其稀释性,而不能将其作为一个总体考虑。通常情况下,股份期权和认股权证排在前面计算,因为其假设行权一般不影响净利润。

对外发行多项潜在普通股的企业应当按照下列步骤计算稀释每股收益:

(1) 列出企业在外发行的各潜在普通股。例如,票面利率2.5%与票面利率1.9%的可转换债券应当分开考虑。

(2) 假设各潜在普通股已于当期期初或发行日转换为普通股,确定其对归属于普通股股东当期净利润的影响金额。可转换公司债券的假设转换一般会增加当期净利润金额,股份期权和认股权证的假设行权一般不影响当期净利润。

(3) 确定各潜在普通股假设转换后将增加的普通股股数。需要说明的是，稀释性股份期权和认股权证假设行权后，计算增加的普通股股数不是发行的全部普通股股数，而应当是其中无对价发行部分的普通股股数。

(4) 计算各潜在普通股的增量股每股收益，判断其稀释性。增量股每股收益越小的潜在普通股稀释程度越大。

(5) 按照潜在普通股稀释程度从大到小的顺序，将各稀释性潜在普通股分别计入稀释每股收益中。分步计算过程中，如果下一步得出的每股收益小于上一步得出的每股收益，表明新计入的潜在普通股具有稀释作用，应当计入稀释每股收益中；反之，则表明具有反稀释作用，不计入稀释每股收益中。

(6) 最后得出的最小每股收益金额即为稀释每股收益。

【例 11-23】 某公司 2011 年度归属于普通股股东的净利润为 5 625 000 元，发行在外普通股加权平均数为 18 750 000 股。年初已发行在外的潜在普通股有：

(1) 认股权证 7 200 000 份，每份认股权证可以在行权日以 8 元的价格认购 1 股本公司新发股票。

(2) 按面值发行的 5 年期可转换公司债券 75 000 000 元，债券每张面值 100 元，票面年利率为 2.6%，转股价格为每股 12.5 元，即每 100 元债券可转换为 8 股面值为 1 元的普通股。

(3) 按面值发行的 3 年期可转换公司债券 150 000 000 元，债券每张面值 100 元，票面年利率为 1.4%，转股价格为每股 10 元，即每 100 元债券可转换为 10 股面值为 1 元的普通股。

当期普通股平均市场价格为 12 元，年度内没有认股权证被行权，也没有可转换公司债券被转换或赎回，所得税税率为 25%。假设不考虑可转换公司债券在负债和权益成份的分拆，且债券票面利率等于实际利率。

2011 年度每股收益计算如下：

(1) 计算基本每股收益。

基本每股收益＝5 625 000÷18 750 000＝0.30（元）

(2) 计算稀释每股收益。

①假设潜在普通股转换为普通股，计算增量股每股收益并排序（见表 11-9）。

表 11-9　　　　　　　　　　　增量股每股收益的计算

项目	净利润增加（元）	股数增加（股）	增量股的每股收益（元/股）	顺序
认股权证	0	7 200 000－7 200 000×8÷12 ＝2 400 000	0.00	1
2.6%债券	75 000 000×2.6%×（1－25%） ＝1 462 500	75 000 000÷12.5 ＝6 000 000	0.24	3
1.4%债券	150 000 000×1.4%×（1－25%） ＝1 575 000	150 000 000÷10 ＝15 000 000	0.11	2

由此可见，认股权证的稀释性最大，2.6%可转债的稀释性最小。

②分步计入稀释每股收益（见表11-10）。

表11-10　　　　　　　　　　稀释每股收益的计算

项目	净利润（元）	股数（股）	每股收益（元/股）	稀释性
基本每股收益	5 625 000	18 750 000	0.30	
认股权证	0	2 400 000	0.00	
小计	5 625 000	21 150 000	0.27	稀释
1.4%债券	1 575 000	15 000 000	0.11	
小计	7 200 000	36 150 000	0.20	稀释
2.6%债券	1 462 500	6 000 000	0.24	
小计	8 662 500	42 150 000	0.21	反稀释

因此，稀释每股收益为0.20元。

（六）子公司、合营企业或联营企业发行的潜在普通股

子公司、合营企业、联营企业发行能够转换成其普通股的稀释性潜在普通股，不仅应当包括在其稀释每股收益计算中，而且还应当包括在合并稀释每股收益以及投资者稀释每股收益的计算中。

【例11-24】 甲公司2011年度归属于普通股股东的净利润为72 000 000元（不包括子公司乙公司利润或乙公司支付的股利），发行在外普通股加权平均数为60 000 000股，持有乙公司70%的普通股股权。乙公司2011年度归属于普通股股东的净利润为32 400 000元，发行在外普通股加权平均数为13 500 000股，该普通股当年平均市场价格为8元。年初，乙公司对外发行900 000份可用于购买其普通股的认股权证，行权价格为4元，甲公司持有18 000份认股权证，当年无认股权证被行权。假设除股利外，母子公司之间没有其他需抵销的内部交易；甲公司取得对乙公司投资时，乙公司各项可辨认资产等的公允价值与其账面价值一致。

2011年度每股收益计算如下：

(1) 子公司乙公司的每股收益。

①基本每股收益＝32 400 000÷13 500 000＝2.40（元/股）

②调整增加的普通股股数＝900 000－900 000×4÷8＝450 000（股）

稀释每股收益＝32 400 000÷(13 500 000＋450 000)＝2.32（元/股）

(2) 母公司甲公司的合并每股收益。

①归属于母公司普通股股东的母公司净利润＝72 000 000元

包括在合并基本每股收益计算中的子公司净利润部分＝2.40×13 500 000×70%＝22 680 000（元）

基本每股收益＝(72 000 000＋22 680 000)÷60 000 000＝1.58（元/股）

②子公司净利润中归属于普通股且由母公司享有的部分＝2.32×13 500 000×70%＝21 924 000（元）

$$\begin{aligned}\text{子公司净利润中归属于认股权证}\\\text{且由母公司享有的部分}\end{aligned} = 2.32 \times 450\,000 \times 18\,000 \div 900\,000 = 20\,880 \text{(元)}$$

稀释每股收益＝(72 000 000＋21 924 000＋20 880)÷60 000 000＝1.57（元/股）

四、每股收益的列报

（一）重新计算

1. 派发股票股利、公积金转增资本、拆股和并股

企业派发股票股利、公积金转增资本、拆股或并股等，会增加或减少其发行在外普通股或潜在普通股的数量，但不影响所有者权益总额，这既不影响企业所拥有或控制的经济资源，也不改变企业的盈利能力，即意味着同样的损益现在要由扩大或缩小了的股份规模来享有或分担。因此，为了保持会计指标的前后期可比性，企业应当在相关报批手续全部完成后，按调整后的股数重新计算各列报期间的每股收益。上述变化发生于资产负债表日至财务报告批准报出日之间的，应当以调整后的股数重新计算各列报期间的每股收益。

【例11-25】 某公司2010年和2011年归属于普通股股东的净利润分别为1 596 000元和1 848 000元，2010年1月1日发行在外的普通股800 000股，2010年4月1日按市价新发行普通股160 000股，2011年7月1日分派股票股利，以2010年12月31日总股本960 000股为基数每10股送3股，假设不存在其他股数变动因素。

2011年度比较利润表中基本每股收益的计算如下：

$$\begin{aligned}\text{2011年度发行在外}\\\text{普通股加权平均数}\end{aligned} = (800\,000 + 160\,000 + 960\,000 \div 10 \times 3) \times 12 \div 12$$

$$= 1\,248\,000 \text{(股)}$$

2011年度基本每股收益＝1 848 000÷1 248 000＝1.48（元/股）

$$\begin{aligned}\text{2010年度发行在外}\\\text{普通股加权平均数}\end{aligned} = 800\,000 \times (1+3 \div 10) \times 12 \div 12 + 160\,000 \times (1+3 \div 10) \times 9 \div 12$$

$$= 1\,196\,000 \text{(股)}$$

2010年度基本每股收益＝1 596 000÷1 196 000＝1.33（元/股）

2. 配股

配股在计算每股收益时比较特殊，因为它是向全部现有股东以低于当前股票市价的价格发行普通股，实际上可以理解为按市价发行股票和无对价送股的混合体。即配股中包含的送股因素具有与股票股利相同的效果，导致发行在外普通股股数增加的同时，却没有相应的经济资源流入。因此，企业当期发生配股的情况下计算基本每股收益时，应当考虑配股中的送股因素，将这部分无对价的送股（注意不是全部配发的普通股）视同列报最早期间期初就已发行在外，并据以调整各列报期间发行在外普通股的加权平均数，计算各列报期间的每股收益。

为此，企业首先应当计算出一个调整系数，再用配股前发行在外普通股的股数乘以该调整系数，得出计算每股收益时应采用的普通股股数。计算公式如下：

$$\text{每股理论除权价格} = \left(\text{行权前发行在外普通股的公允价值} + \text{配股收到的款项}\right) \div \text{行权后发行在外普通股股数}$$

调整系数＝行权前发行在外普通股的每股公允价值÷每股理论除权价格

因配股重新计算的上年度基本每股收益＝上年度基本每股收益÷调整系数

本年度基本每股收益＝归属于普通股股东的当期净利润

$\div\left(\begin{array}{c}\text{行权前发行在外}\\\text{普通股股数}\end{array}\times\begin{array}{c}\text{调整}\\\text{系数}\end{array}\times\begin{array}{c}\text{配股前普通股发行}\\\text{在外的时间权数}\end{array}+\begin{array}{c}\text{配股后发行在外}\\\text{普通股加权平均数}\end{array}\right)$

存在非流通股的企业可以采用简化的计算方法，不考虑配股中内含的送股因素，而将配股视为发行新股处理。

【例 11-26】 某公司 2011 年度归属于普通股股东的净利润为 23 500 000 元，2011 年 1 月 1 日发行在外普通股股数为 8 000 000 股，2011 年 6 月 10 日，该企业发布增资配股公告，向截至 2011 年 6 月 30 日（股权登记日）所有登记在册的老股东配股，配股比例为每 4 股配 1 股，配股价格为每股 6 元，除权交易基准日为 2011 年 7 月 1 日。假设行权前一日的市价为每股 11 元，2010 年度基本每股收益为 2.64 元。

2011 年度比较利润表中基本每股收益的计算如下：

每股理论除权价格 ＝（8 000 000×11＋8 000 000÷4×6）÷（8 000 000＋8 000 000÷4）

＝100 000 000÷10 000 000＝10（元/股）

调整系数＝11÷10＝1.1

因配股重新计算的 2008 年度基本每股收益＝2.64÷1.1＝2.40（元/股）

2011 年度基本每股收益＝23 500 000÷（8 000 000×1.1×6÷12＋10 000 000×6÷12）

＝2.50（元/股）

需要特别说明下列两种情况：

（1）对于存在非流通股的企业，虽然非流通股在利润分配方面享有同样的权利，但由于非流通股不流通，没有明确的市场价格，难以计算除权价格和调整系数。因此，可以采用简化的计算方法，不考虑配股中内含的送股因素，而将配股视同发行新股处理。

（2）企业向特定对象以低于当前市价的价格发行股票的，不考虑送股因素。虽然它与配股具有相似的特征，即发行价格低于市价。但是，后者属于向非特定对象增发股票；而前者往往是企业出于某种战略考虑或其他动机向特定对象以较低的价格发行股票，或者特定对象除认购股份以外还需以其他形式存在送股因素，视同发行新股处理。

3. 以前年度损益的追溯调整或追溯重述

按照《企业会计准则第 28 号——会计政策、会计估计变更和差错更正》的规定，对以前年度损益进行追溯调整或追溯重述的，应当重新计算各列报期间的每股收益。

（二）列报

对于普通股或潜在普通股已公开交易的企业以及正处于公开发行普通股或潜在普通股过程中的企业，如果不存在稀释性潜在普通股，则应当在利润表中单独列示基本每股收益；如果存在稀释性潜在普通股，则应当在利润表中单独列示基本每股收益和稀释每股收益。编制比较财务报表时，各列报期间中只要有一个期间列示了稀释每股收益，那么所有列报期间均应当列示稀释每股收益，即使其金额与基本每股收益相等。

企业对外提供合并财务报表的，每股收益准则仅要求其以合并财务报表为基础计算每股收益，并在合并财务报表中予以列报；与合并财务报表一同提供的母公司财务报表中不要求计算和列报每股收益，如果企业自行选择列报的，应以母公司个别财务报表为基础计算每股收益，并在其个别财务报表中予以列报。

企业应当在附注中披露与每股收益有关的下列信息：(1) 基本每股收益和稀释每股收益分子、分母的计算过程；(2) 列报期间不具有稀释性但以后期间很可能具有稀释性的潜在普通股；(3) 在资产负债表日至财务报告批准报出日之间，企业发行在外普通股或潜在普通股股数发生重大变化的情况。

第七节 附 注

附注是对在资产负债表、利润表、现金流量表和所有者权益变动表等报表中列示项目的文字描述或明细资料，以及对未能在这些报表中列示项目的说明等。附注是财务报表的重要组成部分。企业应当按照规定披露附注信息，按照如下顺序披露有关内容。

一、企业的基本情况

企业的基本情况包括：(1) 企业注册地、组织形式和总部地址；(2) 企业的业务性质和主要经营活动；(3) 母公司以及集团最终母公司的名称；(4) 财务报告的批准报出者和财务报告的批准报出日。

二、财务报表的编制基础

三、遵循企业会计准则的声明

企业应当声明编制的财务报表符合企业会计准则的要求，真实、完整地反映了企业的财务状况、经营成果和现金流量等有关信息。依此明确企业编制财务报表所依据的制定基础。

如果企业编制的财务报表只是部分地遵守了企业会计准则，附注中不得作出这种表述。

四、重要会计政策和会计估计

企业应当披露采用的重要会计政策和会计估计，不重要的会计政策和会计估计可以不披露。在披露重要会计政策和会计估计时，应当披露重要会计政策的确定依据和财务报表项目的计量基础，以及会计估计中所采用的关键假设和不确定因素的确定依据。

五、会计政策和会计估计变更以及差错更正的说明

企业应当按照《企业会计准则第 28 号——会计政策、会计估计变更和差错更正》及其应用指南的规定，披露会计政策和会计估计变更以及差错更正的有关情况。

六、报表重要项目的说明

企业对报表重要项目的说明,应当按照资产负债表、利润表、现金流量表、所有者权益变动表及其项目列示的顺序,采用文字和数字描述相结合的方式进行披露。报表重要项目的明细金额合计,应当与报表项目金额相衔接。

报表重要项目主要包括:交易性金融资产、应收款项、存货、其他流动资产、可供出售金融资产、持有至到期投资、长期股权投资、投资性房地产、固定资产、无形资产、商誉、递延所得税资产和递延所得税负债、资产减值准备、所有权受到限制的资产、交易性金融负债、应付职工薪酬、应交税费、其他流动负债、短期借款和长期借款、应付债券、长期应付款、营业收入、公允价值变动收益、投资收益、资产减值损失、营业外收入、营业外支出、所得税费用、每股收益、非货币性资产交换、股份支付、债务重组、借款费用、外币折算、企业合并、租赁、终止经营、分部报告等报表项目和特殊业务等内容。

七、其他需要说明的重要事项

主要包括或有和承诺事项、资产负债表日后事项、关联方关系及其交易等,见相关章节。

思考练习题

一、重要概念
1. 资产负债表
2. 利润表
3. 现金流量表
4. 所有者权益变动表
5. 附注
6. 现金
7. 现金等价物
8. 直接法
9. 间接法
10. 每股收益
11. 基本每股收益
12. 稀释每股收益

二、思考题
1. 财务报表由哪几部分组成?各组成部分之间联系的纽带是什么?
2. 简述财务报表列报的基本要求。
3. 简述资产负债表列报的具体项目。
4. 简述利润表列报的具体项目。
5. 简述现金流量的分类。
6. 简述现金流量表列报的具体项目。
7. 简述所有者权益变动表列报的具体项目。
8. 简述直接法和间接法编制现金流量表的区别。
9. 简述工作底稿法编制现金流量表的步骤。
10. 计算基本每股收益的分子、分母是如何确定的?

三、单项选择题
1. 下列项目中,直接按总账科目余额填列资产负债表的是(　　)。
   A. 货币资金
   B. 交易性金融资产
   C. 应收账款
   D. 预收账款
2. 某企业年末应收账款总账科目借方余额100 000元,其明细账户中有一贷方余额 10 000 元。年末调整坏账准备前，坏账准备账户借方余额为 500 元，坏账准备按应收账款余额的 3‰ 计提，则资产负债表中"应收账款"项目的金额为（　　）元。

A. 106 700　　B. 96 200
C. 96 700　　D. 97 000

3. 以下各科目的期末余额，在资产负债表中应单列项目反映的是（　　）。

A. 坏账准备
B. 固定资产清理
C. 累计折旧
D. 存货跌价准备

4. 如"应收账款"科目所属明细科目期末出现贷方余额，应在（　　）项目中列示。

A. "预收账款"
B. "应付账款"
C. "其他应收款"
D. "预付账款"

5. 下列各项目中，不属于营业利润组成部分的是（　　）。

A. 资产减值损失
B. 公允价值变动损益
C. 投资收益
D. 营业外收入

6. 利润表各项目的数据应按企业本期总分类账户的（　　）直接填列或计算后填列。

A. 期末余额
B. 期初余额和期末余额
C. 发生额和期末余额
D. 发生额

7. 下列各项中，不影响经营活动现金流量的是（　　）。

A. 缴纳增值税
B. 提取职工福利费
C. 贴现商业汇票
D. 收回以前年度核销的坏账

8. 在采用间接法将净利润调节为经营活动现金流量时，下列各调整项目中，属于调减项目的是（　　）。

A. 存货的减少
B. 经营性应付项目的减少
C. 递延所得税负债的增加
D. 计提的坏账准备

9. 企业可以按现金流入流出的净额填列现金流量表的是（　　）。

A. 同增值税的收取与支付有关的现金流量
B. 同借款的借入与偿还有关的现金流量
C. 同债权投资的发生与收回有关的现金流量
D. 同固定资产的清理收入与清理费用有关的现金流量

10. 编制现金流量表的方法之一的间接法是将净利润调节为（　　）的方法。

A. 投资活动现金流量
B. 筹资活动现金流量
C. 经营活动现金流量
D. 以上三种活动的现金流量

11. 下列不符合现金流量表中现金概念的是（　　）。

A. 企业的银行本票存款
B. 2 个月内到期的国库券
C. 企业的库存现金
D. 企业定期 1 年的存款

12. 下列经济业务所产生的现金流量中，属于"经营活动产生的现金流量"的是（　　）。

A. 变卖固定资产所产生的现金流量
B. 取得债券利息收入所产生的现金流量
C. 支付经营租赁费用所产生现金流量
D. 支付融资租赁费用所产生的现金流量

四、多项选择题

1. 资产负债表中"存货"项目金额，应包括下列（　　）账户的余额。

A. 材料采购　　B. 工程物资

C. 发出商品　　D. 委托代销商品

2. 下列各项目中，应根据有关科目余额减去其备抵科目余额后的净额填列的是（　　）。
A. 应收账款　　B. 固定资产
C. 无形资产　　D. 长期股权投资

3. 下列各项目中，应根据有关明细账科目的余额分析计算填列的是（　　）。
A. 应收账款　　B. 预收账款
C. 预付账款　　D. 应付账款

4. 利润表中营业利润包括下列（　　）项目。
A. 营业收入
B. 营业外收入
C. 公允价值变动损益
D. 投资收益

5. 资产减值损失对应的减值准备科目有（　　）。
A. 坏账准备
B. 交易性金融资产减值准备
C. 持有至到期投资减值准备
D. 商誉减值准备

6. 直接法计算"销售商品收到的现金"时，下列项目中应作为加项的是（　　）。
A. 预收账款增加数
B. 应收账款增加数
C. 应收账款减少数
D. 应付账款增加数

7. 用间接法列报经营活动现金流量时，可作为净利润基础上加项的有（　　）。
A. 应付账款增加数
B. 计提的坏账准备数
C. 预收账款增加数
D. 处置固定资产净收益

8. 现金流量表中"偿付利息所支付的现金"项目包括支付下列（　　）项目。
A. 发行债券的利息
B. 外币借款的利息
C. 短期借款的利息
D. 已交付使用的工程借款利息

9. 不涉及现金收支的投资活动和筹资活动的项目主要有（　　）。
A. 以设备偿还债务
B. 以现金偿还债务
C. 以设备对外投资
D. 以存货对外投资

10. 所有者权益变动表中本年增减变动金额包括下列（　　）项目。
A. 净利润
B. 直接计入所有者权益的利得和损失
C. 所有者投入或减少资本
D. 利润分配

11. 所有者权益变动表中本年年末余额包括下列（　　）项目。
A. 实收资本
B. 资本公积
C. 盈余公积
D. 未分配利润

12. 企业应当按照规定披露附注信息，主要包括下列（　　）项目。
A. 企业的基本情况
B. 财务报表的编制基础
C. 重要会计政策和会计估计
D. 关联方关系及其交易

五、判断题

1. 财务报表列报要求前后各期的一致性，因而会计政策一旦选定，不得随意变更。（　　）

2. 长期借款应当列示在资产负债表的非流动负债项目之中。（　　）

3. 应收票据不必计提坏账准备。（　　）

4. 应交税费项目包括应交增值税、营业税、消费税、所得税、城市维护建设税、教育费附加等各项税费。（　　）

5. 投资收益不是日常经营所得收益，

不属于营业利润的一部分。（　）

6. 企业的不能随时支取的定期存款，不能作为现金流量表中的现金。（　）

7. 在现金流量表中，如果本期有购货退回的，其实际收到的现金应当在销售商品收到现金中反映。（　）

8. 企业购买将于3个月内到期的国债，将导致企业经营活动现金流出。（　）

9. 对于现金等价物范围内的债券投资，其现金利息收入也应在现金流量表"取得投资收益收到的现金"项目中反映。（　）

10. 因为财务费用是企业筹集生产经营所需资金而发生的费用，所以其产生的现金流量在现金流量表中均应作为筹资活动产生的现金流量。（　）

11. 计提坏账准备、累计折旧等非付现费用，不会引起企业现金流量的变化。（　）

12. 所有者权益变动表中，本年年初余额应当与上年年末余额相等。（　）

六、核算题

某市甲公司为增值税一般纳税人，增值税税率为17%，所得税税率为25%，原材料采用计划成本法核算。其2011年1月1日有关科目的余额如表11-11所示。

表11-11　　　　　科目余额表　　　　金额单位：元

科目名称	借方余额	科目名称	贷方余额
库存现金	2 450	短期借款	450 000
银行存款	2 000 000	应付票据	300 000
其他货币资金	175 500	应付账款	1 430 700
交易性金融资产	22 500	其他应付款	76 500
应收票据	369 000	应付职工薪酬	165 000
应收账款	450 000	应交税费	54 900
坏账准备	−1 350	长期借款	2 400 000
预付账款	150 000	其中：一年内到期的长期负债	1 500 000
其他应收款	7 500		
材料采购	337 500		
原材料	825 000		
周转材料	132 075		
库存商品	2 520 000	实收资本（或股本）	7 500 000
材料成本差异	55 425	盈余公职	150 000
长期股权投资	375 000	利润分配	75 000
固定资产	2 250 000		
累计折旧	−600 000		
在建工程	2 250 000		
工程物资	381 500		
无形资产	900 000		
合　计	12 602 100	合　计	12 602 100

该公司2011年发生的经济业务如下。

(1) 收到银行通知，用银行存款支付到期的商业承兑汇票150 000元。

(2) 购入原材料一批，增值税专用发票上注明的货款为225 000元，增值税进项税额为38 250元，款项已付，材料未到。

（3）收到原材料一批，实际成本 150 000 元，计划成本 142 500 元，材料已入库，货款已于上月支付。

（4）用银行汇票支付采购材料价款，公司收到开户行转来银行汇票多余款收账通知，通知上填写的多余款为 351 元，购入材料价款 149 700 元，支付的增值税进项税额为 25 449 元，材料已入库，该批原材料计划价格为 150 000 元。

（5）销售产品一批，开出的增值税专用发票上注明的销售价款为 450 000 元，增值税销项税额为 76 500 元，货款尚未收到。该产品的实际成本 270 000 元，产品已发出。

（6）公司将交易性金融资产 22 500 元兑现，收到本金 22 500 元，投资收益为 2 250 元，均存入银行。

（7）购入不需安装的设备一台，收到的增值税专用发票上注明的设备价款为 128 205 元，增值税税额为 21 795 元，支付包装费、运费 1 500 元。价款及包装费、运费均以银行存款支付。设备已交付使用。

（8）购入工程物资一批，增值税专用发票上注明的价款和增值税税额合计为 225 000 元，款项已通过银行存款支付。

（9）工程应付工资 300 000 元，预计应付职工福利费 30 000 元，支付耕地占用税 150 000 元。

（10）工程完工，计算应负担的长期借款利息 225 000 元，该项借款利息未付。

（11）一项工程完工，交付生产使用，已办理竣工手续，固定资产价值 2 100 000 元。

（12）基本生产车间一台机床报废，原价 300 000 元，已提折旧 270 000 元，清理费用 750 元，残值收入 1 200 元，均通过银行存款收支。该项固定资产已清理完毕。

（13）年末从银行借入 3 年期借款 600 000 元，借款已存入银行，该项借款用于购建固定资产。

（14）销售产品一批，开出的增值税专用发票上注明的价款为 1 050 000 元，增值税销项税额为 178 500 元，款项已存入银行。销售产品的实际成本为 630 000 元。

（15）公司将要到期的一张面值为 300 000 元的无息银行承兑汇票，连同解讫通知进账单交银行办理转账。收到银行盖章退回的进账单一联。款项银行已收妥。

（16）收到股息 45 000 元（该项投资为成本法核算，对方企业所得税税率和本企业一致，均为 25%），款项已存入银行。

（17）公司出售一台不需用设备，收到价款 450 000 元，该设备原价 600 000 元，已提折旧 225 000 元。该设备已由购入单位运走。

（18）提取应计入本期损益的借款利息共 32 250 元。其中，短期借款利息 17 250 元；长期借款利息 15 000 元。

（19）归还短期借款本金 375 000 元，利息 17 250 元。

（20）提取现金 750 000 元，准备发放工资。

（21）支付工资 750 000 元，其中包括支付给在建工程人员的工资 300 000 元。

（22）分配应支付的职工工资 450 000 元（不包括支付给在建工程人员的工资 300 000 元）。其中：生产人员工资 412 500 元；车间管理人员工资 15 000 元；行政管理部门人员工资 22 500 元。

（23）提取职工福利费 45 000 元（不包括在建工程人员应负担的福利费 30 000 元）。其中：生产工人福利费 41 250 元；车间管理人员福利费 1 500 元；行政管理部门人员福利费 2 250 元。

（24）基本生产车间领用原材料，计划成本 1 050 000 元，领用低值易耗品，计划成本为 75 000 元，采用一次摊销法摊销。

（25）结转领用原材料应分摊的材料成

本差异。材料成本差异率为5%。

(26) 摊销无形资产90 000元。

(27) 计提固定资产折旧150 000元，其中：计入制造费用120 000元，计入管理费用30 000元。首次计提固定资产减值准备45 000元。

(28) 收到应收账款76 500元，存入银行，按应收账款余额的3‰计提坏账准备。

(29) 用银行存款支付产品展览费15 000元。

(30) 计算并结转制造费用，计算并结转本期完工产品成本。假定没有期初在产品，本期生产的产品全部完工入库。

(31) 用银行存款支付广告费用15 000元。

(32) 公司采用商业承兑汇票结算方式销售产品一批，开出的增值税专用发票上注明的销售价款为375 000元，增值税销项税额为63 750元，收到438 750元的商业承兑汇票一张，产品实际成本为225 000元。

(33) 公司将上述商业承兑汇票到银行办理贴现，贴现息为30 000元。

(34) 提取现金75 000元，准备支付退休费。

(35) 支付退休金75 000元，未统筹。

(36) 公司本期产品销售应缴纳的城市维护建设税和教育费附加分别为17 854元和7 652元。

(37) 用银行存款缴纳增值税250 000元、城市维护建设税17 854元和教育费附加7 652元。

(38) 结转本期产品销售成本1 125 000元。

(39) 将各损益类科目余额结转至"本年利润"账户。

(40) 计算并结转应交所得税。

(41) 结转本年利润。

(42) 按净利润的10%提取法定盈余公积金，净利润的20%分配现金股利给投资者。

(43) 将利润分配各明细科目的余额转入"未分配利润"明细科目。

(44) 偿还长期借款1 500 000元。

(45) 用银行存款缴纳当年应交的所得税。

要求：

(1) 根据上述资料编制会计分录。

(2) 根据上述资料编制2011年12月31日的科目余额表。

(3) 编制2011年12月31日的资产负债表。

(4) 编制2011年度的利润表。

(5) 编制2011年度的现金流量表。

(6) 编制2011年度的所有者权益变动表。

高级财务会计学

第十二章 非货币性资产交换

第一节 非货币性资产交换概述

在正常的生产经营过程中,企业发生的交易通常是以货币性资产(如货币资金、应收款项等)来交换非货币性资产(如固定资产、无形资产、长期股权投资等),这些交换有现金的流入或流出,或者能在预定的期间内流入或流出现金,有确定的金额,属于货币性交易,所交换的货币性资产的金额,是计量企业收到的非货币性资产成本的基础。

一、非货币性资产交换的概念

非货币性资产交换是指交易双方主要以存货、固定资产、无形资产和长期股权投资等非货币性资产进行的交换。该交换不涉及或只涉及少量的货币性资产(即补价)。

(一)货币性资产

货币性资产是指企业持有的货币资金和将以固定或可确定的金额收取的资产,包括现金、银行存款、应收账款和应收票据以及准备持有至到期的债券投资等。

货币性资产与非货币性资产是相对应的两个概念,一项资产或者属于货币性资产,或者属于非货币性资产,非此即彼。两者区分的主要依据是资产在将来为企业带来的经济利益,也就是货币金额,是否是固定的或可确定的。如果资产在将来为企业带来的经济利益是固定的或可确定的,则该资产属于货币性资产;反之,如果资产在将来为企业带来的经济利益是不固定的或不可确定的,则该资产属于非货币性资产。

应收账款作为企业的债权,是企业因销售商品、产品或者提供劳务等,应向购货客户或接收劳务的客户收取的款项或代垫的运杂费等。企业发生的应收账款有相应的发票等原始凭证作为依据,虽然在收回货款过程中有可能发生坏账损失,但是,国家对坏账损失的计提有一整套严格的规定,企业可以在以往与购货方交往经验的基础上,根据国家的有关规定估计出发生坏账的可能性以及坏账损失金额。基于此,应收账款在将来为企业带来的经济利益是固定的或可确定的,符合货币性资产的定义,所以,应收账款属于货币性资产。

准备持有至到期的债券投资,属于企业对外投资的一种,是指企业以购买债券的方式对其他企业的投资。这里所讲的投资,是指企业为通过分配来增加财富,或为谋求其他利益,而将资产让渡给其他单位所获得的另一项资产。就准备持有至到期的债券投资而言,因为企业准备持有至到期,所以在计算将来收到的款项时,企业可根据债券面值、票面利率和持有期间计算得出。基于此,准备持有至到期的债券投资在将来为企业带来的经济利益是固定的或可确定的，符合货币性资产的定义，所以，准备持有至到期的债券投资属于货币性资产。

一般来说，资产负债表所列示的项目中，属于货币性资产的项目有货币资金、应收票据、应收账款、应收股利、应收利息、其他应收款、持有至到期投资等。

需要说明的是，货币性资产与现金等价物是不同的概念。货币性资产以可确定金额为特征，如现金、应收账款和应收票据以及准备持有至到期的债券投资，其可收回的金额是确定的；而现金等价物，指企业持有的期限短、流动性强、易于转换为已知金额现金、价值变动风险很小的投资，如交易性的债券，这类现金等价物因其交易后可收回的金额不能确定，故不是货币性资产，而属于非货币性资产。

（二）非货币性资产

非货币性资产是指货币性资产以外的资产，包括存货、固定资产、无形资产、股权投资以及不准备持有至到期的债券投资等。

非货币性资产有别于货币性资产的最基本特征是，资产在将来为企业带来的经济利益，也就是货币金额，是不固定的或不可确定的。

存货是企业的一项重要资产，是指企业在生产经营过程中为销售或耗用而储备的各种资产，包括原材料、包装物、低值易耗品、库存商品、委托加工物资、委托代销商品等。企业持有存货的目的，或者是正常的生产经营过程中通过直接销售获利，如库存商品、委托代销商品等；或者是作为劳动对象，在正常的生产经营过程中通过对其进行加工形成商品，然后通过销售获利，如原材料、委托加工物资等；或者作为辅助手段，在正常的生产经营过程中通过有助于销售过程或有助于加工过程获利，如包装物、低值易耗品等。在这一系列过程中，存货在将来为企业带来的经济利益可能受到内部、外部主客观因素的影响，是不固定的或不确定的，不符合货币性资产的定义，所以，存货属于非货币性资产。

固定资产也是企业的一项重要资产，是指同时具有以下特征的有形资产：（1）为生产商品、提供劳务、出租或经营管理而持有；（2）使用寿命超过一个会计年度。企业持有固定资产的主要目的是作为劳动手段（如机器设备），在正常的生产经营过程中通过作用于劳动对象（如原材料），或者服务于生产经营过程（如厂房），在这一过程中，以折旧的方式将其磨损价值转移到产品成本中去，最后通过产品销售获利。在固定资产的这一系列转化过程中，其在将来为企业带来的经济利益，可能受到内部、外部主客观因素的影响，是不固定的或不确定的，不符合货币性资产的定义，所以，固定资产属于非货币性资产。

无形资产属于企业资产的一种，是指企业拥有或控制的没有实物形态的可辨认经济资源。由于无形资产一般需要借助有形资产才能发挥作用，其经济价值在很大程度上受外部经济因素的影响，预期的获利能力不能准确地确定。基于此，无形资产能够给企业提供的未来经济利益的大小具有很大程度的不确定性，是不固定的或不确定的，不符合货币性资产的定义，所以，无形资产属于非货币性资产。

股权投资属于企业对外投资的一种，是指企业以购买其他企业股权的方式进行的投资。企业通过股权投资取得的经济利益，主要是通过其他单位使用投资者投入的资产创造效益后分配而取得，或是通过投资改善贸易关系等获取经济利益。在这一过程中，股权投资在将来为企业带来的经济利益，可能受到内部、外部主客观因素的影响，是不固定的或不可确定的，不符合货币性资产的定义，所以，股权投资属于非货币性资产。

不准备持有至到期的债券投资属于企业对外投资的一种，是指企业以购买其他企业债券的方式而进行的投资。因为企业不准备持有至到期，所以其在将来为企业带来的经济利益不能根据债券的面值、票面利率和持有期间计算得出。此外，企业基于管理目的可随时处置该债券投资，债券投资的市场价格也受多种因素的影响。基于此，不准备持有至到期的债券投资在将来为企业带来的经济利益是不固定的或不确定的，不符合货币性资产的定义，所以，不准备持有至到期的债券投资属于非货币性资产。

一般来说，资产负债表所列示的项目中，属于非货币性资产的项目有交易性金融资产、存货、可供出售金融资产、固定资产、工程物资、在建工程、无形资产等。

二、非货币性资产交换的特点

（一）非货币性资产交换的主要对象是非货币性资产

非货币性资产交换的交易对象主要是非货币性资产，即企业主要以非货币性资产与非货币性资产进行交换。如河北承德露露集团以 2 000 箱露露饮料交换双安商场 10 件时装。

（二）非货币性资产交换是一种互惠转让的交换行为

企业在正常生产经营过程中所进行的各类交易，按照交易行为的性质，可以分为互惠转让和非互惠转让。非货币性资产交换仅指企业间的互惠转让，其结果是企业以换出资产为代价换入资产。

（三）非货币性资产交换可能涉及少量的货币性资产

企业之间发生非货币性资产交换，并不意味着不涉及任何货币性资产。在实务中，也有可能在换出非货币性资产的同时，支付一定金额的货币性资产；或在换入非货币性资产的同时，收到一定金额的货币性资产。认定涉及少量货币性资产的交换为非货币性资产交换，通常以补价占整个资产交换金额的比例是否低于 25% 作为依据，即支付的货币性资产占换入资产公允价值（或占换出资产公允价值与支付的货币性资产之和）的比例，或者收到的货币性资产占换出资产公允价值（或占换入资产公允价值和收到的货币性资产之和）的比例低于 25% 的，视为非货币性资产交换；高于 25%（含 25%）的，视为货币性资产交换。适用《企业会计准则第 14 号——收入》等相关准则的规定。

三、非货币性资产交换不涉及的交易和事项

非货币性资产交换不涉及以下交易和事项：

（一）与所有者或所有者以外方面的非货币性资产非互惠转让

非互惠转让是指企业将其拥有的非货币性资产无代价地转让给其所有者或其他企业，或由其所有者或其他企业将非货币性资产无代价地转让给企业。非货币性资产交换是企业之间主要以非货币性资产形式的互惠转让，即企业取得一项非货币性资产，必须以付出自己拥有的非货币性资产作为代价，而不是单方向的非互惠转让。实务中，与所有者的非互惠转让，如以非货币性资产作为股利发放给股东等，属于资本性交易，适用《企业会计准则第 37 号——金融工具列报》。

(二) 在企业合并、债务重组中和发行股票取得的非货币性资产

在企业合并、债务重组中取得的非货币性资产，其成本确定分别适用《企业会计准则第 20 号——企业合并》和《企业会计准则第 12 号——债务重组》；企业以发行股票形式取得的非货币性资产，相当于以权益工具换入非货币性资产，其成本确定适用《企业会计准则第 37 号——金融工具列报》。

第二节 非货币性资产交换的确认和计量

一、换入资产的入账价值的计量

在非货币性资产交换的情况下，不论是一项资产换入一项资产、一项资产换入多项资产、多项资产换入一项资产，还是多项资产换入多项资产，非货币性资产交换准则规定了确定换入资产成本的两种计量基础和交换所产生损益的确认原则。准则规定，换入资产的入账价值可以以换出资产的公允价值和应支付的相关税费入账，也可以以换出资产的账面价值和应支付的相关税费入账。准则对于以公允价值为基础计量换入资产的成本规定了相当严格的条件。如果非货币性资产交换未同时满足准则规定的条件，则该项非货币性资产交换应当以换出资产的账面价值和应支付的相关税费作为换入资产的成本，不能确认损益。

二、非货币性资产交换以公允价值为基础计量的条件

非货币性资产交换应同时满足下列两个条件，才能以公允价值为基础计量换入资产成本。

(一) 该项交换具有商业实质

非货币性资产交换具有商业实质，是换入资产能够采用公允价值计量的重要条件之一。在确定资产交换是否具有商业实质时，企业应当重点考虑由于发生了该项资产交换预期使企业未来现金流量发生变动的程度，通过比较换出资产和换入资产预计产生的未来现金流量或其现值，确定非货币性资产交换是否具有商业实质。只有当换出资产和换入资产预计未来现金流量或其现值两者之间的差额较大时，才能表明交易的发生使企业经济状况发生了明显改变，非货币性资产交换因而具有商业实质。

非货币性资产交换准则规定，满足下列条件之一的非货币性资产交换具有商业实质。

1. 换入资产的未来现金流量在风险、时间和金额方面与换出资产显著不同

换入资产的未来现金流量在风险、时间和金额方面与换出资产显著不同，通常包括但不仅限于以下几种情况：

（1）未来现金流量的风险、金额相同，时间不同。此种情形是指换入资产和换出资产产生的未来现金流量总额相同，获得这些现金流量的风险相同，但现金流量流入企业的时间明显不同。例如，甲公司以一批存货换入一项设备，因为存货的流动性强，能够在较短的时间内产生现金流量，而设备作为固定资产要在较长的时间内为企业带来现金

流量，两者产生现金流量的时间相差较大，则可以判断上述存货与固定资产产生的未来现金流量显著不同，因而该两项资产的交换具有商业实质。

（2）未来现金流量的时间、金额相同，风险不同。此种情形是指换入资产和换出资产产生的未来现金流量时间和金额相同，但企业获得现金流量的不确定性程度存在明显差异。例如，甲公司以其不准备持有至到期的国库券换入一幢房屋以备出租，该企业预计未来每年收到的国库券利息与房屋租金在金额上和流入时间上相同，但取得国库券利息通常风险很小，而房屋租金的取得则取决于承租人的财物及信用情况等，两者的未来现金流量的风险或不确定性程度存在明显差异，因而该两项资产的交换具有商业实质。

（3）未来现金流量的风险、时间相同，金额不同。此种情形是指换入资产和换出资产产生的未来现金流量总额相同，预计为企业带来现金流量的时间跨度相同，风险也相同，但各年产生的现金流量金额存在明显差异。例如，某企业以其商标权换入另一企业一项专利技术，预计两项无形资产的使用寿命相同，在使用寿命内预计为企业带来的现金流量总额相同，但是换入的专利技术是新开发的，预计在使用该专利技术初期产生的现金流量明显少于后期，而该企业拥有的商标每年产生的现金流量比较均衡，两者产生的现金流量差额明显，上述商标权与专利技术的未来现金流量显著不同，因而该两项资产的交换具有商业实质。

2. 换入资产与换出资产的预计未来现金流量现值不同，且其差额与换入资产和换出资产的公允价值相比是重大的

企业如按照上述第一个条件难以判断某项非货币性资产交换是否具有商业实质，即可根据第二个条件，通过计算换入资产和换出资产的预计未来现金流量现值进行比较后判断。资产预计未来现金流量现值，应当按照资产在持续使用过程和最终处置时预计产生的税后未来现金流量，选择恰当的折现率对预计未来现金流量折现后的金额加以确定。

从市场参与者的角度分析，换入资产和换出资产预计未来现金流量的风险、时间和金额方面可能相同或相似，但是，鉴于换入资产的性质和换入企业经营活动的特征等因素，换入资产与换入企业其他现有资产相结合，能够比换出资产产生更大的作用，使换入企业受该换入资产影响的经营活动部分产生的现金流量，与换出资产明显不同，即换入资产对换入企业的使用价值与换出资产对该企业的使用价值明显不同，使换入资产预计未来现金流量现值与换出资产产生明显差异，因而表明该两项资产的交换具有商业实质。

例如，甲公司以一项专利权换入乙公司拥有的长期股权投资，假定从市场参与者来看，该项专利权与该项长期股权投资的公允价值相同，两项资产未来现金流量的风险、时间和金额亦相同，但对换入企业而言，换入该项长期股权投资使该企业对被投资方由重大影响变为控制关系，从而对换入企业产生的预计未来现金流量现值与换出的专利权有较大差异；乙公司换入的专利权能够解决生产中的技术难题，从而对换入企业产生的预计未来现金流量现值与换出的长期股权投资存在明显差异，因而两项资产的交换具有商业实质。

(二) 换入资产或换出资产的公允价值能够可靠地计量

符合下列情形之一的，表明换入资产或换出资产的公允价值能够可靠地计量。

（1）换入资产或换出资产存在活跃市场。

（2）换入资产或换出资产不存在活跃市场，但同类或类似资产存在活跃市场。

（3）换入资产或换出资产不存在同类或类似资产的可比市场交易，应当采用估值技术确定其公允价值。该公允价值估计数的变动区间很小，或者在公允价值估计数变动区间内，各种用于确定公允价值估计数的概率能够合理确定的，视为公允价值能够可靠计量。

如果换入资产和换出资产公允价值均能够可靠计量，应当以换出资产的公允价值作为确定换入资产成本的基础。一般来说，取得资产的成本应当按照所放弃资产的对价来确定，在非货币性资产交换中，换出资产就是放弃的对价，如果其公允价值能够可靠确定，应当优先考虑按照换出资产的公允价值作为确定换入资产成本的基础；如果有确凿证据表明换入资产的公允价值更加可靠的，应当以换入资产公允价值为基础确定换入资产的成本，这种情况多发生在非货币性资产交换存在补价的情况，因为存在补价表明换入资产和换出资产公允价值不相等，一般不能直接以换出资产的公允价值作为换入资产的成本。

(三) 关联方之间交换资产与商业实质的关系

在确定非货币性资产交换是否具有商业实质时，企业应当关注交易各方之间是否存在关联方关系。关联方关系的存在可能导致发生的非货币性资产交换不具有商业实质。

第三节 非货币性资产交换的会计处理

企业发生的非货币性资产交换，应根据是否以公允价值为基础计量换入资产的成本和是否涉及补价分情况处理。

一、以公允价值计量的会计处理

（一）不涉及补价的情况

非货币性资产交换具有商业实质且公允价值能够可靠计量的，应当以换出资产公允价值和应支付的相关税费作为换入资产的成本，除非有确凿证据表明换入资产的公允价值比换出资产公允价值更加可靠。

在以公允价值计量的情况下，不论是否涉及补价，只要换出资产的公允价值与其账面价值不相同，就一定会涉及损益的确认，因为非货币性资产交换损益通常是换出资产公允价值与换出资产账面价值的差额，通过非货币性资产交换予以实现。

非货币性资产交换的会计处理，视换出资产的类别不同而有所区别，应当分情况处理。

（1）换出资产为存货的，应当视同销售处理，根据《企业会计准则第14号——收入》，按公允价值确认销售收入，同时结转销售成本。相当于按照公允价值确认的收入和按账面价值结转的成本之间的差额，也即换出资产公允价值和换出资产账面价值的差额，在利润表中作为营业利润的构成部分予以列示。

（2）换出资产为固定资产、无形资产的，换出资产公允价值和换出资产账面价值的差额，计入营业外收入或营业外支出。

（3）换出资产为长期股权投资、可供出售金融资产的，换出资产公允价值和换出资产账面价值的差额，计入投资收益。

换入资产与换出资产涉及相关税费的，如换出存货视同销售计算的销项税额，换入资产作为存货应当确认的可抵扣增值税进项税额，以及换出固定资产、无形资产视同转让应缴纳的营业税等，按照相关税收规定计算确定。

【例 12-1】 甲公司以其生产的产品与乙公司作为固定资产的货运汽车交换。甲公司产品售价为 1 020 000 元，生产成本为 750 000 元，增值税税率为 17%。乙公司换出的货运汽车账面原值为 1 400 000 元，累计折旧 300 000 元，公允价值为 1 200 000 元。乙公司换入甲公司产品的目的是用于企业主要产品的生产。假定两公司间不存在关联方关系。

分析： 甲公司以其生产的产品与乙公司生产经营用的货运汽车进行交换，该项交易中不涉及货币性资产即补价，属于非货币性资产交换。两项资产交换后对换入企业的特定价值显著不同，两项资产的交换具有商业实质，同时，换出与换入资产的公允价值均能可靠计量，因此，该项非货币性资产交换可以以换出资产公允价值为基础计量换入资产的成本，即应当按照换出资产的公允价值加上应支付的相关税费作为换入资产的入账价值，并确认产生的损益。

1. 根据上述资料，甲公司账务处理如下：
(1) 计算换入资产的成本和交换损益。

换入资产入账价值＝换出资产公允价值＋应支付的相关税费
$$=1\,020\,000\times(1+17\%)=1\,193\,400(元)$$

该项非货币性资产　　换出资产　　换出资产
　交换确认的损益　＝　公允价值　－　账面价值
$$=1\,020\,000-750\,000=270\,000(元)$$

(2) 会计分录。

借：固定资产　　　　　　　　　　　　　　　　　　　　1 193 400
　　贷：主营业务收入　　　　　　　　　　　　　　　　　1 020 000
　　　　应交税费——应交增值税（销项税额）　　　　　　　173 400
借：主营业务成本　　　　　　　　　　　　　　　　　　　750 000
　　贷：库存商品　　　　　　　　　　　　　　　　　　　　750 000

2. 根据上述资料，乙公司账务处理如下：
(1) 计算换入资产的成本和交换损益。

换入存货资产　　换出资产的　　准予抵扣的
　入账价值　＝　公允价值　－　增值税进项税额
$$=1\,200\,000-173\,400=1\,026\,600（元）$$

该项非货币性资产交换确认的损益＝1 200 000－(1 400 000－300 000)
$$=100\,000（元）$$

(2) 会计分录。

借：固定资产清理	1 100 000
累计折旧	300 000
贷：固定资产	1 400 000
借：原材料	1 026 600
应交税费——应交增值税（进项税额）	173 400
贷：固定资产清理	1 100 000
营业外收入——非货币性资产交换利得	100 000

【例 12-2】 甲公司以其不用的设备与乙公司持有的丙公司 10 万股股票进行交换。甲公司换出设备的账面原价为 1 200 000 元，已提折旧 200 000 元。乙公司持有的丙公司股票的面值为 100 000 元，账面原值为 500 000 元，市场价格为 1 100 000 元。为此项交换，甲公司以银行存款支付了设备清理费用 10 000 元，乙公司支付股票过户费 2 000 元。假设甲公司换入股票的目的是希望达到对丙公司控股，甲公司没有对换出设备计提减值准备；乙公司采用成本法核算该项长期股权投资。

分析： 该项资产交换中不涉及货币性资产即补价，属于非货币性资产交换。根据非货币性资产交换的条件，该项交易具有商业实质。同时，交换的股票公允价值能可靠计量，但设备的公允价值无法可靠计量，因此，该项非货币性资产交换应以股票的公允价值为基础计量双方换入资产的成本。

1. 根据上述资料，甲公司账务处理如下：
(1) 计算换入资产的成本和交换损益。

换入资产入账价值＝换入资产公允价值＋应支付的相关税费
　　　　　　　　＝1 100 000＋10 000＝1 110 000（元）

非货币性资产交换利得＝换入资产公允价值－换出资产账面价值
　　　　　　　　　　＝1 100 000－(1 200 000－200 000)＝100 000（元）

(2) 会计分录。

①将固定资产净值转入固定资产清理时。

借：固定资产清理	1 000 000
累计折旧	200 000
贷：固定资产	1 200 000

②支付清理费用时。

借：固定资产清理	10 000
贷：银行存款	10 000

③确认换入资产的入账价值时。

借：长期股权投资	1 110 000
贷：固定资产清理	1 010 000
营业外收入——非货币性资产交换利得	100 000

2. 根据上述资料，乙公司账务处理如下：
(1) 计算换入资产的成本和交换损益。

换入资产入账价值＝换出资产公允价值＋应支付的相关税费

= 1 100 000 + 2 000 = 1 102 000（元）

该项非货币性资产交换确认的损益 = 1 100 000 − 500 000 = 600 000（元）

(2) 会计分录。

借：固定资产　　　　　　　　　　　　　　　　　1 102 000
　　贷：长期股权投资　　　　　　　　　　　　　　　　500 000
　　　　投资收益　　　　　　　　　　　　　　　　　　600 000
　　　　银行存款　　　　　　　　　　　　　　　　　　　2 000

(二) 涉及补价的情况

非货币性资产交换具有商业实质且公允价值能够可靠计量的，在发生补价的情况下，主要有以下两个问题需要解决。

1. 涉及补价的非货币性资产交换的判断标准

非货币性资产交换并不意味着交易不涉及任何货币性资产。如果该项交换中涉及少量的货币性资产，则该项交换仍属于非货币性资产交换，其中，涉及少量的货币性资产通常视补价占整个交易金额的比例而定。收取补价的企业，如果其收取的货币性资产占换出资产公允价值的比例小于 25%；或者支付补价的企业，如果其支付的货币性资产占换出资产公允价值与其支付补价之和的比例低于 25%，则视为非货币性交换。计算公式如下：

收到补价的企业：收到的补价 ÷ 换出资产公允价值 × 100% < 25%

支付补价的企业：支付的补价 ÷（支付的补价 + 换出资产公允价值）× 100% < 25%

2. 换入资产入账价值的确定及损益的确认和计量

在涉及补价的情况下，换入资产的入账价值除考虑公允价值和应支付的相关税费外，还应考虑补价的影响。同时，损益的确认和计量也有所不同，应视收到和支付补价的情况分别确定。

支付补价的企业，应当以换出资产的公允价值加上支付的补价（或换入资产的公允价值）和应支付的相关税费，作为换入资产的成本；换入资产成本与换出资产账面价值加支付的补价、应支付的相关税费之和的差额，应当计入当期损益。计算公式为：

$$\text{换入资产的成本} = \text{换出（入）资产公允价值} + \text{补价} + \text{应支付的相关税费} - \text{准予抵扣的增值税进项税额}$$

$$\text{应确认的损益} = \text{换入资产的成本} - (\text{换出资产账面价值} + \text{补价} + \text{应支付的相关税费})$$

$$= \text{换出（入）资产公允价值} - \text{换出资产账面价值}$$

收到补价的企业，应当以换入资产的公允价值（或换出资产的公允价值减去补价）和应支付的相关税费，作为换入资产的成本；换入资产成本与收到的补价之和同换出资产账面价值与应支付的相关税费之和的差额，应当计入当期损益。计算公式为：

$$\text{换入资产的成本} = \text{换出（入）资产公允价值} + \text{应支付的相关税费} - \text{补价}$$

$$\text{应确认的损益} = \text{换入资产的成本} + \text{补价} - (\text{换出资产账面价值} + \text{应支付的相关税费})$$

$$= \text{换出（入）资产公允价值} - \text{换出资产账面价值}$$

可见，无论是支付补价，还是收到补价的企业，其损益实质上均为公允价值与换出资产账面价值之间的差额。

【例12-3】 经协商，甲公司以其拥有的全部用于经营出租的一幢公寓楼与乙公司持有的以交易为目的的股票投资交换。甲公司的公寓楼符合投资性房地产的定义，公司未采用公允价值模式计量。在交换日，该幢公寓的账面价值为4 000 000元，已提折旧800 000元，未计提减值准备，在交换日的公允价值和计税价格均为4 500 000元，营业税税率为5%；乙公司持有的以交易为目的的股票投资的账面价值为3 000 000元，乙公司对该股票投资采用公允价值模式计量，在交换日的公允价值为4 000 000元，由于甲公司急于处理该幢公寓，乙公司仅支付了300 000元现金给甲公司。乙公司换入公寓楼后仍然继续用于经营出租，并拟采用公允价值计量模式；甲公司换入股票投资后仍然以交易为目的。转让公寓楼的营业税尚未支付，假定除营业税外，该项交易过程中不涉及其他相关税费。

分析：该项资产交换涉及收付货币性资产，即补价300 000元。

对收取补价的甲公司而言，收取的补价占换出资产公寓楼的公允价值的比例小于25%（300 000÷4 500 000×100%＝6.67%），属于非货币性资产交换。

对支付补价的乙公司而言，支付的补价占换出资产公允价值与其支付的补价之和的比例小于25%［300 000÷(4 000 000＋300 000)×100%＝6.98%］，属于非货币性资产交换。

根据非货币性资产交换的条件，该项交易具有商业实质。同时，股票投资和公寓楼的公允价值均能够可靠计量。因此，甲、乙公司均应当以公允价值为基础确定换入资产的成本，并确认产生的损益。

(1) 根据上述资料，甲公司账务处理如下：

借：其他业务成本 　　　　　　　　　　　　　　　3 200 000
　　投资性房地产累计折旧　　　　　　　　　　　　　800 000
　　贷：投资性房地产　　　　　　　　　　　　　　4 000 000
借：营业税金及附加　　　　　　　　　　　　　　　　225 000
　　贷：应交税费——应交营业税（4 500 000×5%）　225 000
借：交易性金融资产（4 500 000＋225 000－300 000）　4 425 000
　　银行存款　　　　　　　　　　　　　　　　　　　300 000
　　贷：其他业务收入　　　　　　　　　　　　　　4 725 000

(2) 根据上述资料，乙公司账务处理如下：

借：投资性房地产（4 000 000＋300 000）　　　　　4 300 000
　　贷：交易性金融资产　　　　　　　　　　　　　3 000 000
　　　　银行存款　　　　　　　　　　　　　　　　　300 000
　　　　投资收益　　　　　　　　　　　　　　　　1 000 000

二、以换出资产账面价值计量的会计处理

非货币性资产交换不具有商业实质，或者虽然具有商业实质但换入资产和换出资产的公允价值均不能可靠计量的，应当以换出资产的账面价值为基础确认换入资产的成

本，并且不确认损益。因而，企业通过非货币性资产交换进行利润操纵的空间不复存在，会计处理也相对简单。

（一）不涉及补价的情况

在不涉及补价的情况下，企业换入资产应当以换出资产的账面价值和应支付的相关税费作为换入资产的成本，不确认损益。

（二）涉及补价的情况

企业在按照换出资产的账面价值和应支付的相关税费作为换入资产成本的情况下，发生补价的，应当分别下列情况处理：

（1）支付补价的企业，应当以换出资产的账面价值，加上支付的补价和应支付的相关税费，作为换入资产的成本，不确认损益。计算公式为：

$$\text{换入资产入账价值} = \text{换出资产账面价值} + \text{补价} + \text{应支付的相关税费} - \text{准予抵扣的增值税进项税额}$$

（2）收到补价的企业，应当以换出资产的账面价值，减去收到的补价并加上应支付的相关税费，作为换入资产的成本，不确认损益。计算公式为：

$$\text{换入资产入账价值} = \text{换出资产账面价值} - \text{补价} + \text{应支付的相关税费} - \text{准予抵扣的增值税进项税额}$$

【例12-4】 甲公司决定以账面价值为9 000元、公允价值为9 500元的A材料和现金500元，换入乙公司账面价值为11 000元、公允价值为10 000元的B材料。甲公司支付运杂费300元，乙公司支付运杂费200元。甲、乙两公司均未对存货计提跌价准备，增值税税率均为17%。假设甲、乙公司换入材料均非其生产经营所用。

分析： 首先，该资产交换涉及补价，支付补价的企业，支付的补价占换出资产公允价值与补价之和的比例小于25%〔500÷(9 500+500)=5%〕，属于非货币性资产交换；收取补价的企业，收取的补价占换入资产公允价值的比例小于25%〔500÷10 000=5%〕，属于非货币性资产交换。其次，应确定该项资产交换是否具有商业实质。由于交换的材料金额相同，并且均为非生产经营所用，材料的风险相同，如果交换的材料未来现金流入量的现值也近似的话，则该笔交易不具有商业实质。此项非货币性资产交换应以换出资产的账面价值为基础计量换入资产的入账价值，且甲、乙公司均不确认非货币性资产交换的损益。

（1）根据上述资料，甲公司账务处理如下：

借：原材料——B材料〔9 000+500+(1 615+300)-1 700〕　　　　9 715
　　应交税费——应交增值税（进项税额）　　　　　　　　　　　1 700
　　贷：原材料——A材料　　　　　　　　　　　　　　　　　　　9 000
　　　　应交税费——应交增值税（销项税额）(9 500×17%)　　　1 615
　　　　库存现金　　　　　　　　　　　　　　　　　　　　　　　500
　　　　银行存款　　　　　　　　　　　　　　　　　　　　　　　300

（2）根据上述资料，乙公司账务处理如下：

借：原材料——A材料〔11 000-500+(1 700+200)-1 615〕　　　10 785
　　库存现金　　　　　　　　　　　　　　　　　　　　　　　　　500
　　应交税费——应交增值税（进项税额）　　　　　　　　　　　1 615

       贷：原材料——B材料   11 000
           应交税费——应交增值税（销项税额）(10 000×17%)   1 700
           银行存款   200

三、涉及多项非货币性资产交换的会计处理

企业以一项非货币性资产同时换入另一企业的多项非货币性资产，或同时以多项非货币性资产换入另一企业的一项非货币性资产，或以多项非货币性资产同时换入多项非货币性资产，也可能涉及补价。涉及多项资产的非货币性资产交换，企业无法将换出的某一资产与换入的某一特定资产相对应。与单项非货币性资产之间的交换一样，涉及多项资产的非货币性资产交换的计量，企业也应当首先判断是否符合以公允价值计量的两个条件，再分别情况确定各项换入资产的成本。

涉及多项资产的非货币性资产交换一般可以分为以下几种情况：

（一）以公允价值计量的情况

（1）非货币性资产交换具有商业实质，且各项换出资产和各项换入资产的公允价值均能够可靠计量。在这种情况下，换入资产的总成本应当以换出资产的公允价值总额为基础确定，除非有确凿证据证明换入资产的公允价值总额更可靠。各项换入资产的成本，应当按照各项换入资产的公允价值占换入资产公允价值总额的比例，对换入资产总成本进行分配，确定各项换入资产的成本。

（2）非货币性资产交换具有商业实质，且换入资产的公允价值能够可靠计量，换出资产的公允价值不能可靠计量。在这种情况下，换入资产的总成本应当以换入资产的公允价值总额为基础确定，各项换入资产的成本，应当按照各项换入资产的公允价值占换入资产公允价值总额的比例，对换入资产总成本进行分配，确定各项换入资产的成本。

（3）非货币性资产交换具有商业实质、换出资产的公允价值能够可靠计量，但换入资产的公允价值不能可靠计量。在这种情况下，换入资产的总成本应当按照换出资产的公允价值总额为基础确定，各项换入资产的成本，应当按照各项换入资产的原账面价值占换入资产原账面价值总额的比例，对按照换出资产公允价值总额确定的换入资产总成本进行分配，确定各项换入资产的成本。

【例 12-5】 甲公司和乙公司均为增值税一般纳税人，适用的增值税税率均为17%。2011年10月，为适应业务发展的需要，经协商，甲公司决定以生产经营过程中使用的机床及库存商品换入乙公司生产经营过程中使用的轿车、客运汽车和货运汽车。

甲公司机床的账面原价为 2 700 000 元，已提折旧 900 000 元，公允价值为 1 600 000 元；库存商品的账面余额为 3 000 000 元，公允价值为 3 500 000 元，公允价值等于计税价格。乙公司轿车的账面原价为 1 500 000 元，在交换日的累计折旧为 500 000 元，公允价值为 900 000 元；客运汽车的账面原价为 2 000 000 元，在交换日的累计折旧为 900 000 元，公允价值为 1 300 000 元；货运汽车的账面原价为 3 000 000 元，在交换日的累计折旧为 800 000 元，公允价值为 2 500 000 元。另外，乙公司以银行存款 400 000 元支付给甲公司作为补价。假定甲公司和乙公司均未对上述资产计提减值准备。

甲公司换入乙公司的轿车、客运汽车和货运汽车均作为固定资产使用和管理；乙公司换入甲公司的机床作为固定资产使用和管理，换入的库存商品作为原材料使用和管理。甲公司开具了增值税专用发票。假定整个交易过程中没有发生除增值税以外的其他相关税费。

分析：该项资产交换涉及收付货币性资产，即补价400 000元。

对收取补价的甲公司而言，收取的补价占换出资产公允价值（机床公允价值＋库存商品公允价值）的比例小于25%［400 000÷(1 600 000＋3 500 000)×100%＝7.84%］，属于非货币性资产交换。

对支付补价的乙公司而言，支付的补价占换出资产公允价值（轿车公允价值＋客运汽车公允价值＋货运汽车公允价值）和支付的补价的比例小于25%［400 000÷(900 000＋1 300 000＋2 500 000＋400 000)×100%＝7.84%］，属于非货币性资产交换。

根据非货币性资产交换的条件，该项资产交换具有商业实质。同时，各项交换资产公允价值均能够可靠计量。因此，甲、乙公司均应当以公允价值为基础确定换入资产的成本，并确认产生的损益。同时，按照各单项换入资产的公允价值占换入资产公允价值总额的比例，确定各单项换入资产的成本。

1. 根据上述资料，甲公司账务处理如下：

（1）计算。

①计算应纳增值税额。

以库存商品换入其他资产，应视同销售货物行为，缴纳增值税。

换出库存商品应纳增值税销项税额＝3 500 000×17%＝595 000（元）

②计算换入资产、换出资产公允价值总额。

换出资产公允价值总额＝1 600 000＋3 500 000＝5 100 000（元）

换入资产公允价值总额＝900 000＋1 300 000＋2 500 000＝4 700 000（元）

③计算换入资产总成本。

换入资产总成本＝换出资产公允价值－补价＋应支付的相关税费
　　　　　　＝5 100 000－400 000＋595 000＝5 295 000（元）

④计算确定各项换入资产的公允价值占换入资产公允价值总额的比例。

轿车公允价值占换入资产公允价值总额的比例＝900 000÷4 700 000×100%＝19.15%

客运汽车公允价值占换入资产公允价值总额的比例＝1 300 000÷4 700 000×100%＝27.66%

货运汽车公允价值占换入资产公允价值总额的比例＝1－19.15%－27.66%＝53.19%

⑤计算确定各项换入资产的成本。

轿车的成本＝5 295 000×19.15%＝1 013 993（元）

客运汽车的成本＝5 295 000×27.66%＝1 464 597（元）

货运汽车的成本＝5 295 000－1 013 993－1 464 597＝2 816 410（元）

（2）会计分录。

借：固定资产清理　　　　　　　　　　　　　　　　　　　　　　　1 800 000

```
    累计折旧                                                    900 000
      贷：固定资产——机床                                      2 700 000
   借：固定资产——轿车                                         1 013 993
             ——客运汽车                                       1 464 597
             ——货运汽车                                       2 816 410
      营业外支出——非货币性资产交换损失（1 800 000－1 600 000）200 000
      银行存款                                                  400 000
      贷：固定资产清理                                        1 800 000
         主营业务收入                                         3 500 000
         应交税费——应交增值税（销项税额）                      595 000
   借：主营业务成本                                           3 000 000
      贷：库存商品                                           3 000 000
```

2. 根据上述资料，乙公司账务处理如下：

(1) 计算。

①计算增值税额。

换入原材料并取得增值税专用发票，应视同购买货物行为，准予抵扣增值税进项税额。

$$\text{换入原材料准予抵扣的增值税进项税额} = 3\,500\,000 \times 17\% = 595\,000（元）$$

②计算换入资产、换出资产公允价值总额。

换入资产公允价值总额＝1 600 000＋3 500 000＝5 100 000（元）

换出资产公允价值总额＝900 000＋1 300 000＋2 500 000＝4 700 000（元）

③计算换入资产总成本。

$$\text{换入资产总成本} = \text{换出资产公允价值} + \text{补价} - \text{准予抵扣的增值税进项税额}$$

$$= 4\,700\,000 + 400\,000 - 595\,000 = 4\,505\,000（元）$$

④计算确定各项换入资产的公允价值占换入资产公允价值总额的比例。

$$\text{机床公允价值占换入资产公允价值总额的比例} = 1\,600\,000 \div 5\,100\,000 \times 100\% = 31.37\%$$

$$\text{原材料公允价值占换入资产公允价值总额的比例} = 1 - 31.37\% = 68.63\%$$

⑤计算确定各项换入资产的成本。

机床的成本＝4 505 000×31.37%＝1 413 219（元）

原材料的成本＝4 505 000－1 413 219＝3 091 781（元）

⑥计算非货币性资产交换损益。

$$\text{非货币性资产交换损益} = \text{换出资产公允价值} - \text{换出资产账面价值}$$

$$= 4\,700\,000 - [(1\,500\,000 - 500\,000) + (2\,000\,000 - 900\,000)$$

$$+ (3\,000\,000 - 800\,000)] = 400\,000（元）$$

（2）会计分录。

借：固定资产清理	4 300 000
累计折旧	2 200 000
贷：固定资产——轿车	1 500 000
——客运汽车	2 000 000
——货运汽车	3 000 000
借：固定资产——机床	1 413 219
原材料	3 091 781
应交税费——应交增值税（进项税额）	595 000
贷：固定资产清理	4 300 000
银行存款	400 000
营业外收入——非货币性资产交换利得	400 000

（二）以账面价值计量的情况

非货币性资产交换不具有商业实质，或者虽具有商业实质但换入和换出资产的公允价值均不能可靠计量的，换入资产的总成本应当以换出资产原账面价值总额为基础确定。各项换入资产的成本，应当按照各项换入资产的原账面价值占换入资产原账面价值总额的比例，对以换出资产账面价值总额为基础确定的换入资产总成本进行分配，确定各项换入资产的成本。

【例12-6】 甲公司和乙公司均为增值税一般纳税人，适用的增值税税率均为17%。2011年10月，为适应业务发展的需要，经协商，甲公司决定以专用设备连同专有技术换入乙公司正在建造过程中的一幢建筑物及乙公司对丙公司的长期股权投资。

甲公司换出专用设备的账面原价为8 000 000元，已提折旧5 000 000元；专有技术账面原价为3 000 000元，已摊销金额为1 800 000元。乙公司在建工程截至交换日的成本为3 000 000元，对丙公司的长期股权投资账面价值为1 500 000元。由于甲公司持有的专用设备和专利技术市场上已不多见，其公允价值不能可靠计量。乙公司的在建工程因完工程度难以确定，其公允价值不能可靠计量；由于丙公司不是上市公司，乙公司对丙公司长期股权投资的公允价值也不能可靠计量。假定甲公司和乙公司均未对上述资产计提减值准备。

分析： 本例不涉及收付货币性资产，属于非货币性资产交换。由于换入资产、换出资产的公允价值均不能可靠计量，甲、乙公司均应当以换出资产原账面价值总额作为换入资产的总成本，应当按照各项换入资产的原账面价值占换入资产原账面价值总额的比例分配后，确定各项换入资产的成本。

1. 根据上述资料，甲公司账务处理如下：

（1）计算。

①计算换入资产、换出资产账面价值总额。

换入资产账面价值总额＝3 000 000＋1 500 000＝4 500 000（元）

换出资产账面价值总额＝（8 000 000－5 000 000）＋（3 000 000－1 800 000）
　　　　　　　　　　＝4 200 000（元）

②计算确定换入资产总成本。

换入资产总成本＝换出资产账面价值总额＝4 200 000（元）

③计算各项换入资产账面价值占换入资产账面价值总额的比例。

$$\text{在建工程占换入资产账面价值总额的比例} = 3\,000\,000 \div 4\,500\,000 \times 100\% = 66.67\%$$

$$\text{长期股权投资占换入资产账面价值总额的比例} = 1 - 66.67\% = 33.33\%$$

④计算确定各项换入资产的成本。

在建工程的成本＝4 200 000×66.67%＝2 800 140（元）

长期股权投资的成本＝4 200 000－2 800 140＝1 399 860（元）

(2) 会计分录。

借：固定资产清理	3 000 000	
累计折旧	5 000 000	
贷：固定资产——专有设备		8 000 000
借：在建工程	2 800 140	
长期股权投资	1 399 860	
累计摊销	1 800 000	
贷：固定资产清理		3 000 000
无形资产——专有技术		3 000 000

2. 根据上述资料，乙公司账务处理如下：

(1) 计算。

①计算换入资产、换出资产账面价值总额。

换入资产账面价值总额＝(8 000 000－5 000 000)＋(3 000 000－1 800 000)
　　　　　　　　　＝4 200 000（元）

换出资产账面价值总额＝3 000 000＋1 500 000＝4 500 000（元）

②计算确定换入资产总成本。

换入资产总成本＝换出资产账面价值总额＝4 500 000（元）

③计算各项换入资产账面价值占换入资产账面价值总额的比例。

$$\text{专有设备占换入资产账面价值总额的比例} = 3\,000\,000 \div 4\,200\,000 \times 100\% = 71.43\%$$

$$\text{专有技术占换入资产账面价值总额的比例} = 1 - 71.43\% = 28.57\%$$

④计算确定各项换入资产的成本。

专有设备的成本＝4 500 000×71.43%＝3 214 350（元）

专有技术的成本＝4 500 000－3 214 350＝1 285 650（元）

(2) 会计分录。

借：固定资产——专有设备	3 214 350	
无形资产——专有技术	1 285 650	
贷：在建工程		3 000 000
长期股权投资		1 500 000

思考练习题

一、重要概念
1. 货币性资产
2. 非货币性资产
3. 非货币性资产交换
4. 补价

二、思考题
1. 简述资产交换具有商业实质的判断标准。
2. 简述以公允价值为计量基础的账务处理原则。
3. 简述以账面价值为计量基础的账务处理原则。
4. 简述涉及多项非货币性资产交换的账务处理原则。

三、单项选择题
1. 下列资产中不属于货币性资产的是（　　）。
   A. 银行存款
   B. 应收票据
   C. 准备持有至到期的债券投资
   D. 准备在一个月内转让的交易性金融资产

2. 确定一项资产是货币性资产还是非货币性资产的主要依据是（　　）。
   A. 是否可以给企业带来经济利益
   B. 是否具有流动性
   C. 是否为出售而持有
   D. 将为企业带来的经济利益是否是固定的或可确定的

3. 以下交易具有商业实质的是（　　）。
   A. 以一批存货换入一项设备
   B. 以一项固定资产换入另一项相似的固定资产
   C. 以一项长期股权投资换入一项长期股权投资
   D. 以一批商品换入另一批相似的商品

4. 在确定涉及补价的交易是否为非货币性资产交换时，收到补价的企业，应当按照收到的补价占（　　）的比例是否低于25%确定。
   A. 换出资产的公允价值
   B. 换出资产的公允价值加上支付的补价
   C. 换入资产公允价值减补价
   D. 换出资产公允价值减补价

5. 甲公司发生的下列非关联交易中，属于非货币性资产交换的是（　　）。
   A. 以公允价值为2 800 000元的固定资产换入乙公司账面价值为3 200 000元的无形资产，并支付补价400 000元
   B. 以公允价值为2 800 000元的固定资产换入丙公司公允价值为2 000 000元的一项专利权，并收到补价800 000元
   C. 以公允价值为3 200 000元的长期股权投资换入丁公司公允价值为4 600 000元的短期股票投资，并支付补价1 400 000元
   D. 以公允价值为4 200 000元的准备持有至到期的债券投资换入戊公司公允价值为3 900 000元的一台设备，并收到补价300 000元

6. A公司以一台甲设备换入D公司的一台乙设备。甲设备的账面原价为400 000元，已提折旧50 000元，已提减值准备30 000元。甲设备和乙设备的公允价值无法合理确定，D公司另向A公司支付补价60 000元。A公司换入的乙设备的入账价值为（　　）元。
   A. 320 000　　　　B. 260 000
   C. 294 000　　　　D. 286 000

7. 甲公司用一台设备换入乙公司的一

项专利权。设备的账面原值为150 000元，已提折旧30 000元，已提减值准备20 000元。甲另向乙公司支付补价30 000元。两公司资产交换不具有商业实质，甲公司换入专利权的入账价值为（　　）元。

A. 130 000　　　　B. 120 000
C. 70 000　　　　 D. 140 000

8. 甲公司以一批库存商品换入一台设备，并收到对方支付的补价150 000元。该批库存商品的原账面价值为1 200 000元，公允价值为1 500 000元，适用的增值税税率为17%；换入设备的原账面价值为1 600 000元，公允价值为1 605 000元。假定不考虑除增值税以外的其他相关税费。甲公司因该项非货币性资产交换应确认的交换损益为（　　）元。

A. 250 000　　　　B. 200 000
C. 300 000　　　　D. 450 000

9. 甲公司将两辆大型运输车辆与A公司的一台生产设备相交换，另支付补价100 000元。在交换日，甲公司用于交换的两辆运输车辆账面原价为1 400 000元，累计折旧为250 000元，公允价值为1 100 000元；A公司用于交换的生产设备账面原价为3 000 000元，累计折旧为1 750 000元，公允价值为1 200 000元。该非货币性资产交换具有商业实质。假定不考虑相关税费，甲公司对该非货币性资产交换应确认的交换损益为（　　）元。

A. 0　　　　　　 B. −50 000
C. −100 000　　　 D. −150 000

10. 在非货币性资产交换中（满足具有商业实质且公允价值能够可靠计量），如果同时换入多项资产，应当按照（　　）的比例，对换入资产的成本总额进行分配，以确定各项换入资产的入账价值。

A. 各项换入资产的公允价值占换入资产公允价值总额
B. 各项换出资产的公允价值占换出资产公允价值总额
C. 各项换入资产的账面价值占换入资产账面价值总额
D. 各项换出资产的账面价值占换出资产账面价值总额

四、多项选择题

1. 下列资产中，属于非货币性资产的有（　　）。

A. 股权投资
B. 准备持有至到期的债券投资
C. 不准备持有至到期的债券投资
D. 应收账款
E. 银行存款

2. 根据非货币性资产交换准则的规定，下列项目中不属于货币性资产的有（　　）。

A. 对没有市价的股票进行的投资
B. 对有市价的股票进行的投资
C. 不准备持有至到期的债券投资
D. 其他应收款
E. 存货

3. 下列各项资产交换中，属于非货币性资产交换的有（　　）。

A. 以1 000 000元应收票据换取生产用设备
B. 以持有的一项土地使用权换取一栋生产用厂房
C. 以持有至到期公司债券换取一项长期股权投资
D. 以一批存货换取一台公允价值为1 000 000元的设备并支付500 000元补价
E. 以公允价值为2 000 000元的房产换取一台运输设备并收取240 000元补价

4. 下列项目中，属于非货币性资产交换的有（　　）。

A. 以公允价值500 000元的原材料换取一项专利权
B. 以公允价值5 000 000元的长期股权投资换取一批原材料

C. 以公允价值1 000 000元的A车床换取B车床，同时收到120 000元的补价

D. 以公允价值300 000元的电子设备换取一辆小汽车，同时支付150 000元的补价

E. 以公允价值1 000 000元的原材料换取一项专利权，同时支付补价100 000元

5. 在没有发生补价的情况下，公司通过非货币性资产交换换入非现金资产，可能影响其入账价值确定的因素有（　　）。

A. 换出非现金资产的账面价值

B. 换出非现金资产的公允价值

C. 应支付的相关税费

D. 可以抵扣的进项税额

E. 换入非现金资产的账面价值

6. 甲公司与乙公司进行非货币性资产交换，具有商业实质且其换入或换出资产的公允价值均能够可靠地计量，以下影响甲公司换入资产入账价值的因素有（　　）。

A. 甲公司计提的换出资产减值准备

B. 甲公司为换入固定资产支付的运费

C. 甲公司为换出存货缴纳的增值税销项税额

D. 甲公司换出无形资产的账面价值

E. 甲公司支付的补价

7. 以下可以判断为非货币性资产交换的有（　　）。

A. 收到的补价占换出资产账面价值的比例≥25%

B. 收到的补价占换出资产公允价值的比例<25%

C. 支付的补价占换出资产公允价值的比例≥25%

D. 支付的补价占换出资产公允价值及补价之和的比例<25%

E. 收到的补价占换出资产账面价值的比例≥25%

8. 甲、乙公司进行非货币性资产交换，以下直接影响甲公司换入资产入账价值的有（　　）。

A. 乙公司为交易固定资产支付的清理费用

B. 乙公司计提的固定资产减值准备

C. 乙公司支付的补价

D. 乙公司为交换的存货缴纳的增值税销项税额

E. 乙公司计提的固定资产折旧

9. 关于非货币性资产交换，下列说法中正确的有（　　）。

A. 只要非货币性资产交换具有商业实质，就应当以公允价值和应支付的相关税费作为换入资产的成本

B. 若换入资产的未来现金流量在风险、时间和金额方面与换出资产显著不同，则该非货币性资产交换具有商业实质

C. 若换入资产与换出资产的预计未来现金流量现值不同，且其差额与换入资产和换出资产的公允价值相比是重大的，则该非货币性资产交换具有商业实质

D. 在确定非货币性资产交换是否具有商业实质时，企业应当关注交易各方之间是否存在关联方关系，关联方关系的存在可能导致发生的非货币性资产交换不具有商业实质

E. 只要换入资产的公允价值能够可靠计量，就应当以其公允价值和应支付的相关税费之和作为换入资产的成本

10. 非货币性资产交换具有商业实质且公允价值能够可靠计量的，对换出资产公允价值与其账面价值的差额，正确的会计处理方法有（　　）。

A. 换出资产为存货的，应当视同销售处理，根据《企业会计准则第14号——收入》，按公允价值确认销售收入，同时结转销售成本

B. 换出资产为无形资产的，换出资产公允价值和换出资产账面价值的差额，

计入营业外收入或营业外支出

C. 换出资产为固定资产的,换出资产公允价值和换出资产账面价值的差额,计入营业外收入或营业外支出

D. 换出资产为长期股权投资的,换出资产公允价值和换出资产账面价值的差额,计入投资收益

E. 换出资产为可供出售金融资产的,换出资产公允价值和换出资产账面价值的差额,计入投资收益

五、判断题

1. 货币性资产是指企业持有的货币资金和将以固定或可确定的金额收取的资产,包括现金、银行存款、应收账款、应收票据以及准备持有至到期的债券投资等。(　)

2. 非货币性资产交换一般不涉及货币性资产,或只涉及少量货币性资产即补价。(　)

3. 以一项长期股权投资换入另一项长期股权投资,该项交易具有商业实质。(　)

4. 如果换入资产和换出资产公允价值均能够可靠计量,在计算换入资产的入账价值时,应当以换入资产公允价值为基础确定换入资产的成本。(　)

5. 不具有商业实质或交换涉及资产的公允价值均不能可靠计量的非货币性资产交换,应当按照换出资产的账面价值和应支付的相关税费,作为换入资产的成本。(　)

6. 如果换入资产的未来现金流量在风险、时间和金额方面与换出资产显著不同,则该项资产交换具有商业实质。(　)

7. 非货币性资产交换不具有商业实质,或者虽然具有商业实质但换入资产和换出资产的公允价值均不能可靠计量的,应以换入资产账面价值为基础确定换入资产成本,无论是否支付补价,均不确认损益。(　)

8. 在确定非货币性资产交换是否具有商业实质时,企业应当关注交易各方之间是否存在关联方关系,关联方关系的存在可能导致发生的非货币性资产交换不具有商业实质。(　)

9. 换出资产为可供出售金融资产的,换出资产公允价值和换出资产账面价值的差额,计入营业外收支。(　)

10. 换出存货应交的增值税不会影响换入存货入账价值的确定。(　)

六、核算题

1. 2011年1月1日,甲公司决定以一批库存商品换入乙公司的长期股权投资。该库存商品的账面余额为1 200 000元,已计提减值准备8 000元,计税价格(等于公允价值)为1 300 000元,增值税税率为17%。假定不考虑其他税费。

要求:

(1) 计算甲公司该项资产交换换入资产的成本。

(2) 计算甲公司该项资产交换产生的损益。

(3) 编制甲公司该项资产交换的会计分录。

2. 2011年3月,乙公司决定以某长期股权投资换入甲公司的生产线。该长期股权投资的账面余额为420 000元,已计提减值准备4 500元,公允价值为430 000元。另外,乙公司以银行存款向甲公司支付补价3 200元。假定不考虑其他因素。

要求:

(1) 计算乙公司该项资产交换换入资产的成本。

(2) 计算乙公司该项资产交换产生的损益。

(3) 编制乙公司该项资产交换的会计分录。

3. 甲公司和乙公司均为增值税一般纳税人,适用的增值税税率均为17%。为适应业务发展的需要,经协商,甲公司决定

以生产经营过程中使用的厂房、机床以及库存原材料换入乙公司生产经营过程中使用的办公楼、轿车和客运汽车。

甲公司厂房的账面原价为1 500 000元,在交换日的累计折旧为300 000元,公允价值为1 000 000元;机床的账面原价为1 200 000元,在交换日的累计折旧为600 000元,公允价值为800 000元;原材料的账面价值为2 400 000元,公允价值为3 000 000元,公允价值等于计税价格。

乙公司办公楼的账面原价为4 500 000元,在交换日的累计折旧为500 000元,公允价值为4 200 000元;轿车的账面原价为1 000 000元,在交换日的累计折旧为400 000元,公允价值为500 000元;客运汽车的账面原价为300 000元,在交换日的累计折旧额为80 000元,公允价值为200 000元。乙公司另外向甲公司支付银行存款400 000元。

假定甲公司和乙公司都没有为换出资产计提减值准备;整个资产交换过程中没有发生除增值税以外的其他相关税费;甲公司换入乙公司的办公楼、轿车和客运汽车均作为固定资产进行核算和管理;乙公司换入甲公司的厂房、机床作为固定资产进行核算和管理,换入原材料作为库存原材料进行核算和管理。

要求:

(1) 计算甲、乙公司该项资产交换换入资产的成本。

(2) 计算甲、乙公司该项资产交换产生的损益。

(3) 编制甲、乙公司非货币性资产交换的会计分录。

第十三章 债务重组

第一节 债务重组概述

一、债务重组的定义

由于市场竞争日益激烈,债务人一旦决策失误,很可能陷入财务困境,以致于不能清偿到期债务。此时,债权人有权依法申请债务人破产以清偿债务,但由于债务人陷于财务困境,往往资不抵债,加之清算价值远远低于持续经营时的资产价值。债权人通过破产方式得以偿债,可能蒙受重大损失。如果可以通过互相协商,以债务重组的方式,债权人作出某些让步,使债务人减轻负担,使其渡过难关,则债权人可以最大限度地收回债权,减少损失。为此,债权人和债务人双方通常都会选择债务重组方式解决债权债务纠纷。

债务重组是指在债务人发生财务困难的情况下,债权人按照其与债务人达成的协议或者法院的裁定作出让步的事项。债务人发生财务困难,是债务重组的前提条件,而债权人作出让步是债务重组的必要条件。

债务人发生财务困难是指因债务人出现资金周转困难或经营陷入困境,导致其无法或者没有能力按原定条件偿还债务。

债权人作出让步是指债权人同意发生财务困难的债务人现在或者将来以低于重组债务账面价值的金额或者价值偿还债务。债权人作出让步的情形主要包括:债权人减免债务人部分债务本金或者利息,降低债务人应付债务的利率等。

二、债务重组的方式

(一)以资产清偿债务

以资产清偿债务是指债务人转让其资产给债权人以清偿债务的债务重组方式。

1. 以现金清偿债务

以低于债务账面价值的现金清偿债务。这里的现金是指货币资金,包括库存现金、银行存款和其他货币资金。在债务重组的情况下,以现金清偿债务,通常是指以低于债务账面价值的现金清偿债务,如果以等量的现金偿还所欠债务,则不属于本章所指的债务重组。

2. 以非现金资产清偿债务

以非现金资产清偿债务是指债务人转让其非现金资产给债权人以清偿债务。债务人常用于偿债的资产主要有存货、金融资产、固定资产、无形资产等。

（二）债务转为资本

债务转为资本是指债务人将债务转为资本，同时债权人将债权转为股权的债务重组方式。但债务人根据转换协议，将应付可转换公司债券转为资本的，则属于正常情况下的债务转资本，不能作为债务重组处理。

债务转为资本，对股份有限公司而言是将债务转为股本；对其他企业而言，是将债务转为实收资本。债务转为资本的结果是，债务人因此而增加股本（或实收资本），债权人因此而增加股权。

（三）修改其他债务条件

修改其他债务条件是指修改不包括上述第一、第二种情形在内的债务条件进行债务重组的方式，如减少债务本金、降低利率、免去应付未付的利息、延长债务偿还期限等。

（四）以上三种方式的组合

以上三种方式的组合是指采用以上三种方法共同清偿债务的债务重组形式。例如，以转让资产清偿某项债务的一部分，另一部分债务通过修改其他债务条件进行债务重组。主要包括以下可能的方式：

(1) 债务的一部分以资产清偿，另一部分则转为资本；
(2) 债务的一部分以资产清偿，另一部分则修改其他债务条件；
(3) 债务的一部分转为资本，另一部分则修改其他债务条件；
(4) 债务的一部分以资产清偿，一部分转为资本，另一部分则修改其他债务条件。

三、债务重组日

债务重组日是指债务重组完成日，即债务人履行协议或法院裁定，将相关资产转让给债权人、将债务转为资本或修改后的偿债条件开始执行的日期。债务重组日的确定与债权人受让资产、债务人转让资产的入账时点以及双方债务重组损益的归属期间具有密切关系。

例如，甲公司欠乙公司货款 1 200 000 元，到期日为 2011 年 1 月 10 日。甲公司发生财务困难，经协商，乙公司同意甲公司以价值 1 000 000 元的商品抵偿债务。甲公司于 2011 年 1 月 20 日将商品运抵乙公司并办理有关债务解除手续。在此项债务重组交易中，2011 年 1 月 20 日即为债务重组日。如果甲公司是分批将商品运往乙公司，最后一批运抵的日期为 2011 年 1 月 30 日，且在这一天办理有关债务解除手续，则债务重组日应为 2011 年 1 月 30 日。

第二节 债务重组的会计处理

债权人企业与债务人企业进行债务重组，应当分别债务重组的不同方式进行会计处理。

一、以资产清偿债务

在债务重组中，企业以资产清偿债务的，通常包括以现金清偿债务和以非现金资产清偿债务等方式。

(一) 以现金清偿债务

1. 以现金清偿债务的确认和计量

债务人以现金清偿债务的，债务人应当将重组债务的账面价值与支付的现金之间的差额，确认为债务重组利得，作为营业外收入，计入当期损益；债权人应当将重组债权的账面余额与收到的现金之间的差额，确认为债务重组损失，作为营业外支出，计入当期损益。债权人已对重组债权计提减值准备的，应当先将上述差额冲减已计提的减值准备，冲减后仍有损失的，计入营业外支出（债务重组损失）；冲减后减值准备仍有余额的，应予转回并抵减当期资产减值损失。

2. 以现金清偿债务的会计处理

（1）债务人的会计处理。以低于重组债务账面价值的款项清偿债务的，应按应付账款的账面余额，借记"应付账款"科目，按实际支付的金额，贷记"银行存款"等科目，按其差额，贷记"营业外收入——债务重组利得"科目。

（2）债权人的会计处理。收到债务人清偿债务的款项小于该项应收账款账面价值的，应按实际收到的金额，借记"银行存款"等科目，按重组债权已计提的坏账准备，借记"坏账准备"科目，按重组债权的账面余额，贷记"应收账款"科目，按其差额，借记"营业外支出——债务重组损失"科目。

收到债务人清偿债务的款项大于该项应收账款账面价值的，应按实际收到的金额，借记"银行存款"等科目，按重组债权已计提的坏账准备，借记"坏账准备"科目，按重组债权的账面余额，贷记"应收账款"科目，按其差额，贷记"资产减值损失"科目。

债务重组涉及重组债权减值准备的，应当比照上述规定进行处理。

【例 13-1】 2011 年 1 月 10 日，甲公司销售一批材料给乙公司，开具增值税专用发票，注明价款 100 000 元，税款 17 000 元，价税总计为 117 000 元。当年 2 月 20 日，乙公司财务发生困难，无法按合同规定偿还债务。经双方协商，甲公司同意减免乙公司 20 000 元债务，余额立即用现金清偿。甲公司未对该应收账款计提坏账准备。

1. 根据上述资料，债权人甲公司账务处理如下：

（1）计算债务重组损失：

债务重组损失＝应收账款账面余额－收到的现金－已计提坏账准备
　　　　　　＝117 000－97 000－0＝20 000（元）

（2）会计分录：

借：银行存款　　　　　　　　　　　　　　　　　　　　　97 000
　　营业外支出——债务重组损失　　　　　　　　　　　　20 000
　　　贷：应收账款　　　　　　　　　　　　　　　　　　　　　117 000

2. 根据上述资料，债务人乙公司账务处理如下：

（1）计算债务重组利得：

债务重组利得＝应付账款账面余额－支付的现金
　　　　　　＝117 000－97 000＝20 000（元）

(2) 会计分录：

借：应付账款　　　　　　　　　　　　　　　　　　　117 000
　　贷：银行存款　　　　　　　　　　　　　　　　　　　97 000
　　　　营业外收入——债务重组利得　　　　　　　　　20 000

（二）以非现金资产清偿债务

1. 以非现金资产清偿债务的确认和计量

债务人以非现金资产清偿某项债务的，债务人应当将重组债务的账面价值与转让的非现金资产的公允价值之间的差额确认为债务重组利得，作为营业外收入，计入当期损益。转让的非现金资产的公允价值与其账面价值的差额作为转让资产损益，计入当期损益。

债务人在转让非现金资产的过程中发生的一些税费，如资产评估费、运杂费等，直接计入转让资产损益。对于增值税应税项目，如债权人不向债务人另行支付增值税，则债务重组利得应为转让非现金资产的公允价值和该非现金资产的增值税销项税额与重组债务账面价值的差额；如债权人向债务人另行支付增值税，则债务重组利得应为转让非现金资产的公允价值与重组债务账面价值的差额。

债务人以非现金资产清偿某项债务的，债权人应当对受让的非现金资产按其公允价值入账，重组债权的账面余额与受让的非现金资产的公允价值之间的差额，确认为债务重组损失，作为营业外支出，计入当期损益。重组债权已经计提减值准备的，应当先将上述差额冲减已计提的减值准备，冲减后仍有损失的，计入营业外支出（债务重组损失）；冲减后减值准备仍有余额的，应予转回并抵减当期资产减值损失。对于增值税应税项目，如债权人不向债务人另行支付增值税，则增值税进项税额可以作为冲减重组债权的账面余额处理；如债权人向债务人另行支付增值税，则增值税进项税额不能作为冲减重组债权的账面余额处理。

债权人收到非现金资产时发生的有关运杂费等，应当计入相关资产的价值。

2. 以非现金资产清偿债务的会计处理

（1）以库存材料、商品、产品抵偿债务。债务人以库存材料、商品、产品抵偿债务，应视同销售进行核算。企业可将该项业务分为两部分，一是将库存材料、商品、产品出售给债权人，取得货款。出售库存材料、商品、产品业务与企业正常的销售业务处理相同，其发生的损益计入当期损益。二是以取得的货币清偿债务。当然，在这项业务中实际上并没有发生相应的货币流入与流出。

以库存商品、产品、材料抵偿债务，应按应付账款的账面余额，借记"应付账款"科目，按用于清偿债务的存货的公允价值，贷记"主营业务收入"、"其他业务收入"等科目，按应支付的相关税费和其他费用，贷记"应交税费"、"银行存款"等科目，按其差额，贷记"营业外收入——债务重组利得"科目。同时结转成本，记入"主营业务成本"、"其他业务成本"等科目。

接受债务人用于清偿债务的存货，应按该项存货的公允价值，借记"原材料"、"库存商品"等科目，按重组债权的账面余额，贷记"应收账款"科目，按应支付的相关税费和其他费用，贷记"银行存款"、"应交税费"等科目，按其差额，借记"营业外支出——债务重组损失"科目。涉及增值税进项税额的，还应进行相应的处理。

【例 13-2】 甲、乙公司均为增值税一般纳税人。2011年1月1日,甲公司销售一批材料给乙公司,开具增值税专用发票,注明价款21 000元,增值税税款3 570元,价税总计为24 570元。2011年2月10日,乙公司财务发生困难,无法按合同规定偿还债务。经双方协商,甲公司同意乙公司用产品抵偿该应收账款。该产品市价20 000元,增值税税率为17%,产品成本为18 000元。甲公司已对该应收账款计提了1 500元的坏账准备,乙公司为该存货计提了存货跌价准备600元。假定不考虑其他税费。

1. 根据上述资料,债权人甲公司账务处理如下:
(1) 计算债务重组损失:

$$\text{债务重组损失} = \text{应收账款账面余额} - (\text{受让资产的公允价值} + \text{增值税进项税额}) - \text{已计提的坏账准备}$$

$$= 24\,570 - (20\,000 + 20\,000 \times 17\%) - 1\,500 = -330 \text{(元)}$$

资产减值损失 = 债务重组损失 = -330元

(2) 会计分录:

借:库存商品		20 000
应交税费——应交增值税(进项税额)		3 400
坏账准备		1 500
贷:应收账款		24 570
资产减值损失		330

2. 根据上述资料,债务人乙公司账务处理如下:
(1) 计算债务重组利得:

$$\text{债务重组利得} = \text{应付账款账面余额} - (\text{所转让产品的公允价值} + \text{增值税销项税额})$$

$$= 24\,570 - (20\,000 + 20\,000 \times 17\%) = 1\,170 \text{(元)}$$

(2) 会计分录:

借:应付账款		24 570
贷:主营业务收入		20 000
应交税费——应交增值税(销项税额)		3 400
营业外收入——债务重组利得		1 170
借:主营业务成本		17 400
存货跌价准备		600
贷:库存商品		18 000

(2) 以固定资产、无形资产抵偿债务。债务人以固定资产、无形资产抵偿债务,应将固定资产、无形资产的公允价值与该项固定资产、无形资产账面价值和清理费用的差额作为转让固定资产、无形资产的损益处理。同时,将固定资产、无形资产的公允价值与应付债务的账面价值的差额,作为债务重组利得,计入营业外收入。债权人收到的固定资产、无形资产应按公允价值计量。

以固定资产、无形资产清偿债务的,应按应付账款的账面余额,借记"应付账款"科目,按用于清偿债务的固定资产、无形资产的公允价值,贷记"固定资产清理"、"无形资产"等科目,按其差额,贷记"营业外收入——债务重组利得"科目。抵债资产为固定资产、无形资产的，按应支付的相关税费和其他费用，贷记"应交税费"、"银行存款"等科目，其公允价值与账面价值和清理费用的差额，记入"营业外收入——非流动资产处置利得"或"营业外支出——非流动资产处置损失"科目。

接受债务人用于清偿债务的固定资产、无形资产，应按该项非现金资产的公允价值，借记"固定资产"、"无形资产"等科目，按重组债权的账面余额，贷记"应收账款"科目，按应支付的相关税费和其他费用，贷记"银行存款"、"应交税费"等科目，按其差额，借记"营业外支出——债务重组损失"科目。

【例13-3】 2011年1月10日，甲公司销售一批材料给乙公司，开具了增值税专用发票，注明价款30 000元，增值税税款5 100元，价税总计为35 100元。2011年2月4日，乙公司财务发生困难，无法按合同规定偿还债务。经双方协商，甲公司同意乙公司用一台设备抵偿该应收账款。该设备的公允价值为27 000元，原值50 000元，已提累计折旧20 000元，支付清理费用2 000元，计提固定资产减值准备1 000元。甲公司已对该应收账款计提了1 755元的坏账准备。假定不考虑其他税费。

1. 根据上述资料，债权人甲公司账务处理如下：
(1) 计算债务重组损失：

债务重组损失 ＝ 应收账款账面余额 － 受让资产的公允价值 － 已计提的坏账准备
　　　　　　＝35 100－27 000－1 755＝6 345（元）

(2) 会计分录：

借：固定资产　　　　　　　　　　　　　　　　　　　27 000
　　坏账准备　　　　　　　　　　　　　　　　　　　 1 755
　　营业外支出——债务重组损失　　　　　　　　　　 6 345
　　贷：应收账款　　　　　　　　　　　　　　　　　35 100

2. 根据上述资料，债务人乙公司账务处理如下：
(1) 计算固定资产清理损益：

固定资产清理损益＝固定资产公允价值－固定资产净值－清理费用
　　　　　　　　＝27 000－(50 000－20 000－1 000)－2 000＝－4 000（元）

(2) 计算债务重组利得：

债务重组利得＝应付账款账面余额－固定资产公允价值
　　　　　　＝35 100－27 000＝8 100（元）

(3) 会计分录：
①将固定资产净值转入固定资产清理：

借：固定资产清理　　　　　　　　　　　　　　　　　29 000
　　累计折旧　　　　　　　　　　　　　　　　　　　20 000
　　固定资产减值准备　　　　　　　　　　　　　　　 1 000
　　贷：固定资产　　　　　　　　　　　　　　　　　50 000

②确认固定资产清理损益：

借：营业外支出——非流动资产处置损失　　　　　　　 4 000
　　贷：固定资产清理（29 000－27 000）　　　　　　 2 000

　　　　　　银行存款　　　　　　　　　　　　　　　　　　　　　　　　2 000
　　③确认债务重组利得：
　　　　借：应付账款　　　　　　　　　　　　　　　　　　　　　　　35 100
　　　　　　贷：固定资产清理　　　　　　　　　　　　　　　　　　　　27 000
　　　　　　　　营业外收入——债务重组利得　　　　　　　　　　　　　 8 100

　　（3）以股票、债券等金融资产抵偿债务。债务人以股票、债券等金融资产清偿债务，应按相关金融资产的公允价值与其账面价值的差额，作为转让金融资产的利得或损失处理；相关金融资产的公允价值与重组债务的账面价值的差额，作为债务重组利得。债权人收到的相关金融资产应按公允价值计量。

　　以股票、债券等金融资产清偿债务的，应按应付账款的账面余额，借记"应付账款"科目，按用于清偿债务的非现金资产的公允价值，贷记"交易性金融资产"、"可供出售金融资产"、"持有至到期投资"、"长期股权投资"等科目，按其差额，贷记"营业外收入——债务重组利得"科目。抵债资产为可供出售金融资产、持有至到期投资、长期股权投资等的，其公允价值和账面价值的差额，记入"投资收益"科目。

　　接受债务人用于清偿债务的股票、债券等金融资产，应按该项非现金资产的公允价值，借记"交易性金融资产"、"可供出售金融资产"、"持有至到期投资"、"长期股权投资"等科目，按重组债权的账面余额，贷记"应收账款"科目，按应支付的相关税费和其他费用，贷记"银行存款"等科目，按其差额，借记"营业外支出——债务重组损失"科目。

　　【例13-4】　甲公司于2011年7月1日销售给乙公司一批产品，价值450 000元（包括应收取的增值税额），乙公司于2011年7月1日开出6个月承兑的商业汇票。乙公司于2011年12月31日尚未支付货款。由于乙公司财务发生困难，短期内不能支付货款。当日经与甲公司协商，甲公司同意乙公司以其所拥有并作为以公允价值计量且公允价值变动计入当期损益的某公司股票抵偿债务。乙公司该股票的账面价值为400 000元（假定该资产账面公允价值变动额为零），当日的公允价值为380 000元。假定甲公司为该项应收账款提取了坏账准备40 000元。用于抵债的股票于当日即办理相关转让手续，甲公司将取得的股票作为以公允价值计量且公允价值变动计入当期损益的金融资产处理。债务重组前甲公司已将该项应收票据转入应收账款；乙公司已将应付票据转入应付账款。假定不考虑与商业汇票或者应付款项有关的利息。

　　1. 根据上述资料，甲公司账务处理如下：
　　（1）计算债务重组损失：
　　债务重组　＝应收账款　－受让股票的　－已计提
　　　损失　　　账面余额　　公允价值　　 坏账准备
　　　　　　＝450 000－380 000－40 000＝30 000（元）
　　（2）会计分录：
　　　　借：交易性金融资产　　　　　　　　　　　　　　　　　　　　380 000
　　　　　　营业外支出——债务重组损失　　　　　　　　　　　　　　 30 000
　　　　　　坏账准备　　　　　　　　　　　　　　　　　　　　　　　 40 000
　　　　　　贷：应收账款　　　　　　　　　　　　　　　　　　　　　450 000

2. 根据上述资料，乙公司账务处理如下：
(1) 计算债务重组利得：
债务重组利得＝应付账款账面余额－股票的公允价值
＝450 000－380 000＝70 000（元）
(2) 计算转让股票损益：
转让股票损益＝股票的公允价值－股票的账面价值
＝380 000－400 000＝－20 000（元）
(3) 会计分录：

借：应付账款	450 000
投资收益	20 000
贷：交易性金融资产	400 000
营业外收入——债务重组利得	70 000

二、债务转为资本清偿债务

（一）以债务转为资本清偿债务的确认和计量

以债务转为资本方式进行债务重组的，应分别以下情况处理：

(1) 债务人为股份有限公司时，债务人应将债权人因放弃债权而享有股份的面值总额确认为股本；股份公允价值总额与股本之间的差额确认为资本公积。重组债务的账面价值与股份公允价值总额之间的差额确认为债务重组利得，计入当期损益。债务人为其他企业时，债务人应将债权人因放弃债权而享有的股权份额确认为实收资本；股权的公允价值与实收资本之间的差额确认为资本公积。重组债务的账面价值与股权的公允价值之间的差额作为债务重组利得，计入当期损益。

(2) 债务人将债务转为资本，即债权人将债权转为股权。在这种方式下，债权人应将重组债权的账面余额与因放弃债权而享有的股权的公允价值之间的差额，先冲减已提取的减值准备，减值准备不足冲减的部分，或未提取减值准备的，将该差额确认为债务重组损失。同时，债权人应将因放弃债权而享有的股权按公允价值计量。发生的相关税费，分别按照长期股权投资或者金融工具确认和计量等准则的规定进行处理。

（二）以债务转为资本清偿债务的会计处理

1. 债务人的会计处理

以债务转为资本，应按应付账款的账面余额，借记"应付账款"科目，按债权人因放弃债权而享有股权的公允价值，贷记"实收资本"或"股本"、"资本公积——资本溢价或股本溢价"科目，按其差额，贷记"营业外收入——债务重组利得"科目。

2. 债权人的会计处理

将债权转为股权，应按享有股份的公允价值和应支付的相关税费，借记"长期股权投资"科目，按重组债权的账面余额，贷记"应收账款"科目，按应支付的相关税费，贷记"银行存款"、"应交税费"等科目，按其差额，借记"营业外支出——债务重组损失"科目。

【例13-5】 2011年1月1日，甲公司销售一批材料给乙公司（为股份有限公司），开具了增值税专用发票，价税总计为100 000元，收到乙公司签发并承兑的一张面值为

100 000元、年利率为10%、期限为6个月、到期还本付息的商业承兑汇票。2011年6月30日,乙公司财务发生困难,无法按合同规定偿还债务。经双方协商,甲公司同意乙公司用其普通股抵偿该应收票据。乙公司抵偿债务的普通股为10 000股,每股面值1元,股票市价为每股10元。

1. 根据上述资料,债权人甲公司账务处理如下:
(1) 计算债务重组损失:
债务重组损失 = 应收票据账面余额 − 所转股权的公允价值
　　　　　　 = 100 000×(1+10%÷12×6) − 10×10 000
　　　　　　 = 105 000 − 100 000 = 5 000(元)
(2) 会计分录:

借:长期股权投资	100 000
营业外支出——债务重组损失	5 000
贷:应收票据	105 000

2. 根据上述资料,债务人乙公司账务处理如下:
(1) 计算应计入资本公积的金额:
应计入资本公积的金额 = 股票的公允价值 − 股票的面值总额
　　　　　　　　　　 = 10×10 000 − 1×10 000 = 90 000(元)
(2) 会计分录:

借:应付票据(100 000+5 000)	105 000
贷:股本(1×10 000)	10 000
资本公积——股本溢价	90 000
营业外收入——债务重组利得(105 000−10×10 000)	5 000

三、修改其他债务条件清偿债务

以修改其他债务条件进行债务重组的,债务人和债权人应分别以下情况处理。

(一) 不附或有条件的债务重组

不附或有条件的债务重组是指在债务重组中不存在或有应付(或应收)金额,该或有条件需要根据未来某种事项的出现而发生应付(或应收)金额,并且该未来事项的出现具有不确定性。

不附或有条件的债务重组,债务人应将修改其他债务条件后债务的公允价值作为重组后债务的入账价值。重组债务的账面价值与重组后债务的入账价值之间的差额计入当期损益。

以修改其他债务条件进行债务重组,如修改后的债务条款不涉及或有应收金额,则债权人应当将修改其他债务条件后的债权的公允价值作为重组后债权的账面价值,重组债权的账面余额与重组后债权账面价值之间的差额确认为债务重组损失,计入当期损益。如果债权人已对该项债权计提了减值准备,应当首先冲减已计提的减值准备,减值准备不足以冲减的部分,作为债务重组损失,计入营业外支出。

以修改其他债务条件进行清偿的,于债务重组应日按重组债务的账面余额,借记"应付账款"科目,按重组后债务的公允价值,贷记"应付账款——债务重组"科目,按其差额，贷记"营业外收入——债务重组利得"科目。

以修改其他债务条件进行清偿的，于债务重组日按修改其他债务条件后债权的公允价值，借记"应收账款"科目，按重组债权的账面余额，贷记"应收账款——债务重组"科目，按其差额，借记"营业外支出——债务重组损失"科目。

【例13-6】 2011年1月1日，甲公司销售一批商品给乙公司，价税合计金额为520 000元，按双方协议规定，款项应于1个月内付清。后因乙公司财务发生困难，于2011年2月20日进行债务重组，甲公司同意免除乙公司债务20 000元，其余款项于重组日起1年内付清；债务延长期间，甲公司加收2%的利息，利息与本金一同支付。假定甲公司对该应收款项计提坏账准备52 000元。假定债务重组日的市场利率为6%。

1. 根据上述资料，债权人甲公司账务处理如下：
(1) 2011年2月20日，重组债权时：
①计算债务重组损失：
重组债权的账面余额＝520 000元
将来应收金额＝(520 000－20 000)×(1＋2%)＝510 000（元）
将来应收金额的现值＝510 000×0.943 4＝481 134（元）
债务重组损失＝重组债权账面余额－将来应收金额的现值－已计提的坏账准备
　　　　　　＝520 000－481 134－52 000＜0，则

只能在债务重组日冲减坏账准备38 866元（520 000－481 134）。
②会计分录：
　　借：应收账款——债务重组　　　　　　　　　　　　　　　481 134
　　　　坏账准备　　　　　　　　　　　　　　　　　　　　　 38 866
　　　　贷：应收账款　　　　　　　　　　　　　　　　　　　　　　520 000
(2) 2012年2月19日，收取本息时：
　　借：银行存款　　　　　　　　　　　　　　　　　　　　　510 000
　　　　坏账准备（52 000－38 866）　　　　　　　　　　　　 13 134
　　　　贷：应收账款——债务重组　　　　　　　　　　　　　　　 481 134
　　　　　　资产减值损失　　　　　　　　　　　　　　　　　　　 13 134
　　　　　　财务费用　　　　　　　　　　　　　　　　　　　　　 28 866

2. 根据上述资料，债务人乙公司账务处理如下：
(1) 2011年2月20日，重组债务时：
①计算债务重组利得：
重组债务的账面余额＝520 000元
将来应付金额＝(520 000－20 000)×(1＋2%)＝510 000（元）
将来应付金额的现值＝510 000×0.943 4＝481 134（元）
债务重组利得＝520 000－481 134＝38 866（元）
②会计分录：
　　借：应付账款　　　　　　　　　　　　　　　　　　　　　520 000
　　　　贷：应付账款——债务重组　　　　　　　　　　　　　　　 481 134
　　　　　　营业外收入——债务重组利得　　　　　　　　　　　　 38 866

(2) 2012年2月19日，偿付本息时：
借：应付账款——债务重组　　　　　　　　　　481 134
　　财务费用　　　　　　　　　　　　　　　　 28 866
　　　贷：银行存款　　　　　　　　　　　　　　510 000

（二）附或有条件的债务重组

附或有条件的债务重组是指在债务重组协议中附或有应付条件的重组。或有应付金额是指依未来某种事项出现而发生的支出。未来事项的出现具有不确定性。例如，债务重组协议规定"将甲公司债务1 000 000元免除200 000元，剩余债务展期2年，并按2%的年利率计收利息，如该公司1年后盈利，则自第二年起将按5%的利率计收利息"。根据此项债务重组协议，债务人依未来是否盈利而发生的24 000元（800 000×3%）支出，即为或有应付金额。但债务人是否盈利，在债务重组时不能确定，即具有不确定性。

对于债务人而言，以修改其他债务条件进行的债务重组，修改后的债务条款如涉及或有应付金额，且该或有应付金额符合或有事项中有关预计负债确认条件的，债务人应当将该或有应付金额确认为预计负债。重组债务的账面价值与重组后债务的入账价值和预计负债金额之和的差额，作为债务重组利得，计入营业外收入。需要说明的是，在附或有支出的债务重组方式下，债务人应当在每期期末，按照或有事项确认和计量要求，确定其最佳估计数，期末所确定的最佳估计数与原预计数的差额，计入当期损益。

对债权人而言，以修改其他债务条件进行债务重组，修改后的债务条款中涉及或有应收金额的，不应当确认或有应收金额，不得将其计入重组后债权的账面价值。或有应收金额属于或有资产，或有资产不予确认。只有在或有应收金额实际发生时，才计入当期损益。

【例13-7】 乙公司因近期发生财务困难，无力支付于2010年12月31日到期的应付甲公司账款1 000 000元。甲公司未对该应收账款计提坏账准备。经协商，乙公司与甲公司同意就此项债务进行重组。重组协议约定：(1) 债务重组日为2011年1月1日；(2) 免除债务的20%；(3) 其余债务延期至2012年12月31日偿还；(4) 乙公司如于2011年盈利，则从2012年1月1日起对延期偿还的债务，按3%的年利率向甲公司支付利息；(5) 2011年1月1日，适用的贴现率为6%。

1. 根据上述资料，债权人甲公司账务处理如下：
(1) 2011年1月1日，重组债权时：
①计算债务重组损失。
重组债权的账面余额＝1 000 000元
将来应收金额＝1 000 000×(1－20%)＝800 000（元）
将来应收金额的现值＝800 000×0.890 0＝712 000（元）
债务重组损失＝1 000 000－712 000＝288 000（元）
②会计分录：
借：应收账款——债务重组　　　　　　　　　　712 000
　　营业外支出——债务重组损失　　　　　　　288 000

　　　　贷：应收账款　　　　　　　　　　　　　　　　　　　　　1 000 000
(2) 2011 年 12 月 31 日，收取本息时：
①如果乙公司 2011 年盈利：
　　借：银行存款（800 000＋800 000×3%）　　　　　　　　　　824 000
　　　　贷：应收账款——债务重组　　　　　　　　　　　　　　712 000
　　　　　　财务费用　　　　　　　　　　　　　　　　　　　　 88 000
　　　　　　营业外收入——其他　　　　　　　　　　　　　　　 24 000
②如果乙公司 2011 年未盈利：
　　借：银行存款　　　　　　　　　　　　　　　　　　　　　　800 000
　　　　贷：应收账款——债务重组　　　　　　　　　　　　　　712 000
　　　　　　财务费用　　　　　　　　　　　　　　　　　　　　 88 000
2. 根据上述资料，债务人乙公司账务处理如下：
(1) 2011 年 1 月 1 日，重组债务时：
①计算债务重组利得：
重组债务的账面余额＝1 000 000 元
将来应付金额＝1 000 000×(1－20%)＋1 000 000×(1－20%)×3%
　　　　　　＝800 000＋24 000＝824 000（元）
将来应付金额的现值＝800 000×0.890 0＋24 000×0.890 0
　　　　　　　　　＝712 000＋21 360＝733 360（元）
债务重组利得＝1 000 000－733 360＝266 640（元）
②会计分录：
　　借：应付账款　　　　　　　　　　　　　　　　　　　　　1 000 000
　　　　贷：应付账款——债务重组　　　　　　　　　　　　　　712 000
　　　　　　预计负债　　　　　　　　　　　　　　　　　　　　 21 360
　　　　　　营业外收入——债务重组利得　　　　　　　　　　　266 640
(2) 2012 年 12 月 31 日，偿付本息时：
①如果 2011 年盈利：
　　借：应付账款——债务重组　　　　　　　　　　　　　　　　712 000
　　　　预计负债　　　　　　　　　　　　　　　　　　　　　　 21 360
　　　　财务费用　　　　　　　　　　　　　　　　　　　　　　 90 640
　　　　贷：银行存款　　　　　　　　　　　　　　　　　　　　824 000
②如果 2011 年未盈利：
　　借：应付账款——债务重组　　　　　　　　　　　　　　　　712 000
　　　　预计负债　　　　　　　　　　　　　　　　　　　　　　 21 360
　　　　财务费用　　　　　　　　　　　　　　　　　　　　　　 90 640
　　　　贷：银行存款　　　　　　　　　　　　　　　　　　　　800 000
　　　　　　营业外收入——其他　　　　　　　　　　　　　　　 24 000

四、以上三种方式的组合清偿债务

(一) 以现金、非现金资产两种方式组合清偿债务

以现金、非现金资产两种方式的组合清偿某项债务的,重组债务的账面价值与支付的现金、转让的非现金资产的公允价值的差额作为债务重组利得。非现金资产的公允价值与其账面价值的差额作为转让资产损益。

债权人重组债权的账面价值与收到的现金、受让的非现金资产的公允价值,以及已提减值准备的差额作为债务重组损失。

(二) 以现金、债务转为资本两种方式组合清偿债务

以现金、债务转为资本两种方式的组合清偿某项债务的,重组债务的账面价值与支付的现金、债权人因放弃债权而享有的股权的公允价值的差额作为债务重组利得。股权的公允价值与股本(或实收资本)的差额作为资本公积。

债权人重组债权的账面价值与收到的现金、因放弃债权而享有的公允价值,以及已提减值准备的差额作为债务重组损失。

(三) 以非现金资产、债务转为资本两种方式组合清偿债务

以非现金资产、债务转为资本两种方式的组合清偿某项债务的,重组债务的账面价值与转让的非现金资产的公允价值、债权人因放弃债权而享有的股权的公允价值的差额为债务重组利得。非现金资产的公允价值与账面价值的差额作为转让资产损益;股权的公允价值与股本(或实收资本)的差额作为资本公积。

债权人重组债权的账面价值与受让的非现金资产的公允价值、因放弃债权而享有的股权的公允价值,以及已提减值准备的差额作为债权重组损失。

(四) 以现金、非现金资产、债务转为资本三种方式组合清偿债务

以现金、非现金资产、债务转为资本三种方式组合清偿某项债务的,重组债务的账面价值与支付的现金、转让的非现金资产的公允价值、债权人因放弃债权而享有股权的公允价值的差额作为债务重组利得。非现金资产的公允价值与其账面价值的差额作为转让资产损益;股权的公允价值与股本(或实收资本)的差额作为资本公积。

债权人重组债权的账面价值与收到的现金、受让的非现金资产的公允价值、因放弃债权而享有的股权的公允价值,以及已提减值准备的差额作为债权重组损失。

(五) 以资产、债务转为资本、修改其他债务条件等方式组合清偿债务

以资产、债务转为资本等方式组合清偿某项债务的一部分,并对该项债务的另一部分以修改其他债务条件进行债务重组。在这种方式下,债务人应先以支付的现金、转让的非现金资产的公允价值、债权人因放弃债权而享有的股权的公允价值冲减重组债务的账面价值,余额与重组后债务的公允价值进行比较,据此计算债务重组利得。债权人因放弃债权而享有的股权的公允价值与股本(或实收资本)的差额作为资本公积;非现金资产的公允价值与其账面价值的差额作为转让资产损益,于当期确认。

债权人应先以收到的现金、受让非现金资产的公允价值、因放弃债权而享有的股权的公允价值冲减重组债权的账面价值,差额与重组后债务的公允价值进行比较,据此计算债务重组损失。

【例 13-8】 甲公司因近期发生亏损,现金流量严重不足,无力支付于 2010 年 12

月31日到期的应付乙公司账款10 000 000元。经协商,乙公司与甲公司同意就此项债务进行重组。有关重组协议如下:

(1) 债务重组日为2011年1月1日。

(2) 甲公司以一台设备抵偿债务1 000 000元(假定不考虑相关税费)。该固定资产的公允价值为1 000 000元,账面原价为1 500 000元,已提折旧500 000元。乙公司对收到的设备作为固定资产核算。

(3) 在以上述固定资产抵偿债务的基础之上,免除剩余债务的30%,其余债务延期至2012年12月31日偿还。

(4) 甲公司如于2011年盈利,则从2011年1月1日起,对延期偿还的债务按4%的年利率于每年年末向乙公司支付利息。

(5) 2011年1月1日,适用的贴现率为6%。

1. 根据上述资料,债务人甲公司账务处理如下:

(1) 2011年1月1日,重组债务时:

①以固定资产清偿债务:

借:固定资产清理　　　　　　　　　　　　　　1 000 000
　　累计折旧　　　　　　　　　　　　　　　　　500 000
　　贷:固定资产　　　　　　　　　　　　　　　　　　1 500 000
借:应付账款　　　　　　　　　　　　　　　　1 000 000
　　贷:固定资产清理　　　　　　　　　　　　　　　　1 000 000

②修改其他债务条件清偿债务:

重组债务的账面余额=10 000 000-1 000 000=9 000 000(元)

将来应付金额=9 000 000×(1-30%)+9 000 000×(1-30%)×4%×2
　　　　　　=6 300 000+252 000×2=6 804 000(元)

将来应付金额的现值=252 000×0.943 4+6 300 000×0.890 0+252 000×0.890 0
　　　　　　　　　=237 737+5 607 000+224 280=6 069 017(元)

债务重组利得=9 000 000-6 069 017=2 930 983(元)

③会计分录:

借:应付账款　　　　　　　　　　　　　　　　9 000 000
　　贷:应付账款——债务重组　　　　　　　　　　　　5 607 000
　　　　预计负债(237 737+224 280)　　　　　　　　462 017
　　　　营业外收入——债务重组利得　　　　　　　　2 930 983

(2) 2011年12月31日,偿付利息时:

①如果2011年盈利:

借:预计负债　　　　　　　　　　　　　　　　237 737
　　财务费用　　　　　　　　　　　　　　　　　14 263
　　贷:银行存款　　　　　　　　　　　　　　　　　　252 000

②如果2011年未盈利:

借:预计负债　　　　　　　　　　　　　　　　237 737

         财务费用   14 263
      贷：营业外收入——其他   252 000
(3) 2012 年 12 月 31 日，偿付本息时。
①如果 2011 年盈利：
   借：应付账款——债务重组   5 607 000
      预计负债   224 280
      财务费用   720 720
      贷：银行存款   6 552 000
②如果 2011 年未盈利：
   借：应付账款——债务重组   5 607 000
      预计负债   224 280
      财务费用   720 720
      贷：银行存款   6 300 000
         营业外收入——其他   252 000
2. 根据上述资料，债权人乙公司账务处理如下：
(1) 2011 年 1 月 1 日，重组债权时：
①受让固定资产偿债：
   借：固定资产   1 000 000
      贷：应收账款   1 000 000
②修改其他债务条件偿债：
重组债权的账面余额＝10 000 000－1 000 000＝9 000 000（元）
将来应收金额＝9 000 000×(1－30％)＝6 300 000（元）
将来应收金额的现值＝6 300 000×0.890 0＝5 607 000（元）
债务重组损失＝9 000 000－5 607 000＝3 393 000（元）
③会计分录：
   借：应收账款——债务重组   5 607 000
      营业外支出——债务重组损失   3 393 000
      贷：应收账款   9 000 000
(2) 2011 年 12 月 31 日，收取利息时：
①如果甲公司 2011 年盈利：
   借：银行存款（6 300 000×4％）   252 000
      贷：营业外收入——其他   252 000
②如果甲公司 2011 年未盈利，不作账务处理。
(3) 2012 年 12 月 31 日，收取本息时：
①如果甲公司 2011 年盈利：
   借：银行存款   6 552 000
      贷：应收账款——债务重组   5 607 000
         财务费用   693 000
         营业外收入——其他   252 000

②如果甲公司 2011 年未盈利：
借：银行存款　　　　　　　　　　　　　　6 300 000
　　贷：应收账款——债务重组　　　　　　　　　　5 607 000
　　　　财务费用　　　　　　　　　　　　　　　　　693 000

思考练习题

一、重要概念
1. 债务重组
2. 债务重组利得
3. 债务重组损失
4. 将来应付金额
5. 将来应收金额
6. 附或有条件的债务重组
7. 不附或有条件的债务重组

二、思考题
1. 简述债务重组的方式。
2. 在各种债务重组方式下，债权债务双方的账务处理有何不同？
3. 在以非现金资产抵偿债务时，债务人如何确定非现金资产的处置损益和债务重组利得？
4. 债务重组涉及或有事项时，债权债务双方应如何处理？

三、单项选择题
1. 某工业企业重组债权时，对其受让非现金资产过程中发生的运杂费、保险费等相关费用，应计入（　　）。
A. 管理费用
B. 其他业务成本
C. 营业外支出
D. 受让资产的价值

2. 甲公司应收乙公司货款 6 000 000 元，经协商，双方同意按 5 000 000 元结清该笔货款。甲公司已经为该笔应收账款计提了 1 200 000 元的坏账准备，在债务重组日，该事项对甲公司和乙公司的影响分别为（　　）。
A. 甲公司资产减值损失减少 200 000 元，乙公司营业外收入增加 1 000 000 元

B. 甲公司营业外支出增加 1 000 000 元，乙公司资本公积增加 1 000 000 元
C. 甲公司营业外支出增加 1 000 000 元，乙公司营业外收入增加 1 000 000 元
D. 甲公司营业外支出增加 1 000 000 元，乙公司营业外收入增加 200 000 元

3. 债务人以低于债务账面价值的现金清偿某项债务的，债务人应将重组债务的账面价值与支付的现金之间的差额确认为（　　）。
A. 营业外收入
B. 其他业务收入
C. 资本公积
D. 营业外支出

4. 债务人以现金、非现金资产、债务转为资本方式的组合清偿某项债务的一部分，并对该债务的另一部分以修改其他债务条件进行债务重组的，对上述支付方式应考虑的前后顺序是（　　）。
A. 现金、非现金资产、债务转为资本、修改其他债务条件
B. 现金、非现金资产、修改其他债务条件、债务转为资本
C. 现金、债务转为资本、非现金资产、修改其他债务条件
D. 修改其他债务条件、非现金资产、债务转为资本、现金

5. 以低于债务账面价值的现金清偿某项债务的，债权人应将重组债权的账面价值与收到的现金之间的差额确认为（　　）。
A. 管理费用
B. 资本公积

C. 营业外收入
D. 营业外支出

6. 以修改其他债务条件进行债务重组的，如果债务重组协议中附有或有应付金额，该或有应付金额最终没有发生的，应（　　）。

A. 冲减已确认的预计负债，同时确认营业外收入
B. 冲减营业外支出
C. 冲减财务费用
D. 冲减销售费用

7. 以债务转为资本清偿某项债务的，债权人应按（　　）作为受让股权的入账价值。

A. 重组债权的账面价值
B. 重组债权的账面余额
C. 股权的公允价值
D. 重组债权的公允价值

8. A公司应收B公司账款的余额为1 000 000元，已计提坏账准备100 000元，双方达成协议，A公司同意B公司用现金850 000元抵偿全部债务。A公司在债务重组日应确认的债务重组损失为（　　）元。

A. 150 000   B. 100 000
C. 50 000   D. 0

9. 债务人为股份有限公司，在债务重组时将债务转为股本，债务人应确认为股本的是债权人应享有股份的（　　）。

A. 面值总额   B. 账面余额
C. 市价总额   D. 债务总额

10. 甲公司以一台设备抵偿债务，设备的账面原价为860 000元，已提折旧260 000元，公允价值580 000元，抵偿债务的账面余额为700 000元。该项债务重组记入"营业外收入——债务重组利得"科目中的金额为（　　）元。

A. 100 000   B. 120 000
C. 160 000   D. 220 000

11. A公司应收B公司账款500 000元，B公司因财务困难不能偿还债务，A公司同意B公司用一台设备偿还，设备的公允价值为400 000元，原值500 000元，已提折旧100 000元，发生清理费用30 000元，计提减值准备50 000元。A公司为此应收账款提取了60 000元的坏账准备，A公司受让该固定资产的入账价值是（　　）元。

A. 430 000   B. 440 000
C. 380 000   D. 400 000

12. 甲公司欠乙公司货款1 000 000元，由于甲公司财务困难无法偿还到期债务，经协商，甲公司用产成品偿债。甲公司增值税税率17%，产品成本700 000元，市价800 000元，甲公司增值税发票已开具，乙公司已将产品入库，甲公司此项债务重组将记入"营业外收入"科目的金额为（　　）元。

A. 200 000   B. 64 000
C. 130 000   D. 164 000

四、多项选择题

1. 债务重组的方式主要包括（　　）。

A. 以低于债务账面价值的资产清偿债务
B. 债务转为资本
C. 修改其他债务条件
D. 混合重组方式
E. 以高于债务账面价值的资产清偿债务

2. 进行债务重组发生的债务重组损益，债务人、债权人可能计入（　　）。

A. 资本公积
B. 营业外收入
C. 财务费用
D. 营业外支出
E. 管理费用

3. 企业与债权人进行债务重组，下列说法中不正确的有（　　）。

A. 以现金清偿债务的，支付的现金小于应付债务账面价值的差额，计入营业外收入

B. 以非现金资产清偿债务的，应按应付债务的账面价值结转。应付债务的账面价值与用于抵偿债务的非现金资产账面价值的差额，作为资本公积，或者作为损失计入当期营业外支出

C. 以债务转为资本的，应按债权人放弃债权而享有的股权份额的面值总额作为实收资本，按债务账面价值与转作实收资本的金额的差额，作为资本公积

D. 以修改其他债务条件进行债务重组的，修改其他债务条件后未来应付金额小于债务重组前应付债务账面价值的，将其差额计入营业外支出

E. 以修改其他债务条件进行债务重组的，修改其他债务条件后未来应付金额小于债务重组前应付债务账面价值的，将其差额计入管理费用

4. 在债务重组的会计处理中，债权人有可能产生债务重组损失的情况有（　　）。

A. 债务人以低于债务账面价值的现金清偿

B. 债务人以非现金资产清偿

C. 债务人将债务转资本

D. 修改债务条件后债权人将来应收金额小于重组债权的账面价值

E. 债务人以低于债务账面价值的非现金资产清偿

5. 关于债务重组，下列说法中正确的有（　　）。

A. 以现金清偿债务的，债务人应当将重组债务的账面价值与支付的现金之间的差额，计入当期损益

B. 以现金清偿债务的，若债权人已对债权计提减值准备的，债权人实际收到的现金大于应收债权账面价值的差额，计入营业外收入

C. 或有应付金额是指需要根据未来某种事项出现而发生的应付金额，而且该未来事项的出现具有不确定性

D. 债务重组是指在债务人发生财务困难的情况下，债权人按照其与债务人达成的协议或者法院的裁定作出让步的事项

E. 修改后的债务条款如涉及或有应付金额，债务人就应当将该或有应付金额确认为预计负债

6. 关于债务重组准则中以非现金资产清偿债务的，下列说法中正确的有（　　）。

A. 债务人以非现金资产清偿债务的，债务人应当将重组债务的账面价值与转让的非现金资产公允价值之间的差额，确认为营业外支出，计入当期损益

B. 债务人以非现金资产清偿债务的，债务人应当将重组债务的账面价值与转让的非现金资产公允价值之间的差额，确认为资本公积，计入所有者权益

C. 债务人转让的非现金资产公允价值与其账面价值之间的差额，计入当期损益

D. 债务人以非现金资产清偿债务的，债务人应当将重组债务的账面价值与转让的非现金资产公允价值之间的差额，计入当期损益

E. 债务人转让的非现金资产公允价值与其账面价值之间的差额，确认为资本公积，计入所有者权益

7. 企业在债务重组日进行的账务处理，如果有债务重组利得或损失，正确的账务处理方法有（　　）。

A. 债务人可能贷记"营业外收入——债务重组利得"科目

B. 债务人可能借记"营业外支出——债务重组损失"科目

C. 债务人可能贷记"投资收益"科目

D. 债权人可能贷记"营业外收入——债务重组利得"科目

E. 债权人可能借记"营业外支出——债务重组损失"科目

8. 2011年3月31日，甲公司应收乙公司的一笔5 000 000元货款到期，由于乙

公司财务发生困难,该笔货款预计短期内无法收回。甲公司已为该项债权计提坏账准备1 000 000元。当日甲公司就该债权与乙公司进行协商。下列协商方案中,属于甲公司债务重组的有( )。

A. 减免1 000 000元的债务,其余部分立即以现金偿还

B. 减免500 000元债务,其余部分延期2年偿还

C. 以公允价值为5 000 000元的固定资产偿还

D. 以现金1 000 000元和公允价值为4 000 000元的无形资产偿还

E. 以公允价值为4 000 000元的库存商品偿还

9. 债务人以非现金资产清偿债务时,债权人收到非现金资产在确认受让资产入账价值时,应考虑的因素有( )。

A. 债权的账面价值

B. 债务人转让存货时交纳的增值税销项税额

C. 债权人支付的其他相关税费

D. 债务人所转让存货的公允价值

E. 债务人所转让存货的账面价值

10. 关于债务重组准则中债务转为资本清偿债务的,下列说法中正确的有( )。

A. 债务人应当将债权人放弃债权而享有股份的面值总额确认为股本(或实收资本),股份的公允价值总额与股本(或实收资本)之间的差额确认为债务重组利得

B. 债务人应当将债权人放弃债权而享有股份的面值总额确认为股本(或实收资本),股份的公允价值总额与股本(或实收资本)之间的差额确认为资本公积

C. 重组债务的账面价值与股份的公允价值总额之间的差额,计入当期损益

D. 重组债务的账面价值与股份的面值总额之间的差额,计入当期损益

E. 重组债务的账面价值与股份的公允价值总额之间的差额,确认为债务重组损失,计入当期损益

五、判断题

1. 债务重组是指在债务人财务发生困难的情况下达成的事项,但债权人不一定对债务人作出让步。( )

2. 在债务重组中,债务人以非现金资产清偿债务的,债权人应按重组债权的账面价值作为受让的非现金资产的入账价值。( )

3. 以修改其他债务条件进行债务重组的,如果重组债务的账面价值大于将来应付金额,债务人应将重组债务的账面价值减记至将来应付金额,减记的金额确认为资本公积。( )

4. 只要债务重组时确定的债务偿还条件不同于原协议,不论债权人是否作出让步,均属于准则所定义的债务重组。( )

5. 以修改其他债务条件进行债务重组时,不论是债权人还是债务人,均不应确认债务重组损失或债务重组利得。( )

6. 债务人以其生产的产品抵偿债务的,应以成本转账而不计入主营业务收入。( )

7. 如果债务人以存货清偿债务的,债务人应当按照应付债务的账面价值结转,应付债务的账面价值小于用以清偿债务的存货成本、增值税销项税额和支付的相关税费之和的差额,直接计入当期营业外收入。( )

8. 使用非现金资产清偿债务时,债权人没有损失,债务人可能有损失。( )

9. 以非现金资产清偿债务的,债权人应当对受让的非现金资产按其公允价值入账,重组债权的账面余额与受让的非现金资产的公允价值之间的差额,计入当期损益。债权人已对债权计提减值准备的,应当先将该差额冲减减值准备,减值准备不足以冲减的部分,计入当期损益。( )

六、核算题

1. 甲公司和乙公司均为增值税一般纳税人，适用的增值税税率均为17%。2011年1月5日，甲公司向乙公司销售材料一批，增值税专用发票上注明的价款为5 000 000元，税额为850 000元，至2011年3月31日尚未收到上述货款。甲公司已经计提坏账准备100 000元。乙公司鉴于财务困难，于2011年4月1日提出以其生产的一批产品和一台设备抵偿上述债务。经双方协商，甲公司同意乙公司的上述偿债方案。用于抵偿债务的产品和设备及有关资料如下：

(1) 乙公司为该批产品开出增值税专用发票上注明价款3 000 000元，增值税510 000元，该批产品的成本为2 400 000元。

(2) 该设备的公允价值为2 000 000元，账面原价为4 340 000元，至2011年3月31日的累计折旧为2 000 000元，乙公司清理设备过程中以银行存款支付清理费用20 000元。假定乙公司用该设备抵偿上述债务不需要缴纳增值税及其他税费。

甲公司已于2011年4月10日收到乙公司用于偿还债务的上述产品和设备，甲公司收到的上述产品作为存货处理，收到的设备作为固定资产处理，甲公司按增值税专用发票上注明的价款确定所收到存货的入账价值。

要求：对甲、乙公司的债务重组进行相关的账务处理。

2. A公司于2009年1月1日销售一批商品给B公司，销售价款2 000 000元，增值税税率为17%。同时收到B公司签发并承兑的一张期限为6个月、票面年利率为6%、到期还本付息的商业承兑汇票。票据到期，B公司因资金周转发生困难无法按期兑付该票据本息，A公司将该票据按到期价值转入应收账款，不再计算利息。2009年12月31日B公司与A公司商议进行债务重组，其相关资料如下：

(1) 免除积欠利息。

(2) 将上述债务中的1 000 000元转为B公司30万股普通股，每股面值为1元、市价3.2元。B公司2010年1月1日办理了有关增资批准手续，并向A公司出具了出资证明。

(3) 将剩余债务的偿还期限延长至2011年12月31日，并从2010年1月1日起按2%的年利率收取利息。2010年1月1日，适用的贴现率为6%。

(4) 债务重组协议规定，B公司于每年年末支付利息。假定A公司未对该应收账款提取坏账准备（不考虑其他相关税费）。

要求：对A、B公司的债务重组进行相关账务处理。

3. 甲公司因近期发生亏损，现金流量严重不足，无力支付于2009年12月31日到期的应付乙公司账款10 000 000元。经协商，甲、乙公司愿意就此项债务进行重组。有关重组协议如下：

(1) 债务重组日为2010年1月1日。

(2) 甲公司以一台设备抵偿债务1 000 000元（假定不考虑相关税费）。该固定资产的公允价值为1 000 000元，账面原价为1 500 000元，已提折旧500 000元。乙公司对收到的设备作为固定资产核算。

(3) 在以上述固定资产抵偿债务的基础之上，免除剩余债务的20%，其余债务延期至2011年12月31日偿还。

(4) 甲公司如于2010年开始盈利，则从2011年1月1日起对延期偿还的债务，按3%的年利率向乙公司支付利息。

(5) 2010年1月1日，适用的贴现率为6%。

要求：对甲、乙公司的债务重组进行相关账务处理。

第十四章 或有事项

第一节 或有事项概述

一、或有事项的概念

企业在经营活动中有时会面临一些具有较大不确定性的经济事项,需要会计人员作出分析和判断。这些不确定事项对企业的财务状况和经营成果可能会产生较大的影响,其最终结果须由某些未来事项的发生或不发生加以确定。例如,企业售出一批商品并对商品提供售后担保,承诺在商品发生质量问题时由企业无偿提供修理服务,从而发生一些费用。销售商品并提供售后担保是企业过去发生的交易,由此形成的未来修理服务构成一项不确定事项,修理服务的费用是否会发生以及发生金额的多少将取决于未来是否发生修理请求以及修理工作量、费用等的大小。按照权责发生制原则,企业不能等到客户提出修理请求时,才确认因提供担保而发生的义务,而应当在资产负债表日对这一不确定事项作出判断,以决定是否在当期确认承担的修理义务。这种不确定事项在会计上被称为或有事项。

或有事项是指过去的交易或者事项形成的,其结果须由某些未来事项的发生或不发生才能决定的不确定事项。常见的或有事项包括:未决诉讼或未决仲裁、债务担保、产品质量保证(含产品安全保证)、承诺、亏损合同、重组义务、环境污染整治等。

二、或有事项的特征

(一)或有事项是因过去的交易或事项形成的

或有事项作为一种不确定事项,是因企业过去的交易或者事项形成的。因过去的交易或事项形成是指或有事项的现存状况是过去交易或事项引起的客观存在。例如,未决诉讼虽然是正在进行中的诉讼,但该诉讼是企业因过去的经济行为导致起诉其他单位或被其他单位起诉,是现存的一种状况,而不是未来将要发生的事项。基于这一特征,未来可能发生的自然灾害、交通事故、经营亏损等,不属于或有事项。

(二)或有事项的结果具有不确定性

结果具有不确定性是指或有事项的结果是否发生具有不确定性,或者或有事项的结果预计将会发生,但发生的具体时间或金额具有不确定性。

首先,或有事项的结果是否发生具有不确定性。例如,企业为其他单位提供债务担保,如果被担保方到期无力还款,担保方将负连带责任。对于担保方而言,担保事项构成其或有事项,但最后是否履行连带责任,在担保协议达成时是不确定的。又如,有些未决诉讼,被起诉的一方是否会败诉,在案件审理过程中是难以确定的,需要根据法院判决情况加以确定。其次,或有事项的结果预计将会发生,但具体发生的时间或发生的金额具有不确定性。例如,某企业因治理"三废"不力并对周围环境造成污染而被起诉,一般情况下,该企业很可能败诉,但是,在诉讼成立时,该企业因败诉将支出多少金额,或支出发生在何时,是难以确定的。

(三) 或有事项的结果须由未来事项决定

结果由未来事项决定是指或有事项的结果只能由未来不确定事项的发生或不发生决定。或有事项对企业会产生有利影响还是不利影响,或虽已知是有利影响或不利影响,但影响有多大,在或有事项发生时是难以确定的。这种不确定性的消失,只能由未来不确定事项的发生或不发生才能证实。例如,企业为其他单位提供债务担保,该担保事项最终是否会要求企业履行偿还债务的连带责任,一般只能看被担保方的未来经营情况和偿债能力。如果被担保方经营情况和财务状况良好且有较好的信用,按期还款,那么企业将不需要履行该连带责任。只有在被担保方到期无力还款时,担保方才承担偿还债务的连带责任。

需要说明的是,在会计处理过程中存在不确定性的事项并不都是或有事项,企业应当按照或有事项的定义和特征进行判断。例如,对固定资产计提折旧虽然也涉及对固定资产预计净残值和使用寿命进行分析和判断,带有一定的不确定性,但是,固定资产折旧是已经发生的损耗,固定资产的原值是确定的,其价值最终会转移到成本或费用中也是确定的,该事项的结果是确定的。因此,对固定资产计提折旧不属于或有事项。

三、或有负债和或有资产的形式

作为过去的交易或事项形成的一种状况,或有事项的结果会有两种情况:一种是导致经济利益流出企业;另一种是导致经济利益流入企业。

因或有事项导致经济利益流出或流入的可能性,通常按照一定的概率区间加以判断。一般情况下,发生的概率分为以下几个层次:基本确定、很可能、可能、极小可能。其中,基本确定是指发生的可能性大于95%但小于100%;很可能是指发生的可能性大于50%但小于或等于95%;可能是指发生的可能性大于5%但小于或等于50%;极小可能是指发生的可能性大于0但小于或等于5%。

(一) 或有负债

或有负债是指过去的交易或者事项形成的潜在义务,其存在须通过未来不确定事项的发生或不发生予以证实;或过去的交易或者事项形成的现时义务,履行该义务不是很可能导致经济利益流出企业或该义务的金额不能可靠计量。

或有负债涉及两类义务:一类是潜在义务;另一类是现时义务。其中,潜在义务是指结果取决于不确定未来事项的可能义务,即潜在义务最终是否转变为现时义务,由某些未来不确定事项的发生或不发生才能决定。现时义务是指企业在现行条件下已承担的义务,该现时义务的履行不是很可能导致经济利益流出企业,或者该现时义务的金额不能可靠地计量。例如,甲公司涉及一桩诉讼案,根据以往的审判案例推断,甲公司很可能败诉。但案件法院尚未判决,甲公司无法根据经验判断未来将要承担多少赔偿金额,因此该现时义务的金额不能可靠地计量,该诉讼案件即形成一项甲公司的或有负债。

(二) 或有资产

或有资产是指过去的交易或者事项形成的潜在资产，其存在须通过未来不确定事项的发生或不发生予以证实。或有资产作为一种潜在资产，其结果具有较大的不确定性，只有随着经济情况的变化，通过某些未来不确定事项的发生或不发生才能证实其是否会形成企业真正的资产。例如，甲公司向法院起诉乙公司侵犯了其专利权，法院尚未对该案件进行公开审理，甲公司是否胜诉尚难判断。对于甲公司而言，将来可能胜诉而获得的赔偿属于一项或有资产，但这项或有资产是否会转化为真正的资产，要由法院的判决结果确定。如果终审判决结果是甲公司胜诉，那么这项或有资产就转化为甲公司的一项资产。如果终审判决结果是甲公司败诉，那么或有资产就消失了，更不可能形成甲公司的资产。

(三) 或有负债和或有资产的确认和披露

或有负债和或有资产不符合负债或资产的定义和确认条件，企业不应当确认或有负债和或有资产，而应当进行相应的披露。但是，影响或有负债和或有资产的多种因素处于不断变化之中，企业应当持续地对这些因素予以关注。随着时间的推移和事态的进展，或有负债对应的潜在义务可能转化为现时义务，原本不是很可能导致经济利益流出的现时义务也可能被证实将导致企业经济利益流出，并且现时义务的金额也能够可靠计量。这时或有负债就转化为企业的负债，应当予以确认。或有资产也是一样，其对应的潜在资产最终是否能够流入企业会逐渐变得明确，如果某一时点企业基本确定能够收到这项潜在资产并且其金额能够可靠计量，则应当将其确认为企业的资产。

第二节 预计负债的确认和计量

一、预计负债的确认

与或有事项有关的义务应当在同时符合以下三个条件时确认为负债，作为预计负债进行确认和计量。

(一) 该义务是企业承担的现时义务

即与或有事项相关的义务是在企业当前条件下已承担的义务，企业没有其他现实的选择，只能履行该现时义务。这里所指的义务包括法定义务和推定义务。法定义务是指因合同、法规或其他司法解释等产生的义务，通常是企业在经济管理和经济协调中，依照经济法律、法规的规定必须履行的责任。例如，企业与其他企业签订购货合同产生的义务就属于法定义务。推定义务是指因企业的特定行为而产生的义务。企业的特定行为泛指企业以往的习惯做法、已公开的承诺或已公开宣布的经营政策，并且，由于以往的习惯做法，或通过这些承诺或公开的声明，企业向外界表明了它将承担特定的责任，从而使受影响的各方形成了其将履行哪些责任的合理预期。例如，甲公司是一家化工企业，因扩大经营规模，到A国创办了一家分公司。假定A国尚未针对甲公司这类企业的生产经营可能产生的环境污染制定相关法律，因而甲公司的分公司对在A国生产经营可能产生的环境污染不承担法定义务。但是，甲公司为在A国树立良好的形象，自行向社会公告,宣称将对生产经营可能产生的环境污染进行治理。甲公司的分公司为此承担的义务就属于推定义务。

(二)履行该义务很可能导致经济利益流出企业

即履行与或有事项相关的现时义务时,导致经济利益流出企业的可能性超过50%,但尚未达到基本确定的程度。企业因或有事项承担了现时义务,并不说明该现时义务很可能导致经济利益流出企业。例如,2011年5月1日,甲公司与乙公司签订协议,承诺为乙公司的2年期银行借款提供全额担保。对于甲公司而言,由于担保事项而承担了一项现时义务,但这项义务的履行是否很可能导致经济利益流出企业,需依据乙公司的经营情况和财务状况等因素加以确定。假定2011年末,乙公司的财务状况恶化,且没有迹象表明可能发生好转。此种情况出现,表明乙公司很可能违约,从而甲公司履行承担的现时义务将很可能导致经济利益流出企业。反之,如果乙公司财务状况良好,一般可以认定乙公司不会违约,从而甲公司履行承担的现时义务不是很可能导致经济利益流出。

(三)该义务的金额能够可靠地计量

即与或有事项相关的现时义务的金额能够合理地估计。由于或有事项具有不确定性,因或有事项产生的现时义务的金额也具有不确定性,需要估计。要对或有事项确认一项负债,相关现时义务的金额应当能够可靠估计。只有在其金额能够可靠地估计,并同时满足其他两个条件时,企业才能加以确认。例如,乙公司涉及一起诉讼案,根据以往的审判结果判断,乙公司很可能败诉,相关的赔偿金额也可以估算出一个区间。此时,就可以认为该公司因未决诉讼承担的现时义务的金额能够可靠地计量,如果同时满足其他两个条件,就可以将所形成的义务确认为一项负债。

预计负债应当与应付账款、应计项目等其他负债进行严格区分。因为与预计负债相关的未来支出的时间或金额具有一定的不确定性。应付账款是为已收到或已提供的、并已开出发票或已与供应商达成正式协议的货物或劳务支付的负债,应计项目是为已收到或已提供的,但还未支付、未开出发票或未与供应商达成正式协议的货物或劳务支付的负债,尽管有时需要估计应计项目的金额或时间,但是其不确定性通常远小于预计负债。应计项目经常作为应付账款和其他应付款的一部分进行列报,而预计负债则单独进行列报。

二、预计负债的计量

当与或有事项有关的义务符合确认为负债的条件时,应当将其确认为预计负债,预计负债应当按照履行相关现时义务所需支出的最佳估计数进行初始计量。此外,企业清偿预计负债所需支出还可能从第三方或其他方获得补偿。因此,或有事项的计量主要涉及两个问题:一是最佳估计数的确定;二是预期可获得补偿的处理。

(一)最佳估计数的确定

最佳估计数的确定应当分别以下两种情况处理。

(1)所需支出存在一个连续范围(或区间,下同),且该范围内各种结果发生的可能性相同,则最佳估计数应当按照该范围的中间值即上下限金额的平均数确定。

【例14-1】 2011年12月22日,甲公司因合同违约而涉及一起诉讼案。根据甲公司的法律顾问判断，最终的判决很可能对甲公司不利。2011年12月31日，甲公司尚未接到法院的判决，因诉讼须承担的赔偿金额也无法准确地确定。不过，据专业人士估计，赔偿金额可能是600 000~800 000元之间的某一金额，而且这个区间内每个金额的可能性都大致相同。

本例中，甲公司应在2011年12月31日的资产负债表中确认一项负债，金额为700 000元[(600 000+800 000)÷2]。

（2）所需支出不存在一个连续范围，或者虽然存在一个连续范围，但该范围内各种结果发生的可能性不相同，最佳估计数应当分别下列情况处理：

①或有事项涉及单个项目的，按照最可能发生金额确定。涉及单个项目是指或有事项涉及的项目只有一个，如一项未决诉讼、一项未决仲裁或一项债务担保等。

【例14-2】 2011年10月8日，乙公司涉及一起诉讼案。2011年12月31日，乙公司尚未接到法院的判决。根据类似案件以往的经验及公司所聘律师的意见判断，乙公司认为胜诉的可能性为40%，败诉的可能性为60%。如果败诉，需要赔偿900 000元。在这种情况下，乙公司在资产负债表中确认的负债金额应为最可能发生的金额，即900 000元。

②或有事项涉及多个项目的，按照各种可能结果及相关概率计算确定。涉及多个项目是指或有事项涉及的项目不止一个。例如，在产品质量保证中，提出产品保修要求的可能有许多客户，相应地，企业对这些客户负有保修义务。

【例14-3】 甲公司是生产并销售A产品的企业，2011年第一季度，共销售A产品50 000件，销售收入为300 000 000元。根据公司的产品质量保证条款，该产品售出后1年内，如发生正常质量问题，公司将负责免费维修。根据以前年度的维修记录，如果发生较小的质量问题，发生的维修费用为销售收入的1%；如果发生较大的质量问题，发生的维修费用为销售收入的2%。根据公司技术部门的预测，本季度销售的产品中，有80%不会发生质量问题；有15%可能发生较小质量问题；有5%可能发生较大质量问题。据此，2011年第一季度末，甲公司应在资产负债表中确认的负债金额为750 000元[300 000 000×(0×80%+1%×15%+2%×5%)]。

（二）预期可获得补偿的处理

如果企业清偿因或有事项而确认的负债所需支出全部或部分预期由第三方或其他方补偿，则此补偿金额只有在基本确定能够收到时，才能作为资产单独确认，确认的补偿金额不能超过所确认负债的账面价值。补偿金额"基本确定"能收到是指预期从保险公司、索赔人、被担保企业等获得补偿的可能性大于95%但小于100%的情形。需特别说明的是，一是补偿金额应单独确认为资产，不可与预计负债抵销后确认；二是确认的补偿金额不应超过所确认的预计负债的账面价值。

预期可能获得补偿的情况通常有：(1) 发生交通事故等情况时，企业通常可从保险公司获得合理的赔偿；(2) 在某些索赔诉讼中，企业可对索赔人或第三方另行提出赔偿要求；(3) 在债务担保业务中，企业在履行担保义务的同时，通常可向被担保企业提出追偿要求。

企业预期从第三方获得的补偿是一种潜在资产，其最终是否真的会转化为企业真正的资产（即企业是否能够收到这项补偿）具有较大的不确定性，企业只能在基本确定能够收到补偿时才能对其进行确认。根据资产和负债不能随意抵销的原则，预期可获得的补偿在基本确定能够收到时应当确认为一项资产，而不能作为预计负债金额的扣减。

【例 14-4】 2011 年 12 月 31 日，甲公司因或有事项而确认了一笔金额为 800 000 元的负债；同时，甲公司因该或有事项，基本确定可从乙公司获得 300 000 元的赔偿。

本例中，甲公司应分别确认一项金额为 800 000 元的负债和一项金额为 300 000 元的资产，而不能只确认一项金额为 500 000 元（800 000－300 000）的负债。同时，甲公司所确认的补偿金额 300 000 元不能超过所确认的负债的账面价值 800 000 元。

（三）预计负债的计量需要考虑的其他因素

企业在确定最佳估计数时，除上述两个因素之外，还应当综合考虑与或有事项有关的风险、不确定性、货币时间价值和未来事项等因素。

1. 风险和不确定性

风险是对交易或事项结果的变化可能性的一种描述。企业在不确定的情况下进行判断需要谨慎，使得收入或资产不会被高估，费用或负债不会被低估。企业应当充分考虑与或有事项有关的风险和不确定性，既不能忽略风险和不确定性对或有事项计量的影响，也需要避免对风险和不确定性进行重复调整，从而在低估和高估预计负债金额之间寻找平衡点。

2. 货币时间价值

预计负债的金额通常应当等于未来应支付的金额。但是，因货币时间价值的影响，资产负债表日后不久发生的现金流出，要比一段时间之后发生的同样金额的现金流出负有更大的义务。所以，如果预计负债的确认时点距离实际清偿有较长的时间跨度，货币时间价值的影响重大，那么在确定预计负债的确认金额时，应考虑采用现值计量，即通过对相关未来现金流出进行折现确定最佳估计数。

将未来现金流出折算为现值时，需要注意以下三点：(1) 用来计算现值的折现率，应当是反映货币时间价值的当前市场估计和相关负债特有风险的税前利率；(2) 风险和不确定性既可以在计量未来现金流出时作为调整因素，也可以在确定折现率时予以考虑，但不能重复反映；(3) 随着时间的推移，即使在未来现金流出和折现率均不改变的情况下，预计负债的现值也将逐渐增长。企业应当在资产负债表日，对预计负债的现值进行重新计量。

3. 未来事项

企业应当考虑可能影响履行现时义务所需金额的相关未来事项。即对于这些未来事项，如果有足够的客观证据表明它们将发生，如未来技术进步、相关法规出台等，则应当在预计负债计量中考虑相关未来事项的影响，但不应考虑预期处置相关资产形成的利得。

预期的未来事项可能对预计负债的计量较为重要。例如，某核电企业预计，在生产结束时清理核废料的费用将因未来技术的变化而显著降低。那么，该企业因此确认的预计负债金额应当反映有关专家对技术发展以及清理费用减少作出的合理预测。但是，这种预计需要取得相当客观的证据予以支持。

三、对预计负债账面价值的复核

企业应当在资产负债表日对预计负债的账面价值进行复核。有确凿证据表明该账面价值不能真实反映当前最佳估计数的，应当按照当前最佳估计数对该账面价值进行调整。

例如，甲公司涉及一起跨年度诉讼，上年度预计负债为 1 000 000 元，本年末由于该诉讼发生重大变化，会对企业预计负债的计量产生影响。企业应当在资产负债表日对为此确认的预计负债金额进行复核，相关因素发生变化表明预计负债金额不再能反映真实情况时，需要按照当前情况下企业赔偿支出的最佳估计数对预计负债的账面价值进行相应的调整。在这种情况下，甲公司应对原预计负债 1 000 000 元作出调整，期末确认的预计负债金额应为 1 800 000 元（法院已于年度资产负债表日后判决甲公司赔偿 1 800 000元）。

第三节　或有事项会计的具体应用

企业设置"预计负债"科目，核算企业确认的对外提供担保、未决诉讼、产品质量保证、重组义务、亏损性合同等预计负债。本科目可按形成预计负债的交易或事项进行明细核算。本科目期末贷方余额，反映企业已确认尚未支付的预计负债。

企业由于对外提供担保、未决诉讼、重组义务产生的预计负债，应按确定的金额，借记"营业外支出"等科目，贷记"预计负债"科目。由产品质量保证产生的预计负债，应按确定的金额，借记"销售费用"科目，贷记"预计负债"科目。实际清偿或冲减的预计负债，借记"预计负债"科目，贷记"银行存款"等科目。根据确凿证据需要对已确认的预计负债进行调整的，调整增加的预计负债，借记有关科目，贷记"预计负债"科目；调整减少的预计负债，作相反的会计分录。

一、未决诉讼或未决仲裁

诉讼是指当事人不能通过协商解决争议，因而在人民法院起诉、应诉，请求人民法院通过审判程序解决纠纷的活动。诉讼尚未裁决之前，对于被告来说，可能形成一项或有负债或者预计负债；对于原告来说，则可能形成一项或有资产。

仲裁是指各方当事人依照事先约定或事后达成的书面仲裁协议，共同选定仲裁机构并由其对争议依法作出具有约束力裁决的一种活动。作为当事人一方，仲裁的结果在仲裁决定公布以前是不确定的，会构成一项潜在义务或现时义务，或者潜在资产。

【例 14-5】　2011 年 11 月 1 日，甲公司因合同违约而被丁公司起诉。2011 年 12 月 31 日，公司尚未接到法院的判决。丁公司预计，如无特殊情况很可能在诉讼中获胜，假定丁公司估计将来很可能获得赔偿金额 800 000 元。在咨询了公司的法律顾问后，甲公司认为最终的法律判决很可能对公司不利。假定甲公司预计将要支付的赔偿金额、诉讼费等费用为 600 000～900 000 元之间的某一金额，而且这个区间内每个金额的可能性都大致相同，其中诉讼费为 20 000 元。

本例中，丁公司不应当确认或有资产，而应当在 2011 年 12 月 31 日的报表附注中披露或有资产 800 000 元。

甲公司应在资产负债表中确认一项预计负债，金额为 750 000 元 [(600 000 ＋ 900 000)÷2]。同时在 2011 年 12 月 31 日的附注中进行披露。

根据上述资料，甲公司账务处理如下：

借：管理费用——诉讼费　　　　　　　　　　　　　　　　20 000
　　营业外支出　　　　　　　　　　　　　　　　　　　　730 000
　　贷：预计负债——未决诉讼　　　　　　　　　　　　　　　　750 000

需要说明的是，对于未决诉讼，企业当期实际发生的诉讼损失金额与已计提的相关预计负债之间的差额，应分别情况处理：

(1) 企业在前期资产负债表日，依据当时实际情况和所掌握的证据合理预计了预计负债，应当将当期实际发生的诉讼损失金额与已计提的相关预计负债之间的差额，直接计入或冲减当期营业外支出。

(2) 企业在前期资产负债表日，依据当时实际情况和所掌握的证据，原本应当能够合理估计诉讼损失，但企业所作的估计却与当时的事实严重不符（如未合理预计损失或不恰当地多计或少计损失），应当按照重要前期差错更正的方法进行处理。

(3) 企业在前期资产负债表日，依据当时实际情况和所掌握的证据，确实无法合理预计诉讼损失，因而未确认预计负债，则在该损失实际发生的当期，直接计入当期营业外支出。

(4) 资产负债表日后至财务报告批准报出日之间发生的需要调整或说明的未决诉讼，按照资产负债表日后事项的有关规定进行会计处理。

二、债务担保

债务担保在企业中较为普遍。作为提供担保的一方，在被担保方无法履行合同的情况下，常常承担连带责任。从保护投资者、债权人利益的角度出发，客观、充分地反映企业因担保义务而承担的潜在风险是十分必要的。

【例 14-6】 2010 年 10 月，甲公司从银行贷款人民币 1 000 000 元，期限 2 年，由乙公司全额担保；2011 年 2 月，丙公司从银行贷款美元 1 000 000 元，期限 1 年，由乙公司担保 50%；2011 年 6 月，丁公司通过银行从戊公司贷款人民币 1 000 000 元，期限 2 年，由乙公司全额担保。

截至 2011 年 12 月 31 日，各贷款单位的情况如下：甲公司贷款逾期未还，银行已起诉甲公司和乙公司，乙公司因连带责任需赔偿金额尚无法确定；丙公司由于受政策影响和内部管理不善等原因，经营效益不如以往，可能不能偿还到期美元债务；丁公司经营情况良好，预期不存在还款困难。

本例中，就甲公司而言，乙公司很可能需履行连带责任，但损失金额目前还难以预计；就丙公司而言，乙公司可能需履行连带责任；就丁公司而言，乙公司履行连带责任的可能性极小。这三项债务担保形成乙公司的或有负债，不符合预计负债的确认条件，乙公司在 2011 年 12 月 31 日编制财务报表时，应当在附注中作相应披露。

三、产品质量保证

产品质量保证，通常指销售商或制造商在销售产品或提供劳务后，对客户提供服务的一种承诺。在约定期内，若产品或劳务在正常使用过程中出现质量或与之相关的其他属于正常范围的问题，企业负有更换产品、免费或只收成本价进行修理等责任。为此，企业应当在符合确认条件的情况下，于销售成立时确认预计负债。

【例 14-7】 沿用例 14-3。甲公司 2011 年度第一季度实际发生的维修费为 740 000 元，"预计负债——产品质量保证"科目 2010 年末余额为 20 000 元。

根据上述资料，2011 年度第一季度，甲公司账务处理如下：

(1) 确认与产品质量保证有关的预计负债时：

  借：销售费用——产品质量保证   750 000
    贷：预计负债——产品质量保证   750 000

(2) 发生产品质量保证费用（维修费）时：

  借：预计负债——产品质量保证   740 000
    贷：银行存款或原材料等   740 000

"预计负债——产品质量保证"科目 2011 年度第一季度末的余额为 30 000 元（750 000－740 000＋20 000）。

在对产品质量保证确认预计负债时，需要注意的是：

(1) 如果发现保证费用的实际发生额与预计数相差较大，应及时对预计比例进行调整；

(2) 如果企业针对特定批次产品确认预计负债，则在保修期结束时，应将"预计负债——产品质量保证"余额冲销，不留余额；

(3) 已对其确认预计负债的产品，如企业不再生产，那么应在相应的产品质量保证期满后，将"预计负债——产品质量保证"余额冲销，不留余额。

四、亏损合同

待执行合同变为亏损合同，同时该亏损合同产生的义务满足预计负债的确认条件的，应当确认为预计负债。其中，待执行合同是指合同各方未履行任何合同义务，或部分履行了同等义务的合同。企业与其他企业签订的商品销售合同、劳务提供合同、租赁合同等，均属于待执行合同，待执行合同不属于或有事项。但是，待执行合同变为亏损合同的，应当作为或有事项。亏损合同是指履行合同义务不可避免发生的成本超过预期经济利益的合同。预计负债的计量应当反映退出该合同的最低净成本，即履行该合同的成本与未能履行该合同而发生的补偿或处罚两者之中的较低者。企业与其他单位签订的商品销售合同、劳务合同、租赁合同等，均可能变为亏损合同。

企业对亏损合同进行会计处理，需要遵循以下两点原则：

(1) 如果与亏损合同相关的义务不需支付任何补偿即可撤销，企业通常就不存在现时义务，不应确认预计负债；如果与亏损合同相关的义务不可撤销，企业就存在了现时义务，同时满足该义务很可能导致经济利益流出企业且金额能够可靠计量的，应当确认预计负债。

(2) 待执行合同变为亏损合同时，合同存在标的资产的，应当对标的资产进行减值测试并按规定确认减值损失，在这种情况下，企业通常不需确认预计负债，如果预计亏损超过该减值损失，应将超过部分确认为预计负债；合同不存在标的资产的，亏损合同相关义务满足预计负债确认条件，应当确认预计负债。

【例 14-8】 2010 年 1 月 1 日，甲公司采用经营租赁方式租入一条生产线生产 A 产品，租赁期 4 年。甲公司利用该生产线生产的 A 产品每年可获利 300 000 元。2011 年 12 月 31 日，甲公司决定停产 A 产品，原经营租赁合同不可撤销，还要持续 2 年，且生产线无法转租给其他单位。

本例中，甲公司与其他公司签订了不可撤销的经营租赁合同，负有法定义务，必须继续履行租赁合同（交纳租金）。同时，甲公司决定停产 A 产品。因此，甲公司执行原经营租赁合同不可避免要发生的费用很可能超过预期获得的经济利益，属于亏损合同。甲公司应当在 2011 年 12 月 31 日，根据未来应支付的租金的最佳估计数确认预计负债。

【例 14-9】 乙公司 2011 年 1 月 1 日与某外贸公司签订了一项产品销售合同，约定 2011 年 3 月 15 日以每件产品 200 元的价格向该外贸公司提供 1 000 件 A 产品，若不能按期交货，乙公司需要支付 50 000 元的违约金。这批产品在签订合同时尚未开始生产，但企业开始筹备原材料以生产这批产品时，原材料价格突然上涨，预计生产每件产品的成本升至 240 元。

本例中，乙公司生产产品的成本为每件 240 元，而售价为每件 200 元，每销售 1 件产品亏损 40 元，共计损失 40 000 元。因此，这项销售合同是一项亏损合同。如果撤销合同，乙公司需要支付 50 000 元的违约金。

根据上述资料，乙公司账务处理如下：

(1) 由于该合同变为亏损合同时不存在标的资产，乙公司应当按照履行合同造成的损失与违约金两者中的较低者确认一项预计负债：

借：营业外支出 40 000
　　贷：预计负债 40 000

(2) 待相关产品生产完成后，将已确认的预计负债冲减产品成本：

借：预计负债 40 000
　　主营业务成本 200 000
　　贷：库存商品 240 000

【例 14-10】 丙公司以生产 B 产品为主，目前企业库存积压较多，产品成本为每件 200 元。为了消化库存，盘活资金，丙公司 2011 年 1 月 25 日与某外贸公司签订了一项产品销售合同，约定在 2011 年 2 月 5 日，以每件产品 180 元的价格向外贸公司提供 10 000 件产品，合同不可撤销。

本例中，丙公司生产 B 产品的成本为每件 200 元，而售价为每件 180 元，每销售 1 件亏损 20 元，共计损失 200 000 元。并且，合同不可撤销。因此，这项销售合同是一项亏损合同。

由于该合同签订时即为亏损合同，且存在标的资产，丙公司应当对 B 产品进行减值测试，计提减值准备。如果亏损不超过该减值损失，企业不需确认预计负债；如果亏损超过该减值损失，应将超过部分确认为预计负债。

五、重组义务

(一) 重组义务的确认

重组是指企业制定和控制的，将显著改变企业组织形式、经营范围或经营方式的计划实施行为。属于重组的事项主要包括：(1) 出售或终止企业的部分业务；(2) 对企业的组织结构进行较大调整；(3) 关闭企业的部分营业场所，或将营业活动由一个国家或地区迁移到其他国家或地区。

企业应当将重组与企业合并、债务重组区别开。重组通常是企业内部资源的调整和组合，以谋求现有资产效能的最大化；企业合并是在不同企业之间进行的资本重组和规模扩张；而债务重组是债权人对债务人作出让步，以使债务人减轻债务负担，债权人尽可能减少损失。

企业因重组而承担了重组义务，并且同时满足预计负债的三个确认条件时，才能确认预计负债。首先，同时存在下列情况的，表明企业承担了重组义务：(1) 有详细、正式的重组计划，包括重组涉及的业务、主要地点、需要补偿的职工人数及其岗位性质、预计重组支出、计划实施时间等；(2) 该重组计划已对外公告。其次，需要判断重组义务是否同时满足预计负债的三个确认条件，即判断其承担的重组义务是否是现时义务、履行重组义务是否很可能导致经济利益流出企业、重组义务的金额是否能够可靠计量。只有同时满足这三个确认条件，才能将重组义务确认为预计负债。

例如，某公司董事会决定关闭一个事业部。如果有关决定尚未传达到受影响的各方，也未采取任何措施实施该项决定，该公司就没有开始承担重组义务，不应确认预计负债；如果有关决定已经传达到受影响的各方，并使各方对企业将关闭事业部形成合理预期，通常表明企业开始承担重组义务，同时满足该义务很可能导致经济利益流出企业和金额能够可靠计量的，应当确认预计负债。

(二) 重组义务的计量

企业应当按照与重组有关的直接支出确定预计负债金额，计入当期损益。其中，直接支出是企业重组必须承担的直接支出，不包括留用职工岗前培训、市场推广、新系统和营销网络投入等支出。

由于企业在计量预计负债时不应当考虑预期处置相关资产的利得或损失，在计量与重组义务相关的预计负债时，也不考虑处置相关资产（如厂房、店面或事业部整体）可能形成的利得或损失，即使资产的出售构成重组的一部分也是如此，这些利得或损失应当单独确认。例如，甲公司已制定详细的裁员重组计划并对外公告，该裁员计划需直接支出 150 000 元，则应确认 150 000 元的预计负债。但要注意，预计负债不包括留用员工岗前培训、市场推广、新系统和营销网络投入等支出。

第四节 或有事项的列报或披露

一、预计负债的列报

在资产负债表中，因或有事项而确认的负债（预计负债）应与其他负债项目区别开来，单独反映。如果企业因多项或有事项确认了预计负债，在资产负债表上一般只需通过"预计负债"项目进行总括反映。在将或有事项确认为负债的同时，应确认一项支出或费用。这项费用或支出在利润表中不应单列项目反映，而应与其他费用或支出项目（如"销售费用"、"管理费用"、"营业外支出"等）合并反映。例如，企业因产品质量保证确认负债时所确认的费用，在利润表中应作为"销售费用"的组成部分予以反映；又如，企业因对其他单位提供债务担保确认负债时所确认的费用，在利润表中应作为"营业外支出"的组成部分予以反映。

同时，为了使财务报表使用者获得充分、详细的有关或有事项的信息，企业应在财务报表附注中披露以下内容：（1）预计负债的种类、形成原因以及经济利益流出不确定性的说明；（2）各类预计负债的期初、期末余额和本期变动情况；（3）与预计负债有关的预期补偿金额和本期已确认的预期补偿金额。

需要说明的是，如果企业基本确定能获得补偿，那么企业在利润表中反映因或有事项确认的费用或支出时，应将这些补偿预先抵减。例如，甲公司因提供债务担保而确认了金额为 200 000 元的一项负债和一项支出，同时基本确定可以从第三方获得金额为 120 000 元的补偿。在这种情况下，甲公司应在利润表中反映损失 80 000 元，并将其在利润表中并入"营业外支出"项目。

【例 14-11】 2011 年 1 月 27 日，甲公司为乙公司提供债务担保，但是，因乙公司经营出现困难，至 2011 年 12 月 31 日无法按时还款，因此甲公司很可能需要承担还款连带责任。根据公司法律顾问的职业判断，甲公司很可能需要承担 2 000 000 元的还款连带责任，同时预计诉讼费等费用在 20 000～24 000 元之间，且各种结果发生的可能性相同。

根据上述资料，甲公司账务处理如下：

甲公司因连带责任而承担了现时义务，该义务的履行很可能导致经济利益流出企业，并且该义务的金额能够可靠地计量。因此，2011 年 12 月 31 日，甲公司应确认一项金额为 2 000 000 元的预计负债，同时预计诉讼费用 22 000 元[(20 000+24 000)÷2]，并在附注中进行披露。

借：营业外支出——赔偿支出　　　　　　　　　　　　　2 000 000
　　管理费用——诉讼费　　　　　　　　　　　　　　　　　22 000
　　贷：预计负债——未决诉讼　　　　　　　　　　　　　　　　2 022 000

2011 年 12 月 31 日，甲公司应在资产负债表中列报"预计负债"2 022 000 元，在利润表中所发生的"管理费用"22 000 元应与公司发生的其他管理费用合并反映，"营业外支出"2 000 000 元，应与公司发生的其他营业外支出合并反映。

2011 年 12 月 31 日，甲公司应在附注中披露或有事项如下：

由于本公司为乙公司提供债务担保，并且乙公司不能按时还款，因此本公司负有还款连带责任。2011 年 12 月 31 日，本公司为此确认了一笔预计负债，金额为 2 022 000 元。目前，相关诉讼正在审理中。

二、或有负债的披露

或有负债无论作为潜在义务还是现时义务，均不符合负债的确认条件，因而不予确认。但是，除非或有负债极小可能导致经济利益流出企业，否则企业应当在财务报表附注中披露有关信息，具体包括：

（1）或有负债的种类及其形成原因，包括已贴现商业承兑汇票、未决诉讼、未决仲裁、对外提供担保等形成的或有负债。

（2）经济利益流出不确定性的说明。

（3）或有负债预计产生的财务影响，以及获得补偿的可能性；无法预计的，应当说明原因。

需要说明的是，在涉及未决诉讼、未决仲裁的情况下，如果披露全部或部分信息预期对企业会造成重大不利影响，企业无须披露这些信息，但应当披露该未决诉讼、未决仲裁的性质，以及没有披露这些信息的事实和原因。

【例 14-12】 2010 年度，甲公司背书转让了 3 张应收票据，金额合计 1 400 000 元，包括：被背书人 A 公司，票据金额为 200 000 元，到期日为 2011 年 1 月 10 日；被背书人 B 公司，票据金额为 600 000 元，到期日为 2011 年 3 月 2 日；被背书人 C 公司，票据金额为 600 000 元，到期日为 2011 年 4 月 16 日。

分析： 被背书人到期不能获得付款时，甲公司负有全额偿付的票据责任，从而甲公司因应收票据背书转让而承担了一项现时义务，但经济利益是否很可能流出企业尚难以确定。2010 年 12 月 31 日，甲公司应在附注中披露一项或有负债。

截至 2010 年 12 月 31 日，本公司背书转让应收票据金额合计 1 400 000 元。被背书人到时不能获得付款时，本公司负有代为付款的义务。披露或有负债如表 14-1 所示。

表 14-1　　　　　　　　　或有负债相关信息　　　　　　　　　金额单位：元

出票单位	出票日	到期日	票据金额	被背书人
×××	×××	2011 年 01 月 10 日	200 000	A 公司
×××	×××	2011 年 03 月 02 日	600 000	B 公司
×××	×××	2011 年 04 月 16 日	600 000	C 公司

【例 14-13】 甲公司为一家造纸厂，加工过程中产生的污水未经净化就排出厂外，对周围村镇居民身体健康和生产生活造成严重损害。为此，2011 年 3 月 12 日，甲公司周围村镇集体向法院提起诉讼，要求赔偿损失 6 000 000 元。直到 2011 年 12 月 31 日，该诉讼案尚未判决。

分析： 甲公司周围村镇居民的身体健康和生产生活受到损害，是由于甲公司生产经营过程中没有注意污染整治所致。因此，在 2011 年 12 月 31 日可以推断，以往的排污行为使甲公司承担了一项现时义务，且该义务的履行很可能导致经济利益流出甲公司（因为很可能败诉）。由于此案涉及的情况比较复杂（如居民身体受到损害的程度如何确定等），且正在调查审理中，故不能可靠地估计赔偿损失金额。因此，2011 年 12 月 31 日，甲公司应在附注中披露一项或有负债如下：

本公司因生产经营过程中没有注意污水净化，致使周围村镇居民集体向法院提起诉讼，要求本公司赔偿 6 000 000 元。目前，此案正在审理中。

三、或有资产的披露

或有资产作为一种潜在资产，不符合资产确认的条件，因而不予确认。企业通常不应当披露或有资产，但或有资产很可能会给企业带来经济利益的，应当披露其形成的原因、预计产生的财务影响等。

【例 14-14】 甲公司欠乙公司货款 2 000 000 元，按合同规定，甲公司应于 2011 年 10 月 10 日前付清货款，但甲公司未按期付款。为此，乙公司向法院提起诉讼。2011 年 12 月 10 日，一审判决甲公司应向乙公司全额支付货款，并按每日 5‰ 的利率支付货款延付期间的利息 60 000 元；此外，还应承担诉讼费 10 000 元，三项合计 2 070 000 元。甲公司不服，认为乙公司所提供的货物不符合双方原来约定条款的要求，并因此向乙公司提出 400 000 元的索赔要求。截至 2011 年 12 月 31 日，该诉讼尚在审理当中。

1. 甲公司或有事项的列报或披露

虽然一审已经判决，但甲公司不服，因此不能认为诉讼案件已终结。一审判决结果表明，甲公司因诉讼承担了一项现时义务，该现时义务的履行很可能导致经济利益流出企业，并且该义务的金额能够可靠地计量。因此，甲公司应在一审判决日确认一项负债。

借：管理费用——诉讼费　　　　　　　　　　　　　　　　　　10 000
　　营业外支出——罚息支出　　　　　　　　　　　　　　　　60 000
　　贷：预计负债——未决诉讼　　　　　　　　　　　　　　　　　70 000

在利润表中，所确认的管理费用 10 000 元应与公司发生的其他管理费用合并反映，所确认的营业外支出 60 000 元应与公司发生的其他营业外支出合并反映。

至于甲公司反诉乙公司能否胜诉，只有等到判决后才能确定。如果根据以往的经验和当时的情况，甲公司有充分理由判断很可能胜诉，那么，2011 年 12 月 31 日，甲公司应在附注中披露或有事项如下：

本企业欠乙公司货款 2 000 000 元，因本企业认为乙公司所提供的货物不符合双方原来约定条款的要求，故到期未付，为此，乙公司向法院起诉本企业。2011 年 12 月 10 日，法院一审判决本企业应向乙公司全额支付所欠货款，按每日 5‰ 的利率支付货款延付期间的利息 60 000 元，以及诉讼费 10 000 元，三项合计 2 070 000 元。目前，案件正在审理当中。

如果甲公司缺乏充分的理由说明其很可能胜诉，则不应对相关的或有资产作出披露。

2. 乙公司或有事项的列报或披露

一审判决甲公司败诉，为此，乙公司获得了收取罚息和诉讼费的权利。从谨慎的原则出发，除非甲公司服从判决结果，不再提起诉讼或反诉，否则不应确认一项资产，只能作相关披露。事实是，甲公司不服判决结果并提起反诉，因此，对胜诉可能获得的资产 60 000 元，乙公司只能在 2011 年 12 月 31 日的附注中作出披露。对于甲公司提起反诉是否导致乙公司承担现时义务，乙公司应作仔细判断。如果认为甲公司很可能胜诉，由此造成乙公司发生的损失也能够可靠计量时，则乙公司应确认一项预计负债。否则，只需作出相关披露即可。如果乙公司判断甲有可能胜诉，则应在附注中披露或有事项如下：

甲公司欠本公司货款 2 000 000 元，因认为本公司所提供的货物不符合双方原来约定条款的要求，故到期未还。为此，本公司向法院起诉甲公司。2011 年 12 月 10 日，法院一审判决本公司胜诉，要求甲公司全额偿还本公司货款 2 000 000 元，同时按每日 5‰ 的利率支付货款延付期间的利息 60 000 元，以及诉讼费 10 000 元。甲公司不服，反诉本公司，要求本公司赔偿损失 400 000 元。目前，案件正在审理当中。

思考练习题

一、重要概念
1. 或有事项
2. 或有负债
3. 或有资产
4. 预计负债

二、思考题
1. 常见的或有事项有哪些？
2. 或有负债与预计负债有何区别？如何确认和计量预计负债？
3. 或有事项会计的具体应用讲了哪些交易或事项的处理？
4. 预计负债、或有负债、或有资产列报或披露的内容具体有哪些？

三、单项选择题
1. 根据企业会计准则的规定，下列有关或有事项的表述中，正确的是（　　）。
　A. 或有负债与或有事项相联系，有或有事项就有或有负债
　B. 对于或有事项既要确认或有负债，也要确认或有资产
　C. 由于担保引起的或有事项随着被担保人债务的全部清偿而消失
　D. 只有对本单位产生不利影响的事项，才能作为或有事项

2. "很可能"这一结果的可能性对应的概率为（　　）。
　A. 大于 50% 但小于或等于 95%
　B. 大于 95% 但小于 100%
　C. 大于 5% 但小于或等于 50%
　D. 大于 0 但小于或等于 5%

3. A 公司因或有事项而确认的负债 300 000 元，估计有 95% 的可能性可由 B 公司补偿 400 000 元。则 A 公司应确认资产的金额为（　　）元。
　A. 400 000　　　　B. 0
　C. 100 000　　　　D. 300 000

4. 关于最佳估计数，下列说法中错误的是（　　）。
　A. 企业应当在资产负债表日对预计负债的账面价值进行复核，有确凿证据表明该账面价值不能真实反映当前最佳估计数的，应当按照当前最佳估计数对该账面价值进行调整
　B. 企业不应当在资产负债表日对或有事项确认的最佳估计数进行复核
　C. 确认预计负债的最佳估计数既有初始计量，也有后续计量
　D. 对货币时间价值影响重大的，应当通过对相关未来现金流出进行折现后确定最佳估计数

5. 甲公司涉及一起诉讼。根据类似的经验以及公司所聘请律师的意见判断，甲公司在该起诉讼中胜诉的可能性有 30%，败诉的可能性有 70%。如果败诉，将要赔偿 1 000 000 元，另需承担诉讼费 20 000 元。在这种情况下，甲公司应确认的负债金额应为（　　）元。
　A. 1 020 000　　　B. 1 100 000
　C. 1 200 000　　　D. 0

6. 下列各种说法中，正确的是（　　）。

A. 或有负债符合负债确认条件
B. 或有资产不符合资产确认条件
C. 或有资产应在财务报表附注中披露
D. 只要是或有负债，就必须在附注中披露

7. 某公司于2011年11月27日收到法院通知，被告知A公司状告其侵权，要求赔偿1 000 000元。该公司在应诉中发现B公司应当承担连带责任，对其进行赔偿，公司在年末编制财务报表时，根据法律诉讼的进展情况以及专业人士的意见，认为对原告进行赔偿的可能性在50%以上，最有可能发生的赔偿金额为600 000元，从第三方得到补偿基本可以确定，最有可能获得的补偿金额为800 000元，为此，该公司应在年末进行的会计处理分录为（　　）。

A. 借：营业外支出　　　　600 000
　　贷：预计负债　　　　　　600 000
　借：其他应收款　　　　600 000
　　贷：营业外支出　　　　　600 000
B. 借：预计负债　　　　　200 000
　　贷：营业外收入　　　　　200 000
C. 借：营业外支出　　　　600 000
　　贷：预计负债　　　　　　600 000
D. 借：营业外支出　　　　600 000
　　贷：预计负债　　　　　　600 000
　借：其他应收款　　　　800 000
　　贷：营业外支出　　　　　800 000

8. 2011年，甲公司销售收入为10 000 000元。甲公司的产品质量保证条款规定：产品售出后1年内，如发生正常质量问题，甲公司将免费负责修理。根据以往的经验，如果出现较小的质量问题，则须发生的修理费为销售收入的1%；而如果出现较大的质量问题，则须发生的修理费为销售收入的2%。据预测，本年度已售产品中，有80%不会发生质量问题，有15%将发生较小质量问题，有5%将发生较大质量问题。据此，2011年年末甲公司应确认的负债金额为（　　）元。

A. 15 000　　　　B. 10 000
C. 25 000　　　　D. 30 000

9. 关于或有事项，下列说法中正确的是（　　）。

A. 待执行合同变为亏损合同的，该亏损合同产生的义务满足或有事项确认预计负债规定的，应当确认为预计负债
B. 待执行合同变为亏损合同的，应当确认为预计负债
C. 企业应当就未来经营亏损确认预计负债
D. 企业在一定条件下应当将未来经营亏损确认预计负债

10. 甲公司因或有事项确认了一项负债800 000元；同时，因该或有事项，甲公司还可以从乙公司获得赔偿300 000元，且这项赔偿金额基本确定收到。在这种情况下，甲公司在利润表中应确认的营业外支出为（　　）元。

A. 0　　　　　　B. 300 000
C. 500 000　　　D. 800 000

四、多项选择题

1. 或有事项具有以下基本特征（　　）。

A. 或有事项是未来的交易或事项形成的一种状况
B. 或有事项的结果具有不确定性
C. 或有事项的结果须由未来事项决定
D. 影响或有事项的结果的不确定因素基本上可由企业控制
E. 或有事项是因过去的交易或事项形成的

2. 根据企业会计准则的规定，下列各项中，属于或有事项的有（　　）。

A. 环境污染整治　　B. 亏损合同
C. 承诺　　　　　　D. 重组义务

E. 商业承兑汇票背书转让或贴现

3. 关于或有事项，下列说法中正确的有（　　）。

A. 将或有事项确认为预计负债的事项应在财务报表附注中披露

B. 企业不应确认或有资产和或有负债

C. 极小可能导致经济利益流出企业的或有负债也应在财务报表附注中披露

D. 与或有事项有关的义务的履行很可能导致经济利益流出企业，就应将其确认为一项预计负债

E. 或有资产可能导致经济利益流入企业时，就应在财务报表附注中披露

4. 关于或有事项，下列说法中正确的有（　　）。

A. 企业承担的重组义务满足或有事项确认预计负债规定的，应当确认预计负债

B. 重组是指企业制定和控制的，将显著改变企业组织形式、经营范围或经营方式的计划实施行为

C. 企业应当按照与重组有关的直接支出确定预计负债金额

D. 与重组有关的直接支出包括留用职工岗前培训、市场推广、新系统和营销网络投入等支出

E. 企业应当按照与重组有关的全部支出确定预计负债金额

5. 下列有关或有事项的表述中，正确的有（　　）。

A. 或有事项的结果具有较大不确定性

B. 或有负债应在资产负债表内予以确认

C. 或有资产不应在资产负债表内予以确认

D. 或有事项只会对企业的经营形成不利影响

E. 或有事项产生的义务如符合负债确认条件应予确认

6. 将或有事项确认为负债，其金额应是清偿该负债所需支出的最佳估计数。下列说法中正确的有（　　）。

A. 如果所需支出存在一个连续范围，且该范围内各种结果发生的可能性相同，则最佳估计数应按该范围的上、下限金额的平均数确定

B. 如果所需支出不存在一个金额范围，或有事项涉及单个项目时，最佳估计数按最可能发生金额确定

C. 如果所需支出不存在一个金额范围，或有事项涉及多个项目时，最佳估计数按各种可能发生额的算术平均数确定

D. 如果所需支出不存在一个金额范围，或有事项涉及多个项目时，最佳估计数按各种可能发生额及其发生概率计算确定

E. 如果所需支出存在一个金额范围，则最佳估计数应按该范围的上、下限金额中的较小者确定

7. 如果清偿因或有事项而确认的负债所需支出全部或部分预期由第三方或其他方补偿，下列说法中正确的有（　　）。

A. 补偿金额只能在基本确定收到时，作为资产单独确认，且确认的补偿金额不应超过所确认负债的账面价值

B. 补偿金额只能在很可能收到时，作为资产单独确认，且确认的补偿金额不应超过所确认负债的账面价值

C. 补偿金额在基本确定收到时，企业应按所需支出扣除补偿金额确认负债

D. 补偿金额在基本确定收到时，企业应按所需支出确认预计负债，而不能扣除补偿金额

E. 补偿金额只能在基本确定收到时，作为资产单独确认，补偿金额可超过所确认负债的账面价值

8. 对于应予披露的或有负债，企业应分类披露的内容有（　　）。

A. 或有负债形成的原因
B. 或有负债预计产生的财务影响
C. 获得补偿的可能性
D. 或有负债发生的结果
E. 或有负债确认的金额

9. 在理解或有事项的确认标准时，通常将"可能性"划分的层次有（　　）。

A. 确定和完全不可能
B. 基本确定　　C. 很可能
D. 可能　　　　E. 极小可能

10. A公司因或有事项很可能赔偿甲公司500 000元，同时因该或有事项，A公司基本确定可以从B公司获得200 000元的补偿金，A公司正确的会计处理为（　　）。

A. 登记"预计负债"500 000元
B. 登记"其他应收款"和"营业外收入"200 000元
C. 登记"营业外支出"和"预计负债"300 000元
D. 登记"营业外支出"300 000元，"其他应收款"200 000元
E. 登记"营业外支出"500 000元，"营业外收入"200 000元和"预计负债"200 000元

五、判断题

1. 因或有事项确认的负债，如果清偿负债所需支出全部或部分预期由第三方或其他方补偿，则补偿金额只能在基本确定收到时，作为资产单独确认。确认的补偿金额不应超过所确认负债的账面价值。（　　）

2. 很可能导致经济利益流入企业的或有资产应予以披露。（　　）

3. 或有事项只包括或有资产和或有负债。（　　）

4. 或有事项不包括或有事项产生的现实义务。（　　）

5. 无论或有资产和或有负债发生的可能性有多大，都不应确认。（　　）

6. 或有资产一般不应在财务报表附注中披露。但或有资产很可能会给企业带来经济利益时，则在财务报表附注中应当披露其形成的原因、预计产生的财务影响等。（　　）

7. 在涉及未决诉讼、未决仲裁的情况下，如果披露全部或部分信息预期会对企业造成重大不利影响，企业无须在财务报表附注中披露该未决诉讼、未决仲裁的形成性质和预计产生的财务影响等内容。（　　）

8. 甲公司因或有事项确认了一项负债300 000元；同时，因该或有事项，甲公司还可以从乙公司获得赔偿100 000元，且这项赔偿金额很可能收到。在这种情况下，甲公司在利润表中应确认的营业外支出为200 000元。（　　）

9. 甲公司因或有事项确认了一项负债600 000元；同时，因该或有事项，甲公司还可以从乙公司获得赔偿500 000元，且这项赔偿金额基本确定收到。在这种情况下，甲公司在利润表中应确认营业外支出100 000元。（　　）

10. 对产品质量保证费用，如果企业针对特定批次产品确认预计负债，则在保修期结束时，应将"预计负债——产品质量保证"余额冲销，不留余额。（　　）

六、核算题

1. 2010年11月10日，A银行批准B公司的信用贷款（无担保、无抵押）申请，同意向其贷款20 000 000元，期限1年，年利率6%。2011年11月10日，B公司的贷款（本金和利息）到期。B公司具有还款能力，但因与A银行之间存在其他经济纠纷，而未按时归还A银行的贷款。A银行遂与B公司协商，但没有达成协议。2011年11月20日，A银行向法院提起诉讼。截至2011年12月31日，法院尚未对

A银行提起的诉讼进行审理。根据专家意见，A银行很可能在诉讼中获胜，将来很可能获得包括罚息在内的收入为400 000元；根据专家意见，B公司很可能败诉，预计将要支付的罚息、诉讼费等估计在400 000~420 000元之间（含诉讼费20 000元）。

要求：

（1）对A银行的或有事项是否要确认？是否要披露？如果要确认，请编制有关会计分录，并说明相关科目如何在利润表和资产负债表中列示。

（2）对B公司的或有事项是否要确认？是否要披露？如果要确认，请编制有关会计分录，并说明相关科目如何在利润表和资产负债表中列示。

2. 甲公司为机床生产和销售企业，2011年度生产和销售乙机床。对乙机床，甲公司作出承诺：机床售出后3年内如出现非意外事件造成的机床故障和质量问题，甲公司免费负责保修（含零部件更换）。甲公司2011年第一季度、第二季度、第三季度、第四季度分别销售乙机床400台、600台、800台和700台，每台售价为50 000元。对购买其产品的消费者，根据以往的经验，乙机床发生的保修费一般为销售额的0.1%~0.2%之间。甲公司2011年4个季度乙机床实际发生的维修费用分别为40 000元、40 000元、36 000元和70 000元（用银行存款支付50%，另50%为耗用的原材料）。假定2010年12月31日，"预计负债——产品质量保证"科目年末贷方余额为24 000元。

要求：

（1）编制发生产品质量保证费用的会计分录。

（2）按季计算应确认的产品质量保证负债金额，并编制相关会计分录。

（3）计算每个季度末"预计负债——产品质量保证"科目的余额。

第十五章 借款费用

第一节 借款费用概述

一、借款费用的范围

借款费用是指企业因借入资金所付出的代价。借款费用包括借款利息、折价或者溢价的摊销、辅助费用以及因外币借款而发生的汇兑差额等。企业发生的权益性融资费用，不应包括在借款费用中。但是承租人根据租赁会计准则所确认的融资租赁发生的融资费用属于借款费用。

【例 15-1】 某企业发生了借款手续费 10 000 元，发行公司债券佣金 1 000 000 元，发行公司股票佣金 2 000 000 元，借款利息 200 000 元。其中借款手续费 10 000 元、发行公司债券佣金 1 000 000 元和借款利息 200 000 元均属于借款费用；发行公司股票属于公司权益性融资性质，所发生的佣金应当冲减溢价，不属于借款费用范畴，不应按照借款费用进行会计处理。

(一) 因借款而发生的利息

因借款而发生的利息包括企业向银行或其他金融机构借入资金发生的利息、发行公司债券发生的利息，以及为购建或者生产符合资本化条件的资产而发生的带息债务所承担的利息等。例如，2011 年 5 月 10 日，甲公司开出一张期限为 6 个月的商业承兑汇票，用于支付企业购买的一批工程用物资的价款 1 000 000 元，商业承兑汇票上注明的月利率为 0.5%，则 2011 年 11 月 10 日甲公司为这批工程用物资所负担的利息 30 000 元（1 000 000×0.5%×6），即甲公司为建造固定资产而发生的带息债务所承担的利息。

(二) 因借款而发生的折价或溢价的摊销

因借款而发生的折价或溢价的摊销是指对因企业发行债券等所发生的折价或溢价的摊销。由于折价或溢价的摊销实质是对债券票面利息费用的调整（即将债券票面利率调整为实际利率），因而构成了借款费用的组成部分。对折价或溢价的摊销，企业应采用实际利率法。例如，甲公司于 2011 年 1 月 1 日发行了 3 年期、面值为 80 000 000 元、票面利率为 10% 的债券，发行价格为 84 120 000 元，该债券按年付息，到期一次还本。故该发行属于溢价发行，溢价金额为 4 120 000 元，并知其实际利率为 8%，则每年年末甲公司应摊销的溢价金额依次为：1 270 400 元（80 000 000×10%－84 120 000×8%）、1 372 032 元[80 000 000×10%－(84 120 000－1 270 400)×8%]、1 477 568 元(4 120 000－1 270 400－1 372 032)，即为甲公司因借款而发生的溢价的摊销。

(三) 因借款而发生的辅助费用

因借款而发生的辅助费用是指企业在借款过程中发生的诸如手续费、佣金、印刷费等费用。由于这些费用是因安排借款发生的,也属于借入资金所付出的代价,是借款费用的构成部分。例如,甲公司为建造新生产线,发行10 000 000元的公司债券。与证券公司签署的协议规定:该批公司债券委托证券公司代理发行,发行手续费为发行总额的2.5%,即250 000元(10 000 000×2.5%),甲公司另外支付咨询费、公证费等共计5 000元。此时,甲公司支付的发行手续费、咨询费、公证费等共计255 000元(250 000+5 000),即为甲公司因借款而发生的辅助费用。

(四) 因外币借款而发生的汇兑差额

因外币借款而发生的汇兑差额是指由于汇率变动导致市场汇率与账面汇率出现差异,从而对外币借款本金及其利息的记账本位币金额产生的影响金额。由于汇率的变化往往和利率的变化相联动,它是企业外币借款所需承担的风险,因此,因外币借款相关汇率变化所导致的汇兑差额属于借款费用的有机组成部分。例如,2011年1月1日,甲公司向中国银行借入100 000美元,用于向国外购买工程用物资,借入时的市场汇率为1美元=6.62元人民币;2011年1月31日,该笔美元借款尚未使用,市场汇率为1美元=6.59元人民币。2011年1月31日,甲公司为这笔美元借款而发生的汇兑差额为-3 000元[100 000×(6.59-6.62)],即为甲公司因外币借款而发生的汇兑差额。

二、符合资本化条件的借款范围

根据会计准则的规定,资本化的借款范围不仅限于专门借款,还包括企业为购建或者生产符合资本化条件的资产占用的一般借款。专门借款是指为购建或者生产符合资本化条件的资产而专门借入的款项。专门款项通常应当有明确的用途,即为购建或生产某项符合资本化条件的资产而专门借入的,并通常应当具有标明该用途的借款合同。例如,某制造企业为了建造厂房向某银行专门贷款1亿元、某房地产开发企业为了开发某住宅小区向某银行专门贷款2亿元等,均属于专门借款,其使用目的明确,而且其使用受与银行签订的相关合同限制。

一般借款是指除专门借款之外的借款。相对于专门借款而言,一般借款在借入时,通常没有特指用于符合资本化条件的资产的购建或者生产。

三、符合资本化条件的资产

符合资本化条件的资产是指需要经过相当长时间的购建或者生产活动才能达到预定可使用或者可销售状态的固定资产、投资性房地产和存货等资产。建造合同成本、确认为无形资产的开发支出等在符合条件的情况下,也可以认定为符合资本化条件的资产。符合资本化条件的存货,主要包括房地产开发企业开发的用于对外出售的房地产开发产品、企业制造的用于对外出售的大型机械设备等,这类存货通常需要经过相当长时间的建造或者生产过程,才能达到预定可销售状态。其中,"相当长时间"应当是指为资产的购建或者生产所必要的时间,通常为1年以上(含1年)。

在实务中,如果由于人为或者故意等非正常因素导致资产的购建或者生产时间相当长的,该资产不属于符合资本化条件的资产。购入即可使用的资产,或者购入后需要安装但所需安装时间较短的资产,或者需要建造或生产但所需建造或生产时间较短的资产,均不属于符合资本化条件的资产。

【例 15-2】 甲公司向银行借入资金分别用于生产 A 产品和 B 产品,其中,A 产品的生产时间较短,为 15 天;B 产品属于大型发电设备,生产时间较长,为 1 年零 3 个月。

为生产存货而借入的借款费用在符合资本化条件的情况下应当予以资本化,但本例中,由于 A 产品的生产时间较短,不符合需要经过相当长时间的生产才能达到预定可使用状态的资产,因此,为 A 产品的生产而借入资金所发生的借款费用不应计入 A 产品的生产成本,而应当计入当期财务费用。反之,B 产品的生产时间比较长,属于需要经过相当长时间的生产才能达到预定可销售状态的资产,因此,符合资本化的条件,有关借款费用可以资本化,计入 B 产品的成本中。

第二节 借款费用的确认

借款费用的确认主要解决的是将每期发生的借款费用资本化、计入相关资产的成本,还是将有关借款费用费用化、计入当期损益的问题。根据借款费用准则的规定,借款费用确认的基本原则是:企业发生的借款费用,可直接归属于符合资本化条件的资产的购建或者生产的,应当予以资本化,计入相关资产成本;其他借款费用,应当在发生时根据其发生额确认为费用,计入当期损益。

企业只有发生在资本化期间内的有关借款费用,才允许资本化,资本化期间的确定是借款费用确认和计量的重要前提。借款费用资本化期间是指从借款费用开始资本化时点到停止资本化时点的期间,但不包括借款费用暂停资本化的期间。

一、借款费用开始资本化的时点

借款费用同时满足下列条件的,才能开始资本化,计入相关资产的成本。

(一)资产支出已经发生

资产支出已经发生是指企业为购建或生产符合资本化条件的资产已经发生了支付现金、转移非现金资产或者承担带息债务形式所发生的支出。需要注意的是,如果企业委托其他单位建造固定资产、投资性房地产和存货等资产,则企业向被委托单位支付第一笔预付款或者第一笔进度款时,就视为资产支出已经发生。

(1)支付现金是指企业用货币资金支付符合资本化条件的资产的购建或者生产支出。例如,甲公司用银行汇票支付工程物资款。

(2)转移非现金资产是指企业将自己的非现金资产直接用于符合资本化条件的资产的购建或者生产。例如,甲公司为建造一条生产线而领用的本公司用于生产产品的原材料,或者将本公司生产的产品用于此生产线的建造,或者以非货币性资产交换的形式以公司的某项资产交换其他公司的建造固定资产所必需的物资等。

(3)承担带息债务是指企业为购建或者生产符合资本化条件的资产所需用物资等而承担的带息应付款项(如带息应付票据)。企业以赊购方式购买这些物资所产生的债务可能带息，也可能不带息。如果企业赊购这些物资承担的是不带息债务，就不应当将购买价款计入资产支出，因为该债务在偿付前不需要承担利息，也没有占用借款资金。企业只有等到实际偿付债务，发生了资源流出时，才能将其作为资产支出。如果企业赊购物资承担的是带息债务，则企业要为这笔债务付出代价，支付利息，与企业向银行借入款项用以支付资产支出在性质上是一致的。所以，企业为购建或者生产符合资本化条件的资产而承担的带息债务应当作为资产支出，当该带息债务发生时，视同资产支出已经发生。

【例 15-3】 甲公司因建设长期工程所需，于 2011 年 3 月 1 日购入一批工程用物资，开出一张 100 000 元的带息银行承兑汇票，期限为 6 个月，票面年利率为 6%。对于该事项，企业尽管没有为工程建设直接支付现金，但承担了带息债务，所以应当将 100 000 元的购买工程用物资款作为资产支出，自 3 月 1 日开出承兑汇票开始即表明资产支出已经发生。

（二）借款费用已经发生

借款费用已经发生是指企业已经发生了因购建或者生产符合资本化条件的资产而专门借入款项的借款费用或者所占用的一般借款的借款费用。例如，企业以发行债券方式筹集资金来建造一项固定资产，此时债券本身可能还没有开始计息，但企业已经为发行债券向承销机构支付了一笔承销费，即发生了专门借款的辅助费用，因此，应当认为借款费用已经发生。

（三）为使资产达到预定可使用或可销售状态所必要的购建或生产活动已经开始

为使资产达到预定可使用或可销售状态所必要的购建或生产活动已经开始，是指符合资本化条件的资产的实体建造或生产工作已经开始，如主体设备的安装、厂房的实际开工建造等。它不包括仅仅持有资产、但没有发生为改变资产形态而进行的实质上的建造或生产活动，如购置建筑用地而发生的借款费用，在持有土地但没有发生有关房屋建造活动期间，不能予以资本化。

企业只有在上述三个条件同时满足的情况下，有关借款费用才可开始资本化，只要其中有一个条件没有满足，借款费用就不能开始资本化。

【例 15-4】 甲公司专门借入款项建造某符合资本化条件的固定资产，相关借款费用已经发生，同时固定资产的实体建造工作也已开始，但为固定资产建造所需物资等都是赊购或者客户垫付的（且所形成的负债均为不带息负债），发生的相关薪酬等费用也尚未形成现金流出。

在这种情况下，固定资产建造本身并没有占用借款资金，没有发生资产支出，该事项只满足借款费用开始资本化的第二、三个条件，但是没有满足第一个条件，所以，所发生的借款费用不应予以资本化。

【例 15-5】 甲公司为了建造一项符合资本化条件的固定资产，使用自有资金购置了工程物资，该固定资产也已经开始动工兴建，但专门借款资金尚未到位，也没有占用一般借款资金。

在这种情况下，企业尽管满足了借款费用开始资本化的第一、三个条件，但是不符合借款费用开始资本化的第二个条件，因此不允许开始借款费用的资本化。

【例 15-6】 甲公司为了建造某一项符合资本化条件的厂房已经使用银行存款购置

了水泥、钢材等，发生了资产支出，相关借款也已开始计息，但是厂房因各种原因迟迟未能开工兴建。

在这种情况下，企业尽管符合了借款费用开始资本化的第一、二个条件，但不符合借款费用开始资本化的第三个条件，因此所发生的借款费用不允许资本化。

二、借款费用暂停资本化的时间

符合资本化条件的资产在购建或者生产过程中发生非正常中断，且中断时间连续超过 3 个月的，应当暂停借款费用的资本化。中断的原因必须是非正常中断，属于正常中断的，相关借款费用仍可资本化。在实务中，企业应当遵循实质重于形式等原则来判断借款费用暂停资本化的时间，如果相关资产购建或者生产的中断时间较长而且满足其他规定条件的，相关借款费用应当暂停资本化。在中断期间发生的借款费用应当确认为费用，计入当期损益，直至资产的购建或者生产活动重新开始。

非正常中断通常是由于企业管理决策上的原因或者其他不可预见的原因等所导致的。例如，企业因与施工方发生了质量纠纷，或者工程、生产用料没有及时供应，或者资金周转发生了困难，或者施工、生产发生了安全事故，或者发生了与资产购建、生产有关的劳动纠纷等原因，导致资产购建或者生产活动发生中断，均属于非正常中断。

非正常中断与正常中断显著不同。正常中断通常仅限于因购建或者生产符合资本化条件的资产达到预定可使用或者可销售状态所必要的程序，或者事先可预见的不可抗力因素导致的中断。例如，某些工程建造到一定阶段必须暂停下来进行质量或者安全检查，检查通过后才可继续下一阶段的建造工作，这类中断是在施工前可以预见的，而且是工程建造必须经过的程序，属于正常中断。某些地区的工程在建造过程中，由于可预见的不可抗力因素（如雨季或冰冻季节等原因）导致施工出现停顿，也属于正常中断。例如，甲公司在北方某地建造某工程期间，正遇冰冻季节，工程施工因此中断，待冰冻季节过后方能继续施工。由于该地区在施工期间出现较长时间的冰冻为正常情况，由此导致的施工中断是可预见的不可抗力因素导致的中断，属于正常中断。

如果中断是所购建或者生产的符合资本化条件的资产达到预定可使用或者可销售状态必要的程序，借款费用的资本化应当继续进行。

三、借款费用停止资本化的时点

（一）借款费用停止资本化的一般原则

购建或者生产符合资本化条件的资产达到预定可使用或者可销售状态时，借款费用应当停止资本化。在符合资本化条件的资产达到预定可使用或者可销售状态之后所发生的借款费用，应当在发生时根据其发生额确认为费用，计入当期损益。

购建或者生产符合资本化条件的资产达到预定可使用或者可销售状态，可从下列几个方面进行判断：

（1）符合资本化条件的资产的实体建造（包括安装）或者生产工作已经全部完成或者实质上已经完成。

（2）所购建或者生产的符合资本化条件的资产与设计要求、合同规定或者生产要求相符或者基本相符，即使有极个别与设计、合同或者生产要求不相符的地方，也不影响其正常使用或者销售。

（3）继续发生在所购建或生产的符合资本化条件的资产上的支出金额很少或者几乎不再发生。

购建或者生产符合资本化条件的资产需要试生产或者试运行的，在试生产结果表明资产能够正常生产出合格产品，或者试运行结果表明资产能够正常运转或者营业时，应当认为该资产已经达到预定可使用或者可销售状态。

（二）购建或生产的符合资本化条件的资产各部分分别完工的情况

购建或者生产的符合资本化条件的资产的各部分分别完工，且每部分在其他部分继续建造或者生产过程中可供使用或者可对外销售，且为使该部分资产达到预定可使用或可销售状态所必要的购建或者生产活动实质上已经完成的，应当停止与该部分资产相关的借款费用的资本化。

如果购建或者生产的资产的各部分分别完工，但必须等到整体完工后才可使用或者可对外销售的，应当在该资产整体完工时停止借款费用的资本化。在这种情况下，即使各部分资产已经完工，也不能够认为该部分资产已经达到了预定可使用或者可销售状态，企业只能在所购建固定资产整体完工时，才能认为资产已经达到了预定可使用或者可销售状态，借款费用方可停止资本化。

【例15-7】 甲公司在建设某一涉及数项工程的钢铁冶炼项目时，每个单项工程都是根据各道冶炼工序设计建造的，因此只能在每项工程都建造完毕后，整个冶炼项目才能正式运转，达到生产和设计要求，所以每一个单项工程完工后不应认为资产已经达到预定可使用状态，企业只有等到整个冶炼项目全部完工，达到预定可使用状态时，才停止借款费用的资本化。

第三节 借款费用的计量

一、借款费用资本化金额的确定

在借款费用资本化期间内，每个会计期间的利息（包括折价或溢价的摊销，下同）资本化金额，应当按照以下规定确定。

（一）专门借款利息费用的资本化金额

为购建或者生产符合资本化条件的资产而借入专门借款的，应当以专门借款当期实际发生的利息费用，减去将尚未动用的借款资金存入银行取得的利息收入或者进行暂时性投资取得的投资收益后的金额，确定为专门借款利息费用的资本化金额，并应当在资本化期间内，将其计入符合资本化条件的资产成本。

企业在确定每期利息资本化金额时，应当首先判断符合资本化条件的资产在购建或者生产过程所占用的资金来源，如果所占用的资金是专门借款资金，则应当在资本化期间内，根据每期实际发生的专门借款利息费用，确定应予资本化的金额。在企业将闲置的专门借款资金存入银行取得利息收入或者进行暂时性投资获取投资收益的情况下，企业还应当将这些相关的利息收入或者投资收益从资本化金额中扣除,以如实反映符合资本化条件的资产的实际成本。

【例 15-8】 乙公司于 2011 年 1 月 1 日动工兴建一幢办公楼,工期为 1 年,工程采用出包方式,分别于 2011 年 1 月 1 日、7 月 1 日和 10 月 1 日支付工程进度款 15 000 000 元、15 000 000 元和 10 000 000 元。办公楼于 2011 年 12 月 31 日完工,达到预定可使用状态。

乙公司为建造办公楼发生了两笔专门借款,分别为:①2011 年 1 月 1 日专门借款 20 000 000 元,期限为 3 年,年利率为 8%,利息按年支付;②2011 年 7 月 1 日专门借款 20 000 000 元,期限为 5 年,年利率为 10%,利息按年支付。闲置的专门借款资金均用于固定收益债券短期投资,假定该短期投资月收益率为 0.5%。乙公司专门借款及使用情况如表 15-1 所示。

表 15-1　　　　　　　　　　　资产支出与闲置情况表　　　　　　　　　　　单位:元

日　期	借款金额	每期资产支出金额	累计资产支出金额	闲置借款资金用于短期投资金额
2011 年 1 月 01 日	20 000 000	15 000 000	15 000 000	5 000 000
2011 年 7 月 01 日	20 000 000	15 000 000	30 000 000	10 000 000
2011 年 10 月 01 日	0	10 000 000	40 000 000	0
总　计	40 000 000	40 000 000	40 000 000	10 000 000

根据上述资料,乙公司账务处理如下:

(1) 计算资本化金额:

专门借款利息费用
资本化金额 = 20 000 000 × 8% + 20 000 000 × 10% × 6 ÷ 12
　　　　　　 − (5 000 000 × 0.5% × 6 + 10 000 000 × 0.5% × 3)
　　　　　 = 2 600 000 − 300 000 = 2 300 000(元)

(2) 会计分录:

　　借:在建工程　　　　　　　　　　　　　　　　　　　2 300 000
　　　　应收利息　　　　　　　　　　　　　　　　　　　　300 000
　　　贷:应付利息　　　　　　　　　　　　　　　　　　　　　　2 600 000

(二) 一般借款利息费用的资本化金额

企业在购建或者生产符合资本化条件的资产时,如果专门借款资金不足,占用了一般借款资金的,或者企业为购建或者生产符合资本化条件的资产并没有借入专门借款,而占用的都是一般借款资金,则企业应当根据累计资产支出超过专门借款部分的资产支出加权平均数乘以所占用一般借款的资本化率,计算确定一般借款应予资本化的利息金额。资本化率应当根据一般借款加权平均利率计算确定。

因企业购建或生产相关资产的支出往往是逐步发生的,每笔支出所应承担的利息费用就有所不同,所以在计算利息资本化金额时,应当计算相关资产累计支出加权平均数,作为购建或生产相关资产的平均资金占用额;同时,因企业为购建或生产相关资产所使用的借款往往不止一笔,而每笔借款的利率又有所不同,所以企业在计算每期利息资本化金额时,不能单纯地用一个利率与累计支出加权平均数相乘,而应当首先计算出

一个加权平均利率作为资本化率,然后再将其与累计支出加权平均数相乘求得当期利息资本化金额。计算公式为:

$$\begin{matrix}\text{一般借款利息费用}\\ \text{资本化金额}\end{matrix} = \begin{matrix}\text{累计资产支出超过专门借款}\\ \text{部分的资产支出加权平均数}\end{matrix} \times \begin{matrix}\text{所占用一般借款的}\\ \text{资本化率}\end{matrix}$$

1. 累计资产支出加权平均数的确定

累计资产支出超过专门借款部分的资产支出加权平均数简称累计资产支出加权平均数。企业在计算利息资本化金额时所涉及的累计支出加权平均数,应按每笔资产支出金额与每笔资产支出占用的天数与会计期间涵盖的天数(或月数)之比相乘计算确定,用公式表示为:

$$\begin{matrix}\text{累计资产支出}\\ \text{加权平均数}\end{matrix} = \sum \left(\text{每笔资产支出金额} \times \frac{\text{每笔资产支出占用的天数}}{\text{会计期间涵盖的天数}} \right)$$

上述公式中,"每笔资产支出占用的天数"是指发生在相关资产上的支出所承担借款费用的时间长度;"会计期间涵盖的天数"是指计算应予资本化的借款费用金额的会计期间的长度。上述时间长度一般应以天数计算,也可以月数计算,具体可根据借款费用资本化金额的计算期和发生的资产支出笔数的多寡和均衡情况而定。

【例 15-9】 甲公司为增值税一般纳税人,从 2011 年 1 月 1 日开始建造一栋厂房,建造该厂房占用了一笔 2010 年 7 月 1 日从银行借入的期限为 3 年、年利率为 6%、金额为 10 000 000 元的借款的一部分。该厂房于 2011 年 12 月 31 日建造完工。为简化计算,假设每月按 30 天、每季度按 90 天、半年按 180 天、一年按 360 天计算。甲公司在 2011 年间发生的资产支出为:1 月 1 日,支付购买工程用物资 2 808 000 元,其中含增值税额 408 000 元;每月 11 日,支付建造厂房人员的职工薪酬 100 000 元;7 月 16 日,将企业的原材料用于建造该厂房,该材料的成本为 1 000 000 元,另外支付增值税进项税额 170 000 元,为建造该厂房所耗用的材料价款及增值税进项税额均已支付。

甲公司计算累计资产支出超过专门借款部分的累计资产支出加权平均数如下:

(1) 按月计算累计资产支出加权平均数。

1 月份累计资产支出加权平均数 = 2 808 000×30÷30+100 000×20÷30
= 2 874 667(元)

2 月份累计资产支出加权平均数 = (2 808 000+100 000)×30÷30+100 000×20÷30
= 2 974 667(元)

3 月份累计资产支出加权平均数 = (2 808 000+100 000×2)×30÷30+100 000×20÷30
= 3 074 667(元)

4 月份累计资产支出加权平均数 = (2 808 000+100 000×3)×30÷30+100 000×20÷30
= 3 174 667(元)

5 月份累计资产支出加权平均数 = (2 808 000+100 000×4)×30÷30+100 000×20÷30

$$=3\,274\,667(元)$$

6月份累计资产
支出加权平均数 $=(2\,808\,000+100\,000\times5)\times30\div30+100\,000\times20\div30$

$$=3\,374\,667(元)$$

7月份累计资产
支出加权平均数 $=(2\,808\,000+100\,000\times6)\times30\div30+100\,000\times20\div30$

$$+1\,170\,000\times15\div30=4\,059\,667(元)$$

8月份累计资产
支出加权平均数 $=(2\,808\,000+100\,000\times7+1\,170\,000)\times30\div30+100\,000$

$$\times20\div30=4\,744\,667(元)$$

9月份累计资产
支出加权平均数 $=(2\,808\,000+100\,000\times8+1\,170\,000)\times30\div30+100\,000$

$$\times20\div30=4\,844\,667(元)$$

10月份累计资产
支出加权平均数 $=(2\,808\,000+100\,000\times9+1\,170\,000)\times30\div30+100\,000$

$$\times20\div30=4\,944\,667(元)$$

11月份累计资产
支出加权平均数 $=(2\,808\,000+100\,000\times10+1\,170\,000)\times30\div30+100\,000$

$$\times20\div30=5\,044\,667(元)$$

12月份累计资产
支出加权平均数 $=(2\,808\,000+100\,000\times11+1\,170\,000)\times30\div30+100\,000$

$$\times20\div30=5\,144\,667(元)$$

(2) 按季计算累计资产支出加权平均数。

第一季度累计资产
支出加权平均数 $=2\,808\,000\times90\div90+100\,000\times80\div90+100\,000\times50\div90$

$$+100\,000\times20\div90=2\,974\,667(元)$$

第二季度累计资产
支出加权平均数 $=(2\,808\,000+100\,000\times3)\times90\div90+100\,000\times80\div90$

$$+100\,000\times50\div90+100\,000\times20\div90$$

$$=3\,274\,667(元)$$

第三季度累计资产
支出加权平均数 $=(2\,808\,000+100\,000\times6)\times90\div90+100\,000\times80\div90$

$$+1\,170\,000\times75\div90+100\,000\times50\div90+100\,000\times20\div90$$

$$=4\,549\,667(元)$$

第四季度累计资产
支出加权平均数 $=(2\,808\,000+100\,000\times9+1\,170\,000)\times90\div90+100\,000$

$$\times80\div90+100\,000\times50\div90+100\,000\times20\div90$$

$$=5\,044\,667(元)$$

(3) 按半年计算累计资产支出加权平均数。

上半年累计资产
支出加权平均数 $=2\,808\,000\times180\div180+100\,000\times170\div180+100\,000\times140$

$$\begin{aligned}&\div180+100\,000\times110\div180+100\,000\times80\div180+100\,000\\&\times50\div180+100\,000\times20\div180=3\,124\,667(元)\end{aligned}$$

下半年累计资产支出加权平均数 $=(2\,808\,000+100\,000\times6)\times180\div180+100\,000\times170\div180$

$$\begin{aligned}&+1\,170\,000\times165\div180+100\,000\times140\div180+100\,000\\&\times110\div180+100\,000\times80\div180+100\,000\times50\div180\\&+100\,000\times20\div180=4\,797\,167(元)\end{aligned}$$

（4）按年计算累计资产支出加权平均数。

2011年累计资产支出加权平均数 $=2\,808\,000\times360\div360+100\,000\times350\div360+100\,000\times320$

$$\begin{aligned}&\div360+100\,000\times290\div360+100\,000\times260\div360\\&+100\,000\times230\div360+100\,000\times200\div360+100\,000\\&\times170\div360+1\,170\,000\times165\div360+100\,000\times140\div360\\&+100\,000\times110\div360+100\,000\times80\div360+100\,000\\&\times50\div360+100\,000\times20\div360=3\,960\,917(元)\end{aligned}$$

2. 资本化率的确定

（1）购建或生产资产只占用一笔一般借款。一般来说，为购建或生产符合资本化条件的资产只占用一笔一般借款的情况下，该项借款的利率即为资本化率。如果这项一般借款为采用面值发行的债券，则债券的票面利率即为资本化率。当为购建或生产符合资本化条件的资产折价或溢价发行了一笔债券时，不能直接将债券的票面利率作为资本化率，而应重新计算债券的实际利率并将其作为资本化率。

【例15-10】 甲公司于2011年1月1日发行3年期债券，票面金额为1 000 000元，票面年利率为6%，每年年末支付利息，到期一次还本，债券发行价格为950 000元（不考虑发行债券的辅助费用），款项于当期划入甲公司银行存款账户。甲公司决定利用发行该债券的资金建造一项固定资产。

甲公司计算实际利率的过程如下：

可在多次测试的基础上，用插值法计算实际利率。

每年年末支付利息＝1 000 000×6%＝60 000(元)

根据公式：债券的发行价格＝利息及本金现值

可以得出：$60\,000\times(P/A, r, 3)+1\,000\,000\times(P/F, r, 3)=950\,000$

当 $r=7\%$ 时，$60\,000\times2.624\,3+1\,000\,000\times0.816\,3=973\,758>950\,000$

当 $r=8\%$ 时，$60\,000\times2.577\,1+1\,000\,000\times0.793\,8=948\,426<950\,000$

即，$7\%<r<8\%$，用插值法计算如下：

利率	现值
7%	973 758
r	950 000
8%	948 426

$(8\%-r)\div(8\%-7\%)=(948\,426-950\,000)\div(948\,426-973\,758)$

$r=8\%-(8\%-7\%)\times(948\,426-950\,000)\div(948\,426-973\,758)=7.94\%$

为简化核算，资本化率按8%计算。

（2）购建或生产资产占用一笔以上一般借款。为购建或生产符合资本化条件的资产占用一笔以上一般借款的，资本化率应为这些一般借款的加权平均利率。

为购建或生产符合资本化条件的资产占用一笔以上的一般借款，若这些借款都没有折价或溢价的，一般借款资本化率的计算公式为：

$$\frac{占用一般借款}{资本化率}=\frac{占用一般借款}{加权平均利率}$$

$$=\frac{占用一般借款当期实际发生的利息之和}{占用一般借款本金加权平均数}\times 100\%$$

其中，"占用一般借款当期实际发生的利息之和"是指企业因借入款项在当期实际发生的利息金额；"占用一般借款本金加权平均数"是指各一般借款的本金在会计期间内的加权平均数，其数值应根据每笔一般借款的本金乘以该借款在当期实际占用的天数与会计期间涵盖的天数之比确定。计算公式为：

$$\frac{占用一般借款}{本金加权平均数}=\sum\left(占用每笔一般借款本金\times\frac{每笔一般借款在当期实际占用的天数}{会计期间涵盖的天数}\right)$$

为简化计算，也可以月数作为计算一般借款本金加权平均数的权数。

【例15-11】甲公司于2011年1月1日借入了年利率为6%的3年期借款1 000 000元；3月1日又借入了年利率为5%的3年期借款1 000 000元。甲公司决定利用上述两项借款建造固定资产，固定资产的建造工作从2011年1月1日开始。假定企业按季度计算资本化金额。

在3月31日，企业的第一笔一般借款占用了3个月，第二笔一般借款占用了1个月，则：

当期利息＝1 000 000×6%×3÷12＋1 000 000×5%×1÷12＝19 167（元）

一般借款本金加权平均数＝1 000 000×3÷3＋1 000 000×1÷3＝1 333 333（元）

第一季度加权平均利率＝19 167÷1 333 333×100%＝1.44%

若这些一般借款中存在折价或溢价，还需将每期应摊销折价或溢价的金额作为利息的调整额，对加权平均利率即资本化率作相应调整。一般借款资本化率的计算公式为：

$$\frac{占用一般借款}{的资本化率}=\frac{占用一般借款}{加权平均利率}$$

$$=\frac{占用一般借款当期实际发生的利息费用之和}{占用一般借款本金加权平均数}\times 100\%$$

【例15-12】甲公司2011年1月1日开始建造一项固定资产，占用一般借款有两项：（1）2011年1月1日借入的3年期借款500 000元，年利率为6%，利息按年支付，到期一次还本。（2）2011年7月1日发行的3年期债券1 000 000元，票面利率为6%，债券发行价格约为950 000元（实际利率约为8%），债券利息按年支付，到期一次还本，债券折价采用实际利率法摊销。按半年计算借款费用资本化金额。

甲公司2011年上半年和下半年适用的资本化率计算如下：

(1) 由于上半年只有一笔一般借款，资本化率即为该借款的利率，即 3%(6%×6÷12)。

(2) 由于下半年有两笔一般借款，适用的资本化率为两项借款的加权平均利率。即：

$$加权平均利率 = \frac{500\,000 \times 6\% \times 6 \div 12 + 950\,000 \times 8\% \times 6 \div 12}{500\,000 \times 6 \div 6 + 950\,000 \times 6 \div 6} \times 100\% = 3.66\%$$

3. 借款利息资本化金额的限定

资本化期间内，每一会计期间的利息资本化金额，不应超过当期相关借款实际发生的利息金额。

在按资产支出计算每一会计期间利息的资本化金额时，如果企业购建或生产资产的资金除了专门借款和一般借款外，还包括其他资金，此时，如果资产支出大于专门借款和一般借款金额，就可能会出现计算出的每一会计期间利息的资本化金额大于当期实际发生的利息金额的情况。在这种情况下，在应予资本化的每一会计期间，利息和折价或溢价摊销的资本化金额，不得超过当期专门借款、一般借款实际发生的利息和溢折价的摊销金额。

【例 15-13】沿用例 15-12。假定资产建造从 2011 年 1 月 1 日开始，固定资产于 2011 年 12 月 31 日建造完工，达到预定可使用状态。该公司在 2011 年发生的资产支出为：1 月 1 日支付购买工程用材料 500 000 元；7 月 1 日，支付工资和购买专用设备款 500 000 元；其余款项存入银行，月利率为 0.06%。

根据上述资料，甲公司账务处理如下：

(1) 上半年应予资本化的利息金额。

① 计算：

累计资产支出加权平均数 = 500 000 × 180 ÷ 180 = 500 000(元)

一般借款实际发生的利息金额 = 500 000 × 6% × 6 ÷ 12 = 15 000(元)

借款利息应予资本化的金额 = 500 000 × 3% = 15 000(元)

② 会计分录：

借：在建工程　　　　　　　　　　　　　　　　　　　　　　　　15 000
　　贷：应付利息　　　　　　　　　　　　　　　　　　　　　　　　15 000

(2) 下半年应予资本化的利息金额。

① 计算：

累计支出加权平均数 = (500 000 + 500 000) × 180 ÷ 180 = 1 000 000(元)

一般借款实际发生的利息之和 = 500 000 × 6% × 6 ÷ 12 + 950 000 × 8% × 6 ÷ 12 = 53 000(元)

闲置资金的利息收入 = (950 000 − 500 000) × 0.06% × 6 = 1 620(元)

借款利息应予资本化的金额 = 1 000 000 × 3.66% = 36 600(元)

借款利息应计入财务费用的金额 = 53 000 − 1 620 − 36 600 = 14 780(元)

② 会计分录：

借：在建工程　　　　　　　　　　　　　　　　　　　　　　　　36 600

财务费用——利息支出	14 780	
银行存款	1 620	
贷：应付利息		45 000
应付债券——利息调整（950 000×8%×6÷12－30 000）		8 000

二、借款辅助费用资本化金额的确定

对于企业发生的专门借款辅助费用，在所购建或者生产的符合资本化条件的资产达到预定可使用或者可销售状态之前发生的，应当在发生时根据其发生额予以资本化，计入符合资本化条件的资产成本；在所购建或者生产的符合资本化条件的资产达到预定可使用或者可销售状态之后发生的，应当在发生时根据其发生额确认为费用，计入当期损益。

上述资本化或计入当期损益的辅助费用的发生额，是指根据《企业会计准则第22号——金融工具确认和计量》，按照实际利率法所确定的金融负债交易费用对每期利息费用的调整额。借款实际利率与合同利率差异较小的，也可以采用合同利率计算确定利息费用。一般借款发生的辅助费用，也应当按照上述原则确定其发生额并进行处理。

【例15-14】 甲公司为建造厂房于2011年1月1日按面值发行了100 000 000元的5年期债券，年利率为8%，按债券面值的2%支付中介机构手续费2 000 000元，已用银行存款支付。厂房的建造工作从2011年1月1日开始，建造期为3年。

根据上述资料，甲公司账务处理如下：

应予资本化的辅助费用金额＝2 000 000元

借：在建工程	2 000 000	
贷：银行存款		2 000 000

三、外币专门借款汇兑差额资本化金额的确定

当企业为购建或者生产符合资本化条件的资产所借入的专门借款为外币借款时，由于取得外币借款日、使用外币借款日和会计结算日往往不一致，而外汇汇率又随时发生变化，因此，外币借款会产生汇兑差额。借款费用准则规定，在借款费用资本化期间内，为购建或生产符合资本化条件的资产而专门借入的外币借款所产生的汇兑差额，是购建或生产资产的一项代价，应当予以资本化，计入符合资本化条件的资产成本。但在所购建或者生产符合资本化条件的资产达到预定可使用或者可销售状态之后所发生的外币借款本金及利息的汇兑差额应当计入当期损益。出于简化核算的考虑，在资本化期间内，外币专门借款本金及其利息的汇兑差额，应当予以资本化，计入符合资本化条件的资产的成本，而除外币专门借款之外的其他外币借款本金及其利息所产生的汇兑差额应当作为财务费用，计入当期损益。

【例15-15】 甲公司于2010年1月1日为建造某一工程项目专门向银行贷款1 000 000美元，年利率为8%且按单利计算，期限为2年，年末计息，到期一次还本付息。假定不考虑与借款有关的辅助费用，建造固定资产无其他支出。甲公司按年计算借款费用资本化金额。计算结果保留整数。

该工程于2010年1月1日开始实体建造,2011年6月30日完工,达到预定可使用状态。建造期间发生的支出为:2010年1月1日支出600 000美元,2011年1月1日支出400 000美元。

甲公司以人民币为记账本位币,外币业务采用外币业务发生当日的即期汇率折算。2010年1月1日,市场汇率为1美元=6.83元人民币;2010年12月31日,市场汇率为1美元=6.62元人民币;2011年1月1日,市场汇率为1美元=6.62元人民币;2011年6月30日,市场汇率为1美元=6.47元人民币;2011年12月31日,市场汇率为1美元=6.31元人民币。

根据上述资料,甲公司账务处理如下:

(1) 2010年1月1日,取得借款时:

借:银行存款——美元户(1 000 000美元)(1 000 000×6.83)　　6 830 000
　　贷:长期借款——美元户(本金)(1 000 000美元)　　　　　　6 830 000

(2) 2010年1月1日,支出工程款时:

借:在建工程　　　　　　　　　　　　　　　　　　　　　　　4 098 000
　　贷:银行存款——美元户(600 000美元)(600 000×6.83)　　　4 098 000

(3) 2010年12月31日,借款利息资本化时:

借款利息=1 000 000×8%=80 000(美元)

借:在建工程　　　　　　　　　　　　　　　　　　　　　　　529 600
　　贷:长期借款——美元户(应计利息)(80 000美元)(80 000×6.62)　529 600

(4) 2010年12月31日,外币借款本息汇兑差额资本化时:

外币借款本息汇兑差额 = 1 000 000×(6.62−6.83)+80 000×(6.62−6.62)
　　　　　　　　　　 = −210 000(元)

借:长期借款——美元户(本金)　　　　　　　　　　　　　　　210 000
　　贷:在建工程　　　　　　　　　　　　　　　　　　　　　210 000

(5) 2011年1月1日,支出工程款时:

借:在建工程　　　　　　　　　　　　　　　　　　　　　　　2 648 000
　　贷:银行存款——美元户(400 000美元)(400 000×6.62)　　　2 648 000

(6) 2011年6月30日,借款利息资本化时:

借:在建工程　　　　　　　　　　　　　　　　　　　　　　　258 800
　　贷:长期借款——美元户(应计利息)(40 000美元)(40 000×6.47)　258 800

(7) 2011年6月30日,外币借款本息汇兑差额资本化时:

外币借款本息汇兑差额 = 1 000 000×(6.47−6.62)+80 000×(6.47−6.62)
　　　　　　　　　　　+40 000×(6.47−6.47)
　　　　　　　　　　 = −150 000−12 000 = −162 000(元)

借:长期借款——美元户(本金)　　　　　　　　　　　　　　　150 000
　　　　　　——美元户(应计利息)　　　　　　　　　　　　　12 000
　　贷:在建工程　　　　　　　　　　　　　　　　　　　　　162 000

(8) 2011年6月30日，工程完工结转固定资产时：
借：固定资产　　　　　　　　　　　　　　　　7 162 400
　　贷：在建工程　　　　　　　　　　　　　　　　　7 162 400

(9) 2011年12月31日，借款利息费用化时：
借：财务费用——利息支出　　　　　　　　　　252 400
　　贷：长期借款——美元户（应计利息）(40 000美元)(40 000×6.31) 252 400

(10) 2011年12月31日，外币借款本息汇兑差额费用化时：

外币借款
本息汇兑差额 $= 1\,000\,000 \times (6.31-6.47) + (80\,000+40\,000)$
$\times (6.31-6.47) + 40\,000 \times (6.31-6.31)$
$= -160\,000 - 19\,200 = -179\,200(元)$

借：长期借款——美元户（本金）　　　　　　　160 000
　　　　　　——美元户（应计利息）　　　　　　19 200
　　贷：财务费用——汇兑差额　　　　　　　　　　179 200

(11) 2011年12月31日，到期还本付息时：
借：长期借款——美元户（本金）(1 000 000美元)(1 000 000×6.31)
　　　　　　　　　　　　　　　　　　　　　　6 310 000
　　　　　　——美元户（应计利息）(160 000美元)(160 000×6.31)
　　　　　　　　　　　　　　　　　　　　　　1 009 600
　　贷：银行存款——美元户(1 160 000美元)(1 160 000×6.31) 7 319 600

思考练习题

一、重要概念
1. 借款费用
2. 借款费用资本化
3. 借款费用费用化
4. 专门借款
5. 一般借款
6. 资本化率

二、思考题
1. 简述借款费用的范围。
2. 简述借款费用资本化的条件。
3. 简述专门借款与一般借款利息费用资本化的区别。
4. 简述一般借款资本化率的确定。

三、单项选择题
1. 下列项目中，不属于借款费用的是（　　）。
A. 发行公司股票佣金
B. 发行公司债券佣金
C. 借款手续费
D. 借款利息

2. 甲上市公司股东大会于2011年1月4日作出决议，决定建造厂房。为此，甲公司于当年3月5日向银行专门借款50 000 000元，年利率为6%，款项于当日划入甲公司银行存款账户。3月15日，厂房正式动工兴建。3月16日，甲公司购入建造厂房用水泥和钢材一批，价款5 000 000元，当日用银行存款支付。3月31日，计提当月专门借款利息。甲公司在3月份没有发生其他与厂房购建有关的支出，则甲公司专门借款利息应开始资本化的时间为（　　）。
A. 3月5日　　　　B. 3月15日

C. 3月16日　　D. 3月31日

3. 在确定借款费用资本化金额时，与专门借款有关的利息收入应（　　）。

A. 计入营业外收入
B. 冲减所购建的固定资产成本
C. 计入当期财务费用
D. 冲减借款费用资本化的金额

4. 企业为建造某项固定资产于2011年1月1日专门借入了1 000 000元，3月1日又专门借入了3 000 000元，固定资产的建造工作从1月1日开始。假定企业按季计算资本化金额。则2011年第一季度专门借款本金加权平均数为（　　）元。

A. 2 000 000　　B. 1 000 000
C. 4 000 000　　D. 3 000 000

5. 下列不属于符合资本化条件的资产的是（　　）。

A. 投资性房地产　　B. 无形资产
C. 存货　　　　　　D. 应收账款

6. 如果固定资产的购建活动发生非正常中断，并且中断时间连续超过（　　），应当暂停借款费用的资本化，将其确认为当期费用，直至资产的购建活动重新开始。

A. 1年　　　　B. 3个月
C. 半年　　　D. 2年

7. 借款费用准则中的专门借款是指（　　）。

A. 为购建或者生产符合资本化条件的资产而专门借入的款项
B. 发行债券取得的款项
C. 发行股票取得的款项
D. 技术改造借款

8. 甲公司2011年1月1日发行面值总额为100 000 000元的债券，取得的款项专门用于建造厂房。该债券系分期付息、到期还本债券，期限为4年，票面年利率为10%，每年12月31日支付当年利息。该债券实际年利率为8%。债券发行价格总额为106 621 000元，款项已存入银行。厂房于2011年1月1日开工建造，2011年度累计发生建造工程支出46 000 000元。经批准，当年甲公司将尚未使用的债券资金投资于国债，取得投资收益7 600 000元。2011年12月31日工程尚未完工，该在建工程的账面余额为（　　）元。

A. 46 929 680　　B. 49 062 100
C. 54 529 680　　D. 48 400 000

9. 当所购建的固定资产（　　）时，应当停止其借款费用的资本化；以后发生的借款费用应当于发生当期确认为费用。

A. 交付使用
B. 竣工决算
C. 达到预定可使用状态
D. 交付使用并办理竣工决算手续

10. 下列符合资本化条件的资产所发生的借款费用在予以资本化时，要与资产支出挂钩的是（　　）。

A. 专门借款利息
B. 专门借款的辅助费用
C. 一般借款利息
D. 外币专门借款的汇兑差额

四、多项选择题

1. 下列项目中，属于借款费用的有（　　）。

A. 借款手续费用
B. 发行公司债券发生的利息
C. 发行公司债券发生的溢价
D. 发行公司债券折价的摊销
E. 外币借款汇兑损失

2. 下列项目中，属于借款费用应予资本化的资产范围的有（　　）。

A. 国内采购的生产设备
B. 机械制造企业制造的用于对外出售的大型机械设备
C. 补偿贸易引进的设备
D. 房地产开发企业建造的商品房
E. 自行建造的用于出租的建筑物

3. 在同时满足下列（　　）时，因专

门借款而发生的利息、折价或溢价的摊销和汇兑差额应当开始资本化。

A. 资产支出已经发生
B. 借款费用已经发生
C. 为使资产达到预定可使用或可销售状态所必要的购建或生产活动已经开始
D. 资产达到预定可使用状态
E. 人员工资已经支付

4. 资本化率确认的原则包括（　　）。

A. 为购建固定资产只占用一笔一般借款，资本化率为该项借款的利率
B. 为购建固定资产占用一笔以上的一般借款，资本化率为这些借款的加权平均利率
C. 为购建固定资产占用一笔以上的专门借款，资本化率为这些借款的算术平均利率
D. 为简化计算，可以以月数作为计算一般借款本金加权平均数的权数
E. 为购建固定资产溢价发行债券时，资本化率为债券票面利率

5. 借款费用准则中的资产支出包括（　　）。

A. 为购建或生产符合资本化条件的资产而已支付现金
B. 为购建或生产符合资本化条件的资产而转移非现金资产
C. 为购建或生产符合资本条件的资产而承担的带息债务已经发生
D. 计提在建工程人员工资
E. 赊购工程物资（不带息）

6. 在借款费用符合资本化条件的会计期间，下列有关借款费用会计处理的表述中，正确的有（　　）。

A. 为购建或生产符合资本化条件的资产向商业银行借入专门借款发生的辅助费用，应予资本化
B. 为购建或生产符合资本化条件的资产而取得的外币专门借款本金发生的汇兑差额，应予资本化
C. 为购建或生产符合资本化条件的资产而资本化的利息金额，不得超过当期专门借款实际发生的利息
D. 为购建或生产符合资本化条件的资产而取得的外币专门借款利息发生的汇兑差额，全部计入当期损益
E. 为购建或生产符合资本化条件的资产溢价发行的债券，每期面值和票面利率计算的利息减去按直线法摊销的溢价后的差额应予资本化

7. 企业为购建或生产符合资本化条件的资产专门借入的款项所发生的借款费用，停止资本化的时点有（　　）。

A. 所购建或生产符合资本化条件的资产已达到或基本达到设计要求或合同要求时
B. 符合资本化条件的资产的实体建造或生产工作已经全部完成或实质上已经完成时
C. 继续发生在所购建或生产符合资本化条件的资产上的支出金额很少或者几乎不再发生时
D. 购建或生产符合资本化条件的资产需要试生产或者试运行的，在试生产结果表明资产能够正常生产出合格产品时
E. 所购建或生产符合资本化条件的资产达到预定可使用或可销售状态

8. 以下（　　）资产所发生的借款费用在符合资本化条件时可以资本化。

A. 自行建造的投资性房地产
B. 自行建造的办公楼
C. 委托其他单位制造的自用大型设备
D. 自己开发的专利
E. 租入的运输工具

9. 以下筹资支付的利息不应考虑资本化的有（　　）。

A. 为加工经过相当长的时间才能达

到的可销售状态的设备而取得借款

B. 为加工经过相当长的时间才能达到使用状态的设备而取得借款

C. 融资租赁固定资产的融资费用

D. 为购买不需要安装而直接使用的固定资产而取得的借款

E. 为固定资产的大修理而取得借款

10. 甲公司于2011年动工兴建厂房，在该厂房建造过程中，该公司发生的下列支出或者费用中，属于规定的资产支出的有（　　）。

A. 用银行存款购买工程物资

B. 支付在建工程人员工资

C. 工程项目领用本企业生产的产品

D. 发生的业务招待费支出

E. 用带息票据购入工程物资

五、判断题

1. 一般借款是指为购建或者生产符合资本化条件的资产而专门借入的款项。（　　）

2. 购入即可使用的资产，或者购入后需要安装但所需安装时间较短的资产，属于不符合资本化条件的资产。（　　）

3. 只要为使资产达到预定可使用或可销售状态所必要的购建或者生产活动已经开始，借款费用就可以资本化了。（　　）

4. 符合资本化条件的资产在购建或者生产过程中发生非正常中断，且中断时间连续超过3个月的，应当暂停借款费用资本化。（　　）

5. 每一会计期间的利息资本化金额，不应当超过当期相关借款实际发生的利息金额。（　　）

6. 为购建或生产符合资本化条件的资产而专门借入的外币借款所产生的汇兑差额应当全部资本化。（　　）

7. 在购建固定资产过程中，某部分固定资产已达到预定可使用状态，但必须待整体完工后方可使用，则需待整体完工后停止借款费用资本化。（　　）

8. 为购建或者生产符合资本化条件的资产而占用了一般借款的，企业应当根据累计资产支出超过专门借款部分的资产支出加权平均数乘以所占用一般借款的资本化率，计算确定一般借款应予资本化的利息金额。（　　）

9. 借款费用准则中的资产支出不包括为购建或生产符合资本化条件的资产而转移非现金资产。（　　）

10. 借款存在溢价或折价的，应当按照实际利率法确定每一会计期间应摊销的溢价或折价金额，调整每期利息金额。（　　）

六、核算题

1. 甲公司为增值税一般纳税人，从2011年1月1日开始建造一项固定资产，为建造该项资产占用了从银行借入的年利率为6%、2年期、金额为8 000 000元的一笔借款，该借款按年付息，到期还本并支付最后一次利息。固定资产于2011年12月31日建造完工，达到预定可使用状态。假定每月均按30天计算。该公司在2011年1—12月间发生的资产支出为：1月1日，支付购买工程用材料款2 000 000元；4月16日，支付职工薪酬500 000元；5月11日，支付购买专用设备款3 000 000元；7月21日，支付其他费用1 000 000元；12月1日，支付职工薪酬500 000元。

要求：按半年计算2011年借款费用资本化金额，并编制相关会计分录。

2. 甲中外合资企业以人民币为记账本位币，2010年1月1日为建造一条生产线，专门向银行借入2年期美元借款1 800 000美元，年利率为8%，按年付息，到期还本并支付最后一次利息。假定企业采用业务发生日即期汇率折算外币业务，借款当日的即期汇率为1美元＝6.83元人民币。企业按年计算应予资本化的借款费用，当期无其他外币借款。该生产线于当年1月1日开始建造，当年12月31日建造完毕，达到预定可使用状态。

建造期间，发生的支出情况如下：1月1日，发生支出900 000美元，当日汇率为1美元＝6.83元人民币；7月1日发生支出900 000美元，当日汇率为1美元＝6.79元人民币。

甲公司以人民币为记账本位币，外币业务采用外币业务发生时当日的即期汇率折算。2010年12月31日的汇率为1美元＝6.62元人民币；2011年12月31日的汇率为1美元＝6.31元人民币。

要求：按年计算借款费用资本化金额，并编制相关会计分录。

第十六章 所得税会计

第一节 所得税会计概述

企业的会计核算和税收处理遵循不同的原则、服务于不同的目的。在我国，会计的确认、计量和报告应当遵从企业会计准则的规定，真实、完整地反映企业的财务状况、经营成果和现金流量等信息，为投资者、债权人等会计信息使用者提供有用的决策依据。而税法则以课税为目的，即根据国家税收法律法规的规定，确定一定时期内纳税人应当缴纳的具体税额。

所得税会计的形成和发展是所得税法规和会计准则规定相互分离的必然结果，两者分离的程度与差异的种类、数量直接影响和决定了所得税会计处理方法的改进。《企业会计准则第 18 号——所得税》（以下简称所得税准则）是从资产负债表出发，通过比较资产、负债等项目按照企业会计准则规定确定的账面价值与按照税法规定确定的计税基础之间的差异，将该差异的所得税影响确认为递延所得税资产或者递延所得税负债，并在此基础上确定所得税费用。

一、资产负债表债务法

所得税会计是会计与税收规定之间的差异在所得税会计核算中的具体体现。所得税会计核算方法有应付税款法和纳税影响会计法两大类。其中，纳税影响会计法又可以分为递延法与债务法两种。而债务法下还可进一步细分为利润表债务法和资产负债表债务法。所得税准则规定，企业应当采用资产负债表债务法核算所得税。

资产负债表债务法在所得税的会计核算方面贯彻了资产、负债等基本会计要素的界定，较为完整地体现了资产负债观。从资产负债表角度考虑，资产的账面价值代表的是企业在持续持有及最终处置某项资产的一定期间内，该项资产为企业带来的未来经济利益，而其计税基础代表的是在这一期间内，就该项资产按照税法规定可以税前扣除的金额。一项资产的账面价值小于其计税基础的，表明该项资产于未来期间产生的经济利益流入低于按照税法规定允许税前扣除的金额，产生可抵减未来期间应纳税所得额的因素，减少未来期间以应交所得税的方式流出企业的经济利益，从其产生时点来看，应确认为资产。反之，一项资产的账面价值大于其计税基础的，两者之间的差额将会于未来期间产生应税金额，增加未来期间的应纳税所得额及应交所得税，对企业形成经济利益流出的义务，则应确认为负债。

例如，从资产负债表角度考虑，一项资产的账面价值小于其计税基础的，两者之间的差额对未来期间计税产生影响。假定一项资产的账面价值为 200 万元。其计税基础为

260万元,根据资产、负债的账面价值与计税基础的经济含义分析,表明该项资产于未来期间产生的经济利益流入200万元低于按照税法规定允许税前扣除的金额260万元,产生可抵减未来期间应纳税所得额的因素,减少未来期间以应交所得税的方式流出企业的经济利益,从其产生时点看,对企业是经济利益流入的概念,应确认为资产;反之,一项资产的账面价值大于其计税基础的,如一项资产的账面价值为200万元,计税基础为150万元,两者之间的差额将会于未来期间产生应税金额50万元,增加未来期间的应纳税所得额及应交所得税,对企业形成经济利益流出的义务,应确认为负债。

二、所得税会计核算的一般程序

采用资产负债表债务法核算所得税的情况下,企业一般应于每一资产负债表日进行所得税的核算。发生特殊交易或事项时,如企业合并,在确认取得的资产、负债时也应同时确认相关的所得税影响。企业进行所得税核算一般应遵循以下程序:

(1) 按照相关会计准则规定确定资产负债表中除递延所得税资产和递延所得税负债外的其他资产和负债项目的账面价值。其中资产、负债的账面价值,是指企业按照相关会计准则的规定进行核算后在资产负债表中列示的金额。例如,企业持有的应收账款账面余额为1 000万元,企业对该笔应收账款计提了100万元的坏账准备,则其账面价值为900万元,也就是该应收账款在资产负债表中的列示金额。

(2) 按照准则中对于资产和负债计税基础的确定方法,以适用的税收法规为基础,确定资产负债表中有关资产、负债项目的计税基础。

(3) 比较资产、负债的账面价值与其计税基础,对于两者之间存在差异的,分析其性质,除准则中规定的特殊情况外,分别应纳税暂时性差异与可抵扣暂时性差异并乘以所得税税率,确定资产负债表日递延所得税负债与递延所得税资产的应有金额,并与期初递延所得税负债和递延所得税资产的余额相比较,确定当期应当确认的递延所得税资产和递延所得税负债金额或应予转销的金额,作为利润表中所得税费用的一个组成部分——递延所得税。

(4) 按照适用的税法规定计算确定当期应纳税所得额,将应纳税所得额与适用的所得税税率计算的结果确认为当期应交所得税,作为利润表中所得税费用的另一个组成部分——当期所得税。

(5) 确定利润表中的所得税费用。利润表中的所得税费用包括当期所得税和递延所得税两个组成部分,企业在计算确定了当期所得税和递延所得税后,两者之和(或之差),就是利润表中的所得税费用。

第二节 计税基础与暂时性差异

所得税会计的关键在于确定资产、负债的计税基础。在确定资产与负债的计税基础时,应严格遵循税收法规中有关资产的税务处理以及可税前扣除的费用项目等方面的规定。

一、资产的计税基础

资产的计税基础，是指企业收回资产账面价值过程中，计算应纳税所得额时按照税法规定可以自应税经济利益中抵扣的金额，即某一项资产在未来期间计税时按照税法规定可以税前扣除的金额。资产的计税基础是从税收的角度出发，假定企业按照税法规定进行核算所提供的资产负债表中资产的应有金额。

资产在初始确认时，其计税基础一般为其取得成本，即企业为取得某项资产支付的成本在未来期间准予税前扣除；在资产持续持有过程中，其计税基础则是指资产的取得成本减去以前期间按照税法规定已经税前扣除的金额后的余额，即按照税法规定，就涉及的资产在未来期间计税时仍然可以税前扣除的金额。如固定资产、无形资产等长期资产在某一资产负债表日的计税基础是指其成本扣除按照税法规定已在以前期间税前扣除的累计折旧额或累计摊销额后的金额。

（一）固定资产计税基础的确定

以各种方式取得的固定资产，初始确认时按照会计准则规定确定的入账价值基本上是被税法认可的，即取得时其账面价值一般就是其计税基础。固定资产在持有期间进行后续计量时，会计准则规定按照"成本－累计折旧－固定资产减值准备"进行计量，而税法则依照"成本－按照税法规定已在以前期间税前扣除的折旧额"进行计量。因此，固定资产的账面价值与计税基础的差异主要来自折旧方法、折旧年限的不同以及固定资产减值准备的提取。

（1）折旧方法、折旧年限的差异。会计准则规定，企业应当根据与固定资产有关的经济利益预期实现方式合理选择折旧方法，可以按照直线法计提折旧，也可以按双倍余额递减法、年数总和法等其他方法计提折旧，前提是所采用的方法要能够反映出固定资产为企业带来经济利益过程中所发生的消耗情况。而税法一般会规定固定资产的折旧方法，除某些可加速折旧的情况外，基本上都是以直线法计提的折旧作为税前扣除额。

另外，税法就每一类固定资产的折旧年限还作出了相应规定，但按照会计准则进行会计处理时，折旧年限是由企业自身根据固定资产的性质和使用情况合理确定的。会计准则与税法对折旧年限的规定不同，也会导致固定资产持有期间账面价值与计税基础差异的产生。

（2）因计提固定资产减值准备产生的差异。持有固定资产期间内，企业可能对固定资产计提减值准备，但税法规定，按照会计准则规定计提的资产减值准备在资产发生实质性损失前不允许税前扣除，因而也会造成固定资产的账面价值与计税基础出现差异。

【例16-1】 甲企业于2009年年末以1 200万元购入一项生产用固定资产，按预计使用情况，甲企业估计其使用寿命为20年，按照直线法计提折旧，预计净残值为0。假定税法规定的折旧年限、折旧方法以及净残值与会计规定相同。2011年12月31日，甲企业估计该项固定资产的可收回金额为1 000万元。

该项固定资产在2011年12月31日的账面价值 ＝1 200－1 200÷20×2－80＝1 000（万元）

该项固定资产在2011年12月31日的计税基础 ＝1 200－1 200÷20×2＝1 080（万元）

该项固定资产的账面价值1 000万元与其计税基础1 080万元之间产生的80万元差额，在未来期间会减少企业的应纳税所得额和应交所得税额。

（二）无形资产计税基础的确定

除内部研究开发形成的无形资产外，以其他方式取得的无形资产，初始确认时按照会计准则规定确定的入账价值与按照税法规定确定的成本之间一般不存在差异。无形资产的账面价值与计税基础之间的差异主要产生于内部研究开发形成的无形资产以及使用**寿命不确定的无形资产**。

（1）对于内部研究开发形成的无形资产，会计准则规定，有关内部研究开发活动区分为两个阶段，研究阶段的支出应当费用化计入当期损益，开发阶段符合资本化条件以后至达到预定用途前发生的支出应当资本化作为无形资产的成本。对于研究开发费用的税前扣除，税法规定，企业为开发新技术、新产品、新工艺发生的研究开发费用，未形成无形资产计入当期损益的，在按照规定据实扣除的基础上，按照研究开发费用的50%加计扣除；形成无形资产的，按照无形资产成本的150%摊销。如该无形资产的确认不是产生于合并交易，同时在确认时既不影响会计利润也不影响应纳税所得额，则按照所得税会计准则的规定，不确认有关暂时性差异的所得税影响。

（2）无形资产在后续计量时，会计与税收的差异在于无形资产是否需要摊销以及无形资产减值准备的提取等方面。

会计准则规定，无形资产在取得后，应根据其使用寿命，区分为使用寿命有限的无形资产与使用寿命不确定的无形资产。对于使用寿命不确定的无形资产，不要求摊销，但持有期间每年应进行减值测试。税法规定，企业取得的无形资产成本，应在一定期限内摊销。即税法中没有界定使用寿命不确定的无形资产，所有的无形资产成本均应在一定期间内摊销。由此，对于使用寿命不确定的无形资产，会计处理时不予摊销，但计税时按照税法确定的摊销额允许税前扣除，这样就使得该类无形资产的账面价值与计税基础出现差异。

另外，在计提无形资产减值准备的情况下，因税法对按照会计准则规定计提的无形资产减值准备在形成实质性损失前不允许税前扣除，即无形资产的计税基础不会随减值准备的提取发生变化，但其账面价值会随减值准备的提取而下降，从而造成无形资产的账面价值与计税基础的差异。

【例16-2】 甲企业当期发生研究开发支出共计3 000万元，其中研究阶段支出600万元，开发阶段符合资本化条件前发生的支出为400万元，符合资本化条件后至达到预定用途前发生的支出为2 000万元。税法规定企业的研究开发支出可按150%加计扣除。假定开发形成的无形资产在当期期末达到预定用途（尚未开始摊销）。

甲企业当期发生的研究开发支出中，按照会计规定应予费用化的金额为1 000万元，形成无形资产的成本为2 000万元，即期末所形成无形资产的账面价值为2 000万元。

甲企业当期发生的3 000万元研究开发支出，按照税法规定可在税前扣除的金额为4 500万元。按照税法规定有关支出全部在发生当期税前扣除后，于未来期间就所形成的无形资产可税前扣除的金额为0，即该项无形资产的计税基础为0。

该项无形资产的账面价值2 000万元与其计税基础0之间的差额2 000万元将于未

来期间计入企业的应纳税所得额，产生未来期间应交所得税的义务。

【例 16-3】 甲企业于 2011 年 1 月 1 日取得的某项无形资产，取得成本为 800 万元。企业根据各方面情况判断，无法合理预计其为企业带来未来经济利益的期限，将其视为使用寿命不确定的无形资产。2011 年 12 月 31 日，减值测试的结果表明，该项无形资产未发生减值。甲企业在计税时，对该项无形资产按照 10 年的期间摊销，有关金额允许税前扣除。

会计上将该项无形资产作为使用寿命不确定的无形资产，在未发生减值的情况下，其于 2011 年 12 月 31 日的账面价值为取得成本 800 万元。

该项无形资产在 2011 年 12 月 31 日的计税基础为 720 万元（800－80）。

该项无形资产的账面价值 800 万元与其计税基础 720 万元之间的差额 80 万元将计入未来期间的应纳税所得额，使得未来期间企业以应交所得税方式流出的经济利益增加。

（三）其他资产项目计税基础的确定

因会计准则规定与税收法规规定不同，企业持有的其他资产，可能造成其账面价值与计税基础之间存在差异，如以公允价值计量且其变动计入当期损益的金融资产、采用公允价值模式计量的投资性房地产以及其他计提了资产减值准备的各项资产（如应收账款、存货等）。

1. 以公允价值计量且其变动计入当期损益的金融资产

按照金融工具确认和计量准则的规定，对于以公允价值计量且其变动计入当期损益的金融资产，它在某一会计期末的账面价值为该时点的公允价值，如果税法规定资产在持有期间市价变动损益在计税时不予考虑，即有关金融资产在某一会计期末的计税基础为其取得成本，会造成在公允价值变动的情况下，该类金融资产的账面价值与计税基础之间产生差异。企业持有的可供出售金融资产计税基础的确定，与以公允价值计量且其变动计入当期损益的金融资产类似，可比照处理。

2. 投资性房地产

对于采用公允价值模式进行后续计量的投资性房地产，其期末账面价值为公允价值，而如果税法规定不认可该类资产在持有期间因公允价值变动产生的利得或损失，则其计税基础应以取得时支付的历史成本为基础计算确定，从而造成账面价值与计税基础之间的差异。

3. 其他计提了资产减值准备的各项资产

对于其他计提了资产减值准备的各项资产（如应收账款、存货等）来说，计提减值准备后，其账面价值会随之下降，而按照税法规定，资产的减值准备（坏账准备除外）在转化为实质性损失之前，不允许税前扣除，即其计税基础不会因减值准备的提取而发生变化，从而造成资产的账面价值与其计税基础之间的差异。

【例 16-4】 2011 年 10 月 10 日，甲公司支付 1 800 万元自公开市场取得一项权益性投资，作为交易性金融资产核算。2011 年 12 月 31 日，该项权益性投资的市价为 1 920 万元。

假定税法规定，对于交易性金融资产，持有期间公允价值的变动不计入应纳税所得额，待出售时一并计算应计入应纳税所得额的金额。

该项交易性金融资产的期末市价为 1 920 万元，其按照会计准则规定进行核算在 2011 年资产负债表日的账面价值为 1 920 万元。

因税法规定交易性金融资产在持有期间的公允价值变动不计入应纳税所得额，其在 2011 年资产负债表日的计税基础应维持原取得成本不变，即为 1 800 万元。

该交易性金融资产的账面价值 1 920 万元与其计税基础 1 800 万元之间产生了 120 万元的暂时性差异，该暂时性差异在未来期间转回时会增加未来期间的应纳税所得额，导致企业应交所得税增加。

【例 16-5】 甲公司 2011 年购入的原材料成本共计 5 000 万元，因部分生产线停工，该原材料当年未发生任何领用，2011 年资产负债表日，考虑到该原材料的市价以及用其生产的产成品的市价情况，估计其可变现净值为 4 000 万元。假定该原材料在 2009 年的期初余额为 0。

该项原材料因期末可变现净值低于其成本，应计提存货跌价准备，其金额为 1 000 万元（5 000－4 000），计提存货跌价准备后，该项原材料的账面价值为 4 000 万元。

计算缴纳所得税时，按照会计准则规定计提的资产减值准备不允许税前扣除，该项原材料的计税基础不会因存货跌价准备的提取而发生变化，其计税基础应维持原取得成本 5 000 万元不变。

该存货的账面价值 4 000 万元与其计税基础 5 000 万元之间产生了 1 000 万元的暂时性差异，该差异会减少企业在未来期间的应纳税所得额和应交所得税额。

【例 16-6】 甲公司 2011 年 12 月 31 日应收账款余额为 8 000 000 元，期末，该公司对应收账款计提了 800 000 元的坏账准备。税法规定，按照应收账款期末余额的 5‰ 计提的坏账准备允许税前扣除。假定该公司期初应收账款及坏账准备的余额均为零。

该项应收账款在 2011 年资产负债表日的账面价值为 7 200 000 元（8 000 000－800 000）。其计税基础为账面余额 8 000 000 元减去按照税法规定可予税前扣除的坏账准备 40 000 元（8 000 000×5‰），即为 7 960 000 元。计税基础 7 960 000 元与其账面价值 7 200 000 元之间产生的 760 000 元暂时性差异，在应收账款发生实质性损失时，会减少未来期间的应纳税所得额和应交所得税额。

二、负债的计税基础

负债的计税基础，是指负债的账面价值减去未来期间计算应纳税所得额时按照税法规定可予抵扣的金额。用公式表示即为：

负债的计税基础＝账面价值－未来期间按照税法规定可予税前扣除的金额

负债的确认与偿还一般不会影响企业的损益，也不会影响其应纳税所得额，未来期间计算应纳税所得额时按照税法规定可予抵扣的金额为 0，计税基础即为账面价值，如企业的短期借款、应付账款等。但在某些特殊情况下，负债的确认可能会影响企业的损益，进而影响不同期间的应纳税所得额，使得其计税基础与账面价值之间产生差异，比如，按照会计规定确认的某些预计负债。

（一）预计负债计税基础的确定

按照《企业会计准则第 13 号——或有事项》的规定，企业对于预计提供售后服务将发生的支出在满足有关确认条件时，销售当期即应确认为费用，同时确认预计负债。

如果税法规定，与销售产品相关的支出应于发生时税前扣除，因该类事项产生的预计负债在期末的计税基础为其账面价值与未来期间可税前扣除的金额之间的差额，如有关的支出实际发生时可全部税前扣除，其计税基础为 0；如果税法规定对于费用支出按照权责发生制原则确定税前扣除时点，所形成负债的计税基础等于账面价值。

因其他交易或事项而确认的预计负债，应按照税法规定的计税原则确定其计税基础。某些情况下，因有些事项确认的预计负债，税法规定其支出无论是否实际发生均不允许税前扣除，即未来期间按照税法规定可予抵扣的金额为 0，这时，账面价值就等于计税基础。

【例 16-7】 甲企业 2011 年因销售产品承诺提供 5 年期的免费保修服务，而在当年度利润表中确认了 600 万元的销售费用，同时确认为预计负债，当年度未发生任何保修支出。假定按照税法规定，与产品售后服务相关的费用在实际发生时允许税前扣除。

该项预计负债在甲企业 2011 年 12 月 31 日资产负债表中的账面价值为 600 万元。

因税法规定与产品保修相关的支出在未来期间实际发生时允许税前扣除，则该项负债的计税基础＝账面价值－未来期间计算应纳税所得额时按照税法规定可抵扣的金额＝600 万元－600 万元＝0。

（二）预收账款计税基础的确定

企业在收到客户预付的款项时，因不符合收入确认条件，会计上将其确认为负债。税法中对于收入的确认原则一般与会计规定相同，即会计上未确认收入时，计税时一般也不计入应纳税所得额，该部分经济利益在未来期间计税时可予税前扣除的金额为 0，计税基础等于账面价值。某些情况下，因不符合会计准则规定的收入确认条件未确认为收入的预收款项，按照税法规定应计入当期应纳税所得额，有关预收账款的计税基础为 0，即因其产生时已经计算缴纳所得税，未来期间可全额税前扣除。

【例 16-8】 甲公司于 2011 年 12 月 10 日收到客户一笔合同预付款，金额为 5 000 万元，但不符合收入确认条件。假定按照相关税法规定，该款项应计入取得当期应纳税所得额计算缴纳所得税。

该预收账款在甲公司 2011 年 12 月 31 日资产负债表中的账面价值为 5 000 万元。

假定按照税法规定，该项预收款应计入取得当期的应纳税所得额计算缴纳所得税，与该项负债相关的经济利益已在取得当期计算缴纳所得税，未来期间按照会计准则规定应确认收入时，不再计入应纳税所得额，即其于未来期间计算应纳税所得额时可予扣除的金额为 5 000 万元，计税基础＝账面价值－未来期间计算应纳税所得额时按照税法规定可予抵扣的金额＝5 000 万元－5 000 万元＝0。

该项负债的账面价值 5 000 万元与其计税基础 0 之间产生的 5 000 万元暂时性差异，会减少企业于未来期间的应纳税所得额，使企业未来期间以应交所得税的方式流出的经济利益减少。

（三）应付职工薪酬计税基础的确定

会计准则规定，企业为获得职工提供的服务给予的各种形式的报酬以及其他相关支出均应作为企业的成本费用，在未支付前确认为负债。而税法对于职工薪酬基本上允许税前扣除，但税法中明确规定了税前扣除标准的，按会计准则规定计入成本费用的金额超出规定标准的部分,应进行纳税调整。比如,企业按照一定的标准计算的工资薪金支出准予税前扣除。若企业当期发生的工资薪金性质的支出超过了税法规定的允许税前扣除的标准,超过部分在发生当期不允许税前扣除,在以后期间也不允许税前扣除,即该部分差额对未来期间计税不产生任何影响,这时,应付职工薪酬的账面价值等于计税基础。

【例16-9】 某企业2011年12月计入成本费用的职工工资总额为4 800万元,至2011年12月31日尚未支付,在资产负债表中作为"应付职工薪酬"项目。假定按照税法规定,当期计入成本费用的3 200万元工资支出中,按照计税工资标准的规定,可予税前扣除的金额为3 200万元。

则该项应付职工薪酬的账面价值为4 800万元。该项应付职工薪酬的计税基础=账面价值4 800万元—未来期间计算应纳税所得额时按照税法规定可予抵扣的金额0=4 800(万元)。该项应付职工薪酬的账面价值与其计税基础均为4 800万元,不形成暂时性差异。

(四) 其他负债项目计税基础的确定

企业的其他负债项目,如应交的罚款和滞纳金等,在尚未支付之前按照会计规定确认为费用,同时作为负债反映。税法规定,罚款和滞纳金不能税前扣除,即该部分费用无论是在发生当期还是在以后期间均不允许税前扣除,其计税基础为账面价值减去未来期间计税时可予税前扣除的金额0之间的差额,即计税基础等于账面价值。其他交易或事项产生的负债,其计税基础应当按照适用税法的相关规定确定。

【例16-10】 甲公司2011年12月因违反当地有关环保法规的规定,接到环保部门的处罚通知,要求其支付罚款760万元。税法规定,企业因违反国家有关法律法规规定支付的罚款和滞纳金,计算应纳税所得额时不允许税前扣除。至2011年12月31日,该项罚款尚未支付。

对于该项罚款,甲公司应计入2011年利润表,同时在资产负债表中确认为一项负债。其计税基础=账面价值760万元—未来期间计算应纳税所得额时按照税法规定可予抵扣的金额0=760(万元)。该负债的账面价值与其计税基础均为760万元,不形成暂时性差异。

三、特殊交易或事项中产生的资产、负债计税基础的确定

除企业在正常生产经营活动过程中取得的资产和负债以外,对于某些特殊交易中产生的资产、负债,其计税基础的确定应遵从税法规定,如企业合并过程中取得资产、负债计税基础的确定。

《企业会计准则第20号——企业合并》,将企业合并分为同一控制下的企业合并与非同一控制下的企业合并两种类型。对于同一控制下的企业合并,合并中取得的有关资产、负债基本上维持其原账面价值不变,合并中不产生新的资产和负债;对于非同一控制下的企业合并,合并中取得的有关资产、负债应按其在购买日的公允价值计量,企业合并成本大于合并中取得可辨认净资产公允价值的份额部分确认为商誉,企业合并成本小于合并中取得可辨认净资产公允价值的份额部分计入合并当期损益。

对于企业合并的税收处理,通常情况下,被合并企业应视为按公允价值转让、处置

全部资产，计算资产的转让所得，依法缴纳所得税。合并企业接受被合并企业的有关资产，计税时可以按经评估确认的价值确定计税成本。另外，在考虑有关企业合并是应税合并还是免税合并时，还需要考虑在合并中涉及的非股权支付的比例，具体划分标准和条件应遵从税法规定。

由于会计准则与税收法规对企业合并的划分标准不同，处理原则不同，某些情况下，会造成企业合并中取得的有关资产、负债的入账价值与其计税基础的差异。

四、暂时性差异

暂时性差异是指由于资产、负债的账面价值与其计税基础不同而产生的差额。由于资产、负债的账面价值与其计税基础不同，产生了在未来收回资产或清偿负债的期间内，应纳税所得额增加或减少并导致未来期间应交所得税增加或减少的情况，形成企业的递延所得税资产和递延所得税负债。

根据对未来期间应纳税所得额的影响，暂时性差异分为应纳税暂时性差异和可抵扣暂时性差异。除因资产、负债的账面价值与其计税基础不同产生的暂时性差异以外，按照税法规定可以结转以后年度的未弥补亏损和税款抵减，也应视同可抵扣暂时性差异进行处理。

（一）应纳税暂时性差异

应纳税暂时性差异，是指在确定未来收回资产或清偿负债期间的应纳税所得额时，将导致产生应税金额的暂时性差异。该差异在未来期间转回时，会增加转回期间的应纳税所得额，即在未来期间不考虑该事项影响的应纳税所得额的基础上，由于该暂时性差异的转回，会进一步增加转回期间的应纳税所得额和应交所得税金额。在应纳税暂时性差异产生当期，应当确认相关的递延所得税负债。

应纳税暂时性差异通常产生于以下两种情况：

（1）资产的账面价值大于其计税基础。一项资产的账面价值代表的是企业在持续使用或最终出售该项资产时将取得的经济利益的总额，而计税基础代表的是一项资产在未来期间可予税前扣除的金额。资产的账面价值大于其计税基础，该项资产未来期间产生的经济利益不能全部税前抵扣，两者之间的差额需要交税，产生应纳税暂时性差异。例如，一项无形资产账面价值为 280 万元，计税基础如果为 140 万元，两者之间的差额会造成未来期间应纳税所得额和应交所得税的增加。在其产生当期，符合确认条件的情况下，应确认相关的递延所得税负债。

（2）负债的账面价值小于其计税基础。一项负债的账面价值为企业预计在未来期间清偿该项负债时的经济利益流出，而其计税基础代表的是账面价值在扣除税法规定未来期间允许税前扣除的金额之后的差额。因负债的账面价值与其计税基础不同产生的暂时性差异，本质上是税法规定就该项负债在未来期间可以税前扣除的金额（即与该项负债相关的费用支出在未来期间可予税前扣除的金额）。负债的账面价值小于其计税基础，则意味着该项负债在未来期间可以税前抵扣的金额为负数，即应在未来期间应纳税所得额的基础上调增，增加应纳税所得额和应交所得税金额，产生应纳税暂时性差异，应确认相关的递延所得税负债。

(二) 可抵扣暂时性差异

可抵扣暂时性差异，是指在确定未来收回资产或清偿负债期间的应纳税所得额时，将导致产生可抵扣金额的暂时性差异。该差异在未来期间转回时会减少转回期间的应纳税所得额，减少未来期间的应交所得税。在可抵扣暂时性差异产生当期，应当确认相关的递延所得税资产。

可抵扣暂时性差异一般产生于以下两种情况：

(1) 资产的账面价值小于其计税基础。从经济含义来看，资产在未来期间产生的经济利益少，按照税法规定允许税前扣除的金额多，则就账面价值与计税基础之间的差额，企业在未来期间可以减少应纳税所得额并减少应交所得税，符合有关条件时，应当确认相关的递延所得税资产。例如，一项资产的账面价值为 500 万元，计税基础为 740 万元，则企业在未来期间就该项资产可以在其自身取得经济利益的基础上多扣除 240 万元。从整体上来看，未来期间应纳税所得额会减少，应交所得税也会减少，形成可抵扣暂时性差异，符合确认条件时，应确认相关的递延所得税资产。

(2) 负债的账面价值大于其计税基础。负债产生的暂时性差异实质上是税法规定就该项负债可以在未来期间税前扣除的金额。即：

$$\text{负债产生的暂时性差异} = \text{账面价值} - \text{计税基础}$$

$$= \text{账面价值} - (\text{账面价值} - \text{未来期间计税时按照税法规定可予税前扣除的金额})$$

$$= \text{未来期间计税时按照税法规定可予税前扣除的金额}$$

一项负债的账面价值大于其计税基础，意味着未来期间按照税法规定与该项负债相关的全部或部分支出可以自未来应税经济利益中扣除，减少未来期间的应纳税所得额和应交所得税。例如，企业对将发生的产品保修费用在销售当期确认预计负债 300 万元，但税法规定有关费用支出只有在实际发生时才能够税前扣除，其计税基础为 0。企业确认预计负债的当期相关费用不允许税前扣除，但在以后期间有关费用实际发生时允许税前扣除，使得未来期间的应纳税所得额和应交所得税减少，产生可抵扣暂时性差异，符合有关确认条件时，应确认相关的递延所得税资产。

(三) 特殊项目产生的暂时性差异

(1) 未作为资产、负债确认的项目产生的暂时性差异。某些交易或事项发生以后，因为不符合资产、负债的确认条件而未体现为资产负债表中的资产或负债，但按照税法规定能够确定其计税基础的，其账面价值 0 与计税基础之间的差异也构成暂时性差异。如企业在开始正常的生产经营活动以前发生的筹建等费用，会计准则规定应于发生时计入当期损益，不体现为资产负债表中的资产。按照税法规定，企业发生的该类费用可以在开始正常生产经营活动后的 5 年内分期摊销，自税前扣除。该类事项不形成资产负债表中的资产，但按照税法规定可以确定其计税基础，两者之间的差异也形成暂时性差异。又如，企业发生的符合条件的广告费和业务宣传费支出，除另有规定外，不超过销售收入 15% 的部分准予扣除；超过部分准予向以后纳税年度结转扣除。该类费用在发生时按照会计准则规定即计入当期损益，不形成资产负债表中的资产，但按照税法规定可以确定其计税基础，两者之间的差异也形成暂时性差异。

(2) 可抵扣亏损及税款抵减产生的暂时性差异。对于按照税法规定可以结转以后年度的未弥补亏损及税款抵减，虽不是因为资产、负债的账面价值与计税基础不同而产生的，但从本质来看，可抵扣亏损和税款抵减与可抵扣暂时性差异具有同样的作用，均能减少未来期间的应纳税所得额和应交所得税额，可视同可抵扣暂时性差异，在符合确认条件的情况下，应当确认与其相关的递延所得税资产。

【例 16-11】甲公司于 2011 年因政策性原因发生经营亏损 2 000 万元，按照税法规定，该亏损可用于抵减以后 5 个年度的应纳税所得额。该公司预计其于未来 5 年期间能够产生足够的应纳税所得额抵扣该经营亏损。

该经营亏损并非因资产、负债的账面价值与其计税基础的差异产生的，但从性质上来看，其同样可以减少未来期间的应纳税所得额和应交所得税额，因而可视同可抵扣暂时性差异进行处理。在企业预计未来期间能够产生足够的应纳税所得额抵扣该项可抵扣亏损时，应确认相关的递延所得税资产。

第三节 递延所得税资产和递延所得税负债

一、递延所得税资产的确认和计量

(一) 递延所得税资产的确认

1. 确认的一般原则

递延所得税资产产生于可抵扣暂时性差异。资产、负债的账面价值与其计税基础不同产生可抵扣暂时性差异的，在估计未来期间能够取得足够的应纳税所得额用以利用该可抵扣暂时性差异时，应当以很可能取得用来抵扣可抵扣暂时性差异的应纳税所得额为限，确认相关的递延所得税资产。在确认递延所得税资产时，应注意以下问题：

(1) 递延所得税资产的确认应以未来期间很可能取得的用来抵扣可抵扣暂时性差异的应纳税所得额为限。在可抵扣暂时性差异转回的未来期间内，企业无法产生足够的应纳税所得额用以利用可抵扣暂时性差异的影响，使得与可抵扣暂时性差异相关的经济利益无法实现的，则不应确认递延所得税资产；企业有明确的证据表明其于可抵扣暂时性差异转回的未来期间能够产生足够的应纳税所得额，进而利用可抵扣暂时性差异的，则应以很可能取得的应纳税所得额为限，确认相关的递延所得税资产。

在判断企业在可抵扣暂时性差异转回的未来期间是否能够产生足够的应纳税所得额时，应考虑以下两个方面的影响：一是通过正常的生产经营活动能够实现的应纳税所得额，如企业通过销售商品、提供劳务等所实现的收入，扣除有关的成本费用等支出后的金额。该部分情况的预测应当以经企业管理层批准的最近财务预算或预测数据以及该预算或者预测期之后年份稳定的或者递减的增长率为基础。二是以前期间产生的应纳税暂时性差异在未来期间转回时将增加的应纳税所得额。

考虑到可抵扣暂时性差异转回的期间内可能取得应纳税所得额的限制，因无法取得足够的应纳税所得额而未确认相关的递延所得税资产的，应在会计报表附注中进行披露。

（2）对与子公司、联营企业、合营企业的投资相关的可抵扣暂时性差异，同时满足下列条件的，应当确认相关的递延所得税资产：一是暂时性差异在可预见的未来很可能转回；二是未来很可能获得用来抵扣可抵扣暂时性差异的应纳税所得额。对联营企业和合营企业等的投资产生的可抵扣暂时性差异，主要产生于权益法下被投资单位发生亏损时，投资企业按照持股比例确认应予承担的部分相应减少长期股权投资的账面价值，但税法规定长期股权投资的成本在持有期间不发生变化，造成长期股权投资的账面价值小于其计税基础，产生可抵扣暂时性差异。可抵扣暂时性差异还产生于对长期股权投资计提减值准备的情况下。

（3）对于按照税法规定可以结转以后年度的未弥补亏损（可抵扣亏损）和税款抵减，应视同可抵扣暂时性差异处理。在预计可利用可弥补亏损或税款抵减的未来期间内很可能取得足够的应纳税所得额时，应当以很可能取得的应纳税所得额为限，确认相应的递延所得税资产，同时减少确认当期的所得税费用。

应当说明的是，可抵扣亏损是指企业按照税法规定计算确定准予用以后年度的应纳税所得弥补的亏损。在确定可抵扣亏损时，一般应以适当方式与税务部门沟通，取得税务部门的认可。与可抵扣亏损和税款抵减相关的递延所得税资产，其确认条件与其他可抵扣暂时性差异产生的递延所得税资产相同，在估计未来期间是否能够产生足够的应纳税所得额用以抵减该部分可抵扣亏损或税款抵减时，应考虑以下相关因素的影响：①在可抵扣亏损到期前，企业是否会因以前期间产生的应纳税暂时性差异转回而产生足够的应纳税所得额；②在可抵扣亏损到期前，企业是否可能通过正常的生产经营活动产生足够的应纳税所得额；③可抵扣亏损是否产生于一些在未来期间不可能重复发生的特殊原因；④是否存在其他的证据表明在可抵扣亏损到期前能够取得足够的应纳税所得额。

企业在确认与可抵扣亏损和税款抵减相关的递延所得税资产时，应当在会计报表附注中说明在可抵扣亏损和税款抵减到期前，企业能够产生足够的应纳税所得额的估计基础。

2. 不确认递延所得税资产的特殊情况

某些情况下，如果企业发生的某项交易或事项不属于企业合并，并且交易发生时既不影响会计利润也不影响应纳税所得额，且该项交易中产生的资产、负债的初始确认金额与其计税基础不同，产生可抵扣暂时性差异的，所得税准则中规定在交易或事项发生时不确认相关的递延所得税资产。其原因在于，如果确认递延所得税资产，则需调整资产、负债的入账价值，对实际成本进行调整将有违会计核算中的历史成本原则，最终影响会计信息的可靠性。

【例16-12】甲企业2011年以融资租赁方式租入一项固定资产，该项固定资产租赁日的公允价值为8 000万元，最低租赁付款额现值为6 600万元。租赁合同约定，租赁期内总付款额为7 000万元。假定不考虑在租入资产过程中发生的相关费用。

租赁准则中规定，承租人应将租赁开始日租赁资产的公允价值与最低租赁付款额现值两者中较低者作为租入资产的入账价值，即甲企业该融资租入固定资产的入账价值应为6 600万元；税法规定，融资租入资产应当按照租赁合同或协议约定的付款额以及在取得租赁资产过程中支付的有关费用作为其计税成本，即其计税成本应为7 000万元。

租入资产的入账价值6 600万元与其计税基础7 000万元之间的差额，在取得资产时既不影响会计利润,也不影响应纳税所得额,如果确认相应的所得税影响,直接结果是减记资产的初始计量金额,所得税准则中规定该种情况下不确认相应的递延所得税资产。

(二) 递延所得税资产的计量

1. 适用税率的确定

确认递延所得税资产时。应当以预期收回该资产期间的适用所得税税率为基础计算确定。另外,无论相关的可抵扣暂时性差异转回期间如何,递延所得税资产均不要求折现。

2. 递延所得税资产的减值

所得税准则规定,资产负债表日,企业应当对递延所得税资产的账面价值进行复核。如果未来期间很可能无法取得足够的应纳税所得额用以利用可抵扣暂时性差异带来的经济利益,应当减记递延所得税资产的账面价值。

同其他资产的确认和计量原则相一致,递延所得税资产的账面价值应当代表其为企业带来未来经济利益的能力。企业在确认了递延所得税资产以后因各方面情况变化,导致按照新的情况估计,在有关可抵扣暂时性差异转回的期间内,无法产生足够的应纳税所得额用以利用可抵扣暂时性差异,使得与递延所得税资产相关的经济利益无法全部实现的,对于预期无法实现的部分,应当减记递延所得税资产的账面价值。除原确认时记入所有者权益的递延所得税资产,其减记金额亦应记入所有者权益外,其他的情况应增加减记当期的所得税费用。因无法取得足够的应纳税所得额利用可抵扣暂时性差异而减记递延所得税资产账面价值的,继后期间根据新的环境和情况判断能够产生足够的应纳税所得额利用可抵扣暂时性差异,使得递延所得税资产包含的经济利益能够实现的,应相应恢复递延所得税资产的账面价值。

因无法取得足够的应纳税所得额用以抵扣可抵扣暂时性差异而减记递延所得税资产账面价值的,继后期间根据新的环境和情况判断能够产生足够的应纳税所得额利用可抵扣暂时性差异,使得递延所得税资产包含的经济利益能够实现的,应相应恢复递延所得税资产的账面价值。

二、递延所得税负债的确认和计量

递延所得税负债产生于应纳税暂时性差异。因应纳税暂时性差异在转回期间将增加企业的应纳税所得额和应交所得税,导致企业经济利益的流出,在其发生当期,构成企业应支付税金的义务,应作为负债确认。确认递延所得税负债时,交易或事项发生时影响到会计利润或应纳税所得额的,相关的所得税影响应作为利润表中所得税费用的组成部分;与直接计入所有者权益的交易或事项相关的,其所得税影响应减少所有者权益;与企业合并中取得资产、负债相关的,递延所得税影响应调整购买日应确认的商誉或是计入合并当期损益的金额。

(一) 递延所得税负债的确认

企业在确认因应纳税暂时性差异产生的递延所得税负债时,应遵循以下原则:

(1) 基于谨慎性原则,除所得税准则中明确规定可不确认递延所得税负债的情况外,企业对于所有的应纳税暂时性差异均应确认相关的递延所得税负债。

【例 16-13】 沿用例 16-4 中有关资料,假定甲公司 2011 年除该交易性金融资产外，当期发生的交易和事项不存在其他会计与税收的差异。

2011 年资产负债表日，该项交易性金融资产的账面价值 1 920 万元与其计税基础 1 800 万元之间产生 192 万元应纳税暂时性差异，甲公司应确认相应的递延所得税负债。

（2）不确认递延所得税负债的特殊情况。有些情况下，虽然资产、负债的账面价值与其计税基础不同，产生了应纳税暂时性差异，但出于各方面考虑，所得税准则中规定不确认相应的递延所得税负债，主要包括：

①商誉的初始确认。非同一控制下的企业合并中，企业合并成本大于合并中取得的被购买方可辨认净资产公允价值份额的差额，按照会计准则规定应确认为商誉。因会计与税收的划分标准不同，按照税收法规规定作为免税合并的情况下，计税时不认可商誉的价值，即从税法角度，商誉的计税基础为 0，两者之间的差额形成应纳税暂时性差异。对于因商誉的账面价值与其计税基础不同而产生的该应纳税暂时性差异，准则中规定不确认与其相关的递延所得税负债。

【例 16-14】　甲企业以增发市场价值为 6 000 万元的自身普通股为对价购入乙企业 100%的净资产。该合并为非同一控制下的吸收合并。假定该项合并符合税法规定的免税合并条件，购买日乙企业各项可辨认资产、负债的公允价值及其计税基础如表 16-1 所示：

表 16-1　　　　单位：万元

	公允价值	计税基础	暂时性差异异
固定资产	2 700	1 550	1 150
应收账款	2 100	2 100	
存货	1 740	1 240	500
其他应付款	（300）	0	（300）
应付账款	（1 200）	（1 200）	0
合　计	5 040	3 690	1 350

本例中企业适用的所得税税率为 25%，该项交易中应确认递延所得税负债及商誉的金额计算如下：

可辨认净资产公允价值	5 040
递延所得税资产（300×25%）	75
递延所得税负债（1 650×25%）	412.5
考虑递延所得税后	
可辨认资产、负债的公允价值	4 702.5
商誉	1 297.5
企业合并成本	6 000

因该项合并符合税法规定的免税合并条件，如果当事各方选择进行免税处理，则作为购买方其在免税合并中取得的被购买方有关资产、负债应维持其原计税基础不变。被购买方原账面上未确认商誉，即商誉的计税基础为 0。该项合并中所确认的商誉金额 1 297.5 万元与其计税基础 0 之间产生的应纳税暂时性差异，按照准则中规定，不再进一步确认相关的所得税影响。

②除企业合并以外的其他交易或事项中，如果该项交易或事项发生时既不影响会计

利润,也不影响应纳税所得额,则所产生的资产、负债的初始确认金额与其计税基础不同,形成应纳税暂时性差异的,交易或事项发生时不确认相应的递延所得税负债。

该类交易或事项在我国企业实务中并不多见,一般情况下有关资产、负债的初始确认金额均会为税法所认可,两者之间不会产生差异。

③与子公司、联营企业、合营企业投资等相关的应纳税暂时性差异,一般应确认相关的递延所得税负债,但同时满足以下两个条件的除外:一是投资企业能够控制暂时性差异转回的时间;二是该暂时性差异在可预见的未来很可能不会转回。满足上述条件时,投资企业可以运用自身的影响力决定暂时性差异的转回,如果不希望其转回。则在可预见的未来该项暂时性差异即不会转回,从而对未来期间不会产生所得税影响,无须确认相应的递延所得税负债。

(二)递延所得税负债的计量

(1)所得税准则规定,资产负债表日,对于递延所得税负债,企业应当根据适用税法规定,按照预期清偿该负债期间的适用税率计量。即递延所得税负债应以相关应纳税暂时性差异转回期间按照税法规定适用的所得税税率计量。

(2)无论应纳税暂时性差异的转回期间如何,准则中规定递延所得税负债不要求折现。对递延所得税负债进行折现,企业需要对相关的应纳税暂时性差异进行详细的分析,确定其具体的转回时间表,并在此基础上,按照一定的利率折现后确定递延所得税负债的金额。实务中,要求企业进行类似的分析工作量较大、包含的主观判断因素较多,且很多情况下无法合理确定暂时性差异的具体转回时间,准则中规定递延所得税负债不予折现。

三、适用税率变化对已确认递延所得税资产和递延所得税负债的影响

因适用税收法规的变化,导致企业在某一会计期间适用的所得税税率发生变化的,企业应对已确认的递延所得税资产和递延所得税负债按照新的税率进行重新计量。递延所得税资产和递延所得税负债的金额代表的是有关可抵扣暂时性差异或应纳税暂时性差异于未来期间转回时,导致应交所得税金额的减少或增加的情况。因国家税收法律法规等的变化导致适用税率变化的,必然导致应纳税暂时性差异或可抵扣暂时性差异在未来期间转回时产生应交所得税金额的变化,在适用税率变动的情况下,应对原已确认的递延所得税资产及递延所得税负债的金额进行调整,反映税率变化带来的影响。

除直接计入所有者权益的交易或事项产生的递延所得税资产及递延所得税负债,相关的调整金额应计入所有者权益以外,其他情况下产生的递延所得税资产及递延所得税负债的调整金额应确认为变化当期的所得税费用(或收益)。

第四节 所得税费用

企业进行所得税核算的主要目的是为了确定当期应缴纳的所得税以及利润表中应确认的所得税费用金额。在资产负债表债务法下,利润表中的所得税费用由两个部分组成:当期所得税和递延所得税。

一、当期所得税

当期所得税是指企业按照税法规定计算确定的针对当期发生的交易和事项,应缴纳的所得税金额,即应交所得税,当期所得税应以适用的税收法规为基础计算确定。即:

$$当期所得税 = 当期应交所得税 = 应纳税所得额 \times 适用的所得税税率$$

企业在确定当期所得税时,对于当期发生的交易或事项,会计处理与税收处理是不同的。一般情况下,应纳税所得额可在会计利润的基础上,考虑会计与税收之间的差异,按照以下公式计算确定:

$$\begin{aligned} 应纳税所得额 = & 会计利润 + \dfrac{按照会计准则规定计入利润表}{但计税时不允许税前扣除的费用} \\ & \pm \dfrac{计入利润表的费用与按照税法规定}{可予税前抵扣的费用金额之间的差额} \\ & \pm \dfrac{计入利润表的收入与按照税法规定应计入}{应纳税所得额的收入之间的差额} \\ & - 税法规定的不征税收入 \pm 其他需要调整的因素 \end{aligned}$$

二、递延所得税

递延所得税是指按照所得税准则规定应予确认的递延所得税资产和递延所得税负债在期末应有的金额相对于原已确认金额之间的差额,即递延所得税资产及递延所得税负债当期发生额的综合结果。用公式表示即为:

$$\begin{aligned} 递延所得税 = & \dfrac{当期递延所得税}{负债的增加(-减少)} - \dfrac{当期递延所得税}{资产的增加(+减少)} \\ = & \left(\dfrac{期末递延}{所得税负债} - \dfrac{期初递延}{所得税负债} \right) - \left(\dfrac{期末递延}{所得税资产} - \dfrac{期初递延}{所得税资产} \right) \end{aligned}$$

应当说明的是,企业因确认递延所得税资产和递延所得税负债产生的递延所得税,一般应当计入所得税费用,但以下两种情况除外:一是某项交易或事项按照会计准则规定应计入所有者权益的,由该交易或事项产生的递延所得税资产或递延所得税负债及其变化亦应计入所有者权益。二是企业合并中取得的资产、负债,其账面价值与计税基础不同,应确认相关递延所得税的,确认的递延所得税影响合并中产生的商誉或者计入合并当期损益的金额,不影响当期所得税费用。

【例16-15】 甲企业持有的某项可供出售金融资产,成本为400万元,2011年年末,其公允价值为480万元,该企业适用的所得税税率为25%。除该事项外,该企业不存在其他会计与税收之间的差异,且递延所得税资产与递延所得税负债的期初余额为0。

在2011年年末确认80万元的公允价值变动时:

借:可供出售金融资产 800 000
  贷:资本公积——其他资本公积 800 000

确认应纳税暂时性差异的所得税影响时：

借：资本公积——其他资本公积　　　　　　　　　　　　　　200 000
　　贷：递延所得税负债　　　　　　　　　　　　　　　　　　　　200 000

三、所得税费用

计算确定了当期所得税及递延所得税以后，利润表中应予确认的所得税费用为两者之和，即：

$$\text{所得税费用}=\text{当期所得税}+\text{递延所得税}$$

【例16-16】 甲企业2010年12月31日与2011年12月31日资产负债表中部分项目账面价值与计税基础情况分别如表11-2、11-3所示。假定2010年、2011年该企业的应纳税所得额分别为1 000万元和2 000万元。2010年年初，递延所得税资产和递延所得税负债的余额为0。该企业适用的所得税税率为25%。

表 16-2　　　　　　　　　　　　　　　　　　　　　　　　　　　　　　单位：元

项　目	账面价值	计税基础	差异 应纳税	差异 可抵扣
交易性金融资产	2 600 000	2 000 000	600 000	
存货	20 000 000	22 000 000		2 000 000
预计负债	1 000 000	0		1 000 000
合　计			600 000	3 000 000

表 16-3　　　　　　　　　　　　　　　　　　　　　　　　　　　　　　单位：元

项　目	账面价值	计税基础	差异 应纳税	差异 可抵扣
交易性金融资产	2 800 000	3 800 000		1 000 000
存货	26 000 000	26 000 000		
预计负债	600 000	0		600 000
无形资产	2 000 000	0	2 000 000	
合　计			2 000 000	1 600 000

1. 2010年
(1) 分析。

　　可抵扣暂时性差异为300万元

　　递延所得税资产期末余额＝300×25%＝75（万元）

　　应纳税暂时性差异为60万元

　　递延所得税负债期末余额＝60×25%＝15（万元）

(2) 确认所得税费用。

借：所得税费用　　　　　　　　　　　　　　　　　　　　1 900 000
　　递延所得税资产　　　　　　　　　　　　　　　　　　　　750 000
　　贷：应交税费——应交所得税　　　　　　　　　　　　　　2 500 000
　　　　递延所得税负债　　　　　　　　　　　　　　　　　　　150 000

2. 2011年
(1) 分析。

①期末应纳税暂时性差异200万元

递延所得税负债期末余额（200×25%）	50
递延所得税负债期初余额	15
递延所得税负债增加	35

②期末可抵扣暂时性差异160万元

递延所得税资产期末余额（160×25%）	40
递延所得税资产期初余额	75
递延所得税资产减少	35

应交所得税＝2 000×25%＝500（万元）

(2) 确认所得税费用。

借：所得税费用　　　　　　　　　　　　　　　　5 700 000
　　贷：应交税费——应交所得税　　　　　　　　　　　　5 000 000
　　　　递延所得税负债　　　　　　　　　　　　　　　　350 000
　　　　递延所得税资产　　　　　　　　　　　　　　　　350 000

【例16-17】 甲公司2011年度利润表中利润总额为2 400万元，该公司适用的所得税税率为25%。递延所得税资产及递延所得税负债不存在期初余额。与所得税核算有关的情况如下：

1. 2011年发生的有关交易和事项中，会计处理与税收处理存在差别的有：

(1) 2011年1月开始计提折旧的一项固定资产，成本为1 200万元，使用年限为10年，净残值为0，会计处理按双倍余额递减法计提折旧，税收处理按直线法计提折旧。假定税法规定的使用年限及净残值与会计规定相同。

(2) 向关联企业捐赠现金400万元。假定按照税法规定，企业向关联方的捐赠不允许税前扣除。

(3) 当年度发生研究开发支出1 000万元，其中600万元资本化计入无形资产成本。税法规定企业发生的研究开发支出可按实际发生额的150%加计扣除。假定所开发无形资产于期末达到预定使用状态。

(4) 违反环保规定应支付罚款200万元。

(5) 期末对持有的存货计提了60万元的存货跌价准备。

2. 2011年度应交所得税：

应纳税所得额＝24 000 000＋1 200 000＋4 000 000－11 000 000＋2 000 000＋600 000
　　　　　　＝20 800 000（元）

应交所得税＝20 800 000×25%＝5 200 000（元）

3. 2011年度递延所得税：

该公司2011年资产负债表相关项目金额及其计税基础如表16-4所示。

表 16-4   单位：元

项 目	账面价值	计税基础	差 异	
			应纳税暂时性差异	可抵扣暂时性差异
存货	16 000 000	16 600 000		600 000
固定资产：				
固定资产原价	12 000 000	12 000 000		
减：累计折旧	2 400 000	1 200 000		
减：固定资产减值准备	0	0		
固定资产账面价值	9 600 000	10 800 000		1 200 000
无形资产	6 000 000	0	6 000 000	
合　计			6 000 000	1 800 000

递延所得税资产期末余额＝1 800 000×25％＝450 000（元）

递延所得税负债期末余额＝6 000 000×25％＝1 500 000（元）

递延所得税＝1 500 000－450 000＝1 050 000（元）

4. 利润表中应确认的所得税费用：

所得税费用＝5 200 000＋1 050 000＝6 250 000（元）

借：所得税费用　　　　　　　　　　　　　　　　　　　6 250 000
　　递延所得税资产　　　　　　　　　　　　　　　　　　450 000
　　贷：应交税费——应交所得税　　　　　　　　　　　　　　5 200 000
　　　　递延所得税负债　　　　　　　　　　　　　　　　　　1 500 000

【例 16-18】沿用例 16-17 中有关资料，假定甲公司 2012 年当期应交所得税为 924 万元。资产负债表中有关资产、负债的账面价值与其计税基础相关资料如表 16-5 所示，除所列项目外，其他资产、负债项目不存在会计和税收的差异。

表 16-5   单位：元

项 目	账面价值	计税基础	差 异	
			应纳税暂时性差异	可抵扣暂时性差异
存货	32 000 000	33 600 000		1 600 000
固定资产：				
固定资产原价	12 000 000	12 000 000		
减：累计折旧	4 320 000	2 400 000		
减：固定资产减值准备	400 000	0		
固定资产账面价值	7 280 000	9 600 000		2 320 000
无形资产	5 400 000	0	5 400 000	
预计负债	2 000 000	0		2 000 000
合　计			5 400 000	5 920 000

1. 当期所得税＝当期应交所得税＝9 240 000（元）

2. 递延所得税：

(1) 递延所得税负债期末余额（5 400 000×25％）　　　1 350 000

递延所得税负债期初余额	1 500 000
递延所得税负债减少	150 000
(2) 递延所得税资产期末余额 (5 920 000×25%)	1 480 000
递延所得税资产期初余额	450 000
递延所得税资产增加	1 030 000

递延所得税＝－150 000－1 030 000＝－1 180 000（收益）

3. 所得税费用：

所得税费用＝9 240 000－1 180 000＝8 060 000(元)

借：所得税费用		8 060 000
递延所得税资产		1 030 000
递延所得税负债		150 000
贷：应交税费——应交所得税		9 240 000

思考练习题

一、重要概念

1. 资产的计税基础
2. 负债的计税基础
3. 应纳税暂时性差异
4. 可抵扣暂时性差异
5. 递延所得税负债
6. 递延所得税资产
7. 当期所得税
8. 递延所得税
9. 所得税费用

二、简答题

1. 资产负债表债务法核算所得税的基本原理。
2. 举例说明有关资产项目计税基础的确定。
3. 确认递延所得税资产的一般原则。
4. 确认递延所得税负债的一般原则。

三、单项选择题

1. 在企业收回资产账面价值的过程中，计算应纳税所得额时按照税法规定可以自应税经济利益中抵扣的金额，称为（　　）。

A. 资产的计税基础
B. 资产的账面价值
C. 负债的计税基础
D. 应纳税所得额

2. 资产的计税基础是指企业收回资产（　　）过程中，计算应纳税所得额时按照税法规定可以自应税经济利益中抵扣的金额。

A. 账面价值
B. 可收回金额
C. 未来净现金流量现值
D. 公允价值

3. 负债的计税基础是指负债的（　　）减去未来期间计算应纳税所得额时按照税法规定可予抵扣的金额。

A. 账面价值
B. 可收回金额
C. 未来净现金流量现值
D. 公允价值

4. 企业2011年购入库存商品8 000 000元；年末该存货的账面余额为6 000 000元，已计提存货跌价准备800 000元，则存货的计税基础是（　　）元。

A. 8 000 000
B. 6 000 000

C. 5 200 000　　　D. 800 000

5. 企业于2011年3月借入1年期借款3 000 000元，年末短期借款余额为3 000 000元。则年末资产负债表日该负债的计税基础是（　　）元。

A. 0　　　　　　　B. 3 000 000
C. 1 500 000　　　D. 2 000 000

6. 暂时性差异是指（　　）。

A. 会计利润与应税利润由于计算口径不一致所产生的差额
B. 会计利润与应税利润由于计算时间不一致所产生的差额
C. 资产或负债的账面价值与其计税基础之间的差额
D. 资产或负债的可收回金额与计税基础之间的差额

7. 在确定未来收回资产或清偿负债期间的应纳税所得额时，将导致产生应税金额的暂时性差异的是（　　）。

A. 永久性差异
B. 时间性差异
C. 应纳税暂时性差异
D. 可抵扣暂时性差异

8. 某公司2011年末存货账面余额2 000 000元，已提存货跌价准备100 000元，则形成的可抵扣暂时性差异是（　　）元。

A. 0　　　　　　　B. 2 000 000
C. 1 900 000　　　D. 100 000

9. 对于可抵扣暂时性差异可能产生的未来经济利益，应以很可能取得用来抵扣可抵扣暂时性差异的应纳税所得额为限，确认相关的（　　）。

A. 递延所得税资产
B. 递延所得税负债
C. 应交所得税
D. 暂时性差异

10. 甲公司所得税税率为25%，2011年年末长期股权投资账面余额为2 200 000元，其中原始投资成本为2 000 000元，按权益法确认投资收益200 000元。则应确认的递延所得税负债是（　　）元。

A. 500 000　　　　B. 550 000
C. 50 000　　　　 D. 33 000

11. 直接计入所有者权益的交易或事项，相关资产、负债的账面价值与其计税基础之间形成暂时性差异的，在确认递延所得税资产或递延所得税负债的同时，应计入（　　）。

A. 当期所得税
B. 递延所得税
C. 资本公积
D. 商誉

12. 资产、负债的（　　）与其计税基础存在差异的，应当确认为递延所得税资产或递延所得税负债。

A. 公允价值　　　　B. 净值
C. 实际成本　　　　D. 账面价值

13. 在（　　）中产生的所得税，不应当作为所得税费用或收益计入当期损益。

A. 企业合并
B. 资产的账面价值与其计税基础之间的差额
C. 资产或负债的账面价值与其计税基础之间的差额
D. 负债的账面价值与其计税基础之间的差额

14. 资产负债表日，企业应当对递延所得税的（　　）进行复核。

A. 公允价值　　　　B. 折现价值
C. 账面价值　　　　D. 净值

15. 下列项目中，产生可抵扣暂时性差异的有（　　）。

A. 期末固定资产账面价值大于其计税基础
B. 可供出售金融资产期末公允价值大于其取得成本
C. 持有至到期投资国债利息收入

D. 期末无形资产账面价值小于其计税基础

16. 按照《企业会计准则第18号——所得税》的规定，下列资产、负债项目的账面价值与其计税基础之间的差额，不确认递延所得税的是（　　）。
A. 固定资产计提减值准备
B. 期末按公允价值调增可供出售金融资产的金额
C. 因非同一控制下免税改组的企业合并初始确认的商誉
D. 企业因销售商品提供售后服务确认的预计负债

17. 甲公司拥有乙公司80%有表决权资本，能够对乙公司实施控制。2011年6月，甲公司向乙公司销售一批商品，成本为8 000 000元，售价为10 000 000元。2011年12月31日，乙公司将上述商品对外销售60%，甲公司和乙公司适用的所得税税率均为25%。2011年12月31日，合并财务报表中应确认的递延所得税资产为（　　）元。
A. 2 000 000　　B. 800 000
C. 300 000　　　D. 200 000

18. 某企业采用年数总和法计提折旧，税法规定按平均年限法计提折旧。2011年税前会计利润为3 100 000元，按平均年限法计提折旧为900 000元，按年数总和法计提折旧为1 800 000元，所得税税率为25%。2011年应交所得税税额为（　　）元。
A. 775 000　　　B. 550 000
C. 1 000 000　　D. 4 000 000

四、多项选择题

1. 按照准则规定，在确认递延所得税资产时，可能计入的项目有（　　）。
A. 所得税费用　　B. 预计负债
C. 资本公积　　　D. 商誉

2. 暂时性差异可以分为（　　）。
A. 可抵扣暂时性差异
B. 应纳税暂时性差异
C. 永久性差异
D. 时间性差异

3. 下列项目中，将形成应纳税暂时性差异的有（　　）。
A. 资产的账面价值小于其计税基础
B. 负债的账面价值大于其计税基础
C. 资产的账面价值大于其计税基础
D. 负债的账面价值小于其计税基础

4. 下列项目中，会影响可抵扣暂时性差异的有（　　）。
A. 资产账面余额
B. 资产计税基础
C. 资产减值准备
D. 所有者权益账面价值

5. 下列项目中，会影响所得税费用的有（　　）。
A. 当期所得税
B. 递延所得税资产
C. 递延所得税负债
D. 未分配利润

6. 下列说法中，正确的有（　　）。
A. 资产的账面价值等于资产的计税基础时，不产生暂时性差异
B. 只有资产和负债的账面价值与其计税基础不一致时，才会产生暂时性差异
C. 当资产的账面价值小于其计税基础时，会产生应纳税暂时性差异
D. 产生的应纳税暂时性差异应确认递延所得税负债

7. 下列项目产生的递延所得税资产中，应计入所得税费用的有（　　）。
A. 弥补亏损
B. 交易性金融资产
C. 预计负债
D. 可供出售金融资产

8. 资产、负债的账面价值与其计税基础存在差异的，符合条件时应确认所产生的（　　）。

A. 递延所得税资产
B. 递延所得税负债
C. 时间性差异
D. 永久性差异

9. 企业应当确认的应纳税暂时性差异产生的递延所得税负债包括（　　）。

A. 由资产或负债的账面价值与其计税基础之间的差额所产生
B. 商誉的初始确认所产生
C. 企业合并中所产生
D. 与子公司、联营企业或合营企业的投资中所产生

10. 下列项目中产生可抵扣暂时性差异的有（　　）。

A. 预提产品保修费用
B. 计提存货跌价准备
C. 计提无形资产减值准备
D. 在投资企业所得税税率大于被投资企业所得税税率的情况下，投资企业对长期投资采用权益法核算，对补交所得税的处理

11. 下列项目中，产生暂时性差异的有（　　）。

A. 会计上固定资产的账面价值与其计税基础不一致
B. 确认国债利息收入时同时确认的资产
C. 以现金结算的股份支付确认的应付职工薪酬的余额
D. 预提产品质量保证费用

12. 下列说法中，正确的是（　　）。

A. 企业应当将当期和以前期间应交未交的所得税确认为负债
B. 存在应纳税暂时性差异，应当按照所得税准则规定确认递延所得税负债
C. 企业对于子公司、联营企业及合营企业投资相关的应纳税暂时性差异，一律应当确认相应的递延所得税负债
D. 企业对于子公司、联营企业及合营企业投资相关的应纳税暂时性差异，应当确认相应的递延所得税负债，但特殊情况除外

13. 下列说法中，错误的是（　　）。

A. 递延所得税资产和递延所得税负债应当分别作为非流动资产和非流动负债在资产负债表中列示
B. 递延所得税资产大于递延所得税负债的差额应当作为资产列示
C. 所得税费用应当在利润表中单独列示
D. 所得税费用应当在资产负债表所有者权益中单独列示

14. 下列说法中，正确的有（　　）。

A. 因商誉的初始确认产生的应纳税暂时性差异应当确认为递延所得税负债
B. 因商誉的初始确认产生的应纳税暂时性差异应当确认为递延所得税资产
C. 因商誉的初始确认产生的应纳税暂时性差异不应当确认为递延所得税负债
D. 当某项交易同时具有"不是企业合并"及"交易发生时既不影响会计利润也不影响应纳税所得额"特征时，企业不应当确认该项应纳税暂时性差异产生的递延所得税负债

15. 下列项目中，可能使本期所得税费用减少的有（　　）。

A. 本期应交所得税借方发生额
B. 本期递延所得税资产借方发生额
C. 本期递延所得税负债借方发生额
D. 本期递延所得税负债贷方发生额

16. 关于所得税，下列说法中不正确的有（　　）。

A. 本期递延所得税资产发生额不一定会影响本期所得税费用
B. 企业应将所有应纳税暂时性差异确认为递延所税负债
C. 企业应将所有可抵扣暂时性差异确认为递延所得税资产

D. 资产账面价值大于其计税基础产生可抵扣暂时性差异

五、判断题

1. 暂时性差异是指资产或负债的账面价值与其计税基础之间的差额；此外，所有者权益的账面价值与其计税基础之间也可能形成暂时性差异。（　）

2. 固定资产的账面价值小于其计税基础所形成的暂时性差异，属于可抵扣暂时性差异。（　）

3. 购入交易性金融资产后，公允价值持续增加，这将形成可抵扣暂时性差异。（　）

4. 对于可抵扣暂时性差异，应一律确认递延所得税资产。（　）

5. 企业合并中形成的暂时性差异，应在资产负债表日确认递延所得税资产或负债，同时调整所得税费用。（　）

6. 企业应当对递延所得税资产和递延所得税负债进行折现。（　）

7. 资产的计税基础是指企业收回资产实际成本过程中，计算应纳税所得额时按照税法规定可以自应税经济利益中抵扣的金额。（　）

8. 企业应当对商誉的初始计量中所产生的递延所得税负债归属于应纳税暂时性差异。（　）

9. 企业对其子公司、联营企业及合营企业投资存在应纳税暂时性差异，若该差异在可预见的未来很可能不会转回，则不应确认为相应的递延所得税负债。（　）

10. 企业应当以很可能取得用来抵扣应纳税暂时性差异的应纳税所得额为限，确认由应纳税暂时性差异产生的递延所得税负债。（　）

11. 适用税率发生变化的，不应对已确认的递延所得税资产或递延所得税负债进行重新计量。（　）

12. 在计量递延所得税资产和递延所得税负债时，应当采用与预期收回资产或清偿债务的期间相一致的税率和计税基础。（　）

13. 递延所得税资产不能计提减值准备。（　）

14. 本期递延所得税资产发生额不一定会影响本期所得税费用。（　）

15. 除直接计入所有者权益的交易或事项产生的递延所得税资产及递延所得税负债，相关的调整金额应计入所有者权益以外，其他情况下因税率变化产生的调整金额应确认为税率变化当期的所得税费用（或收益）。（　）

16. 负债的计税基础是指负债的账面价值减去未来期间计算应纳税所得额时按照税法规定可予抵扣的金额。（　）

六、核算题

1. 天地公司所得税的核算执行《企业会计准则第18号——所得税》，所得税率为25％。2011年有关所得税交易或事项如下：

（1）天地公司存货采用先进先出法核算，库存商品年末账面余额为20 000 000元，计提存货跌价准备200 000元。按照税法规定，存货在销售时可按实际成本在税前抵扣。

（2）天地公司2011年支付800 000元购入交易性金融资产，2011年末，该交易性金融资产的公允价值为860 000元。按照税法规定，交易性金融资产在出售时可以抵税的金额为其初始成本。

（3）2011年12月，天地公司支付2 000 000元购入可供出售金融资产，至年末，该可供出售金融资产的公允价值为1 900 000元。按照税法规定，可供出售金融资产在出售时可以抵税的金额为其初始成本。

（4）2011年12月，天地公司收购了丁公司100％的股份（两者不存在关联关系，为非同一控制下的企业合并，且符合免税合并条件），完成合并后将其作为天地公司的分公司。合并日，天地公司按取得的各项可辨认资产的公允价值 8 000 000 元入账；而原资产账面金额为 6 500 000 元。按照税法规定，可以在税前抵扣的金额为其原账面金额。

假设天地公司递延所得税资产和递延所得税负债在此前没有余额；可抵扣暂时性差异未来有足够的应税所得可以抵扣。

要求：

(1) 分析判断上述交易或事项是否形成暂时性差异。

(2) 如果形成暂时性差异，请指出属于何种暂时性差异。

(3) 形成暂时性差异的，请按规定确认相应的递延所得税资产和递延所得税负债，并进行相关账务处理。

2. 甲公司所得税采用资产负债表债务法核算，所得税税率为 25%。2011 年度有关所得税会计处理的资料如下：

(1) 2011 年度实现税前会计利润 1 100 000 元。

(2) 2010 年 12 月，甲公司购入一台管理用电子设备，入账价值为 3 000 000 元，预计使用年限为 5 年，预计净残值为零，按年数总和法计提折旧。按照税法规定，应采用直线法计提折旧，预计使用年限和净残值与会计一致。

(3) 2011 年 11 月，甲公司购入交易性金融资产，入账价值为 400 000 元；年末按公允价值计价为 350 000 元。按照税法规定，成本在持有期间保持不变。

(4) 2011 年 12 月末，甲公司确认了产品保修费用 50 000 元，同时确认为一项预计负债，按税法规定，产品保修费在实际发生时准予税前抵扣。

(5) 2011 年 1 月 1 日，甲公司投资于乙公司（所得税税率为 18%），占乙公司表决权资本的 40%，准备长期持有，对乙公司具有重大影响。投资时甲公司发生的投资成本为 4 000 000 元（初始投资成本等于应享有被投资单位可辨认净资产公允价值的份额）；至 2011 年末，因确认被投资单位净利润中投资企业所拥有的份额而增加的长期股权投资的账面价值为 410 000 元。按照税法规定，处置长期股权投资时可在税前抵扣的是其初始投资成本。

假设 2011 年初递延所得税资产和所得税负债的余额为零。除上述事项外，甲公司不存在其他与所得税计算缴纳相关的事项，暂时性差异在可预见的未来很可能转回，而且以后年度很可能获得用来抵扣可抵扣暂时性差异的应纳税所得额。

要求：

(1) 计算 2011 年应交所得税。

(2) 确认 2011 年末递延所得税资产和递延所得税负债。

(3) 计算 2011 年所得税费用。

(4) 进行所得税的相关账务处理。

第十七章 外币折算

第一节 外币折算概述

外币折算就是将外币交易或外币财务报表折算为记账本位币反映的过程。

在经济日益全球化的趋势下，资本的跨国流动和国际贸易不断扩大。一方面，外资银行和外资企业向内资银行和内资企业注入资本，使得我国的资本市场中外币资本不断增加；另一方面，内资银行和内资企业不断向国际市场拓展业务，参与国际资本市场竞争的程度和规模呈不断增长趋势，这样，企业可能以任何货币对发生的交易进行计价和结算，企业在其他国家或在我国境内设立的子公司、联营企业、合营企业和分支机构等也可能采用不同于该企业记账本位币的货币进行记账。为了反映企业或企业集团的经营业绩和财务状况，需要将不同货币计量的资产、负债、收入、费用等折算为一种货币反映，即外币交易，或者将以其他货币反映的子公司、联营企业、合营企业和分支机构等的经营业绩和财务状况折算为企业记账本位币反映，即外币财务报表折算。

外币折算之前，必须首先解决记账本位币的确定和汇率的选择两个问题。

一、记账本位币的确定

记账本位币，是指企业经营所处的主要经济环境中的货币，通常这一货币是企业主要收、支现金的经济环境中的货币。记账本位币以外的货币称为外币。我国企业一般以人民币作为记账本位币。

（一）企业记账本位币的确定

我国《会计法》规定："会计核算以人民币为记账本位币。""业务收支以人民币以外的货币为主的单位，可以选定其中一种货币作为记账本位币，但是编报的财务会计报告应当折算为人民币。"可见，我国《会计法》允许企业选择非人民币作为记账本位币，但是，如何选择记账本位币没有做出详细规定，《企业会计准则第19号——外币折算》对此进行了规范，规定了确定记账本位币需要考虑的因素。

企业选定记账本位币，应当考虑下列因素：(1) 该货币主要影响商品和劳务的销售价格，通常以该货币进行商品和劳务的销售价格计价和结算；(2) 该货币主要影响商品和劳务所需人工、材料和其他费用，通常以该货币进行上述费用的计价和结算。上述两项因素应综合考虑，不能仅考虑其中的一项。如果根据这两项因素仍难以确定，还需要兼顾考虑如下因素：融资活动获得的资金以及保存从经营活动中收取款项时所使用的货币。

【例 17-1】 国内甲公司为外贸自营出口企业，超过 70% 的营业收入来自对美国的出口，其商品销售价格主要受美元的影响，以美元计价，因此，从影响商品和劳务的销售价格的角度看，甲公司应选择美元作为记账本位币。

如果甲公司除厂房设施、30%的人工成本在国内以人民币采购外，生产所需原材料、机器设备及70%以上的人工成本以美元在美国市场采购，则可确定甲公司的记账本位币为美元。

但是，如果甲公司的人工成本、原材料及相应的厂房设施、机器设备等95%以上在国内采购并以人民币计价，则难以判定甲公司的记账本位币应选择美元还是人民币，这时，就要兼顾融资活动获得的资金以及保存从经营活动中收取款项时所使用的货币的情况。如果甲公司取得的美元营业收入在汇回国内时直接兑换成了人民币存款，且甲公司对美元汇率波动产生的外币风险进行了套期保值，降低了汇率波动对企业取得的外币销售收入的影响，那么，甲公司应当选择人民币作为其记账本位币。

需要说明的是，在确定企业的记账本位币时，上述因素的重要程度因企业的具体情况的不同而不同，需要企业管理当局根据实际情况进行判断。但是，这并不能说明企业管理当局可以根据需要随意选择记账本位币，企业管理当局根据实际情况，只能确定其中的一种货币作为记账本位币。

（二）境外经营记账本位币的确定

境外经营是指企业在境外的子公司、合营企业、联营企业、分支机构。当企业在境内的子公司、合营企业、联营企业或者分支机构选定的记账本位币不同于企业的记账本位币时，也应当视同境外经营。会计准则中所说的境外经营是个广义的概念，子公司、合营企业、联营企业、分支机构是否属于境外经营，不是以其位置是否在境外为判定标准，而是要看其选定的记账本位币是否与企业相同。

企业选定境外经营的记账本位币，除了考虑前面所讲的因素以外，还应考虑该境外经营与企业的关系：

（1）境外经营对其所从事的活动是否拥有很强的自主性。如果境外经营所从事的活动视同企业经营活动的延伸，该境外经营应当选择与企业记账本位币相同的货币作为记账本位币；如果境外经营所从事的活动拥有极大的自主性，境外经营不能选择与企业记账本位币相同的货币作为记账本位币。

（2）境外经营活动中与企业的交易是否在境外经营活动中占有较大的比重。如果境外经营与企业的交易在境外经营活动中所占的比例较高，境外经营应当选择与企业记账本位币相同的货币作为记账本位币；反之，应当选择其他货币。

（3）境外经营活动产生的现金流量是否直接影响企业的现金流量、是否可以随时汇回。如果境外经营活动产生的现金流量直接影响企业的现金流量，并可随时汇回，境外经营应当选择与企业记账本位币相同的货币作为记账本位币；反之，应当选择其他货币。

（4）境外经营活动产生的现金流量是否足以偿还其现有债务和可预期债务。如果境外经营活动产生的现金流量在企业不提供资金的情况下，难以偿还其现有债务和正常情况下可预期的债务，境外经营应当选择与企业记账本位币相同的货币作为记账本位币；反之，应当选择其他货币。

二、记账本位币的变更

企业记账本位币一经确定，不得随意变更，除非企业经营所处的主要经济环境发生重大变化。主要经济环境发生重大变化，通常是指企业主要产生和支出现金的环境发生重大变化，使用该环境中的货币最能反映企业的主要交易业务的经济结果。

企业经营所处的主要经济环境发生重大变化，确需变更记账本位币的，应当采用变更当日的即期汇率将所有项目折算为变更后的记账本位币，折算后的金额作为新的记账本位币的历史成本。由于采用同一即期汇率进行折算，因此，不会产生汇兑差额。企业需要提供确凿的证据，证明企业经营所处的主要经济环境发生了重大变化，并应当在附注中披露变更的理由。

三、折算汇率

无论是在交易日对外币交易进行初始确认时，还是在资产负债表日对外币交易余额进行处理，抑或对外币财务报表进行折算时，均涉及折算汇率的选择。

汇率也称汇价，是两种货币的比率，是一种货币单位用另一种货币单位所表示的价格。

（一）汇率的表示方法

（1）直接汇率。直接汇率是指一定数量的其他货币单位折算为本国货币的金额。如1美元兑换6.31元人民币。

（2）间接汇率。间接汇率是指一定数量的本国货币折算为其他货币的金额。如1元人民币兑换0.16美元。

现在，各国一般都采用直接汇率表示，我国也采用直接汇率。

（二）汇率的种类

仅以银行买卖外币的汇率而言，汇率的种类主要有三种：

（1）买入汇率，也称外汇买入价，是银行买入外汇时使用的汇率。在直接标价法下，银行所报的外汇汇价较小的那个数字是买入汇率。

（2）卖出汇率，也称外汇卖出价，是银行卖出外汇时所使用的汇率。在直接标价法下，银行所报的外汇汇价的那个数字较大的是卖出汇率。

（3）中间汇率，也称中间价，是卖出汇率与买入汇率的平均即为中间汇率。

（三）折算汇率的规定

企业会计准则规定，企业在处理外币交易和对外币财务报表进行折算时，应当采用交易发生日的即期汇率将外币金额折算为记账本位币金额反映；也可以采用按照系统合理的方法确定的、与交易发生日即期汇率近似的汇率折算。

（1）即期汇率，通常是指中国人民银行公布的当日人民币外汇牌价的中间价。但是，在企业发生单纯的货币兑换交易或涉及货币兑换交易时，仅用中间价不能反映货币买卖的损益，应当按照交易实际采用的汇率（即银行买入价或卖出价）折算。

（2）即期汇率的近似汇率，是指按照系统合理的方法确定的、与交易发生日即期汇率近似的汇率，通常采用当期平均汇率或加权平均汇率等。当汇率变动不大时，为简化核算，企业在外币交易日或对外币报表的某些项目进行折算时也可以选择即期汇率的近似汇率折算。

第二节 外币交易的会计处理

一、外币交易的主要内容

外币交易是指企业发生以外币计价或者结算的交易。一般包括:(1)买入或者卖出以外币计价的商品或者劳务;(2)借入或者借出外币资金;(3)其他以外币计价或者结算的交易。

买入或者卖出以外币计价的商品或者劳务,通常情况下是指以外币买卖商品,或者以外币结算劳务合同。这里所说的商品是一个泛指的概念,可以是有实物形态的存货、固定资产等,也可以是无实物形态的无形资产、债权或股权等。企业与银行发生货币兑换业务,包括与银行进行结汇或售汇,也属于外币交易。

借入或者借出外币资金,是指企业向银行或非银行金融机构借入以记账本位币以外的货币表示的资金,以及发行以外币计价或结算的债券等。

其他以外币计价或者结算的交易,是指以记账本位币以外的货币计价或结算的其他交易。例如,接受外币现金捐赠等。

二、外币交易的记账方法与程序

外币交易的记账方法有外币统账制和外币分账制两种。外币统账制是指企业在发生外币交易时即折算为记账本位币入账。外币分账制是指企业在日常核算时分别币种记账,资产负债表日分别货币性项目和非货币性项目进行调整:货币性项目按资产负债表日即期汇率折算,非货币性项目按交易日即期汇率折算,产生的汇兑差额计入当期损益。目前,我国绝大多数企业采用外币统账制折算,只有银行等少数金融企业由于外币交易频繁、涉及外币币种较多,可以采用外币分账制进行核算。采用统账制记账方法还是采用分账制记账方法,只是账务处理程序不同,产生的结果应当相同,即计算出的汇兑损益相同,且均计入当期损益,其会计处理也相同。

外币统账制下外币交易的会计处理主要涉及两个环节:一是在交易日对外币交易进行初始确认,将外币金额采用交易发生日的即期汇率或即期汇率的近似汇率折算为记账本位币金额;二是在资产负债表日对相关项目进行折算,将所有外币货币性项目的外币余额,按照期末即期汇率折算为记账本位币金额,因汇率变动产生的差额计入当期损益。

外币统账制方法下,对外币交易的核算不单独设置科目,外币交易金额因汇率变动而产生的差额,可在"财务费用"科目下设置二级科目"汇兑损益"反映。该科目借方登记因汇率变动而产生的汇兑损失,贷方登记因汇率变动而产生的汇兑收益。期末余额结转入"本年利润"科目后,一般无余额。

三、交易日的会计处理

企业发生外币交易的,应当在初始确认时采用交易日的即期汇率或即期汇率的近似汇率将外币金额折算为记账本位币金额。

（一）外币购销业务

企业出口商品时，按照当日的即期汇率将外币销售收入折算为人民币入账；对于出口销售取得的款项或发生的债权，按照折算的人民币入账，同时按照外币金额登记有关外币账户。

【例 17-2】 国内甲公司的记账本位币为人民币。2011年12月25日，向国外乙公司出口商品一批，货款共计 100 000 美元，尚未收到，假定当日即期汇率为 1 美元＝6.32 元人民币（注：为了计算简便，本章例题所用的当日即期汇率与真实汇率略有差异）。假定不考虑增值税等相关税费。甲公司应进行以下账务处理：

  借：应收账款——美元户（100 000 美元）（100 000×6.32） 632 000
   贷：主营业务收入 632 000

企业从国外或境外购进原材料、商品或引进设备时，按照当日的即期汇率将支付的外币或应支付的外币折算为人民币记账，以确定购入原材料等货物及债务的入账价值，同时按照外币的金额登记有关外币账户。

【例 17-3】 国内甲公司的记账本位币为人民币，属于增值税一般纳税企业。2011年12月26日，从国外购入某原材料，共计 50 000 美元，假定当日的即期汇率为 1 美元＝6.32 元人民币，按照规定计算应缴纳的进口关税为 31 600 元人民币，支付的进口增值税为 59 092 元人民币，货款尚未支付，进口关税和增值税已由银行存款支付。该公司相关账务处理如下：

  借：原材料 347 600
    应交税费——应交增值税（进项税额） 59 092
   贷：应付账款——美元户（50 000 美元）（50 000×6.32） 316 000
    银行存款——人民币户 90 692

（二）外币借款业务

企业借入外币时，按照借入外币时的即期汇率折算为记账本位币入账，同时，按照借入外币金额登记相关的外币账户。

【例 17-4】 国内某企业选定的记账本位币是人民币。2011年12月28日，从中国工商银行借入欧元 10 000 元，期限为 6 个月，年利率为 6%，假定当日的即期汇率为 1 欧元＝8.25 元人民币。借入的欧元暂存银行。该企业相关账务处理如下：

  借：银行存款——欧元户（10 000 欧元）（10 000×8.25） 82 500
   贷：短期借款——欧元户（10 000 欧元） 82 500

（三）接受外币投资业务

企业收到投资者以外币投入的资本，无论是否有合同约定汇率，均不得采用合同约定汇率和即期汇率的近似汇率折算，而是采用交易日即期汇率折算，这样外币投入资本与相应的货币性项目的记账本位币金额相等，不产生外币资本折算差额。

【例 17-5】 国内甲公司的记账本位币为人民币。2011年12月28日，与某外商签订投资合同，当日收到外商投入资本 50 000 美元，假定当日的即期汇率为 1 美元＝6.32 元人民币，假定投资合同约定汇率为 1 美元＝6.35 元人民币。甲公司应进行以下账务处理：

  借：银行存款——美元户（50 000 美元）（50 000×6.32） 316 000

贷：实收资本　　　　　　　　　　　　　　　　　　　　　　　　　316 000

（四）外币兑换业务

外币兑换业务是指企业从银行等金融机构购入外币或向银行等金融机构售出外币。企业发生的外币兑换业务或涉及外币兑换的交易事项，应当以交易实际采用的汇率，即银行买入价或卖出价折算。由于汇率变动产生的折算差额，计入当期损益。

企业卖出外币时，一方面将实际收取的记账本位币（按照外汇买入价折算的记账本位币金额）登记入账，借记"银行存款——人民币户"；另一方面按照当日的即期汇率，将卖出的外币折算记账本位币金额，记入"银行存款——外币户"的贷方，由此而发生的记账差额，作为当期汇兑损益处理。

【例17-6】 国内甲公司的记账本位币为人民币。2011年12月26日，将60 000美元到中国银行兑换为人民币，假定当日即期汇率为1美元＝6.32元人民币，银行当日的美元买入价为1美元＝6.26元人民币。甲公司当日的账务处理如下：

　　借：银行存款——人民币户（60 000×6.26）　　　　　　　　　　375 600
　　　　财务费用　　　　　　　　　　　　　　　　　　　　　　　　3 600
　　　　贷：银行存款——美元户（60 000美元）（60 000×6.32）　　379 200

企业买入外币时，一方面，要按外币卖出价折算应向银行支付的记账本位币，记入"银行存款——人民币"账户的贷方；另一方面，将买入的外币金额按当日的即期汇率折算的人民币金额，记入"银行存款——外币户"账户的借方，并在该账户登记相应的外币金额。实际支付的人民币金额与买入外币按记账汇率折算的人民币金额之间的差额，作为当期汇兑损益处理。

【例17-7】 国内某企业的记账本位币为人民币。2011年12月26日，以人民币向中国银行购入5 000美元，假定当日的即期汇率为1美元＝6.32元人民币。中国银行当日美元卖出价为1美元＝6.34元人民币。该企业当日的账务处理如下：

　　借：银行存款——美元户（5 000美元）（5 000×6.32）　　　　　31 600
　　　　财务费用　　　　　　　　　　　　　　　　　　　　　　　　100
　　　　贷：银行存款——人民币户（5 000×6.34）　　　　　　　　　31 700

【例17-8】 国内某企业的记账本位币为人民币。2011年12月26日，以10 000美元向中国银行兑换日元。A企业以中国人民银行公布的人民币汇率中间价作为即期汇率，假定当日即期汇率为1美元＝6.32元人民币，100日元＝8.12元人民币，银行当天美元买入价1美元＝6.26元人民币，日元卖出价为100元＝8.17元人民币。

处理这样的业务时，首先应进行美元与人民币之间的折合，然后再进行人民币与日元之间的折合，即将折合分为两步进行：

第一步，以美元买进人民币：10 000×6.26＝62 600（元）

第二步，以人民币买入日元：62 600÷0.081 7＝766 218（日元）

同时，按美元与日元的即期汇率，将换进的日元与换出的美元折合成记账本位币即人民币记账。

企业账务处理如下：

　　借：银行存款——日元户（766 218日元）（766 218×0.081 2）　　62 217
　　　　财务费用　　　　　　　　　　　　　　　　　　　　　　　　983

贷：银行存款——美元户（10 000美元）（10 000×6.32）　　　　　63 200

四、会计期末或结算日对外币交易余额的会计处理

资产负债表日，企业应当分别货币性项目和非货币性项目进行处理。

（一）货币性项目的处理

货币性项目是企业持有的货币和将以固定或可确定金额的货币收取的资产或者偿付的负债。货币性项目分为货币性资产和货币性负债，货币性资产包括库存现金、银行存款、应收账款和应收票据以及准备持有至到期的债券投资等；货币性负债包括应付账款、其他应付款、短期借款、应付债券、长期借款、长期应付款等。

对于货币性项目，资产负债表日或结算日，因汇率波动而产生的汇兑差额作为财务费用处理，同时调增或调减外币货币性项目的记账本位币金额。汇兑差额是指对同样数量的外币金额采用不同的汇率折算为记账本位币金额所产生的差额。例如，资产负债表日以不同于交易日即期汇率或前一资产负债表日即期汇率的汇率折算同一外币金额产生的差额即为汇兑差额。

【例17-9】　国内某企业的记账本位币为人民币。2011年12月26日，向国外某公司出口商品一批，货款共计100 000美元，尚未收到，假定当日汇率为1美元＝6.32元人民币，2011年12月31日的即期汇率为1美元＝6.31元人民币（不考虑增值税等相关税费）。

根据上述资料，某企业的账务处理如下：

(1) 交易日即期汇率与期末即期汇率差异的确认。

该笔交易中，外币货币性项目"应收账款"应采用2011年12月31日的即期汇率，按照1美元＝6.31元人民币折算为记账本位币，为631 000元人民币（100 000×6.31），与其交易日折算为记账本位币的金额632 000元人民币的差额为1 000元人民币，应当计入当期损益，同时调整货币性项目的原记账本位币金额。相应的账务处理为：

借：财务费用——汇兑差额　　　　　　　　　　　　　　　　　　1 000
　　贷：应收账款——美元户　　　　　　　　　　　　　　　　　　　1 000

(2) 结算日即期汇率与期末即期汇率差异的确认。

假定2012年1月2日收到上述货款（即结算日），当日的即期汇率为1美元＝6.30元人民币，该企业实际收到的货款100 000美元折算为人民币是630 000元人民币（100 000×6.30），与当日应收账款中该笔货币资金的账面金额631 000元人民币的差额为1 000元人民币。相应的账务处理为：

借：银行存款——美元户（100 000美元）　　　　　　　　　　　630 000
　　财务费用——汇兑差额　　　　　　　　　　　　　　　　　　　1 000
　　贷：应收账款——美元户（100 000美元）　　　　　　　　　　631 000

【例17-10】　国内甲公司的记账本位币为人民币。假定2011年11月30日市场汇率为1美元＝6.35元人民币，该日美元货币性项目的外币和记账本位币余额如表17-1所示：

表17-1

货币性项目	外币余额（美元）	汇率	记账本位币（人民币元）
银行存款	30 000	6.35	190 500
应收账款	20 000	6.35	127 000
应付账款	15 000	6.35	95 250

甲公司12月份发生的有关外币业务见例17-2、例17-3、例17-5和例17-6，假定12月31日即期汇率为1美元＝6.31元人民币。

根据上述会计处理，12月31日按当日即期汇率折算的有关货币性项目的外币与记账本位币的余额如表17-2所示。

表 17-2

外币账户	外币余额（美元）	期末账面余额（人民币元）	期末汇率	按期末即期汇率折算的记账本位币余额（人民币元）	汇兑差额（人民币元）
银行存款	20 000	127 300	6.31	126 200	－1 100
应收账款	120 000	759 000	6.31	757 200	－1 800
应付账款	65 000	411 250	6.31	410 150	－1 100

甲公司12月末汇兑差额的会计处理如下：

借：应付账款——美元户　　　　　　　　　　　　　　　　1 100
　　财务费用——汇兑差额　　　　　　　　　　　　　　　　1 800
　　贷：银行存款——美元户　　　　　　　　　　　　　　　　1 100
　　　　应收账款——美元户　　　　　　　　　　　　　　　　1 800

（二）非货币性项目的处理

非货币性项目是货币性项目以外的项目，如存货、长期股权投资、交易性金融资产（股票、基金）、固定资产、无形资产等。

（1）对于以历史成本计量的外币非货币性项目，已在交易发生日按当日即期汇率折算，资产负债表日不应改变其原记账本位币金额，不产生汇兑差额。

【例 17-11】　沿用例17-5，外商投入甲公司的外币资本50 000美元，已按当日的即期汇率折算为人民币并记入"实收资本"账户，"实收资本"为非货币性项目，因此，期末不需要按照当日即期汇率进行调整。

（2）对于以成本与可变现净值孰低计量的存货，在以外币购入存货并且该存货在资产负债表日的可变现净值以外币反映的情况下，在计提存货跌价准备时应当考虑汇率变动的影响。即在确定存货的期末价值时，应先将以国际市场价格为基础确定的可变现净值折算为记账本位币，再与以记账本位币反映的存货成本进行比较，确定其应提的跌价准备。

【例 17-12】　甲公司以人民币为记账本位币。2011年12月20日，以每台1 000美元的价格从美国供货商手中购入国内市场尚无的A商品20台，并于当日支付了货款。2011年12月31日，尚有10台未售出，该商品的国际市场价格已降至每台980美元。

假定12月20日的即期汇率是1美元＝6.32元人民币，12月31日的即期汇率是1美元＝6.31元人民币。假定不考虑增值税等相关税费。

根据上述资料，甲公司的账务处理如下：

（1）2011年12月20日购入A商品时。

借：库存商品　　　　　　　　　　　　　　　　　　　　　126 400
　　贷：银行存款——美元户（20 000美元）（1 000×20×6.32）　126 400

12月31日，由于库存10台A商品市场价格下跌，表明其可变现净值低于成本，应计提存货跌价准备。

(2) 12月31日，计提存货跌价准备时。

  借：资产减值损失   1 362
    贷：存货跌价准备（980×10×6.31－1 000×10×6.32） 1 362

(3) 对于以公允价值计量的股票、基金等非货币性项目，如果期末的公允价值以外币反映，则应当先将该外币的公允价值，按照当日的即期汇率折算为记账本位币金额，再与原记账本位币金额进行比较，其差额作为公允价值变动损益，计入当期损益。

【例17-13】 国内甲公司的记账本位币为人民币，2011年11月20日，以每股1.5美元的价格购入乙公司B股10 000股作为交易性金融资产，假定当日即期汇率为1美元＝6.36元人民币，款项已付。2011年11月30日，由于市价变动，当月购入的乙公司B股的市价变为每股2美元，假定当日即期汇率为1美元＝6.35元人民币。假定不考虑相关税费的影响。

根据上述资料，甲公司账务处理如下：

(1) 2011年11月20日，取得交易性金融资产时。

  借：交易性金融资产——成本   95 400
    贷：银行存款——美元户（15 000美元）（15 000×6.36） 95 400

(2) 2011年11月30日，确定公允价值变动损益。

《企业会计准则第22号——金融工具》规定，交易性金融资产以公允价值计量。由于该项交易性金融资产是以外币计价，在资产负债表日不仅应考虑美元市价的变动，还应一并考虑美元与人民币之间汇率变动的影响，上述交易性金融资产在资产负债表日的人民币金额为127 000元（2×10 000×6.35），与原账面价值95 400元的差额为31 600元人民币，应计入公允价值变动损益。

  借：交易性金融资产——公允价值变动   31 600
    贷：公允价值变动损益   31 600

31 600元人民币既包含甲公司所购乙公司B股股票公允价值变动的影响，又包含人民币与美元之间汇率变动的影响。

(3) 2011年12月25日，售出时确认投资收益。

2011年12月25日，甲公司将所购乙公司B股股票按当日市价2.5美元全部售出（即结算日），所得价款为25 000美元，按当日汇率为1美元＝6.32元人民币，折算为人民币金额为158 000元，与其原账面价值人民币金额127 000元的差额为31 000元人民币，对于汇率的变动和股票市价的变动不进行区分，均作为投资收益进行处理。

  借：银行存款——美元户（25 000美元）（25 000×6.32） 158 000
    贷：交易性金融资产——成本   95 400
         ——公允价值变动   31 600
     投资收益   31 000

同时将公允价值变动损益结转：

  借：公允价值变动损益   31 600
    贷：投资收益   31 600

第三节 外币财务报表折算

如果企业的境外经营采用与企业相同的记账本位币，则境外经营的财务报表不存在折算问题。如果企业境外经营的记账本位币不同于企业的记账本位币，在将企业的境外经营通过合并、权益法核算等纳入到企业的财务报表中时，需要将企业境外经营的财务报表折算为以企业记账本位币反映的财务报表。

一、境外经营财务报表的折算

在对企业境外经营财务报表进行折算前，应当调整境外经营的会计期间和会计政策，使之与企业会计期间和会计政策相一致，根据调整后会计政策即会计期间编制相应货币（记账本位币以外的货币）财务报表，再按照规定的方法对境外经营财务报表进行折算。

（一）折算方法

（1）资产负债表中的资产和负债项目，采用资产负债表日的即期汇率折算，所有者权益项目除"未分配利润"项目外，其他项目采用发生时的即期汇率折算。

（2）利润表中的收入和费用项目，采用交易发生日的即期汇率或即期汇率的近似汇率折算。

（3）产生的外币报表折算差额，在编制合并财务报表时，应在合并资产负债表中所有者权益项目下单独作为"外币报表折算差额"项目列示。

比较财务报表折算比照上述规定处理。

【例17-14】 国内甲公司的记账本位币为人民币，该公司有一境外全资子公司乙公司。乙公司确定的记账本位币为美元。2011年12月31日，甲公司准备编制合并财务报表，需要先将乙公司的美元财务报表折算为人民币表述。乙公司有关资料如下：

假定2011年12月31日的即期汇率为1美元＝6.31元人民币，2011年的平均汇率为1美元＝6.46元人民币。实收资本为500 000美元，发生日的即期汇率为1美元＝7.80元人民币。截至2011年年初，累计盈余公积为44 000美元，折算为人民币330 000元；累计未分配利润为80 000美元，折算为人民币600 000元。乙公司在年末提取盈余公积12 000美元。

报表折算如表17-3、表17-4、表17-5所示。

表17-3　　　　　　　　　　　　利润表
编制单位：乙公司　　　　　　　　2011年

项目	本年累计数（美元）	汇率	折算后为人民币金额（元）
一、营业收入	420 000	6.46	2 713 200
减：营业成本	160 000	6.46	1 033 600
营业税金及附加	24 000	6.46	155 040
销售费用	32 000	6.46	206 720
管理费用	48 000	6.46	310 080

续表

项目	本年累计数（美元）	汇率	折算后为人民币金额
财务费用	40 000	6.46	258 400
二、营业利润	116 000	—	749 360
加：营业外收入	20 000	6.46	129 200
减：营业外支出	16 000	6.46	103 360
三、利润总额	120 000	—	775 200
减：所得税费用	40 000	6.46	258 400
四、净利润	80 000	—	516 800
五、每股收益	—	—	—

表 17-4　　　　　　　　　　　　　　资产负债表

编制单位：乙公司　　　　　　2011 年 12 月 31 日

资产	期末数（美元）	汇率	折算为人民币金额（元）	负债和所有者权益	期末数（美元）	汇率	折算为人民币金额（元）
流动资产：				流动负债：			
货币资金	80 000	6.31	504 800	短期借款	40 000	6.31	252 400
交易性金融资产	40 000	6.31	252 400	应付票据	8 000	6.31	50 480
应收票据	32 000	6.31	201 920	应付账款	60 000	6.31	378 600
应收账款	88 000	6.31	555 280	应付职工薪酬	48 000	6.31	302 880
存货	160 000	6.31	1 009 600	应交税费	12 000	6.31	75 720
流动资产合计	400 000	—	2 524 000	流动负债合计	168 000	—	1 060 080
非流动资产：				非流动负债：			
固定资产	480 000	6.31	3 028 800	长期借款	48 000	6.31	302 880
无形资产	120 000	6.31	757 200	长期应付款	80 000	6.31	504 800
非流动资产合计	600 000	—	3 786 000	非流动负债合计	128 000	—	807 680
				负债合计	296 000	—	1 867 760
				所有者权益：			
				实收资本	500 000	7.80	3 900 000
				盈余公职	56 000		407 520
				未分配利润	148 000		1 039 280
				外币报表折算差额	0		−904 560
				所有者权益合计	704 000	—	4 442 240
资产总计	1 000 000	—	6 310 000	负债和所有者权益总计	1 000 000	—	6 310 000

表 17-5　　　　　　　　　　　　所有者权益变动表

编制单位：乙公司　　　　　　　　2011 年度

	实收资本			盈余公积			未分配利润		外币报表折算差额	所有者权益合计
	美元	折算汇率	人民币元	美元	折算汇率	人民币元	美元	人民币元		人民币元
⋮										
二、本年年初余额	500 000	7.80	3 900 000	44 000	—	330 000	80 000	600 000		4 830 000
三、本年增减变动金额				12 000		77 520	68 000	439 280	−904 560	−387 760

续表

	实收资本			盈余公积			未分配利润		外币报表折算差额	所有者权益合计
	美元	折算汇率	人民币元	美元	折算汇率	人民币元	美元	人民币元		人民币元
(一) 净利润							80 000	516 800		516 800
(二) 直接计入所有者权益的利得和损失									−904 560	−904 560
其中：外币报表折算差额									−904 560	−904 560
(三) 利润分配				12 000	6.46	77 520	−12 000	−77 520		0
1. 提取盈余公积				12 000	6.46	77 520	−12 000	−77 520		0
四、本年年末余额	500 000	—	3 900 000	56 000	—	407 520	148 000	1 039 280	−904 560	4 442 240

当期计提的盈余公积采用当期平均汇率折算，期初盈余公积为以前年度计提的盈余公积按相应年度平均汇率折算后金额的累计，期初未分配利润记账本位币金额为以前年度未分配利润记账本位币金额的累计。

外币报表折算差额为以记账本位币反映的净资产减去以记账本位币反映的实收资本、累计盈余公积及累计未分配利润后的余额。

(二) 特殊项目的处理

(1) 少数股东应分担的外币报表折算差额。在企业境外经营为其子公司的情况下，企业在编制合并财务报表时，应按少数股东在境外经营所有者权益中所享有的份额计算少数股东应分担的外币报表折算差额，并入少数股东权益，列示于合并资产负债表。

(2) 实质上构成对境外经营净投资的外币货币性项目产生的汇兑差额的处理。母公司含有实质上构成对子公司（境外经营）净投资的外币货币性项目的情况下，在编制合并财务报表时，应分别以下两种情况编制抵销分录：

①实质上构成对子公司净投资的外币货币性项目以母公司或子公司的记账本位币反映，则应在抵销长期应收应付项目的同时，将其产生的汇兑差额转入"外币报表折算差额"项目。即借记或贷记"财务费用——汇兑差额"科目，贷记或借记"外币报表折算差额"；

②实质上构成对子公司净投资的外币货币性项目以母、子公司的记账本位币以外的货币反映，则应将母、子公司此项外币货币性项目产生的汇兑差额相互抵销，差额转入"外币报表折算差额"。

如果合并财务报表中各子公司之间也存在实质上构成对另一子公司（境外经营）净投资的外币货币性项目，在编制合并财务报表时，应比照上述编制相应的抵销分录。

二、恶性通货膨胀经济中外币财务报表的折算

(一) 恶性通货膨胀经济的判定

当一个国家经济环境显示出（但不局限于）以下特征时，应当判定该国处于恶性通货膨胀经济中：

(1) 三年累计通货膨胀率接近或超过100%；

（2）利率、工资和价格与价格指数挂钩，价格指数是价格变动趋势和幅度的相对数；

（3）一般公众不是以当地货币而是以相对稳定的外币为单位作为衡量货币金额的基础；

（4）一般公众倾向于以非货币性资产或相对稳定的外币来保存自己的财富，持有的当地货币立即用于投资以保持购买力；

（5）即使信用期限很短，赊销、赊购交易仍按补偿信用期预计购买力损失的价格成交。

（二）处于恶性通货膨胀经济中境外经营财务报表的折算

企业对处于恶性通货膨胀经济中的境外经营财务报表进行折算时，需要先对其财务报表进行重述：对资产负债表项目，运用一般价格指数予以重述；对利润表项目，运用一般价格指数变动予以重述。然后，再按照最近资产负债表日的即期汇率进行折算。在境外经营不再处于恶性通货膨胀经济中时，应当停止重述，按照停止之日的价格水平对财务报表进行折算。

1. 资产负债表项目的重述

在对资产负债表项目进行重述时，由于现金、应收账款、其他应收款等货币性项目已经以资产负债表日的计量单位表述，因此不需要进行重述；通过协议与物价变动挂钩的资产和负债，应根据协议约定进行调整；非货币性项目中，有些是以资产负债表日的计量单位列示的，如存货已经以可变现净值列示，不需要进行重述。其他非货币性项目，如固定资产、投资、无形资产等，应自购置日起以一般价格指数予以重述。

2. 利润表的重述

在对利润表进行重述时，所有项目金额都需要自其初始确认之日起，以一般价格指数变动进行重述，以使利润表的所有项目都以资产负债表日的计量单位表述。由于上述重述而产生的差额，计入当期净利润。

对资产负债表和利润表进行重述后，再按资产负债表日的即期汇率将资产负债表和利润表折算为记账本位币报表。

三、境外经营的处置

企业可能通过出售、清算、返还股东或放弃全部或部分权益等方式处置其在境外经营中的利益。企业应在处置境外经营的当期，将已列入合并财务报表所有者权益的外币报表折算差额中与该境外经营相关部分，自所有者权益项目转入处置当期损益。如果是部分处置境外经营，应当按处置的比例计算处置部分的外币报表折算差额，转入处置当期损益。

思考练习题

一、重要概念

1. 记账本位币
2. 外币折算
3. 汇率
4. 境外经营
5. 外币交易

6. 即期汇率
7. 即期汇率的近似汇率
8. 汇兑损益

二、思考题

1. 什么是记账本位币？影响企业选择记账本位币的因素有哪些？
2. 什么是汇率？简述汇率的种类及标价方法。
3. 什么是即期汇率和即期汇率的近似汇率？
4. 什么是汇兑差额？期末哪些项目产生汇兑差额？如何处理？
5. 我国企业会计准则对外币报表折算有哪些规定？

三、单项选择题

1. 企业发生外币业务，应当将有关外币金额折算为（　　）记账。
   A. 记账本位币
   B. 记账本位币以外的货币
   C. 人民币
   D. 本国货币

2. 作为折算汇率的市场汇价，一般采用（　　）。
   A. 买入价　　　B. 中间价
   C. 卖出价　　　D. 现钞买入价

3. 汇兑损益通过（　　）账户核算。
   A. "管理费用"
   B. "营业外支出"
   C. "财务费用"
   D. "汇兑损益"

4. 下列各项中，属于外币兑换业务的是（　　）。
   A. 从银行取得外币借款
   B. 进口材料发生的外币应付账款
   C. 归还外币借款
   D. 从银行购入外汇

5. 接受外币投入资本时，对应的资产账户采用的折算汇率是（　　）。
   A. 收到外币资本时的即期汇率
   B. 投资合同约定汇率
   C. 签订投资合同时的即期汇率
   D. 第一次收到外币资本时的即期汇率

6. 外币报表折算为人民币报表时，所有者权益变动表中的"未分配利润"项目应当（　　）。
   A. 根据折算后所有者权益变动表中的其他项目的数额计算确定
   B. 按即期汇率折算
   C. 按历史汇率折算
   D. 按平均汇率折算

7. 销售商品所形成的外币应收账款由于市场汇率提高引起的折算差额，在期末确认时，应（　　）。
   A. 增加财务费用
   B. 冲减财务费用
   C. 增加主营业务收入
   D. 冲减主营业务收入

8. 某企业采用人民币作为记账本位币。下列项目中，不属于该企业外币业务的是（　　）。
   A. 与外国企业发生的以人民币计价结算的购货业务
   B. 与国内企业发生的以美元计价的销售业务
   C. 与外国企业发生的以美元计价结算的购货业务
   D. 与中国银行之间发生的美元与人民币的兑换业务

9. 我国某企业记账本位币为美元，下列说法中错误的是（　　）。
   A. 该企业以人民币计价和结算的交易属于外币交易
   B. 该企业以美元计价和结算的交易不属于外币交易
   C. 该企业的编报货币为美元
   D. 该企业的编报货币为人民币

10. 某股份有限公司对外币业务采用业务发生日的市场汇率进行折算，按月计算汇兑差额。2011年11月22日从境外购买零配件一批，价款总额为10 000 000美元，货款尚未支付，当日的市场汇率为1美元＝6.36元人民币。11月30日的市场汇率为1美元＝6.35元人民币。12月31日的市场汇率为1美元＝6.31元人民币。该外币债务12月份所发生的汇兑损益为（　　）元人民币。

A. －400 000　　B. －100 000
C. 400 000　　D. 100 000

11. 按我国会计准则的规定，母公司编制合并财务报表时，应对子公司外币资产负债表进行折算，表中"实收资本"项目折算为母公司记账本位币所采用的汇率为（　　）。

A. 合并报表决算日的即期汇率
B. 实收资本入账时的即期汇率
C. 本年度平均市场汇率
D. 本年度年初即期汇率

12. 我国会计准则中"外币财务报表折算差额"在财务报表中应（　　）。

A. 在资产负债表中所有者权益项目下单独列示
B. 在长期股权投资项下列示
C. 作为管理费用列示
D. 作为非流动负债列示

四、多项选择题

1. 下列交易中，属于外币交易的有（　　）。

A. 买入以外币计价的商品或者劳务
B. 卖出以外币计价的商品或者劳务
C. 借入外币资金
D. 向国外销售以记账本位币计价和结算的商品
E. 借出外币资金

2. 汇兑损益可能记入的账户有（　　）。

A. "在建工程"　　B. "实收资本"
C. "财务费用"　　D. "资本公积"
E. "管理费用"

3. 企业对境外经营的财务报表进行折算时，下列项目中可用资产负债表日的即期汇率折算的有（　　）。

A. 预付款项
B. 交易性金融资产
C. 长期借款
D. 盈余公积
E. 资本公积

4. 企业发生外币业务时，将外币金额折算为记账本位币金额，可以采用（　　）作为折算汇率。

A. 即期汇率
B. 即期汇率的近似汇率
C. 账面汇率
D. 业务发生当期期初市场汇率
E. 平均汇率

5. 外币交易应当在初始确认时将外币金额折算为记账本位币金额，可以采用的汇率有（　　）。

A. 交易发生日的即期汇率
B. 按照系统合理的方法确定的、与交易发生日即期汇率近似的汇率
C. 与交易发生日即期汇率相差较大的汇率
D. 当汇率波动较大时，当年1月1日的汇率
E. 年初汇率

6. 境外经营的子公司在选择确定记账本位币时，应当考虑的因素有（　　）。

A. 境外经营所在地货币管制状况
B. 与母公司交易占其交易总量的比重
C. 境外经营所产生的现金流量是否直接影响母公司的现金流量
D. 境外经营所产生的现金流量是否足以偿付现有及可预期的债务
E. 相对于境内母公司，其经营活动是否具有很强的自主性

7. 下列项目中属于货币性项目的有（　　）。
A. 应收账款
B. 应付债券
C. 存货
D. 可供出售金融资产
E. 长期股权投资

8. 企业在资产负债表日，应当按照准则规定对外币货币性项目和外币非货币性项目进行处理，下列说法中正确的有（　　）。
A. 外币货币性项目，采用资产负债表日即期汇率折算
B. 外币货币性项目，资产负债表日即期汇率与初始确认时或者前一资产负债表日即期汇率不同而产生的汇兑差额，计入当期损益
C. 外币货币性项目，因资产负债表日即期汇率与初始确认时或者前一资产负债表日即期汇率不同而产生的汇兑差额，计入递延损益
D. 以历史成本计量的外币非货币性项目，仍采用交易发生日的即期汇率折算，不改变其记账本位币金额
E. 以公允价值计量的外币非货币性项目，采用公允价值确定日的即期汇率折算，折算后的记账本位币金额与记账本位币金额的差额，作为公允价值变动损益，计入当期损益

9. 企业对境外经营的财务报表进行折算时，应采用发生时的即期汇率折算的有（　　）。
A. 存货　　　　B. 实收资本
C. 管理费用　　D. 营业收入
E. 投资性房地产

10. 企业对境外经营的财务报表进行折算时，下列项目中可用资产负债表日的即期汇率折算的有（　　）。
A. 应收及预付款项
B. 交易性金融资产
C. 持有至到期投资
D. 盈余公积
E. 实收资本

11. 下列项目中，企业应当计入当期损益的有（　　）。
A. 兑换外币时发生的折算差额
B. 外币银行存款账户发生的汇兑差额
C. 外币应收账款账户期末折算差额
D. 外币报表折算差额
E. 外币应付账款账户期末折算差额

12. 企业对处于恶性通货膨胀经济中的境外经营的财务报表进行折算时，下列说法中正确的有（　　）。
A. 对资产负债表项目运用一般物价指数予以重述
B. 在境外经营不再处于恶性通货膨胀经济中时，应当停止重述，按照停止之日的价格水平重述的财务报表进行折算
C. 对资产负债表项目按照最近资产负债表日的即期汇率进行折算
D. 对资产负债表项目运用一般物价指数予以重述，不需按照最近资产负债表日的即期汇率进行折算
E. 对利润表项目运用一般物价指数变动予以重述，再按照最近资产负债表日的即期汇率进行折算

五、判断题

1. 在本期未发生外币交易的情况下，不会产生汇兑损益。（　　）

2. 对于外币报表折算差额，我国规定必须将其计入当期损益。（　　）

3. 编制报表货币与记账本位币应当保持一致。（　　）

4. 按我国企业会计准则规定，期末各外币账户的外币金额按期末即期汇率折算为人民币的金额与外币账户账面余额的差额，均应计入当期损益。（　　）

5. 外币报表折算差额与汇兑差额均应计入当期损益。（　　）

6. 当企业在境内的子公司、合营企业、联营企业或者分支机构，选定的记账本位币不同于企业的记账本位币时，也应视同境外经营。（　　）

7. 我国外币资产负债表中的折算差额，应作为所有者权益中的项目单独列示。（　　）

8. 企业对处于恶性通货膨胀经济中的境外经营的财务报表进行折算时，对资产负债表项目按照最近资产负债表日的即期汇率进行折算。（　　）

9. 企业只能选择人民币作为记账本位币。（　　）

10. 企业因经营所处的主要经济环境发生重大变化，确需变更记账本位币的，应当采用变更当日的即期汇率将所有项目折算为变更后的记账本位币，折算后的金额作为新的记账本位币的历史成本。（　　）

11. 企业收到投资者以外币投入的资本，无论是否有合同约定汇率，均不采用合同约定汇率和即期汇率的近似汇率折算，而是采用交易日即期汇率折算。（　　）

六、核算题

1. 甲公司为增值税一般纳税人，适用的增值税税率为17%。甲公司以人民币作为记账本位币，外币业务采用发生时的即期汇率折算，按月计算汇兑损益。2011年10月31日，甲公司有关外币货币性项目账户余额如下：

外币货币性项目账户期末余额表

货币性项目	外币余额（美元）	汇率	记账本位币余额（人民币元）
银行存款	20 000	6.38	127 600
应收账款	30 000	6.38	191 400
应付账款	40 000	6.38	255 200

甲公司2011年11月发生如下外币交易：

（1）11月2日，收到国外乙公司追加的外币资本投资250 000美元，当日的即期汇率为1美元=6.38元人民币，款项已由银行收妥。甲公司与国外乙公司的投资合同于2011年8月9日签订。投资合同中对外币资本投资的约定汇率为1美元=6.48元人民币，签约当日的即期汇率为1美元=6.46元人民币。

（2）11月5日，从国外购进一批原材料，货款总额为90 000美元，当日汇率为1美元=6.37元人民币，货款暂欠，原材料已验收入库。另外，以银行存款支付该原材料的进口关税57 330元人民币，增值税107 207元人民币。

（3）11月15日，对外销售产品一批，价款共计150 000美元，当日的即期汇率为1美元=6.36元人民币，款项尚未收到。假定不考虑增值税等相关税费。

（4）11月18日，以外币存款偿还10月份的应付账款40 000美元，当日汇率为1美元=6.36元人民币。

（5）11月30日，收到10月份发生的应收账款50 000美元，当日的即期汇率为1美元=6.35元人民币。

要求：

（1）编制11月份发生的外币交易的会计分录。

（2）计算11月份发生的汇兑损益，并编制相关会计分录。

2. 沿用核算题1。甲公司2011年12月份发生外币交易如下：

（1）12月3日，向A公司销货一批，

价款 100 000 美元，货款未收，当日的即期汇率为 1 美元＝6.35 元人民币。假定不考虑增值税等相关税费。

（2）12 月 12 日，用 200 000 美元向银行兑换人民币，当日的银行美元买入价为 1 美元＝6.28 元人民币，中间价为 1 美元＝6.34 元人民币。

（3）12 月 15 日，从银行购入 100 000 美元，当日银行美元的卖出价为 1 美元＝6.35 元人民币，中间价为 1 美元＝6.33 元人民币。

（4）12 月 18 日，从中国银行借入 3 个月期贷款 200 000 美元，当日的即期汇率为 1 美元＝6.33 元人民币，借入的款项存入银行。

（5）12 月 23 日，以每股 10 美元的价格购入美国某公司的股票 10 000 股作为交易性金融资产，当日的即期汇率为 1 美元＝6.32 元人民币。

（6）12 月 31 日，当日的即期汇率为 1 美元＝6.31 元人民币。

要求：

（1）编制 12 月份外币交易的会计分录。

（2）计算 12 月末汇兑损益并编制相关会计分录。

第十八章 会计政策、会计估计变更和差错更正

第一节 会计政策及其变更

一、会计政策概述

(一) 会计政策的概念与特点

会计政策是指企业在会计确认、计量和报告中所采用的原则、基础和会计处理方法。其中，原则是指按照企业会计准则规定的、适合于企业会计核算所采用的具体会计原则；基础是指为了将会计原则应用于交易或者事项而采用的基础，主要是计量基础（即计量属性），包括历史成本、重置成本、可变现净值、现值和公允价值等；会计处理方法是指企业在会计核算中按照法律、行政法规或者国家统一的会计制度等规定采用或者选择的、适合于本企业的具体会计处理方法。会计政策具有以下特点：

(1) 会计政策的选择性。会计政策是在允许的会计原则、计量基础和会计处理方法中作出指定或具体选择。由于企业经济业务的复杂化和多样化，某些经济业务在符合会计原则和计量基础的要求下，可以有多种会计处理方法，即存在不只一种可供选择的会计政策。例如，确定发出存货的实际成本时，可以在先进先出法、加权平均法或者个别计价法中进行选择。

(2) 会计政策的强制性。在我国，会计准则和会计制度属于行政法规，会计政策所包括的具体会计原则、计量基础和具体会计处理方法由会计准则或会计制度规定，具有一定的强制性。企业必须在法规所允许的范围内选择适合本企业实际情况的会计政策。即企业在发生某项经济业务时，必须从允许的会计原则、计量基础和会计处理方法中选择出适合本企业特点的会计政策。

(3) 会计政策的层次性。会计政策包括会计原则、计量基础和会计处理方法三个层次。其中，会计原则是指导企业会计核算的具体原则，如《企业会计准则第13号——或有事项》规定的以该义务是企业承担的现时义务、履行该义务很可能导致经济利益流出企业、该义务的金额能够可靠地计量作为预计负债的确认条件就是预计负债确认的具体会计原则；会计基础是为将会计原则体现在会计核算中而采用的基础，如《企业会计准则第8号——资产减值》中涉及的公允价值就是计量基础；会计处理方法是按照会计原则和计量基础的要求，由企业在会计核算中采用或者选择的、适合于本企业的具体会计处理方法，如企业按照《企业会计准则第15号——建造合同》规定采用的完工百分比法就是会计处理方法。会计原则、计量基础和会计处理方法三者构成一个具有逻辑性的、密不可分的整体，通过这个整体，会计政策才

能得以应用和落实。

（二）应当披露的重要会计政策

企业应当披露重要的会计政策，不具有重要性的会计政策可以不予披露。判断会计政策是否重要，应当考虑会计政策相关项目的性质和金额。企业应当披露的重要会计政策包括：

（1）发出存货成本的计量，是指企业确定发出存货成本所采用的会计处理。例如，企业发出存货成本的计量是采用先进先出法，还是采用其他计量方法。

（2）长期股权投资的后续计量，是指企业取得长期股权投资后的会计处理。例如，企业对被投资单位的长期股权投资是采用成本法，还是采用权益法核算。

（3）投资性房地产的后续计量，是指企业在资产负债表日对投资性房地产进行后续计量所采用的会计处理。例如，企业对投资性房地产的后续计量是采用成本模式，还是公允价值模式。

（4）固定资产的初始计量，是指对取得的固定资产初始成本的计量。例如，企业取得的固定资产初始成本是以购买价款，还是以购买价款的现值为基础进行计量。

（5）无形资产的确认，是指对无形项目的支出是否确认为无形资产。例如，企业内部研究开发项目开发阶段的支出是确认为无形资产，还是在发生时计入当期损益。

（6）非货币性资产交换的计量，是指非货币性资产交换事项中对换入资产成本的计量。例如，非货币性资产交换是以换出资产的公允价值作为确定换入资产成本的基础，还是以换出资产的账面价值作为确定换入资产成本的基础。

（7）收入的确认，是指收入确认所采用的会计原则。例如，企业确认收入时要同时满足已将商品所有权上的主要风险和报酬转移给购货方、收入的金额能够可靠地计量、相关经济利益很可能流入企业等条件。

（8）合同收入与费用的确认，是指确认建造合同的收入和费用所采用的会计处理方法。例如，企业确认建造合同的合同收入和合同费用采用完工百分比法。

（9）借款费用的处理，是指借款费用的会计处理方法，即是进行资本化，还是进行费用化处理。

（10）合并政策，是指编制合并财务报表所采纳的原则。例如，母公司与子公司的会计年度不一致的处理原则；合并范围的确定原则等。

（11）其他重要会计政策。

二、会计政策变更

会计政策变更是指企业对相同的交易或事项由原来采用的会计政策改用另一会计政策的行为。

（一）企业变更会计政策的条件

为保证会计信息的可比性，使财务报表使用者在比较企业一个以上期间的财务报表时，能够正确判断企业的财务状况、经营成果和现金流量的趋势，一般情况下，企业采用的会计政策在每一会计期间和前后各期应当保持一致，不得随意变更。否则，势必削弱会计信息的可比性。

但是，在以下两种情形下，企业可以变更会计政策：

(1) 法律、行政法规或者国家统一的会计制度等要求变更。这种情况是指，按照法律、行政法规以及国家统一的会计制度的规定，要求企业采用新的会计政策，则企业应当按照法律、行政法规以及国家统一的会计制度的规定改变原会计政策，按照新的会计政策执行。例如，《企业会计准则第1号——存货》对发出存货实际成本的计价排除了后进先出法，这就要求执行企业会计准则体系的企业按照新规定，将原来以后进先出法核算发出存货成本改为准则规定可以采用的会计政策。

(2) 会计政策变更能够提供更可靠、更相关的会计信息。由于经济环境、客观情况的改变，使企业原采用的会计政策所提供的会计信息，已不能恰当地反映企业的财务状况、经营成果和现金流量等。在这种情况下，应改变原有会计政策，按变更后新的会计政策进行会计处理，以便对外提供更可靠、更相关的会计信息。例如，企业一直采用成本模式对投资性房地产进行后续计量，如果企业能够从房地产交易市场上持续地取得同类或类似房地产的市场价格及其他相关信息，从而能够对投资性房地产的公允价值作出合理的估计，此时，企业可以将投资性房地产的后续计量方法由成本模式变更为公允价值模式。

(二) 不属于企业会计政策变更的情形

对会计政策变更的认定，直接影响会计处理方法的选择。因此，在会计实务中，企业应当正确认定属于会计政策变更的情形。下列三种情况不属于会计政策变更：

(1) 本期发生的交易或者事项与以前相比具有本质差别而采用新的会计政策。这是因为，会计政策是针对特定类型的交易或事项，如果发生的交易或事项与其他交易或事项有本质区别，那么，企业实际上是为新的交易或事项选择适当的会计政策，并没有改变原有的会计政策。例如，企业以往租入的设备均为临时需要而租入的，企业按经营租赁会计处理方法核算，但自本年度起租入的设备均采用融资租赁方式，则该企业自本年度起对新租赁的设备采用融资租赁会计处理方法核算。由于该企业原租入的设备均为经营性租赁，本年度起租赁的设备均改为融资租赁，经营租赁和融资租赁有着本质差别，因而改变会计政策不属于会计政策变更。

(2) 对初次发生的交易或者事项采用新的会计政策。对初次发生的某类交易或事项采用适当的会计政策，并未改变原有的会计政策。例如，企业以前没有建造合同业务，当年签订一项建造合同为另一企业建造三栋厂房，对该项建造合同采用完工百分比法确认收入，不是会计政策变更。

(3) 对不重要的交易或者事项采用新的会计政策。对不重要的交易或事项采用新的会计政策，并不影响会计信息的可比性，所以也不作为会计政策变更。例如，企业原在生产经营过程中使用少量的低值易耗品，并且价值较低，故企业在领用低值易耗品时一次计入费用；该企业于近期投产新产品，所需低值易耗品比较多，且价值较大，企业对领用的低值易耗品处理方法改为五五摊销法。该企业低值易耗品在企业生产经营中所占的费用比例并不大，改变低值易耗品处理方法后，对损益的影响也不大，属于不重要的事项，会计政策在这种情况下的改变不属于会计政策变更。

需要说明的是，应当注意区分会计政策变更与会计差错的区别，会计政策变更并不意味着以前期间的会计政策是错误的，而是由于情况发生了变化，或者掌握了新的信息，积累了更多的经验，使得变更会计政策能够更好地反映企业的财务状况、经营成果以及现金流量。如果以前期间会计政策的运用是错误的，则属于会计差错，应按前期差错更正的规定进行会计处理。

三、会计政策变更的会计处理

（一）会计政策变更的会计处理方法

发生会计政策变更时，其会计处理方法有追溯调整法和未来适用法两种，分别适用于不同情形。

1. 追溯调整法

追溯调整法是指对某项交易或事项变更会计政策，视同该项交易或事项初次发生时即采用变更后的会计政策，并以此对财务报表相关项目进行调整的方法。采用追溯调整法时，对于比较财务报表期间的会计政策变更，应调整各期间净损益各项目和财务报表其他相关项目，视同该政策在比较财务报表期间一直采用。对于比较财务报表可比期间以前的会计政策变更的累积影响数，应调整比较财务报表最早期间的期初留存收益，财务报表其他相关项目的数字也应一并调整。

（1）追溯调整法的运用步骤。追溯调整法通常由以下步骤构成：

第一步，计算会计政策变更的累积影响数。

第二步，编制相关项目的调整分录，涉及损益的，不通过"以前年度损益调整"科目核算，应直接调整"利润分配——未分配利润"科目。

第三步，调整列报前期最早期初财务报表相关项目及其金额。

第四步，附注说明。

（2）计算会计政策变更累积影响数。会计政策变更累积影响数是指按照变更后的会计政策对以前各期追溯计算的列报前期最早期初留存收益应有金额与现有金额之间的差额。根据上述定义的表述，会计政策变更的累积影响数可以分解为以下两项金额之间的差额：①在变更会计政策当期，按变更后的会计政策对以前各期追溯计算，所得到列报前期最早期初留存收益金额；②在变更会计政策当期，列报前期最早期初留存收益金额。上述留存收益金额，包括盈余公积和未分配利润等项目，不考虑由于损益的变化而应当补分的利润或股利。例如，由于会计政策变化，增加了以前期间可供分配的利润，该企业通常按净利润的20%分派股利。但在计算调整会计政策变更当期期初的留存收益时，不应当考虑由于以前期间净利润的变化而需要分派的股利。

在财务报表只提供列报项目上一个可比会计期间比较数据的情况下，上述第②项，在变更会计政策当期，列报前期最早期初留存收益金额即为上期资产负债表所反映的期初留存收益，可以从上年资产负债表项目中获得；需要计算确定的是第①项，即按变更后的会计政策对以前各期追溯计算，所得到的上期期初留存收益金额。

累积影响数通常可以通过以下各步计算获得：

第一步，根据新会计政策重新计算受影响的前期交易或事项。

第二步，计算两种会计政策下的差异。

第三步，计算差异的所得税影响金额。

第四步，确定前期中的每一期的税后差异。

第五步，计算会计政策变更的累积影响数。

需要说明的是,对以前年度损益进行追溯调整或追溯重述的,应当重新计算各列报期间的每股收益。

【例 18-1】 甲公司于 2004 年 1 月 1 日对乙公司投资 10 000 000 元,占乙公司有表决权股份的 60%,能够对乙公司实施有效控制,按当时企业会计准则的规定,该长期股权投资应当采用权益法核算。自 2007 年 1 月 1 日起,执行新的企业会计准则,即投资企业对被投资企业因投资取得有效控制时,长期股权投资应采用成本法核算。甲公司与乙公司适用的所得税税率均为 33%。按照税法规定,企业对其他单位投资分得的利润或股利在被投资单位宣告分派利润或现金股利时计入应纳税所得额。甲公司按净利润的 10% 提取法定盈余公积。假定甲公司除净利润外,无其他所有者权益变动事项。

甲公司于 2005 年、2006 年从乙公司分得的现金股利为 200 000 元、600 000 元。乙公司 2004 年、2005 年、2006 年实现的净利润分别为 1 000 000 元、500 000 元、1 500 000 元。

根据上述资料,甲公司账务处理如下:

根据新企业会计准则的规定,自 2007 年 1 月 1 日起,对控制被投资单位的长期股权投资应由权益法改为成本法核算,属于会计政策变更,应当采用追溯调整法进行会计处理。

1. 计算会计政策变更累积影响数(见表 18-1)。

表 18-1 累积影响数计算表 单位:元

时间	按原会计政策(权益法)确定的投资收益①	按新会计政策(成本法)确定的投资收益②	所得税前差异 ③=②-①	所得税影响④	累积影响数(所得税后差异)⑤=③-④
2004 年年末	600 000	0	-600 000	0	-600 000
2005 年年末	300 000	200 000	-100 000	0	-100 000
2006 年年末	900 000	600 000	-300 000	0	-300 000
合计	1 800 000	800 000	-1 000 000	0	-1 000 000

注:甲公司与乙公司的所得税税率相等,甲公司从乙公司分回的利润已在乙公司缴纳了所得税,故不需要再计算缴纳所得税,按权益法核算与按成本法核算对所得税均无影响,因此所得税影响为零,从而导致所得税前差异与所得税后差异相等。

2. 编制有关项目的调整分录:

(1) 对 2004 年有关事项的调整分录:

①调整长期股权投资时:

借:利润分配——未分配利润 600 000
　　贷:长期股权投资 600 000

②调整利润分配时:

借:盈余公积 60 000
　　贷:利润分配——未分配利润(600 000×10%) 60 000

(2) 对 2005 年有关事项的调整分录:

①调整长期股权投资时:

借:利润分配——未分配利润 100 000

　　　　贷：长期股权投资　　　　　　　　　　　　　　　　　　　　　　　　100 000
　②调整利润分配时：
　　借：盈余公积　　　　　　　　　　　　　　　　　　　　　　　　　　　　10 000
　　　　贷：利润分配——未分配利润（100 000×10%）　　　　　　　　　　　　　10 000
（3）对 2006 年有关事项的调整分录：
　①调整长期股权投资时：
　　借：利润分配——未分配利润　　　　　　　　　　　　　　　　　　　　　300 000
　　　　贷：长期股权投资　　　　　　　　　　　　　　　　　　　　　　　　300 000
　②调整利润分配时：
　　借：盈余公积　　　　　　　　　　　　　　　　　　　　　　　　　　　　30 000
　　　　贷：利润分配——未分配利润（300 000×10%）　　　　　　　　　　　　　30 000

3. 财务报表调整和重述：

甲公司在列报 2007 年财务报表时，应调整 2007 年资产负债表有关项目的年初数、利润表有关项目的上年金额，所有者权益变动表有关项目的上年金额和本年金额也应进行调整。

（1）调整资产负债表相关项目的年初数（见表 18-2）：

表 18-2　　　　　　　　　　　资产负债表（局部）

编制单位：甲公司　　　　　2007 年 12 月 31 日　　　　　　　　金额单位：元

资产	年初数		
	调整前	调增（减）	调整后
长期股权投资	……	−1 000 000	……
……	……	……	—
资产总计	……	−1 000 000	……

负债和所有者权益	年初数		
	调整前	调增（减）	调整后
盈余公积	……	−100 000	……
未分配利润	……	−900 000	……
负债和所有者权益总计	……	−1 000 000	……

（2）调整利润表相关项目的上年金额（见表 18-3）：

表 18-3　　　　　　　　　　　利润表（局部）

编制单位：甲公司　　　　　　2007 年度　　　　　　　　　　　金额单位：元

项目	上年金额		
	调整前	调增（减）	调整后
一、营业收入	……	—	
……	……	……	—
加：投资收益（损失以"−"号列示）	……	−300 000	……
二、营业利润（亏损以"−"号列示）	……	−300 000	……
	……	—	……
三、利润总额（亏损以"−"号列示）	……	−300 000	……
减：所得税费用	……	0	……
四、净利润（亏损以"−"号列示）	……	−300 000	……

(3) 调整所有者权益变动表相关项目的上年金额和本年金额（见表 18-4）：

表 18-4　　　　　　　　　　　所有者权益变动表（局部）

编制单位：甲公司　　　　　　　　2007 年度　　　　　　　　金额单位：元

项目	本年金额						上年金额					
	盈余公积			未分配利润			盈余公积			未分配利润		
	调整前	调增（减）	调整后	调整前	调增（减）	调整后	调整前	调增（减）	调整后	调整前	调增（减）	调整后
一、上年年末余额	……	—	……	……	—	……	……	……	……	……	……	……
加：会计政策变更	……	-100 000	……	……	-900 000	……	……	-70 000	……	……	-630 000	……
前期差错更正	……	—	……	……	—	……	……	—	……	……	—	……
二、本年年初余额	……	-100 000	……	……	-900 000	……	……	-70 000	……	……	-630 000	……
三、本年增减变动金额（减少以"-"号填列）	……	—	……	……	—	……	……	—	……	-30 000	-270 000	……
（一）净利润	……	—	……	……	—	……	……	—	……	……	-300 000	……
……												
（四）利润分配	……	—	……	……	—	……	……	-30 000	……	……	30 000	……
1. 提取盈余公积	……	—	……	……	—	……	……	-30 000	……	……	30 000	……
……												
四、本年年末余额	……	-100 000	……	……	-900 000	……	……	-100 000	……	……	-900 000	……

【例 18-2】 甲公司 2005 年、2006 年分别以 4 500 000 元和 1 100 000 元的价格从股票市场购入 A、B 两只以交易为目的的股票（假设不考虑购入股票发生的交易费用），市价一直高于购入成本。公司采用成本与市价孰低法对购入股票进行计量，公司从 2007 年起对其以交易为目的购入的股票由成本与市价孰低改为公允价值计量，公司保存的会计资料比较齐备，可以通过会计资料追溯计算。所得税税率为 33%，公司按净利润的 10% 提取法定盈余公积。公司发行股票份额为 4 500 万股。两种方法计量的交易性金融资产账面价值如表 18-5 所示。

表 18-5　　　　　两种方法计量的交易性金融资产账面价值　　　　　金额单位：元

会计政策 股票	成本与市价孰低	2005 年年末公允价值	2006 年年末公允价值
A 股票	4 500 000	5 100 000	5 100 000
B 股票	1 100 000	—	1 300 000

根据上述资料，甲公司账务处理如下：

1. 计算改变交易性金融资产计量方法后的累积影响数（见表 18-6）：

表 18-6　　　　改变交易性金融资产计量方法后的累积影响数　　　　金额单位：元

时间	成本与市价孰低 ①	公允价值 ②	税前差异 ③=②-①	所得税影响 ④	税后差异 ⑤=③-④
2005 年年末	4 500 000	5 100 000	600 000	198 000	402 000
2006 年年末	1 100 000	1 300 000	200 000	66 000	134 000
合计	5 600 000	6 400 000	800 000	264 000	536 000

甲公司2007年12月31日的比较财务报表列报前期最早期初为2006年1月1日。

甲公司在2005年年末按公允价值计量的账面价值为5 100 000元，按成本与市价孰低计量的账面价值为4 500 000元，两者的所得税影响合计为198 000元，两者差异的税后净影响额为402 000元，即为该公司2006年期初由成本与市价孰低改为公允价值计量的累积影响数。

甲公司在2006年年末按公允价值计量的账面价值为6 400 000元，按成本与市价孰低计量的账面价值为5 600 000元，两者的所得税影响合计为264 000元，两者差异的税后净影响额为536 000元。其中，402 000元是调整2006年初累积影响数，134 000元是调整2006年当期金额。

甲公司按照公允价值重新计量2006年年末B股票账面价值，其结果为公允价值变动收益少计了200 000元，所得税费用少计了66 000元，净利润少计了134 000元。

2. 编制有关项目的调整分录：

(1) 对2005年有关事项的调整分录：

①调整交易性金融资产时：

借：交易性金融资产——公允价值变动	600 000
贷：利润分配——未分配利润	402 000
递延所得税负债	198 000

②调整利润分配时：

借：利润分配——未分配利润	40 200
贷：盈余公积（402 000×10%）	40 200

(2) 对2006年有关事项的调整分录：

①调整交易性金融资产时：

借：交易性金融资产——公允价值变动	200 000
贷：利润分配——未分配利润	134 000
递延所得税负债	66 000

②调整利润分配时：

借：利润分配——未分配利润	13 400
贷：盈余公积（134 000×10%）	13 400

3. 财务报表调整和重述：

甲公司在列报2007年财务报表时，应调整2007年资产负债表有关项目的年初数、利润表有关项目的上年金额，所有者权益变动表有关项目的上年金额和本年金额也应进行调整。

(1) 调整资产负债表相关项目的年初数（见表18-7）：

表18-7   资产负债表（局部）

编制单位：甲公司   2007年12月31日   金额单位：元

资产	年初数		
	调整前	调增（减）	调整后
交易性金融资产	……	800 000	……
……	……	—	……
资产总计	……	800 000	……

续表

负债和所有者权益	年初数		
	调整前	调增（减）	调整后
递延所得税负债		264 000	
盈余公积	……	53 600	……
未分配利润	……	482 400	……
负债和所有者权益总计	……	800 000	……

(2) 调整利润表相关项目的上年金额（见表18-8）：

表18-8　　　　　　　　　　　**利润表（局部）**

编制单位：甲公司　　　　　　　2007年度　　　　　　　　金额单位：元

项目	上年金额		
	调整前	调增（减）	调整后
一、营业收入	……	—	……
……	……	……	……
加：公允价值变动收益（损失以"—"号列示）	……	200 000	……
二、营业利润（亏损以"—"号列示）	……	200 000	……
……	……	—	……
三、利润总额（亏损以"—"号列示）	……	200 000	……
减：所得税费用	……	66 000	……
四、净利润（亏损以"—"号列示）	……	134 000	……
五、每股收益		0.003 0	
基本每股收益		0.003 0	

(3) 调整所有者权益变动表相关项目的上年金额和本年金额（见表18-9）：

表18-9　　　　　　　　　　　**所有者权益变动表（局部）**

编制单位：甲公司　　　　　　　2007年度　　　　　　　　金额单位：元

项目	本年金额						上年金额					
	盈余公积			未分配利润			盈余公积			未分配利润		
	调整前	调增（减）	调整后	调整前	调增（减）	调整后	调整前	调增（减）	调整后	调整前	调增（减）	调整后
一、上年年末余额	……	—	……	……	—	……	……	—	……	……	—	……
加：会计政策变更	……	53 600	……	……	482 400	……	……	40 200	……	……	361 800	……
前期差错更正	……	—	……	……	—	……	……	—	……	……	—	……
二、本年年初余额	……	53 600	……	……	482 400	……	……	40 200	……	……	361 800	……
三、本年增减变动金额（减少以"—"号填列）	……	—	……	……	—	……	……	13 400	……	……	120 600	……
（一）净利润											134 000	
……	……	……	……	……	……	……	……	……	……	……	……	……
（四）利润分配	……	—	……	……	—	……	……	13 400	……	……	−13 400	……
1. 提取盈余公积								13 400			−13 400	
……	……	……	……	……	……	……	……	……	……	……	……	……
四、本年年末余额	……	53 600	……	……	482 400	……	……	53 600	……	……	482 400	……

2. 未来适用法

未来适用法是指将变更后的会计政策应用于变更日及以后发生的交易或者事项，或者在会计估计变更当期和未来期间确认会计估计变更影响数的方法。

在未来适用法下，不需要计算会计政策变更产生的累积影响数，也无须重编以前年度的财务报表。企业会计账簿记录及财务报表上反映的金额，变更之日仍保留原有的金额，不因会计政策变更而改变以前年度的既定结果，并在现有金额的基础上再按新的会计政策进行核算。

【例 18-3】 乙公司原对发出存货采用后进先出法，根据新企业会计准则的规定，公司从 2007 年 1 月 1 日起改用先进先出法。2007 年 1 月 1 日存货的价值为 2 500 000 元，公司当年购入存货的实际成本为 18 000 000 元，2007 年 12 月 31 日按先进先出法计算确定的存货价值为 4 500 000 元，当年销售额为 25 000 000 元，假设该年度其他费用为 1 200 000 元，所得税税率为 33%。2007 年 12 月 31 日按后进先出法计算的存货价值为 2 200 000 元。

根据上述资料，乙公司账务处理如下：

乙公司由于法律环境变化而改变会计政策，假定对其采用未来适用法进行处理，即对存货采用先进先出法从 2007 年及以后才适用，不需要对 2007 年 1 月 1 日以前按先进先出法计算存货应有的余额，以及对留存收益的影响金额。

计算确定会计政策变更对当期净利润的影响数，如表 18-10 所示。

表 18-10　　　　　　　　当期净利润的影响数计算表　　　　　　　　单位：元

项目	先进先出法	后进先出法
营业收入	25 000 000	25 000 000
减：营业成本	16 000 000	18 300 000
其他费用	1 200 000	1 200 000
利润总额	7 800 000	5 500 000
减：所得税费用	2 574 000	1 815 000
净利润	5 226 000	3 685 000
差　额	1 541 000	

公司由于会计政策变更使当期净利润增加了 1 541 000 元。其中：

采用先进先出法的销售成本＝期初存货＋购入存货实际成本－期末存货
　　　　　　　　　　　　＝2 500 000＋18 000 000－4 500 000＝16 000 000（元）

采用后进先出法的销售成本＝期初存货＋购入存货实际成本－期末存货
　　　　　　　　　　　　＝2 500 000＋18 000 000－2 200 000＝18 300 000（元）

（二）会计政策变更会计处理方法的选择

对于会计政策变更，企业应当根据具体情况分别采用不同的会计处理方法。

1. 法律、行政法规或者国家统一的会计制度等要求变更

法律、行政法规或者国家统一的会计制度等要求变更的情况下，企业应当分别以下情况进行处理：(1) 国家发布相关的会计处理办法，则按照国家发布的相关会计处理规定进行处理；(2) 国家没有发布相关的会计处理办法，则采用追溯调整法进行会计处理。

2. 会计政策变更能够提供更可靠、更相关的会计信息

会计政策变更能够提供更可靠、更相关的会计信息的情况下,企业应当采用追溯调整法进行会计处理,将会计政策变更累积影响数调整列报前期最早期初留存收益,其他相关项目的期初余额和列报前期披露的其他比较数据也应当一并调整。

3. 确定会计政策变更对列报前期影响数不切实可行

确定会计政策变更对列报前期影响数不切实可行的,应当从可追溯调整的最早期间期初开始应用变更后的会计政策;在当期期初确定会计政策变更对以前各期累积影响数不切实可行的,应当采用未来适用法处理。

不切实可行是指企业在采取所有合理的方法后,仍然不能获得采用某项规定所必需的相关信息,而导致无法采用该项规定,则该项规定在此时是不切实可行的。

四、会计政策变更的披露

企业应当在附注中披露与会计政策变更有关的下列信息。

(1) 会计政策变更的性质、内容和原因。包括:对会计政策变更的简要阐述、变更的日期、变更前采用的会计政策和变更后所采用的新会计政策及会计政策变更的原因。

(2) 当期和各个列报前期财务报表中受影响的项目名称和调整金额。包括:采用追溯调整法时,计算出的会计政策变更的累积影响数;当期和各个列报前期财务报表中需要调整的净损益及其影响金额,以及其他需要调整的项目名称和调整金额。

(3) 无法进行追溯调整的,说明该事实和原因以及开始应用变更后的会计政策的时点、具体应用情况。包括:无法进行追溯调整的事实;确定会计政策变更对列报前期影响数不切实可行的原因;在当期期初确定会计政策变更对以前各期累积影响数不切实可行的原因;开始应用新会计政策的时点和具体应用情况。

需要说明的是,在以后期间的财务报表中,不需要重复披露在以前期间的附注中已披露的会计政策变更的信息。

【例18-4】 沿用例18-1,应在财务报表附注中作如下说明:

本公司 2007 年初按照会计准则规定,对长期股权投资由权益法改为成本法核算,为会计政策变更,应当采用追溯调整法,2007 年比较财务报表已重新表述。2006 年期初运用新会计政策追溯计算的会计政策变更累积影响数为-700 000 元,调减 2006 年的期初留存收益 700 000 元,其中:调减未分配利润 630 000 元,调减盈余公积 70 000 元。会计政策变更对 2007 年度财务报表上年金额栏的本年金额的影响为调减未分配利润 270 000 元,调减盈余公积 30 000 元,调减净利润 300 000 元。

【例18-5】 沿用例18-2,应在财务报表附注中作如下说明:

本公司 2007 年初按照会计准则规定,对交易性金融资产计量由成本与市价孰低改为以公允价值计量。此项会计政策变更采用追溯调整法,2007 年比较财务报表已重新表述。2006 年期初运用新会计政策追溯计算的会计政策变更累积影响数为 402 000 元,调增 2006 年的期初留存收益 402 000 元,其中:调增未分配利润 361 800 元,调增盈余公积 40 200 元。会计政策变更对 2007 年度财务报表上年金额栏的本年金额的影响为调增未分配利润 120 600 元,调增盈余公积 13 400 元,调增净利润 134 000 元。

【例18-6】 沿用例18-3,应在财务报表附注中作如下说明:

本公司对存货原采用后进先出法计价，由于施行新会计准则，改用先进先出法计价。按照《企业会计准则第38号——首次执行企业会计准则》的规定，对该项会计政策变更应当采用未来适用法。由于该项会计政策变更，当期净利润增加 1 541 000 元。

第二节　会计估计及其变更

一、会计估计概述

（一）会计估计的概念与特点

会计估计是指企业对其结果不确定的交易或事项以最近可利用的信息为基础所作的判断。会计估计具有如下特点：

（1）会计估计的存在是由于经济活动中内在的不确定性因素的影响。在会计核算中，企业总是力求保持会计核算的准确性，但有些经济业务本身具有不确定性。例如，坏账、固定资产折旧年限、固定资产残余价值，无形资产摊销年限等，因而需要根据经验作出估计。可以说，在进行会计核算和相关信息披露的过程中，会计估计是不可避免的。

（2）进行会计估计时，应当以最近可利用的信息或资料为基础。企业在会计核算中，由于经营活动中内在的不确定性，不得不经常进行估计。一些估计的主要目的是为了确定资产、负债的账面价值，或是确定将在某一期间记录的收益、费用的金额。企业在进行会计估计时，通常应根据当时的情况和经验，以一定的信息或资料为基础进行。但是，随着时间的推移、环境的变化，进行会计估计的基础可能会发生变化，因此，进行会计估计所依据的信息或者资料不得不经常发生变化。由于最新的信息是最接近目标的信息，以其为基础所作的估计最接近实际，所以进行会计估计时，应以最近可利用的信息或资料为基础。

（3）进行会计估计并不会削弱会计确认和计量的可靠性。企业为了定期、及时地提供有用的会计信息，将连续不断的经营活动人为划分为一定的期间，并在权责发生制的基础上对企业的财务状况和经营成果进行定期确认和计量。例如，在会计分期的情况下，许多企业的交易跨越若干会计年度，以至于需要在一定程度上对某一年度发生的开支，哪些可以合理地预期能够产生其他年度以收益形式表示的利益，从而全部或部分向后递延，哪些可以合理地预期在当期能够得到补偿，从而确认为费用作出决定。由于会计分期和货币计量的前提，在确认和计量过程中，不得不对许多尚在延续中、其结果尚未确定的交易或事项予以估计入账。

（二）应当披露的重要会计估计

企业应当披露重要的会计估计，不具有重要性的会计估计可以不披露。判断会计估计是否重要，应当考虑与会计估计相关项目的性质和金额。企业应当披露的重要会计估计包括：

（1）存货可变现净值的确定。

（2）采用公允价值模式计量的投资性房地产公允价值的确定。

（3）固定资产的预计使用寿命与净残值；固定资产的折旧方法。

（4）使用寿命有限的无形资产的预计使用寿命与净残值。

（5）可收回金额按照资产组的公允价值减去处置费用后的净额确定的，确定公允价值减去处置费用后的净额的方法。可收回金额按照资产组预计未来现金流量的现值确定的，预计未来现金流量的确定。

（6）合同完工进度的确定。

（7）权益工具公允价值的确定。

（8）债务人债务重组中转让的非现金资产的公允价值、由债务转成的股份的公允价值和修改其他债务条件后债务的公允价值的确定。债权人债务重组中受让的非现金资产的公允价值、由债权转成的股份的公允价值和修改其他债务条件后债权的公允价值的确定。

（9）预计负债初始计量的最佳估计数的确定。

（10）承租人对未确认融资费用的分摊；出租人对未实现融资收益的分配。

（11）金融资产公允价值的确定。

（12）非同一控制下企业合并成本的公允价值的确定。

（13）其他重要会计估计。

二、会计估计变更

（一）会计估计变更的概念

会计估计变更是指由于资产和负债的当前状况及预期经济利益和义务发生了变化，从而对资产或负债的账面价值或者资产的定期消耗金额进行调整。

由于企业经营活动中内在的不确定因素，许多财务报表项目不能准确地计量，只能加以估计，估计过程涉及以最近可以得到的信息为基础所作的判断。但是，估计毕竟是就现有资料对未来所作的判断，随着时间的推移，如果赖以进行估计的基础发生变化，或者由于取得了新的信息积累了更多的经验等，可能不得不对估计进行修订，但会计估计变更的依据应当真实、可靠。

（二）会计估计变更的情形

会计估计变更的情形包括：

（1）赖以进行会计估计的基础发生了变化。企业进行会计估计，总是依赖于一定的基础。如果其所依赖的基础发生了变化，则会计估计也应相应发生变化。例如，企业的某项固定资产折旧年限原定为10年，以后发生的情况表明，该资产的受益年限已不足10年，则应相应调减折旧年限。

（2）取得了新的信息、积累了更多的经验。企业进行会计估计是就现有资料对未来所作的判断，随着时间的推移，企业有可能取得新的信息、积累更多的经验，在这种情况下，企业可能不得不对会计估计进行修订，即发生会计估计变更。例如，企业原根据当时能够得到的信息，每年年末对应收账款按其余额的5‰计提坏账准备。现在掌握了新的信息，判定不能收回的应收账款比例已达5%，企业改按5%的比例计提坏账准备。

会计估计变更，并不意味着以前期间的会计估计是错误的，只是由于情况发生变化或者掌握了新的信息、积累了更多的经验，使得变更会计估计能够更好地反映企业的财务状况和经营成果。如果以前期间的会计估计是错误的，则属于前期差错，应按前期差错更正的会计处理办法进行处理。

三、会计政策变更与会计估计变更的划分

企业应当正确划分会计政策变更与会计估计变更，并按照不同的方法进行相关会计处理。企业应当以变更事项的会计确认、计量基础和列报项目是否发生变更作为该变更是会计政策变更，还是会计估计变更的划分基础。

（1）以会计确认是否发生变更作为判断基础。《企业会计准则——基本准则》规定了资产、负债、所有者权益、收入、费用和利润等六项会计要素的确认标准，是会计处理的首要环节。一般地，对会计确认的指定或选择是会计政策，其相应的变更是会计政策变更。会计确认的变更一般会引起列报项目的变更。例如，企业在前期将某项内部研究开发项目开发阶段的支出计入当期损益，而当期按照《企业会计准则第6号——无形资产》的规定，该项支出符合无形资产的确认条件，应当确认为无形资产。该事项的会计确认发生变更，即前期将研发费用确认为一项费用，而当期将其确认为一项资产。该事项中会计确认发生了变化，所以该变更是会计政策变更。

（2）以计量基础是否发生变更作为判断基础。《企业会计准则——基本准则》规定了历史成本、重置成本、可变现净值、现值和公允价值等五项会计计量属性，是会计处理的计量基础。一般地，对计量基础的指定或选择是会计政策，其相应的变更是会计政策变更。例如，企业在前期对购入的价款超过正常信用条件延期支付的固定资产初始计量采用历史成本，而当期按照《企业会计准则第4号——固定资产》的规定，该类固定资产的初始成本应以购买价款的现值为基础确定。该事项的计量基础发生了变化，所以该变更是会计政策变更。

（3）以列报项目是否发生变更作为判断基础。《企业会计准则第30号——财务报表列报》规定了财务报表项目应采用的列报原则。一般地，对列报项目的指定或选择是会计政策，其相应的变更是会计政策变更。例如，某商业企业在前期将商品采购费用列入销售费用，当期根据《企业会计准则第1号——存货》的规定，将采购费用列入存货成本。因为列报项目发生了变化，所以该变更是会计政策变更。

（4）根据会计确认、计量基础和列报项目所选择的、为取得与资产负债表项目有关的金额或数值（如预计使用寿命、净残值等）所采用的处理方法，不是会计政策，而是会计估计，其相应的变更是会计估计变更。例如，企业需要对某项资产采用公允价值进行计量，而公允价值的确定需要根据市场情况选择不同的处理方法。在不存在销售协议和资产活跃市场的情况下，需要根据同行业类似资产的近期交易价格对该项资产进行估计；在不存在销售协议但存在资产活跃市场的情况下，其公允价值应当按照该项资产的市场价格为基础进行估计。因为企业所确定的公允价值是与该项资产有关的金额，所以为确定公允价值所采用的处理方法是会计估计，不是会计政策。相应地，当企业面对的市场情况发生变化时，其采用的确定公允价值的方法变更是会计估计变更，不是会计政策变更。

企业可以采用以下具体方法划分会计政策变更与会计估计变更。分析并判断该事项是否涉及会计确认、计量基础选择或列报项目的变更，当至少涉及上述一项划分基础变

更时，该事项是会计政策变更；不涉及上述划分基础变更时，该事项可以判断为会计估计变更。例如，企业在前期将购建固定资产相关的一般借款利息计入当期损益，当期根据会计准则的规定，将其予以资本化，企业因此将对该事项进行变更。该事项的计量基础未发生变更，即都以历史成本作为计量基础；该事项的会计确认发生变更，即前期将借款费用确认为一项费用，而当期将其确认为一项资产；同时，会计确认的变更导致该事项在资产负债表和利润表相关项目的列报也发生变更。该事项涉及会计确认和列报的变更，所以属于会计政策变更。又如，企业原采用双倍余额递减法计提固定资产折旧，根据固定资产使用的实际情况，企业决定改用直线法计提固定资产折旧。该事项前后采用的两种计提折旧方法都以历史成本作为计量基础，对该事项的会计确认和列报项目也未发生变更，只是固定资产折旧、固定资产净值等相关金额发生了变化。因此，该事项属于会计估计变更。

四、会计估计变更的会计处理

（一）会计估计变更适用的方法

企业对会计估计变更应当采用未来适用法处理。未来适用法是指企业在会计估计变更当期及以后期间，采用新的会计估计，不改变以前期间会计估计，不计算会计估计变更的累积影响数，也不调整以前期间报告结果的会计处理方法。

（二）会计估计变更的会计处理

1. 会计估计变更仅影响当期的处理

会计估计变更仅影响变更当期的，其影响数应当在变更当期予以确认。

【例18-7】 甲公司2010年末应收款项余额10 000 000元，坏账计提比例为2%。2011年起坏账计提比例调整为3%，年末应收款项余额为15 000 000元。

根据上述资料，甲公司账务处理如下：

变更坏账准备计提比例，为会计估计变更，只影响变更当期。因此，应于变更当期2011年确认。

借：资产减值损失　　　　　　　　　　　　　　　　　　　　250 000
　　贷：坏账准备（15 000 000×3%－10 000 000×2%）　　　　250 000

2. 会计估计变更既影响当期又影响未来期间的处理

会计估计变更既影响变更当期又影响未来期间的，其影响数应当在变更当期和未来期间予以确认。例如，企业的某项可计提折旧的固定资产，其有效使用年限或预计净残值的估计发生的变更，常常影响变更当期及资产以后使用年限内各个期间的折旧费用，这类会计估计的变更，应于变更及以后各期确认。

会计估计变更的影响数应计入变更当期与前期相同的项目。为了保证不同期间的财务报表具有可比性，如果以前期间的会计估计变更的影响数计入企业日常经营活动损益，则以后期间也应计入日常经营活动损益；如果以前期间的会计估计变更的影响数计入特殊项目，则以后期间也应计入特殊项目。

【例18-8】 甲公司2007年12月购入一台管理用设备，原值1 000 000元，预计净残值50 000元，预计使用寿命10年，采用直线法计提折旧。2011年1月，由于新技术的发展等原因，需要对原预计使用寿命和净残值作出修正，修改后的预计使用寿命为8

年，净残值为 20 000 元。甲公司适用所得税税率为 25%。假定税法允许按变更后的折旧额在税前扣除。

根据上述资料，甲公司账务处理如下：

甲公司变更固定资产预计使用寿命和净残值，为会计估计变更，应采用未来适用法进行处理。

(1) 不调整以前各期折旧，也不计算会计估计变更的累积影响数。

(2) 会计估计变更以后发生的经济业务，改按新估计的使用寿命和净残值计算确定年折旧额。

按原会计估计各年计提的折旧额＝(1 000 000－50 000)÷10＝95 000(元)
按新会计估计各年计提的折旧额＝(1 000 000－95 000×3－20 000)÷(8－3)
　　　　　　　　　　　　　　＝139 000(元)

　　借：管理费用　　　　　　　　　　　　　　　　　139 000
　　　　贷：累计折旧　　　　　　　　　　　　　　　　　139 000

3. 会计估计变更与会计政策变更不易分清时的处理

企业应当正确划分会计政策变更和会计估计变更，并按不同的方法进行相关会计处理。企业通过判断会计政策变更和会计估计变更划分基础仍然难以对某项变更进行区分的，应当将其作为会计估计变更处理。

五、会计估计变更的披露

企业应当在附注中披露与会计估计变更有关的下列信息：

(1) 会计估计变更的内容和原因。包括：变更的内容、变更日期以及为什么要对会计估计进行变更。

(2) 会计估计变更对当期和未来期间的影响数。包括：会计估计变更对当期和未来期间损益的影响金额。

(3) 会计估计变更的影响数不能确定的，披露这一事实和原因。

【例 18-9】　沿用例 18-8，应在财务报表附注中作如下说明：

甲公司 2007 年 12 月购入一台管理用设备，原值 1 000 000 元，原预计使用寿命为 10 年，净残值为 50 000 元，按直线法计提折旧。由于新技术的发展，需对该设备原估计的使用年限和净残值进行修正，于 2011 年初将该设备的折旧年限变更为 8 年，预计净残值变更为 20 000 元，以反映该设备的真实耐用寿命和净残值。此会计估计变更使本年度净利润减少 33 000 元 [(139 000－95 000)×(1－25%)]。

第三节　前期差错及其更正

一、前期差错概述

(一) 前期差错的概念

为了保证经营活动的正常进行，企业应当建立、健全内部稽核制度，按照会计制度的规定进行会计确认、计量、记录和报告，并应定期或不定期进行检查，发现差错应及时进行更正，以保证会计资料的真实、完整。但是，在会计核算中，也可能由于各种原因发生差错。

前期差错是指由于没有运用或错误运用下列两种信息，而对前期财务报表造成遗漏或误报：（1）编报前期财务报表时预期能够取得并加以考虑的可靠信息；（2）前期财务报告批准报出时能够取得的可靠信息。前期差错通常包括计算错误、应用会计政策错误、疏忽或曲解事实、舞弊产生的影响，以及存货、固定资产盘盈等。

（二）形成前期差错的情形

没有运用或者错误运用上述两种信息而形成前期差错的情形主要有：

（1）计算以及账户分类错误。例如，企业购入的5年期国债，意图长期持有，但在记账时记入了交易性金融资产，导致账户分类上的错误，并导致在资产负债表上流动资产和非流动资产的分类也有误。

（2）采用法律、行政法规或者国家统一的会计制度等不允许的会计政策。例如，按照《企业会计准则第17号——借款费用》的规定，为购建固定资产的专门借款而发生的借款费用，满足一定条件的，在固定资产达到预定可使用状态前发生的，应予资本化，计入所购建固定资产的成本；在固定资产达到预定可使用状态后发生的，计入当期损益。如果企业固定资产已达到预定可使用状态后发生的借款费用，也计入该项固定资产的价值，予以资本化，则属于采用法律或会计准则等行政法规、规章所不允许的会计政策。

（3）对事实的疏忽或曲解，以及舞弊。例如，企业对某项建造合同应按建造合同规定的方法确认营业收入，但该企业却按确认商品销售收入的原则确认收入。

（4）在期末对应计项目与递延项目未予调整。例如，企业应在本期摊销的费用，在期末未予摊销。

（5）漏记已完成的交易。例如，企业销售一批商品，商品已经发出，开出增值税专用发票，商品销售收入确认条件均已满足，但企业在期末时未将已实现的销售收入入账。

（6）提前确认尚未实现的收入或不确认已实现的收入。例如，在采用委托代销商品的销售方式下，应以收到代销单位的代销清单时确认商品销售收入的实现，如企业在发出委托代销商品时即确认为收入，则为提前确认尚未实现的收入。

（7）资本性支出与收益性支出划分差错等。例如，企业发生的管理人员的工资一般作为收益性支出，而发生的在建工程人员工资一般作为资本性支出。如果企业将在建工程人员工资计入了当期损益，则属于资本性支出与收益性支出的划分差错。

需要说明的是，就会计估计的性质来说，它是个近似值，随着更多信息的获得，估计可能需要进行修正，但是会计估计变更不属于前期差错更正。

二、前期差错更正的会计处理

企业应将前期差错区分为重要的前期差错与不重要的前期差错，分别进行会计处理。

如果财务报表项目的遗漏或错误表述可能影响财务报表使用者根据财务报表所作出的经济决策，则该项目的遗漏或错误是重要的。重要的前期差错是指足以影响财务报表使用者对企业财务状况、经营成果和现金流量作出正确判断的前期差错。不重要的前期差错是指不足以影响财务报表使用者对企业财务状况、经营成果和现金流量作出正确判断的会计差错。

前期差错的重要性取决于在相关环境下对遗漏或错误表述的规模和性质的判断。前期差错所影响的财务报表项目的金额或性质，是判断该前期差错是否具有重要性的决定性因素。一般来说，前期差错所影响的财务报表项目的金额越大、性质越严重，其重要性水平越高。

（一）不重要的前期差错的会计处理

对于不重要的前期差错，企业不需调整财务报表相关项目的期初数，但应调整发现当期与前期相同的相关项目。属于影响损益的，应直接计入本期与上期相同的净损益项目；属于不影响损益的，应调整本期与前期相同的相关项目。

【例18-10】甲公司在2008年12月31日发现，一台价值9 600元、应计入固定资产、并于2007年2月1日开始计提折旧的管理用设备，在2007年计入了当期费用。该公司固定资产折旧采用直线法，该资产估计使用年限为4年，假设不考虑净残值因素。

根据上述资料，甲公司更正前期差错账务处理如下：

借：固定资产　　　　　　　　　　　　　　　　9 600
　　贷：管理费用　　　　　　　　　　　　　　　5 000
　　　　累计折旧　　　　　　　　　　　　　　　4 600

假设该项差错直到2011年2月后才发现，则不需要作任何分录，因为该项差错已经抵销了。

（二）重要的前期差错的会计处理

企业应当采用追溯重述法更正重要的前期差错，但确定前期差错累积影响数不切实可行的除外。

1. 能够追溯重述的

追溯重述法是指在发现前期差错时，视同该项前期差错从未发生过，从而对财务报表相关项目进行更正的方法。

对于重要的前期差错，企业应当在其发现当期的财务报表中，调整前期比较数据。具体地说，企业应当在重要的前期差错发现当期的财务报表中，通过下述处理对其进行追溯更正：

（1）追溯重述差错发生期间列报的前期比较金额。

（2）如果前期差错发生在列报的最早前期之前，则追溯重述列报的最早前期的资产、负债和所有者权益相关项目的期初余额。

对于发生的重要的前期差错，如影响损益，应将其对损益的影响数调整发现当期的期初留存收益，财务报表其他相关项目的期初数也应一并调整；如不影响损益，应调整财务报表相关项目的期初数。

在编制比较财务报表时，对于比较财务报表期间的重要的前期差错，应调整各该期间的净损益和其他相关项目，视同该差错在产生的当期已经更正；对于比较财务报表期间以前的重要的前期差错，应调整比较财务报表最早期间的期初留存收益，财务报表其他相关项目的数字也应一并调整。

企业设置"以前年度损益调整"科目，核算企业本年度发生的调整以前年度损益的事项，以及本年度发现的重要前期差错更正涉及调整以前年度损益的事项。本科目结转后应无余额。具体核算请见"资产负债表日后事项"章节的相关内容。

【例18-11】 甲公司所得税采用资产负债表债务法核算，适用的所得税税率为25%，按净利润的10%提取法定盈余公积。甲公司2010年度财务报告在2011年4月22日批准对外报出。如果2011年6月20日，发现2010年3月管理用固定资产漏提折旧200 000元（属于重要前期差错）。2010年度所得税申报在2011年5月15日完成，且在所得税申报中未扣除该项折旧费用，假定无其他纳税调整事项。

根据上述资料，甲公司账务处理如下：

(1) 编制有关项目的调整分录：

2011年6月20日发现2010年3月漏提管理用设备折旧费200 000元，为前期重要差错，应按追溯重述法进行更正。

①补提折旧，调整管理费用时：

借：以前年度损益调整　　　　　　　　　　　　　　　200 000
　　贷：累计折旧　　　　　　　　　　　　　　　　　　　200 000

②将"以前年度损益调整"科目余额转入未分配利润时：

借：利润分配——未分配利润　　　　　　　　　　　　200 000
　　贷：以前年度损益调整　　　　　　　　　　　　　　　200 000

③调减盈余公积时：

借：盈余公积　　　　　　　　　　　　　　　　　　　 20 000
　　贷：利润分配——未分配利润　　　　　　　　　　　　20 000

注：按税法规定，当年应提折旧在当年提取的可以在税前抵扣，2010年所得税申报后补提2010年折旧不得在税前抵扣；固定资产的账面价值与计税基础一致，不存在暂时性差异。

(2) 财务报表调整和重述：

①调整资产负债表相关项目的年初数（见表18-11）：

表18-11　　　　　　　　　　　资产负债表（局部）

编制单位：甲公司　　　　　2011年12月31日　　　　　　　　　金额单位：元

资产	年初数		
	调整前	调增（减）	调整后
固定资产	……	−200 000	……
……	……	—	……
资产总计	……	−200 000	……

负债和所有者权益	年初数		
	调整前	调增（减）	调整后
盈余公积	……	−20 000	……
未分配利润	……	−180 000	……
负债和所有者权益总计	……	−200 000	……

②调整利润表相关项目的上年金额（见表18-12）：

表 18-12　　　　　　　　　　利润表（局部）
编制单位：甲公司　　　　　　　2011年度　　　　　　　　　　　金额单位：元

项目	上年金额 调整前	上年金额 调增（减）	上年金额 调整后
一、营业收入	……	—	……
……	……	—	……
减：管理费用	……	200 000	……
二、营业利润（亏损以"—"号列示）	……	－200 000	……
……	……	—	……
三、利润总额（亏损以"—"号列示）	……	－200 000	……
减：所得税费用	……	0	……
四、净利润（亏损以"—"号列示）	……	－200 000	……

③调整所有者权益变动表相关项目的上年金额和本年金额（见表18-13）：

表 18-13　　　　　　所有者权益变动表（局部）
编制单位：甲公司　　　　　　　2011年度　　　　　　　　　　　金额单位：元

项目	本年金额 盈余公积 调整前	本年金额 盈余公积 调增（减）	本年金额 盈余公积 调整后	本年金额 未分配利润 调整前	本年金额 未分配利润 调增（减）	本年金额 未分配利润 调整后	上年金额 盈余公积 调整前	上年金额 盈余公积 调增（减）	上年金额 盈余公积 调整后	上年金额 未分配利润 调整前	上年金额 未分配利润 调增（减）	上年金额 未分配利润 调整后
一、上年年末余额	……	—	……	……	—	……	……	—	……	……	—	……
加：会计政策变更	……	—	……	……	—	……	……	—	……	……	—	……
前期差错更正	……	－20 000	……	……	－180 000	……	……	—	……	……	—	……
二、本年年初余额	……	－20 000	……	……	－180 000	……	……	—	……	……	—	……
三、本年增减变动金额（减少以"—"号填列）	……	—	……	……	—	……	……	－20 000	……	……	－180 000	……
（一）净利润	……	—	……	……	—	……	……	—	……	……	－200 000	……
……	……	—	……	……	—	……	……	—	……	……	—	……
（四）利润分配	……	—	……	……	—	……	……	－20 000	……	……	20 000	……
1. 提取盈余公积	……	—	……	……	—	……	……	－20 000	……	……	20 000	……
……	……	—	……	……	—	……	……	—	……	……	—	……
四、本年年末余额	……	－20 000	……	……	－180 000	……	……	－20 000	……	……	－180 000	……

【例 18-12】　沿用例 18-11。假定在 2010 年度所得税申报时扣除了该项折旧费用。根据上述资料，甲公司账务处理如下：

（1）编制有关项目的调整分录：

2011 年 6 月 20 日发现 2010 年 3 月漏提管理用设备折旧费 200 000 元，为前期重要差错，应按追溯重述法进行更正。

①补提折旧，调整管理费用时：

借：以前年度损益调整　　　　　　　　　　　　　200 000
　　贷：累计折旧　　　　　　　　　　　　　　　　　　　　200 000

②调减递延所得税负债和所得税费用时：

借：递延所得税负债　　　　　　　　　　　　　　　　50 000
　　贷：以前年度损益调整　　　　　　　　　　　　　　　　50 000

注：因2010年度所得税申报时扣除了该项折旧，致使固定资产的账面价值与计税基础不一致，形成了应纳税暂时性差异，从而确认递延所得税负债50 000元（200 000×25%）。2011年6月20日发现漏提的折旧并更正，补提折旧后，固定资产的账面价值与计税基础归于一致，因此，应冲减已确认的递延所得税负债。

③将"以前年度损益调整"科目余额转入未分配利润时：

借：利润分配——未分配利润　　　　　　　　　　　150 000
　　贷：以前年度损益调整　　　　　　　　　　　　　　　150 000

④调减盈余公积时：

借：盈余公积　　　　　　　　　　　　　　　　　　　15 000
　　贷：利润分配——未分配利润　　　　　　　　　　　　15 000

(2) 财务报表调整和重述：

①调整资产负债表相关项目的年初数（见表18-14）：

表18-14　　　　　　　　　　资产负债表（局部）
编制单位：甲公司　　　　　　2011年12月31日　　　　　　金额单位：元

资产	年初数		
	调整前	调增（减）	调整后
固定资产	……	−200 000	……
……	……	—	……
资产总计	……	−200 000	……

负债和所有者权益	年初数		
	调整前	调增（减）	调整后
递延所得税负债	……	−50 000	……
盈余公积	……	−15 000	……
未分配利润	……	−135 000	……
负债和所有者权益总计	……	−200 000	……

②调整利润表相关项目的上年金额（见表18-15）：

表18-15　　　　　　　　　　利润表（局部）
编制单位：甲公司　　　　　　2011年度　　　　　　　　　金额单位：元

项目	上年金额		
	调整前	调增（减）	调整后
一、营业收入	……	—	……
……	……	—	……
减：管理费用	……	200 000	……
二、营业利润（亏损以"−"号列示）	……	−200 000	……
……	……		……
三、利润总额（亏损以"−"号列示）	……	−200 000	……
减：所得税费用	……	−50 000	……
四、净利润（亏损以"−"号列示）	……	−150 000	……

③调整所有者权益变动表相关项目的上年金额和本年金额（见表18-16）：

表18-16　　　　　　　　　所有者权益变动表（局部）

编制单位：甲公司　　　　　　　2011年度　　　　　　　　　　金额单位：元

项目	本年金额						上年金额					
	盈余公积			未分配利润			盈余公积			未分配利润		
	调整前	调整（减）	调整后	调整前	调整（减）	调整后	调整前	调整（减）	调整后	调整前	调整（减）	调整后
一、上年年末余额	……	—	……	……	—	……	……	—	……	……	—	……
加：会计政策变更	—	—	—	—	—	—						
前期差错更正	……	−15 000	……	……	−135 000	……						
二、本年年初余额	……	−15 000	……	……	−135 000	……						
三、本年增减变动金额（减少以"−"号填列）	……		……	……		……	……	−15 000	……	……	−135 000	……
（一）净利润	……	—	……	……	—	……				……	−150 000	……
	……	—	……	……	—	……						
（四）利润分配	……	—	……	……	—	……		−15 000			15 000	
1. 提取盈余公积	……	—	……	……	—	……		−15 000			15 000	
四、本年年末余额	……	−15 000	……	……	−135 000	……	……	−15 000	……	……	−135 000	……

2. 无法追溯重述的

确定前期差错影响数不切实可行的，可以从可追溯重述的最早期间开始调整留存收益的期初余额，财务报表其他相关项目的期初余额也应当一并调整；也可以采用未来适用法。当企业确定前期差错对列报的一个或者多个前期比较信息的特定期间的累积影响数不切实可行时，应当追溯重述切实可行的最早期间的资产、负债和所有者权益相关项目的期初余额（可能是当期）；当企业在当期期初确定前期差错对所有前期的累积影响数不切实可行时，应当从确定前期差错影响数切实可行的最早日期开始，采用未来适用法追溯重述比较信息。

（三）资产负债表日后期间发现的前期差错

对于年度资产负债表日至财务报告批准报出日之间发现的报告年度的会计差错及报告年度前不重要的前期差错，请参见"资产负债表日后事项"章节的相关内容。

三、前期差错更正的披露

企业应当在附注中披露与前期差错更正有关的下列信息：
（1）前期差错的性质；
（2）各个列报前期财务报表中受影响的项目名称和更正金额；
（3）无法进行追溯重述的，说明该事实和原因以及对前期差错开始进行更正的时点、具体更正情况。

在以后期间的财务报表中，不需要重复披露在以前期间的附注中已披露的前期差错更正的信息。

【例18-13】 沿用例18-11，应在财务报表附注中作如下说明：

本年度发现2010年漏计了一项管理用固定资产折旧费用200 000元，在编制2011年和2010年比较财务报表时，已对该项差错进行了更正。更正后，调减2010年净利润和留存收益200 000元，调增累计折旧200 000元。

【例18-14】 沿用例18-12，应在财务报表附注中作如下说明：

本年度发现2010年漏计了一项管理用固定资产折旧费用200 000元，在编制2011年和2010年比较财务报表时，已对该项差错进行了更正。更正后，调减2010年净利润和留存收益150 000元，调增累计折旧200 000元，调减递延所得税负债50 000元。

思考练习题

一、重要概念

1. 会计政策
2. 会计政策变更
3. 会计估计
4. 会计估计变更
5. 前期差错更正
6. 会计政策变更累计影响数
7. 追溯调整法
8. 未来适用法
9. 追溯重述法

二、思考题

1. 会计政策变更的条件及不属于会计政策变更的情形有哪些？
2. 会计政策变更的会计处理方法有哪些？追溯调整法适合于何种情形？
3. 如何进行会计估计变更的账务处理？
4. 如何进行会计差错更正的账务处理？

三、单项选择题

1. 下列会计核算的原则和方法中，不属于企业会计政策的是（   ）。
   A. 会计核算应遵循及时性原则
   B. 长期股权投资采用权益法核算
   C. 存货采用成本与可变现净值孰低法计价
   D. 对坏账采用备抵法核算

2. 甲公司一台2010年1月开始计提折旧的设备，原值15 500元，预计使用年限5年，预计净残值500元，采用年数总和法计提折旧。2011年1月起，该企业将固定资产的折旧方法改为平均年限法，设备的预计使用年限由5年改为4年，预计净残值由500元改为300元。该设备2011年的折旧额为（   ）元。
   A. 3 400   B. 3 000
   C. 3 100   D. 4 000

3. 在采用追溯调整法时，下列不应考虑的因素是（   ）。
   A. 会计政策变更后法定盈余公积金
   B. 会计政策变更后留存收益
   C. 会计政策变更导致损益变化所带来的所得税变动
   D. 会计政策变更导致损益变化而应补分的利润或股利

4. 下列关于会计估计的说法中不正确的是（   ）。
   A. 会计估计变更应采用追溯调整法进行处理
   B. 会计估计变更应采用未来适用法进行处理
   C. 会计估计变更不计算估计变更累计影响数
   D. 如果会计估计的变更既影响变更当期又影响未来期间，有关估计变更的影响在当期及以后期间确认

5. 按新企业会计准则规定，上市公司本年度发现的前期重要差错，应（　　）。

A. 作本年度事项处理

B. 修改以前年度的财务报表

C. 不作处理

D. 调整本年度财务报表的年初数、上年金额和本年金额

6. 对本期发生的属于本期的会计差错，采取的会计处理方法是（　　）。

A. 不作任何调整

B. 调整前期相同的相关项目

C. 调整本期相关项目

D. 直接计入当期净损益项目

7. 当很难区分某种会计变更是属于会计政策变更还是会计估计变更的情况下，通常将这种会计变更（　　）。

A. 视为会计估计变更，采用未来适用法处理

B. 视为会计政策变更处理

C. 视为会计差错处理

D. 视为会计估计变更，采用追溯调整法处理

8. 甲公司2011年实现净利润5 000 000元。该公司2011年发生和发现的下列交易或事项中，会影响其年初未分配利润的是（　　）。

A. 发现2010年少计财务费用3 000 000元

B. 发现2010年少提折旧费用1 000元

C. 为2010年售出的设备提供售后服务发生支出500 000元

D. 因客户资信状况明显改善，将应收账款坏账准备计提比例由20%改为5%

9. 企业发生会计估计变更时，下列各项目中不需要在财务报表附注中披露的是（　　）。

A. 会计估计变更的内容

B. 会计估计变更的累计影响数

C. 会计估计变更的理由

D. 会计估计变更对当期损益的影响金额

10. 甲公司从2010年起按销售额的1%预提产品质量保证费用。该公司2011年度前3个季度改按销售额的10%预提产品质量保证费用，并分别在2011年度第一季度报告、半年度报告和第三季度报告中作了披露。该公司在编制2011年年度财务报告时，董事会决定将第一季度至第三季度预提的产品质量保证费用全额冲回，并重新按2011年度销售额的1%预提产品质量保证费用。假定以上事项均具有重大影响，且每年按销售额1%预提的产品质量保证费用与实际发生的产品质量保证费用大致相符，则甲公司在2011年年度财务报告中对上述事项正确的会计处理是（　　）。

A. 作为会计政策变更予以调整，并在财务报表附注中披露

B. 作为会计估计变更予以调整，并在财务报表附注中披露

C. 作为重要前期差错更正予以调整，并在财务报表附注中披露

D. 不作为会计政策变更、会计估计变更或重要前期差错更正予以调整，不在财务报表附注中披露

11. 甲公司2011年3月在上年度财务报告批准报出之前，发现2009年10月购入的专利权摊销金额错误，该专利权2009年应摊销的金额为1 200 000元，2010年应摊销的金额为4 800 000元。2009年、2010年实际摊销金额均为4 800 000元。甲公司对此重要前期差错采用追溯重述法进行会计处理，适用的所得税税率为25%，按净利润的10%提取法定盈余公积。甲公司2011年年初未分配利润应调增的金额是（　　）元。

A. 2 430 000 B. 2 700 000
C. 3 240 000 D. 3 600 000

四、多项选择题

1. 下列事项属于会计政策变更的有（　　）。
   A. 固定资产折旧方法由平均年限法改为双倍余额递减法
   B. 长期股权投资核算方法由成本法改为权益法
   C. 存货期末计价由成本法改为成本与可变现净值孰低法
   D. 对初次发生的交易采用新的会计政策

2. 应采用未来适用法处理会计政策变更的情况有（　　）。
   A. 企业因账簿超过法定保存期限而销毁，引起会计政策变更累积影响数无法确定
   B. 企业账簿因不可抗力而毁坏，引起会计政策变更累积影响数无法确定
   C. 会计政策变更累积影响数能够合理确定，但法律、法规等要求采用未来适用法
   D. 经济环境改变引起会计政策变更累积影响数无法确定

3. 下列属于会计估计变更披露的内容有（　　）。
   A. 会计估计变更的内容和原因
   B. 会计估计变更对当期和未来期间的影响数
   C. 会计估计变更的影响数不能确定的，披露这一事实和原因
   D. 会计估计变更累积影响数

4. 下列事项属于会计估计变更的有（　　）。
   A. 固定资产折旧年限的改变
   B. 坏账准备计提比例的改变
   C. 存货期末计价由成本法改为成本与可变现净值孰低法
   D. 无形资产摊销期限的改变

5. 对于前期差错更正，应当在财务报表附注中披露的内容有（　　）。
   A. 前期差错的性质
   B. 各个列报前期财务报表中受影响的项目名称和更正金额
   C. 重要前期差错对除净损益以外的其他项目的影响金额
   D. 无法进行追溯重述的，说明该事实和原因以及对前期差错开始进行更正的时点、具体更正情况

6. 企业对于发生的会计政策、会计估计变更及前期差错更正的处理方法有（　　）。
   A. 追溯调整法
   B. 未来适用法
   C. 追溯重述法
   D. 实际利率法

7. 追溯调整法的运用步骤包括（　　）。
   A. 计算确定会计政策变更累积影响数
   B. 进行相关的账务处理
   C. 调整财务报表相关项目
   D. 附注说明

8. 对下列交易或事项进行会计处理时，不应调整年初未分配利润的有（　　）。
   A. 对以前年度收入确认差错进行更正
   B. 对不重要的交易或事项采用新的会计政策
   C. 累积影响数无法合理确定的会计政策变更
   D. 因出现相关新技术而变更无形资产的摊销年限

9. 企业当年发生的下列会计事项中，需要调整年初未分配利润的有（　　）。
   A. 长期股权投资的核算由成本法改为权益法
   B. 因租约条件的改变而将经营性租赁改为融资租赁核算
   C. 将坏账准备的计提比例由上期的

10%提高至15%

D. 将发出存货的计价方法由移动加权平均法改为先进先出法

10. 下列有关会计差错的会计处理中,符合现行会计制度规定的有（   ）。

A. 对于当期发生的重要会计差错,调整当期相关项目的金额

B. 对于发现的以前年度影响损益的重要前期差错,应当调整发现当期的期初留存收益

C. 对于比较财务报表期间的重要前期差错,编制比较财务报表时应调整各期间的净损益及其他相关项目

D. 对于年度资产负债表日至财务报告批准报出日发现的报告年度的重要前期差错,作为资产负债表日后调整事项处理

11. 关于会计政策变更的会计处理方法,下列说法中正确的有（   ）。

A. 会计政策变更能够提供更可靠、更相关的会计信息的,应当采用追溯调整法处理,将会计政策变更累积影响数调整列报前期最早期初留存收益,其他相关项目的期初余额和列报前期披露的其他比较数据也应当一并调整,但确定该项会计政策变更累积影响数不切实际的除外

B. 企业根据法律、行政法规或者国家统一的会计制度等要求变更会计政策的,应当按照国家相关会计规定执行

C. 当期期初确定会计政策变更对以前各期累积影响数不切实可行的,应当采用未来适用法处理

D. 会计政策变更一定采用追溯调整法处理

五、判断题

1. 变更固定资产折旧年限时,只影响变更当期和该项资产未来使用期间的折旧费用,而不影响变更前已计提的折旧费用。（   ）

2. 对于会计政策变更,只要能够合理确定其累积影响数,就应当采用追溯调整法进行处理。（   ）

3. 对于企业以前年度存在但本期发现的非重要前期差错,只需调整本期相关项目的发生数。（   ）

4. 会计实务中,如果不能分清会计政策变更和会计估计变更,则应按会计估计变更进行会计处理。（   ）

5. 将持有至到期投资溢折价的摊销方法由直线法改为实际利率法,为会计政策变更。（   ）

6. 因投资目的的改变,将长期股权投资改为可供出售金融资产而改变核算方法,不属于会计政策变更。（   ）

7. 在当期期初确定会计政策变更对以前各期累积影响数不切实可行的,应当采用未来适用法处理。（   ）

8. 企业采用的会计政策,可以根据企业的实际情况随意变更。（   ）

9. 会计估计变更,意味着以前期间的会计估计是错误的。（   ）

10. 在企业财务报表附注中,不需要披露会计政策变更的累积影响数。（   ）

六、核算题

1. 甲公司为增值税一般纳税人,所得税核算采用资产负债表债务法,适用的所得税税率为33%。该公司按净利润的10%提取法定盈余公积。该公司于2006年12月31日前对坏账采用直接转销法核算,从2007年1月1日起改按备抵法核算,按应收账款年末余额的5%计提坏账准备。税法规定,企业计提的坏账准备,准予按应收款项借方余额的5‰税前扣除。该公司2005年未发生坏账,2005年12月31日应收账款余额为400 000元,2006年发生坏账20 000元;2006年12月31日应收账款余额为1 000 000元。

要求:

（1）编制2007年1月1日会计政策变

更累积影响数计算表。

(2) 对该项会计政策变更进行账务处理。

(3) 调整财务报表相关项目的数字。

2. 甲公司所得税核算采用资产负债表债务法，适用的所得税税率为25%。该公司按净利润的10%提取法定盈余公积。该公司于2011年5月15日完成所得税汇算清缴。有关资料如下：

(1) 该公司于2009年1月1日开始计提折旧的一台管理用设备，原值31 000元，预计净残值1 000元，原估计使用年限6年，按平均年限法计提折旧。由于技术因素，2011年1月1日将该设备的预计使用年限由6年改为4年，预计净残值不变。

(2) 该公司2011年6月10日发现2009年度一台管理用设备少提折旧1 000元。

(3) 该公司2011年6月10日发现2010年度漏计了一项无形资产的摊销费用100 000元，但所得税纳税申报中扣除了该项费用，该项业务对财务报表使用者阅读公司财务报告有重大影响。

要求：

(1) 区分上述业务属于会计政策变更、会计估计变更，还是前期差错更正。

(2) 对上述业务区分情况进行相关账务处理。

(3) 调整财务报表相关项目的数字。

第十九章 资产负债表日后事项

第一节 资产负债表日后事项概述

一、资产负债表日后事项的定义

资产负债表日后事项是指资产负债表日至财务报告批准报出日之间发生的有利或不利事项。理解这一定义,需要注意以下方面。

(一) 资产负债表日

资产负债表日是指会计年度末和中期期末。中期是指短于一个完整的会计年度的报告期间,包括半年度、季度和月度。按照《会计法》规定,我国会计年度采用公历年度,即1月1日至12月31日。因此,年度资产负债表日是指每年的12月31日,中期资产负债表日是指各会计中期期末。例如,提供第一季度财务报告时,资产负债表日是该年度的3月31日;提供半年度财务报告时,资产负债表日是该年度的6月30日。

如果母公司或者子公司在国外,无论该母公司或子公司如何确定会计年度和会计中期,其向国内提供的财务报告都应根据我国《会计法》和会计准则的要求确定资产负债表日。

(二) 财务报告批准报出日

财务报告批准报出日是指董事会或类似机构批准财务报告报出的日期,通常是指对财务报告的内容负有法律责任的单位或个人批准财务报告对外公布的日期。

财务报告的批准者包括所有者、所有者中的多数、董事会或类似的管理单位、部门和个人。根据《公司法》规定,董事会有权制定公司的年度财务预算方案、决算方案、利润分配方案和弥补亏损方案,董事会有权批准对外公布财务报告。因此,对于公司制企业而言,财务报告批准报出日是指董事会批准财务报告报出的日期;对于非公司制企业而言,财务报告批准报出日是指经理(厂长)会议或类似机构批准财务报告报出的日期。

(三) 有利事项和不利事项

资产负债表日后事项包括有利和不利事项。有利或不利事项是指资产负债日后事项肯定对企业财务状况和经营成果具有一定影响(既包括有利影响也包括不利影响)。如果某些事项的发生对企业并无任何影响,那么,这些事项既不是有利事项,也不是不利事项,也就不属于这里所说的资产负债表日后事项。

二、资产负债表日后事项涵盖期间

资产负债表日后事项涵盖期间是自资产负债表日次日起至财务报告批准报出日止的

一段时间。对上市公司而言，这一期间内涉及几个日期，包括完成财务报告编制日、注册会计师出具审计报告日、董事会批准财务报告可以对外公布日、实际对外公布日等。具体而言，资产负债表日后事项涵盖的期间应当包括：

（一）资产负债表日后期间

报告期间下一期间的第一天至董事会或类似机构批准财务报告对外公布的日期。资产负债表日后期间的起点，就年度报告而言，以报告年度次年的1月1日（含1月1日，下同）为起点；就中期报告而言，以报告期间下一期的第一天为起点（例如，半年度财务报告涉及的资产负债表日后事项所涵盖的期间，以7月1日为起点）。资产负债表的截止日期为财务报告批准报出日。

（二）再次确定资产负债表日后期间

财务报告批准报出以后、实际报出之前又发生与资产负债表日后事项有关的事项，并由此影响财务报告对外公布日期的，应以董事会或类似机构再次批准财务报告对外公布的日期为截止日期。

如果公司管理层由此修改了财务报表，注册会计师应当根据具体情况实施必要的审计程序，并针对修改后的财务报表出具新的审计报告。

【例19-1】 某上市公司2010年度财务报告于2011年2月20日编制完成，注册会计师完成年度财务报表审计工作并签署审计报告的日期为2011年4月20日，董事会批准财务报告对外公布的日期为2011年4月22日，财务报告实际对外公布的日期为2011年4月25日，股东大会召开日期为2011年5月20日。

根据资产负债表日后事项涵盖期间的规定，本例中，该公司2010年度资产负债表日后事项涵盖的期间为2011年1月1日至2011年4月22日。需要说明的是，董事会批准财务报告可以对外公布的日期至公司实际对外公布的日期之间发生的事项，也属于资产负债表日后事项，按照资产负债表日后事项会计处理的规定处理。如果在4月22—25日之间发生了重大事项，需要调整财务报表相关项目的数字或需要在财务报表附注中披露，经调整或说明后的财务报告再经董事会批准的报出日期为2011年4月28日，实际对外公布的日期为2011年4月30日，则资产负债表日后事项涵盖的期间为2011年1月1日至2011年4月28日。

三、资产负债表日后事项的内容

资产负债表日后事项包括资产负债表日后调整事项和资产负债表日后非调整事项。

（一）资产负债表日后调整事项

资产负债表日后调整事项是指对资产负债表日已经存在的情况提供了新的或进一步证据的事项。

如果资产负债表日及所属会计期间已经存在某种情况，但当时并不知道其存在或者不能知道确切结果，资产负债表日后至财务报告批准报出日之间发生的事项能够证实该情况的存在或者确切结果，则该事项属于资产负债表日后事项中的调整事项。如果资产负债表日后事项对资产负债表日的情况提供了进一步的证据，证据表明的情况与原来的估计和判断不完全一致，则需要对原来的会计处理进行调整。

企业发生的资产负债表日后调整事项，通常包括下列事项：（1）资产负债表日后诉讼案件结案，法院判决证实了企业在资产负债表日已经存在的现时义务，需要调整原先确认的与该诉讼案件相关的预计负债，或确认一项新负债；(2) 资产负债表日后取得确凿证据，表明某项资产在资产负债表日发生了减值或者需要调整该项资产原先确认的减值金额；(3) 资产负债表日后进一步确定了资产负债表日前购入资产的成本或售出资产的收入；(4) 资产负债表日后发现了财务报表舞弊或差错。

【例 19-2】 甲公司因产品质量问题被消费者起诉。2010 年 12 月 31 日法院尚未判决，考虑到消费者胜诉要求甲公司赔偿的可能性较大，甲公司为此确认了 500 000 元的预计负债。2011 年 2 月 20 日，在甲公司 2010 年度财务报告对外报出之前，法院判决消费者胜诉，要求甲公司支付赔偿款 700 000 元。

本例中，甲公司在 2010 年 12 月 31 日结账时已经知道消费者胜诉的可能性较大，但不知道法院判决的确切结果，因此确认了 500 000 元的预计负债。2011 年 2 月 20 日法院判决结果为甲公司预计负债的存在提供了进一步的证据。此时，按照 2010 年 12 月 31 日存在状况编制的财务报表所提供的信息已不能真实反映企业的实际情况，应据此对财务报表相关项目的数字进行调整。

(二) 资产负债表日后非调整事项

资产负债表日后非调整事项是指表明资产负债表日后发生的情况的事项。非调整事项的发生不影响资产负债表日企业的财务报表数字，只说明资产负债表日后发生了某些情况。对于财务报告使用者而言，非调整事项说明的情况有的重要，有的不重要。其中重要的非调整事项虽然不影响资产负债表日的财务报表数字，但可能影响资产负债表日以后的财务状况和经营成果，不加以说明将会影响财务报告使用者作出正确估计和决策，因此需要适当披露。

企业发生的资产负债表日后非调整事项通常包括下列各项：(1) 资产负债表日后发生重大诉讼、仲裁、承诺；(2) 资产负债表日后资产价格、税收政策、外汇汇率发生重大变化；(3) 资产负债表日后因自然灾害导致资产发生重大损失；(4) 资产负债表日后发行股票和债券以及其他巨额举债；(5) 资产负债表日后资本公积转增资本；(6) 资产负债表日后发生巨额亏损；(7) 资产负债表日后发生企业合并或处置子公司。

【例 19-3】 甲公司 2009 年度财务报告于 2010 年 4 月 22 日经董事会批准对外公布。2010 年 2 月 27 日，甲公司与银行签订了 5 000 000 元的贷款合同，用于生产项目的技术改造，贷款期限自 2010 年 3 月 1 日起至 2011 年 12 月 31 日止。

本例中，甲公司向银行贷款的事项发生在 2010 年度，且在公司 2009 年度财务报告尚未批准对外公布的期间内，即该事项发生在资产负债表日后事项所涵盖的期间内。该事项在 2009 年 12 月 31 日尚未发生，与资产负债表日存在的状况无关，不影响资产负债表日企业的财务报表数字。但是，该事项属于重要事项，会影响公司以后期间的财务状况和经营成果，因此，需要在附注中予以披露。

【例 19-4】 甲公司 2010 年 10 月向乙公司出售原材料 2 000 000 元，根据销售合同，乙公司应在收到原材料后 3 个月内付款。至 2010 年 12 月 31 日，乙公司尚未付款。假定甲公司在编制 2010 年度财务报告时有两种情况：(1) 2010 年 12 月 31 日甲公司根据掌握的资料判断，乙公司有可能破产清算，估计该应收账款将有 20% 无法收回，故按 20% 的比例计提坏账准备；2011 年 1 月 20 日，甲公司收到通知，乙公司已被宣告破产清算,甲公司估计有70%的债权无法收回。(2)2010年12月31日乙公司的财务状况良好,甲公司预计应收账款可按时收回;2011年1月20日,乙公司发生重大火灾,导致甲公司50%的应收账款无法收回。

2011年4月22日,甲公司的财务报告经批准对外公布。

本例中,(1)导致甲公司应收账款无法收回的事实是乙公司财务状况恶化,该事实在资产负债表日已经存在,乙公司被宣告破产只是证实了资产负债表日乙公司财务状况恶化的情况,因此,乙公司破产导致甲公司应收款项无法收回的事项属于调整事项。(2)导致甲公司应收账款损失的因素是火灾,火灾是不可预计的,应收账款发生损失这一事实在资产负债表日以后才发生,因此乙公司发生火灾导致甲公司应收款项发生坏账的事项属于非调整事项。

在理解资产负债表日后事项的会计处理时,还需要明确以下两个问题:

第一,确定资产负债表日后某一事项是调整事项还是非调整事项,是对资产负债表日后事项进行会计处理的关键。调整和非调整事项是一个广泛的概念,就事项本身而言,可以有各种各样的性质,只要符合企业会计准则中对这两类事项的判断原则即可。另外,同一性质的事项可能是调整事项,也可能是非调整事项,这取决于该事项表明的情况是在资产负债表日或资产负债表日以前已经存在或发生,还是在资产负债表日后才发生的。

第二,企业会计准则以列举的方式说明了资产负债表日后事项中,哪些属于调整事项,哪些属于非调整事项,但并没有列举详尽。实务中,会计人员应按照资产负债表日后事项的判断原则,确定资产负债表日后发生的事项中哪些属于调整事项,哪些属于非调整事项。

(三)资产负债表日后调整事项与非调整事项的区别

资产负债表日后发生的某一事项是调整事项还是非调整事项,取决于该事项表明的情况在资产负债表日或资产负债表日以前是否已经存在。若该情况在资产负债表日或之前已经存在,则属于调整事项;反之,则属于非调整事项。

第二节 资产负债表日后调整事项的会计处理

一、资产负债表日后调整事项的处理原则

企业发生的资产负债表日后调整事项,应当调整资产负债表日的财务报表。对于年度财务报告而言,由于资产负债表日后事项发生在报告年度次年,报告年度的有关账目已经结转,特别是损益类科目在结账后已无余额。因此,年度资产负债表日后发生的调整事项,应具体分别以下情况进行处理。

(一)涉及损益的事项

涉及损益的调整事项,通过"以前年度损益调整"科目核算。调整增加以前年度利润或调整减少以前年度亏损的事项,记入"以前年度损益调整"科目的贷方;调整减少以前年度收益或调整增加以前年度亏损的事项,记入"以前年度损益调整"科目的借方。

涉及损益的调整事项,如果发生在该企业资产负债表日所属年度(即报告年度)所

得税汇算清缴前的，应当调整报告年度应纳税所得额、应纳所得税税额；发生在该企业报告年度所得税汇算清缴后的，应调整本年度（即报告年度的次年）应纳税所得额、应纳所得税税额。

由于以前年度损益调整增加的所得税费用，记入"以前年度损益调整"科目的借方，同时贷记"应交税费——应交所得税"、"递延所得税负债"等科目；由于以前年度损益调整减少的所得税费用，记入"以前年度损益调整"科目的贷方，同时借记"应交税费——应交所得税"、"递延所得税资产"等科目。

调整完成后，将"以前年度损益调整"科目的余额转入"利润分配——未分配利润"科目。"以前年度损益调整"科目如为贷方余额，借记"以前年度损益调整"科目，贷记"利润分配——未分配利润"科目；如为借方余额作相反的会计分录。"以前年度损益调整"科目结转后应无余额。

（二）涉及利润分配调整的事项

涉及利润分配调整的事项，直接在"利润分配——未分配利润"科目核算。

（三）不涉及损益及利润分配的事项

不涉及损益及利润分配的事项，调整相关科目。

（四）调整财务报表相关项目的数字

通过上述财务处理后，还应当同时调整财务报表相关项目的数字，包括：（1）资产负债表日编制的财务报表相关项目的期末数或本年发生数；（2）当期编制的财务报表相关项目的期初数或上年数；（3）经过上述调整后，如果涉及财务报表附注内容的，还应当作出相应调整。

二、资产负债表日后调整事项的具体会计处理

为简化处理，如无特殊说明，本章的例题均假定如下：财务报告批准报出日是次年4月22日，所得税税率为25%，按净利润的10%提取法定盈余公积，提取法定盈余公积后不再作其他分配；调整事项按税法规定均可调整应缴纳的所得税，涉及递延所得税资产的，均假定未来期间很可能取得用来抵扣暂时性差异的应纳税所得额；不考虑报表附注中有关现金流量表项目的数字；所得税采用资产负债表债务法核算。

（一）资产负债表日后诉讼案件结案事项

资产负债表日后诉讼案件结案，法院判决证实了企业在资产负债表日已经存在现时义务，需要调整原先确认的与该诉讼案件相关的预计负债，或确认一项新负债。

资产负债表日后诉讼案件结案事项是指导致诉讼的事项在资产负债表日已经发生，但尚不具备确认负债的条件而未确认。资产负债表日后至财务报告批准报出日之间获得了新的或进一步的证据（法院判决结果），表明符合负债的确认条件，因此应在财务报告中确认为一项新负债；或者在资产负债表日虽已确认，但需要根据判决结果调整已确认负债的金额。

【例 19-5】 甲公司与乙公司签订一项销售合同，合同中订明甲公司在 2010 年 10 月向乙公司销售一批货物。由于甲公司未能按照合同发货，致使乙公司发生重大经济损失。2010 年 12 月乙公司将甲公司告上法庭，要求甲公司赔偿经济损失 540 000 元。该诉讼案件在 2010 年 12 月 31 日尚未判决，甲公司按或有事项准则对该诉讼事项确认预计负债 300 000 元，并反映在 12 月 31 日的财务报表中。2011 年 3 月 8 日，经法院一审

判决，甲公司应赔偿乙公司经济损失 520 000 元，甲、乙双方均服从判决，不再上诉。判决当日，甲公司向乙公司支付赔偿款 520 000 元。甲、乙两公司 2010 年所得税汇算清缴在 2011 年 5 月 15 日完成。税法规定，预计负债产生的损失不允许在预计时税前抵扣，只在损失实际发生时，才允许税前抵扣。

分析： 本例中，2011 年 3 月 8 日的判决证实了甲、乙两公司在资产负债表日（即 2010 年 12 月 31 日）分别存在现时赔偿义务和获赔权利，因此两公司都应将"法院判决"这一事项作为调整事项进行处理。甲公司和乙公司 2010 年所得税汇算清缴均在 2011 年 5 月 15 日完成，因此，应根据法院判决结果调整报告年度应纳税所得额和应纳所得税税额。

1. 根据上述资料，甲公司账务处理如下：
(1) 记录支付的赔款时：
①结转预计负债时：
借：预计负债   300 000
    贷：其他应付款   300 000
②调整营业外支出时：
借：以前年度损益调整   220 000
    贷：其他应付款   220 000
③支付赔偿款时：
借：其他应付款   520 000
    贷：银行存款   520 000

注：资产负债表日后发生的调整事项如涉及现金收支项目的，均不调整报告年度资产负债表的货币资金项目和现金流量表正表各项目数字。本例中，虽然已支付了赔偿款，但在调整财务报表相关项目数字时，只需要调整上述第一、第二笔分录，不需要调整第三笔分录，第三笔分录作为 2011 年的会计事项处理。

(2) 调整应交所得税和所得税费用时：
借：应交税费——应交所得税 [(300 000+220 000)×25%]   130 000
    贷：以前年度损益调整   130 000
(3) 冲减递延所得税资产，调整所得税费用时：
借：以前年度损益调整   75 000
    贷：递延所得税资产（300 000×25%）   75 000

注：2010 年年末因确认预计负债 300 000 元时已确认相应的递延所得税资产，资产负债表日后事项发生后结平预计负债导致递延所得税资产不复存在，故应冲销相应记录。

(4) 将"以前年度损益调整"科目的余额转入未分配利润时：
借：利润分配——未分配利润   165 000
    贷：以前年度损益调整（220 000-130 000+75 000）   165 000
(5) 调减盈余公积时：
借：盈余公积   16 500
    贷：利润分配——未分配利润（165 000×10%）   16 500
(6) 调整报告年度财务报表相关项目的数字时：
①调整资产负债表相关项目的年末数（见表 19-1）：

表 19-1　　　　　　　　　　　资产负债表（局部）
编制单位：甲公司　　　　　2010 年 12 月 31 日　　　　　　　　　金额单位：元

资产	年末数		
	调整前	调增（减）	调整后
……	……	—	……
递延所得税资产	……	－75 000	……
……	……	—	……
资产总计	……	－75 000	……
……	……	—	……
应交税费	……	－130 000	……
其他应付款	……	520 000	……
预计负债	……	－300 000	……
……	……	—	……
盈余公积	……	－16 500	……
未分配利润	……	－148 500	……
负债和所有者权益总计	……	－75 000	……

②调整利润表相关项目的本年金额（见表 19-2）：

表 19-2　　　　　　　　　　　利润表（局部）
编制单位：甲公司　　　　　　　2010 年度　　　　　　　　　　金额单位：元

项目	本年金额		
	调整前	调增（减）	调整后
……	……	—	……
二、营业利润（亏损以"－"号列示）	……	—	……
……	……	—	……
减：营业外支出	……	220 000	……
三、利润总额（亏损以"－"号列示）	……	－220 000	……
减：所得税费用	……	－55 000	……
四、净利润（亏损以"－"号列示）	……	－165 000	……

③调整所有者权益变动表相关项目的本年金额（见表 19-3）：

表 19-3　　　　　　　　　所有者权益变动表（局部）
编制单位：甲公司　　　　　　　2010 年度　　　　　　　　　　金额单位：元

项目	本年金额					
	盈余公积			未分配利润		
	调整前	调增（减）	调整后	调整前	调增（减）	调整后
……	……	—	……	……	—	……
三、本年增减变动金额（减少以"－"号列示）	……	－16 500	……	……	－148 500	……
（一）净利润	……	—	……	……	－165 000	……
……	……	—	……	……	—	……
（四）利润分配	……	－16 500	……	……	16 500	……
1. 提取盈余公积	……	－16 500	……	……	16 500	……
……	……	—	……	……	—	……
四、本年年末余额	……	－16 500	……	……	－148 500	……

2. 根据上述资料，乙公司账务处理如下：
(1) 记录收到的赔款时：
①调整营业外收入时：
　　借：其他应收款　　　　　　　　　　　　　　　　　　　　520 000
　　　　贷：以前年度损益调整　　　　　　　　　　　　　　　　　　520 000
②收到赔偿款时：
　　借：银行存款　　　　　　　　　　　　　　　　　　　　　520 000
　　　　贷：其他应收款　　　　　　　　　　　　　　　　　　　　　520 000

注：资产负债表日后发生的调整事项如涉及现金收支项目的，均不调整报告年度资产负债表的货币资金项目和现金流量表正表各项目数字。本例中，虽然收到了赔偿款并存入银行，但在调整财务报表相关项目数字时，只需要调整上述第一笔分录，不需要调整第二笔分录，第二笔分录作为2011年的会计事项处理。

(2) 调整应交所得税和所得税费用时：
　　借：以前年度损益调整　　　　　　　　　　　　　　　　　130 000
　　　　贷：应交税费——应交所得税　　　　　　　　　　　　　　　130 000
(3) 将"以前年度损益调整"科目的余额转入未分配利润时：
　　借：以前年度损益调整　　　　　　　　　　　　　　　　　390 000
　　　　贷：利润分配——未分配利润（520 000－130 000）　　　　390 000
(4) 补提盈余公积时：
　　借：利润分配——未分配利润　　　　　　　　　　　　　　39 000
　　　　贷：盈余公积　　　　　　　　　　　　　　　　　　　　　　39 000
(5) 调整报告年度财务报表相关项目的数字时：
①调整资产负债表相关项目的年末数（见表19-4）：

表 19-4　　　　　　　　　　　　资产负债表（局部）
编制单位：乙公司　　　　　　　　2010年12月31日　　　　　　　　　　金额单位：元

资产	年末数		
	调整前	调增（减）	调整后
……	……	—	……
其他应收款	……	520 000	……
……	……	—	……
资产总计	……	520 000	……
……	……	—	……
应交税费	……	130 000	……
……	……	—	……
盈余公积	……	39 000	……
未分配利润	……	351 000	……
负债和所有者权益总计	……	520 000	……

②调整利润表相关项目的本年金额（见表19-5）。

表 19-5　　　　　　　　　　　利润表（局部）
编制单位：乙公司　　　　　　　2010 年度　　　　　　　　　　　　　金额单位：元

项目	本年金额 调整前	本年金额 调增（减）	本年金额 调整后
……	……	—	……
二、营业利润（亏损以"—"号列示）	……	—	……
……	……	—	……
加：营业外收入	……	520 000	……
三、利润总额（亏损以"—"号列示）	……	520 000	……
减：所得税费用	……	130 000	……
四、净利润（亏损以"—"号列示）	……	390 000	……

③调整所有者权益变动表相关项目的本年金额（见表 19-6）：

表 19-6　　　　　　　　　所有者权益变动表（局部）
编制单位：乙公司　　　　　　　2010 年度　　　　　　　　　　　　　金额单位：元

项目	盈余公积 调整前	盈余公积 调增（减）	盈余公积 调整后	未分配利润 调整前	未分配利润 调增（减）	未分配利润 调整后
……	……	—	……	……	—	……
三、本年增减变动金额（减少以"—"号列示）	……	39 000	……	……	351 000	……
（一）净利润	……	—	……	……	390 000	……
……	……	—	……	……	—	……
（四）利润分配	……	39 000	……	……	−39 000	……
1. 提取盈余公积	……	39 000	……	……	−39 000	……
……	……	—	……	……	—	……
四、本年年末余额	……	39 000	……	……	351 000	……

（二）资产负债表日后资产减值事项

资产负债表日后资产减值是指在资产负债表日，根据当时的资料判断某项资产可能发生了损失或减值，但没有最后确定是否会发生，因而按照当时最佳估计金额反映在财务报表中；但在资产负债表日至财务报告批准报出日之间，所取得的确凿证据能证明该事实成立，即某项资产已经发生了损失或减值，则应对资产负债表日所作的估计予以修正。

【例 19-6】　甲公司于 2010 年 9 月销售给乙公司一批产品，含税货款 585 000 元。乙公司于 10 月份收到所购货物并验收入库。按照合同规定，乙公司应于收到所购货物后一个月内付款。由于乙公司财务困难，到 2010 年 12 月 31 日仍未付款。甲公司考虑因乙公司财务困难近期内难以偿还债务，于 2010 年 12 月 31 日对该项应收账款按 10% 的比例提取坏账准备，为 58 500 元。12 月 31 日该项"应收账款"科目的余额为 585 000 元，"坏账准备"科目的余额为 58 500 元，该项应收账款已按 526 500 元列示于资产负债表"应收账款"项目中。甲公司于 2011 年 3 月 6 日收到法院通知，乙公司已宣告破产清算，无力偿还所欠部分货款。甲公司预计可收回应收账款的 50%。于 2011 年 5 月 15 日完成 2010 年所得税汇算清缴，甲公司预计今后 3 年内有足够的应纳税所得额用以抵扣可抵扣暂时性差异。

根据上述资料，甲公司账务处理如下：

本例中，根据资产负债表日后事项中的调整事项和非调整事项的判断原则，甲公司在2011年3月6日收到法院通知后，首先可判断该事项属于资产负债表日后调整事项，并根据调整事项的处理原则和方法进行处理。

(1) 补提坏账准备，调整资产减值损失时：

借：以前年度损益调整　　　　　　　　　　　　　　　　　　　234 000
　　贷：坏账准备 [585 000×(1－50%－10%)]　　　　　　　　　　234 000

(2) 确认递延所得税资产，调整所得税费用时：

借：递延所得税资产　　　　　　　　　　　　　　　　　　　　58 500
　　贷：以前年度损益调整　　　　　　　　　　　　　　　　　　58 500

注：按照税法规定，如有证据表明资产已发生永久性或实质性损害时，允许在所得税前抵扣；经税务机关批准在应收款项借方余额5‰的范围内计提的坏账准备可以在税前扣除。调整后应收账款的账面价值为292 500元，计税基础为582 075元（585 000－585 000×5‰），产生可抵扣暂时性差异289 575元；由于在年末计提坏账准备时已确认可抵扣暂时性差异55 575元（585 000×10%－585 000×5‰），故资产负债表日后期间要确认可抵扣暂时性差异234 000元（289 575－55 575），相应确认递延所得税资产58 500元（234 000×25%）。

(3) 将"以前年度损益调整"科目的余额转入未分配利润时：

借：利润分配——未分配利润　　　　　　　　　　　　　　　　175 500
　　贷：以前年度损益调整（234 000－58 500）　　　　　　　　　175 500

(4) 调减盈余公积时：

借：盈余公积（175 500×10%）　　　　　　　　　　　　　　　17 550
　　贷：利润分配——未分配利润　　　　　　　　　　　　　　　17 550

(5) 调整报告年度财务报表相关项目的数字时：

①调整资产负债表相关项目的年末数（见表19-7）：

表19-7　　　　　　　　　　资产负债表（局部）

编制单位：甲公司　　　　2010年12月31日　　　　　　　　金额单位：元

资产	年末数		
	调整前	调增（减）	调整后
……	……	—	……
应收账款	……	－234 000	……
递延所得税资产	……	58 500	……
……	……	—	……
资产总计	……	－175 500	……
负债和所有者权益	年末数		
	调整前	调增（减）	调整后
……	……	—	……
盈余公积	……	－17 550	……
未分配利润	……	－157 950	……
负债和所有者权益总计	……	－175 500	……

② 调整利润表相关项目的本年金额（见表19-8）：

表19-8　　　　　　　　利润表（局部）

编制单位：甲公司　　　　　　2010年度　　　　　　　　　　金额单位：元

项目	本年金额 调整前	本年金额 调增（减）	本年金额 调整后
……	……	—	……
减：资产减值损失	……	234 000	……
二、营业利润（亏损以"—"号列示）	……	−234 000	……
……	……	—	……
三、利润总额（亏损以"—"号列示）	……	−234 000	……
减：所得税费用	……	−58 500	……
四、净利润（亏损以"—"号列示）	……	−175 500	……

③ 调整所有者权益变动表相关项目的本年金额（见表19-9）：

表19-9　　　　　　所有者权益变动表（局部）

编制单位：甲公司　　　　　　2010年度　　　　　　　　　　金额单位：元

项目	盈余公积 调整前	盈余公积 调增（减）	盈余公积 调整后	未分配利润 调整前	未分配利润 调增（减）	未分配利润 调整后
……	……	—	……	……	—	……
三、本年增减变动金额（减少以"—"号列示）	……	−17 550	……	……	−157 950	……
（一）净利润	……	—	……	……	−175 500	……
……	……	—	……	……	—	……
（四）利润分配	……	−17 550	……	……	17 550	……
1. 提取盈余公积	……	−17 550	……	……	17 550	……
……	……	—	……	……	—	……
四、本年年末余额	……	−17 550	……	……	−157 950	……

（三）资产负债表日后进一步确定购入资产的成本或售出资产的收入事项

1. 在资产负债表日后进一步确定资产的成本事项

在资产负债表日前购进的资产已经按暂估金额等入账，资产负债表日后获得证据，可以进一步确定资产的成本，则应对已入账的资产成本进行调整。

【例19-7】 甲公司2010年9月新建的一栋办公楼达到预定可使用状态，转入固定资产价值19 000 000元。2011年2月5日竣工结算，办公楼价值为20 080 000元。假设该办公楼预计使用年限为30年，预计净残值为零。甲公司2011年5月15日完成2010年所得税汇算清缴。

根据上述资料，甲公司账务处理如下：

甲公司于2011年2月5日办理竣工决算进一步确定了资产的成本，属于资产负债表日后调整事项，应根据调整事项的处理原则和方法进行处理。

(1) 调整固定资产账面价值时：

借：固定资产（20 080 000−19 000 000）　　　　　　　　　　1 080 000

贷：应付账款 1 080 000
(2) 补提折旧，调整管理费用时：
借：以前年度损益调整 9 000
贷：累计折旧（1 080 000÷30÷12×3） 9 000
(3) 调整应交所得税和所得税费用时：
借：应交税费——应交所得税 2 250
贷：以前年度损益调整（9 000×25%） 2 250
(4) 将"以前年度损益调整"科目的余额转入未分配利润时：
借：利润分配——未分配利润 6 750
贷：以前年度损益调整 6 750
(5) 调减盈余公积时：
借：盈余公积（6 750×10%） 675
贷：利润分配——未分配利润 675
(6) 调整报告年度财务报表相关项目的数字时：
①调整资产负债表相关项目的年末数（见表19-10）：

表 19-10　　　　　　　　　　资产负债表（局部）
编制单位：甲公司　　　　　　2010年12月31日　　　　　　金额单位：元

资产	年末数		
	调整前	调增（减）	调整后
……	……	—	……
固定资产	……	1 071 000	……
……	……	—	……
资产总计	……	1 071 000	……
负债和所有者权益	年末数		
	调整前	调增（减）	调整后
……	……	—	……
应付账款	……	1 080 000	……
应交税费	……	−2 250	……
盈余公积	……	−675	……
未分配利润	……	−6 075	……
负债和所有者权益总计	……	1 071 000	……

②调整利润表相关项目的本年金额（见表19-11）：

表 19-11　　　　　　　　　　利润表（局部）
编制单位：甲公司　　　　　　2010年度　　　　　　　　金额单位：元

项目	本年金额		
	调整前	调增（减）	调整后
……	……	—	……
减：管理费用	……	9 000	……
二、营业利润（亏损以"−"号列示）	……	−9 000	……
……	……	—	……
三、利润总额（亏损以"−"号列示）	……	−9 000	……
减：所得税费用	……	−2 250	……
四、净利润（亏损以"−"号列示）	……	−6 750	……

③调整所有者权益变动表相关项目的本年金额（见表19-12）：

表 19-12　　　　　　　　　　所有者权益变动表（局部）
编制单位：甲公司　　　　　　　2010 年度　　　　　　　　　　　　金额单位：元

项目	盈余公积 调整前	盈余公积 调增（减）	盈余公积 调整后	未分配利润 调整前	未分配利润 调增（减）	未分配利润 调整后
……	……	—	……	……	—	……
三、本年增减变动金额（减少以"—"号列示）	……	−675	……	……	−6 075	……
（一）净利润	……	……	……	……	−6 750	……
……	……	……	……	……	……	……
（四）利润分配	……	−675	……	……	675	……
1. 提取盈余公积	……	−675	……	……	675	……
……	……	……	……	……	……	……
四、本年年末余额	……	−675	……	……	−6 075	……

2. 资产负债表所属期间或以前期间所售商品的退回事项

企业在资产负债表日已根据收入确认条件，确认资产销售收入并结转了相关成本，即在资产负债表日企业已确认了销售，并在财务报表上予以反映，但在资产负债表日后至财务报告批准报出日之间获得关于资产收入的进一步证据，如发生销售退回等，此时也应调整财务报表相关项目的金额。

需要说明的是，资产负债表日后发生的销售退回，既包括报告年度或报告中期销售的商品在资产负债表日后发生的销售退回，也包括以前期间销售的商品在资产负债表日后发生的销售退回。

资产负债表所属期间或以前期间所售商品在资产负债表日后退回的，应作为资产负债表日后调整事项处理。发生于资产负债表日后至财务报告批准报出日之间的销售退回事项，可能发生于该企业年度所得税汇算清缴之前，也可能发生于该企业年度所得税汇算清缴之后，其账务处理如下：

（1）资产负债表日后事项中涉及报告年度所属期间的销售退回发生于报告年度所得税汇算清缴之前的，应调整报告年度利润表的收入、成本等，并相应调整报告年度的应纳税所得额以及报告年度应交所得税额等。

【例 19-8】 甲公司为增值税一般纳税人，其产品适用的增值税税率为 17%，2010年12月15日销售一批商品给丙公司，取得不含税收入 1 000 000 元，甲公司发出商品后，按照正常情况已确认收入，并结转成本 800 000 元，该笔货款至当年12月31日尚未收到。2010年12月20日接到丙公司通知，丙公司在验收货物时，发现该批产品存在严重的质量问题需要退货。甲公司在12月31日编制资产负债表时，按应收账款年末余额的 5% 计提坏账准备 58 500 元，按 1 111 500 元（1 170 000−58 500）列示于资产负债表的"应收账款"项目内。2011年1月15日,由于产品质量问题,本批货物被退回。按税法规定,经税务机关批准在应收款项余额5‰的范围内计提的坏账准备可以在税前扣除,本年度除应收丙公司账款计提的坏账准备外,无其他纳税调整事项。甲公司2011年5月15日完成2010年所得税汇算清缴。

根据上述资料,甲公司账务处理如下:

甲公司于2011年1月15日发生2010年12月15日销售的商品被退回事项,根据资产负债表日后事项中的调整事项和非调整事项的判断标准,判断该事项属于调整事项,并根据调整事项的处理原则和方法进行处理。

(1) 调减主营业务收入时:

借:以前年度损益调整 1 000 000
　　应交税费——应交增值税(销项税额) 170 000
　贷:应收账款 1 170 000

(2) 调减主营业务成本时:

借:库存商品 800 000
　贷:以前年度损益调整 800 000

(3) 调减坏账准备和资产减值损失时:

借:坏账准备(1 170 000×5‰) 58 500
　贷:以前年度损益调整 58 500

(4) 调整原已确认的递延所得税资产和所得税费用时:

借:以前年度损益调整 13 163
　贷:递延所得税资产 13 163

注:原应收账款的账面价值为1 111 500元(1 170 000－1 170 000×5‰),计税基础为1 164 150元(1 170 000－1 170 000×5‰),产生可抵扣暂时性差异52 650元,按25%的税率计算,原已确认递延所得税资产13 163元,现将其冲回。

(5) 调整应交所得税和所得税费用时:

借:应交税费——应交所得税 48 538
　　[(1 000 000－800 000－1 170 000×5‰)×25%]
　贷:以前年度损益调整 48 538

(6) 将"以前年度损益调整"科目的余额转入未分配利润时:

借:利润分配——未分配利润 106 125
　贷:以前年度损益调整 106 125
　　(1 000 000－800 000－58 500＋13 163－48 538)

(7) 调减盈余公积时:

借:盈余公积(106 125×10%) 10 613
　贷:利润分配——未分配利润 10 613

(8) 调整报告年度财务报表相关项目的数字时:

①调整资产负债表相关项目的年末数(见表19-13):

表 19-13　　　　　　　　　　　　　资产负债表（局部）

编制单位：甲公司　　　　　　　2010 年 12 月 31 日　　　　　　　　　　金额单位：元

资产	年末数		
	调整前	调增（减）	调整后
……	……	—	……
应收账款	……	−1 111 500	……
存货		800 000	
递延所得税资产		−13 163	
……	……	—	……
资产总计	……	−324 663	……

负债和所有者权益	年末数		
	调整前	调增（减）	调整后
……	……	—	……
应交税费		−218 538	
……			
盈余公积		−10 613	
未分配利润		−95 512	
负债和所有者权益总计	……	−324 663	……

②调整利润表相关项目的本年金额（见表 19-14）：

表 19-14　　　　　　　　　　　　　利润表（局部）

编制单位：甲公司　　　　　　　　2010 年度　　　　　　　　　　　金额单位：元

项目	本年金额		
	调整前	调增（减）	调整后
一、营业收入	……	−1 000 000	……
减：营业成本	……	−800 000	……
……	……	—	……
资产减值损失	……	−58 500	……
二、营业利润（亏损以"−"号列示）	……	−141 500	……
……		—	
三、利润总额（亏损以"−"号列示）	……	−141 500	……
减：所得税费用	……	−35 375	……
四、净利润（亏损以"−"号列示）	……	−106 125	……

③调整所有者权益变动表相关项目的本年金额（见表 19-15）：

表 19-15　　　　　　　　　　　所有者权益变动表（局部）

编制单位：甲公司　　　　　　　　2010 年度　　　　　　　　　　金额单位：元

项目	本年金额						
	盈余公积			未分配利润		
	调整前	调增（减）	调整后	调整前	调增（减）	调整后
……	……	—	……	……	—	……
三、本年增减变动金额（减少以"−"号列示）	……	−10 613	……	……	−95 512	……
（一）净利润	……	—	……	……	−106 125	……
……	……	—	……	……	—	……
（四）利润分配	……	−10 613	……	……	10 613	……
1. 提取盈余公积	……	−10 613	……	……	10 613	……
……	……	—	……	……	—	……
四、本年年末余额	……	−10 613	……	……	−95 512	……

(2) 资产负债表日后事项中涉及报告年度所属期间的销售退回发生于该企业报告年度所得税汇算清缴之后的,应调整报告年度利润表的收入、成本等,但按照税法规定在此期间的销售退回所涉及的应交所得税,应作为本年度的纳税调整事项。

【例19-9】 沿用例19-8。假定2011年4月15日,由于产品质量问题,甲公司该批货物被退回,但2011年4月10日已完成了2010年所得税汇算清缴。

根据上述资料,甲公司账务处理如下:

由于销售退回发生在资产负债表日后期间,且发生在报告年度汇算清缴所得税之后,2010年多交所得税48 538元[(1 000 000－800 000－1 170 000×5‰)×25%],只能在2011年所得税申报时抵扣,因此应计入递延所得税资产。

确认当期递延所得税资产和所得税费用时:

借:递延所得税资产　　　　　　　　　　　　　　　　　　　　　48 538
　　贷:以前年度损益调整　　　　　　　　　　　　　　　　　　　　　48 538

根据上述分录,参照例19-8调整报告年度财务报表相关项目的数字(略)。

(四) 资产负债表日后发现财务报表舞弊或差错事项

资产负债表日后发现财务报表舞弊或差错是指在资产负债表日后期间发现报告期或以前期间存在的财务舞弊或差错。企业发生这一事项后,应当将其作为资产负债表日后调整事项,调整报告期间的财务报告相关项目的数字。一般来说,财务舞弊均是重要事项,但发生的差错,可能是重要差错,也可能是非重要差错。

【例19-10】 甲公司于2011年3月5日,发现2010年3月管理用固定资产漏提折旧3 000 000元(属于重要前期差错)。甲公司2010年度所得税申报在2011年5月15日完成。

根据上述资料,甲公司账务处理如下:

2011年3月5日,发现报告期间2010年漏提管理用固定资产折旧3 000 000元,为重要前期差错,属于资产负债表日后调整事项,应调整报告期2010年财务报表的相关项目。

(1) 补提折旧,调整管理费用时:

借:以前年度损益调整　　　　　　　　　　　　　　　　　　　3 000 000
　　贷:累计折旧　　　　　　　　　　　　　　　　　　　　　　　3 000 000

(2) 调整应交所得税和所得税费用时:

借:应交税费——应交所得税(3 000 000×25%)　　　　　　　　750 000
　　贷:以前年度损益调整　　　　　　　　　　　　　　　　　　　　750 000

注:报告年度的折旧在汇算清缴前补提,可在报告年度税前抵扣。

(3) 将"以前年度损益调整"科目的余额转入未分配利润时:

借:利润分配——未分配利润　　　　　　　　　　　　　　　　2 250 000
　　贷:以前年度损益调整　　　　　　　　　　　　　　　　　　　2 250 000

(4) 调减盈余公积时:

借:盈余公积(2 250 000×10%)　　　　　　　　　　　　　　　　225 000
　　贷:利润分配——未分配利润　　　　　　　　　　　　　　　　　225 000

(5) 调整报告年度财务报表相关项目的数字时:

①调整资产负债表相关项目的年末数(见表19-16):

表 19-16　　　　　　　　　　　　　　资产负债表（局部）

编制单位：甲公司　　　　　　　　2010 年 12 月 31 日　　　　　　　　　金额单位：元

资产	年末数		
	调整前	调增（减）	调整后
……	……	—	……
固定资产	……	−3 000 000	……
……	……		……
资产总计	……	−3 000 000	……

负债和所有者权益	年末数		
	调整前	调增（减）	调整后
……	……	—	……
应交税费	……	−750 000	……
……	……		……
盈余公积	……	−225 000	……
未分配利润	……	−2 025 000	……
负债和所有者权益总计	……	−3 000 000	……

②调整利润表相关项目的本年金额（见表 19-17）：

表 19-17　　　　　　　　　　　　　　利润表（局部）

编制单位：甲公司　　　　　　　　　2010 年度　　　　　　　　　　金额单位：元

项目	本年金额		
	调整前	调增（减）	调整后
……	……	—	……
减：管理费用	……	3 000 000	……
二、营业利润（亏损以"−"号列示）	……	−3 000 000	……
……	……	—	……
三、利润总额（亏损以"−"号列示）	……	−3 000 000	……
减：所得税费用	……	−750 000	……
四、净利润（亏损以"−"号列示）	……	−2 250 000	……

③调整所有者权益变动表相关项目的本年金额（见表 19-18）：

表 19-18　　　　　　　　　　　　所有者权益变动表（局部）

编制单位：甲公司　　　　　　　　　2010 年度　　　　　　　　　　金额单位：元

项目	本年金额					
	盈余公积			未分配利润		
	调整前	调增（减）	调整后	调整前	调增（减）	调整后
……	……	—	……	……	—	……
三、本年增减变动金额（减少以"−"号列示）	……	−225 000	……	……	−2 025 000	……
（一）净利润	……		……	……	−2 250 000	……
（四）利润分配	……	−225 000	……	……	225 000	……
1. 提取盈余公积	……	−225 000	……	……	225 000	……
……	……	—	……	……	—	……
四、本年年末余额	……	−225 000	……	……	−2 025 000	……

【例19-11】 甲公司于2011年3月5日，发现2009年3月管理用固定资产漏提折旧3 000 000元（属于重要前期差错）。甲公司2010年度所得税申报在2011年5月15日完成。

根据上述资料，甲公司账务处理如下：

2011年3月5日，发现报告期以前期间2009年漏提管理用固定资产折旧3 000 000元，为重要前期差错，属于资产负债表日后调整事项，应调整报告期财务报表上年的相关项目。

(1) 补提折旧，调整管理费用时：

借：以前年度损益调整　　　　　　　　　　　　　　　　　3 000 000
　　贷：累计折旧　　　　　　　　　　　　　　　　　　　　　　3 000 000

(2) 将"以前年度损益调整"科目的余额转入未分配利润时：

借：利润分配——未分配利润　　　　　　　　　　　　　　3 000 000
　　贷：以前年度损益调整　　　　　　　　　　　　　　　　　　3 000 000

注：报告年度以前期间未计提的折旧不得向以后期间结转，即不得在报告年度税前抵扣。补提折旧后固定资产的账面价值与其计税基础一致，不存在暂时性差异。

(3) 调减盈余公积时：

借：盈余公积（3 000 000×10%）　　　　　　　　　　　　　300 000
　　贷：利润分配——未分配利润　　　　　　　　　　　　　　　300 000

(4) 调整报告年度财务报表相关项目的数字时：

①调整资产负债表相关项目的年初数和年末数（见表19-19）：

表19-19　　　　　　　　　　资产负债表（局部）
编制单位：甲公司　　　　　2010年12月31日　　　　　　　金额单位：元

资产	年末数			年初数		
	调整前	调增（减）	调整后	调整前	调增（减）	调整后
……	……	—	……	……	—	……
固定资产	……	－3 000 000	……	……	－3 000 000	……
资产总计	……	－3 000 000	……	……	－3 000 000	……
负债和所有者权益	年末数			年初数		
	调整前	调增（减）	调整后	调整前	调增（减）	调整后
……	……	—	……	……	—	……
盈余公积	……	－300 000	……	……	－300 000	……
未分配利润	……	－2 700 000	……	……	－2 700 000	……
负债和所有者权益总计	……	－3 000 000	……	……	－3 000 000	……

②调整利润表相关项目的上年金额（见表19-20）。

表 19-20　　　　　　　　　　　　　利润表（局部）
编制单位：甲公司　　　　　　　　　　2010年度　　　　　　　　　　　　金额单位：元

项目	上年金额		
	调整前	调增（减）	调整后
……	……	—	……
减：管理费用	……	3 000 000	……
二、营业利润（亏损以"—"号列示）	……	−3 000 000	……
……	……	—	……
三、利润总额（亏损以"—"号列示）	……	−3 000 000	……
减：所得税费用	……	0	……
四、净利润（亏损以"—"号列示）	……	−3 000 000	……

③调整所有者权益变动表相关项目的本年金额和上年金额（见表19-21）：

表 19-21　　　　　　　　　　　所有者权益变动表（局部）
编制单位：甲公司　　　　　　　　　　2010年度　　　　　　　　　　　　金额单位：元

项目	本年金额						上年金额					
	盈余公积			未分配利润			盈余公积			未分配利润		
	调整前	调增（减）	调整后	调整前	调增（减）	调整后	调整前	调增（减）	调整后	调整前	调增（减）	调整后
一、上年年末余额	……	—	……	……	—	……	……	……	……	……	……	……
加：会计政策变更												
前期差错更正		−300 000	……		−2 700 000	……						
二、本年年初余额		−300 000	……		−2 700 000	……						
三、本年增减变动金额（减少以"—"号填列）	……	—	……	……	—	……	……	−300 000	……	……	−2 700 000	……
（一）净利润	……	—	……	……	—	……	……	—	……	……	−3 000 000	……
……	……	—	……	……	—	……	……	—	……	……	—	……
（四）利润分配	……	—	……	……	—	……	……	−300 000	……	……	300 000	……
1. 提取盈余公积	……	—	……	……	—	……	……	−300 000	……	……	300 000	……
……	……		……	……		……	……		……	……		……
四、本年年末余额	……	−300 000	……	……	−2 700 000	……	……	−300 000	……	……	−2 700 000	……

第三节　资产负债表日后非调整事项的会计处理

一、资产负债表日后非调整事项的处理原则

资产负债表日后发生的非调整事项，是表明资产负债表日后发生的情况的事项，与资产负债表日存在状况无关，不应当调整资产负债表日的财务报表。但有的非调整事项

对财务报告使用者具有重大影响，如不加以说明，将不利于财务报告使用者作出正确估计和决策，因此，应在财务报表附注中加以披露。

二、资产负债表日后非调整事项的具体会计处理

资产负债表日后发生的非调整事项，应当在报表附注中披露每项重要的资产负债表日后非调整事项的性质、内容，及其对财务状况和经营成果的影响，无法作出估计的，应当说明原因。

资产负债表日后非调整事项主要包括以下内容。

（一）资产负债表日后发生重大诉讼、仲裁、承诺事项

资产负债表日后发生的重大诉讼、仲裁、承诺事项，对企业影响较大，为防止误导投资者及其他财务报告使用者，应当在财务报表附注中披露。

（二）资产负债表日后资产价格、税收政策、外汇汇率发生重大变化事项

资产负债表日后发生的资产价格、税收政策、外汇汇率的重大变化，虽然不会影响资产负债表日财务报表相关项目的数据，但对企业资产负债表日后期间的财务状况和经营成果有重大影响，应当在报表附注中予以披露。

【例 19-12】 甲公司 2010 年 9 月采用融资租赁方式从美国购入某重型机械设备，租赁合同规定，该重型机械设备的租赁期为 15 年，年租金 500 000 美元。甲公司在编制 2010 年度财务报表时已按 2010 年 12 月 31 日的汇率对该笔长期应付款进行了折算。假设国家规定从 2011 年 1 月 1 日起进行外汇管理体制改革，外汇管理体制改革后，人民币对美元的汇率发生重大变化。

本例中，甲公司在资产负债表日已经按照当天的资产计量方式进行处理，或按规定的汇率对有关账户进行调整，因此，无论资产负债表日后汇率如何变化，均不影响资产负债表日的财务状况和经营成果。但是，如果资产负债表日后外汇汇率发生重大变化，应对由此产生的影响在报表附注中进行披露。

（三）资产负债表日后因自然灾害导致资产发生重大损失事项

资产负债表日后发生的自然灾害导致的资产重大损失，不是企业主观上能够决定的，是不可抗力造成的。但这一事项对企业财务状况所产生的影响，如不加以披露，有可能使财务报告使用者产生误解，导致作出错误的决策。因此，资产负债表日后自然灾害导致的资产重大损失应作为非调整事项在财务报表附注中进行披露。

【例 19-13】 甲公司 2010 年 12 月购入商品一批，共计 50 000 000 元，至 2010 年 12 月 31 日该批商品已全部验收入库，货款也已通过银行支付。2011 年 2 月 7 日，甲公司所在地发生地震，该批商品全部毁损。

自然灾害导致资产重大损失对企业资产负债表日后财务状况的影响较大，如果不加以披露，有可能使财务报告使用者作出错误的决策，因此应作为非调整事项在报表附注中进行披露。本例中地震发生于 2011 年 2 月 7 日，属于资产负债表日后才发生或存在的事项，应当作为非调整事项在 2010 年度报表附注中进行披露。

（四）资产负债表日后发行股票和债券以及其他巨额举债事项

企业在资产负债表日后发行股票、债券以及向银行或非银行金融机构举借巨额债务，都是比较重大的事项，虽然这一事项与企业资产负债表日的存在状况无关，但这一

事项的披露能使财务报告使用者了解与此有关的情况及可能带来的影响，因此应当在报表附注中进行披露。

（五）资产负债表日后资本公积转增资本事项

资产负债表日后，企业以资本公积转增资本将会改变企业的资本（或股本）结构，影响较大，虽然这一事项与企业资产负债表日的存在状况无关，但应对这一事项作出披露，以使财务报告使用者了解企业资本公积转增资本可能会给投资者带来的影响。

（六）资产负债表日后发生巨额亏损事项

资产负债表日后发生巨额亏损将会对企业报告期以后的财务状况和经营成果产生重大影响，应当在财务报表附注中及时披露该事项，以便为投资者和其他财务报告使用者作出正确决策提供信息。

（七）资产负债表日后发生企业合并或处置子公司事项

资产负债表日后企业合并或处置子公司的行为可以影响股权结构、经营范围等方面，对企业未来的生产经营活动能产生重大影响，应当在报表附注中进行披露。

（八）资产负债表日后，企业利润分配方案中拟分配的以及经审议批准宣告发放的股利或利润事项

资产负债表日后，企业制定利润分配方案，拟分配或经审议批准宣告发放股利或利润的行为，并不会导致企业在资产负债表日形成现时义务，虽然该事项的发生可导致企业负有支付股利或利润的义务，但支付义务在资产负债表日尚不存在，不应该调整资产负债表日的财务报告，因此，该事项为非调整事项。不过，该事项对企业资产负债表日后的财务状况有较大影响，可能导致现金大规模流出、企业股权结构变动等，为便于财务报告使用者更充分了解相关信息，企业需要在财务报告中适当披露该信息。

思考练习题

一、重要概念
1. 资产负债表日后事项
2. 资产负债表日后调整事项
3. 资产负债表日后非调整事项

二、思考题
1. 如何理解资产负债表日后事项的定义？
2. 如何确定资产负债表日后事项涵盖的期间？
3. 如何理解资产负债表日后调整事项的处理原则和方法？
4. 如何理解资产负债表日后非调整事项的处理原则和方法？

三、单项选择题
1. 股份有限公司财务报告批准报出日是指（　　）。
A. 股东大会审议批准日
B. 注册会计师出具审计报告日
C. 董事会批准财务报告的报出日
D. 对财务报告的内容负有法律责任的单位将财务报告向企业外部公布日

2. 资产负债表日后事项包括自年度资产负债表日至财务报告批准报出日之间发生的（　　）。
A. 所有有利和不利事项
B. 调整事项

C. 非调整事项
D. 所有有利事项中的调整事项和非调整事项

3. 以下对于资产负债表日后调整事项的准确表述是（　　）。
A. 资产负债表日或以前已经存在的事项
B. 资产负债表日或以前已经存在、资产负债表日后得以证实的事项
C. 资产负债表日或以前已经存在、资产负债表日后得以证实，且对资产负债表日存在状况编制的报表产生影响的事项
D. 资产负债表日不存在，但其发生对分析财务状况有重大影响的事项

4. 以下对资产负债表日后非调整事项的准确表述是（　　）。
A. 资产负债表日后新发生的事项
B. 资产负债表日后新发生的事项，且对理解和分析财务报告有重大影响的事项
C. 资产负债表日或以前已经存在，但对编制财务报告没有影响的事项
D. 资产负债表日或以前已经存在，但资产负债表日后发生变化的事项

5. 某上市公司2010年度财务报告批准报出日为2011年4月22日。公司在2011年1月1日至2011年4月22日发生的下列事项中，属于资产负债表日后调整事项的是（　　）。
A. 公司在一起历时半年的诉讼中败诉，支付赔偿金500 000元，公司在上年末已确认预计负债300 000元
B. 因遭受火灾上年购入的存货发生毁损1 000 000元
C. 公司董事会提出2010年度利润分配方案为每10股送3股股票股利
D. 公司支付2010年度财务报告审计费400 000元

6. 下列资产负债表日后事项中，属于调整事项的是（　　）。
A. 发行企业债券
B. 报告期销售商品的销售退回
C. 外汇汇率发生重大变化
D. 董事会提出分派现金股利方案

7. 2011年2月10日，甲公司发现2009年度一项非重要前期差错，在2010年度财务报告批准报出前，甲公司应（　　）。
A. 不需调整，只将其作为2011年2月份的业务进行处理
B. 调整2010年度财务报表期初数和上年数
C. 调整2011年度财务报表期初数和上年数
D. 调整2010年度财务报表期末数和本年发生数

8. 甲公司2011年2月2日应收乙企业账款5 000 000元，双方约定在当年的3月2日偿还，但3月20日乙企业宣告破产无法偿付欠款，则甲公司在2010年度资产负债表上，对这5 000 000元款项（　　）。
A. 应作为非调整事项处理
B. 应作为调整事项处理
C. 不需要反映
D. 作为2010年发生的业务反映

9. 2011年4月1日（2010年财务报告报出前），董事会提出本年的利润分配方案：按10%提取法定盈余公积，分配现金股利1 000 000元。对此项业务，甲公司应将其在2010年的财务报告中，作为（　　）。
A. 非调整事项处理
B. 调整事项处理
C. 不需要反映
D. 2011年发生的业务反映

10. "以前年度损益调整"科目用来核算（　　）。
A. 本年度发现的以前年度非重要前期差错涉及损益调整的事项
B. 资产负债表日后事项中的非调整

事项涉及损益调整的事项

C. 本年度发现的以前年度重要前期差错涉及损益调整的事项

D. 本年度发现的以前年度重要前期差错涉及利润分配调整的事项

11. A公司2010年的财务报告于2011年4月22日对外公告。2011年2月10日，A公司2010年9月10日销售给B公司的一批商品因质量问题而退货。该批商品的售价为1 000 000元、增值税170 000元、成本为800 000元，B公司货款未支付。经核实A公司已同意退货，所退商品已入库。该事项发生后，A公司已作为资产负债表日后调整事项处理，所得税税率为25%，在进行财务报表调整时影响2010年净损益的金额是（　　）元。

A. 200 000　　B. 370 000
C. 150 000　　D. 247 900

12. 甲公司年度财务报告批准报出日为4月30日。2010年12月27日甲公司销售一批产品，折扣条件是10天内付款折扣2%，购货方次年1月3日付款，取得现金折扣1 000元。该项业务对甲公司2010年度财务报表无重大影响。甲公司正确的处理是（　　）。

A. 作为资产负债表日后事项的调整事项

B. 作为资产负债表日后事项的非调整事项

C. 直接反映在2011年当期财务报表中

D. 在2011年报表附注中说明

13. 资产负债表日至财务报告批准报出日之间发生的调整事项在进行调整处理时，下列不能调整的项目是（　　）。

A. 货币资金项目
B. 应收账款项目
C. 所有者权益项目
D. 涉及损益的项目

14. 下列各项资产负债表日后事项中，属于资产负债表日后调整事项的是（　　）。

A. 日后税收政策发生重大变化
B. 外汇汇率或税收政策发生重大变化
C. 日后发生巨额亏损
D. 资产负债表日已发生的诉讼结案事项

15. A公司2010年10月份与C公司签订一项供销合同，由于A公司未按合同发货，致使C公司发生重大经济损失。A公司被乙公司起诉，至2010年12月31日法院尚未判决。A公司2010年12月31日在资产负债表中的"预计负债"项目反映了10 000 000元的赔偿款。2011年3月5日经法院判决，A公司须偿付C公司经济损失12 000 000元。A公司不再上诉，已支付赔偿款。A公司2010年财务报告批准报出日为2011年4月22日，报告年度资产负债表有关项目调整的正确处理方法是（　　）。

A. "预计负债"项目调增2 000 000元，"其他应付款"项目为零

B. "预计负债"项目调减10 000 000元，"其他应付款"项目调增12 000 000元

C. "预计负债"项目调增2 000 000元，"其他应付款"项目调增12 000 000元

D. "预计负债"项目调减2 000 000元，"其他应付款"项目调增2 000 000元

四、多项选择题

1. 下列于年度资产负债表日至财务报告批准报出日之间发生的事项中，属于资产负债表日后事项的有（　　）。

A. 按期履行报告年度签订的商品购销合同
B. 发生重大诉讼案件
C. 出售重要的子公司
D. 火灾造成重大损失

2. 下列于年度资产负债表日至财务报

告批准报出日之间发生的事项中,属于资产负债表日后事项的有(　　)。

　　A. 支付生产工人工资
　　B. 固定资产发生严重减值
　　C. 股票和债券的发行
　　D. 外汇汇率发生重大变化

3. 下列于年度资产负债表日至财务报告批准报出日之间发生的事项中,属于资产负债表日后调整事项的有(　　)。

　　A. 支付货款
　　B. 发现以前年度的非重要前期差错
　　C. 股票和债券的发行
　　D. 发生上年度的销售退回

4. 上市公司在其年度资产负债表日后至财务报告批准报出日前发生的下列事项中,属于非调整事项的有(　　)。

　　A. 因发生火灾导致存货严重损失
　　B. 以前年度售出商品发生退货
　　C. 因市场汇率变动导致外币存款严重贬值
　　D. 董事会提出现金股利分配方案

5. 股份有限公司自资产负债表日至财务报告批准报出日之间发生的下列事项中,属于非调整事项的有(　　)。

　　A. 公司与另一公司合并
　　B. 公司董事会提出股利分配方案
　　C. 董事会作出与债权人进行债务重组决议
　　D. 公开发行股票

6. 甲公司在资产负债表日至财务报告批准报出日之间发生的下列事项中,属于资产负债表日后非调整事项的有(　　)。

　　A. 发生重大仲裁
　　B. 甲公司的股东A公司将持有甲公司55%的股份转让给B公司
　　C. 外汇汇率发生重大变动
　　D. 税收政策发生重大变化

7. 某上市公司自资产负债表日至财务报告批准对外报出日之间发生的(　　),属于该公司资产负债表日后非调整事项。

　　A. 以前年度销售退回
　　B. 用资本公积转增股本
　　C. 按每股净资产公开增发普通股
　　D. 持有交易性金融资产大幅度升值

8. 甲股份有限公司2010年度财务报告于2011年4月20日批准报出。公司发生的下列事项中,必须在其2010年度财务报表附注中披露的有(　　)。

　　A. 2011年1月1日,从该公司董事持有51%股份的公司购货8 000 000元
　　B. 2011年1月20日,公司遭受水灾造成存货重大损失5 000 000元
　　C. 2011年1月30日,发现上年应计入财务费用的借款利息1 000元误计入在建工程
　　D. 2011年2月1日,公司向一家网络公司投资5 000 000元,从而持有该公司50%的股份

9. 资产负债表日后发生的调整事项分别按以下(　　)情况进行账务处理。

　　A. 涉及损益的事项,通过"以前年度损益调整"科目核算
　　B. 涉及利润分配调整的事项,直接在"利润分配——未分配利润"科目核算
　　C. 不涉及损益以及利润分配的事项,调整相关科目
　　D. 通过上述账务处理后,还应同时调整财务报表相关项目的数字

10. 某上市公司财务报告批准报出日为2011年4月20日,该公司在2011年3月份发生的下列事项中,应作为资产负债表日后调整事项处理的有(　　)。

　　A. 2011年1月份销售的商品,在2011年3月份被退回
　　B. 发现2010年无形资产少摊销500元
　　C. 发现2010年固定资产少提折旧200 000元

D. 发现 2009 年固定资产少提折旧 100 000 元

11. 以下对资产负债表日后事项的处理正确的表述有（　　）。

A. 调整事项存在于资产负债表日或以前，资产负债表日后提供了进一步的证据

B. 非调整事项是资产负债表日以后才发生的事项，不影响资产负债表日存在状况，但对理解和分析财务报表有重大影响的事项

C. 要根据调整事项和非调整事项对资产负债表日存在状况的有关金额作出重新估计

D. 要根据调整事项对资产负债表日存在状况的有关金额作出重新估计

12. 2010 年甲公司为乙公司的 5 000 000 元债务提供 70% 的担保，乙公司因到期无力偿还债务被起诉。至 12 月 31 日，法院尚未作出判决，甲公司根据有关情况预计很可能承担部分担保责任。2011 年 2 月 6 日甲公司财务报告批准报出之前法院作出判决，甲公司承担全部担保责任，需为乙公司偿还债务的 70%，甲公司已执行判决，甲公司正确的处理包括（　　）。

A. 2010 年 12 月 31 日，按照很可能承担的担保责任确认预计负债

B. 2010 年 12 月 31 日，对此预计负债作出披露

C. 2011 年 2 月 6 日，按照资产负债表日后非调整事项处理，作出说明

D. 2011 年 2 月 6 日，按照资产负债表日后调整事项处理，调整财务报表相关项目

13. 对于资产负债表日后非调整事项，应在报表附注中披露的有（　　）。

A. 非调整事项的内容

B. 非调整事项可能对财务状况的影响

C. 非调整事项可能对经营成果的影响

D. 非调整事项无法估计上述影响的原因

14. 在报告年度资产负债表日至财务报告批准报出日之间发生的下列事项中，属于资产负债表日后调整事项的有（　　）。

A. 发现报告年度财务报表存在严重舞弊

B. 发现报告年度会计处理存在重要前期差错

C. 国家发布对企业经营业绩将产生重大影响的产业政策

D. 发现某商品销售合同在报告年度资产负债表日已成为亏损合同的证据

15. 甲股份有限公司 2010 年度财务报告经董事会批准对外公布的日期为 2011 年 3 月 30 日，实际对外公布的日期为 2011 年 4 月 3 日。该公司 2011 年 1 月 1 日至 4 月 3 日发生的下列事项中，不应当作为资产负债表日后事项中调整事项的有（　　）。

A. 3 月 1 日，发现 2010 年 10 月接受捐赠获得的一项固定资产尚未入账

B. 3 月 11 日，临时股东大会决议购买乙公司 51% 的股权并于 4 月 2 日执行完毕

C. 4 月 2 日，甲公司为从工商银行借入 80 000 000 元长期借款而签订重大资产抵押合同

D. 2 月 1 日，与丁公司签订的债务重组协议执行完毕，该债务重组协议是甲公司于 2011 年 1 月 5 日与丁公司签订的

16. 中金股份有限公司 2010 年度财务报告于 2011 年 4 月 20 日批准报出。公司发生的下列事项中，必须在其 2010 年度报表附注中披露的有（　　）。

A. 2010 年 11 月 1 日，从该公司董事持有 51% 股份的公司购货 9 000 000 元

B. 2011 年 1 月 30 日，公司遭受水灾造成存货重大损失 6 000 000 元

C. 2011 年 2 月 1 日，公司向一家网

络公司投资6 000 000元，从而持有该公司50%的股份

D. 2011年1月30日，发现上年应计入财务费用的借款利息2 000元误计入在建工程

五、判断题

1. 资产负债表日后事项是资产负债表日后期间发生的所有有利和不利事项。（　）
2. 企业发生的前期差错更正不是资产负债表日后事项。（　）
3. 资产负债表日后调整事项应当采用追溯调整法进行调整。（　）
4. 资产负债表日后非调整事项应当采用未来适用法进行处理。（　）
5. 资产负债表日后新发生的且对理解和分析财务报表有重大影响的事项属于资产负债表日后调整事项。（　）
6. 企业对资产负债表日后事项中的有利和不利事项应当采用不同的方法进行处理。（　）
7. 资产负债表日后发生的调整事项如涉及现金收支项目的，均不调整报告年度资产负债表的货币资金项目和现金流量表主表及补充资料各项目数字。（　）
8. 同样是资产负债表日至财务报告批准报出日之间发生的资产减损事项，可能是调整事项，也可能是非调整事项。（　）
9. 对于资产负债表日后事项中的调整事项，应视同财务报表所属期间的交易或事项进行会计处理。（　）
10. 资产负债表日后至财务报告批准报出日之间发生的调整事项，应当调整报告年度财务报表相关项目的年初数。（　）
11. 资产负债表日后期间发生的现金折扣应按照非调整事项处理，日后期间发生的销售折让应按照日后调整事项处理。（　）
12. 企业在资产负债表日后期间发生严重火灾，烧毁仓库一栋，这一事项属于非调整事项。（　）
13. 资产负债表日后事项必须在财务报表附注中进行披露。（　）

六、核算题

A公司2010年度所得税汇算清缴于2011年5月15日完成，所得税采用资产负债表债务法核算，所得税税率为25%，公司按净利润的10%提取法定盈余公积，提取法定盈余公积后不再作其他分配，调整事项按税法规定均可调整应缴纳的所得税，涉及递延所得税资产的，均假定未来期间很可能取得用来抵扣暂时性差异的应纳税所得额。公司自2011年1月1日至4月22日财务报告批准报出日之间发生如下资产负债表日后事项：

（1）2月28日接到通知，某一债务企业宣告破产，其所欠货款300 000元的60%不能偿还。公司在2010年12月31日以前已被告知该债务企业资不抵债，濒临破产，并计提坏账准备30 000元。

（2）3月1日，公司2010年10月销售的一批产品被退回，该批产品销售价格为100 000元，增值税为17 000元，销售成本为78 000元，货款已退。

（3）公司于2011年3月经批准发行5年期面值总额为8 000 000元的公司债券，债券票面利率为6%，企业以9 000 000元的价格发行，并于2011年3月底之前发行结束。

（4）经董事会决定，公司于2011年4月1日以2 000 000元的价格购买了一家子公司。

要求：

（1）判断上述资产负债表日后期间发生的事项中，哪些属于调整事项，哪些属于非调整事项。

（2）对资产负债表日后调整事项进行相关账务处理。

（3）调整财务报表相关项目的数字。

第二十章 合并财务报表

第一节 合并财务报表概述

一、合并财务报表的定义、特点和作用

(一) 合并财务报表的定义

合并财务报表是指反映母公司及其全部子公司形成的企业集团（以下简称企业集团）整体财务状况、经营成果和现金流量的财务报表。

合并财务报表至少应当包括合并资产负债表、合并利润表、合并现金流量表、合并所有者权益变动表和附注，它们分别从不同的方面反映企业集团的财务状况、经营成果和现金流量，构成一个完整的合并财务报表体系。

(二) 合并财务报表的特点

1. 合并财务报表与个别财务报表

合并财务报表是以整个企业集团为一个会计主体，以组成企业集团的母公司和子公司的个别财务报表为基础，通过抵销内部交易对个别财务报表的影响后编制而成的财务报表。为了与合并财务报表相区别，将母公司和子公司各自单独编制的财务报表称为个别财务报表。与个别财务报表相比，合并财务报表具有以下特点：

（1）合并财务报表以企业集团为会计主体。合并财务报表综合反映母公司和子公司所组成的企业集团整体的财务状况、经营成果和现金流量。合并财务报表由母、子公司若干法人组成的企业集团为会计主体，该会计主体是经济意义上的主体，而不是法律意义上的主体。

（2）合并财务报表由企业集团中对其他企业有控制权的控股公司或母公司编制。个别财务报表是由独立的法人企业编制的，所有企业都需要编制个别财务报表，但并不是企业集团中所有企业都必须编制合并财务报表，更不是社会上所有企业都需要编制合并财务报表。

（3）合并财务报表以个别财务报表为基础编制。企业编制个别财务报表，从审核原始凭证、编制记账凭证、开设登记会计账簿到编制财务报表，都有一套完整的会计核算方法体系。而编制合并财务报表则不同，它是以纳入合并范围的企业个别财务报表为基础，根据其他有关资料，按照权益法调整对子公司的长期股权投资后，抵销母公司与子公司、子公司相互之间发生的内部交易（以下简称内部交易）对合并财务报表的影响编制的，并不需要在现行会计核算方法体系之外单独设置一套账簿体系。但是，母公司应当设置备查簿，记录非同一控制下企业合并中取得的子公司各项可辨认资产、负债及或有负债等在购买日的公允价值。编制合并财务报表时，应当以购买日确定的各项可辨认

资产、负债及或有负债的公允价值为基础对子公司的财务报表进行调整。

（4）合并财务报表编制有其独特的方法。个别财务报表的编制有其自身固有的一套编制方法和程序。合并财务报表则是在对纳入合并范围的母公司和其全部子公司的个别财务报表的数据经过调整后进行加总的基础上，在合并工作底稿中通过编制抵销分录抵销内部交易对合并财务报表的影响，然后按照合并财务报表的项目要求合并个别财务报表的各项目的数据编制。

2. 合并财务报表与汇总财务报表

合并财务报表不同于汇总财务报表。汇总财务报表主要是指由行政管理部门根据所属企业报送的财务报表，对其各项目进行加总编制的财务报表。合并财务报表与汇总财务报表的不同体现在：

（1）编制目的不同。合并财务报表主要是满足公司的所有者、债权人以及其他有关方面了解企业集团整体财务状况、经营情况和现金流量的需要；汇总财务报表主要是满足有关行政部门或国家掌握了解整个行业或整个部门所属企业的财务状况、经营情况等的需要。

（2）确定编报范围的依据不同。合并财务报表是以母公司对另一企业的控制关系作为确定编报范围（合并范围）的依据，凡是通过投资关系或协议能够对其实施有效控制的企业均属于合并财务报表的编制范围；汇总财务报表的编制范围主要是以企业的财务隶属关系作为确定的依据，即以企业是否归其管理，是否是其下属企业作为确定编报范围的依据，凡属于其下属企业，在财务上归其管理，则包括在汇总财务报表的编制范围之内。

（3）所采用的编制方法不同。合并财务报表必须采用抵销内部投资、内部交易、内部债权债务等项目对个别财务报表的影响后编制；而汇总财务报表主要是采用简单加总的方法编制。

（三）合并财务报表的作用

按照企业会计准则的规定，需要编制合并财务报表的企业集团，母公司除编制其个别财务报表外，还应当编制企业集团的合并财务报表。编制合并财务报表主要有以下两个方面的作用：

（1）编制合并财务报表能够向财务报告使用者提供反映企业集团整体财务状况、经营成果和现金流量的会计信息，有助于财务报告使用者作出经济决策，也为企业集团管理当局加强对整个企业集团的控制和管理提供全面的信息。

（2）编制合并财务报表有利于避免一些母公司利用控制关系，人为粉饰财务报表情况的发生。一些企业集团利用各公司的控制和从属关系，出于调节上市公司的利润和减少集团整体税负的考虑，运用内部转移价格等手段，在企业集团内部转移利润或亏损。例如，母公司低价向子公司提供原材料、高价收购子公司产品，出于避税考虑而转移利润；母公司通过高价对企业集团内的其他企业销售，低价购买其他企业的原材料而转移亏损。通过编制合并财务报表，可在一定范围内抵销内部交易中未实现的损益及重复计算因素，以避免控股公司人为操纵利润、粉饰财务报表现象的发生，使财务报表所提供的会计信息更加客观、真实。

二、合并财务报表的合并范围

(一) 应纳入母公司合并财务报表合并范围的被投资单位

合并财务报表的合并范围应当以控制为基础予以确定。

1. 控制的定义

控制是指一个企业能够决定另一个企业的财务和经营政策,并能据以从另一个企业的经营活动中获取利益。控制通常具有如下特征:

(1) 控制的主体是唯一的,不是两方或多方。即对被投资单位的财务和经营政策的提议不必要征得其他方同意,就可以形成决议,付诸被投资单位执行。

(2) 控制的内容是另一个企业的日常生产经营活动的财务和经营政策,这些财务和经营政策一般是通过表决权来决定的。

(3) 控制的目的是为了获取经济利益,包括为了增加经济利益、维持经济利益、保护经济利益,或者降低所分担的损失等。

(4) 控制的性质是一种权利,可以是法定权利,也可以是通过公司章程或协议、投资者之间的协议授予的权利。

2. 母公司与子公司的定义

企业集团由母公司和其全部子公司构成。母公司和子公司相互依存,有母公司必然存在子公司;同样,有子公司也必然存在母公司。如图 20-1 所示,假定甲公司能够控制 A 公司,甲公司和 A 公司构成了企业集团。如图 20-2 所示,假定甲公司能够同时控制 A 公司、B 公司、C 公司和 D 公司,甲公司和 A 公司、B 公司、C 公司、D 公司构成了企业集团。

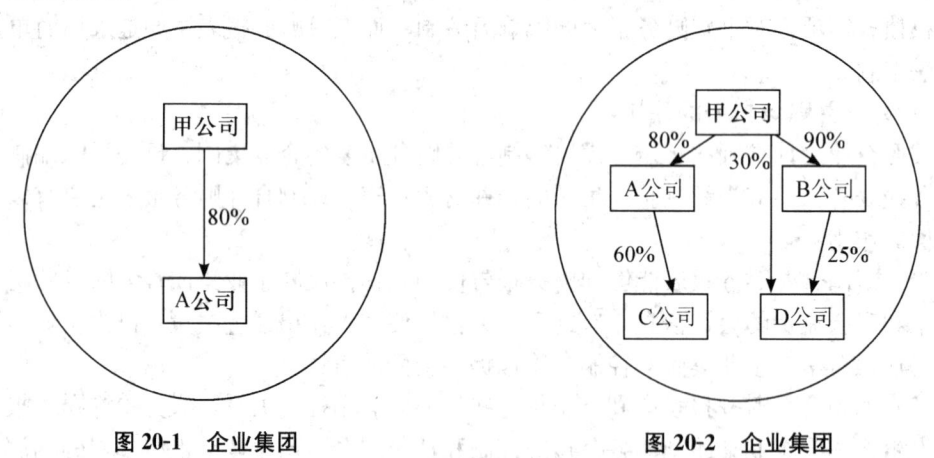

图 20-1 企业集团

图 20-2 企业集团

(1) 母公司的定义。母公司是指有一个或一个以上子公司的企业(或主体,下同)。从母公司的定义可以看出,母公司要求同时具备两个条件:

一是必须有一个或一个以上的子公司,即必须满足合并财务报表准则所规定的控制的要求,能够决定另一个企业的财务和经营政策,并能据以从另一个企业的经营活动中获取利益。母公司可以只控制一个子公司,甲公司是 A 公司的母公司,如图 20-1 所示;也可以同时控制多个子公司,甲公司为 A 公司、B 公司、C 公司和 D 公司的母公司,如图 20-2 所示。

二是母公司可以是企业，如股份有限公司、有限责任公司；也可以是主体，即非企业形式的但形成会计主体的其他组织，如基金等。

(2) 子公司的定义。子公司是指被母公司控制的企业。从子公司的定义可以看出，子公司也应同时具备两个条件：

一是作为子公司必须被母公司控制，并且只能由一个母公司控制，不可能也不允许被两个或多个母公司同时控制。被两个或多个公司共同控制的被投资单位是合营企业，而不是子公司。图20-1中，A公司是甲公司的子公司；图20-2中，A公司、B公司、C公司和D公司均为甲公司的子公司。

二是子公司可以是企业，如股份有限公司、有限责任公司；也可以是主体，即非企业形式的但形成会计主体的其他组织，如基金以及信托项目等特殊的主体等。

3. 控制标准的具体应用

(1) 母公司拥有其半数以上表决权的被投资单位应当纳入合并财务报表的合并范围。母公司直接或通过子公司间接拥有被投资单位半数以上的表决权，表明母公司能够控制被投资单位，应当将该被投资单位认定为子公司，纳入合并财务报表的合并范围。但是，有证据表明母公司不能控制被投资单位的除外。

母公司拥有被投资单位半数以上表决权，通常包括如下三种情况：

第一，母公司直接拥有被投资单位半数以上（不包括本数，下同）表决权。如图20-1所示，甲公司直接拥有A公司80%的表决权，在这种情况下，A公司就成为甲公司的子公司，甲公司编制合并财务报表时，则必须将A公司纳入其合并范围。

第二，母公司间接拥有被投资单位半数以上表决权。间接拥有半数以上表决权是指母公司通过子公司而对子公司的子公司拥有其半数以上的表决权。如图20-2所示，甲公司拥有A公司80%的表决权，而A公司又拥有C公司60%的表决权，在这种情况下，甲公司作为母公司，通过其子公司A公司间接拥有C公司60%的表决权，从而C公司也是甲公司的子公司，也应当将C公司纳入甲公司编制合并财务报表的合并范围。这里必须注意的是，甲公司间接拥有C公司的表决权形成控制是以A公司为甲公司的子公司为前提的。

第三，母公司以直接和间接方式合计拥有被投资单位半数以上表决权。以直接和间接方式合计拥有半数以上表决权，是指母公司以直接方式拥有某一被投资单位半数以下表决权，同时又通过其他方式（如通过子公司）拥有该被投资单位一部分的表决权，两者合计拥有该被投资单位半数以上表决权。如图20-2所示，甲公司拥有B公司90%的表决权，拥有D公司30%的表决权；B公司拥有D公司25%的表决权，在这种情况下，B公司为甲公司的子公司，甲公司通过子公司B公司间接拥有D公司25%的表决权，与直接拥有D公司30%的表决权合计，甲公司共拥有D公司55%的表决权，从而D公司属于甲公司的子公司，甲公司编制合并财务报表时，也应当将D公司纳入其合并范围。这里必须注意的是，甲公司间接拥有D公司的表决权形成控制是以B公司为甲公司的子公司为前提的。在本例中，如果甲公司只拥有B公司40%的表决权时，则不能将D公司作为甲公司的子公司处理，不能将其纳入甲公司的合并范围。

(2) 母公司拥有其半数以下表决权的被投资单位纳入合并财务报表合并范围的情况。如果母公司通过上述直接和间接控制子公司以外的其他方式，对被投资单位的财务和经营政策能够实施有效的控制，这些被投资单位也应作为子公司纳入母公司合并财务报表的合并范围。

母公司拥有被投资单位半数或以下的表决权，满足下列条件之一的，视为母公司能够控制被投资单位，应当将该被投资单位认定为子公司，纳入合并财务报表的合并范围，但是，有证据表明母公司不能控制被投资单位的除外：①通过与被投资单位其他投资者之间的协议，拥有被投资单位半数以上的表决权；②根据公司章程或协议，有权决定被投资单位的财务和经营政策；③有权任免被投资单位的董事会或类似机构的多数成员；④在被投资单位的董事会或类似机构占多数表决权。

4. 所有子公司都应纳入母公司合并财务报表的合并范围

以控制为基础确定合并财务报表的合并范围，母公司应当将其控制的所有子公司，不论子公司的规模大小、子公司向母公司转移资金能力是否受到严格限制，也不论子公司的业务性质与母公司或企业集团内其他子公司是否有显著差别，都应当纳入合并财务报表的合并范围。

以控制为基础确定合并财务报表的合并范围，应当强调实质重于形式，在确定能否控制被投资单位时，应当考虑企业和其他企业持有的被投资单位的当期可转换的公司债券、当期可执行的认股权证等潜在表决权因素。总之，母公司应当将其全部子公司纳入合并财务报表的合并范围。

需要说明的是，受所在国外汇管制及其他管制，资金调度受到限制的境外子公司，其财务和经营政策仍然由母公司决定，母公司也能从其经营活动中获取利益，资金调度受到限制并不妨碍母公司对其实施控制，因此，应将其纳入合并财务报表的合并范围。

（二）不应纳入母公司合并财务报表合并范围的被投资单位

下列被投资单位不是母公司的子公司，不应当纳入母公司的合并财务报表的合并范围。

1. 已宣告被清理整顿的原子公司

已宣告被清理整顿的原子公司，是指在当期宣告清理整顿的被投资单位，该被投资单位在上期是本公司的子公司。在这种情况下，根据2005年修订的《公司法》第184条的规定，被投资单位实际上在当期已经由股东、董事或股东大会指定的人员组成的清算组或人民法院指定的有关人员组成的清算组对该被投资单位进行日常管理，在清算期间，被投资单位不得开展与清算无关的经营活动。即本公司不能再控制该被投资单位，不能将该被投资单位继续认定为本公司的子公司。

2. 已宣告破产的原子公司

已宣告破产的原子公司，是指在当期宣告破产的被投资单位，该被投资单位在上期是本公司的子公司。在这种情况下，根据《企业破产法》的规定，被投资单位的日常管理已转交到由人民法院指定的管理人，本公司不能控制该被投资单位，不能将该被投资单位认定为本公司的子公司。

3. 母公司不能控制的其他被投资单位

母公司不能控制的其他被投资单位，是指母公司不能控制的除上述两种情形以外的其他被投资单位，如合营企业、联营企业等。

投资企业与其他方对被投资单位实施共同控制的，被投资单位为其合营企业。在这种情况下，合营企业实质上按照合同约定由本企业与其他方共同控制，本企业无法单方面控制该合营企业，合营企业不是投资企业的子公司。

三、合并财务报表的编制程序

合并财务报表编制有其特殊的程序，主要包括如下几个方面。

（一）编制合并工作底稿

合并工作底稿的作用是为合并财务报表的编制提供基础。在合并工作底稿中，对母公司和子公司的个别财务报表各项目的金额进行加总和抵销处理，最终计算得出合并财务报表各项目的合并金额。

（二）将个别财务报表各项目的数据过入合并工作底稿

将母公司、子公司的个别资产负债表、利润表、现金流量表和所有者权益变动表各项目的数据过入合并工作底稿，并在合并工作底稿中对母公司和子公司个别财务报表各项目的数据进行加总，计算得出个别资产负债表、利润表、现金流量表和所有者权益变动表各项目的合计金额。

（三）编制调整分录和抵销分录

在合并工作底稿中编制调整分录和抵销分录，将母公司与子公司、子公司相互之间发生的内部交易对合并财务报表有关项目的影响进行调整和抵销处理。

1. 编制调整分录

为使所编制的合并财务报表能够准确、全面地反映企业集团整体的财务状况、经营成果和现金流量，在编制合并财务报表前应作如下调整工作：

（1）对属于非同一控制下企业合并中取得的子公司个别财务报表进行合并时，应当首先根据母公司为该子公司设置的备查簿的记录，以记录的该子公司各项可辨认资产、负债及或有负债等在购买日的公允价值为基础，通过编制调整分录，对该子公司提供的个别财务报表进行调整，以使子公司的个别财务报表反映为在购买日公允价值基础上确定的可辨认资产、负债及或有负债在本期资产负债表日的金额。

（2）对于子公司所采用的会计政策与母公司不一致、子公司的会计期间与母公司不一致的，如果母公司自行对子公司的个别财务报表进行调整，也应当在合并工作底稿中按照母公司的会计政策、会计期间通过编制调整分录予以调整。

（3）在编制合并财务报表时，对子公司的长期股权投资调整为权益法，也需要在合并工作底稿中通过编制调整分录予以调整，而不改变母公司"长期股权投资"账簿记录。

2. 编制抵销分录

编制抵销分录，进行抵销处理是合并财务报表编制的关键和主要内容，其目的在于抵销个别财务报表各项目的加总金额中重复的因素。

需要说明的是，在合并工作底稿中编制的调整分录和抵销分录，借记或贷记的均为财务报表项目（即资产负债表项目、利润表项目、现金流量表项目和所有者权益变动表项目），而不是具体的会计科目。例如，在涉及调整或抵销坏账准备时，应通过资产负债表中的"应收账款"项目，而不是"坏账准备"科目来进行调整和抵销；在涉及调整或抵销固定资产折旧、固定资产减值准备等时，均通过资产负债表中的"固定资产"项目，而不是"累计折旧"、"固定资产减值准备"等科目来进行调整和抵销；在涉及调整或抵销无形资产摊销、无形资产减值准备等时，均通过资产负债表中的"无形资产"项目，而不是"累计摊销"、"无形资产减值准备"等科目来进行调整和抵销。

（四）计算合并财务报表各项目的合并金额

在母公司和子公司个别财务报表各项目加总金额的基础上，分别计算出合并财务报表中各资产项目、负债项目、所有者权益项目、收入项目和费用项目等的合并金额。其计算方法如下：

1. 资产类各项目

资产类各项目，其合并金额根据该项目加总金额，加上该项目抵销分录有关的借方发生额，减去该项目抵销分录有关的贷方发生额计算确定。

2. 负债类各项目和所有者权益类各项目

负债类各项目和所有者权益类各项目，其合并金额根据该项目加总金额，减去该项目抵销分录有关的借方发生额，加上该项目抵销分录有关的贷方发生额计算确定。对于合并非全资子公司资产负债表中的少数股东权益项目，在计算其合并金额时，比照负债类各项目和所有者权益类项目进行处理。

3. 有关收入类各项目和有关所有者权益变动各项目

有关收入类各项目和有关所有者权益变动各项目，其合并金额根据该项目的加总金额，减去该项目抵销分录的借方发生额，加上该项目抵销分录的贷方发生额计算确定。

4. 有关费用类项目

有关费用类项目，其合并金额根据该项目加总金额，加上该项目抵销分录的借方发生额，减去该项目抵销分录的贷方发生额计算确定。

（五）填列合并财务报表

根据合并工作底稿中计算出的资产、负债、所有者权益、收入、费用类以及现金流量表中各项目的合并金额，填列生成正式的合并财务报表。合并财务报表的格式及其中各项目，涵盖了母公司和从事各类经济业务的子公司的情况，包括一般企业、商业银行、保险公司和证券公司等。

第二节 合并资产负债表

合并资产负债表是反映母、子公司所形成的企业集团某一特定日期财务状况的财务报表，由合并资产、负债和所有者权益各项目组成。

一、对子公司的个别财务报表进行调整

在编制合并财务报表时，首先应对各子公司进行分类，分为同一控制下企业合并中取得的子公司和非同一控制下企业合并中取得的子公司两类。

（一）同一控制下企业合并中取得的子公司

对于属于同一控制下企业合并中取得的子公司的个别财务报表，如果不存在与母公

司会计政策和会计期间不一致的情况，则不需要对该子公司的个别财务报表进行调整，即不需要将该子公司的个别财务报表调整为公允价值反映的财务报表，只需要将内部交易对合并财务报表的影响予以抵销即可。

（二）非同一控制下企业合并中取得的子公司

对于属于非同一控制下企业合并中取得的子公司，除了需要对存在与母公司会计政策和会计期间不一致情况的子公司的个别财务报表进行调整外，还应当根据母公司为该子公司设置的备查簿的记录，以记录的该子公司各项可辨认资产、负债及或有负债等在购买日的公允价值为基础，通过编制调整分录，对该子公司提供的个别财务报表进行调整，以使子公司的个别财务报表反映为在购买日公允价值基础上确定的可辨认资产、负债及或有负债在本期资产负债表日的金额。

二、按权益法调整对子公司的长期股权投资

合并财务报表准则规定，合并财务报表应当以母公司和其子公司的个别财务报表为基础，根据其他有关资料，按照权益法调整对子公司的长期股权投资后，由母公司编制。

在合并工作底稿中，按照权益法调整对子公司的长期股权投资时，应按照长期股权投资准则所规定的权益法进行调整。有关长期股权投资的成本法与权益法的核算，请见"长期股权投资"章节的相关内容。

合并财务报表准则也允许企业直接在对子公司的长期股权投资采用成本法核算的基础上编制合并财务报表，但是所生成的合并财务报表应当符合合并财务报表准则的相关规定。

需要说明的是，为了完整系统地讲解编制合并财务报表的方法，对与编制合并资产负债表、合并利润表、合并现金流量表和所有者权益变动表直接相关的例题所应编制的调整分录和抵销分录全部连续编号，并依次过入合并工作底稿，在调整和抵销加总金额的基础上计算出合并金额，最终填制生成合并资产负债表、合并利润表、合并现金流量表和合并所有者权益变动表。

【例20-1】 如图20-1所示，假设甲公司能够控制A公司。2011年12月31日，甲公司个别资产负债表（见表20-2）中对A公司的长期股权投资的金额为3 000 000元，拥有A公司80%的股份。甲公司在个别资产负债表中采用成本法核算该项长期股权投资。

2011年1月1日，甲公司用银行存款3 000 000元购得A公司80%的股份（假定甲公司与A公司的企业合并不属于同一控制下的企业合并）。甲公司备查簿中记录的A公司在2011年1月1日可辨认资产、负债及或有负债的公允价值的资料，如表20-1所示。

表20-1　　　　　　　　　　　甲公司备查簿
编制单位：甲公司　　　　　2011年1月01日　　　　　　　　　　　单位：元

项目	账面价值	公允价值	公允价值与账面价值的差额	合并财务报表调整	余额	备注
A公司：						
流动资产	3 700 000	3 700 000				
非流动资产	2 000 000	2 100 000				

续表

项目	账面价值	公允价值	公允价值与账面价值的差额	合并财务报表调整	余额	备注
其中：固定资产——M办公设备	600 000	700 000	100 000	(1) 20 000	680 000	该办公设备的剩余折旧年限为5年，采用年限平均法计提折旧
资产总计	5 700 000	5 800 000				
流动负债	1 200 000	1 200 000				
非流动负债	1 000 000	1 000 000				
负债合计	2 200 000	2 200 000				
实收资本	3 000 000	3 000 000				
资本公积	500 000	600 000	100 000*			
盈余公积	0	0				
未分配利润	0	0				
所有者权益合计	3 500 000	3 600 000				
负债和所有者权益总计	5 700 000	5 800 000				

注：* 100 000元为在购买日A公司可辨认净资产公允价值大于账面价值的差额。

2011年1月1日，A公司所有者权益总额为3 500 000元，其中实收资本为3 000 000元，资本公积为500 000元，盈余公积为零，未分配利润为零。A公司个别资产负债表如表20-3所示。

2011年，A公司实现净利润1 000 000元，提取法定公积金100 000元，向甲公司分派现金股利400 000元，向其他股东分派现金股利100 000元，未分配利润为400 000元。A公司因持有的可供出售金融资产的公允价值变动计入当期资本公积的金额为100 000元。A公司个别利润表、所有者权益变动表，如表20-7和表20-6所示。

2011年12月31日，A公司所有者权益总额为4 100 000元，其中实收资本为3 000 000元，资本公积为600 000元，盈余公积100 000元，未分配利润为400 000元。

根据上述资料，甲公司账务处理如下：

假定A公司的会计政策和会计期间与甲公司一致，不考虑甲公司和A公司及合并资产、负债的所得税影响。

(1) 长期股权投资准则规定，投资企业在确认应享有被投资单位净损益的份额时，应当以取得投资时被投资单位各项可辨认资产等的公允价值为基础，对被投资单位的净利润进行调整后确认。在本例中，甲公司在编制合并财务报表时，应当首先根据甲公司的备查簿中记录的A公司可辨认资产、负债在购买日（2011年1月1日）的公允价值资料（见表20-1），调整A公司的净利润。按照甲公司备查簿中的记录，在购买日，A公司可辨认资产、负债及或有负债的公允价值与账面价值存在差异仅有一项，即M办公设备，公允价值高于账面价值的差额为100 000元（700 000－600 000），按年限平均法每年应补计提的折旧额为20 000元（100 000÷5）。假定M办公设备用于A公司的总部管理。在合并工作底稿（见表20-4）中应作的调整分录如下：

借：管理费用 20 000
　　贷：固定资产——累计折旧 20 000

(2) 根据(1)，以A公司2011年1月1日各项可辨认资产等的公允价值为基础，重新确定的A公司2011年的净利润为980 000元(1 000 000－20 000)。在本例中，2011年12月31日，甲公司对A公司的长期股权投资的账面余额为3 000 000元(假定未发生减值)。根据合并财务报表准则，在合并工作底稿中将对A公司的长期股权投资由成本法调整为权益法。有关调整分录如下：

借：长期股权投资——A公司(980 000×80%) 784 000
　　贷：投资收益——A公司 784 000

(3) 确认甲公司收到A公司2011年分派的现金股利，同时抵销原按成本法确认的投资收益400 000元：

借：投资收益——A公司 400 000
　　贷：长期股权投资——A公司 400 000

(4) 确认甲公司在2011年A公司除净损益以外所有者权益的其他变动中所享有的份额80 000元(资本公积的增加额100 000元×80%)：

借：长期股权投资——A公司 80 000
　　贷：资本公积——其他资本公积(A公司) 80 000

在连续编制合并财务报表的情况下，应编制如下调整分录：

借：长期股权投资——A公司(784 000－400 000＋80 000) 464 000
　　贷：未分配利润——年初(784 000－400 000) 384 000
　　　　资本公积——其他资本公积(A公司) 80 000

三、编制合并资产负债表时应进行抵销处理的项目

合并资产负债表是以母公司和子公司所形成的企业集团为一个会计主体，以母公司和子公司的个别资产负债表为基础，由母公司编制的。个别资产负债表则是以单个企业为会计主体进行会计核算的结果，它从母公司或子公司本身的角度对自身的财务状况进行反映。这样，对于企业集团的内部交易，从发生内部交易的企业来看，发生交易的各方都在其个别资产负债表中进行了反映。例如，企业集团母公司与子公司之间发生的赊购、赊销业务，对于赊销企业来说，应确认营业收入、结转营业成本、计算营业利润，并在其个别资产负债表中反映为应收账款；而对于赊购企业来说，在内部购入的存货未实现对外销售的情况下，则在其个别资产负债表中反映为存货和应付账款。在这种情况下，资产、负债和所有者权益类各项目的加总金额中，必然包含有重复计算的因素。作为反映企业集团整体财务状况的合并资产负债表，必须扣除这些重复计算的因素。这些需要扣除的重复因素，就是合并财务报表编制时需要进行抵销处理的项目。

(一) 长期股权投资与子公司所有者权益的抵销处理

母公司对子公司进行的长期股权投资，一方面反映为长期股权投资以外的其他资产的减少，另一方面反映为长期股权投资的增加；在母公司个别资产负债表中，一

方面反映为相对应资产的减少，另一方面反映为长期股权投资的增加。子公司接受母公司这一投资时，一方面增加资产，另一方面作为实收资本（或股本，下同）等处理；在其个别资产负债表中，一方面反映为相对应的资产的增加，另一方面反映为实收资本的增加。从企业集团整体来看，母公司对子公司进行的长期股权投资实际上相当于母公司将资本拨付下属核算单位，并不引起整个企业集团的资产、负债和所有者权益的增减变动。因此，编制合并财务报表时，应当在母公司与子公司财务报表数据简单相加的基础上，将母公司对子公司长期股权投资项目与子公司所有者权益项目予以抵销。

编制合并财务报表时，子公司如为全资子公司的，母公司的"长期股权投资"项目的金额应当与子公司的所有者权益各项目的金额抵销；子公司如为非全资子公司的，母公司的"长期股权投资"项目的金额应当与子公司的所有者权益各项目中母公司所享有的份额相抵销。子公司所有者权益中不属于母公司的份额，即子公司所有者权益中抵销母公司所享有的份额后的余额，在合并财务报表中作为"少数股东权益"处理，它反映除母公司以外的其他投资者在子公司中应享有的权益。"少数股东权益"项目应当在合并资产负债表中"所有者权益"项目下单独列示。

在购买日，当母公司对子公司长期股权投资的金额与在子公司所有者权益中所享有的份额不一致时，应按其差额，记入"商誉"项目单独列示。商誉发生减值的，应当按照经减值测试后的金额列示。

在合并工作底稿中，编制"长期股权投资"项目与子公司所有者权益项目的抵销分录时，应借记"实收资本（或股本）——年初、本年"、"资本公积——年初、本年"、"盈余公积——年初、本年"、"未分配利润——年末"、"商誉"项目，贷记"长期股权投资"和"少数股东权益"项目。

【例 20-2】 沿用例 20-1。

根据上述资料，甲公司账务处理如下：

(5) 2011 年 12 月 31 日，甲公司对 A 公司长期股权投资经调整后的金额为 3 464 000 元（投资成本 3 000 000 元＋权益法调整增加的长期股权投资 464 000 元），与其在 A 公司经调整的所有者权益中所享有的金额 3 344 000 元〔(所有者权益账面余额 4 100 000 元＋M 办公设备购买日公允价值高于账面价值的差额 100 000 元－M 办公设备购买日公允价值高于账面价值的差额按 5 年计提的折旧额 20 000 元)×80%〕之间的差额 120 000 元，为商誉。在初始投资时，投资成本大于购买日投资企业在被投资单位享有的所有者权益份额的差额，形成了被投资单位的商誉，其金额为 120 000 元〔3 000 000 元－(A 公司 2011 年 1 月 1 日的所有者权益总额 3 500 000 元＋A 公司固定资产公允价值增加额 100 000 元)×80%〕。至于 2011 年 12 月 31 日 A 公司所有者权益中 20% 的部分，即 836 000 元〔(所有者权益账面余额 4 100 000 元＋M 办公设备购买日公允价值高于账面价值的差额 100 000 元－M 办公设备购买日公允价值高于账面价值的差额按 5 年计提的折旧额 20 000 元)×20%〕则属于少数股东权益，在抵销时应作为少数股东权益处理。其抵销分录如下：

借：实收资本——年初　　　　　　　　　　　　　　3 000 000
　　资本公积——年初　　　　　　　　　　　　　　　 600 000

	——本年	100 000
盈余公积——年初		0
	——本年	100 000
未分配利润——年末（400 000－20 000）		380 000
商誉		120 000
贷：长期股权投资		3 464 000
少数股东权益		836 000

合并财务报表准则规定，子公司相互之间持有的长期股权投资、子公司持有母公司的长期股权投资，也应当比照上述母公司对子公司的长期股权投资的抵销方法，采用通常所说的交互分配法进行抵销处理。

（二）内部债权与债务的抵销处理

母公司与子公司、子公司相互之间的债权和债务项目，是指母公司与子公司、子公司相互之间因销售商品、提供劳务以及发生结算业务等原因产生的应收票据与应付票据、应收账款与应付账款、预付账款与预收账款、应收股利与应付股利、应收利息与应付利息、其他应收款与其他应付款、持有至到期投资与应付债券等项目。发生在母公司与子公司、子公司相互之间的这些项目，企业集团内部企业的一方在其个别资产负债表中反映为资产，而另一方则在其个别资产负债表中反映为负债。但从企业集团整体角度来看，它只是内部资金运动，既不增加企业集团的资产，也不增加企业集团的负债。因此，为了消除个别资产负债表简单相加中的重复计算因素，在编制合并财务报表时应当将内部债权与债务项目予以抵销。

1. 应收账款与应付账款的抵销处理

（1）初次编制合并财务报表时应收账款与应付账款的抵销处理。在应收账款计提坏账准备的情况下，某一会计期间坏账准备的金额是以当期应收账款为基础计提的。计提坏账准备，一方面增加当期资产减值损失，借记"资产减值损失"科目，并将其列示在债权企业个别利润表中；另一方面形成坏账准备，贷记"坏账准备"科目，按应收账款扣减坏账准备的净额，列示在资产负债表中。因此，在编制合并财务报表时，随着内部应收账款的抵销，也须抵销按内部应收账款计提的坏账准备和与之相对应的资产减值损失。在合并工作底稿中编制内部应收账款项目与应付账款项目的抵销分录时，应借记"应付账款"项目，贷记"应收账款"项目；编制内部应收账款计提的坏账准备的抵销分录时，应借记"应收账款——坏账准备"项目，贷记"资产减值损失"项目。

【例20-3】甲公司2011年个别资产负债表（见表20-2）中应收账款570 000元为当年向A公司销售商品发生的应收销货款的账面价值，甲公司对该笔应收账款计提的坏账准备为30 000元。A公司2011年个别资产负债表（见表20-3）中应付账款600 000元是当年向甲公司购进商品存货发生的应付购货款。

根据上述资料，甲公司账务处理如下：

（6）在编制合并财务报表时，应抵销内部应收账款与内部应付账款，其抵销分录如下：

借：应付账款	600 000
贷：应收账款	600 000

(7) 在编制合并财务报表时，应抵销对内部应收账款计提的坏账准备和与之相对应的资产减值损失，其抵销分录如下：

借：应收账款——坏账准备　　　　　　　　　　　　　　　　　　　30 000
　　贷：资产减值损失　　　　　　　　　　　　　　　　　　　　　　　　30 000

(2) 连续编制合并财务报表时内部应收账款计提的坏账准备的抵销处理。从合并财务报表角度来讲，内部应收账款计提的坏账准备的抵销是与抵销当期资产减值损失相对应的，上期抵销的坏账准备的金额，即上期资产减值损失抵销的金额，最终将影响到本期合并所有者权益变动表中的期初未分配利润金额的增加。由于利润表和所有者权益变动表是反映企业一定会计期间经营成果及其分配情况的财务报表，其上期期末未分配利润就是本期所有者权益变动表期初未分配利润（假定不存在会计政策变更和前期差错更正的情况，下同）。然而，以前期间内部债权债务以及由此对利润及利润分配的影响仍存在于企业集团各法人实体的各自个别资产负债表、利润表和所有者权益变动表中。本期编制合并财务报表是以本期母公司和子公司当期的个别财务报表为基础编制的，随着上期编制合并财务报表时内部应收账款计提的坏账准备的抵销，以母、子公司个别财务报表中期初未分配利润为基础加总得出的期初未分配利润与上一会计期间合并所有者权益变动表中的未分配利润金额之间将产生差额。为此，编制合并财务报表时，必须将上期因抵销内部应收账款计提的坏账准备而抵销的资产减值损失对本期期初未分配利润的影响予以抵销，调整本期期初未分配利润的金额。

在连续编制合并财务报表进行抵销处理时，首先，应抵销内部应收账款与应付账款的金额，借记"应付账款"项目，贷记"应收账款"项目。其次，应抵销上期资产减值损失中内部应收账款计提坏账准备而对本期期初未分配利润的影响，即按上期资产减值损失项目中抵销的内部应收账款计提的坏账准备金额，借记"应收账款——坏账准备"项目，贷记"未分配利润——年初"项目。再次，应抵销本期个别财务报表中内部应收账款相对应的坏账准备增减变动的金额，即按照本期个别资产负债表中期末内部应收账款相对应的坏账准备的增加额，借记"应收账款——坏账准备"项目，贷记"资产减值损失"项目；或按照本期个别资产负债表中期末内部应收账款相对应的坏账准备的减少额，借记"资产减值损失"项目，贷记"应收账款——坏账准备"项目。

在第三期编制合并财务报表的情况下，必须抵销第二期内部应收账款期末余额相应的坏账准备，以调整期初未分配利润的金额。然后，计算确定本期内部应收账款相对应的坏账准备增减变动的金额，并将其增减变动的金额予以抵销。其抵销分录与第二期编制的抵销分录相同。

①内部应收账款本期余额等于上期余额时的抵销处理。

【例20-4】　沿用例20-3。假定甲公司2012年个别资产负债表中应收账款570 000元为向A公司销售商品发生的应收销货款的账面价值，甲公司对该笔应收账款计提的坏账准备为30 000元。A公司2012年个别资产负债表中应付账款600 000元为向甲公司购进商品存货发生的应付购货款。

根据上述资料，甲公司账务处理如下：

在编制合并财务报表时，首先应抵销内部应收账款与内部应付账款，其次抵销上期内部应收账款计提的坏账准备，调整期初未分配利润的金额，其抵销分录如下：

借：应付账款　　　　　　　　　　　　　　　　　　　　　600 000
　　贷：应收账款　　　　　　　　　　　　　　　　　　　　600 000
借：应收账款——坏账准备　　　　　　　　　　　　　　　　30 000
　　贷：未分配利润——年初　　　　　　　　　　　　　　　30 000

由于本期内部应收账款金额与上期相等，坏账准备的计提比例不变，则内部应收账款本期余额等于上期余额，本期内部应收账款不用计提坏账准备，则不用编制本期坏账准备的抵销分录。

②内部应收账款本期余额大于上期余额时的抵销处理。

【例20-5】　沿用例20-3。假定甲公司2012年个别资产负债表中应收账款665 000元为向A公司销售商品发生的应收销货款的账面价值，甲公司对该笔应收账款计提的坏账准备为35 000元。A公司2012年个别资产负债表中应付账款700 000元为向甲公司购进商品存货发生的应付购货款。

根据上述资料，甲公司账务处理如下：

在编制合并财务报表时，首先应抵销内部应收账款与内部应付账款，其次抵销上期内部应收账款计提的坏账准备，调整期初未分配利润的金额，最后抵销本期对内部应收账款净增加额补提的坏账准备，其抵销分录如下：

借：应付账款　　　　　　　　　　　　　　　　　　　　　700 000
　　贷：应收账款　　　　　　　　　　　　　　　　　　　　700 000
借：应收账款——坏账准备　　　　　　　　　　　　　　　　30 000
　　贷：未分配利润——年初　　　　　　　　　　　　　　　30 000
（3）借：应收账款——坏账准备　　　　　　　　　　　　　5 000
　　贷：资产减值损失　　　　　　　　　　　　　　　　　　5 000

③内部应收账款本期余额小于上期余额时的抵销处理。

【例20-6】　沿用例20-3。假定甲公司2012年个别资产负债表中应收账款475 000元为向A公司销售商品发生的应收销货款的账面价值，甲公司对该笔应收账款计提的坏账准备为25 000元。A公司2012年个别资产负债表中应付账款500 000元为向甲公司购进商品存货发生的应付购货款。

根据上述资料，甲公司账务处理如下：

在编制合并财务报表时，首先应抵销内部应收账款与内部应付账款，其次抵销上期内部应收账款计提的坏账准备，调整期初未分配利润的金额，最后抵销本期对内部应收账款净减少额冲减的坏账准备，其抵销分录如下：

借：应付账款　　　　　　　　　　　　　　　　　　　　　500 000
　　贷：应收账款　　　　　　　　　　　　　　　　　　　　500 000
借：应收账款——坏账准备　　　　　　　　　　　　　　　　30 000
　　贷：未分配利润——年初　　　　　　　　　　　　　　　30 000
借：资产减值损失　　　　　　　　　　　　　　　　　　　　5 000
　　贷：应收账款——坏账准备　　　　　　　　　　　　　　5 000

2. 其他内部债权与债务的抵销处理

【例 20-7】 甲公司 2011 年个别资产负债表（见表 20-2）中，应收票据 500 000 元为 2011 年向 A 公司销售商品 3 500 000 元开具的票面金额为 500 000 元的不带息商业承兑汇票；预收账款 200 000 元为 A 公司预付账款；甲公司应付债券 200 000 元为 A 公司所持有的持有至到期投资。

根据上述资料，甲公司账务处理如下：

（8）抵销内部应收票据与内部应付票据，其抵销分录如下：

  借：应付票据   500 000
    贷：应收票据   500 000

（9）抵销内部预付账款与内部预收账款，其抵销分录如下：

  借：预收账款   200 000
    贷：预付账款   200 000

（10）企业集团内部企业购买企业集团内部其他企业发行的企业债券，购买企业将对债券发行方的投资作为持有至到期投资核算，发行企业对筹集到的资金作为应付债券核算，在各自个别资产负债表中列示，一方反映为持有至到期投资项目的增加，另一方反映为应付债券项目的增加。但从企业集团整体来看，购买企业对发行企业的持有至到期投资实际上应视为内部资本的拨付处理，并不引起整个企业集团的资产、负债和所有者权益的增减变动。因此，编制合并财务报表时，应当在母、子公司个别财务报表数据简单相加的基础上，抵销内部持有至到期投资与内部应付债券，其抵销分录如下：

  借：应付债券   200 000
    贷：持有至到期投资   200 000

在某些情况下，债券投资企业持有的企业集团内部成员企业的债券并非直接从发行债券的企业直接购进，而是在证券市场上从第三方手中购进的。在这种情况下，在编制合并财务报表时，持有至到期投资中的债券投资与发行债券企业的应付债券抵销时，可能会出现差额，应当计入合并利润表的投资收益或财务费用项目。

（三）存货价值中包含的未实现内部销售损益的抵销处理

企业集团内部商品购销、劳务提供活动所引起的未实现内部销售损益包含于存货价值之中。在内部购销活动中，销售企业对集团内部销售确认收入、结转成本并计算销售损益。而购买企业则是以支付购货的价款作为其成本入账；在本期内未实现对外销售而形成期末存货时，其存货价值中也相应地包括两部分内容：一部分为真正的存货成本（即销售企业销售该商品的成本），另一部分为销售企业的销售毛利（即其销售收入减去销售成本的差额或其销售收入乘以销售毛利率的金额）。对于期末存货价值中包括的这部分销售毛利，从企业集团整体来看，并不是真正实现的损益。因为从整个企业集团来看，集团内部企业之间的商品购销活动实际上相当于企业内部物资调拨活动，既不会实现损益，也不会增加（或减少）商品的价值。从这个意义上来讲，将期末存货价值中包括的这部分销售企业作为损益确认的部分，称之为未实现内部销售损益。

如果编制合并财务报表时，将母、子公司个别财务报表中的存货简单相加，则虚增

（或减）企业集团存货的价值；如果将母、子公司个别利润表中的销售收入和销售成本简单相加，则虚增企业集团的销售收入和销售成本。因此，在编制合并财务报表时，应当抵销内部购进存货价值中包含的未实现内部销售损益；抵销销售企业因内部销售确认的营业收入；抵销销售企业对形成购买企业期末存货的那部分内销商品而结转的营业成本；抵销购买企业因售出的内部购进存货而结转的营业成本之和。

1. 初次编制合并财务报表时，当期内部购进商品并形成存货情况下的抵销处理

在企业集团内部购进并且在会计期末形成存货的情况下，如前所述，一方面抵销销售企业实现的内部销售收入，另一方面抵销销售企业对形成购买企业期末存货的那部分内销商品而结转的营业成本，抵销购买企业因售出的内部购进存货而结转的营业成本之和，以及抵销内部购进形成的存货价值中包含的未实现内部销售损益。编制抵销分录时，按照集团内部销售企业销售该商品确认的销售收入，借记"营业收入"项目，按照销售企业对形成购买企业存货的那部分内销商品而结转的营业成本和购买企业因售出的内部购进存货而结转的营业成本之和，贷记"营业成本"项目，按照购买企业当期期末存货价值中包含的未实现内部销售损益的金额，贷记"存货"项目。

【例20-8】 甲公司2011年个别资产负债表（见表20-2）中存货180 000元为2011年向A公司购买的商品，该存货账面余额为200 000元，其价值中包含的未实现内部销售损益为40 000元，计提存货跌价准备20 000元。A公司2011年个别利润表（见表20-7）中销售商品的营业收入1 000 000元，其销售成本800 000元，该商品的销售毛利率为20%（为简化核算，本章讲解合并财务报表时，均不考虑与销售有关的增值税问题，下同）。

根据上述资料，甲公司账务处理如下：

(11) 编制合并财务报表时，应抵销营业收入、营业成本和存货中包含的未实现内部销售损益，其抵销分录如下：

借：营业收入　　　　　　　　　　　　　　　　　　　　　1 000 000
　　贷：营业成本（1 000 000×80%＋800 000×20%）　　　　　960 000
　　　　存货（200 000×20%）　　　　　　　　　　　　　　　40 000

2. 连续编制合并财务报表时内部购进商品的抵销处理

对于上期内部购进商品全部实现对外销售的情况下，由于不涉及内部存货价值中包含的未实现内部销售损益的抵销处理，在本期连续编制合并财务报表时，不涉及对其进行抵销处理的问题。但在上期内部购进并形成期末存货的情况下，在编制合并财务报表进行抵销处理时，存货价值中包含的未实现内部销售损益的抵销，直接影响上期合并财务报表中合并净利润的金额，最终影响合并所有者权益变动表中期末未分配利润的的金额。由于本期编制合并财务报表时，不是以上期编制完成的合并财务报表为基础，而是以母、子公司本期个别财务报表为基础，而母、子公司个别财务报表中未实现内部销售损益作为销售企业实现的损益部分包括在其期初未分配利润之中，以母、子公司个别财务报表期初未分配利润为基础加总得出的期初未分配利润的金额就可能与上期合并财务报表中的期末未分配利润的金额不一致。因此，上期编制合并财务报表时抵销的内部购进存货中包含的未实现内部销售损益，也对本期的期初未分配利润产

生影响，本期编制合并财务报表时，必须在母、子公司期初未分配利润简单相加的基础上，抵销上期未实现内部销售损益对本期期初未分配利润的影响，调整本期期初未分配利润的金额。

在连续编制合并财务报表时，首先必须抵销上期抵销的存货价值中包含的未实现内部销售损益对本期期初未分配利润的影响，调整本期期初未分配利润的金额；然后再抵销本期内部购进存货价值中包含的未实现内部销售损益，其具体抵销处理程序和方法如下：

(1) 抵销上期抵销的存货价值中包含的未实现内部销售损益对本期期初未分配利润的影响，调整本期期初未分配利润的金额。即按照上期内部购进存货价值中包含的未实现内部销售损益的金额，借记"未分配利润——年初"项目，贷记"营业成本"项目。这一抵销分录，可以理解为上期内部购进的存货视同本期全部售出，存货价值中包含的未实现内部销售损益在本期视同全部实现，冲减本期的合并销售成本，将上期未实现内部销售损益转为本期已实现利润。

(2) 抵销本期发生内部购销活动的销售企业内部销售收入、购买企业内部销售成本。按照销售企业内部销售收入的金额，借记"营业收入"项目，按照购买企业将内部购买的存货全部售出时而结转的销售成本金额，贷记"营业成本"项目。这一抵销分录，可以理解为本期内部购进的存货视同本期全部售出，存货价值中包含的未实现内部销售损益在本期视同全部实现，冲减销售企业本期内部"营业收入"项目的数额，冲减购买企业本期内部"营业成本"项目的金额，抵销的结果表现为本期没有发生内部购销业务。

(3) 抵销期末内部购进存货价值中包含的未实现内部销售损益。对于本期期末内部购买形成的存货（包括上期结转形成的本期存货），应按照购买企业期末内部购入存货价值中包含的未实现内部销售损益的金额，借记"营业成本"项目，贷记"存货"项目。这一抵销分录，可以理解为本期期末内部存货全部视为本期内部购进形成的存货，通过增加本期营业成本的金额，抵销存货价值中包含的未实现内部销售损益。

【例20-9】 沿用例20-8。假定2011年度A公司向甲公司销售产品，甲公司期末形成存货的账面余额为200 000元，其中包含的未实现内部销售损益为40 000元。2012年度A公司向甲公司销售产品300 000元，甲公司本期销售毛利率与上期相同，为20%，销售成本为240 000元。甲公司购进此商品作为存货处理，本期实现对外销售收入为250 000元，销售成本为210 000元；期末存货为290 000元（期初存货200 000元＋本期购进存货300 000元－本期销售存货成本210 000元），存货价值中包含的未实现内部销售损益为58 000元(290 000×20%)。

根据上述资料，甲公司账务处理如下：

编制2012年度合并财务报表时，首先应抵销上期内部购进存货价值中包含的未实现内部销售损益对本期期初未分配利润的影响，调整本期期初未分配利润的金额；其次应抵销本期内部购销活动中销售企业内部销售收入、购进企业内部销售成本；最后抵销期末内部购进存货价值中包含的未实现内部销售损益，其抵销分录如下：

借：未分配利润——年初　　　　　　　　　　　　　　　　40 000

贷：营业成本		40 000
借：营业收入		300 000
贷：营业成本		300 000
借：营业成本		58 000
贷：存货		58 000

（四）内部固定资产交易的抵销处理

内部固定资产交易是指企业集团内部发生交易的一方与固定资产有关的购销业务。企业集团内部固定资产的交易类型主要有：（1）企业集团内部企业将自产的产品销售给企业集团内部的其他企业作为固定资产使用；（2）企业集团内部企业将自己的固定资产出售给企业集团内部的其他企业作为固定资产使用；（3）企业集团内部企业将自己使用的固定资产出售给企业集团内的其他企业作为普通商品销售。第二种类型的内部固定资产交易不经常发生，在一般情况下，发生的金额也不大；第三种类型的内部固定资产交易在企业集团内部发生的情况极少，一般情况下发生的金额也不大。对于这两类的内部固定资产交易，根据重要性原则，在编制合并财务报表时可以不进行抵销处理。但当第二类型的内部固定资产交易的金额较大时，则必须进行相应的抵销处理。第一种类型的内部固定资产交易发生得比较多。以下重点介绍这种类型的内部固定资产交易的抵销处理。

与存货的情况不同，固定资产的使用寿命较长，往往要跨越几个会计年度。对于内部交易形成的固定资产，不仅在该内部固定资产交易发生的当期需要进行抵销处理，而且在以后使用该固定资产的期间也需要进行抵销处理。固定资产在其使用过程中通过折旧的方式将价值转移到产品价值之中，由于固定资产按原价计提折旧，在固定资产原价中包含未实现内部销售损益的情况下，每期计提的折旧费中也必然包含着未实现内部销售损益的金额，由此也需要对该内部交易形成的固定资产每期计提的折旧费进行相应的抵销处理。同样，如果购买企业对该项固定资产计提了固定资产减值准备，由于固定资产减值准备是按原价为基础进行计算确定的，在固定资产原价中包含未实现内部销售损益的情况下，对该项固定资产计提的减值准备中也必然包含着未实现内部销售损益的金额，由此也需要对该内部交易形成的固定资产计提的减值准备进行相应的抵销处理。

1. 第一种类型的内部固定资产交易的抵销处理

（1）内部交易形成的固定资产在购入当期的抵销处理。企业集团内部企业将自身生产的产品销售给企业集团内的其他企业作为固定资产使用的内部固定资产交易，对于销售企业来说，以其向购买企业出售该产品的价款确认营业收入，按产品的成本结转营业成本，从而确认该产品销售的损益并列示在其个别利润表中。对于购买企业来说，则以其支付的价款作为固定资产的入账价值并列示在其个别资产负债表中。从整个企业集团来看，内部固定资产交易相当于自产自用，它不能产生损益，应以其生产成本计入固定资产原价。因此，必须抵销销售企业销售该产品的内部销售收入和内部销售成本，抵销购买企业固定资产原价中包含的未实现内部销售损益。编制抵销分录时，按销售企业销售该产品的销售收入的金额，借记"营业收入"项目，按销售企业销售该产品的销售成本的金额，贷记"营业成本"项目，按销售企业销售该产品的销售收入与销售成本之间的差额，即该固定资产原价中包含的未实现内部销售损益的金额，贷记"固定资产——原价"项目。

在编制合并财务报表时，不仅要考虑购买企业购买的固定资产原价中包含的未实现内部销售损益的抵销，还必须考虑到购买企业计提折旧时多计提折旧对整个企业集团合并损益的影响。内部交易形成的固定资产，购买企业需要按其确定的原价计提固定资产折旧，即按包含未实现内部销售损益的固定资产原价计提折旧，从整个企业集团来看，固定资产原价中包含的未实现内部销售损益应当抵销，则按该部分未实现内部销售损益计提的折旧额及其对损益的影响也应当抵销。编制抵销分录时，应按多提折旧的金额，借记"固定资产——累计折旧"项目，贷记"管理费用"等项目。

在合并财务报表中，净利润反映的是扣除这部分未实现内部销售损益及多提累计折旧形成的管理费用等后的损益，固定资产原价反映的是抵销这部分未实现内部销售损益后的原价。

【例 20-10】 甲公司 2011 年个别资产负债表（见表 20-2）中固定资产 75 000 元为从 A 公司购入的固定资产。2011 年 1 月 1 日，A 公司将自己生产的产品销售给甲公司作为管理用固定资产使用，A 公司销售该产品的销售收入为 100 000 元，销售成本为 80 000 元，甲公司以 100 000 元作为该固定资产的入账价值，预计可使用年限为 4 年，预计净残值为零，按平均年限法计提折旧，本章为简化抵销处理，假定甲公司该内部交易形成的固定资产 2011 年按 12 个月计提折旧。

2011 年（第一年）编制合并财务报表时，应编制如下抵销分录：

(12) 抵销内部购买固定资产原价中包含的未实现内部销售损益和内部固定资产交易确认的营业收入和营业成本。

借：营业收入　　　　　　　　　　　　　　　　　　　　　100 000
　　贷：营业成本　　　　　　　　　　　　　　　　　　　　80 000
　　　　固定资产——原价　　　　　　　　　　　　　　　　20 000

(13) 抵销内部购买固定资产当期多计提的折旧额。该固定资产折旧期间为 4 年，原价为 100 000 元，预计净残值为零，当年计提的折旧额为 25 000 元，而按抵销其原价中包含的未实现内部销售损益后的原价计提的折旧额为 20 000 元，当期多计提的折旧额为 5 000 元。

借：固定资产——累计折旧　　　　　　　　　　　　　　　5 000
　　贷：管理费用　　　　　　　　　　　　　　　　　　　　5 000

(2) 内部交易形成的固定资产在以后会计期间的抵销处理。内部交易形成的固定资产在以后会计期间，应进行如下抵销处理：

①抵销固定资产原价中包含的未实现内部销售损益并调整期初未分配利润。由于该内部交易形成的固定资产仍然以"固定资产——原价"项目列示于购买企业的个别资产负债表中；由于销售企业以前会计期间该内部交易固定资产所形成的未实现内部销售损益，构成销售当期的净利润的一部分并结转到以后的会计期间，以"未分配利润——年初"项目列示于其个别所有者权益变动表中。因此，抵销固定资产原价中包含的未实现内部销售损益的金额和期初未分配利润中包含的未实现内部销售损益，以调整固定资产原价和期初未分配利润的金额。即按照固定资产原价中包含的未实现内

部销售损益的金额，借记"未分配利润——年初"项目，贷记"固定资产——原价"项目。

②抵销以前会计期间累计多提的折旧额并调整期初未分配利润的金额。对于该固定资产在以前会计期间使用并计提折旧而形成的累计折旧，以"固定资产——累计折旧"项目列示于个别资产负债表的期初余额中。由于以前会计期间按包含未实现内部销售损益的原价为依据而多计提的折旧额，计入计提折旧当期的管理费用等，构成折旧当期净利润的扣除部分并结转到以后的会计期间，以"未分配利润——年初"项目列示于其个别所有者权益变动表中。因此，应当抵销以前会计期间累计多计提的折旧额和由其影响的期初未分配利润，以调整期初未分配利润的金额。通过这一抵销，使该内部交易固定资产以前会计期间的累计折旧恢复到以不包含未实现内部销售损益的原价为基础计提的累计折旧的金额。即按照以前会计期间抵销该内部交易固定资产多计提的累计折旧额，借记"固定资产——累计折旧"项目，贷记"未分配利润——年初"项目。

③抵销内部交易形成的固定资产本期多提的折旧额。对于该固定资产在本期使用，按包含未实现内部销售损益的原价为依据而多计提折旧，导致本期有关资产或费用项目增加并形成累计折旧，为此，一方面必须将本期多计提折旧而计入相关资产的成本或当期损益的金额予以抵销；另一方面将本期多计提折旧而形成的累计折旧额予以抵销。通过这一抵销，使该内部交易固定资产本期计提的折旧恢复到以不包含未实现内部销售损益的原价为基础计提的累计折旧的金额。即按照本期该内部交易的固定资产多计提的折旧额，借记"固定资产——累计折旧"项目，贷记"管理费用"等项目。

【例20-11】 沿用例20-10。

甲公司2012（第二年）编制合并财务报表时，应编制如下抵销分录：

抵销其固定资产原价中包含的未实现内部销售损益并调整年初未分配利润：

借：未分配利润——年初　　　　　　　　　　　　　　　　20 000
　　贷：固定资产——原价　　　　　　　　　　　　　　　　　　20 000

抵销以前会计期间累计多计提的折旧额和由其影响的年初未分配利润，以调整年初未分配利润的金额：

借：固定资产——累计折旧　　　　　　　　　　　　　　　5 000
　　贷：未分配利润——年初　　　　　　　　　　　　　　　　　5 000

抵销内部交易固定资产本期多计提的累计折旧额和计入管理费用的金额，以调整本期净利润的金额：

借：固定资产——累计折旧　　　　　　　　　　　　　　　5 000
　　贷：管理费用　　　　　　　　　　　　　　　　　　　　　　5 000

（3）内部交易形成的固定资产在清理期间的抵销处理。内部交易形成的固定资产在清理时，可能出现三种情况：期满清理；超期清理；提前清理。编制合并财务报表时，应视具体情况进行相应的抵销处理。

①内部交易形成的固定资产期满清理时的抵销处理。内部交易固定资产期满进行清理时，购买企业内部交易的固定资产实体已不复存在，包含未实现内部销售损益在内的该内部交易形成的固定资产的价值已全部转移到用其加工的产品价值或各期损益中去

了，因此不存在固定资产原价中包含的未实现内部销售损益的抵销问题。从整个企业集团来说，随着该内部交易形成的固定资产的使用寿命届满，其包含的未实现内部销售损益也转化为已实现利润。但是，由于销售企业因该内部交易所实现的利润，作为期初未分配利润的一部分结转到购买企业对该内部交易形成的固定资产进行清理的会计期间为止，为此，必须调整期初未分配利润。另外，在固定资产进行清理的会计期间，如果仍计提了折旧，本期计提的折旧费中仍然包含多计提的折旧额，因此需要将多计提的折旧额予以抵销。但由于清理后固定资产实体已不存在，则该固定资产原价和累计折旧科目已随固定资产的清理而核销，因此需要通过营业外收入或者营业外收支出来核算应当抵销的相关项目。

【例 20-12】 沿用例 20-11。甲公司在第 4 年该固定资产使用期满时对其进行报废清理，该固定资产报废清理时实现固定资产清理净收益 2 000 元，在其当期个别利润表中以营业外收入项目列示。

2013 年（第 3 年）编制合并财务报表时，应当编制如下抵销分录：

借：未分配利润——年初　　　　　　　　　　　　20 000
　　贷：固定资产——原价　　　　　　　　　　　　　　20 000
借：固定资产——累计折旧　　　　　　　　　　　10 000
　　贷：未分配利润——年初　　　　　　　　　　　　　10 000
借：固定资产——累计折旧　　　　　　　　　　　 5 000
　　贷：管理费用　　　　　　　　　　　　　　　　　　 5 000

2014 年（第 4 年）编制合并利润表时，应编制如下抵销分录：

借：未分配利润——年初　　　　　　　　　　　　20 000
　　贷：营业外收入　　　　　　　　　　　　　　　　　20 000
借：营业外收入　　　　　　　　　　　　　　　　15 000
　　贷：未分配利润——年初　　　　　　　　　　　　　15 000
借：营业外收入　　　　　　　　　　　　　　　　 5 000
　　贷：管理费用　　　　　　　　　　　　　　　　　　 5 000

以上三笔抵销分录，可以合并如下：

借：未分配利润——年初　　　　　　　　　　　　 5 000
　　贷：管理费用　　　　　　　　　　　　　　　　　　 5 000

②内部交易形成的固定资产超期清理时的抵销处理。内部交易固定资产超期清理是指固定资产超过尚可使用年限或者折旧期满后仍继续使用，然后再予以清理的情况。

内部交易固定资产使用期满及以前的会计期间，仍然将包含未实现内部销售损益的固定资产原价，以及将按该原价计提的累计折旧，通过固定资产列示于购买企业的个别资产负债表中；销售企业因该内部交易固定资产所实现的损益，作为期初未分配利润的一部分列示于销售企业的个别所有者权益变动表中。因此，内部交易固定资产超期使用，在没有清理之前编制合并财务报表时，首先，由于该内部交易的固定资产仍在使用之中，并列示于购买企业的资产负债表中，须抵销该固定资产原价中包含的未实现内部销售损益；其次，由于该固定资产的累计折旧仍然是按包含有未实现内部销售损益的原价为基础计提的，须抵销其多计提的累计折旧，但是超期使用期间的本期不用抵销多计提折旧。清理超期使用的内部交易固定资产的当期，其实物已不存在，固定资产原价和累计折旧将随固定资产清理而核销，同时，原未实现的内部销售损益，随着内部交易固定资产的清理而实现，因此，在编制清理该超期使用的内部交易固定资产会计期间的合并财务报表时，不需要进行抵销处理。

【例20-13】 沿用例20-11。假定该内部交易固定资产在期满后的第5年仍继续使用。

2013年（第3年）编制合并财务报表时，应当编制如下抵销分录：

借：未分配利润——年初	20 000	
贷：固定资产——原价		20 000
借：固定资产——累计折旧	10 000	
贷：未分配利润——年初		10 000
借：固定资产——累计折旧	5 000	
贷：管理费用		5 000

2014年（第4年）编制合并财务报表时，应编制如下抵销分录：

借：未分配利润——年初	20 000	
贷：固定资产——原价		20 000
借：固定资产——累计折旧	15 000	
贷：未分配利润——年初		15 000
借：固定资产——累计折旧	5 000	
贷：管理费用		5 000

2015年（第五年）编制合并财务报表时，应编制如下抵销分录：

借：未分配利润——年初	20 000	
贷：固定资产——原价		20 000
借：固定资产——累计折旧	20 000	
贷：未分配利润——年初		20 000

上述抵销分录相加之后"固定资产"、"未分配利润"项目相互抵销，即在编制清理该超期使用的内部交易固定资产会计期间的合并财务报表时，不需要进行抵销处理。

【例20-14】 沿用例20-13。假设该内部交易固定资产在第6年被清理。

编制清理超期使用内部交易固定资产会计期间的合并财务报表时，不需要进行抵销处理。

③内部交易形成的固定资产提前清理时的抵销处理。内部交易固定资产使用期满前清理的当期，其实物已不存在，固定资产原价和累计折旧将随固定资产清理而核销，因此不存在固定资产原价中包含的未实现内部销售损益和多提累计折旧的抵销问题，但由于固定资产提前报废，固定资产原价中包含的未实现内部销售损益随着清理而成为现实的损益，应转入营业外收支。销售企业将该内部交易固定资产所实现的损益，作为期初未分配利润的一部分结转到购买企业清理该内部交易固定资产的会计期间，为此，必须调整期初未分配利润。另外，在固定资产使用期限未满进行清理的会计期间仍须计提折旧，本期计提折旧中仍

然包含有多计提的折旧，但累计折旧已随固定资产清理而核销，因此需要将计入管理费用等的多提折旧额予以抵销。

【例20-15】 沿用例20-11。假设甲公司于第3年对该固定资产进行清理报废，该固定资产清理净损失为1 000元。

2013年（第3年）编制合并财务报表时，应编制如下抵销分录：

借：未分配利润——年初　　　　　　　　　　　　　　　　20 000
　　贷：营业外支出　　　　　　　　　　　　　　　　　　　　　　20 000
借：营业外支出　　　　　　　　　　　　　　　　　　　　10 000
　　贷：未分配利润——年初　　　　　　　　　　　　　　　　　　10 000
借：营业外支出　　　　　　　　　　　　　　　　　　　　 5 000
　　贷：管理费用　　　　　　　　　　　　　　　　　　　　　　　 5 000

2. 第二种类型的内部固定资产交易的抵销处理

企业集团内部企业将其自用的固定资产出售给集团内部的其他企业作为固定资产使用的情况下，对销售企业来说，在其个别资产负债表中表现为固定资产的减少，同时在其个别利润表中表现为固定资产处置损益，当处置收入大于固定资产账面价值时，表现为本期营业外收入，当处置收入小于固定资产账面价值时，则表现为本期营业外支出。对于购买企业来说，在其个别资产负债表中则表现为固定资产的增加，其固定资产原价中既包含该固定资产在原销售企业中的账面价值，也包含销售企业因该固定资产出售所实现的损益。但从整个企业集团来看，这一交易属于集团内部固定资产调拨性质，它既不能产生收益，也不会发生损失，固定资产既不能增值也不会减值。因此，必须抵销销售企业因该内部交易所实现的固定资产处置损益，同时抵销购买企业固定资产原价中包含的未实现内部销售损益。通过抵销，使其在合并财务报表中该固定资产原价仍然以销售企业的原账面价值反映。编制抵销分录时，按销售企业销售该产品实现的处置损失金额，借记"固定资产——原价"项目，按固定资产价值中包含的未实现内部损失，贷记"营业外支出"；按销售企业销售该产品实现的处置收益金额，借记"营业外收入"项目，按固定资产价值中包含的未实现内部收益，贷记"固定资产——原价"项目。

【例20-16】 A公司2011年个别资产负债表（见表20-3）中固定资产80 000元为从甲公司购入的固定资产。2011年1月5日，甲公司将其账面价值为120 000元某项管理用固定资产以100 000元的价格出售给A公司仍作为管理用固定资产使用，甲公司因该内部固定资产交易发生处置损失20 000元。假设A公司以100 000元作为该固定资产的成本入账，预计可使用年限为5年，预计净残值为零，按平均年限法计提折旧，假定该内部交易形成的固定资产2011年按12个月计提折旧。

2011年（第一年）编制合并财务报表时，应编制如下抵销分录：

(14) 抵销固定资产的处置损失与固定资产原价中包含的未实现内部销售损失。

借：固定资产——原价　　　　　　　　　　　　　　　　　20 000
　　贷：营业外支出　　　　　　　　　　　　　　　　　　　　　　20 000

(15) 抵销内部购买固定资产当期少计提的折旧额。该固定资产折旧期间为5年，原价为100 000元，预计净残值为零，当年计提的折旧额为20 000元，而按抵销其原价中包含的未实现内部销售损失后的原价计提的折旧额为24 000元，当期少计提的折旧额为 4 000 元。

  借：管理费用   4 000
   贷：固定资产——累计折旧   4 000

（五）内部无形资产交易的抵销处理

编制合并财务报表时，在对母公司与子公司、子公司相互之间销售商品形成的无形资产所包含的未实现内部销售损益进行抵销的同时，也应当对无形资产的摊销额与未实现内部销售损益相关的部分进行抵销，其抵销处理方法与固定资产原价中包含的未实现内部销售损益以及多提固定资产折旧的抵销方法基本相同，可比照进行抵销处理。如果已对内部交易形成的无形资产计提了减值准备的，还应在编制合并财务报表时将其抵销。

四、在报告期内增减子公司

（一）在报告期内增加子公司

母公司因追加投资等原因控制了另一个企业即实现了企业合并。根据企业合并准则的规定，企业合并形成母子公司关系的，母公司应当编制合并日或购买日的合并资产负债表。但是，在企业合并发生当期的期末和以后会计期间，母公司应当根据合并财务报表准则的规定编制合并资产负债表。合并报表准则规定，在编制合并资产负债表时，应当区分同一控制下的企业合并增加的子公司和非同一控制下的企业合并增加的子公司两种情况。

（1）因同一控制下企业合并增加的子公司，视同该子公司从设立起就被母公司控制，编制合并资产负债表时，应当调整合并资产负债表的期初数，相应地，合并资产负债表的留存收益项目应当反映母子公司如果一直作为一个整体运行至合并日应实现的盈余公积和未分配利润的情况。

（2）因非同一控制下企业合并增加的子公司，应当从购买日开始编制合并资产负债表，不应当调整合并资产负债表的期初数。

（二）在报告期内处置子公司

母公司在报告期内处置子公司是指母公司在报告期内失去了决定被投资单位的财务和经营决策的能力，不再能够从其经营活动中获取利益，则母公司不再控制被投资单位，被投资单位从本期开始不再是母公司的子公司的情况。母公司处置子公司可能因绝对或相对持股比例变化所产生，也可能由于其他原因不再控制原先的子公司，或者由于合同约定而导致。例如，收回投资而降低投资比例，子公司被政府、人民法院等接管，通过法定程序修改原先的子公司的章程约定等，都可能导致母公司不能再单方面控制该子公司，原先的子公司从处置日开始不再是母公司的子公司，不应继续将其纳入合并财务报表的合并范围，不调整合并资产负债表的期初数。

五、合并资产负债表的格式

合并资产负债表格式综合考虑了企业集团中一般工商企业和金融企业（包括商业银行、保险公司和证券公司等）的财务状况列报的要求，与个别资产负债表的格式基本相同，主要增加了四个项目：

(1) 在"无形资产"项目下增加了"商誉"项目，用于反映非同一控制下企业合并中取得的商誉，即在控股合并下母公司对子公司的长期股权投资（合并成本）大于其在购买日子公司可辨认净资产公允价值份额的差额。

(2) 在"所有者权益"项目下增加了"归属于母公司所有者权益合计"项目，用于反映企业集团的所有者权益中归属于母公司所有者权益的部分，包括实收资本（或股本）、资本公积、库存股、盈余公积、未分配利润和外币报表折算差额等项目的金额。

(3) 在"所有者权益"项目下增加了"少数股东权益"项目，用于反映非全资子公司的所有者权益中属于少数股东的份额，即不属于母公司的份额。

(4) 在"未分配利润"项目之后、"归属于母公司所有者权益合计"项目之前增加了"外币报表折算差额"项目，用于反映境外经营的资产负债表折算为人民币表示的资产负债表时所发生的折算差额中归属于母公司所有者权益的部分。

合并资产负债表的一般格式如表20-5所示。

六、合并资产负债表的编制

为了便于理解和掌握合并资产负债表的编制方法，了解合并资产负债表编制的全过程，现就有关合并资产负债表的编制举例综合说明如下。

【例20-17】 沿用例20-1、例20-2、例20-3、例20-7、例20-8、例20-10和例20-16。甲公司与A公司2011年度个别资产负债表的资料，如表20-2和表20-3所示。

表20-2　　　　　　　　　资产负债表（简表）　　　　　　　　　会企01表
编制单位：甲公司　　　　　　2011年12月31日　　　　　　　　　单位：元

资产	期末余额	年初余额	负债和所有者权益（或股东权益）	期末余额	年初余额
流动资产：			流动负债：		
货币资金	1 200 000	3 220 000	应付票据	1 000 000	1 000 000
应收票据	1 300 000	780 000	应付账款	3 000 000	2 000 000
其中：应收A公司票据	500 000	0	预收款项	200 000	300 000
应收账款	1 900 000	1 300 000	其中：预收A公司账款	200 000	0
其中：应收A公司账款	570 000	0	应付职工薪酬	1 100 000	2 100 000
预付款项	770 000	0	应交税费	812 500	1 000 000
存货	1 367 000	3 800 000	流动负债合计	6 112 500	6 400 000
其中：向A公司购入存货	180 000	0	非流动负债：		
流动资产合计	6 537 000	9 100 000	长期借款	2 000 000	2 000 000
非流动资产：			应付债券	600 000	600 000
可供出售金融资产			其中：应付A公司债券	200 000	200 000
持有至到期投资			非流动负债合计	2 600 000	2 600 000
长期股权投资	3 000 000	1 700 000	负债合计	8 712 500	9 000 000
其中：对A公司投资	3 000 000	0	所有者权益（或股东权益）：		

续表

资产	期末余额	年初余额	负债和所有者权益（或股东权益）	期末余额	年初余额
固定资产	4 100 000	3 300 000	实收资本（或股本）	5 000 000	5 000 000
其中：向A公司购入固定资产	75 000	0	资本公积	200 000	200 000
在建工程	1 900 000	200 000	盈余公积	576 500	332 000
无形资产	630 000	700 000	未分配利润	1 690 500	468 000
递延所得税资产	12 500	0	所有者权益合计	7 467 000	6 000 000
非流动资产合计	9 642 500	5 900 000			
资产总计	16 179 500	15 000 000	负债和所有者权益总计	16 179 500	15 000 000

表20-3　　　　　　　　　　　　　　　资产负债表（简表）　　　　　　　　　　　　　　会企01表
编制单位：A公司　　　　　　　　　　　　2011年12月31日　　　　　　　　　　　　　　　单位：元

资产	期末余额	年初余额	负债和所有者权益（或股东权益）	期末余额	年初余额
流动资产：			流动负债：		
货币资金	600 000	320 000	应付票据	500 000	300 000
应收票据	300 000	100 000	其中：应付甲公司票据	500 000	0
应收账款	760 000	580 000	应付账款	600 000	400 000
预付款项	400 000	0	其中：应付甲公司账款	600 000	0
其中：预付甲公司账款	200 000	0	预收款项	0	50 000
存货	1 400 000	2 700 000	应付职工薪酬	100 000	350 000
流动资产合计	3 460 000	3 700 000	应交税费	60 000	100 000
非流动资产：			流动负债合计	1 260 000	1 200 000
可供出售金融资产	800 000	700 000	非流动负债：		
持有至到期投资	200 000	200 000	长期借款	1 000 000	1 000 000
其中：持有甲公司债券	200 000	200 000	非流动负债合计	1 000 000	1 000 000
长期股权投资			负债合计	2 260 000	2 200 000
固定资产	1 900 000	1 100 000	所有者权益（或股东权益）：		
其中：向甲公司购入固定资产	80 000	0	实收资本（或股本）	3 000 000	3 000 000
无形资产			资本公积	600 000	500 000
非流动资产合计	2 900 000	2 000 000	其中：可供出售金融资产公允价值变动	100 000	0
			盈余公积	100 000	0
			未分配利润	400 000	0
			所有者权益合计	4 100 000	3 500 000
资产总计	6 360 000	5 700 000	负债和所有者权益总计	6 360 000	5 700 000

表 20-4 合并工作底稿(简表)

编制单位：甲公司　　2011 年 12 月 31 日　　单位：元

项目 (利润表项目)	甲公司 报表金额	甲公司 调整分录 借方	甲公司 调整分录 贷方	A公司 报表金额	A公司 调整分录 借方	A公司 调整分录 贷方	合计金额	抵销分录 借方	抵销分录 贷方	少数股东权益	合并金额
营业收入	8 700 000			6 300 000			15 000 000	(11)1 000 000 (12) 100 000 (16)3 500 000			10 400 000
营业成本	4 850 000			4 600 000			9 450 000		(11) 960 000 (12) 80 000 (16)3 500 000		4 910 000
营业税金及附加	305 000			125 000			430 000				430 000
销售费用	168 333			85 600			253 933				253 933
管理费用	300 000			66 067	(1)20 000		386 067		(13)5 000		385 067
财务费用	280 000			110 000			390 000		(17)20 000		370 000
资产减值损失	50 000						50 000		(7)30 000 (19)20 000		0
投资收益	400 000	(3)400 000	(2)784 000	20 000			804 000	(17)20 000 (18)784 000			0
营业利润	3 146 667	400 000	784 000	1 333 333	20 000		4 844 000	5 408 000	4 615 000		4 051 000
营业外支出	20 000						20 000		(14)20 000		0
利润总额	3 126 667	400 000	784 000	1 333 333	20 000		4 824 000	5 408 000	4 635 000		4 051 000
所得税费用	681 667			333 333			1 015 000				1 015 000
净利润	2 445 000	400 000	784 000	1 000 000	20 000		3 809 000	5 408 000	4 635 000		3 036 000
少数股东损益								(18)196 000		196 000	196 000
归属于母公司所有者的净利润											2 840 000

续表

项目	甲公司 报表金额	甲公司 调整分录 借方	甲公司 调整分录 贷方	A公司 报表金额	A公司 调整分录 借方	A公司 调整分录 贷方	合计金额	抵销分录 借方	抵销分录 贷方	少数股东权益	合并金额
(所有者权益变动表项目)											
未分配利润——年初	468 000			0			468 000	(18)0			468 000
归属于母公司所有者的净利润	1 222 500			600 000			1 822 500	(5)380 000 5 984 000	(18)100 000 (18)500 000		2 840 000
利润分配											1 222 500
未分配利润——年末	1 690 500	400 000	784 000	400 000	20 000		2 454 500	(18)380 000 5 615 000			2 085 500
归属于少数股东的未分配利润——年初										0	0
少数股东损益										196 000	196 000
对少数股东的利润分配										100 000	100 000
归属于少数股东的未分配利润——年末										96 000	96 000
实收资本——年初	5 000 000			3 000 000			8 000 000	(5)3 000 000			5 000 000
所有者投入											
实收资本——年末	5 000 000			3 000 000			8 000 000	3 000 000			5 000 000
资本公积——年初	200 000			500 000		100 000	800 000	(5)600 000			200 000

续表

项目	甲公司 报表金额	甲公司 调整分录 借方	甲公司 调整分录 贷方	A公司 报表金额	A公司 调整分录 借方	A公司 调整分录 贷方	合计金额	抵销分录 借方	抵销分录 贷方	少数股东权益	合并金额
可供出售金融资产公允价值变动净额				100 000			100 000				0
权益法下被投资单位其他所有者权益变动的影响			(4)80 000				80 000				80 000
资本公积——年末	200 000		80 000	600 000		100 000	980 000	(5)100 000			280 000
盈余公积——年初	332 000			0			332 000	700 000 (5)0 (18)0			332 000
提取盈余公积	244 500			100 000			344 500		(18)100 000		244 500
盈余公积——年末	576 500			100 000			676 500	0	100 000		576 500
(资产负债表项目)											
流动资产：											
货币资金	1 200 000			600 000			1 800 000				1 800 000
应收票据	1 300 000			300 000			1 600 000		(8)500 000		1 100 000
其中：应收A公司票据	500 000						500 000		(8)500 000		0
应收账款	1 900 000			760 000			2 660 000	(7)30 000	(6)600 000		2 090 000
其中：应收A公司账款	570 000						570 000	(7)30 000	(6)600 000		0
预付账款	770 000			400 000			1 170 000		(9)200 000		970 000
其中：预付甲公司账款				200 000			200 000		(9)200 000		0
存货	1 367 000			1 400 000			2 767 000	(19)20 000	(11)40 000		2 747 000

续表

项目	甲公司 报表金额	甲公司 调整分录 借方	甲公司 调整分录 贷方	A公司 报表金额	A公司 调整分录 借方	A公司 调整分录 贷方	合计金额	抵销分录 借方	抵销分录 贷方	少数股东权益	合并金额
其中:向A公司购入存货	180 000						180 000	(19)20 000	(11)40 000		160 000
流动资产合计	6 537 000			3 460 000			9 997 000	50 000	1 340 000		8 707 000
非流动资产:											
可供出售金融资产				800 000			800 000				800 000
持有至到期投资				200 000			200 000		(10)200 000		0
其中:持有甲公司债券				200 000			200 000		(10)200 000		0
长期股权投资	3 000 000	(2)784 000 (4)80 000	(3)400 000				3 464 000		(5)3 464 000		0
其中:对A公司投资	3 000 000	(2)784 000 (4)80 000	(3)400 000				3 464 000		(5)3 464 000		0
固定资产	4 100 000			1 900 000	100 000①	(1)20 000	6 080 000	(13)5 000 (14)20 000	(12)20 000 (15)4 000		6 081 000
其中:A公司的M办公设备				80 000	100 000②	(1)20 000	80 000				80 000
向A公司购入固定资产	75 000						75 000	(13)5 000	(12)20 000		60 000
向甲公司购入固定资产				80 000			80 000	(14)20 000	(15)4 000		96 000
在建工程	1 900 000						1 900 000				1 900 000
无形资产	630 000						630 000				630 000
商誉								(5)120 000			120 000

续表

项目	甲公司 报表金额	甲公司 调整分录 借方	甲公司 调整分录 贷方	A公司 报表金额	A公司 调整分录 借方	A公司 调整分录 贷方	合计金额	抵销分录 借方	抵销分录 贷方	少数股东权益	合并金额
递延所得税资产	12 500						12 500				12 500
非流动资产合计	9 642 500	864 000	400 000	2 900 000	100 000	20 000	13 086 500	145 000	3 688 000		9 543 500
资产总计	16 179 500	864 000	400 000	6 360 000	100 000	20 000	23 083 500	195 000	5 028 000		18 250 500
流动负债:											
应付票据	1 000 000			500 000			1 500 000	(8)500 000			1 000 000
其中:应付甲公司票据				500 000			500 000	(8)500 000			0
应付账款	3 000 000			600 000			3 600 000	(6)600 000			3 000 000
其中:应付甲公司账款				600 000			600 000	(6)600 000			0
预收账款	200 000						200 000	(9)200 000			0
其中:预收A公司账款	200 000						200 000	(9)200 000			0
应付职工薪酬	1 100 000			100 000			1 200 000				1 200 000
应交税费	812 500			60 000			872 500				872 500
流动负债合计	6 112 500			1 260 000			7 372 500	1 300 000			6 072 500
非流动负债:											
长期借款	2 000 000			1 000 000			3 000 000				3 000 000
应付债券	600 000						600 000	(10)200 000			400 000
其中:应付A公司债券	200 000						200 000	(10)200 000			0
非流动负债合计	2 600 000			1 000 000			3 600 000	200 000			3 400 000
负债合计	8 712 500			2 260 000			10 972 500	1 500 000			9 472 500

续表

项目	甲公司 报表金额	甲公司 调整分录 借方	甲公司 调整分录 贷方	A公司 报表金额	A公司 调整分录 借方	A公司 调整分录 贷方	合计金额	抵销分录 借方	抵销分录 贷方	少数股东权益	合并金额
所有者权益(或股东权益):											
实收资本(或股本)	5 000 000			3 000 000			8 000 000	(5)3 000 000			5 000 000
资本公积	200 000		(4)80 000	600 000		100 000③	980 000	(5)600 000 (5)100 000			280 000
其中:可供出售金融资产公允价值变动	100 000						100 000	(5)100 000			0
盈余公积	576 500						576 500	(5)0 (5)100 000			576 500
未分配利润	1 690 500	(3)400 000 (2)784 000		400 000	(1)20 000		2 454 500	(5)380 000 (11)1 000 000 (12)100 000 (16)3 500 000 (17)20 000 (18)784 000 (18)196 000 (18)0 5 984 000	(11)960 000 (12)80 000 (16)3 500 000 (13)5 000 (17)20 000 (7)30 000 (19)20 000 (14)20 000 (18)100 000 (18)500 000 (18)380 000 5 615 000		2 085 500
少数股东权益										(5)836 000	836 000
所有者权益合计	7 467 000	400 000	864 000	4 100 000	20 000	100 000	12 111 000	9 784 000	5 615 000	836 000	8 778 000

续表

项目	甲公司 报表金额	甲公司 调整分录 借方	甲公司 调整分录 贷方	A公司 报表金额	A公司 调整分录 借方	A公司 调整分录 贷方	合计金额	抵销分录 借方	抵销分录 贷方	少数股东权益	合并金额
负债和所有者权益总计	16 179 500	400 000	864 000	6 360 000	20 000	100 000	23 083 500	11 284 000	5 615 000	836 000	18 250 500
(现金流量表项目)											
经营活动产生的现金流量：											
销售商品、提供劳务收到的现金	7 675 000			5 990 000			13 665 000		(21)3 600 000 (22)100 000		9 965 000
收到的税费返还											
收到其他与经营活动有关的现金											
经营活动现金流入小计	7 675 000			5 990 000			13 665 000		3 700 000		9 965 000
购买商品、接受劳务支付的现金	1 420 000			3 170 000			4 590 000	(21)3 600 000			990 000
支付给职工以及为职工支付的现金	1 100 000			250 000			1 350 000				1 350 000
支付的各项税费	1 820 000			758 000			2 578 000				2 578 000
支付其他与经营活动有关的现金	45 000			42 000			87 000				87 000
经营活动现金流出小计	4 385 000			4 220 000			8 605 000	3 600 000			5 005 000
经营活动产生的现金流量净额	3 290 000			1 770 000			5 060 000	3 600 000	3 700 000		4 960 000

续表

项目	甲公司 报表金额	甲公司 调整分录 借方	甲公司 调整分录 贷方	A公司 报表金额	A公司 调整分录 借方	A公司 调整分录 贷方	合计金额	抵销分录 借方	抵销分录 贷方	少数股东权益	合并金额
投资活动产生的现金流量:											
收回投资收到的现金											
取得投资收益收到的现金	400 000			20 000			420 000		(20)420 000		0
处置固定资产、无形资产和其他长期资产收回的现金净额	100 000						100 000		(23)100 000		0
处置子公司及其他营业单位收到的现金净额											
收到其他与投资活动有关的现金											
投资活动现金流入小计	500 000			20 000			520 000		520 000		0
购建固定资产、无形资产和其他长期资产支付的现金	930 000			900 000			1 830 000	(22)100 000 (23)100 000			1 630 000
投资支付的现金											
取得子公司及其他营业单位支付的现金净额	3 000 000						3 000 000				3 000 000

续表

项目	甲公司 报表金额	甲公司 调整分录 借方	甲公司 调整分录 贷方	A公司 报表金额	A公司 调整分录 借方	A公司 调整分录 贷方	合计金额	抵销分录 借方	抵销分录 贷方	少数股东权益	合并金额
支付其他与投资活动有关的现金											
投资活动现金流出小计	3 930 000			900 000			4 830 000	200 000			4 630 000
投资活动产生的现金流量净额	−3 430 000			−880 000			−4 310 000	200 000	520 000		−4 630 000
筹资活动产生的现金流量：											
吸收投资收到的现金											
取得借款收到的现金											
收到其他与筹资活动有关的现金											
筹资活动现金流入小计											
偿还债务支付的现金											
分配股利、利润或偿付利息支付的现金	1 880 000			610 000			2 490 000	(20)420 000			2 070 000

续表

项目	甲公司			A公司			合计金额	抵销分录		少数股东权益	合并金额
	报表金额	调整分录		报表金额	调整分录			借方	贷方		
		借方	贷方		借方	贷方					
其中：子公司支付给少数股东的股利、利润				100 000			100 000				100 000
支付其他与筹资活动有关的现金											
筹资活动现金流出小计	1 880 000			610 000			2 490 000	420 000			2 070 000
筹资活动产生的现金流量净额	−1 880 000			−610 000			−2 490 000	420 000			−2 070 000
现金及现金等价物净增加额	−2 020 000			280 000			−1 740 000	4 220 000	4 220 000		−1 740 000
年初现金及现金等价物余额	3 220 000			320 000			3 540 000				3 540 000
年末现金及现金等价物余额	1 200 000			600 000			1 800 000	4 220 000	4 220 000		1 800 000

①此金额为合计金额。
②此金额根据表 20-1 中固定资产的公允价值与账面价值的差额 100 000 元填列。
③此金额根据表 20-1 中因固定资产的公允价值与账面价值的差额导致资本公积增加的 100 000 元填列。
④合并工作底稿中金额之下划有横线的均为加总数。

编制合并资产负债表的程序主要包括以下几个步骤：

第一步，编制合并工作底稿。甲公司应当设计合并工作底稿，如表 20-4 所示。

第二步，将个别资产负债表的各项目的数据过入合并工作底稿。将甲公司和 A 公司个别资产负债表各项目的数据过入合并工作底稿，并计算资产负债表各项目的合计金额。

第三步，编制调整分录和抵销分录。编制调整分录，按照甲公司备查簿中所记录的 A 公司可辨认资产、负债及或有负债在购买日公允价值的资料（见表 20-1）调整 A 公司的财务报表，将 A 公司的财务报表调整成以购买日可辨认资产、负债及或有负债的公允价值为基础编制的财务报表，再按照权益法调整甲公司对 A 公司的长期股权投资。编制抵销分录，抵销甲公司与 A 公司之间发生的内部交易对合并资产负债表的影响。将编制的调整分录和抵销分录过入合并工作底稿。

第四步，计算合并资产负债表各项目的合并金额。计算合并资产负债表各项目的合并金额，即在甲公司和 A 公司个别资产负债表各项目合计金额的基础上，分别计算资产负债表各项目的合并金额。

第五步，填列合并资产负债表。根据合并工作底稿中计算出的合并金额，编制填列该企业集团 2011 年度合并资产负债表，如表 20-5 所示。

表 20-5　　　　　　　　　　　　　合并资产负债表　　　　　　　　　　　　　会合 01 表
编制单位：甲公司　　　　　　　　　　2011 年 12 月 31 日　　　　　　　　　　　单位：元

资产	期末余额	年初余额（略）	负债和所有者权益（或股东权益）	期末余额	年初余额（略）
流动资产：			流动负债：		
货币资金	1 800 000		短期借款		
结算备付金			向中央银行借款		
拆出资金			吸收存款及同业存放		
交易性金融资产			拆入资金		
应收票据	1 100 000		交易性金融负债		
应收账款	2 090 000		应付票据	1 000 000	
预付款项	970 000		应付账款	3 000 000	
应收保费			预收款项	0	
应收分保账款			卖出回购金融资产款		
应收分保合同准备金			应付手续费及佣金		
应收利息			应付职工薪酬	1 200 000	
其他应收款			应交税费	872 500	
买入返售金融资产			应付利息		
存货	2 747 000		其他应付款		

续表

资产	期末余额	年初余额（略）	负债和所有者权益（或股东权益）	期末余额	年初余额（略）
一年内到期的非流动资产			应付分保账款		
其他流动资产			保险合同准备金		
流动资产合计	8 707 000		代理买卖证券款		
非流动资产：			代理承销证券款		
发放贷款及垫款			一年内到期的非流动负债		
可供出售金融资产	800 000		其他流动负债		
持有至到期投资	0		流动负债合计	6 072 500	
长期应收款			非流动负债：		
长期股权投资	0		长期借款	3 000 000	
投资性房地产			应付债券	400 000	
固定资产	6 081 000		长期应付款		
在建工程	1 900 000		专项应付款		
工程物资			预计负债		
固定资产清理			递延所得税负债		
生产性生物资产			其他非流动负债		
油气资产			非流动负债合计	3 400 000	
无形资产	630 000		负债合计	9 472 500	
开发支出			所有者权益（或股东权益）：		
商誉	120 000		实收资本（或股本）	5 000 000	
长期待摊费用			资本公积	280 000	
递延所得税资产	12 500		减：库存股		
其他非流动资产			盈余公积	576 500	
非流动资产合计	9 543 500		一般风险准备		
			未分配利润	2 085 500	
			外币报表折算差额		
			归属于母公司所有者权益合计	7 942 000	
			少数股东权益	836 000	
			所有者权益合计	8 778 000	
资产总计	18 250 500		负债和所有者权益总计	18 250 500	

第三节 合并利润表

合并利润表是反映母、子公司所形成的企业集团整体在一定会计期间内经营成果的财务报表。合并利润表应当以母公司和子公司的利润表为基础,在抵销母公司与子公司、子公司相互之间发生的内部交易对合并利润表的影响后,由母公司合并编制。个别利润表则是以单个企业为会计主体进行会计核算的结果,分别从母公司本身和子公司本身反映其在一定会计期间的经营成果。

一、编制合并利润表时应进行抵销处理的项目

编制合并利润表时,在以母子公司个别利润表为基础计算的收入和费用等项目的加总金额中,必然包含有重复计算的因素。因此,作为反映企业集团整体在一定会计期间经营成果的合并利润表,必须剔除这些重复计算的因素,抵销这些重复确认的项目。

（一）内部营业收入与内部营业成本的抵销处理

内部营业收入是指企业集团内部母公司与子公司、子公司相互之间发生的商品销售（或劳务提供,下同）活动所产生的营业收入。内部营业成本是指企业集团内部母公司与子公司、子公司相互之间发生的内部销售商品的营业成本。

在企业集团内部,母公司与子公司、子公司相互之间发生内部购销交易的情况下,发生内部交易的企业都从自身的角度,以自身独立的会计主体进行核算,反映其损益情况。从销售企业来说,以其内部销售确认当期销售收入并结转相应的销售成本,计算当期内部销售损益。从购买企业来说,其购进的商品可能用于对外销售,也可能作为固定资产、工程物资、在建工程、无形资产等资产使用。在购买企业将内部购进的商品用于对外销售时,可能出现以下三种情况:（1）内部购进的商品全部实现对外销售;（2）内部购进的商品全部未实现对外销售,形成期末存货;（3）内部购进的商品部分实现对外销售,部分形成期末存货。在购买企业将内部购进的商品作为固定资产、工程物资、在建工程、无形资产等资产使用时,则形成其固定资产、工程物资、在建工程、无形资产等资产。因此,对母公司与子公司、子公司相互之间销售商品而形成的内部营业收入与营业成本进行抵销时,应分别不同情况进行处理。

1. 当期全部实现对外销售

在这种情况下,从销售企业来说,销售给企业集团内其他企业的商品与销售给企业集团外部企业情况下的会计处理相同,即在本期确认销售收入、结转销售成本、计算销售商品损益,并在其个别利润表中反映;对于购买企业来说,一方面要确认向企业集团外部企业的销售收入,另一方面要结转内部购进商品的成本,在其个别利润表中分别作为营业收入和营业成本反映,并确认销售损益。即对于同一购销业务,在销售企业和购买企业的个别利润表中都作了反映。但从整个企业集团来看,这一购销业务只实现了一次对外销售,其销售收入只是购买企业向企业集团外部企业销售该产品的销售收入,其销售成本只是销售企业向购买企业销售该商品的成本。销售企业向购买企业销售该商品

实现的收入属于内部销售收入，相应地，购买企业向企业集团外部销售该商品的销售成本则属于内部销售成本。因此，在编制合并利润表时，就必须抵销购销重复反映的内部营业收入与内部营业成本。编制抵销分录时，按照集团内部销售企业销售该商品确认的销售收入，借记"营业收入"项目，按照购买企业因售出内部购进存货而结转的销售成本，贷记"营业成本"项目。

【例 20-18】 假设甲公司 2011 年个别利润表（见表 20-7）的营业收入中有 3 500 000 元，系向 A 公司销售产品取得的销售收入，该产品销售成本为 3 000 000 元。A 公司在本期将该产品全部售出，其销售收入为 4 500 000 元，销售成本为 3 500 000 元，并分别在其个别利润表中列示。

根据上述资料，甲公司账务处理如下：

(16) 编制 2011 年度合并利润表时，应抵销甲公司确认的营业收入和 A 公司结转的营业成本，其抵销分录如下：

借：营业收入　　　　　　　　　　　　　　　　　　　　　　3 500 000
　　贷：营业成本　　　　　　　　　　　　　　　　　　　　　　　3 500 000

2. 期末未实现对外销售而形成存货

在内部购进的商品未实现对外销售的情况下，其抵销处理请参见本章第二节有关"存货价值中包含的未实现内部销售损益的抵销处理"的内容。

3. 期末部分实现对外销售、部分形成存货

内部购进的商品部分实现对外销售、部分形成期末存货的情况，可以理解为内部购买的商品分解为两部分：一部分为当期购进并全部实现对外销售；另一部分为当期购进但未实现对外销售而形成期末存货。

(二) 内部购进商品作为固定资产、无形资产等资产使用时的抵销处理

企业集团内母公司与子公司、子公司相互之间将自身的产品销售给其他企业作为固定资产（作为无形资产的处理原则类似）使用的抵销处理，请参见本章第二节有关"内部交易形成的固定资产在购入当期的抵销处理"的内容。

(三) 内部应收账款计提的坏账准备等减值准备的抵销处理

编制合并资产负债表时，需要抵销内部应收账款与应付账款，与此相适应需要抵销内部应收账款计提的坏账准备。相关抵销处理，请参见本章第二节有关"应收账款与应付账款的抵销处理"的内容。

(四) 内部投资收益（利息收入）与利息费用的抵销处理

企业集团内部母公司与子公司、子公司相互之间可能发生相互提供信贷，以及相互之间持有对方债券的内部交易。在持有企业集团内部其他企业发行的企业债券（或公司债券，下同）的情况下，持有债券的企业，购买债券时作为持有至到期投资（本章为简化合并处理，假设购买债券的企业将该债券投资归类为持有至到期投资）核算，并在其个别资产负债表"持有至到期投资"项目中列示，当期获得的利息收入作为投资收益处理，并在其个别利润表"投资收益"项目中列示；而发行债券的企业取得资金时，作为应付债券核算，并在其个别资产负债表"应付债券"项目中列示，支付的利息费用作为财务费用处理，并在其个别利润表"财务费用"项目中列示。但从企业集团整体来看，购买债券企业对发行债券企业的持有至到期投资不会引起整个企业集团的资产、负债或

所有者权益的增减变化，也不会引起整个企业集团损益的增减变化。因此，在编制合并财务报表时，应当在抵销内部持有至到期投资和应付债券等内部债权债务的同时，抵销内部债券投资收益与内部发行债券的利息费用，即借记"投资收益"项目，贷记"财务费用"项目。

企业集团内部母公司与子公司、子公司相互之间相互持有对方债券，购买企业因此而确认的投资收益，当年列示于投资收益项目，增加当年净利润，但对以前年度确认的投资收益则包含于期初未分配利润之中；发行企业因支付利息而确认的利息费用，当年列示于财务费用项目，减少当年净利润，但对以前年度确认的财务费用则扣减期初未分配利润。因此，在编制合并财务报表时，购买企业包含以前年度投资收益的期初未分配利润和发行企业扣减以前年度财务费用的期初未分配利润合计时，已将购买企业以前年度对内部债权投资确认的投资收益和发行企业对以前年度确认的应付债券财务费用相互抵销了，因此，在连续编制合并财务报表时，一般不用考虑以前年度内部债券的投资收益与利息费用项目的抵销问题。

【例 20-19】 沿用例 20-7。假定甲公司个别利润表（见表 20-7）的财务费用中有应向 A 公司支付的债券利息费用总额 20 000 元（假定该债券的票面利率与实际利率相差较小）。A 公司个别利润表（见表 20-7）的投资收益中有应收甲公司的债券利息总额 20 000 元。

根据上述资料，甲公司账务处理如下：

(17) 编制合并利润表时，应抵销内部债券投资收益与应付债券利息费用，其抵销分录如下：

借：投资收益　　　　　　　　　　　　　　　　　　　　　　20 000
　　贷：财务费用　　　　　　　　　　　　　　　　　　　　　　　20 000

（五）持有内部长期股权投资的投资收益与对方利润分配有关项目的抵销处理

内部投资收益是指母公司对子公司或子公司对母公司、子公司相互之间的长期股权投资的收益，即母公司对子公司的长期股权投资在合并工作底稿中按权益法调整的投资收益，实际上就是子公司当期营业收入减去营业成本和期间费用、所得税费用等后的余额与其持股比例相乘的结果。

在子公司为全资子公司的情况下，母公司对某一子公司在合并工作底稿中按权益法调整的投资收益，实际上就是该子公司当期实现的净利润。编制合并利润表时，需要将子公司的营业收入、营业成本和期间费用视同母公司本身的营业收入、营业成本和期间费用看待，与母公司相应的项目进行合并是将子公司的本期净利润还原为营业收入、营业成本和期间费用，也就是将内部投资收益还原为合并利润表中的营业收入、营业成本和期间费用处理，使母公司重复确认对子公司的股权投资收益。因此，编制合并利润表时，必须抵销对子公司的长期股权投资收益。

由于合并所有者权益变动表中的本年利润分配项目是站在整个企业集团角度，反映对母公司股东和子公司的少数股东的利润分配情况，因此，必须抵销子公司的个别所有者权益变动表中本年利润分配各项目的金额，包括提取盈余公积、对所有者（或股东）的分配和期末未分配利润的金额。在子公司为全资子公司的情况下，母公司本期对子公司长期股权投资按权益法调整的投资收益正好等于子公司本期净利润。假定子公司期初未分配利润为零，子公司本期净利润就是子公司本期可供分配的利润，是本期子公司利润分配的来源，而子公司本期利润分配［包括：提取盈余公积、对所有者（或股东）的分配等］的金额与期末未分配利润的金额则是本期利润分配的结果。母公司对子公司的长期股权投资按权益法调整的投资收益正好抵销子公司的本年利润分配项目。在子公司为非全资子公司的情况下，母公司本期对子公司长期股权投资按权益法调整的投资收益与本期少数股东损益之和就是子公司本期净利润，同样假定子公司期初未分配利润为零，母公司本期对子公司长期股权投资按权益法调整的投资收益与本期少数股东损益之和，正好抵销子公司本期利润分配项目。

在全资子公司的情况下，其个别所有者权益变动表中本年利润分配项目中的"未分配利润——年初"项目，作为子公司以前会计期间净利润留存的一部分，已全额包括在母公司以前会计期间按权益法调整的投资收益之中，从而包括在母公司按权益法调整的本期期初未分配利润之中。为此，在母、子公司本期期初未分配利润项目加总金额中，重复计算了子公司的期初未分配利润，为此，也应将其予以抵销。在子公司个别所有者权益变动表中，其期初未分配利润加上本期净利润就是其本期利润分配的来源；而利润分配的结果则是本期利润分配和期末未分配利润。母公司本期对子公司长期股权投资按权益法调整的投资收益和子公司期初未分配利润正好与子公司本年利润分配项目相抵销。在子公司为非全资子公司的情况下，母公司本期对子公司长期股权投资按权益法调整的投资收益、本期少数股东损益和期初未分配利润也正好与子公司本年利润分配项目相抵销。

编制合并财务报表时，应借记"投资收益"、"少数股东损益"、"未分配利润——年初"项目，贷记"提取盈余公积"、"对所有者（或股东）的分配"、"未分配利润——年末"等项目。

【例20-20】沿用例20-1。

根据上述资料，甲公司账务处理如下：

(18) 假设甲公司和A公司2011年度所有者权益变动表，如表20-6所示。在合并工作底稿中甲公司按权益法调整的A公司本期投资收益为384 000元（980 000×80%－400 000），A公司本期少数股东损益为96 000元（980 000×20%－100 000）。A公司年初未分配利润为零，A公司本期提取盈余公积100 000元、分配现金股利500 000元、未分配利润380 000元（400 000－20 000）。编制合并财务报表进行抵销处理时，应编制如下抵销分录：

借：投资收益（400 000＋384 000）	784 000
少数股东损益（100 000＋96 000）	196 000
未分配利润——年初	0
贷：提取盈余公积	100 000
对所有者（或股东）的分配	500 000
未分配利润——年末	380 000

需要说明的是，在将母公司投资收益、少数股东损益与子公司本年利润分配项目抵销时，应将子公司个别所有者权益变动表中的利润分配项目全额抵销，即通过贷记"提取盈余公积"、"对所有者（或股东）的分配"、"未分配利润——年末"项目，将其全额抵销。在当期合并财务报表中，不需再将已经抵销的提取盈余公积的金额调整回来。

表 20-6

所有者权益变动表(简表)

2011 年度

会企 04 表
单位:元

项目	甲公司					A公司				
	实收资本(或股本)	资本公积	盈余公积	未分配利润	所有者权益合计	实收资本(或股本)	资本公积	盈余公积	未分配利润	所有者权益合计
一、上年末余额	5 000 000	200 000	332 000	468 000	6 000 000	3 000 000	500 000	0	0	3 500 000
加:会计政策变更										
前期差错更正										
二、本年年初余额	5 000 000	200 000	332 000	468 000	6 000 000	3 000 000	500 000	0	0	3 500 000
三、本年增减变动金额(减少以"—"号填列)			244 500	1 222 500	1 467 000			100 000	400 000	600 000
(一)净利润				2 445 000	2 445 000				1 000 000	1 000 000
(二)直接计入所有者权益的利得和损失							100 000			100 000
可供出售金融资产公允价值变动净额							100 000			100 000
⋮										
(四)利润分配			244 500	−1 222 500	−978 000			100 000	−600 000	−500 000
1.提取盈余公积			244 500	−244 500	0			100 000	−100 000	0
2.对所有者(或股东)的分配				−978 000	−978 000				−500 000	−500 000
四、本年年末余额	5 000 000	200 000	576 500	1 690 500	7 467 000	3 000 000	600 000	100 000	400 000	4 100 000

(六) 存货跌价准备的抵销处理

根据资产减值准则的规定，企业必须定期或者至少于年度终了时，对存货进行减值测试，采用成本与可变现净值孰低法进行期末计价，按单个存货项目计提存货跌价准备。存货清查的范围既包括从企业外部购进形成的存货，也包括从企业集团内部购进形成的存货。当企业本期计提的存货跌价准备中包括对内部交易形成存货计提的跌价准备时，则涉及如何对内部购进存货计提的跌价准备进行抵销处理的问题。

1. 初次编制合并财务报表的抵销处理

从商品的可变现净值来看，某一商品的可变现净值，对持有存货企业和企业集团来说，都是一致的。从商品的取得成本来说，持有内部购进商品的企业，该商品的取得成本包括销售企业所实现的损益，而对企业集团整体来说，则是指从外部购买该商品或生产这一产品的生产成本。编制合并财务报表时，计提存货跌价准备应当是将该商品的可变现净值与从企业集团而言的取得成本进行比较确定的金额计提。

购买企业对内部购买形成的存货计提存货跌价准备的抵销处理，有两种情况：①购买企业本期期末内部购进存货的可变现净值低于其取得成本，但高于销售企业销售成本；②购买企业本期期末内部购进存货的可变现净值低于销售企业销售成本。

(1) 期末内部购进存货的可变现净值低于其取得成本，但高于销售企业销售成本的抵销处理。购买企业本期期末内部购进存货的可变现净值低于其取得成本，但高于销售企业销售成本的情况下，从购买企业个别财务报表来说，一方面，购买企业按该存货的可变现净值低于取得成本的金额计提的存货跌价准备，在其个别资产负债表中通过抵减存货列示；另一方面，在个别利润表中作为资产减值损失列示。但从合并财务报表来说，随着内部购进存货价值中包含的未实现内部销售损益的抵销，该存货在合并财务报表中列示的成本为抵销未实现内部销售损益后的成本。当该存货的可变现净值低于购买企业的取得成本，但高于该存货在合并财务报表中的成本时，则不需要计提存货跌价准备。因此，个别财务报表中列示的相应的存货跌价准备，也应予以抵销。进行抵销处理时，应当按照购买企业本期计提的存货跌价准备的金额，借记"存货——存货跌价准备"项目，贷记"资产减值损失"项目。

【例 20-21】 沿用例 20-8。

根据上述资料，甲公司账务处理如下：

(19) 本例中，该存货的可变现净值为 180 000 元，高于抵销未实现内部销售损益的金额 160 000 元 (200 000 - 40 000)。在编制本期合并利润表时，应编制如下抵销分录：

借：存货——存货跌价准备 (180 000 - 160 000)   20 000
    贷：资产减值损失   20 000

(2) 期末内部购进存货的可变现净值低于销售企业销售成本的抵销处理。购买企业本期期末内部购进存货的可变现净值低于销售企业销售成本的情况下，从购买企业个别财务报表来说，一方面，购买企业按该存货的可变现净值低于取得成本的金额计提的存货跌价准备，在其个别资产负债表中通过抵减存货列示；另一方面，在个别利润表中作为资产减值损失列示。购买企业在个别财务报表中确认的存货跌价准备的金额，既包括购买企业就该存货取得成本高于销售企业销售成本的差额（即抵销的未实现内部销售损益），又包括销售企业销售成本高于该商品可变现净值的差额。但从合并财务报表来说，随着内部购进存货价值中包含的未实现内部销售损益的抵销，该存货在合并财务报表中列示的成本为抵销未实现内部销售损益后的成本。相对于购买企业该存货的取得成本高于销售企业销售成本的差额部分计提的存货跌价准备的金额，已因未实现内部销售损益的抵销而抵销，因而在编制合并财务报表时，也须将这部分金额予以抵销；而相对于销售企业销售成本高于该存货可变现净值的部分而计提的存货跌价准备，从整个企业集团来说，属于必须计提的存货跌价准备，必须在合并财务报表中予以反映，故不需要进行抵销处理。进行抵销处理时，应当按照购买企业本期计提的存货跌价准备中内部购进存货取得成本高于销售企业销售成本的金额，借记"存货——存货跌价准备"项目，贷记"资产减值损失"项目。

【例 20-22】 沿用例 20-8。假定该内部交易形成的存货账面余额为 200 000 元，其可变现净值为 150 000 元，计提存货跌价准备 50 000 元。

根据上述资料，甲公司账务处理如下：

本例中，该存货的可变现净值为 150 000 元，低于抵销未实现内部销售损益后的金额，即低于销售企业销售成本，进行抵销处理时，只能抵销购买企业本期计提的存货跌价准备中相当于抵销的未实现内部销售损益的金额，即内部购进存货取得成本高于销售企业销售成本的金额 40 000 元（200 000－160 000）。其余 10 000 元存货跌价准备，从整个企业集团来说，也属于必须计提的减值准备，不得抵销。在编制本期合并利润表时，应编制如下抵销分录：

借：存货——存货跌价准备　　　　　　　　　　　　　　　40 000
　　贷：资产减值损失　　　　　　　　　　　　　　　　　　　　　40 000

2. 连续编制合并财务报表的抵销处理

由于以前期间内部存货跌价准备、资产减值损失以及由此对利润及利润分配的影响仍存在于企业集团各法人企业的个别资产负债表、利润表和所有者权益变动表中，为此，在编制合并财务报表时，必须将上期因内部存货的存货跌价准备抵销而抵销的资产减值损失对本期期初未分配利润的影响予以抵销，调整本期期初未分配利润的金额。

在连续编制合并财务报表进行抵销处理时，首先，将上期资产减值损失中抵销的存货跌价准备对本期期初未分配利润的影响予以抵销，即按上期资产减值损失项目中抵销的存货跌价准备的金额，借记"存货——存货跌价准备"项目，贷记"未分配利润——年初"项目；其次，对于本期对内部购进存货在个别财务报表中补提或冲减的存货跌价准备的金额也应予以抵销，借记或贷记"存货——存货跌价准备"项目，贷记或借记"资产减值损失"项目。至于抵销存货跌价准备的金额，应当分别不同的情况进行处理。

（1）期末内部购进存货的可变现净值低于其取得成本，但高于销售企业销售成本的抵销处理。购买企业本期期末内部购进存货的可变现净值低于其取得成本，但高于销售企业销售成本时，其抵销的存货跌价准备的金额为本期存货跌价准备的增加额。

【例 20-23】 沿用例 20-21。2012 年度，甲公司向 A 公司购进商品 150 000 元，A 公司销售该商品的销售成本为 120 000 元。甲公司上期购进存货本期全部售出，销售价格为 200 000 元；本期从 A 公司购进存货销售 40%，销售价格为 62 000 元，另 60% 形成期末存货（其取得成本为 90 000 元）。期末甲公司对存货进行检查时，发现内部购进存货已部分陈旧，其可变现净值降至 78 000 元，本期甲公司对该存货冲减存货跌价准备 8 000 元 [20 000－(90 000－78 000)]。

根据上述资料，甲公司账务处理如下：

本例中，该存货的可变现净值降至 78 000 元，高于抵销未实现内部销售损益后的金额，即销售企业的销售成本 72 000 元（120 000×60%）。在编制本期合并财务表时，应进行如下抵销处理：

(1) 借：存货——存货跌价准备　　　　　　　　　　　　　　　20 000
　　　贷：未分配利润——年初　　　　　　　　　　　　　　　　　　20 000
(2) 借：未分配利润——年初　　　　　　　　　　　　　　　　　40 000
　　　贷：营业成本　　　　　　　　　　　　　　　　　　　　　　　40 000
(3) 借：营业收入　　　　　　　　　　　　　　　　　　　　　　150 000
　　　贷：营业成本　　　　　　　　　　　　　　　　　　　　　　150 000
(4) 借：营业成本（90 000－72 000）　　　　　　　　　　　　　18 000
　　　贷：存货　　　　　　　　　　　　　　　　　　　　　　　　18 000
(5) 借：资产减值损失　　　　　　　　　　　　　　　　　　　　8 000
　　　贷：存货——存货跌价准备　　　　　　　　　　　　　　　　　8 000

(2) 期末内部购进存货的可变现净值低于销售企业销售成本的抵销处理。购买企业本期期末内部购进存货的可变现净值低于销售企业销售成本时，其抵销的存货跌价准备的金额相当于购买企业该存货的取得成本高于销售企业销售成本的差额部分计提的存货跌价准备的金额，扣除期初内部购进存货计提的存货跌价准备的金额后的余额，即本期期末存货中包含的未实现内部销售损益的金额减去期初内部购进存货计提的存货跌价准备金额后的余额。

【例 20-24】 沿用例 20-23。假定 2012 年年末甲公司对存货进行检查时，发现内部购进存货已部分陈旧，其可变现净值降至 65 000 元，本期甲公司对该存货补提存货跌价准备 5 000 元 [(90 000－65 000)－20 000]。

根据上述资料，甲公司账务处理如下：

本例中，该存货的可变现净值为 65 000 元，低于抵销未实现内部销售损益后的金额，即低于销售企业销售成本，进行抵销处理时，只能抵销购买企业本期计提的存货跌价准备中相当于抵销的未实现内部销售损益的金额，即内部购进存货取得成本高于销售企业销售成本的金额 18 000 元（90 000－72 000）。其余 7 000 元存货跌价准备，从整个企业集团来说，也属于必须计提的减值准备，不需要进行抵销处理。在编制本期合并利润表时，应编制如下抵销分录：

(1) 借：存货——存货跌价准备　　　　　　　　　　　　　　　20 000
　　　贷：未分配利润——年初　　　　　　　　　　　　　　　　　　20 000

(2) 借：未分配利润——年初　　　　　　　　　　　　　　　　40 000
　　　贷：营业成本　　　　　　　　　　　　　　　　　　　　　　　　40 000
(3) 借：营业收入　　　　　　　　　　　　　　　　　　　　150 000
　　　贷：营业成本　　　　　　　　　　　　　　　　　　　　　　　 150 000
(4) 借：营业成本（90 000－72 000）　　　　　　　　　　　18 000
　　　贷：存货　　　　　　　　　　　　　　　　　　　　　　　　　　18 000
(5) 借：资产减值损失（20 000－18 000）　　　　　　　　　　2 000
　　　贷：存货——存货跌价准备　　　　　　　　　　　　　　　　　 2 000

二、报告期内增减子公司

（一）报告期内增加子公司

母公司因追加投资等原因控制了另一个企业即实现了企业合并。根据企业合并准则的规定，企业合并形成母子公司关系的，母公司应当编制合并日的合并利润表。但是，在企业合并发生当期的期末和以后会计期间，母公司应当根据合并财务报表准则的规定编制合并利润表。合并财务报表准则规定，在编制合并利润表时，应当区分同一控制下企业合并增加的子公司和非同一控制下企业合并增加的子公司两种情况：

（1）因同一控制下企业合并增加的子公司，应当视同合并后形成的报告主体自最终控制方开始实施控制时一直是一体化存续下来的，经营成果应当持续计算，因此，在编制合并利润表时，应当将该子公司合并当期期初至报告期末的收入、费用、利润纳入合并利润表，而不是从合并日开始纳入合并利润表。由于这部分净利润是因企业合并准则所规定的同一控制下企业合并的编表原则所致，而非母公司管理层通过生产经营活动实现的净利润，因此应当在合并利润表中单列"其中：被合并方在合并前实现的净利润"项目进行反映。

（2）因非同一控制下企业合并增加的子公司，在编制合并利润表时，应当将该子公司购买日至报告期末的收入、费用、利润纳入合并利润表。

（二）报告期内处置子公司

母公司在报告期内处置子公司，在编制合并利润表时，应当将该子公司期初至处置日的收入、费用、利润纳入合并利润表。

三、合并利润表基本格式

合并利润表的格式综合考虑了企业集团中一般工商企业和金融企业（包括商业银行、保险公司和证券公司）的经营成果列表的要求。

合并利润表的格式与个别利润表的格式基本相同，主要增加了两个项目，即在"净利润"项目下增加"归属于母公司所有者的净利润"和"少数股东损益"两个项目，分别反映净利润中由母公司所有者所享有的份额和非全资子公司当期实现的净利润中属于少数股东权益的份额，即不属于母公司享有的份额。归属于母公司所有者的净利润与少数股东损益和等于合并净利润。在属于同一控制下企业合并增加的子公司当期的合并利润表中，还应当在"净利润"项目下增加"其中：被合并方在合并前实现的净利润"项目，用于反映同一控制下企业合并中取得的被合并方在合并日以前实现的净利润。但是，"被合并方在合并前实现的净利润"应当在母公司所有者和少数股东之间进行分配,如果全部不属于母公司所有者,则应同时列示在"少数股东损益"项目之中,仍然保持"合并净利润=归属于母公司所有者的净利润+少数股东损益"的平衡关系。合并利润表的一般格式如表20-8所示。

四、合并利润表的编制

为了便于理解和掌握合并利润表的编制方法,了解合并利润表编制的全过程,现就有关合并利润表的编制举例综合说明如下。

【例20-25】 沿用例20-1、例20-3、例20-8、例20-10、例20-16、例20-18、例20-19、例20-20和例20-21。甲公司与A公司2011年度个别利润表的资料如表20-7所示。

表20-7　　　　　　　　　　　　利润表（简表）　　　　　　　　　　　　会企02表
2011年度　　　　　　　　　　　　　　　　　　　单位：元

项目	甲公司	A公司
一、营业收入	8 700 000	6 300 000
减：营业成本	4 850 000	4 600 000
营业税金及附加	305 000	125 000
销售费用	168 333	85 600
管理费用	300 000	66 067
财务费用	280 000	110 000
资产减值损失	50 000	
加：投资收益	400 000	20 000
二、营业利润（亏损以"－"号填列）	3 146 667	1 333 333
减：营业外支出	20 000	
三、利润总额（亏损以"－"号填列）	3 126 667	1 333 333
减：所得税费用	681 667	333 333
四、净利润（亏损以"－"号填列）	2 445 000	1 000 000

注：①自2008年1月1日起实施《中华人民共和国企业所得税法》,统一适用25%的企业所得税税率。
②甲公司、A公司均适用25%的企业所得税税率,甲公司从A公司分得长期股权投资的现金股利为A公司的税后利润,甲公司虽将其计入利润总额,但该投资收益不需再缴纳企业所得税。
③甲公司所得税费用=(3 126 667-400 000)×25%=681 667（元）。
④A公司所得税费用=1 333 333×25%=333 333（元）。

编制合并利润表的程序主要包括以下几个步骤：

第一步,编制合并工作底稿。甲公司应当设计合并工作底稿,如表20-4所示。

第二步,将个别利润表的各项目的数据过入合并工作底稿。将甲公司和A公司个别利润表各项目的数据过入合并工作底稿,并计算个别利润表各项目的合计金额。

第三步,编制调整分录和抵销分录。编制调整分录,按照甲公司备查簿中所记录的A公司可辨认资产、负债及或有负债在购买日的公允价值的资料（见表20-1）调整A

公司的财务报表，将A公司的财务报表调整成以购买日可辨认资产、负债及或有负债的公允价值为基础编制的财务报表，按照权益法调整甲公司对A公司的长期股权投资。编制抵销分录，抵销甲公司与A公司之间发生的内部交易对合并利润表的影响。将编制的调整分录和抵销分录过入合并工作底稿。

第四步，计算合并利润表各项目的合并金额。在甲公司和A公司个别利润表各项目合计金额的基础上，分别计算利润表各项目的合并金额。

第五步，填列合并利润表。根据合并工作底稿（见表20-4）的合并金额，可编制填列该企业集团2011年合并利润表，如表20-8所示。

表20-8　　　　　　　　　　　　　合并利润表　　　　　　　　　　　　　会合02表
编制单位：甲公司　　　　　　　　　　2011年度　　　　　　　　　　　　　单位：元

项目	本年金额	上年金额（略）
一、营业总收入	10 400 000	
其中：营业收入	10 400 000	
利息收入		
保费净收入		
手续费及佣金收入		
二、营业总成本	6 349 000	
其中：营业成本	4 910 000	
利息支出		
手续费及佣金支出		
退保金		
赔付支出净额		
提取保险责任准备金净额		
保单红利支出		
分保费用		
营业税金及附加	430 000	
销售费用	253 933	
管理费用	385 067	
财务费用	370 000	
资产减值损失	0	
加：公允价值变动收益（损失以"－"号填列）		
投资收益（损失以"－"号填列）	0	
其中：对联营企业和合营企业的投资收益		
汇兑收益（损失以"－"号填列）		

续表

项目	本年金额	上年金额（略）
三、营业利润（亏损以"-"号填列）	4 051 000	
加：营业外收入		
减：营业外支出	0	
其中：非流动资产处置损失	0	
四、利润总额（亏损总额以"-"号填列）	4 051 000	
减：所得税费用	1 015 000	
五、净利润（净亏损以"-"号填列）	3 036 000	
归属于母公司所有者的净利润	2 840 000	
少数股东损益	196 000	
六、每股收益：		
（一）基本每股收益		
（二）稀释每股收益		
七、其他综合收益：		
八、综合收益总额：		
归属于母公司所有者的综合收益总额		
归属于少数股东的综合收益总额		

五、子公司发生超额亏损在合并利润表中的反映

合并财务报表准则规定，子公司当期净损益中属于少数股东权益的份额，应当在合并利润表中净利润项目下以"少数股东损益"项目列示。子公司少数股东分担的当期亏损超过了少数股东在该子公司期初所有者权益中所享有的份额，其余额应当分别下列情况进行处理：

（1）公司章程或协议规定少数股东有义务承担，并且少数股东有能力予以弥补的，该项余额应当冲减少数股东权益。

（2）公司章程或协议未规定少数股东有义务承担的，该项余额应当冲减母公司的所有者权益。该子公司以后期间实现的利润，在弥补了由母公司所有者权益所承担的属于少数股东的损失之前，应当全部归属于母公司的所有者权益。

第四节　合并现金流量表

合并现金流量表是综合反映母公司及其所有子公司组成的企业集团在一定会计期间现金和现金等价物流入和流出的报表。在本节提及现金时，除非同时提及现金等价物，均包括现金和现金等价物。现金流量表作为一张主要报表已经为世界上一些主要国家的会计实务所采用，合并现金流量表的编制也成为各国会计实务的重要内容。

一、合并现金流量表的编制方法

合并现金流量表应当以母公司和子公司的现金流量表为基础,在抵销母公司与子公司、子公司相互之间发生的内部交易对合并现金流量表的影响后,由母公司合并编制。合并现金流量表的编制原理、编制方法和编制程序与合并资产负债表、合并利润表的编制原理、编制方法和编制程序相同。首先,编制合并工作底稿,将母公司和所有子公司的个别现金流量表各项目的数据全部过入同一合并工作底稿;其次,根据当期母公司与子公司以及子公司相互之间发生的影响其现金流量增减变动的内部交易,编制相应的抵销分录,抵销个别现金流量表中重复反映的现金流入量和现金流出量;最后,在此基础上计算出合并现金流量表的各项目的合并金额,并填制合并现金流量表。

合并现金流量表补充资料,既可以以母公司和所有子公司的个别现金流量表为基础,在抵销母公司与子公司、子公司相互之间发生的内部交易对合并现金流量表的影响后进行编制,也可以直接根据合并资产负债表和合并利润表进行编制。

需要说明的是,某些现金流量在进行抵销处理后,需站在企业集团的角度,重新对其进行分类。例如,母公司持有子公司向其购买商品所开具的商业承兑汇票向商业银行申请贴现,母公司所取得现金在其个别现金流量表反映为经营活动中销售商品收到的现金流入,在将该内部商品购销活动所产生的债权与债务抵销后,母公司向商业银行申请贴现取得的现金在合并现金流量表中应重新归类为筹资活动中取得借款收到的现金流入列示。

二、编制合并现金流量表时应进行抵销处理的项目

现金流量表作为以单个企业为会计主体进行会计核算的结果,分别从母公司本身和子公司本身反映其在一定会计期间现金流入和现金流出。在以其个别现金流量表为基础计算的现金流入和现金流出项目的加总金额中,也必然包含有重复计算的因素,因此,在编制合并现金流量表时,也需要剔除这些重复的因素,抵销重复计算的项目。

(一)企业集团内部当期以现金投资或收购股权增加的投资所产生的现金流量的抵销处理

母公司直接以现金对子公司进行的长期股权投资或以现金从子公司的其他所有者(即企业集团内的其他子公司)处收购股权,表现为母公司现金流出,在母公司个别现金流量表中作为"投资活动产生的现金流量——取得子公司及其他营业单位支付的现金净额"项目列示。子公司接受这一投资(或处置投资)时,表现为现金流入,在其个别现金流量表中作为"筹资活动产生的现金流量——吸收投资收到的现金"或"投资活动产生的现金流量——收回投资收到的现金"项目列示。从整个企业集团来看,母公司以现金对子公司进行的长期股权投资实际上相当于母公司将资本拨付下属核算单位,并不引起整个企业集团的现金流量的增减变动。因此,编制合并现金流量表时,应当在母公司与子公司现金流量表数据简单相加的基础上,抵销母公司当期以现金对子公司长期股权投资所产生的现金流量。其抵销分录为:借记"取得子公司及其他

营业单位支付的现金净额"项目，贷记"吸收投资收到的现金"或"收回投资收到的现金"项目。

（二）企业集团内部当期取得投资收益收到的现金与分配股利、利润或偿付利息支付的现金的抵销处理

母公司对子公司进行的长期股权投资和债权投资，在持有期间收到子公司分派的现金股利（利润）或债券利息，表现为现金流入，在母公司个别现金流量表中作为"投资活动产生的现金流量——取得投资收益收到的现金"项目列示。子公司向母公司分派现金股利（利润）或支付债券利息，表现为现金流出，在其个别现金流量表中作为"筹资活动产生的现金流量——分配股利、利润或偿付利息支付的现金"项目列示。从整个企业集团来看，这种投资收益的现金收支，并不引起整个企业集团的现金流量的增减变动。因此，编制合并现金流量表时，应当在母公司与子公司现金流量表数据简单相加的基础上，抵销母公司当期取得投资收益收到的现金与子公司分配股利、利润或偿付利息支付的现金。其抵销分录为：借记"分配股利、利润或偿付利息支付的现金"项目，贷记"取得投资收益收到的现金"项目。

【例20-26】 沿用例20-1和例20-19。

(20) 甲公司应编制如下抵销分录：

借：分配股利、利润或偿付利息支付的现金（400 000＋20 000）　　420 000
　　贷：取得投资收益收到的现金　　　　　　　　　　　　　　　　　　　420 000

（三）企业集团内部以现金结算债权与债务所产生的现金流量的抵销处理

母公司与子公司、子公司相互之间当期以现金结算应收账款或应付账款等债权与债务，表现为现金流入或现金流出，在母公司个别现金流量表中作为"经营活动产生的现金流量——收到其他与经营活动有关的现金或支付其他与经营活动有关的现金"项目列示，在子公司个别现金流量表中作为"经营活动产生的现金流量——支付其他与经营活动有关的现金或收到其他与经营活动有关的现金"项目列示。从整个企业集团来看，这种现金结算债权与债务，并不引起整个企业集团的现金流量的增减变动。因此，编制合并现金流量表时，应当在母公司与子公司现金流量表数据简单相加的基础上，抵销母公司与子公司、子公司相互之间当期以现金结算债权与债务所产生的现金流量。其抵销分录为：借记"支付其他与经营活动有关的现金"或"收到其他与经营活动有关的现金"项目，贷记"收到其他与经营活动有关的现金"或"支付其他与经营活动有关的现金"项目。

（四）企业集团内部当期销售商品所产生的现金流量的抵销处理

母公司向子公司当期销售商品（或子公司向母公司销售商品或子公司相互之间销售商品，下同）所收到的现金，表现为现金流入，在母公司个别现金流量表中作为"经营活动产生的现金流量——销售商品、提供劳务收到的现金"项目列示。子公司向母公司支付购货款，表现为现金流出，在其个别现金流量表中作为"经营活动产生的现金流量——购买商品、接受劳务支付的现金"项目列示。从整个企业集团来看，这种内部商品购销现金收支，并不引起整个企业集团的现金流量的增减变动。因此，编制合并现金流量表时，应当在母公司与子公司现金流量表数据简单相加的基础上，抵销母公司与子公司、子公司相互之间当期购销商品所产生的现金流量。其抵销分录为：

借记"购买商品、接受劳务支付的现金"项目,贷记"销售商品、提供劳务收到的现金"项目。

【例20-27】 沿用例20-7、例20-8和例20-18。假设甲公司2011年向A公司销售商品的价款3 500 000元中,实际收到A公司支付的银行存款2 400 000元,同时A公司还向甲公司开具了票面金额为500 000元的商业承兑汇票。A公司2011年向甲公司销售商品1 000 000元的价款全部收到。甲公司预收A公司200 000元的预付款。

(21)甲公司应编制如下抵销分录:

借:购买商品、接受劳务支付的现金(2 400 000+1 000 000+200 000)
                     3 600 000
 贷:销售商品、提供劳务收到的现金   3 600 000

【例20-28】 沿用例20-10。假设A公司2011年1月1日向甲公司销售商品100 000元的价款全部收到。

(22)甲公司应编制如下抵销分录:

借:购建固定资产、无形资产和其他长期资产支付的现金 100 000
 贷:销售商品、提供劳务收到的现金   100 000

(五)企业集团内部处置固定资产、无形资产和其他长期资产收回的现金净额与购建固定资产、无形资产和其他长期资产支付的现金的抵销处理

母公司向子公司处置固定资产等非流动资产,表现为现金流入,在母公司个别现金流量表中作为"投资活动产生的现金流量——处置固定资产、无形资产和其他长期资产收回的现金净额"项目列示。子公司表现为现金流出,在其个别现金流量表中作为"投资活动产生的现金流量——购建固定资产、无形资产和其他长期资产支付的现金"项目列示。从整个企业集团来看,这种固定资产处置与购置的现金收支,并不引起整个企业集团的现金流量的增减变动。因此,编制合并现金流量表时,应当在母公司与子公司现金流量表数据简单相加的基础上,抵销母公司与子公司、子公司相互之间处置固定资产、无形资产和其他长期资产收回的现金净额与购建固定资产、无形资产和其他长期资产支付的现金。其抵销分录为:借记"购建固定资产、无形资产和其他长期资产支付的现金"项目,贷记"处置固定资产、无形资产和其他长期资产收回的现金净额"项目。

【例20-29】 沿用例20-16。假设甲公司向A公司出售固定资产100 000元的价款全部收到。

(23)甲公司应编制如下抵销分录:

借:购建固定资产、无形资产和其他长期资产支付的现金 100 000
 贷:处置固定资产、无形资产和其他长期资产收回的现金净额 100 000

三、报告期内增减子公司

(一)报告期内增加子公司

母公司因追加投资等原因控制了另一个企业即实现了企业合并。根据企业合并准则的规定,企业合并形成母子公司关系的,母公司应当编制合并日的合并现金流量表。但

是，在企业合并发生当期的期末和以后会计期间，母公司应当根据合并财务报表准则的规定编制合并现金流量表。

在编制合并现金流量表时，应当区分同一控制下企业合并增加的子公司和非同一控制下企业合并增加的子公司两种情况：

（1）因同一控制下企业合并增加的子公司，在编制合并现金流量表时，应当将该子公司合并当期期初至报告期末的现金流量纳入合并现金流量表。

（2）因非同一控制下企业合并增加的子公司，在编制合并现金流量表时，应当将该子公司购买日至报告期末的现金流量纳入合并现金流量表。

（二）报告期内处置子公司

母公司在报告期内处置子公司，应当将该子公司合并期期初至处置日的现金流量纳入合并现金流量表。

四、合并现金流量表中有关少数股东权益项目的反映

与个别现金流量表的编制相比，合并现金流量表编制的一个特殊问题就是在子公司为非全资子公司的情况下，涉及子公司与其少数股东之间的现金流入和现金流出的处理问题。

对于子公司与少数股东之间发生的现金流入和现金流出，从整个企业集团来看，也影响其整体的现金流入和现金流出的增减变动，必须在合并现金流量表中，予以反映。子公司与少数股东之间发生的影响现金流入和现金流出的经济业务包括：少数股东对子公司增加权益性投资、少数股东依法从子公司中抽回权益性投资、子公司向其少数股东支付现金股利或利润等。为了便于企业集团合并财务报表使用者了解掌握企业集团现金流量的情况，有必要将与子公司少数股东之间的现金流入和现金流出的情况单独予以反映。

对于子公司的少数股东增加在子公司中的权益性投资，在合并现金流量表中，应当在"筹资活动产生的现金流量"之下的"吸收投资收到的现金"项目下"其中：子公司吸收少数股东投资收到的现金"项目反映。

对于子公司向少数股东支付现金股利或利润，在合并现金流量表中，应当在"筹资活动产生的现金流量"之下的"分配股利、利润或偿付利息支付的现金"项目下"其中：子公司支付给少数股东的股利、利润"项目反映。

对于子公司的少数股东依法抽回在子公司中的权益性投资，在合并现金流量表中，应当在"筹资活动产生的现金流量"之下的"支付其他与筹资活动有关的现金"项目反映。

五、合并现金流量表格式

合并现金流量表的格式综合考虑了企业集团中一般工商企业和金融企业（包括商业银行、保险公司和证券公司）的现金流入和现金流出列报的要求，与个别现金流量表的格式基本相同，主要增加了反映金融企业行业特点和经营活动现金流量项目。合并现金流量表的一般格式如表20-10所示。

六、合并现金流量表的编制

为了便于理解和掌握合并现金流量表的编制方法，了解合并现金流量表编制的全过程，现就有关合并现金流量表的编制举例综合说明如下。

【例20-30】 沿用例20-26～例20-29。甲公司与A公司2011年度个别现金流量表的资料如表20-9所示。

表20-9　　　　　　　　　　现金流量表（简表）　　　　　　　　　会企03表
2011年度　　　　　　　　　　　　　　　　　　　单位：元

项目	甲公司	A公司
一、经营活动产生的现金流量：		
销售商品、提供劳务收到的现金	7 675 000	5 990 000
收到的税费返还		
收到其他与经营活动有关的现金		
经营活动现金流入小计	7 675 000	5 990 000
购买商品、接受劳务支付的现金	1 420 000	3 170 000
支付给职工以及为职工支付的现金	1 100 000	250 000
支付的各项税费	1 820 000	758 000
支付其他与经营活动有关的现金	45 000	42 000
经营活动现金流出小计	4 385 000	4 220 000
经营活动产生的现金流量净额	3 290 000	1 770 000
二、投资活动产生的现金流量：		
收回投资收到的现金		
取得投资收益收到的现金	400 000	20 000
处置固定资产、无形资产和其他长期资产收回的现金净额	100 000	
处置子公司及其他营业单位收到的现金净额		
收到其他与投资活动有关的现金		
投资活动现金流入小计	500 000	20 000
购建固定资产、无形资产和其他长期资产支付的现金	930 000	900 000
投资支付的现金		
取得子公司及其他营业单位支付的现金净额	3 000 000	
支付其他与投资活动有关的现金		
投资活动现金流出小计	3 930 000	900 000
投资活动产生的现金流量净额	−3 430 000	−880 000

续表

项目	甲公司	A公司
三、筹资活动产生的现金流量：		
吸收投资收到的现金		
取得借款收到的现金		
收到其他与筹资活动有关的现金		
筹资活动现金流入小计		
偿还债务支付的现金		
分配股利、利润或偿付利息支付的现金	1 880 000	610 000
支付其他与筹资活动有关的现金		
筹资活动现金流出小计	1 880 000	610 000
筹资活动产生的现金流量净额	−1 880 000	−610 000
四、汇率变动对现金及现金等价物的影响		
五、现金及现金等价物净增加额	−2 020 000	280 000
加：期初现金及现金等价物余额	3 220 000	320 000
六、期末现金及现金等价物余额	1 200 000	600 000

编制合并现金流量表的程序主要包括以下几个步骤：

第一步，编制合并工作底稿。甲公司应当设计合并工作底稿，如表20-4所示。

第二步，将个别现金流量表的各项目的数据过入合并工作底稿。将甲公司和A公司个别现金流量表各项目的数据过入合并工作底稿，并计算个别现金流量表各项目的合计金额。

第三步，编制抵销分录。抵销甲公司与A公司之间的内部交易对合并现金流量表的影响，并将编制的抵销分录过入合并工作底稿的相关位置。

第四步，计算合并现金流量表各项目的合并金额。在甲公司和A公司个别现金流量表各项目合计金额的基础上，分别计算现金流量表各项目的合并金额。

第五步，填列合并现金流量表。根据上述合并工作底稿的合并金额，编制填列该企业集团2011年度合并现金流量表，如表20-10所示。

表20-10　　　　　　　　　　　合并现金流量表　　　　　　　　　　　会合03表
编制单位：甲公司　　　　　　　　　　　　2011年度　　　　　　　　　　　　单位：元

项目	本年金额	上年金额（略）
一、经营活动产生的现金流量：		
销售商品、提供劳务收到的现金	9 965 000	
客户存款和同业存放款项净增加额		
向中央银行借款净增加额		
向其他金融机构拆入资金净增加额		
收到原保险合同保费取得的现金		

续表

项目	本年金额	上年金额（略）
收到再保险业务现金净额		
保户储金及投资款净增加额		
处置交易性金融资产净增加额		
收取利息、手续费及佣金净增加额		
拆入资金净增加额		
回购业务资金净增加额		
收到的税费返还		
收到其他与经营活动有关的现金		
经营活动现金流入小计	9 965 000	
购买商品、接受劳务支付的现金	990 000	
客户贷款及垫款净增加额		
存放中央银行和同业款项净增加额		
支付原保险合同赔付款项的现金		
支付利息、手续费及佣金的现金		
支付保单红利的现金		
支付给职工以及为职工支付的现金	1 350 000	
支付的各项税费	2 578 000	
支付其他与经营活动有关的现金	87 000	
经营活动现金流出小计	5 005 000	
经营活动产生的现金流量净额	4 960 000	
二、投资活动产生的现金流量：		
收回投资收到的现金		
取得投资收益收到的现金	0	
处置固定资产、无形资产和其他长期资产收回的现金净额	0	
处置子公司及其他营业单位收到的现金净额		
收到其他与投资活动有关的现金		
投资活动现金流入小计	0	
购建固定资产、无形资产和其他长期资产支付的现金	1 630 000	
投资支付的现金		
质押贷款净增加额		
取得子公司及其他营业单位支付的现金净额	3 000 000	
支付其他与投资活动有关的现金		
投资活动现金流出小计	4 630 000	
投资活动产生的现金流量净额	−4 630 000	

续表

项目	本年金额	上年金额（略）
三、筹资活动产生的现金流量：		
吸收投资收到的现金		
其中：子公司吸收少数股东投资收到的现金		
取得借款收到的现金		
发行债券收到的现金		
收到其他与筹资活动有关的现金		
筹资活动现金流入小计		
偿还债务支付的现金		
分配股利、利润或偿付利息支付的现金	2 070 000	
其中：子公司支付给少数股东的股利、利润	100 000	
支付其他与筹资活动有关的现金		
筹资活动现金流出小计	2 070 000	
筹资活动产生的现金流量净额	−2 070 000	
四、汇率变动对现金及现金等价物的影响		
五、现金及现金等价物净增加额	−1 740 000	
加：期初现金及现金等价物余额	3 540 000	
六、期末现金及现金等价物余额	1 800 000	

第五节　合并所有者权益变动表

合并所有者权益变动表是反映构成企业集团所有者权益的各组成部分当期的增减变动情况的财务报表。

合并报表准则规定，合并所有者权益变动表应当以母公司和子公司的所有者权益变动表为基础，在抵销母公司与子公司、子公司相互之间发生的内部交易对合并所有者权益变动表的影响后，由母公司合并编制。合并所有者权益变动表也可以根据合并资产负债表和合并利润表进行编制。

一、合并所有者权益变动表应当进行抵销处理的项目

所有者权益变动表作为以单个企业为会计主体进行会计核算的结果，分别从母公司本身和子公司本身反映其在一定会计期间所有者权益构成及其变动情况。在以母子公司个别所有者权益变动表为基础计算的各所有者权益构成项目的加总金额中，也必然包含重复计算的因素，因此，在编制合并所有者权益变动表时，也需要剔除这些重复的因素，抵销这些重复确认的项目。

(1) 母公司对子公司的长期股权投资应当与母公司在子公司所有者权益中所享有的份额相互抵销，其抵销处理参见本章第二节有关"长期股权投资与子公司所有者权益的抵销处理"的内容。

(2) 母公司对子公司、子公司相互之间持有对方长期股权投资的投资收益应当抵销，其抵销处理参见本章第三节有关"母公司与子公司、子公司相互之间持有对方长期股权投资的投资收益的抵销处理"的内容。

(3) 母公司与子公司、子公司相互之间发生的其他内部交易对所有者权益变动的影响应当抵销，其抵销处理参见本章第二、三节的相关内容。

需要说明的是，从合并财务报表前后一致的理念、原则出发，将母公司及其全部子公司构成的企业集团作为一个会计主体，反映企业集团外部交易的情况，企业集团内部母子公司之间的投资收益和利润分配与其他内部交易一样应当相互抵销。同时，应当关注合并所有者权益变动表"未分配利润"的年末余额，将其中子公司当年提取的盈余公积归属于母公司的金额进行单项附注披露。

二、合并所有者权益变动表格式

合并所有者权益变动表的格式与个别所有者权益变动表的格式基本相同。所不同的只是在子公司存在少数股东的情况下，合并所有者权益变动表中增加"少数股东权益"栏目，用于反映少数股东权益变动的情况。合并所有者权益变动表的一般格式如表20-11所示。

三、合并所有者权益变动表的编制

为了便于理解和掌握合并所有者权益变动表的编制方法，了解合并所有者权益变动表编制的全过程，现就有关合并所有者权益变动表的编制举例综合说明如下：

【例20-31】 沿用例20-1和例20-20。甲公司与A公司2011年度个别所有者权益变动表，如表20-6所示。

编制合并所有者权益变动表的程序主要包括以下几个步骤：

第一步，编制合并工作底稿。甲公司应当设计合并工作底稿，如表20-4所示。

第二步，将个别所有者权益变动表的各项目的数据过入合并工作底稿。将甲公司和A公司个别所有者权益变动表各项目的数据过入合并工作底稿，并计算个别所有者权益变动表各项目的合计金额。

第三步，编制抵销分录。编制抵销分录，抵销甲公司与A公司之间的内部交易对合并所有者权益变动表的影响，并将编制的抵销分录过入合并工作底稿的相关位置。

第四步，计算合并所有者权益变动表各项目的合并金额。在甲公司和A公司个别所有者权益变动表各项目合计金额的基础上，分别计算所有者权益变动表各项目的合并金额。

第五步，填列合并所有者权益变动表。根据上述合并工作底稿的合并金额，编制填列该企业集团2011年度合并所有者权益变动表，如表20-11所示。

表20-11

编制单位:甲公司

合并所有者权益变动表

2011 年度

合合:04表

单位:元

项目	本年金额									上年金额(略)
	归属于母公司所有者权益							少数股东权益	所有者权益合计	
	实收资本(或股本)	资本公积	减:库存股	盈余公积	一般风险准备	未分配利润	其他			
一、上年年末余额	5 000 000	200 000		332 000		468 000			6 000 000	
加:会计政策变更								720 000*	720 000	
前期差错更正										
二、本年年初余额	5 000 000	200 000		332 000		468 000		720 000	6 720 000	
三、本年增减变动金额(减少以"-"号填列)		80 000		244 500		1 617 500		116 000	2 058 000	
(一)净利润						2 840 000		196 000	3 036 000	
(二)直接计入所有者权益的利得和损失		80 000						20 000	100 000	
1.可供出售金融资产公允价值变动净额										
2.权益法下被投资单位其他所有者权益变动的影响		80 000							80 000	
3.与计入所有者权益项目相关的所得税影响								20 000	20 000	
4.其他										
上述(一)和(二)小计		80 000				2 840 000		216 000	3 136 000	
(三)所有者投入和减少资本										

续表

项目	本年金额									上年金额（略）
	归属于母公司所有者权益						少数股东权益	所有者权益合计		
	实收资本（或股本）	资本公积	减：库存股	盈余公积	一般风险准备	未分配利润	其他			
1. 所有者投入资本										
2. 股份支付计入所有者权益的金额										
3. 其他										
（四）利润分配				244 500		-1 222 500			-1 078 000	
1. 提取盈余公积				244 500		-244 500			0	
2. 提取一般风险准备										
3. 对所有者（或股东）的分配						-978 000		-100 000	-1 078 000	
4. 其他										
（五）所有者权益内部结转										
1. 资本公积转增资本（或股本）										
2. 盈余公积转增资本（或股本）										
3. 盈余公积弥补亏损										
4. 其他										
四、本年年末余额	5 000 000	280 000		576 500		2 085 500		836 000	8 778 000	

注：*720 000 元，为 2011 年 1 月 1 日甲公司购买 A 公司 80%的股份时，按其可辨认净资产的公允价值计算确定的少数股东权益金额＝（A 公司的所有者权益总额 3 500 000 元＋A 公司固定资产公允价值增加额 100 000 元）×20%。

思考练习题

一、重要概念
1. 合并财务报表
2. 合并范围
3. 抵销分录
4. 少数股东权益
5. 少数股东损益
6. 合并商誉
7. 未实现内部销售损益
8. 合并资产负债表
9. 合并利润表
10. 合并现金流量表
11. 合并所有者权益变动表

二、思考题
1. 哪些被投资单位不应当纳入合并范围？
2. 编制合并资产负债表、合并利润表及合并所有者权益变动表时，有哪些项目需要抵销？
3. 连续编制合并财务报表时有关坏账准备、未实现内部销售损益的抵销。
4. 连续编制合并财务报表时，为何要抵销年初未分配利润项目？

三、单项选择题
1. 对 A 公司来说，下列哪一种说法不属于控制（　　）。

A. A 公司拥有 B 公司 50% 的权益性资本，B 公司拥有 C 公司 100% 的权益性资本。A 公司和 C 公司的关系

B. A 公司拥有 D 公司 51% 的权益性资本。A 公司和 D 公司的关系

C. A 公司在 E 公司董事会会议上有半数以上投票权。A 公司和 E 公司的关系

D. A 公司拥有 F 公司 60% 的股份，拥有 G 公司 10% 的股份，F 公司拥有 G 公司 41% 的股份。A 公司和 G 公司的关系

2. 乙和丙公司均为纳入甲公司合并范围的子公司。2011 年 6 月 1 日，乙公司将其产品销售给丙公司作为管理用固定资产使用，售价 250 000 元（不含增值税），销售成本 130 000 元。丙公司购入后按 4 年的期限、采用直线法计提折旧，预计净残值为零。甲公司在编制 2012 年度合并财务报表时，应调减累计折旧项目的金额是（　　）元。

A. 15 000　　B. 17 500
C. 30 000　　D. 45 000

3. 乙和丙公司均为纳入甲公司合并范围的子公司。2011 年 3 月 1 日，乙公司将其产品销售给丙公司作为管理用固定资产使用，售价 1 000 000 元（不含增值税），销售成本 800 000 元。丙公司购入后按 10 年的期限、采用直线法计提折旧，预计净残值为零。甲公司在编制 2012 年度合并财务报表时，因与该设备相关的未实现内部销售损益的抵销而影响合并净利润的金额为（　　）元。

A. −180 000　　B. −185 000
C. −200 000　　D. −165 000

4. A 公司拥有 B 公司 80% 的股份，A 公司拥有 C 公司 40% 的股份，B 公司拥有 C 公司 20% 的股份，则 A 公司直接和间接拥有 C 公司的股份为（　　）。

A. 60%　　B. 40%
C. 20%　　D. 56%

5. 对于以前年度内部交易形成的固定资产，在将以前会计期间内部交易固定资产多提的累计折旧抵销时，应当（　　）。

A. 借记"固定资产——累计折旧"项目，贷记"未分配利润——年初"项目

B. 借记"未分配利润——年初"项目，贷记"固定资产——原价"项目

C. 借记"固定资产——累计折旧"项目，贷记"固定资产——原价"项目

D. 借记"固定资产清理"项目,贷记"固定资产——累计折旧"项目

6. 将企业集团内部坏账准备期初数抵销处理时,应当借记"应收账款——坏账准备"项目,贷记（　　）项目。

A. "资产减值损失"
B. "未分配利润——年初"
C. "财务费用"
D. "应收账款"

7. 在编制合并财务报表时,若企业集团内部持有至到期投资项目金额和应付债券项目金额不一致,其差额应作为（　　）处理。

A. 合并商誉
B. 投资收益
C. 管理费用
D. 少数股东收益

8. 合并现金流量表中不反映的现金流量是（　　）。

A. 子公司支付给少数股东的股利
B. 子公司支付给少数股东的利润
C. 子公司吸收母公司投资收到的现金
D. 子公司吸收少数股东投资收到的现金

9. 在购买日,母公司对子公司的长期股权投资与母公司在子公司所有者权益中所享有的份额的差额,应当在（　　）项目列示。

A. 商誉
B. 投资收益
C. 长期股权投资
D. 实收资本

10. 下列子公司中,应当纳入其母公司合并财务报表合并范围的是（　　）。

A. 所有者权益为负数的持续经营的子公司
B. 已宣告破产的原子公司
C. 已宣告被清理整顿的原子公司
D. 准备近期出售而短期持有的被投资单位

11. 在合并资产负债表中,少数股东权益应当在（　　）项目下单独列示。

A. 商誉
B. 所有者权益
C. 未分配利润
D. 投资收益

四、多项选择题

1. 甲股份有限公司于2011年年初通过收购股权成为乙股份有限公司的母公司。2011年年末,甲公司应收乙公司账款为1 000 000元;2012年年末,甲公司应收乙公司账款为500 000元。甲公司坏账准备计提比例为4%。对此,编制2012年合并财务报表工作底稿时应编制的抵销分录包括（　　）。

A. 借：应收账款——坏账准备　　　　　　　　　　　20 000
　　贷：资产减值损失　　20 000

B. 借：应付账款　　500 000
　　贷：应收账款　　500 000

C. 借：资产减值损失　　20 000
　　贷：应收账款——坏账准备　　　　　　　　　　　20 000

D. 借：应收账款——坏账准备　　　　　　　　　　　40 000
　　贷：未分配利润——年初　　　　　　　　　　　40 000

2. 我国企业在编制合并财务报表时,需要做的前期准备工作包括（　　）。

A. 统一母子公司的会计政策
B. 统一母子公司的财务报表决算日及会计期间
C. 对子公司长期股权投资采用权益法核算
D. 将子公司外币会计表折算为母公司记账本位币表示的财务报表

3. 下列（　　）被投资企业应当纳入母公司的合并范围。

A. 通过与被投资企业的其他股东之间的协议,持有该被投资企业50%表决权
B. 有权任免董事会等类似权力机构

的多数成员

C. 根据公司章程或协议有权控制被投资企业财务和经营政策

D. 在董事会等类似权力机构的会议上有半数以上投票权

4. 下列项目中，应纳入其合并财务报表合并范围的有（　　）。

A. 母公司直接或通过子公司间接拥有被投资单位半数以上的表决权

B. 在被投资单位的董事会或类似机构占多数表决权

C. 合营企业

D. 联营企业

5. 下列项目中，不应纳入其合并财务报表合并范围的有（　　）。

A. 通过与被投资单位其他投资者之间的协议，拥有被投资单位半数以上的表决权

B. 根据公司章程或协议，有权决定被投资单位的财务和经营政策

C. 已宣告被清理整顿的原子公司

D. 已宣告破产的原子公司

6. 编制合并财务报表时，将企业集团内部以前年度交易形成的尚未报废的管理用固定资产抵销时，应当编制如下抵销分录（　　）。

A. 借记"未分配利润——年初"项目，贷记"固定资产——原价"项目

B. 借记"固定资产——累计折旧"项目，贷记"未分配利润——年初"项目

C. 借记"固定资产——累计折旧"项目，贷记"管理费用"项目

D. 借记"固定资产——累计折旧"项目，贷记"营业外支出"项目

7. 编制合并财务报表时，将企业集团内部以前年度和本年度交易形成期末存货抵销时，应当编制如下抵销分录（　　）。

A. 借记"未分配利润——年初"项目，贷记"营业成本"项目

B. 借记"营业成本"项目，贷记"存货"项目

C. 借记"营业收入"项目，贷记"营业成本"项目

D. 借记"营业收入"项目，贷记"存货"项目

8. 在编制本期合并利润表时，将企业集团内部以前年度和本年度交易形成期末存货提取存货跌价准备抵销时，应当编制的抵销分录有（　　）。

A. 借：存货——存货跌价准备
　　贷：未分配利润——年初

B. 借：未分配利润——年初
　　贷：营业成本

C. 借：营业收入
　　贷：营业成本

D. 借：存货——存货跌价准备
　　贷：资产减值损失

9. 下列被投资企业中，投资企业应当将其纳入合并财务报表范围的有（　　）。

A. 直接拥有其半数以上权益性资本的被投资企业

B. 通过子公司间接拥有其半数以上权益性资本的被投资企业

C. 直接和通过子公司合计拥有其半数以上权益性资本的被投资企业

D. 拥有其50%的权益性资本并与另一投资者签订协议代行其表决权的被投资企业

10. 下列公司的股东均按所持股份行使表决权，W公司编制合并财务报表时应纳入合并范围的公司有（　　）。

A. 甲公司（W公司拥有其60%的股权）

B. 乙公司（甲公司拥有其55%的股权）

C. 丙公司（W公司拥有其30%的股权，甲公司拥有其40%的股权）

D. 丁公司（W公司拥有其20%的股

权，乙公司拥有其40%的股权）

11. 关于母公司在报告期增减子公司在合并利润表的反映，下列说法中正确的有（ ）。

A. 因同一控制下企业合并增加的子公司，在编制合并利润表时，应当将该子公司合并当期期初至报告期末的收入、费用、利润纳入合并利润表

B. 因非同一控制下企业合并增加的子公司，在编制合并利润表时，应当将该子公司购买日至报告期末的收入、费用、利润纳入合并利润表

C. 因非同一控制下企业合并增加的子公司，在编制合并利润表时，应当将该子公司合并当期期初至报告期末的收入、费用、利润纳入合并利润表

D. 因同一控制下企业合并增加的子公司，在编制合并利润表时，不应当将该子公司合并当期期初至报告期末的收入、费用、利润纳入合并利润表

12. 下列被投资企业中，应当纳入甲公司合并财务报表合并范围的有（ ）。

A. 甲公司在报告年度购入其57%股份的境外被投资企业

B. 甲公司持有其40%股份，且受委托代管B公司持有其30%股份的被投资企业

C. 甲公司持有其43%股份，甲公司的子公司A公司持有其8%股份的被投资企业

D. 甲公司持有其40%股份，甲公司的子公司A公司持有其10%股份的被投资企业

13. 下列资产价值中可能含有因内部销售而未实现的内部销售损益，在编制合并财务报表时需要进行抵销处理的有（ ）。

A. 存货　　　B. 固定资产
C. 无形资产　D. 应收账款

14. 编制合并资产负债表时需要进行抵销处理的项目主要有（ ）。

A. 母公司长期股权投资与子公司所有者权益项目

B. 母公司与子公司、子公司相互之间发生内部债权与债务项目

C. 存货项目

D. 固定资产项目

五、判断题

1. 在连续编制合并财务报表时，如果内部应收账款本期余额与上期余额正好相等，则对内部应收账款计提的坏账准备不需要进行抵销处理。（ ）

2. 企业集团内部当期购入的商品在当期全部实现对集团外销售的情况下，不涉及存货价值中包含的未实现内部销售损益的抵销问题。（ ）

3. 本期如果发生内部固定资产交易，则一定存在固定资产中包含的未实现内部销售损益的抵销问题。（ ）

4. 本期期末无内部应收账款，仍有可能存在坏账准备的抵销问题。（ ）

5. 企业集团内部存货中未实现内部销售损益是对企业集团整体而言的。（ ）

6. 企业在资产负债表日持有被投资企业半数以上权益性资本，但其目的不是为了控制对方，而是准备近期出售，则不必将其纳入合并范围。（ ）

7. 母公司在报告期内处置子公司，应当将该子公司期初至处置日的收入、费用、利润纳入合并利润表。（ ）

8. 因同一控制下企业合并增加的子公司，编制合并资产负债表时，不应当调整合并资产负债表的期初数。（ ）

9. 合并财务报表要求以个别财务报表为基础，通过编制抵销分录以抵销重复计算的因素来编制。（ ）

10. 存货发生减值的，在编制合并财务报表时应当将所提存货跌价准备全部予

以抵销。（　　）

六、核算题

假设A公司自2011年1月1日开始对B公司投资，持有B公司70%有表决权的股份，为B公司的母公司，B公司为纳入其合并范围的子公司。A公司自2011年开始编制合并财务报表。分析A、B公司的个别财务报表及相关会计资料，得知以下内部交易的相关信息：

（1）2011年12月31日，A公司对B公司的长期股权投资350 000元，B公司所有者权益总额为500 000元，其中：实收资本为400 000元，资本公积为20 000元，盈余公积10 000元，未分配利润为70 000元。

（2）B公司本期净利润为100 000元，A公司对B公司本期投资收益为70 000元，B公司少数股东本期收益为30 000元，B公司本期提取盈余公积10 000元、对所有者（或股东）分配20 000元、未分配利润70 000元。

（3）①A公司本期个别资产负债表中应收账款38 000元全部为本期应收B公司的货款，按应收账款余额的5%计提坏账准备，本期计提了坏账准备2 000元。B公司个别资产负债表中应付账款40 000元全部为本期应付A公司的货款。

②B公司2011年1月1日购买A公司当日发行的面值为100 000元、票面利率为6%、期限3年、到期一次还本付息的企业债券，作为持有至到期投资核算，A公司筹集到资金时作为应付债券核算，B公司持有至到期投资收益6 000元为A公司的应计债券利息6 000元。

（4）2011年5月10日，A公司向B公司销售一批商品，A公司本期销售该商品的销售收入为80 000元，销售成本为64 000元，销售毛利率为20%，B公司个别资产负债表存货项目中有40 000元为本期从母公司购进的商品。

（5）2011年6月18日，B公司将自己生产的产品销售给A公司作为管理用固定资产使用，B公司销售该产品的销售收入为900 000元，销售成本为700 000元，A公司以900 000元作为该固定资产的入账价值，预计可使用年限为5年，预计净残值为零，按平均年限法计提折旧。

要求：编制2011年度合并财务报表时，对以下项目进行抵销处理：

（1）母公司的长期股权投资与子公司的所有者权益的抵销。

（2）母公司的长期股权投资收益、少数股东收益与子公司净利润分配的抵销。

（3）内部债权、债务以及相关损益的抵销：

①内部应收账款与应付账款以及坏账准备的抵销；

②内部持有至到期投资与应付债券以及投资收益与利息费用的抵销。

（4）营业收入、营业成本与存货价值中包含的未实现内部销售损益的抵销。

（5）内部固定资产交易的抵销：

①内部购买固定资产原价中包含的未实现内部销售损益的抵销；

②内部购买固定资产当期多提折旧的抵销。

参考文献

[1] 中华人民共和国财政部. 企业会计准则（2006）[M].

[2] 中华人民共和国财政部. 企业会计准则——应用指南（2006）[M]. 北京：中国财政经济出版社，2006.

[3] 财政部会计司编写组. 企业会计准则讲解（2010）[M]. 北京：人民出版社，2010.

[4] 中国注册会计师协会. 会计 [M]. 北京：中国财政经济出版社，2011.

[5] 戴德明，等. 中级会计学 [M]. 北京：中国人民大学出版社，2006.

[6] 耿建新，等. 高级会计学 [M]. 北京：中国人民大学出版社，2007.

[7] 李宝珍，裴淑红. 财务会计学（中、高级）[M]. 北京：中国市场出版社，2007.

[8] 李宝珍，裴淑红，付倩. 财务会计学（中、高级）第二版 [M]. 北京：中国市场出版社，2010.

[9] 裴淑红. 企业会计实务操作 [M]. 北京：中国市场出版社，2008.

[10] 裴淑红. 企业会计实务 [M]. 北京：中国市场出版社，2009.

[11] 裴淑红，张兰. 财务会计综合实训 [M]. 北京：中国市场出版社，2010.

[12] 张志凤. 2011年注册会计师考试应试指导及全真模拟测试——会计 [M]. 北京：经济科学出版社，2011.